ALOIS RIEHL

Der philosophische Kritizismus und seine Bedeutung für die positive Wissenschaft

ERSTER BAND

Geschichte und Methode des philosophischen Kritizismus

Mit einer Einleitung, Anmerkungen und Register herausgegeben von

RUDOLF MEER

unter Mitarbeit von Josef Hlade, Julia Meer und Mischa von Perger

FELIX MEINER VERLAG
HAMBURG

PHILOSOPHISCHE BIBLIOTHEK BAND 766

Gedruckt mit Unterstützung der
Österreichischen Akademie der Wissenschaften, der
Geschwister Boehringer Ingelheim Stiftung für Geisteswissenschaften in Ingelheim am Rhein und dem Land Steiermark.

ÖAW ÖSTERREICHISCHE AKADEMIE DER WISSENSCHAFTEN

Das Land Steiermark
Wissenschaft und Forschung

Bibliographische Information der Deutschen Nationalbibliothek

Die Deutsche Nationalbibliothek verzeichnet diese Publikation in der Deutschen Nationalbibliographie; detaillierte bibliographische Daten sind im Internet über <http://portal.dnb.de> abrufbar.

ISBN 978-3-7873-4352-2
ISBN eBook 978-3-7873-4353-9

 Satz: mittelstadt 21, Vogtsburg-Burkheim. Druck und Bindung: Beltz Grafische Betriebe, Bad Langensalza. Gedruckt auf alterungsbeständigem Werkdruckpapier, hergestellt aus 100 % chlorfrei gebleichtem Zellstoff. Printed in Germany.

INHALT

ZWEITER ABSCHNITT
Die Methode des Kritizismus *Kants*

VORWORT

Mit der Neuedition von Alois Riehls (1824–1924) dreibändigem Werk »Der Philosophische Kritizismus und seine Bedeutung für die positiven Wissenschaften« wird ein fast 100 Jahre vergriffener Text wieder einer breiteren Öffentlichkeit zugänglich gemacht. Riehl selbst hat sein Hauptwerk in zwei bzw. drei Auflagen publiziert: Band I erschien 1876 und wurde 1908 in einer, wie Riehl vermerkt, »neu verfassten Auflage« und 1924 ohne größere weitere Änderungen wieder publiziert. Band II.1 wurde 1879 publiziert und erschien als »veränderte Auflage« 1925 mit den von Riehl angebrachten Korrekturen aus den Druckfahnen. Band II.2 erschien erst 1887 und wurde auf der Basis von Riehls Vorbereitungen für den Druck von Eduard Spranger und Hans Heyse 1926 neu aufgelegt.

Die Neuedition hat ihre Textgrundlage in der ersten Auflage. Sie dokumentiert damit Riehls philosophische Position der 1870er und 1880er Jahre – jener Zeit, in der sich Riehl am nachhaltigsten in die philosophischen und wissenschaftstheoretischen Debatten eingebracht hat.

In dem hier vorliegenden ersten Band »Geschichte und Methode des Philosophischen Kritizismus« rekonstruiert Riehl die Geschichte des Kritizismus und stellt seinen kritischen Realismus in die Reihe von Denkern wie Locke, Hume und Kant, aber auch Wolff, Lambert und Tetens. Die Neubearbeitung des Textes wurde neben einer ausführlichen Einleitung, einer Bibliographie und einem Personenregister auch mit Anmerkungen des Herausgebers versehen.

Mein besonderer Dank gilt Simone de Angelis für seine vielfältige Förderung des Grazer Riehl-Kreises und die daraus entstandenen Forschungen. Gemeinsam mit Giuseppe Motta und Josef Hlade wurde in diesem Lesekreis über viele Jahre hinweg der »Philosophische Kritizismus« diskutiert und textnah kommentiert – viele ihrer Überlegungen und Anregungen sind in die Neuedition miteingeflossen. Fertiggestellt wurde der Band schließlich im Rahmen meines Marie Curie STAR Fellowships am Institut für Mathematik der Universität Siegen.

Für die Mitarbeit an Band I sei Josef Halde, Julia Meer und Mischa von Perger gedankt. Dem Verlag Meiner gilt mein Dank dafür, dass er die drei Bände in die Reihe »Philosophische Bibliothek« aufgenommen hat - insbesondere Marcel Simon-Gadhof, der die Edition von Verlagsseite betreut hat. Für die finanzielle Unterstützung des Buchprojekts möchte ich der Österreichischen Akademie der Wissenschaften, der Geschwister Boehringer Ingelheim Stiftung für Geisteswissenschaften in Ingelheim am Rhein, dem Land Steiermark und der Karl-Franzens-Universität Graz, vor allem dem Zentrum für Wissenschaftsgeschichte, danken.

Graz, April 2023 *Rudolf Meer*

EINLEITUNG

Alois Riehls Werdegang

Alois Riehl wurde am 27. April 1844 in Bozen geboren.[1] Als zweiter Sohn der Gastwirte und Grundbesitzer Josef und Maria Riehl (geb. Kehlauer) wuchs er unter begüterten Umständen auf. Seine lebenslange Verbundenheit mit Südtirol zeigt sich unter anderem darin, dass sich Riehl bisweilen scherzhaft selbst als *Tiroler Bauer*[2] bezeichnete und immer wieder seine Heimat besuchte.

Riehl studierte an den Universitäten Wien, München, Innsbruck und Graz Philosophie und Geschichte und hörte Vorlesungen der Medizin und Physiologie. Am 4. Jänner 1868 promovierte er in Innsbruck zum Doktor der Philosophie und habilitierte sich mit der Schrift »Realistische Grundzüge. Eine philosophische Abhandlung der allgemeinen und notwendigen Erfahrungsbegriffe« 1870 zum Privatdozenten an der Universität Graz.

Von 1873 an war Riehl zunächst außerordentlicher und ab 1878 ordentlicher Professor an der Grazer Universität. Die Abfassung des »Philosophischen Kritizismus« fällt damit in die Grazer Phase, dabei soll, wie der erste Biograf Riehls, Carl Siegel, bezugnehmend auf Gespräche mit Riehls Witwe berichtet, »ein Großteil seines Hauptwerkes auf dem Grazer Schloßberg entstanden«[3] sein. 1882 wurde Riehl an die Universität nach Freiburg berufen. Aufgrund der 1872 veröffentlichten Schrift »Moral und Dogma« wurde den

[1] Biografische Darstellungen von Zeitgenossen Riehls finden sich neben den Aufzeichnungen von Carl Siegel (Riehl, S. 6) bei Georg Graykowski (Riehl, S. 8–10), Heinrich Rickert (Riehl, S. 162–185), Erich Jänsch (Gedächtnis, S. 3–36), Paul Hofmann (Kritizismus, S. 330–343), Richard Hönigswald (Riehl, S. 38–47), Heinrich Maier (Riehl, S. 563–579) und Eduard Spranger (Riehl, S. 129–130). Für einen Überblick zur biografischen Forschung siehe: Hlade / Meer, Riehl, S. 3–54.

[2] Siegel, Riehl, S. 7; Beiser, Genesis, S. 531.

[3] Siegel, Riehl, S. 8; siehe auch Jänsch, Gedächtnis, S. XXII.

Theologie- und Lehramtsstudierenden allerdings vom dortigen Erzbischof der Besuch von Riehls Lehrveranstaltungen verboten. Dies führte zu einer erheblichen Einschränkung seines Lehrbetriebs.[4] Im Zuge der Los-von-Rom-Bewegung trat Riehl daraufhin aus der katholischen Kirche aus und zum Protestantismus über.[5] Nach einer gescheiterten Bewerbung für die Nachfolge von Robert Zimmerman in Wien – der Lehrstuhl wurde 1896 mit Friedrich Jodl besetzt – nahm Riehl eine Berufung nach Kiel an, wo er von 1895 bis 1898 tätig war. Im Anschluss daran lehrte Riehl sieben Jahre an der Universität Halle (1898–1905). Nach einer weiteren gescheiterten Bewerbung an der Universität Wien für die Nachfolge von Ernst Mach (1901) – Riehl wurde trotz Erstreihung im Berufungsverfahren aus ideologischen und religiösen Gründen nicht berufen[6] – erhielt er 1905 einen Ruf an die Universität Berlin als Nachfolger von Wilhelm Dilthey[7]. Er hatte den Lehrstuhl in Berlin bis zu seiner Emeritierung 1921 inne.

Um die Jahrhundertwende gehörte Riehl zu den bestvernetzten deutschsprachigen Forscherinnen und Forschern – sein Einfluss reichte aber auch darüber hinaus, u. a. bis nach England, den USA, Russland und Japan. Er war Herausgeber der einflussreichen »Vierteljahresschrift für wissenschaftliche Philosophie«, richtete mit der Hilfe Wilhelm Wundts in Halle eines der ersten psychologischen Laboratorien Deutschlands ein und hat maßgeblich dazu beigetragen, den Begriff ›Wissenschaftsphilosophie‹ in seiner bis heute gebräuchlichen Verwendung zu etablieren. Mit dem »Philosophischen Kritizismus« und den daran anschließenden Aufsätzen in einschlägigen Zeitschriften hat er maßgeblich zu den Kontroversen um den Status geometrischer Axiome, das Kausalitätsproblem, das Verhältnis von Evolutionsbiologie und Physiologie und die Theorie der Auslösung beigetragen und dabei mit Be-

4 Siegel, Riehl, S. 11.

5 Röd, Riehl, S. 111–128; Beiser, Genesis, S. 532.

6 Hlade / Meer, Universitätsreformen, S. 293–328.

7 Gerhardt, Empiriker, S. 185–190.

zug auf Kant für eine Weiterentwicklung des Kritizismus im Sinne einer Adaption an die positiven Wissenschaften argumentiert.

Riehl war zweimal verheiratet; er vermählte sich 1879 mit Pauline Polster, die noch im selben Jahr verstarb, und 1881 mit Sofie Reyer, die ihn um vier Jahre überlebte. Aus beiden Ehen gingen Kinder hervor, die allerdings bis auf eine Tochter alle schon bei der Geburt oder im Kindes- bzw. Jugendalter verstarben. Eine besondere Freundschaft verband Riehl u. a. mit Wilhelm Wundt, Bartholomäus Carneri, Ludwig Mies van der Rohe, Heinrich Rickert, Friedrich Jodl, Hugo Münsterberg und Eduard Spranger.[8]

Die vielen Standortwechsel, der frühe Tod seiner ersten Frau und seiner Kinder sowie der 1914 beginnende Erste Weltkrieg haben viele der philosophischen Projekte Riehls verzögert und darin durchaus Spuren hinterlassen. Riehl starb am 21. November 1924.

Zur Stellung des »Philosophischen Kritizismus« in Riehls Werk

In Riehls Werdegang lassen sich drei unterschiedliche Phasen seines philosophischen Schaffens unterscheiden: jene bis zur Erstveröffentlichung des »Philosophischen Kritizismus«, die Entwicklungsgeschichte des »Philosophischen Kritizismus« und eine zunehmende Hinwendung zur Wert- und Kulturphilosophie nach der Jahrhundertwende.

1. Der Weg zum »Philosophischen Kritizismus«: Riehls akademischer Lehrer Joseph Nahlovsky betonte bereits 1872, dass Riehl bei Kant »frühe in die Schule gegangen«[9] sei, wie bereits seine Abschlussarbeit für die Erlangung des Lehrdiploms (1866) belegt so-

[8] Für eine ausführliche Rekonstruktion des Briefverkehrs siehe Hlade/Meer, Riehl, S. 3–54; Universitätsreformen, S. 293–328; History, S. 11–39. Der Nachlass Riehls ist weitgehend verlorengegangen; nur die Briefe an Riehls jeweilige Briefpartnerinnen und -partner sind teilweise erhalten geblieben. Große Teile des privaten Briefverkehrs der Familie Reyer sind heute in Privatbesitz und nicht öffentlich zugänglich.

[9] Nahlovsky, Referat, Bl. 37 (unpubliziert).

wie später seine Habilitation, in deren Gutachten »eingehende Studien Kants und Herbarts«[10] hervorgehoben werden. Riehls philosophische Ausbildung und sein Zugang zu Kant waren durch eine von Herbart geprägte Philosophietradition bestimmt. Obwohl Kants Philosophie in Österreich in der zweiten Hälfte des 19. Jahrhunderts im Gegensatz zu den in Deutschland entstehenden philosophischen Strömungen viel weniger Einfluss hatte,[11] fiel Herbarts Philosophie im katholischen Österreich durch ihre scholastische und Leibniz'sche Prägung auf fruchtbaren Boden.[12] Sie hielt insbesondere durch Franz Karl Lott, Robert Zimmermann und Franz Serafin Exner im Habsburgerreich Einzug.[13]

Riehl veröffentlichte in seiner Frühphase neben »Moral und Dogma«, dessen fünfte Sektion eine kritische Auseinandersetzung mit dem dogmatischen Moralismus enthält, 1870 die »Realistischen Grundzüge« sowie 1872 »Begriff und Form der Philosophie«. Noch ganz der *österreichischen Denktradition* verpflichtet, kombiniert Riehl in den »Realistischen Grundzügen« Elemente aus der Philosophie von Leibniz, Herbart und Kant. Stärker als 1870 stellt Riehl 1872 Kants Kritizismus in den Vordergrund, es finden sich aber trotz zunehmender Kritik immer noch Einflüsse von Herbart und Leibniz. Gemein ist diesen frühen Schriften die Schwerpunktsetzung auf die Frage nach einer bewusstseinsunabhängigen Realität basierend auf einer Theorie der Empfindung. Dabei wird die Affektion von Ding an sich und Erscheinung bereits im Sinne eines Monismus interpretiert.[14] Leitende Fragestellung ist darüber hinaus das Problem der Verbindung von Philosophie und Naturwissenschaft. 1870 betont Riehl die Verbindungsmöglichkeiten beider Disziplinen, vertritt aber bereits 1872 den Standpunkt, dass die Philosophie eine selbstständige Wissenschaft bildet, die nicht in den Spezialdisziplinen aufgeht.

[10] Nahlovsky, Referat, Bl. 37 (unpubliziert).

[11] Sauer, Philosophie, S. 107–154; Zeidler, Herbartianismus, S. 39–46; Meer / Motta (Hrsg.), Kant, S. VII–X.

[12] Siegel, Riehl, S. 26; Sauer, Philosophie, S. 231–267.

[13] Zeidler, Herbartianismus, S. 44.

[14] Beiser, Genesis, S. 535–549; Siegel, Riehl, S. 28.

Wird in den 1870er Jahren die Distanzierung zur Philosophie Herbarts zunehmend deutlicher, stellt der »Philosophische Kritizismus« schließlich die vollzogene »Wende von Herbart zu Kant«[15] dar.

2. Entwicklungsgeschichte des »Philosophischen Kritizismus«: Für Riehl ist der »Philosophische Kritizismus« das »Buch seiner Jugend«[16]. Die ersten beiden Bände verfasste und veröffentlichte Riehl mit Anfang/Mitte Dreißig. Teilband II.2 war für 1884 angekündigt, erschien aber erst 1887. Das Buch wird als *problemorientierte Systematik* entworfen und zeichnet sich dementsprechend durch seine systematische Offenheit aus. Darin verbindet Riehl ausgehend von Kant verschiedene Formen des Realismus, wie einen Realismus raumzeitlicher Gegenstände, mathematischer Gegenstände sowie einen wissenschaftlichen Realismus. Explizit abgelehnt werden ein Realismus theoretischer und abstrakter Entitäten (wie Universalien, mögliche Welten etc.), ein moralischer Realismus sowie ein Realismus mentaler Zustände.

Die Ausarbeitung dieses Programms hat Riehl in allen philosophischen Entwicklungsphasen begleitet. Neben zahlreichen kleineren Publikationen – wie »Der Raum als Gesichtsvorstellung« (1877), »Die englische Logik der Gegenwart« (1877), »Über den Begriff der Wissenschaft bei Galilei« (1891), »Robert Mayers Entdeckung und Beweis des Energieprinzips (1900) sowie »Hermann von Helmholtz in seinem Verhältnis zu Kant« (1904) –, in denen er Teilaspekte seines Standpunktes präzisiert, hat er über Jahrzehnte hinweg am »Philosophischen Kritizismus« Textänderungen angebracht, zahlreiche Erweiterungen sowie einige Aktualisierungen und Korrekturen vorgenommen. Besonders auffällig ist dabei, dass Riehl in der zweiten Auflage den Untertitel des Werkes abändert. Aus »Der Philosophischen Kritizismus und seine Bedeutung für die positive Wissenschaft« wird »Der Philosophische Kritizismus. Geschichte und System«. Darüber hinaus ändern sich auch

15 Röd, Realismus, S. 117.
16 Spranger/Heyse, Geleitwort, S. III.

der Titel von Band 1 und die jeweiligen Ordnungsziffern der Bände. Hier im Überblick:

Erste Auflage: »Der philosophische Kritizismus und seine Bedeutung für die positive Wissenschaft«. Leipzig: Engelmann.

Band I/1876:	»Geschichte und Methode des philosophischen Kritizismus«.
Band II.1/1879:	»Die sinnlichen und logischen Grundlagen der Erkenntnis«.
Band II.2/1887:	»Zur Wissenschaftstheorie und Metaphysik«.

Zweite Auflage: »Der philosophische Kritizismus. Geschichte und System«. Leipzig: Engelmann (Bd. I) bzw. Kröner (Bd. II und III).

Band I/1908:	»Geschichte des Philosophischen Kritizismus«. Mit einem Namens- und Sachregister von H. Lindau.
Band II/1925:	»Die sinnlichen und logischen Grundlagen der Erkenntnis«. Mit einem Geleitwort von Eduard Spranger und Hans Heyse.
Band III/1926:	»Zur Wissenschaftstheorie und Metaphysik«. Hrsg. v. Hans Heyse. und Eduard Spranger mit einem Sachregister von H. W. Thiemer.

Dritte Auflage: »Der philosophische Kritizismus. Geschichte und System«. Leipzig: Kröner.

Band I/1924:	»Geschichte und Methode des philosophischen Kritizismus«.

Mit Blick auf die vorgenommenen Revidierungen heißt es: »Unverändert, unerschüttert ist nur der Standpunkt der früheren Schrift geblieben.«[17] Der Autor kennzeichnet diese Überarbeitungen auch als »zweite, neu verfasste Auflage«[18] bzw. »zweite veränderte Auflage«[19].

17 PK I 1908, S. III.
18 PK I 1908.
19 PK II 1925; PK III 1926.

Inhaltlich betrachtet wurden in der Neuauflage von Band I (1908) die Textabschnitte über John Locke und David Hume, der philosophische Entwicklungsgang Kants sowie die Erörterung zur Methode des Kritizismus umgearbeitet. Die dritte Auflage des ersten Bandes von 1924 folgt bis auf einige wenige Berichtigungen dem Wortlaut der zweiten Auflage. Etwas anders verhält sich die Entwicklungsgeschichte von Band II.1 und II.2: Insbesondere Band II.1 wurde in Riehls letzten Lebensjahren noch einmal substanziell überarbeitet[20] und noch vom Autor selbst für den Druck vorbereitet. Band II.2 erfährt kleinere Änderungen und Erweiterungen. Dieser Teilband wurde bereits von Heyse und Spranger herausgegeben, nun allerdings als eigenständiger Band mit der Ordnungsziffer III.

3. Erweiterung des »Philosophischen Kritizismus« durch eine Wert- und Kulturphilosophie: Von Anfang an steht in Riehls Philosophie die Frage nach dem Zusammenhang von Philosophie und Wissenschaft im Vordergrund.[21] Mit der »Freiburger Antrittsrede« (1883) erweitert er diese Problemstellung explizit um die Frage nach dem Unterschied von *wissenschaftlicher und nichtwissenschaftlicher Philosophie*. In den Mittelpunkt rückt damit die Frage nach den Werten und deren Status – ein Problem, das bereits in »Moral und Dogma« (1872) aufgegriffen, allerdings wohl auch aufgrund der negativen Resonanz nicht weiterentwickelt wurde.[22] Zwar bleibt eine systematische Ausarbeitung von Riehls Wertephilosophie zeitlebens aus, nichtsdestotrotz finden sich in der 1902 veröffentlichten und bis 1925 zahlreich neu aufgelegten Vorlesungsreihe »Einführung in die Philosophie der Gegenwart« Grundzüge von Riehls Position. Diese werden weiter ausgearbeitet in »Von der Freiheit des Geisteslebens« (1910) sowie in dem 1913 in Princeton gehaltenen Vortrag »Der Beruf der Philosophie in der Gegenwart«. Im engeren Zusammenhang mit dieser Ausarbeitung einer ›nichtwissenschaftlichen Philosophie‹ ste-

20 Spranger/Heyse, Geleitwort, S. III.
21 Riehl, Grundzüge, S. 1–3; Begriff, S. 119–132.
22 Hammer/Hlade, Moral, S. 76–111.

hen außerdem Riehls Überlegungen zur Ästhetik, im Zuge derer er sich u. a. mit dem Bildhauer Adolf von Hildebrand - »Bemerkungen zu dem Probleme der Form in der Dichtkunst« (1897)[23] - und Friedrich Nietzsche - »Friedrich Nietzsche. Der Künstler und der Denker« (1897)[24] - auseinandersetzt. In diese Zeit fällt außerdem Riehls Freundschaft mit dem Architekten Ludwig Mies van der Rohe, auf den er maßgeblich gewirkt hat.[25]

Forschungsstand

Carl Siegel hält 1932 in seiner Festschrift fest, dass »Alois Riehl [...] zweifellos zu den führenden Denkern der letzten 50 oder 60 Jahre«[26] gehört. In gleicher Weise nennt auch Heinrich Rickert in seinem Rückblick auf eine philosophische Epoche Riehl, gemeinsam mit Hermann Cohen und Wilhelm Windelband, als einen, der besonders »eigenständige und charakteristische Gedanken«[27] entwickelt hat. Martin Heidegger wiederum führt - allerdings im Versuch einer kritischen Distanzierung gegenüber dem Neukantianismus - Riehls wissenschaftstheoretischen Standpunkt gemeinsam mit denen von Cohen, Windelband, Rickert und Erdmann an[28].

Knapp 100 Jahre später hat sich die Situation maßgeblich verändert. Riehl wurde im Gegensatz zu Cohen und Windelband nie zu einer Leitfigur einer eigenen neukantischen Schule und konnte daher auch keine vergleichbare Wirkung auf Schülerinnen und Schüler ausüben. Trotzdem sind direkte Einflüsse u. a. auf Eduard Spranger (1882–1963), Heinrich Scholz (1884–1956), Heinrich Rickert (1863–1936), Richard Hönigswald (1875–1947), Heinrich Maier (1867–1933) und Ilse Rosenthal-Schneider (1891–1990) nach-

23 J. Meer, Ideen, S. 455–475.
24 Zhavoronkov, Dinge, S. 437–474.
25 Naehring, Konservativismus, S. 22–47; Meer / Motta, Mies, im Ersch.
26 Siegel, Riehl, S. 5.
27 Rickert, Riehl, S. 164.
28 Heidegger, Disputation, S. 275.

weisbar. Darüber hinaus beeinflusste Riehl u. a auch Denker wie Moritz Schlick (1882–1936), Herbert Feigl (1902–1988) und Hans Reichenbach (1891–1953).

Die Wirkungsgeschichte des »Philosophischen Kritizismus« und der Philosophie Riehls im Allgemeinen ist insbesondere durch die spezifische Situation im Spannungsfeld zwischen Neukantianismus und Neopositivismus gekennzeichnet. Mit den sehr heterogenen Strömungen des Neukantianismus[29] teilt Riehl einen gegen den Materialismus, Empirismus und Positivismus gerichteten Anti-Psychologismus sowie eine gegen den deutschen Idealismus gerichtete Metaphysikkritik. Er grenzt sich zudem explizit gegen Johann Friedrich Herbarts Realismus, die Willensmetaphysik Arthur Schopenhauers und die psychologische Kantforschung von Jakob Friedrich Fries und Friedrich Eduard Beneke ab. Wie Cohen und Windelband interpretiert Riehl Kants Philosophie als Epistemologie. Im Gegensatz zum Marburger und Südwestdeutschen Neukantianismus entwickelt er das Ding an sich als ontologisch unabhängige Basis und lässt es nicht als Grenzbegriff oder regulative Idee aufgehen. Die scheinbar größte Schwäche der Kantischen Philosophie wird bei Riehl damit zur wichtigsten Stärke.

Lange Zeit wurde in der Forschung übersehen, dass Riehls Realismus neben den philosophischen Konzepten von Richard Hönigswald und Robert Reininger einen Teil eines durchaus eigenständigen österreichischen Neukantianismus bildet.[30] Gemeinsamer Nenner ist dabei ein auf dem Begriff des Erlebens (Hönigswald) bzw. Empfindens (Riehl / Reininger) aufbauender Kritizismus.[31]

Die besondere Betonung der Empfindung als Fundament der Epistemologie rückt Riehls »Philosophischen Kritizismus« außerdem in ein Naheverhältnis zum Empirismus. Dabei ist seine Phi-

[29] Köhnke, Entstehung, S. 213; Beiser, Genesis, S. 3; Flach / Holzhey, Erkenntnistheorie, S. 10–13.

[30] Zu den Kriterien der Austriazität siehe Gombocz, Vorwort, S. 12.

[31] Siehe dazu vor allem Zeidler, Transzendentalphilosophie, S. 113–121, aber auch Bonnet, Kant, S. 125–142.

losophie von besonderer Bedeutung für den entstehenden logischen Positivismus des Wiener Kreises.[32] Die gemeinsamen Schnittstellen liegen in der dezidierten Metaphysikkritik sowie den Auffassungen, dass gesichertes Wissen in den positiven Wissenschaften zu suchen ist und dass Kritik die Grundlage der positiven Philosophie bildet. Ein direkter Einfluss lässt sich zudem auf Moritz Schlicks realistische Positionierung in der »Allgemeinen Erkenntnislehre« (1918/25) nachweisen, in der Riehl mehr als 20-mal zitiert wird, sowie auf die an Schlick anschließenden Arbeiten von Herbert Feigl.[33] Aus diesen Gründen entsteht bereits früh die Ansicht, dass Riehl eher als Positivist denn als Neukantianer richtig zu interpretieren sei[34] – eine Position die verschiedentlich vertieft wurde[35]. Riehl lehnt allerdings im Gegensatz zu Teilen des logischen Empirismus die Auffassung ab, dass die Philosophie durch die positiven Wissenschaften ersetzt werden könne. Sein Standpunkt unterscheidet sich maßgeblich durch die angenommene Normativität von Raum und Zeit sowie die logischen Prinzipien der wissenschaftlichen Erfahrung. Im entstehenden Neopositivismus gilt Riehls »Philosophischer Kritizismus« folglich als positiver Referenzpunkt, steht aber auch für die zu überwindende Transzendentalphilosophie Kants.

Ein Meilenstein in der Forschung zu Riehl war die von der Universität Graz herausgegebene und von Carl Siegel verfasste Festschrift mit dem Titel »Alois Riehl. Ein Beitrag zur Geschichte des Neukantianismus« (1932). In dieser werden neben historischen Hintergründen die zentralen philosophischen Themenschwerpunkte überblicksartig dargestellt.

Der Aufstieg des logischen Empirismus führte dazu, dass der philosophische Diskurs über die Wissenschaften später überwie-

32 Heidelberger, Kantianism, S. 227; Neo-Kantianism, S. 19.

33 Wendel / Engler, Bericht; Neuber, Schlick, S. 207–237; Heidelberger, Neo-Kantianism, S. 26–48.

34 Maier, Riehl, S. 573; Köhnke, Entstehung, S. 42.

35 Heidelberger, Neo-Kantianism, S. 26–48; Neuber, Schlick, S. 207–237; Ferrari, Ursprünge, S. 93–131.

gend im Rahmen der analytischen Philosophie stattfand[36], in der Riehl aufgrund seines kantisch geprägten Aufbaus des »Philosophischen Kritizismus« nicht berücksichtigt wurde. In der 2. Hälfte des 20. Jahrhunderts gab es nur sehr wenige Ausnahmen, in denen Riehls Philosophie historisch wie systematisch untersucht wurde.[37] Die Forschungslage hat sich in den letzten Jahren allerdings zunehmend verbessert.[38] Nichtsdestotrotz fehlt bis heute eine systematische Aufarbeitung zentraler Theorieelemente von Riehls Philosophie. Ein erster Schritt dazu ist mit dem 2021 erschienenen Sammelband »Kant in Österreich. Alois Riehl und der Weg zum kritischen Realismus«[39] gelungen.

»Geschichte und Methode des Philosophischen Kritizismus«

Riehl hat zum Zeitpunkt seiner Ernennung zum ordentlichen Professor an der Universität Graz bereits den ersten Band des »Philosophischen Kritizismus« veröffentlicht – dieser erschien 1876 beim Verlag Wilhelm Engelmann. Zu diesem Zeitpunkt scheint das Buch schon »seit geraumer Zeit vollendet«[40] gewesen zu sein, wie Riehl in der Vorrede anmerkt, allerdings wurde der Druck durch

36 Ferrari, Ursprünge, S. 11–30.

37 Ritzel, Studien; Jung, Realismus; Gerhardt, Empiriker; Perger, Popper; Grillenzoni, Riehl; Röd, Herbartianismus, S. 132–140; Realismus, S. 111–128; Erkenntniskritiker, S. 25–37; Vertreter, S. 627–644; Köhnke, Entstehung, S. 372–376; Rutte, Bemerkungen, S. 129–141; Goller, Riehl, S. 530–558; Orth (Hrsg.), Neukantianismus; Kultur, S. 283–293; Pettoello, Herbart, S. 347–366; Zeidler, Transzendentalphilosophie, S. 113–139.

38 Heidelberger, Kantianism, S. 227–247; Neo-Kantianism, S. 26–48; Wurzeln, S. 263–294; Virone, Sentio, S. 263–289; Beiser, Genesis, S. 531–573; Biagioli, Cohen, S. 83–105; Neuber, Grenzen, S. 207–236; Realismus, S. 78–83; Gülberg, Riehl, S. 1–32; Nordmann, Realism, S. 249–274; Hansen, Beiträge, S. 64–74; Hammer / Hlade, Moral, S. 76–111; Meer, Raum, 1–28; Cogito, 1–24; Meer / Motta, Riehl, im Ersch.; Naehring, Konservativismus, S. 22–47.

39 Meer / Motta (Hrsg.), Kant.

40 PK I 1876, S. VI.

ein »unvorhergesehenes Missgeschick«[41] verzögert. Bei dem angesprochenen Missgeschick handelte es sich um den Konkurs des Leipziger Verlags Veit & Comp., bei dem der »Philosophische Kritizismus« ursprünglich erscheinen sollte, wie aus einem Brief Riehls vom 11. Oktober 1975 hervorgeht[42].

Riehl entwirft in Band I eine Geschichte des Kritizismus und positioniert seine eigenen philosophischen Arbeiten darin. Wichtigster Bezugspunkt ist dabei Kants »Kritik der reinen Vernunft«, deren empiristische Quellen und systematische Lehrstücke rekonstruiert werden: Im Gegensatz zu Hermann Cohen (1842–1918)[43] sieht Riehl die Quellen für Kants Philosophie nicht in Platon, René Descartes und Gottfried Wilhelm Leibniz, sondern erarbeitet die Zusammenhänge mit den Empiristen John Locke (1632–1704) und David Hume (1711–1776) sowie den Einfluss von Christian Wolff (1679–1754), Johann Heinrich Lambert (1728–1777) und Johannes Nikolaus Tetens (1736–1807). Zentrale Impulse dazu kamen von dem heute meist nur noch über Friedrich Engels »Anti-Dühring« (1877) bekannten Eugen Dühring (1833–1921), der bereits Locke und Hume als Quellen der Kantischen Philosophie[44] rekonstruierte und dessen Buch »Kritische Geschichte der Philosophie von ihren Anfängen bis zur Gegenwart« Riehl in der zweiten Auflage rezensierte.[45] Eine zentrale Opposition bilden dabei Arthur Schopenhauers Kantkritik, Johann Friedrich Herbarts anthropologische und Jakob Friedrich Fries' psychologische Lesart sowie die von Georg Wilhelm Friedrich Hegel geprägte Kantlesart Kuno Fischers.

In exegetischer, aber auch kritischer Auseinandersetzung mit der »Kritik der reinen Vernunft« entwickelt Riehl eine realistische Interpretation der Annahme des Dings an sich, eine objektivisti-

41 PK I 1876, S. VI.

42 Alois Riehl an Duncker & Humblot. Graz, 11. Oktober 1875 (unpubliziert).

43 1872 rezensierte Riehl Cohens Buch »Kants Theorie der Erfahrung« (Riehl, Aprioritätslehre, S. 212–215).

44 Dühring, Geschichte, S. 316–456 (siehe dazu die Referenztexte Riehls im Anschluss an den »Philosophischen Kritizismus«).

45 Riehl, Geschichte, S. 165–179.

sche Interpretation der Methode des Kritizismus und einen psychophysischen Parallelismus (bzw. Monismus).

Der erste Band des »Philosophischen Kritizismus« teilt sich in zwei Abschnitte, von denen der erste »Die geschichtlichen Voraussetzungen der kritischen Philosophie Kants« darstellt und der zweite »Die Methode des Kritizismus Kants« entwickelt. Beide Abschnitte teilen sich in drei Kapitel: In Abschnitt eins werden »Locke als Begründer des psychologischen Kritizismus«, »Humes skeptischer Kritizismus« und die »Einflüsse Wolffs auf Kant« sowie im selben Kapitel die »Bestrebungen von Lambert und Tetens« kritisch dargestellt. In Abschnitt zwei handelt Riehl von der »Ausbildung der kritischen Methode«, der »Dissertation vom Jahr 1770 und der ferneren Ausbildung der Vernunftkritik« sowie der »Methode der Vernunftkritik«. Als roter Faden ziehen sich die Themen ›Form und Materie‹, ›Raum und Zeit‹, ›Kausalität‹ und das ›Verhältnis von theoretischer und praktischer Philosophie‹ durch alle Kapitel.

Der erste Band des »Philosophischen Kritizismus« ist als ein Buch über Kant zu lesen, was nicht nur durch die Proportion und Detailliertheit der Ausführungen deutlich wird, sondern vor allem auch durch die thematische Linie des Fortschritts hin zu Kants Kritizismus. Riehl entwickelt ein Spannungsverhältnis von philosophischem Kritizismus und kritischem Realismus. Durch dessen historische Lokalisierung und systematische Ausarbeitung nimmt das Buch in der Geschichte der Philosophie und Wissenschaften eine einzigartige Stellung ein und kann immer noch als höchst aktueller Versuch einer ›Integrated History and Philosophy of Science‹ gelesen werden.

Die zentralen inhaltlichen Ausführungen Riehls finden sich nachstehend zusammengefasst.

Vorrede: Riehl eröffnet die Vorrede mit einer Bestimmung des Begriffs ›Kritizismus‹. Dieser Terminus reicht bis in die Antike zurück und findet sich wieder bei Descartes, Locke, Hume und Kant. Dabei ist ›Kritizismus‹ nicht mit ›Skeptizismus‹ zu verwechseln, Ersterer bildet vielmehr eine ›Grundlegung der positiven Philosophie‹, weshalb ihr Wesen ›methodisch‹ und ›propädeutisch‹ ist.

Der Fokus von Band eins liegt auf der ›Methode Kants‹, die rekonstruiert werden soll, um sie in den Folgebänden mit den ›positiven Wissenschaften‹ in Zusammenhang zu bringen. Für Riehl sind die Philosophie und die Naturwissenschaft eng miteinander verbunden – Letztere hat von der Kantischen Philosophie ihren Ausgangspunkt genommen, gleichzeitig hat aber die Philosophie ›von der Naturwissenschaft zu lernen‹. Hermann Cohen und Robert Zimmermann werden von Riehl als die wichtigsten Bezugspunkte für seine Kantinterpretation genannt. Die Arbeiten von Friedrich Paulsen und Carl Göring waren Riehl vor der Publikation bereits bekannt, wurden aber nicht mehr umfassend in die Arbeit miteinbezogen. Darüber hinaus weist er explizit auf zwei Schriften Dührings als Einflussquellen hin.

Einleitung: Riehl gliedert die Einleitung in fünf Paragraphen, in denen er einen Bogen von der Vorgeschichte des Kritizismus bis zu Kant spannt und in kritischer Abgrenzung eine Geschichte der Missdeutungen der Kantischen Philosophie im 19. Jahrhundert skizziert. (§ 1) Lockes, Humes und Kants Philosophie verbindet die Abkehr von der ›Betrachtung der Dinge‹, um deren Bedingungen zu erforschen. In dieser Weise wird der Kritizismus zur ›allgemeinen Erkenntniskritik‹ und zur ›Grundlegung der Theorie der Wissenschaft‹. Die dadurch gewonnenen Grenzbestimmungen des Wissens bringen ihn wiederum in Opposition zur Metaphysik. In dieser Funktion leistet der philosophische Kritizismus für die positiven Wissenschaften wichtige Dienste, da mit seiner Hilfe der ›metaphysische Trug‹ – wie bei den Grundbegriffen ›Materie‹ und ›Kraft‹ – aus den Wissenschaften getilgt wird. (§ 2) Der philosophische Kritizismus nimmt seinen Anfang in der Antike etwa bei Demokrit, Protagoras, aber auch bei Platon, in der es zum ersten Mal zu einer Grenzziehung zwischen ›Objektivem‹ und ›Subjektivem‹ kommt und die Frage nach dem ›Wesen der Erkenntnis‹ entsteht. Erst in der frühen Neuzeit aber beginnt die ›eigentliche Geschichte‹ des philosophischen Kritizismus, wie insbesondere anhand der ›Funktion des Skeptizismus‹ deutlich wird. Die Philosophie Descartes' stellt den Anfang dieses Kritizismus dar, aber dem von ihm initiierten Aufschwung fehlte die Nachhaltigkeit, weshalb erst Lockes ›psychologisch begründeter‹ den tatsächlichen Ausgangspunkt bildet. (§ 3) Mit Kant erreicht die Entwicklung des ›philosophischen Kritizismus‹ das Stadium eines ›wissenschaftlichen Kritizismus‹, wie insbesondere durch die Übereinstimmung mit den Naturwissenschaften (der Physiologie) deutlich wird. Dafür ist aber eine ›kritische Verständigung‹ über diese nötig, insbesondere da, wo sie sich scheinbar gegen ihre eigene Methode und Teile ihrer Ergebnisse richtet – das sind ihr ›versteckter und problematischer Dualismus‹, die Annahme eines ›überweltlichen Seins‹ im Rahmen der praktischen Philosophie, die ›Doppelseitigkeit des Systems‹ und die rudimentären Reste einer ›psychologischen Methode‹. Für eine solche kritische Verständigung sind zwei Punkte zu berücksichtigen, ohne die es zu einer ›Missdeutung‹ kommt: Erstens bezieht sich Kant auf eine Naturwissenschaft, der 100 Jahre an Entwicklung fehlt und die weder die ›Erhaltung der Kraft‹ noch den ›selbstgenügsamen Mechanismus des Systems der Dinge‹ kennt. Zweitens entstammt die Kantische Philosophie ihrem äußeren Herkommen nach der Wolffischen Schule, aus der er große Teile des ›Sprachgebrauchs‹ tradiert. Unter Berücksichtigung dieser Voraussetzungen besteht Kants epochemachende Leistung darin, ein Verfahren entwickelt zu haben, durch das die objektive Gültigkeit und die Grenzen der Begriffe erkannt und bewiesen werden können, unabhängig von jeder psychologischen Annahme über ihre Entstehung. Das ›Dasein der Dinge‹ – ihre Existenz – steht folglich für Kant außer Frage; sein Kritizismus ist in diesem Sinne ›Realismus‹. Nach Riehl bedarf es nur einer ›konsequenten Fortsetzung‹ dieser Einsichten, um die obig genannten Widersprüche zu überwinden. (§ 4) Riehl weist auf die Beschränktheit des ›Zwecks der kritischen Philosophie‹ Kants hin, die ›Propädeutik‹ ist und dementsprechend nur die ›Grundzüge einer Wissenschaftstheorie‹ entwickelt. Dabei ist es ein Mangel, dass sie nur die ›ideellen‹ und nicht die ›empirischen Erkenntnisfaktoren‹ ausführt, wiewohl Kant deutlich macht, dass es erst dieses ›Bestimmte‹ und ›Faktische‹ ist, das in die formale Erkenntnis Inhalt bringt. Kant, der sich dieser Beschränktheit bewusst war, habe seinen Studierenden daher geraten, die Kritik nicht zu noch höheren Prinzipien fortzuführen, sondern den Übergang zu besonderen Wissenschaften, etwa der Mechanik, Physik, Chemie, Physiologe, herzustellen, wie er dies auch selbst in weiterführenden Schriften tat. Gerade die Eliminierung des Stoffes (bei Fichte) war es aber, die in der Folge zu einer ›scheinbaren Überbietung Kants‹ führte, aber eigentlich eine Abkehr von seiner Philosophie war. (§ 5) Kant tradierte die Gewohnheit der Wolffischen Schule – insbesondere in Baumgartens Metaphysik –, unter ›psychologischen Überschriften‹ ›logische‹ und ›metaphysische Probleme‹ zu untersuchen. Die in dieser Weise generierte Terminologie Kants hat den Vorteil, dass sie einen hohen Grad an Genauigkeit aufweist. Gleichzeit verleitet sie ihn, so Riehl, aber auch zu einem Systemzwang, wodurch ›Symmetrie‹ und ›Ordnung‹ für ›wirkliche Erklärung‹ ausgegeben werden. Kants Begrifflichkeit, so Riehl, ist heute nicht mehr ›ohne weiteres‹ verständlich, ihr Sinn muss daher in einer historischen Analyse wiedergefunden werden, wie sich am Begriff ›Möglichkeit der Erfahrung‹ exemplarisch zeigt.

Locke als Begründer des psychologischen Kritizismus: Riehl gliedert das Locke-Kapitel in zwölf Paragraphen, in denen er die Entstehung des ›psychologischen Kritizismus‹, dessen Grundzüge und Begrenztheit rekonstruiert. (§ 1) Locke ist der Begründer des ›kritischen Philosophierens‹, indem er allem Denken die ›Reflexion auf das Erkenntnisvermögen‹ durch die ›Erforschung der Abstammung der Begriffe‹ voranstellt. Hierin liegt aber gleichzeitig auch die ›Schranke‹ seines Verfahrens – Erkenntniskritik besteht nicht in einer Untersuchung der ›Quellen der Begriffe‹, sondern deren ›objektiver Gültigkeit‹. (§ 2) Riehl weist auf Probleme in Lockes zentraler Unterscheidung von ›Sensation‹ und ›Reflexion‹ hin. Diese betreffen vor allem den Status der Reflexion, die der Sensation untergeordnet ist. Basierend auf dieser Unterscheidung werden die Formen des eigenen Denkens durch eine ›Wahrnehmung zweiter Instanz‹ erfasst. Nichts wird dadurch aber ›vom Grunde der Gültigkeit‹ und den ›Grenzen ihres Gebrauchs‹ gesagt. (§ 3) Im Gegensatz zu Descartes' Dogma ›des Angeborenseins inhaltlicher Begriffe‹ stammt der ›Inhalt aller Begriffe‹ für Locke aus den Eindrücken der Sinne. Das bedeutet aber nicht, dass er das ›Angeborensein einer formalen Fähigkeit zu Begriffen‹ leugnet, sein Empirismus schließt den Nativismus nicht aus – diese Fähigkeit wurde aber nicht konsequent genug erfasst. (§ 4) Locke unterscheidet zwischen ›einfachen Vorstellungen‹ und ›zusammengesetzten‹. Erstere lassen sich in ihre Bestandteile, ›einfache Ideen‹, auflösen. Sie können sowohl aus einer der beiden Erkenntnisquellen als auch aus einer Mischung beider stammen. Als Kriterium der ›Einfachheit‹ gilt Locke die ›Unabhängigkeit voneinander‹ – sie lassen sich nicht ›vertilgen‹ oder ›erzeugen‹. (§ 5) Locke unterscheidet ›primäre Qualitäten‹ von ›sekundären‹: Erstere – wie die ›Solidität der Teile‹, ihre ›Gestalt‹, ›Anzahl‹ und ›Beweglichkeit‹ – sind unveränderlich. Deckungsgleich ist dabei die Gestalt des ›wirklichen Dings‹ und ihre ›Vorstellung‹. Bei ›sekundären Qualitäten‹ hingegen – wie den Eindrücken ›Rot‹, ›Grün‹ und ›Violett‹ – fehlt das ›Merkmal der Konstanz‹ und der ›begreifliche Zusammenhang‹. Darüber hinaus sieht er sie in einer Abhängigkeit zu den primären, wodurch er die ›Theorie der spezifischen Sinnesenergien‹ antizipiert und eine erste ›rationale Theorie der Empfindung‹ entwickelt. Da Locke auch die ›objektiven Vorstellungen‹ als Empfindungen auffasst, kann er die eingeführte Differenzierung nicht streng begründen. Aus diesem Grund kritisieren Berkeley und später auch Hume diese als ›bloße Abstraktion‹. (§ 6) Es ist Lockes Verdienst, die ›Grenze des Erkennens‹ in der Empfindung bestimmt zu haben – eine Grenze, die nach ihm nicht mehr verschoben wurde: Alles ›wirkliche Wissen‹ geht von ihr aus und kehrt zu ihr zurück. Locke vertritt folglich einen ›Realismus der Empfindung‹. Die ›Grenze unserer Begreiflichkeit‹ besteht darin, dass in der Natur das ›Gesetz der Stetigkeit‹ herrscht, das menschliche Denken aber auf ›Klassifikation‹ beruht. (§§ 7–8) Nach Locke ist die Vorstellung des ›Raumes‹ (und parallel dazu der ›Zeit‹) zusammengesetzt aus einer ›sinnlichen Grundlage‹ (Empfindungen, einfache Ideen) und der ›verbindenden Tätigkeit des Verstandes‹, die ein ›ursprünglich synthetisches Element bildet‹. Er erkennt dadurch die ›produktive Anschauung‹ richtig; aufgrund seiner psychologischen Methode denkt er sie aber als ›gegebene Anschauung‹ und nicht als Form – daraus entstehen Widersprüche zu anderen seiner Theorieelemente. Parallel zur Raumvorstellung findet Locke im ›psychologischen Maß der Dauer‹ das Empfindungselement der Zeitvorstellung. Die Argumente gegen die Raumtheorie lassen sich folglich auch gegen die Ableitung der Zeit aus Empfindungen wenden. (§ 9) Locke löst alle ›Unendlichkeitsbegriffe‹ in der ›Unendlichkeit der Zahl‹ auf und reduziert damit das ›Problem des Unendlichen‹ auf seinen einfachsten Ausdruck: die Unendlichkeit des Raumes und die Dauer sind nur die ›Summierung ihrer Teile‹. Nach Riehl befreit Locke das ›Problem des Unendlichen‹ damit aus dem ›metaphysischen Nebel‹ (in dem noch Kant steckt). (§ 10) Lockes ›psychologische Kritik‹ richtet sich vor allem gegen den metaphysischen Begriff der ›Substanz‹. Dieser stammt nicht aus der Erfahrung, sondern ist eine Vorstellung der »Einheit mannigfaltiger Empfindung‹, die aus der ›Tätigkeit des Verstandes‹ folgt. Locke bereitet mit dieser Einsicht der ›rein formalen Natur‹ des Substanzbegriffs wesentlich die Theorie Kants vor. (§ 11) Nach Riehl bleiben sowohl die mathematischen als auch die moralischen Begriffe Lockes ohne ›Anwendung auf die Natur‹ und ohne Einsicht auf die ›Tragweite der moralischen Erkenntnis‹. Beide bilden bloß ein Wissen ›unserer eigenen, subjektiven Vorstellungen‹, sind aber sowohl ›gewisses‹ als auch ›wirkliches Wissen‹. Problematisch bleibt dabei, warum diese ›Gesetze‹ zur prinzipiellen ›Erkenntnis des Wirklichen‹ angewendet und nicht ›empirisch vom Wirklichen‹ abgeleitet werden. (§ 12) Trotz der Vorbereitung eines philosophischen Kritizismus bleibt Lockes Philosophie psychologisch und ist daher keine unmittelbare Quelle der Kantischen Philosophie.

Humes skeptischer Kritizismus: Riehl gliedert das Hume-Kapitel in sechs Paragraphen, in denen er die Entstehung des skeptischen Kritizismus, dessen Grundzüge und Begrenztheit rekonstruiert. (§ 1) Mit Hume beginnt die ›zweite Epoche‹ des Kritizismus. Sein Prinzip ist ›positivistisch‹, seine Methode aber ›skeptisch‹ – nicht in seiner ›übertriebenen, pyrrhonischen‹, sondern einer ›milden, akademischen‹ Form. Sowohl in der ›theoretischen‹ wie in der

›praktischen Philosophie‹ bestreitet Hume das ›Vernunftprinzip‹, das heißt die Fähigkeit, ›ursprüngliche Verknüpfungen von Tatsachen zu erkennen‹, und das Vermögen, ›das Prinzip der sittlichen Beurteilung‹ ursprünglich zu erzeugen. Dabei unterschätzt er allerdings das ›logische Prinzip‹, das in den ›Einheitsbegriffen der Erfahrung‹ liegt – sein Positivismus bleibt daher unabgeschlossen. Kant kannte den Treatise wohl nicht und kommt zu einigen Fehleinschätzungen über Hume. (§ 2) Mit Hume rückt der Kausalitätsbegriff ins Zentrum der Betrachtung. Vorausgesetzt ist dafür seine Teilung der Vorstellungen in ›Impressionen‹ und ›Begriffe‹, die sich ihrem Grad nach aufgrund ihrer ›Lebhaftigkeit‹ unterscheiden: Es gibt eine Priorität der Empfindung vor den Begriffen – verbunden sind beide durch die (drei Gesetze der) Assoziation. Das Kausalitätsproblem entsteht daraus, dass bei ›häufiger wiederholter Verbindung‹ der fälschliche Eindruck einer Impression entsteht. Darüber hinaus entwickelt Hume aus dieser Teilung ein Kriterium seiner Metaphysikkritik: Begriffe (wie jener der ›Substanz‹), die sich nicht auf Eindrücke beziehen, sind sinnlos. Kritisch führt Riehl aus, dass Hume die Assoziationsfaktoren einseitig auf ihre psychologische statt logische Bedeutung hin untersucht und daher die ›Erfahrungserkenntnis‹ nicht begründen kann. (§ 3) Hume übernimmt und adaptiert die von Berkeley entwickelte Kritik der ›Allgemeinbegriffe‹, die dieser gegen Locke gewendet hat. Riehl kritisiert dies allerdings aufgrund einer falschen Konzeption von ›Begriff‹ und entwickelt mit expliziten Bezügen auf Dühring Kriterien seiner eigenen Begriffstheorie, deren Status er wiederum in Abgrenzung zu Kants Schematismus der Verstandesbegriffe verdeutlicht: Begriffe sind von Empfindungen unterschieden und können nicht aus diesen abgeleitet werden. Sie sind Formen und Gesetze, und ihre Quelle ist die ›Form des Bewusstseins‹. (§ 4) Riehl rekonstruiert Humes Raum- und Zeittheorie erstens ausgehend von seiner Widerlegung der ›unendlichen Teilbarkeit‹ dieser Vorstellungen – sie bestehen aus endlichen Bestandteilen der Empfindung. Der Raum ist die Ordnung ›sichtbarer und fühlbarer Punkte‹, die Zeit die ›Sukzession der Empfindung‹. Zweitens entwickelt er Humes Gedanken ausgehend von seiner Kritik an der Vorstellung des ›leeren Raums‹ – ein Vakuum würde eine Trennung von Raum und Empfindung bedeuten und ist daher unmöglich. Aufgrund dieser Aspekte wendet sich Hume gegen die Geometrie, die, so die Kritik, eine ›Wissenschaft der Relationen von Ideen‹ und nicht auf Empfindungen bezogen ist. Er bezweifelt folglich die Richtigkeit der ›angewandten‹, nicht der ›reinen Mathematik‹. Hume verwechselt dabei allerdings das ›Wirkliche‹ (Impressionen) mit der ›Form des Wirklichen‹: Die Abfolge von fünf Tönen gibt die ›Vorstellung der Zeit‹, ist aber selbst keine weitere Empfindung. Humes Standpunkt ist daher konsequent, aber ›verfehlt‹. Nach Riehl dürfen seine ›Angriffe auf die Geometrie‹ jedoch nicht unterschätzt werden, sie zeigen nämlich, dass sich seine ›skeptischen Einwände‹ gegen die Mathematik nur in einer Überwindung seiner ›falschen Vorstellung vom Begriff‹ lösen lassen: Der ›Gegenstand der Geometrie‹ ist nicht die ›sinnliche Anschauung‹, sondern die ›Anschauungsform‹. Die Mathematik ist für Riehl jene Wissenschaft, die den ›Leitfaden‹ liefert, wenn es um ›wahre Verknüpfung von Begriffen‹ geht. (§ 5) Kausalität wird bei Hume als erkenntnistheoretisches Problem behandelt. Dieses thematisiert er kritisch und sucht es darauf aufbauend mit seiner ›Theorie der Gewohnheit‹ positiv zu lösen. Riehl legt den Schwerpunkt auf den ersten Aspekt: Hume hat durch seine skeptischen Einwände die ›Philosophie der Wissenschaft‹ von dem ›falschen und täuschenden Kraftbegriff‹ befreit, indem er es als Erster konsequent gewagt hat, das ›oberste Prinzip‹ der ›tatsächlichen Erkenntnis‹ einer Prüfung zu unterziehen. Die ›kritische Kausalitätslehre‹ Humes ist dabei im Gegensatz zur ›dogmatischen‹ eines Descartes, Spinoza, Leibniz, Locke, Hobbes und Clarke ausgearbeitet worden. Basierend auf der Differenzierung von ›begrifflicher‹ und ›tatsächlicher‹ Erkenntnis stellt sich für Hume die Frage nach der Notwendigkeit letzterer. Deren Form besteht in einem ›Schluss von einer Tatsache auf einen Begriff‹ und ist folglich weder ein ›reiner Vernunftbegriff‹ noch wahrnehmbar – sie ist ein ›synthetisches Urteil‹. Humes Ziel war es allerdings nicht, den ›Überzeugungsgrad‹ der Kausalitätsschlüsse zu schwächen, er wollte vielmehr deren spezifischen Status klären. Dafür ist seine Unterscheidung zwischen ›subjektiver‹

und ›objektiver‹ Notwendigkeit Voraussetzung. Der ›Glaube‹ wird dabei im Sinne ersterer durch ›Gewohnheit‹ erzeugt, diese wiederum durch die ›Konstanz der wahrgenommenen Verhältnisse‹. Kausalität ist daher ›beharrliche Kontiguität und Sukzession‹, die Wirkung der Gewohnheit wiederum eine ›Impression‹ – der Eindruck des Glaubens. Aus diesen Überlegungen zieht Hume Konsequenzen für seinen Freiheitsbegriff und entwickelt mit der Unterscheidung von ›Notwendigkeit im Sinne von Regelmäßigkeit‹ und ›Notwendigkeit im Sinne von Zwang‹ eine Lösung für das ›Willensfreiheitsproblem‹. In der Frage nach der ›Vernunft der Tiere‹ gelingt ihm darüber hinaus eine Verallgemeinerung der ›Theorie der Gewohnheit‹. Von allen, die Hume kritisiert haben – Riehl nennt Priestley, Reid, Poisson –, ist es Kant, der ihn am besten verstand: Hume ist also nicht der Opponent Kants, sondern dessen wichtigster Wegbereiter. Auch Riehl weist abschließend auf einige Probleme in Humes Theorie hin, deren Auflösung er in den folgenden Kapiteln verspricht. Diese betreffen die Frage des Instinkts als abgeleiteter oder ursprünglicher, den Status der Gewohnheit und das Fehlen einer Theorie des Urteils, in der diese Funktion nicht Empfindung ist. (§ 6) Humes Philosophie erschöpft sich nicht mit der theoretischen – er selbst gibt der praktischen den Vorzug und weist darin in ›indirekten Beweisen‹ die Gültigkeit der ersten nach. Thematisch wird dabei die ›Beweisbarkeit des Daseins‹ und der daraus entwickelte ›Phänomenalismus des Persönlichkeitsbegriffs‹ sowie die Annahme eines ›Ding an sich‹. Seine erkenntnistheoretische Betonung liegt auf der Frage nach der ›Beweisbarkeit‹, metaphysisch ist die ›Existenz von Außendingen‹ (die prinzipiell unbeweisbar ist) vorausgesetzt. Humes Methode der Untersuchung in der praktischen Philosophie verdient nach Riehl ›Beifall‹, auch wenn die Ergebnisse im Vergleich zu Kant falsch sind – sie gehören daher auch nicht direkt zur ›Geschichte des Kritizismus‹.

Die Einflüsse Wolffs auf Kant. Die kritischen Bestrebungen von Lambert und Tetens auf Kant: Riehl gliedert diesen Abschnitt in fünf Paragraphen, wobei Kants Verhältnis zu Wolff in drei und die Philosophie Lamberts und Tetens in jeweils einem dargestellt werden. (§ 1) Kants Absicht war es, den Rationalismus mit dem Skeptizismus zu vermitteln. Wolff und seine Schule spielen daher in allen seinen Entwicklungsstadien eine Rolle. Insbesondre die ›äußere Systemform‹ und ›Methode der Darstellung‹ haben ihren Ursprung bei Wolff, darüber hinaus bestehen aber auch Parallelen in ihrem ›Ausgangspunkt‹ und der ›Richtung‹ ihrer Forschung. (§§ 2–3) Riehl exemplifiziert die Gemeinsamkeiten anhand Wolffs Begriff der Philosophie und dem Satz vom Grunde als Prinzip, das sein System fundiert: Wie Wolff hat Kant die Philosophie als ›Wissenschaft der Möglichkeit‹ aufgefasst, nicht in einem psychologischen und genetischen, sondern einem logischen und objektiven Sinn. Beide separieren ›formale‹ von ›faktischer‹ Erkenntnis und verstehen die Philosophie als ›System reiner Vernunfterkenntnis‹. Kant spezifiziert allerdings die Frage nach der ›Möglichkeit der Dinge‹ zu jener der ›Möglichkeit der Erfahrung‹. Zur wolffischen ›Möglichkeit des Denkens‹ kommt bei Kant die ›Möglichkeit der Anschauung‹. Der Rationalismus wird somit durch einen Phänomenalismus eingeschränkt und aus der ›Vernunftdogmatik‹ eine ›Vernunftkritik‹. Abgelehnt wird von Kant folglich die wolffische Methode, die auf dem Satz vom Grund basiert, der die Verbindung zwischen der ›Wirklichkeit‹ und der ›Ordnung der Begriffe‹ stiftet. (§ 4) Riehl charakterisiert die zweite Hälfte des 18. Jahrhundert als eine Zeit, in welcher der ›wissenschaftliche Kritizismus‹ bereits latent greifbar war. Die wichtigsten Versuche stammen dabei von Heinrich Lambert und Johannes Nikolaus Tetens, nicht zu vergessen sind aber auch jene von Johann Christian Lossius. Lambert versucht, zwischen Wolffs und Lockes Philosophie zu vermitteln. Er kritisiert Wolffs ›Ausgangspunkt in Definitionen‹, der auf einer missverstandenen Methode Euklids basiert – statt vom ›Allgemeinen‹ ist vom ›Einfachen‹ auszugehen, wodurch er sich der Philosophie Lockes annähert. Aus der Bestimmung des ›Einfachen‹ entsteht auch seine ›logisch-metaphysische‹ Kategorienlehre – dieser fehlt es aber an einem Prinzip. Darüber hinaus ist die prinzipielle Unterscheidung zwischen dem ›reinen Teil der Erkenntnis‹ und dem ›Anteil der Erfahrung‹ bzw. zwischen ›Form‹ und ›Stoff‹ für die Entwicklung Kant besonders wichtig, wie Riehl mit Blick auf die Ausführungen zu den ›Prinzipien der Mechanik‹ nachweist. Das ›Apriori‹ versteht er im Sinne der wolffischen Schule als logische und nicht psychologische Notwendigkeit – auch hier folgt ihm Kant. Lambert wird damit zum ›direkter Vorgänger‹ von Kants Kritizismus, mit dem er noch in den 1760er Jahren die Methode und selbst die Fragestellung teilte. (§ 5) Das Verhältnis von Tetens und Kant ist beidseitig. Kant schätzt Tetens' Versuche sehr, sie bilden einen zentralen Bezugspunkt während der Ausarbeitung der »Kritik der reinen Vernunft«; gleichzeitig erfährt aber auch Tetens von Kant (insbesondere durch die Dissertation) Impulse, um seine psychologischen Analysen auszuführen. Nach Riehl zeigt das Verhältnis von Tetens und Kant deutlich die Grenzen einer rein ›psychologischen Untersuchung‹ auf: Tetens versucht, Humes Skepsis einer psychologischen Kritik zu unterziehen, scheitert aber und weist damit implizit nach, dass es sich nicht um ein ›psychologisches Problem handelt‹. In diesem Sinne formuliert er bereits in Grundzügen die ›Hauptfrage der ersten Kritik‹, ohne aber den ›Grund der Notwendigkeit der Verbindung‹ einer ›subjektiven Logik‹ mit den ›Dingen und Vorgängen‹ nachzuweisen. Ein zentrales Problem betrifft dabei Tetens' Lehre von Raum und Zeit, die Anschauungen sind, nicht Begriffe. Gleichzeit hat er aber mit der gegenseitigen Bedingtheit von inneren und äußeren Vorstellungen wichtige Einsichten formuliert, die sich u. a. in Kants ›Widerlegung des Idealismus‹ wiederfinden. Mit Locke, der den Ursprung der Begriffe untersucht, mit Hume, der nach deren Geltung fragt und feststellt, dass es keine ›Erkenntnis von Gegenständen durch Begriffe der Vernunft gibt, und schließlich mit Kant, der dieses Ergebnis einschränkt, indem er die Erkenntnis der ›Form der Erfahrung überhaupt‹ davon ausnimmt, ist für Riehl die (Vor)-Geschichte des Kritizismus rekonstruiert. Kants Durchbruch zu einem ›wissenschaftlichen Kritizismus‹ verdankt sich dabei einer neuen Methode, die er wiederum in Auseinandersetzung mit Wolff und Lambert (und zum Teil mit Tetens) gewinnt.

Ausbildung der kritischen Methode: Riehl gliedert das erste Kapitel zu Kants Methode in drei Paragraphen: Der erste gibt einen Überblick über den gesamten Abschnitt und die folgenden rekonstruieren Kants Entwicklung bis 1770. (§ 1) Anstatt sich über die ›äußere Form‹ von Kants Philosophie anzunähern – die ›scholastisch‹ ist –, will Riehl den Weg über ihre Entwicklung und Motive gehen. Nur so können zwei ›Missverständnisse‹ vermieden werden: Kants Methode sei eine psychologische und idealistische. Riehl hebt hervor, dass Kant die Elemente des Kritizismus bereits vorfindet – die Erneuerung der Methode war der tatsächliche Fortschritt. Im Gegensatz zu den Analysen Fischers zeigt Riehl, dass sich diese erst ab 1769 ausbildet. Der ›eigentliche Untersuchungsgegenstand‹ ist daher nur die Entwicklung von 1770 bis 1781. Die Analyse der Schriften davor dient allerdings zur Abgrenzung der ›neuen Methode‹. In Opposition zu Fischers ›Stetigkeitsvorstellung der Entwicklung der Kantischen Philosophie‹, aber im Einklang mit Äußerungen Kants selbst werden Fischers Thesen von Riehl ausführlich geprüft, widerlegt und eine sogenannte ›Epigenese‹ der kritischen Methode in Aussicht gestellt: Die Schriften vor 1770 können eine ›Ankündigung‹, teilweise eine ›Vorwegnahme‹ der Kritischen Philosophie, aber ihr auch diametral entgegengesetzt sein. Zudem lassen sich die Einflüsse Lockes, Humes, Wolffs und Rousseaus nicht strikt separieren, periodisieren und gleichsam als Stufenleiter der Entwicklung stilisieren. (§ 2) Kants ›Liebe zur Metaphysik‹ und ihre gleichzeitige ›Unvollkommenheit‹ haben ihn zur ›Reform der Methode‹ angespornt, so Riehl. Seine vorkritische Lösung besteht in einem ›Dualismus‹ eines ›sinnlichen‹ und ›intelligiblen Reichs‹. Riehl rekonstruiert diese Entwicklung kritisch aus der Perspektive des ›Monismus‹, der die Konsequenz aus den naturwissenschaftlichen Entdeckungen des letzten Jahrhunderts ist und auf den hin die Kantische Philosophie weiterentwickelt werden muss: Bis 1762 ist Kant fast ausschließlich als Naturforscher bekannt – was Riehl exemplarisch bespricht. Dabei ist er vor allem durch Newton geprägt und wird in der Verteidigung des ›absoluten Raums‹ gegen Leibniz und Wolff zum ›wichtigsten Newtonianer seiner Zeit‹. Durch die intensive Beschäftigung mit Newton kann sich Kant mehr und mehr von den ›Dogmen der wolffischen Philosophie‹ loslösen, der Methode bleibt er treu. In diesem Sinne sieht Riehl die »Monadologia Physika« in einem sehr engen Zusammenhang mit den kritischen Schriften: Kant erkennt dort am ›Unendlichkeitsproblem‹ den Gegensatz von ›Begriffsmetaphysik‹ und ›mathematischer Naturwissenschaft‹ und zieht daraus die Konsequenzen, sowohl die ›Form der Beweisführung der Metaphysik‹ zu vereinfachen als auch den ›Inhalt der Erkenntnis‹ neu zu bestimmen. Diese Einsicht wird in den »Träumen eines Geistersehers« weiter vertieft und führt bis zum Jahr 1770 in einen dogmatischen Dualismus der ›Welt nach der sinnlichen Form der Erscheinung‹ und nach der ›begrifflichen Erkenntnis ihres Seins‹. Die Transformation zum Kritizismus entsteht dabei erst durch die Frage, ›wie sich überhaupt Begriffe auf Objekte beziehen können«. (§ 3) Riehl hebt das ›Kausalitäts- und das Raumproblem‹ als die zentralen Schnittstellen in der Entwicklung der kritischen Methode hervor. Ersteres beschäftigt Kant bereits seit der Schrift von 1755, in der er die Unterscheidung von ›Real- und Idealgrund‹ ausgehend von Crusius einführt und – in kritischer Absicht gegenüber Wolff – den Satz vom Grunde in einen logischen und realen differenziert. Damit beschränkt er dessen Reichweite. Erst nachdem in der »Wahren Schätzung der lebendigen Kräfte« und »Von dem ersten Grunde des Unterschiedes der Gegenden im Raume« der Raum als ›sinnlicher Elementarbegriff‹ erkannt wurde, thematisiert Kant auch den ›allgemeinen Begriff der Kausalität‹. Vor allem in letztgenanntem Text weist er anhand ›inkongruenter Gegenstände‹ nach, dass der ›relationale Raumbegriff‹ jenen des ›absoluten Raums‹ voraussetzt. Im Gegensatz zum kritischen Projekt wird dem Raum noch eine ›eigene Realität unabhängig vom Dasein der Materie‹ zugeschrieben und nicht als ›Form des auffassenden Bewusstseins‹ gedacht.

Die Dissertation vom Jahre 1770 und die fernere Ausbildung der Vernunftkritik: Riehl gliedert das zweite Kapitel zu Kants Methode in drei Paragraphen: Der erste entwickelt den Standpunkt der Dissertation, der zweite die weitere Entwicklung bis zur ersten Kritik und der dritte diskutiert Vor- und Fehlurteile gegenüber der Methode der Vernunftkritik. (§ 1) Die Dissertation stellt einen spezifischen Standpunkt zwischen der vorkritischen und kritischen Philosophie dar. Der wesentlichste Unterschied zur letzteren liegt darin, dass Kant 1770 noch die ›Erkennbarkeit der Dinge selbst aus Begriffen« lehrt und die Sinnlichkeit folglich nicht die ›conditio sine qua non‹ aller Erkenntnis ist. Die Schrift entwickelt eine Ontologie oder, wie Riehl schreibt, eine ›Reallogik‹ und Kants Position stimmt bis auf die Lehre von Raum und Zeit mit dem ›dogmatischen Rationalismus‹ überein. Mit Blick auf die weitere Ausarbeitung findet Riehl bemerkenswert, dass der Ausgangspunkt eine ›kosmologische Antinomie‹ ist, die ein zentrales Motiv von Kants Denken bildet und in der er die Gegensätze ›Newton und Leibniz‹, ›Geometrie und Metaphysik‹ zuspitzt. Methodisch besteht das Ziel der Schrift darin, die Begriffe vom Sinnlichen zu separieren, um davon ausgehend die ›zwei Erkenntnisbereiche‹ nicht zu vermengen. Der Sache nach, so Riehl, ist die Unterscheidung von ›synthetischen‹ und ›analytischen Urteilen‹ bereits von Kant entwickelt. ›Denkbegriffe‹ haben dabei einen zweifachen Gebrauch, dieser kann ›logisch‹ oder ›real‹ sein, ersterer bezieht sich auf ›sinnlich gegebene Dinge‹ und erzeugt dadurch ›Erfahrung‹, zweiterer auf die ›Dinge bzw. Verhältnisse der Dinge selbst‹. Ein weiterer Unterschied zur Kritik besteht darin, dass die Begriffe 1781 aus der Urteilstafel deduziert werden, 1770 werden sie als von der Sinnlichkeit abstrahierte Vorstellungen aufgefasst. Ausgehend von diesem Zwischenstadium der Dissertation hebt Riehl zwei Missverständnisse in der Interpretation der »Kritik der reinen Vernunft« hervor: Diese anerkenne in allen Passagen und in beiden Auflagen ein ›Datum‹ bzw. ein ›Faktum der Erfahrung‹, das dem ›Bewusstsein gegeben‹ ist, und versteht die apriorischen Begriffe nicht als angeboren (wie Helmholtz meint), sondern ›aus den eigentümlichen Gesetzen des Bewusstseins abstrahiert‹. (§ 2) Für Riehl ist die Frage des ›Übergangs‹ von der Dissertation zur Kritik die entscheidende, um die ›kritische Methode‹ richtig zu verstehen. Hat die Dissertation die Trennung von ›sinnlicher Erkenntnis‹ und ›Verstandeserkenntnis‹ vorgenommen, ist es die Verbindung beider, die in der Kritik ›wirkliche gegenständliche Erkenntnis‹ ermöglicht. Die entscheidende Weiterentwicklung liegt folglich in der Transzendentalen Logik, nicht in der Transzendentalen Ästhetik – ein Punkt, so Riehl, der in der Forschung zumeist falsch eingeschätzt wird. Der Schlüssel dafür ist die 1772 bereits ›vollständig entdeckte‹ metaphysische Deduktion. Durch diese wird das ›Gedachte‹, nicht das ›Denken‹ (was psychologisch wäre) auf seine Entstehungsgründe hin untersucht und ›Verhältnisglieder‹ gefunden. Die transzendentale Deduktion wiederum beweist darauf aufbauend deren ›objektive Gültigkeit‹. Dabei war die ›Entdeckung der Abhängigkeit der Objekte der Erfahrung‹ von den ›Grundbegriffen des Denkens‹ für Kant so zentral, dass er sie mit der ›Hypothese des Kopernikus‹ vergleicht. (§ 3) Bevor Riehl im folgenden Kapitel Kants Kritizismus rekonstruiert, bündelt er in diesem Paragraphen noch einmal die zentralen Fehldeutungen dieser Philosophie, das heißt das ›psychologische‹ und das ›anthropologische Vorurteil‹, den ›Nativismusvorwurf‹ und den ›Idealismusvorwurf‹. Das psychologische Vorurteil wird insbesondere von Fries (und seiner Schule) vertreten, das anthropologische von Herbart – beide Positionen sind grundsätzlich falsch, weshalb auch die Unterstellung, Kant hätte diese Standpunkte antizipiert, aber nicht konsequent durchgehalten, falsch ist. Kant trennt vielmehr ›objektive Notwendigkeit‹ von ›subjektiver‹ und differenziert das Vorhaben der Kritik damit von diesen beiden Spezialwissenschaften – beiden, Fries und Herbart, ist dies nach Riehl entgangen. Eng verbunden mit diesen Vorurteilen ist der Nativismusvorwurf: Demgegenüber betont Riehl mit Bezug auf die Untersuchungen von Wundt, dass Kant angeborene Begriffe ablehnt: Alle Begriffe sind ›erworbene‹, reine Begriffe ›ursprünglich erworben‹. Gegenüber dem Idealismusvorwurf hebt Riehl noch einmal den Entwicklungsgang der kritischen Methode hervor. Aus diesem wurde deutlich, dass die Kritik im Vergleich zur Dissertation in einer ›Einschränkung reiner Erkenntnis‹ besteht, die Kant mit dem ›Idealismus‹ erreicht – dieser ist also ›Mittel, nicht Zweck der Beweisführung‹. Ein bewusstseinsunabhängiger Gegenstand (Ding an sich) steht dabei nicht zur Disposition. Nach Riehl ist Kants Idealismus ein ›Idealismus der Anschauungen‹ und ›Realismus der Dinge‹: Das Problem der Kritik ist nicht das ›Dasein‹, sondern die ›Erkennbarkeit der Dinge‹.

Die Methode der Vernunftkritik: Riehl gliedert das dritte Kapitel zu Kants Methode in sechs Paragraphen, in denen er ausgehend von der Problemstellung der Kritik deren Methode entwickelt. Letzteres geschieht mit Blick auf die metaphysische und transzendentale Deduktion, den Schematismus, die Grundsätze des Verstandes, die Unterscheidung von Ding an sich und Noumenon und die Dialektik. (§ 1) Schon mit der ›Hauptfrage‹ der Kritik, ›Wie sind synthetische Urteil a priori überhaupt möglich?‹, rückt die ›logische Form und Bedeutung des Urteils‹ in den Mittelpunkt. Dabei ist für Kant die Allgemeinheit dieser Frage wichtig, um auch die Dialektik als Kritik an falschen Urteilen miteinzuschließen. Das Urteil wird als ›begriffliche Vereinigung von Vorstellungen‹ eingeführt, dem die ›Beziehung auf ein Objekt‹ wesentlich ist und das ›gegebene Begriffe zur objektiven Einheit des Bewusstseins‹ bringt. Es differenziert sich nur aufgrund der ›Form seiner Einheitsfunktion‹ als hypothetisch, disjunktiv (oder kategorisch). Durch die Unterscheidung von ›analytischen‹ und ›synthetischen Urteilen‹ entwickelt Kant eine Differenzierung in der Form der ›Bildung von Urteilen‹. Riehl bespricht einige Probleme dieser Unterscheidung und hält als wesentlichen Punkt fest, dass erstere ihren ›verknüpfenden Grund in Begriffen‹ haben, letztere den ›Grund der Einheit in Anschauungen‹. ›Apriori‹ wiederum ist für Kant alles, was seinem Ursprung nach von der Erfahrung unabhängig ist, allerdings nicht in einem zeitlichen, sondern begrifflichen Sinn. Bei analytischen Urteilen ist ihre Apriorizität leicht einzusehen. Synthetische Urteile sind a priori, wenn sie sich auf eine reine Anschauung beziehen. Solche Urteile gibt es, wie Riehl mit Bezug auf die Naturwissenschaft und Mathematik zeigt – sie liegen faktisch vor. Abschließend ruft Riehl seinen Leserinnen und Lesern noch einmal die Begrenztheit der Vernunftkritik in Erinnerung. Unbeachtet darf in der Interpretation der Kritik, so Riehl, nicht gelassen werden, dass diese nur den »reinen Teil« der Erkenntnis untersucht, diese aber nicht darauf reduziere. Gegen Fischer wiederum verteidigt er die Priorität der ›synthetischen Methode‹ der Kritik gegenüber der ›analytischen‹ der Prolegomena. (§ 2) Im Mittelpunkt von Riehls Analyse steht die ›Analytik der Begriffe‹, die in diesem Paragraphen sehr ausführlich dargestellt wird. Beginnend mit der ›metaphysischen‹ und ›transzendentalen Erörterung‹ von Raum und Zeit, gefolgt von der ›metaphysischen‹ und ›transzendentalen Deduktion‹ der Kategorien sowie deren Vergleich in der ersten und zweiten Auflage erarbeitet Riehl die wechselseitige Bedingtheit von ›empirisch Gegebenem‹ und den ›Formen des Bewusstseins‹. (§ 2a) Riehl nimmt den Ausgangspunkt seiner Rekonstruktion in Kants Unterscheidung von metaphysischer und transzendentaler Erörterung. Erstere betrifft den Beweis der ›Tatsache reiner Erkenntnis‹ – hier des Raumes –, die selbst nicht wahrnehmbar ist, weshalb der Beweis aus Begriffen geführt werden muss. In Analogie zum ›Verfahren des Chemikers und der Chemikerin‹ gewinnt Kant durch Abstraktion die Anschauungsformen ›Raum und Zeit‹. Im Rahmen der transzendentalen Erörterung, die den ›Beweis der Gültigkeit‹ führt, ist die Ästhetik bereits auf die Analytik angewiesen. Riehl zieht dabei Kants Übertragung des Beweises für den Raum auf die Zeit in Zweifel: Zeit ist eher ein ›Denkbegriff‹ als ein ›Anschauungsbegriff‹. (§ 2b) Die transzendentale Logik abstrahiert von den ›besonderen Inhalten‹, allerdings nicht wie die formale Logik von ›allen Inhalten‹. Ihr Gegenstand ist der ›reine Inhalt‹ der Begriffe. Kants Neubegründung der philosophischen Methode basiert auf seiner Entdeckung, dass die Elementarbegriffe ihren Ursprung in den Urteilsformen haben. Kategorien sind ›logische Funktionen in Anwendungen auf Anschauungen‹ und unterscheiden sich von diesen folglich nur durch die ›Art ihres Gebrauchs‹. Riehl belegt seine Vermutung, dass es der Kausalitätsbegriff war und daran anschließend der Substanzbegriff, durch die Kant die Herleitung der Kategorien entdeckte. Unhinterfragt bleiben aber die Voraussetzungen in der formalen Logik, wodurch immanente Widersprüche in Kants Theorie entstehen, wie Riehl aufzeigt. (§ 2c) Bereits die metaphysische Deduktion legt fest, dass die Kategorien notwendigerweise auf formale bzw. empirische Anschauung angewiesen und ansonsten nichts als ›leere Formen des Denkens‹ sind. Die transzendentale Deduktion beweist die ›Rechtmäßigkeit‹ (im juristischen Sinne) dieser Begriffe und ist damit ›philosophische Grundlegung der Prinzipien der Erfahrung‹.

Begründet wird dabei nur die ›allgemeine Gesetzlichkeit der Erscheinungen‹, nicht die ›empirische‹: Nach Riehl werden die ›empirischen Anschauungen‹ durch die ›formalen‹ bestimmt, diese wiederum durch die ›Kategorien‹ – wird der Beweis der Verbindung letzterer mit den Anschauungsformen erbracht, gilt er auch für empirische Anschauungen. Das Verfahren der transzendentalen Deduktion ist kein psychologisches, denn die ›Vorstellung a priori‹ ist nicht der Ursprung der empirischen Vorstellung, sondern deren Form. Beginnt Kant in der ersten Auflage noch mit ›psychologischen Vorüberlegungen‹, tilgt er sie gänzlich in der zweiten. Nichtsdestotrotz rekonstruiert Riehl die drei Synthesen (Apprehension, Reproduktion, Apperzeption), um gegenüber anderen Interpretationen nachzuweisen, dass diese nicht idealistisch sind und der zentrale Gedanke Kants bereits vorhanden ist, wenn auch ›umständlicher‹. Die Deduktion weist weder einen (naiven) ›Realismus‹ noch einen ›Subjektivismus‹ nach, sondern legitimiert einen ›Phänomenalismus‹, dieser erklärt die ›Vorstellungen für Erscheinungen der Dinge im Bewusstsein‹. (§ 2d) Die transzendentale Deduktion der zweiten Auflage geht vom ›Begriff der Verbindung‹ selbst aus, der ›Verbindung des Mannigfaltigen und der Einheit‹. Die Einheit des Bewusstseins wird dabei zur Grundform der Beziehung der Vorstellungen auf einen Gegenstand, sie ist die ›allgemeine Form des Begriffs des Objektes‹. Oder anders formuliert, ein Objekt ist das, in dem ›gegebene Erscheinungen vereinigt gedacht werden‹. Die Handlung, in der diese Vereinigung erfolgt, ist das Urteil. Darüber hinaus sieht Riehl die Begriffe ›ursprüngliche‹ und ›synthetische Einheit des Bewusstseins‹ sowie ›subjektive‹ und ›objektive Einheit‹ klarer gefasst. Gleichzeitig sind die Folgerungen, die er aus der zweiten Bearbeitung der Deduktion zieht, die gleichen wie aus der ersten: Nur die ›allgemeine Gesetzlichkeit‹ lässt sich aus der Einheitsfunktion des Bewusstseins gewinnen, nicht die besonderen und bestimmten Gestalten. (§ 3) Riehl entwickelt die Grundsätze der Erfahrung und problematisiert den Übergang durch das Schematismuskapitel. Kant sieht sich durch die ›Ungleichartigkeit‹ von Begriff und Anschauung dazu genötigt, einen ›Schematismus der Verstandesbegriffe‹ anhand der ›Zeit‹ einzuführen. Dieser Abschnitt beruht allerdings nach Riehl auf einer falschen Auffassung der ›Allgemeinheit von Begriffen‹: Diese werden als ›Regeln in der Einheit der Vorstellungsverknüpfung‹ eingeführt und sind deshalb zwar von Anschauungen verschieden, aber nicht ›allgemein‹, sondern bereits ›Schemata‹. Auch die Grundsätze des Verstandes leiden unter Kants ›Systemzwang‹ und dem Versuch, sie aus der Kategorientafel abzuleiten. Kant teilt sie in ›mathematische‹ und ›dynamische Grundsätze‹. Den Grundsätzen der Erfahrung, ›Kausalität und Substanz‹, kommt eine besonders zentrale Stellung in der Entwicklung des Kritizismus einerseits und in Kants System andererseits zu, weshalb Riehl seine Darstellung auf diese konzentriert: Kant will in den ›Analogien der Erfahrung‹ nicht das ›Verhältnis der Dinge‹ ermitteln, sondern die ›Analogie des Verhältnisses der Erscheinungen‹ zu dem ›begrifflichen Verhältnis des Grundes und der Folge‹ erklären. Riehl rekonstruiert den von Kant geführten Beweisgang: Dieser wird nicht ›direkt aus Begriffen‹ geführt, sondern indem gezeigt wird, dass eine ›bestimmte Gedankenverbindung‹ aufgrund der Zeitanschauung zur ›Form der Erfahrung‹ notwendig ist. Gegen Schopenhauers ›Zirkel-Vorwurf‹ betont Riehl, dass die Zeitreihe nach Kant formal bestimmt ist und folglich, ›was in ihr erscheint, kausal verbunden ist‹, aber von dem unberührt bleibt, ›was in ihr erscheint‹. Gleichzeitig erkennt dieser aber richtig, dass nicht die ›Folgerung‹, sondern nur die ›Änderung der Folgerung‹ kausal begründet ist. (§ 4) Ausgehend von der Unterscheidung zwischen ›Erscheinung‹, ›Ding an sich‹ und ›Noumenon‹ entwickelt Riehl Kants ›kritischen Idealismus‹ und problematisiert darauf aufbauend das Verhältnis zur praktischen Philosophie. (§ 4a) Riehl hält fest, dass Kant die ›Existenz der Dinge an sich‹ in der strengsten Bedeutung lehrt. Ein Verständnis seines Idealismus hat daher von diesem ›bewusstseinsunabhängigen Dasein‹ auszugehen und basiert auf einem ›Idealismus der Erscheinungen und Realismus der Dinge‹. Jede Bestimmtheit der Vorstellung – das heißt alles, was nicht aus Erkenntnisform stammt – ist durch das Ding an sich begründet. Ausgehend vom Begriff ›Erscheinung‹ formuliert – den Riehl als ›methodischen Terminus‹ einführt –, lässt sich sagen, dass diese das ›Verhältnis des Dings zum Subjekt‹ bedeutet, das heißt ein ›subjektiv-objektiver Begriff‹ ist. In Auseinandersetzung mit Schopenhauer und dessen Kritik an der Widerlegung des Idealismus, aber vor allem an dessen Standpunktwechsel in den späteren Phasen, demzufolge Kant das Ding an sich nicht durch einen ›Kausalschluss‹ abgeleitet habe, bekräftigt Riehl diese Lesart. Das Ding an sich ist Voraussetzung und nicht selbst begründet. (§ 4b) Riehl differenziert die Begriffe ›Noumenon‹ und ›Ding an sich‹ und stellt fest, dass ersterer eine nähere Bestimmung des letzteren sei, der für Kant vor allem für die praktische Philosophie notwendig ist. Dabei haben seine ›Bestrebungen in der praktischen Philosophie‹ den Begriff des Dings an sich zweideutig gemacht, da sie offenlassen, dass das Ding an sich auch als ›Noumenon im positiven Sinne‹ verstanden werden kann. (§ 5) Die Dialektik enthält nach Riehl die ›Ergebnisse der Vernunftkritik‹ und bildet eine ›Gegenprobe zur Analytik‹ – dargestellt wird folglich nur in wenigen zentralen Punkten deren Methode: Um zu vermeiden, dass die Ideen als ›angeboren‹ erscheinen, leitet sie Kant aus den Schlüssen ab und ›hypostasiert‹ sie. Sie sind der ›unbeschränkt geltende Gebrauch‹ von Substanz, Kausalität und Gemeinschaft. Das gesamte Verfahren ist nach Riehl allerding ›künstlich‹ und es ist nicht einzusehen, wie daraus die Ideen, Gott, Welt und Seele, gewonnen werden können. Über die Dialektik hinaus legt die ›Methode der Vernunftkritik‹ auch das Verfahren aller übrigen Werke grund. (§ 6) Abschließend fasst Riehl noch einmal seine an Kant gewonnenen Thesen zusammen: Die Vernunftkritik ist Erkenntnistheorie, die nach der Geltung (nicht dem Ursprung) apriorischer (nicht empirischer) Erkenntnis fragt. Sie ist daher weder ›psychologisch‹ noch ›metaphysisch‹, sondern ›kritisch‹. Das ›Apriori‹ ist ›subjektiv betrachtet‹ jener Teil, der nicht aus Erfahrung gewonnen wurde, ›objektiv betrachtet‹ ohne Erfahrung bewiesen werden kann. ›Synthetische Erkenntnis a priori‹ basiert auf Begriffen (Kategorien) und Anschauungen (Raum und Zeit), die nicht aus der Erfahrung stammen. Sie ist ›wirklich‹ und ihre ›Bedingungen‹ sind nachweisbar gegeben. Die ›formal vereinigende Funktion des Bewusstseins‹ ist die ›übergreifende Form der gesamten Erfahrung‹ und der ›Grund aller synthetischen Erkenntnis‹. Erkannt kann nur die ›Gesetzlichkeit der Natur überhaupt‹ werden, nicht ihre ›besonderen Gesetze‹. Aus diesem Grund stellen die Grundsätze die ›Einheit der Natur‹ analog der ›Einheit des Verstandes‹ dar. Die Annahme einer ›ursprünglichen Mehrheit von Synthesen des Bewusstseins‹ parallel zur Urteilstafel macht die Deduktion und die darauf aufbauenden Teile unklar – ein Punkt, den Kant nach Riehl selbst eingesteht. Die Mehrdeutigkeit im Begriff des Dings an sich bzw. Noumenon sowie die Dialektik, in der Kant die praktische Philosophie vorbereitet, stellen einen weiteren, den Sachverhalt der ersten Kritik ›verdunkelnden Aspekt‹ dar. Abschließend betont Riehl, dass es Kant war, der in der ersten Kritik das ›Kriterium des Kritizismus‹ entdeckt und ausarbeitet: Das ›Formale der Erkenntnis‹ entspringt aus dem Subjekt, alles ›Materielle der Erkenntnis‹ ist objektiv.

Editorischer Bericht

Der erste Band von »Der Philosophische Kritizismus und seine Bedeutung für die positiven Wissenschaften« trägt den Titel »Geschichte und Methode des Philosophischen Kritizismus« und ist im Verlag von Wilhelm Engelmann 1876 erschienen. Diese erste Auflage bildet die Textgrundlage für die Neuedition. Es sind keine Manuskripte, Druckfahnen etc. überliefert.

Ergänzungen und Korrekturen des Herausgebers werden entweder im Haupttext in eckigen Klammern oder in editorischen Anmerkungen als Endnoten angeführt – letztere sind gekennzeichnet mit hochgestellten arabischen Ziffern. Darüber hinaus wurden folgende Punkte im Text ergänzt, korrigiert oder modernisiert:

Paginierung: Die Angabe der Seitenumbrüche der ersten Auflage erfolgt im Haupttext wie in den Fußnoten durch das Symbol | und die Angabe der Seite als Marginalie. Seitenverweise in der Einleitung und in den editorischen Anmerkungen sowie Querverweise

Riehls beziehen sich immer auf die im Text angegebene Originalpaginierung. Das Namensregister bezieht sich hingegen auf die Seitenangaben der aktuellen Ausgabe.

Gliederung des Textes: Abweichend von der ersten Auflage, aber identisch mit der zweiten wurden die Paragraphenüberschriften in den Haupttext integriert, wodurch eine bessere Gliederung von Riehls Argumentation gewährleistet ist. In Kapitel drei des zweiten Abschnitts führt Riehl eine Untergliederung der Paragraphen 2 und 4 ein, die mit ›2a‹, ›2b‹ etc. gekennzeichnet wurde. Größere Absatzabstände im Haupttext (siehe u.a. S. 87) wurden mit einer Leerzeile kenntlich gemacht.

Lautstand-Prinzip: Zahlreiche stillschweigende Aktualisierungen an die heutige Schreibweise wurden dort vorgenommen, wo sich durch die Korrektur der Lautstand nicht geändert hat. Die auffälligste Adaption ist in diesem Sinne jene von ›Kriticismus‹ zu ›Kritizismus‹ (siehe auch ›transzendent‹ statt ›transcendent‹, ›Kausalität‹ statt ›Causalität‹ etc.). Diesem Prinzip folgend wurde der Text mit Blick auf die Zusammen- und Getrenntschreibung (›jederzeit‹ statt ›jeder Zeit‹ etc.) sowie die Groß- und Kleinschreibung (›vor allem‹ statt ›vor Allem‹, ›nichts Weiteres‹ statt ›nichts weiteres‹ etc.) aktualisiert. Unter letzteren Punkt fallen auch die Korrekturen der substantivierten Formen von ›Etwas‹, ›Nichts‹ etc., die nur beibehalten wurden, wenn inhaltlich explizit erforderlich. Nur in besonders prägnanten Fällen wurden über dieses Prinzip hinaus Korrekturen vorgenommen. Ausschlaggebend für solche Änderungen war erstens eine signifikante Verbesserung der Lesbarkeit, zweitens ein uneinheitlicher Gebrauch von Riehl selbst oder drittens eine nur geringe Änderung des Lautstands. Diese den Lautstand verändernde Korrekturen betreffen folgende Begriffe, die hier gelistet sind: ›Gültigkeit‹ statt ›Giltigkeit‹ (siehe auch: ›endgiltig‹, ›giltig‹, ›real-giltig‹) / ›Entwicklung‹ statt ›Entwickelung‹ / ›beschäftigt‹ statt ›beschäftiget‹ (siehe auch ›bestätigt‹ statt ›bestätiget‹) / ›wonach‹ statt ›wornach‹ / ›Selbstgenügsamkeit‹ statt ›Selbstgenugsamkeit‹ / ›Ursache‹ statt ›Ursach‹ / ›System‹ statt ›Systems‹ / ›Reflexion‹ statt ›Reflection‹ oder ›Reflektion‹ / ›gerade‹ statt ›grade‹ / ›nichts anderes‹ statt ›nichts anders‹ / ›befestigt‹ statt ›befestiget‹ /

›danach‹ statt ›darnach‹ / ›herangezogen‹ statt ›angezogen‹ / ›Hilfe‹ statt ›Hülfe‹. Beibehalten wurden Begriffe wie ›äußern‹, ›neuern‹ und ›angebornen‹ etc.

Druckfehler: Der Text der ersten Auflage weist eine große Anzahl an Druck-, Tipp- bzw. Schreibfehlern auf, die – unter Berücksichtigung von Riehls Druckfehlerberichtigung – stillschweigend korrigiert wurden. Druckfehler finden sich unter anderem laufend in der Falschsetzung eines ›n‹ statt eines ›u‹ (z. B. S. 7, 9, 23, 26, 43, 52, 55, 56, 58, 59, 64, 65, 69, 82, 84, 86 etc.). Exemplarisch sei darüber hinaus auf Seite 121 verwiesen, an der ›besonderen‹ statt ›hesonderen‹, ›a posteriori‹ statt ›a posteriosi‹ und ›irrtümlicher sein‹ statt ›irrthümsein‹ gesetzt wurde. In strittigen Fällen wurden die Korrekturen mit der zweiten Auflage verglichen. So wurde u. a. auf Seite 176 aus ›Subjektismus‹ / ›Subjektivismus‹ (gleichlautend mit PK I 1908, 222) oder auf Seite 103 aus ›räumlichen‹ / ›räumlich‹ (siehe dazu PK I 1908, 187). Darüber hinaus wurden stillschweigend Casus-Korrekturen vorgenommen – auf Seite 23 etwa ›die Reflexe‹ statt ›den Reflexen‹ gesetzt – sowie Angleichungen an den Singular und Plural. In strittigen Fällen bzw. bei größeren Eingriffen wurde eine editorische Anmerkung gesetzt.

Interpunktion: Die Interpunktion wurde korrigiert und modernisiert. Dies betrifft in erster Linie Riehls uneinheitliche Kommasetzung: Überflüssige Kommata wurden gestrichen und wo nötig ergänzt. In strittigen Fällen wurde die Kommasetzung mit der zweiten Auflage verglichen. Darüber hinaus wurden heute gebräuchliche Kommata hinzugefügt wie etwa bei Infinitivgruppen. Um indirekte Reden, Konklusionen etc. besser sichtbar zu machen, wurde in einigen Fällen das Komma durch einen Doppelpunkt ersetzt und die Groß- und Kleinschreibung angepasst, so etwa auf Seite 263 nach der Formulierung ›Erwägen wir:‹ – eine Korrektur, die Riehl selbst in der zweiten Auflage vorgenommen hat. Wenn nötig, wurden Semikolons durch Beistriche ersetzt – insbesondere wenn diese zwischen Haupt- und Nebensätzen standen –, in selteneren Fällen durch Gedankenstriche. Im Text kommt es darüber hinaus zu einer häufigen Verwendung von Gedankenstrichen in Zusammenhang mit anderen Satzzeichen wie Doppelpunkten, Semikolons und Beistrichen (; – / : – / , –). Nach dem Prinzip der Sparsamkeit wurde die Interpunktion minimiert und Gedankenstriche nach Doppelpunkten und Semikolons gestrichen. In besonders prägnanten Fällen, die den Schreibstil von Riehl dokumentieren (siehe u. a. S. 25) oder den Textfluss erleichtern (bei besonders langen Einschüben wie auf S. 193), blieb der Gedankenstrich zusätzlich zu den Doppelpunkten oder Semikolons erhalten. Alle Hervorhebungen durch Sperrdruck werden als Kursivierungen wiedergegeben. Zudem wurde ›uneigentliche Rede‹ unter einfache Anführungszeichen gesetzt wie der Begriff ›Kritik‹ oder die Bezeichnung ›Induktion‹.

Literaturnachweise: Riehl nennt Namen von Referenzpersonen unterschiedlich, zum Teil kursiv gesetzt, mit oder ohne Vornamen oder nur mit Initialen. Dies wurde beibehalten und in uneindeutigen Fällen mit editorischen Anmerkungen versehen. Korrigiert wurden nur unterschiedliche Verwendungsweisen wie bei Democritus (S. 29) / Demokritus (S. 3). Darüber hinaus wurde Riehls Verwendung des Apostrophs beim Genitiv-S von Namen gestrichen (›Kants‹ statt ›Kant's‹), bei Adjektivierungen aber beibehalten (›Locke'sche‹).

Riehl zitiert Kant nach der Ausgabe von Karl Rosenkranz und Friedrich Wilhelm Schubert. Diese Angaben wurden mit den Konkordanzen zur Akademieausgabe ergänzt.[46] Lockes »An Essay Concerning Human Understanding« wird nach einer englischen Ausgabe wiedergegeben, allerdings unter Verzicht auf direkte Zitate (eine Ausnahme bilden die Zitate von S. 53). Riehl hat seinen Ausführungen offensichtlich eigene Übersetzungen zugrunde gelegt. Hume wird nach Ludwig Heinrich Jakobs Übersetzung des »Treatise of Human Nature« und Julius Heinrich Kirchmanns Übersetzung des »Enquiry concerning human understanding« zitiert. Die »Dialogues Concerning Natural Religion« zitiert

[46] Im Gegensatz zur Auflage von Rosenkranz und Schubert ist in der Akademieausgabe die zweite Auflage der »Kritik der reinen Vernunft« vollständig gedruckt, nicht die erste, und in Band IV werden die Abweichungen zur ersten Auflage ergänzt.

Riehl nach der deutschsprachigen Ausgabe von Ernst Platner. Alle Literaturverweise wurden überprüft und die Texte im Anschluss an den Haupttext im Literaturverzeichnis gelistet. Von Riehl erwähnte Buchtitel wurden im Haupttext bei einer vollständigen Nennung in Anführungszeichen gesetzt – nicht bei Kurztiteln wie Kritik oder Treatise. Ausnahmen bilden Kurztitel, die Riehl selbst in Anführungszeichen gesetzt hat. Riehl modernisiert die Titel zum Teil selbst – diese wurden ergänzt bzw. korrigiert und unter Beibehaltung des Lautstands weiter adaptiert.

Riehls Fußnoten werden seitenweise durch hochgestellte Großbuchstaben gekennzeichnet. Die Zitationsweise der ersten Auflage war sehr uneinheitlich – Riehl zitiert sowohl im Haupttext als auch im Fußnotenapparat, verwendet Kurz- und Langzitate etc. Die Verweise wurden formal wie inhaltlich angepasst. Riehls Verweis auf Kants »Über die Deutlichkeit der Grundsätze der Theologen« wurde zum Beispiel zu »Über die Deutlichkeit der Grundsätze der natürlichen Theologie und Moral« korrigiert. Alle Verweise Riehls finden sich nun in Form von Kurzzitaten im Fußnotenapparat. Aufgeschlüsselt sind diese im Siglen- und Literaturverzeichnis.

Direkte und indirekte Zitate: Wenn Riehl bei längeren Zitaten Anführungszeichen setzt, ohne sie mit Verweisen zu versehen, wurden diese in eckigen Klammern ergänzt. Riehl adaptiert zum Teil auch direkte Zitate, ohne diese Änderungen immer explizit kenntlich zu machen. Diese Adaptionen wurden beibehalten, um Riehls spezifische Bezugnahme auf den Text zu erhalten. Zitate ergänzt Riehl zum Teil mit Beifügungen in runder Klammer (z. B. S. 7). Diese Ergänzungen wurden in direkten Zitaten mit dem Kürzel ›[A. R.]‹ gekennzeichnet. Alle von Riehl markierten Auslassungen werden wie folgt ausgewiesen: ›(...)‹. Darüber hinaus passt er die Zitate stillschweigend an seine Schreibweise an. So gibt er auf Seite 393 ›Bewusstsein‹ nicht wie in der Kantausgabe von Rosenkranz/Schubert als ›Bewusstseyn‹ wieder. Zur leichteren Lesbarkeit der Zitate wurden – dem Lautstand-Prinzip folgend – Modernisierungen vorgenommen, die mit denen in Riehls Text korrespondieren. Die uneinheitlich verwendete Abkürzung ›vgl.‹ bei indirekten Zitaten wurde entfernt und wenn nötig durch ein ›siehe dazu‹ ersetzt. Die Stellung der Fußnotenzeichen sowie die Interpunktion nach den Anführungszeichen wurde vereinheitlicht.

Gelegentlich weist Riehl im Anschluss an direkte Zitate nicht nur einen bestimmten Abschnitt nach, sondern zudem einen längeren Passus, aus dem das Zitat stammt. In solchen Fällen wird der Verweis Riehls mit der konkret zitierten Stelle in eckigen Klammern – [hier 321] – ergänzt. Wenn ein Zitat im Referenztext über zwei Seiten geht und Riehl nur dieses Zitat belegen will, nennt er stets nur die erste oder, seltener, die zweite Seite. In solchen Fällen wird der Verweis ergänzt durch [-321] bzw. [333-]. Riehl verwendet uneinheitlich das Zeichen ›f.‹. Um Einheitlichkeit herzustellen, sind alle Folgeseiten mit der konkreten Seitenzahl angegeben. Verweise auf die jeweiligen Bände werden einheitlich in römischen Ziffern wiedergegeben.

Editorische Anmerkungen: Wenn nötig, wurden editorische Anmerkungen gesetzt, in denen weitere Abweichungen von der Ausgabe von 1876 erläutert werden. In diesen Anmerkungen finden sich außerdem Angaben dazu, wie Riehl den Text in der zweiten Auflage erweitert bzw. geändert hat. Darüber hinaus werden uneindeutige Verweise geklärt oder auch Querverweise zu Riehls Schriften gegeben.

BIBLIOGRAFIE

Schriften Riehls

Riehl, Alois (1870), *Realistische Grundzüge. Eine philosophische Abhandlung der allgemeinen und nothwendigen Erfahrungsbegriffe.* Graz: Leuschner & Lubensky. [Wiederabgedruckt in: *Philosophische Studien*, S. 1–60]

– (1872a), *Moral und Dogma*. Wien: Gerold. [Wiederabgedruckt in: *Philosophische Studien*, S. 61–90]

– (1872b), »Zur Aprioritätslehre«. *Philosophische Monatshefte* 8, S. 212–215.

– (1872c), Über Begriff und Form der Philosophie. Eine allgemeine Einleitung in das Studium der Philosophie. Berlin: Duncker. [Wiederabgedruckt in: *Philosophische Studien*, S. 91–174]

– (1874a), »Zur Erkenntnistheorie«. *Philosophische Monatshefte* 9, S. 292–296.

– (1874b), »Zur Mechanik des Gehirnbaues. Von Prof. Theodor Meynert«. *Wiener Abendpost. 29. Juli*, 1364.

– (1876–1926), *Der Philosophische Kritizismus.*

Erste Auflage: *Der philosophische Kritizismus und seine Bedeutung für die positive Wissenschaft.* Leipzig: Engelmann.

Band I/1876: *Geschichte und Methode des philosophischen Kritizismus.* (= PK I 1876)

Band II.1/1879: *Die sinnlichen und logischen Grundlagen der Erkenntnis.* (= PK II.1 1879)

Band II.2/1887: *Zur Wissenschaftstheorie und Metaphysik.* (= PK II.2 1887)

Zweite Auflage: *Der philosophische Kritizismus. Geschichte und System.* Leipzig: Engelmann (Bd. I) bzw. Kröner (Bd. II und III).

Band I/1908: *Geschichte des Philosophischen Kritizismus.* Mit einem Namens- und Sachregister von H. Lindau. (= PK I 1908)

Band II/1925: *Die sinnlichen und logischen Grundlagen der Erkenntnis.* Mit einem Geleitwort von Eduard Spranger und Hans Heyse. (= PK II 1925)

Band III/1926: *Zur Wissenschaftstheorie und Metaphysik.* Hrsg. v. Hans Heyse und Eduard Spranger mit einem Sachregister von H. W. Thiemer. (= PK III 1926)

Dritte Auflage: *Der philosophische Kritizismus. Geschichte und System.* Leipzig: Kröner.

Band I/1924: *Geschichte und Methode des philosophischen Kritizismus.* (= PK I 1924)

- (1875), »Zur Geschichte der Philosophie. Kritische Geschichte der Philosophie«. *Philosophische Monatshefte* 11, S. 165–179.
- (1877a), »Die englische Logik der Gegenwart«. *Vierteljahresschrift für wissenschaftliche Philosophie,* S. 51–80. [Wiederabgedruckt in: *Philosophische Studien,* S. 175–201]
- (1877b), »Kausalität und Identität«. *Vierteljahresschrift für wissenschaftliche Philosophie,* S. 215–365. [Wiederabgedruckt in: *Philosophische Studien,* S. 202–218]
- (1877c), »Der Raum als Gesichtsvorstellung«. *Vierteljahresschrift für wissenschaftliche Philosophie,* S. 365–384. [Wiederabgedruckt in *Philosophische Studien,* S. 219–226]
- (1891), »Über den Begriff der Wissenschaft bei Galilei«. *Vierteljahresschrift für wissenschaftliche Philosophie,* S. 1–14. [Wiederabgedruckt in *Philosophische Studien,* S. 254–265]
- (1892), »Beiträge zur Logik«. *Vierteljahrsschrift für wissenschaftliche Philosophie,* S. 133–171.
- (1897a), »Bemerkungen zu dem Probleme der Form in der Dichtkunst«. *Vierteljahresschrift für wissenschaftliche Philosophie,* S. 283–306. [Wiederabgedruckt in *Philosophische Studien,* S. 266–303]
- (1897b), *Friedrich Nietzsche. Der Künstler und der Denker. Ein Essay.* Stuttgart: Frommann.
- (1902), *Zu R. Hayms Gedächtnis.* Halle a. S.: Niemeyer.
- (1903), *Zur Einführung in die Philosophie der Gegenwart. Acht Vorträge.* Leipzig: Teubner.
- (1904a), *Hermann von Helmholtz in seinem Verhältnis zu Kant.* Berlin: Reichard.

– (1904b), *Immanuel Kant. Rede zur Feier des Hundertjährigen Todestages Kants gehalten in der Aula der Universität Halle-Wittenberg.* Halle: Niemeyer.
– (1904c), »Anfänge des Kritizismus. – Methodologisches aus Kant«. *Kantstudien* 9, S. 493–517.
– (1907), »Logik und Erkenntnistheorie«. In: *Systematische Philosophie. Die Kultur der Gegenwart.* Hrsg. v. Wilhelm Dilthey, Alois Riehl, Wilhelm Wundt. Leipzig: Teubner.
– (1910a), *Fichtes Universitätsplan. Rede zur Feier des Geburtstages Seiner Majestät des Kaisers und Königs (Wilhelm II.) gehalten in der Aula der Königlichen Friedrich-Wilhelms-Universität zu Berlin am 27. Januar 1910.* Berlin: Universitätsbuchdruckerei.
– (1910b), »Von der Freiheit des Geisteslebens«. *Zeitgeist.* [Wiederabgedruckt in *Philosophische Studien*, S. 326–329]
– (1922), *Führende Denker und Forscher.* Leipzig: Quelle & Meyer.
– (1925), *Philosophische Studien aus vier Jahrzehnten.* Leipzig: Quelle & Meyer.

Riehl-Forschung

A. Zeitgenössische Rezensionen

Graykowski, Georg (1914), »Alois Riehl. Zum 70. Geburtstage des Philosophen«. *Wissenschaftliche Wochenbeilage der Magdeburgischen Zeitung* 17, S. 8–10.
Heidegger, Martin (1929), »Davoser Disputation zwischen Ernst Cassirer und Martin Heidegger«. In: *Martin Heidegger Gesamtausgabe.* Abt. 1, Bd. III. Hrsg. v. Friedrich-Wilhelm von Herrmann. Frankfurt am Main: Klostermann [1991], S. 274–298.
Hofmann, Paul (1926), »Riehls Kritizismus und die Probleme der Gegenwart«. *Kantstudien* 31.2–3, S. 330–343.
Hönigswald, Richard (1926), »Alois Riehl. (Aus Anlaß der Neuauflage seines Kritizismus)«. *Beiträge zur Geschichte des Deutschen Idealismus* 4.1, S. 38–47.
Jänsch, Erich (1925), »Zum Gedächtnis von Alois Riehl«. *Kantstudien* 30.1–2, S. 3–36.

Maier, Heinrich (1897/98), »Die Bedeutung der Erkenntnistheorie Kants für die Philosophie der Gegenwart (I)«. *Kantstudien*, S. 389–418.

– (1926), »Alois Riehl. Gedächtnisrede, gehalten am 24. Januar 1925«. *Kantstudien* 31.4, S. 563–579.

Nahlovsky, Joseph (unpubliziert), »Referat über das Gesuch des Privat-Docenten Herrn Dr. Alois Riehl um Erlangung einer außerordentlichen Professur der Philosophie an der k. k. Carl-Franzens-Universität zu Graz, Graz, 20. Juli 1872«. In: *Alois Riehl. Professorenakt*. Österreichisches Staatsarchiv, Allgemeines Verwaltungsarchiv, Unterrichtsministerium, allgemeine Akten, AT-OeStA/AVA Unterricht UM allg. Akten 939.37/9428/1873.

Rickert, Heinrich (1924–25), »Alois Riehl geb. 27. IV. 1844 – gest. 21. XI. 1924«. *Logos* 13, S. 162–185.

Siegel, Carl (1932), *Alois Riehl. Ein Beitrag zur Geschichte des Neukantianismus*. Graz: Leuschner & Lubensky.

Spranger, Eduard (1924), »Alois Riehl. Zum 80. Geburtstag unseres berühmten Landsmannes«. *Der Schlern* 5.5, S. 103–108.

– (1944), »Alois Riehl«. *Forschungen und Fortschritte* 20, S. 129–130.

– / Heyse, Hans (1925), »Geleitwort«. In: PK II 1925, S. III–V.

– / Heyse, Hans (1926), »Vorwort«. In: PK III 1926, S. III–IV.

B. Riehl im Kontext

Bonnet, Christian (2015), »Kant en Autriche: entre réception et rejet«. *Austriaca* 78, S. 125–142.

Ferrari, Massimo (1997), »Über die Ursprünge des logischen Empirismus, den Neukantianismus und Ernst Cassirer aus der Sicht der neueren Forschung«. In: *Von der Philosophie zur Wissenschaft. Cassirers Dialog mit der Naturwissenschaft*. Hrsg. v. Enno Rudolph / Ion O. Stamatescu. Hamburg: Meiner, S. 93–131.

Flach, Werner / Holzhey, Helmut (Hrsg.) (1979), *Erkenntnistheorie und Logik im Neukantianismus*. Hildesheim: Olms.

Gombocz, Wolfgang L. (1986), »Vorwort«. In: *International Bibliography of Austrian Philosophy*. Hrsg. v. Wolfgang L. Gombocz / Rudolf Haller / Norbert Henrichs. Amsterdam: Rodopi, S. 7–13.

Köhnke, Klaus Christian (1986), *Entstehung und Aufstieg des Neukantianismus. Die deutsche Universitätsphilosophie zwischen Idealismus und Positivismus*. Frankfurt am Main: Suhrkamp.

Naehring, Niklas (2018), »Fortschrittlicher Konservativismus« In: *Mies van der Rohe: Zwischen Südtirol und New York*. Hrsg. v. Ivan Bocchio. Bozen: Raetia, S. 22–47.

Neuber, Matthias (2012), *Die Grenzen des Revisionismus. Schlick, Cassirer und das Raumproblem*. Wien, New York: Springer.

– (2016), »Schlick und die Wende der Philosophie – Vom kritischen Realismus zum logischen Empirismus (und wieder zurück?)«. In: *Husserl, Cassirer, Schlick. Wissenschaftliche Philosophie im Spannungsfeld von Phänomenologie, Neukantianismus und logischem Empirismus*. Hrsg. v. Matthias Neuber. Cham: Springer, S. 263–294.

– (2018), *Der Realismus im logischen Empirismus – Eine Studie zur Geschichte der Wissenschaftsphilosophie*. Cham: Springer.

Neumeyer, Fritz (2006), *Mies van der Rohe. Das kunstlose Wort. Gedanken zur Baukunst*. Berlin: Dom.

Noras, Andrzej J. (2020), *Geschichte des Neukantianismus*. Berlin, Bern, Bruxelles: Lang.

Orth, Ernst Wolfgang (Hrsg.) (1994), *Neukantianismus: Perspektiven und Probleme*. Würzburg: Königshausen & Neumann.

Richardson, Alan (1997), »Toward a History of Scientific Philosophy«. *Perspectives on Science* 5.3, S. 418–451.

Sauer, Werner (1982), Österreichische *Philosophie zwischen Aufklärung und Restauration. Beiträge zur Geschichte des Frühkantianismus in der Donaumonarchie*. Amsterdam: Rodopi.

Schädelbach, Herbert (1983), *Philosophie in Deutschland, 1831–1933*. Frankfurt am Main: Suhrkamp.

Wendel, Hans Jürgen / Engler, Fynn Ole (2009), »Editorischer Bericht«. In: *Moritz Schlick. Allgemeine Erkenntnislehre*. Hrsg. v. Hans Jürgen Wendel / Fynn Ole Engler. Wien, New York: Springer, S. 53–120.

C. Detailstudien

Beiser, Frederick C. (2014), *The Genesis of Neo-Kantianism, 1796–1880*. Oxford: University Press.

Biagioli, Francesca (2014), »Hermann Cohen and Alois Riehl on Geometrical Empiricism«. *The Journal of the International Society for the History of Philosophy of Science* 4, S. 83–105.

– (2021), »Alois Riehl's Epistemological Argument für Realism about Things in Themselves«. In: *Kant in Österreich. Alois Riehl und der Weg zum kritischen Realismus*. Hrsg. v. Rudolf Meer / Giuseppe Motta. Berlin, Boston: De Gruyter, S. 73–96.

Bonnet, Christian (2021), »Alois Riehl und die Frage des psychophysischen Parallelismus«. In: *Kant in Österreich. Alois Riehl und der Weg zum kritischen Realismus*. Hrsg. v. Rudolf Meer / Giuseppe Motta. Berlin, Boston: De Gruyter, S. 147–162.

Caimi, Mario (2021), »Riehls Auffassung der transzendentalen Deduktion der reinen Verstandesbegriffe«. In: *Kant in Österreich. Alois Riehl und der Weg zum kritischen Realismus*. Hrsg. v. Rudolf Meer / Giuseppe Motta. Berlin, Boston: De Gruyter, S. 97–126.

De Angelis, Simone (2021), »Alois Riehl über Hermann von Helmholtz und die Bedeutung geometrischer Axiome«. In: *Kant in Österreich. Alois Riehl und der Weg zum kritischen Realismus*. Hrsg. v. Rudolf Meer / Giuseppe Motta. Berlin, Boston: De Gruyter, S. 201–222.

Fabbianelli, Faustino (2021), »Heterothesis, Antithesis und die Transzendentalphilosophie. Zur Auseinandersetzung zwischen Alois Riehl und Heinrich Rickert«. In: *Kant in Österreich. Alois Riehl und der Weg zum kritischen Realismus*. Hrsg. v. Rudolf Meer / Giuseppe Motta. Berlin, Boston: De Gruyter, S. 299–322.

Ferrari, Massimo (2021), »Alois Riehl and Scientific Philosophy«. In: *Kant in Österreich. Alois Riehl und der Weg zum kritischen Realismus*. Hrsg. v. Rudolf Meer / Giuseppe Motta. Berlin, Boston: De Gruyter, S. 179–200.

Gerhardt, Gerd (1983), *Wider die unbelehrbaren Empiriker. Die Argumentation gegen empirische Versionen der Transzendentalphilosophie bei H. Cohen und A. Riehl*. Würzburg: Königshausen & Neumann.

Goller, Peter (1991), »Alois Riehl (1844–1924). Bausteine zur Biographie eines Südtiroler Philosophen«. *Monatszeitschrift für Südtiroler Landeskunde* 65.10, S. 530–558.

Grillenzoni, Paolo (1985), *Alois Riehl: un contributo al kantismo*. Mailand: Vita e Pensiero.

Gülberg, Niels (2003), »Alois Riehl und Japan«. *Humanitas* 41, S. 1–32.

Hammer, Martin / Hlade, Josef (2020), »Moral und Dogma: Alois Riehls Neukantianismus im Spannungsfeld zwischen Religion und Politik«. *Kantian Journal* 39.1, S. 76–111.

Hansen, Frank-Peter (2016), »Beiträge zur Logik von Alois Riehl«. In: *Vergessene Bücher*. Hrsg. v. Frank-Peter Hansen. Nordstrand: Schmitz, S. 64–74.

Heidelberger, Michael (2006), »Kantianism and Realism: Alois Riehl (and Moritz Schlick)«. In: *The Legacy in Nineteenth-Century Science*. Hrsg. v. Michael Friedman / Alfred Nordmann. Massachusetts: MIT Press, S. 227–247.

– (2007), »From Neo-Kantianism to Critical Realism: Space and the Mind-Body Problem in Riehl and Schlick«. *Perspectives on Science* 15.1, S. 26–48.

– (2016), »Die neukantianischen Wurzeln des Leib-Seele-Problems bei Moritz Schlick«. In: *Husserl, Cassirer, Schlick. Wissenschaftliche Philosophie im Spannungsfeld von Phänomenologie, Neukantianismus und logischem Empirismus*. Hrsg. v. Matthias Neuber. Cham: Springer, S. 263–294.

Hlade, Josef / Meer, Rudolf (2021), »Alois Riehl. Leben, Werk und Wirkung«. In: *Kant in Österreich. Alois Riehl und der Weg zum kritischen Realismus*. Hrsg. v. Rudolf Meer / Giuseppe Motta. Berlin, Boston: De Gruyter, S. 3–54.

– (2022a), »Zwischen Universitätsreformen und katholischer Renaissance. Alois Riehl und die Nachfolge Ernst Machs«. *Grazer Philosophische Studien*, S. 293–328.

– (2022b), »Alois Riehl and the History of Psychology: The 1913 Declaration of the Philosophers«. *European Yearbook of the History of Psychology*, S. 11–39.

Jung, Mathias (1973), *Der neukantianische Realismus von Alois Riehl*. Bonn: Univ.-Diss.

Lehmann, Günther (1913), *Die grundwissenschaftliche Kritik des Phänomenalismus, erörtert am kritischen Realismus Riehls.* Berlin: Univ.-Diss.

Meer, Julia (2021), »›Alle poetischen Ideen sind Bilder‹: Alois Riehl und das Problem der Form in der Kunst«. In: *Kant in Österreich. Alois Riehl und der Weg zum kritischen Realismus.* Hrsg. v. Rudolf Meer / Giuseppe Motta. Berlin, Boston: De Gruyter, S. 455–475.

Meer, Rudolf (2021a), »Die Raum- und Zeitlehre Alois Riehls im Kontext realistischer Interpretationen von Kants transzendentalem Idealismus«. *Kant-Studien*, S. 1–28. [online-first]

– (2021b), »Cogito, ergo est cogitabile. Cogitabile est, ergo cogito. Alois Riehls uneigentlicher Nonkonzeptualismus«. *Transcendental Philosophy* 2.2, S. 1–24.

– / Motta, Giuseppe (Hrsg.) (2021), *Kant in Österreich. Alois Riehl und der Weg zum kritischen Realismus.* Berlin, Boston: De Gruyter.

– / Motta, Giuseppe (2023a), »Alois Riehl und Ludwig Mies van der Rohe: Das ›Haus Riehl‹, Potsdam-Neubabelsberg, Deutschland 1908«. In: *Philosophie und Architektur.* Hrsg. v. Violetta L. Waibel / Gabriele Geml. Wien: Passagen, im Ersch.

– / Motta, Giuseppe (2023b), »Alois Riehl. Leben. Werkentwicklung. Lehre. Wirkung«. In: *Grundriss der Geschichte der Philosophie. Die Philosophie des 19. Jahrhunderts.* Bd. i.3: *Philosophie im deutschsprachigen Raum – 1870 bis 1914/18.* Hrsg. v. Gerald Hartung. Basel: Schwab, im Ersch.

Motta, Giuseppe (2021), »Objekt und Objektivität in Kant und Riehl«. In: *Kant in Österreich. Alois Riehl und der Weg zum kritischen Realismus.* Hrsg. v. Rudolf Meer / Giuseppe Motta. Berlin, Boston: De Gruyter, S. 55–72.

Neuber, Matthias (2021), »Riehl's ›Objectivist‹ Account of Perception«. In: *Kant in Österreich. Alois Riehl und der Weg zum kritischen Realismus.* Hrsg. v. Rudolf Meer / Giuseppe Motta. Berlin, Boston: De Gruyter, S. 239–250.

Nordmann, Alfred (2006), »Critical Realism, Critical Idealism, and Critical Common-Sensism: The School and World Philosophies of Riehl, Cohen, and Peirce«. In: *The Kantian Legacy in Nineteenth-Century*

Science. Hrsg. v. Michael Friedman / Alfred Nordmann. London: MIT Press, S. 249–274.

Orth, Ernst Wolfgang (2012), »Die Kultur des Wissens in der Philosophie des Neukantianers Alois Riehl«. In: *Transzendentalphilosophie und die Kultur der Gegenwart*. Hrsg. v. Steffen Dietzsch / Udo Tietz. Leipzig: Universitätsverlag, S. 283–293.

Perger, Josef (1984), *Popper und der philosophische Kritizismus von A. Riehl*. Innsbruck: Univ.-Diss.

Pettoello, Renato (1998), »De Herbart à Kant: Quelques considérations sur le réalisme de Alois Riehl«. *Revue de Métaphysique et de Morale* 102, S. 347–366.

Ritzel, Wolfgang (1952), *Studien zum Wandel der Kantauffassung: Die Kritik der reinen Vernunft nach Alois Riehl, Hermann Cohen, Max Wundt u. Bruno Bauch*. Meisenheim / Glan: Hain.

Röd, Wolfgang (1986), »Alois Riehl und der Herbartianismus in Österreich«. In: *Von Bolzano zu Wittgenstein. Zur Tradition der österreichischen Philosophie*. Hrsg. v. Janos C. Nyíri. Wien: Hölder-Pichler-Tempsky, S. 132–140.

Röd, Wolfgang (2001), »Alois Riehl: Kritischer Realismus zwischen Transzendentalismus und Empirismus«. In: *Bausteine zu einer Geschichte der Philosophie an der Universität Graz*. Hrsg. v. Thomas Binder. Amsterdam: Brill, S. 111–128.

– (2002), »Alois Riehl, Erkenntniskritiker und Philosoph der Lebensweisheit«. In: *Tirol zwischen Zeiten und Völkern: Festschrift für Helmut Gritsch zum 60. Geburtstag*. Hrsg. v. Eugen Thurnher / Helmut Gritsch. Innsbruck: Wagner, S. 25–37.

– (2009), »Alois Riehl – ein Vertreter kritischer Rationalität«. In: *Kunst und Geisteswissenschaften aus Graz. Werk und Wirken überregional bedeutsamer Künstler und Gelehrter vom 15. Jahrhundert bis zur Jahrtausendwende*. Hrsg. v. Karl Acham. Wien, Köln, Weimar: Böhlau, S. 627–644.

Rutte, Heiner (2001), »Ergänzende Bemerkungen zu A. Riehl, H. Spitzer, C. Siegel und zur Grazer Schultradition«. In: *Bausteine zu einer Geschichte der Philosophie an der Universität Graz*. Hrsg. v. Thomas Binder. Amsterdam: Brill, S. 129–141.

Virone, Giacomo Maria (2007), »Sentio, ergo sum et est. Il realismo positivistico di Alois Riehl«. *Annali Della Facoltà di Lettere E Filosofia* 60.3, S. 263–289.

Zeidler, Kurt Walter (2004), »Transzendentalphilosophie«. In: *Geschichte der österreichischen Humanwissenschaften. Bd. VI.1. Philosophie und Religion: Erleben, Wissen, Erkennen.* Hrsg. v. Karl Acham. Wien: Passagen, S. 113–139.

– (2015), *Herbartianismus – Rembold, von Thun und Hohenstein, Exner, Zimmermann.* In: *Umwege. Annäherungen an Immanuel Kant in Wien, in Österreich und in Osteuropa.* Hrsg. v. Violetta L. Waibel. Wien: Vienna Univ. Press, S. 39–46.

Zhavoronkov, Alexey (2021), »›Alle großen Dinge kommen aus der großen Leidenschaft her‹: Zu Alois Riehls Bild von Friedrich Nietzsche«. In: *Kant in Österreich. Alois Riehl und der Weg zum kritischen Realismus*. Hrsg. v. Rudolf Meer / Giuseppe Motta. Berlin, Boston: De Gruyter, S. 437–454.

DER PHILOSOPHISCHE KRITIZISMUS UND SEINE BEDEUTUNG FÜR DIE POSITIVE WISSENSCHAFT[1]

ALOIS RIEHL

Erster Band

GESCHICHTE UND METHODE DES PHILOSOPHISCHEN KRITIZISMUS[2]

VORREDE

Unter *philosophischem Kritizismus* verstehe ich nicht ausschließlich die Philosophie Kants.[3] Der Schöpfer des Namens ist zwar zugleich der größte Vertreter des Geistes des Kritizismus. Aber die kritische Denkart selbst ist nicht abhängig von ihrer gelungensten Ausprägung im Systeme Kants. Ihre Spuren sind vielmehr bereits im Altertume nachzuweisen: die eleatische Entdeckung der Antinomie in den Begriffen von Raum und Bewegung, die demokritische Unterscheidung der wirklichen von den erscheinenden Eigenschaften der Dinge, die stoische Untersuchung über das Kriterium der Wahrheit. Und in neuerer Zeit sind der methodische Zweifel von Descartes, die Versuche Lockes, Humes »Abhandlung über die menschliche Natur« und »Untersuchung über den menschlichen Verstand« echte Erzeugnisse des kritischen Geistes.

Der Kritizismus ist die Zerstörung der transzendenten, die Grundlegung der positiven Philosophie. Seine positive Richtung unterscheidet ihn von bloßer Skepsis. Er zweifelt, nicht um zu verwerfen, sondern zu begründen. Zwar ist er nicht selbst schöpferisch, aber er befreit die schaffenden Kräfte. Er erweckt den Geist aus metaphysischen Träumen zum wachen Leben des Tages und der Wirklichkeit. Er weist die Philosophie auf die Bahn einer fortschreitenden Wissenschaft.

Schon aus diesem Grunde wäre das Beharrenwollen auf der von Kant erreichten Position gegen den Geist des Kritizismus. |

Die Kantforschung in Deutschland, deren Aufschwung durch zahlreiche in jüngster Zeit erschienene Schriften bezeugt wird, bedeutet mehr als eine literarische Mode, sie entspricht der allgemeinen Situation der Philosophie und Wissenschaft – vorausgesetzt, dass sie nicht von der Absicht beherrscht wird, die Lehren Kants, so wie sie sind, oder besser, gewesen sind, gegen lebensvolle und zukunftsreiche Bestrebungen des philosophischen Geistes dieser Zeit als Trümpfe auszuspielen. *Die prinzipiellen Fortschritte der Naturwissenschaft verbieten das Stehenbleiben auf dem Standpunkte Kants.* Überdies entbehrt das System Kants der inneren Einheit, es gleicht nach *Dührings* treffender Bemerkung[4] einem Systeme mit zwei Schwerpunkten, ein Fall, der zwar nicht in der Mechanik der Wirklichkeit, desto häufiger aber in der Konstruktion philosophischer Lehrgebäude vorkommen kann. Das heimliche Gravitieren der theoretischen Kritik nach einer praktischen Metaphysik bringt in die erstere die schwankende, den letzten Entscheidungen dialektisch sich entziehende Haltung hinein, welche eine bestimmte und definitive Auslegung der Lehre Kants so erschwert, ja in manchen Fällen unmöglich macht.

Davon rührt die Doppelseitigkeit des Begriffs vom Dinge an sich – als dem Grunde der Erscheinungen und zugleich einem Noumenon coram intuitu intellectuali –, davon die Absicht Kants her, *das Wissen von übersinnlichen Gegenständen nicht schlechthin aufzuheben, sondern nur, um dem Glauben an eben diese Dinge Platz zu machen.* Bei der eben gekennzeichneten Beschaffenheit des Kantischen Systems könnte dasselbe, statt den philosophischen Bestrebungen der Gegenwart zur Orientierung zu dienen, zu ihrer Desorientierung führen; es könnte, wie schon einmal in der Geschichte, statt des gewünschten Vereinigungspunktes, ein Zerstreuungspunkt werden.

Meine Absicht ist daher auf Kritik und Fortbildung der Philosophie Kants gerichtet.

Der vorliegende Band beschäftigt sich mit der Geschichte und Methode der kritischen Philosophie. Ich hätte auch sagen können: mit der Geschichte *der* Methode dieser Philosophie; so sehr habe ich überall die Entstehung und Entwicklung der kritischen Methode vorangestellt, überzeugt, dass das Wesen alles Kritizismus methodisch, weil *propädeutisch* ist. |

Und gerade die Methode Kants betrachte ich als dessen eigentümlichstes und bleibendes Verdienst. Es ist die Methode, die erkenntnistheoretischen Fragen unabhängig von jeder psychologischen Annahme zu lösen; die Methode, statt die äußere Erfahrung durch die innere zu kritisieren, die Grundbegriffe aller Erfahrung überhaupt, also der äußeren wie der inneren zumal, auf ihren Wahrheitsgehalt, d. i. ihre objektive Gültigkeit zu prüfen. Mittels dieser Methode, deren Gedankengang in der »Zusammenfassung« des Schlusskapitels dieses Bandes[5], frei von allen scholastischen Zutaten, dargestellt ist, wird eine *Philosophie* des Bewusstseins zum Unterschiede von einer bloßen Psychologie und Physiologie desselben möglich. Auch glaube ich mittels dieser Methode zu nicht unwichtigen Ergebnissen gelangt zu sein, welche darzustellen, die Aufgabe des II. Bandes dieser Schrift sein soll. Die formalen Grundbegriffe der Erkenntnis stammen aus der Gesetzlichkeit des die äußere und innere Erfahrung umspannenden Bewusstseins – und durch Verbindung der Einheitsfunktion des Denkens mit den Anschauungsformen, Raum und Zeit, gelangt man zu dem natürlichen System jener Begriffe und damit zu dem logischen Beweisgrunde der *Prinzipien der Erhaltung.*

Die Beziehungen dieser Schrift zur positiven Wissenschaft sind, so glaube ich, nicht bloß auf dem Titelblatte ausgedrückt worden. Ich ließ mich wenigstens stets von der Maxime leiten, dass die Philosophie die Naturwissenschaft nicht zu meistern, sondern von ihr zu lernen habe. Naturwissenschaft und Philosophie ergänzen sich meiner Überzeugung nach und ihre Fortschritte erfolgen in beständiger Wechselwirkung. Nicht zum geringsten Teile verdankt die kritische Philosophie Kants das Ansehen, das sie heute wieder errungen hat, der tiefen Einsicht ihres Urhebers in das Wesen der naturwissenschaftlichen Methode, der Kunst und dem Erfolge, womit er diese Methode anzuwenden wusste. Die Naturwissenschaft hat, wie ich gezeigt habe, in der Person Kants den allererheblichsten Anteil genommen an der Reform der philosophischen Methode.

Bei der Abfassung dieses Bandes habe ich außer der älteren auch die neueste Kantliteratur sorgfältig zu Rate gezogen, was ich nur erwähne, um den Verfassern, namentlich *H. Cohen* und *R. Zimmermann*, für die Anregung durch ihre Schriften Dank zu | sagen.[6] Wenn ich von einschlägigen Arbeiten, wie der Schrift von *Fr. Paulsen* (von einer nachträglichen Anmerkung abgesehen) und besonders dem Kapitel über Kant im »System der kritischen Philosophie« *von C. Göring*, keinen Gebrauch mehr machen konnte, so erklärt sich dies aus dem Umstande, dass der Druck dieses Bandes seit geraumer Zeit vollendet, das Erscheinen desselben jedoch durch ein unvorhergesehenes Missgeschick verzögert worden ist.[7]

Schließlich habe ich noch ganz besonders der Belehrung zu gedenken, die ich *Dührings* philosophischen Schriften, namentlich der »Natürlichen Dialektik«, sowie seiner »Kritischen Geschichte der allgemeinen Prinzipien der Mechanik« in hohem Maße verdanke.[8]

Ich bemerke noch, dass sich die Zitate Kants auf die Ausgabe seiner Werke von Rosenkranz und Schubert beziehen.[9] Einige stehen gebliebene, übrigens den Sinn nicht verletzende Druckfehler bitte ich mit der weiten Entfernung vom Druckorte zu entschuldigen.

Und hiermit übergebe ich das Werk mehrjähriger Forschung der Öffentlichkeit, es einer nachsichtigen Beurteilung empfehlend, deren jedes Menschenwerk bedarf – insbesondere das Werk eines Philosophen.

Graz, im November 1875

A. Riehl

DETAILLIERTES INHALTSVERZEICHNIS

ZWEITER ABSCHNITT
Die Methode des Kritizismus *Kants*

EINLEITUNG

§ 1. Der philosophische Kritizismus und seine Bedeutung für die positive Wissenschaft

Das einflussreichste Ereignis in der Geschichte der neuern Philosophie, ein epochemachendes in der Geschichte der Wissenschaft überhaupt ist die Begründung und Entwicklung des philosophischen Kritizismus. Von Locke begonnen, durch Hume fortgeführt, von Kant zu einem gewissen Abschluss gebracht, zeigt die kritische Philosophie in ihrer Ausbildung eine Folgerichtigkeit, Methode und Kontinuität, durch welche sie sich von den meisten, unstetigen Systemversuchen unterscheidet. Außer der älteren griechischen Philosophie bis Sokrates bietet sie in der gesamten Geschichte der Philosophie das einzige oder doch hervorragendste Beispiel einer innerlich zusammenhängenden Entwicklungsreihe dar.

Obschon ursprünglich eine innere Angelegenheit der Philosophie bildend, greift der Kritizismus durch seine Folgen weit über den Bereich der reinen Philosophie hinaus – zunächst bestimmt, eine einzelne Art der Erkenntnis, die metaphysische, zu kritisieren, gestaltete er sich unter den Händen seiner Urheber zu einer allgemeinen Erkenntniskritik, zur Grundlegung der Theorie der Wissenschaft.

Die kritische Philosophie hatte sogleich eine antimetaphysische Tendenz verraten und folglich die Richtung auf strenge, positive Wissenschaft eingehalten. Wenn sie sich von der Betrachtung der Dinge abwandte und vorerst in das Innere des Verstandes einkehrte, das Begriffsvermögen zu erforschen und auszumessen; so geschah dies, mit Hume zu reden, um den »abstrusesten und lästigsten Teil«[A] einer vermeintlichen Erkenntnis übersinnlicher | Dinge aus der Wissenschaft auszuscheiden, das Reich erdachter

A [Hume, Über die menschliche Natur, Band I, S. 14.]

Existenzen und zu Dingen erklärter Begriffe zu zerstören. So ging Locke den Begriffen bis zu ihrer Quelle nach, um die Einbildung angeborner, von Gott eingepflanzter, daher gleichsam eximierter Erkenntnisse zu vernichten. Er untersuchte die Entstehungsart der Begriffe, um ein Kriterium zu gewinnen, durch das die naturgemäß erzeugten von den künstlich gemachten Begriffen unterschieden werden konnten. Hume, einer »der Geographen der menschlichen Vernunft«[A], durchforschte die Natur des Verstandes und unterwarf seine Kräfte und Fähigkeiten einer genauen Analysis, in der ausdrücklichen Absicht, zu zeigen, dass das Erkenntnisvermögen auf keine Weise für so entfernte und ungreifbare Gegenstände eingerichtet sei, als es die Objekte der Metaphysik sind. Diese Untersuchung der menschlichen Natur galt ihm als die wahre »Metaphysik«[B], berufen, die falsche der Schulen zu beseitigen. Kant endlich warf die Frage nach der Berechtigung und Tragweite synthetischer und zugleich von der Erfahrung unabhängiger Erkenntnisse auf, zu dem ausgesprochenen Zwecke, durch Grenzbestimmung des Wissens der Metaphysik den Prozess zu machen, das Blendwerk dieser vorgeblichen Erkenntnis des Übersinnlichen und Überempirischen aufzudecken. Um diese einzige Frage nach der Möglichkeit einer Metaphysik zur Entscheidung zu bringen, ordnete er das ganze Inventar der reinen Begriffe, prüfte er mit einer Gründlichkeit und Schärfe ohnegleichen jedes einzelne Stück desselben, wodurch seine Kritik der Metaphysik zugleich die Fundamente einer allgemeinen Wissenschaftskritik und theorie legte.

So hatte der Kampf gegen das metaphysische Scheinwissen auch die Gewinnung und Bedeutung des wirklichen Wissens in ein immer helleres Licht gerückt. Die ganze Tragweite der kritischen Strömung in der Philosophie wird aber erst ersichtlich, wenn wir bedenken, dass die metaphysische Denkart in einem natürlichen Hange des Menschen nach dem Maßlosen und Unbegrenzten ihre zähe Wurzel hat. Die ideell unbeschränkte Hervorbringung und

A [Kant II, KrV, S. 586; AA III, S. 496.]
B [Hume, Über die menschliche Natur, Band I, S. 596.]

willkürliche Kombinierung der Denkformen, worauf allerdings die Macht des freien, in die Tatsachen eindringenden | Verstandes beruht, unterstützt auch, ja veranlasst zum Teile sogar den metaphysischen Trug. So erklärt es sich, dass selbst positive Wissenschaften nicht unentstellt von diesem Truge geblieben sind, wie denn gerade ihre Grundbegriffe, Materie und Kraft, bis in die neueste Zeit herab in die Nebel metaphysischer Zweideutigkeit eingehüllt waren. Der philosophische Kritizismus leistet sohin der positiven Wissenschaft selbst die erheblichsten Dienste. Zwar gibt es eine Art immanenter Kritik, die sich auf ein einzelnes Wissensgebiet erstreckt und beschränkt. Sie besteht in der Trennung von Theorie und Tatsache, in dem Bewusstsein, dass die Theorie als solche nur das Instrument sei, den eigentlichen Kern des Wissens, die Tatsachen, zu ergreifen und zu bearbeiten. Die Begriffe werden demnach nicht mehr darauf angesehen, was sie für sich bedeuten, und es macht sich der Unterschied zwischen demjenigen Bestandteile des Erkennens, der nichts als die ideelle Form der Verstandesbetätigung ausdrückt, und dem Stoffe des Wissens, den wirklichen Dingen und Vorgängen, geltend. Allein der feineren, metaphysischen Täuschungen, die ihren Sitz in den Begriffen selbst haben, wird man auf diese Art nicht Herr; es bedarf zu ihrer Auflösung einer besonderen, selbstständigen Kritik der Begriffe und ihres Gebrauchs. So rechtfertigt sich unsere Behauptung, dass der philosophische Kritizismus auch in der allgemeinen Wissenschaftsgeschichte Epoche gemacht habe.

§ 2. Entwicklungsgang der kritischen Philosophie

Spuren und Ansätze des Kritizismus fehlen auch im Altertume nicht, aber seine eigentliche Geschichte beginnt erst mit Locke. Die eleatische Spekulation hatte zuerst den Gegensatz zwischen der Existenz, wie sie den reinen Verstandesbegriffen entspricht, und der Erscheinung in Raum, Zeit und Bewegung zum Bewusstsein gebracht und damit den Idealismus vorbereitet. Democritus zog bereits die Grenze zwischen dem Subjektiven und Objektiven in der sinnlichen Anschauung dort, wo sie später auch von Locke wieder gezogen wurde, indem er Temperatur, Geschmack, Geruch, Ton und Farbe nur als konventionelle Bezeichnungen für die Eigenschaften der Dinge betrachtete, deren wahre Beschaffenheiten er vielmehr in Raumerfüllung, Gestalt, Zahl, Ordnung und | Bewegung der Stoffteilchen suchte. Protagoras lehrte den vieldeutigen Satz vom ›Menschen als dem Maße aller Dinge‹ im relativistischen Sinne; und einer der wissenschaftlich gehaltvollsten Dialoge Platos[10] beschäftigte sich sogar mit der Frage nach dem Wesen der Erkenntnis und löste dieselbe in skeptischer Weise. Wie wenig aber dennoch das Altertum vom echt kritischen Geiste erfüllt war, lehrt eine Vergleichung der antiken Skepsis mit dem sogenannten Skeptizismus Humes. Dieser entsprang dem Bestreben eines kraftvollen Geistes, das Denken vom Spiel mit Begriffen zur ernstlichen Beschäftigung mit der Wirklichkeit abzulenken; während jene Skepsis der Ausdruck der völligen Energie- und Mutlosigkeit des Verstandes war. Sie suchte nur deshalb das Wissen zu erweichen und aufzulösen, um unbehelligt von seinen strengen Anforderungen der schlaffen Ungestörtheit des Gemütes frönen zu können.

In derselben Periode, in der sich der Mensch über seine Stellung in der Außenwelt wissenschaftlich orientierte, trat auch seine philosophische Orientierung in der Innenwelt der eigenen Begriffe ein. Diese Orientierung ergänzt sogar und berichtigt in gewissem Betrachte jene kosmische. Was nämlich der Mensch durch die richtige Erkenntnis des untergeordneten Platzes, den er im Weltganzen einnimmt, scheinbar an Würde und Bedeutsamkeit einbüßte, das hat er durch Orientierung über sein Wesen, durch die Erkenntnis der universellen Ausdehnung seiner intellektuellen Fähigkeiten, welche den Kosmos umspannen, und durch das Bewusstsein seiner moralischen Selbstgenügsamkeit mehr als einfach zurückgewonnen.

Wäre der Aufschwung des philosophischen Denkens in Descartes nachhaltiger gewesen, so würde er, nicht Locke, der dem mathematisch-mechanischen Naturerkennen ferner stand, zum Urheber der kritischen und positiven Philosophie geworden sein.

Der anscheinend schroffe Bruch mit der scholastischen Tradition, der kühne, allgemeine Zweifel, welcher vor allem anderen wenigstens leeren Raum zur Herstellung wirklichen Wissens schaffen sollte, sind unzweifelhaft kritische Charakterzüge des französischen Philosophen. Sein Prinzip, die objektiv gültige Erkenntnis, ja | die Form der Wirklichkeit selbst, an das Sein und die Norm des Denkens anzuknüpfen, enthielt ein Programm, das erst in der reifsten Gestalt des Kritizismus zur Ausführung gelangte – durch Anknüpfung der Einheit der Erfahrung an die Einheit des reinen, denkenden Bewusstseins. Die kritische Philosophie selbst nahm zunächst einen weniger hohen Flug. Sie begann mit einer beobachtenden, empirisch-psychologischen Untersuchung des Ursprungs der Begriffe, erst später erforschte sie neben der Entstehung auch die Bedeutung der Begriffe selber, bis sie durch Kant in eine streng philosophische Methode gebracht wurde.

§ 3. Der Kritizismus Kants. Über die Versuche, ihn zu restaurieren. Hauptsächliche Missverständnisse der Kantischen Philosophie

Dass die Philosophie Kants Elemente des wissenschaftlichen Kritizismus überhaupt enthalte, geht besonders aus der nachdrücklichen Betonung, mit der von Seiten der Naturwissenschaft, namentlich der Physiologie auf diese Philosophie hingewiesen wird, hervor. Die Physiologie fasst ihr Verhältnis zu Kant wesentlich als übereinstimmendes und ergänzendes auf. Und zwar sind es gerade die neuesten Versuche der physiologischen Psychologie, die dieses Verhältnis zum entschiedensten Ausdrucke bringen. Wenn *Wundt* die Vorstellungen von Raum und Zeit, die Begriffe der Substanz und Kausalität aus schöpferischen Synthesen des Bewusstseins herleitet[11], so befindet er sich hierin sogar in einer weit genaueren Übereinstimmung mit Kantischen Lehren, als er, zufolge der herkömmlichen Auffassung der letzteren, anzunehmen scheint. Auch hat Wundt seine »*synthetische*« Raumtheorie nicht so fast der Physiologie als weit mehr dem unbemerkten Einfluss der Philosophie zu verdanken. Je mehr aber die gegenwärtige wissenschaftliche Situation durch die Naturwissenschaft beherrscht wird, desto mehr muss auch die Philosophie, dieser allgemeinen Lage der Wissenschaft folgend, zu Kant, dem »Mann der Physiologen«[A], hingezogen werden.

In der Tat gewinnt es den Anschein, als sollten sich die philosophischen Bestrebungen in Deutschland abermals auf dem Boden der Kantischen Philosophie begegnen. Oft ist ein scheinbarer Rückschritt einem wahren Fortschritt gleich zu achten. Soll aber die Philosophie Kants wirklich zur Vereinigung dienen, und nicht neuerdings vielmehr zur Trennung nach den verschie|densten Richtungen führen, so bedarf es vor allem einer kritischen Verständigung über dieselbe. Es würde von vorneherein verfehlt sein, an der kritischen Philosophie, so wie sie ist, einfach Restaurationsexperimente zu machen; obschon es sicher ist, dass wesentliche Grundlagen derselben zu den feststehenden, im Lauf der Zeit und in allen Wandlungen der philosophischen Systeme erprobten Wahrheiten gehören. Jene Versuche jedoch würden nicht nur deshalb verfehlte sein, weil die Philosophie Kants fast ein Jahrhundert alt ist, während welches Zeitraumes die Naturwissenschaft und der durch die positive Wissenschaft überhaupt vertretene, in ihr gleichsam triebartig wirksame philosophische Geist ungeahnte Fortschritte zurückgelegt und dadurch die allgemeine Situation der Wissenschaft in der durchgreifendsten Weise verändert haben. Sie würden auch aus dem Grunde aussichtslos sein, weil die Philosophie Kants selber einer Berichtigung und Verschärfung in wesentlichen Punkten bedarf. Einem in mancher Hinsicht doch beschränkteren Bildungskreise, als der moderne naturwissenschaftliche ist, angehörig, bleibt diese Philosophie vor manchen Entscheidungen zaghaft stehen, welche inzwischen unvermeidlich geworden sind. Wo es nämlich auf strenge Abschließung des Weltbegriffes und gleichsam auf die einheitliche Zusammenfassung des auf das Weltganze gerichteten Denkens ankommt, ist ihre Haltung noch gewunden und skeptisch. Sie lehrt zwar keinen

A [Rokitansky, Selbstständige Wert des Wissens, S. 22.]

offenen, doch aber einen versteckten und problematischen Dualismus. Sie begrenzt nicht nur den Verstand, sondern beschränkt ihn auch. Sie schließt das Übersinnliche vom Bereiche eigentlicher Erkenntnis aus, aber sie reserviert sich ein überweltliches Sein für praktische Notbehelfe. Sie kannte noch nicht das Erhaltungsprinzip der Kraft und wusste nichts vom selbstgenügsamen Mechanismus des Systems der Dinge. Mehr, als es die zum Teil irrtümlichen Ansichten sind, welche über die Kantische Philosophie im Schwange sind, ist die Doppelseitigkeit des Systems einer übereinstimmenden Auffassung hinderlich. Jene Ansichten richten sich zum Teil gegen die Methode, und kehren sich zum Teil gegen die Ergebnisse des Kantischen Kritizismus. Die Methode soll zwar wunderlich ver|stellt und erschwert, der Hauptsache nach aber doch nur eine *psychologische* sein. Mit gänzlicher Verkennung des kritischen Sinnes des »Apriori« verwechselt man die Annahme und Rechtfertigung von Erkenntnissen, deren objektive Gültigkeit unabhängig von der Erfahrung eingesehen und bewiesen werden kann, mit der schon von Locke beseitigten Behauptung von eingeborenen Begriffen.

»Die Kritik erlaubt schlechterdings keine anerschaffene oder angeborne Vorstellungen, alle insgesamt, sie mögen zur Anschauung oder zu Verstandesbegriffen gehören, nimmt sie als *erworben* an«[A]. Ihre Aufgabe ist nicht, zu zeigen: wie Erfahrung entstehe, sondern was in ihr liegt. »Das erstere gehört zur empirischen Psychologie (und Physiologie [A. R.]) und würde selbst auch da, ohne das zweite, welches zur Kritik der Erkenntnis gehört, niemals gehörig entwickelt werden können«[B]. Der Weg, den die kritische Untersuchung geht, das Ziel, das sie erreicht, sind von vorneherein über den Gegensatz von »Empirismus und Nativismus«[12], der zum Ursprung der Vorstellungen gehört, erhaben. Sie will die philosophische Bedeutung der Gegenstände aller Erfahrung, der empirischen Außenwelt sowohl als des empirischen Innern, ermitteln, und ihr Ergebnis ist, dass diese Gegenstände sämtlich *Erschei-*

A Kant I, Entdeckung, S. 444–446 [hier 444–445; AA VIII, S. 221].
B Kant III, Prol., S. 65 [AA IV, S. 304].

nungen sind. Die gemeinsame Form der äußern und innern Erfahrung ist das Objekt ihrer Betrachtung. Aus der Beschaffenheit dieser Form folgert sie die Phänomenalität der Außen- und der Innenwelt. Wo immer aber Kant im Zusammenhang seiner Untersuchung auf die Ursprungsfrage trifft, da erklärt er sich, was man bisher ganz übersehen hat, *unzweideutig für die empiristische Theorie.* Er macht die innere Erfahrung abhängig von der äußeren. Das empirische Bewusstsein stammt nach ihm von Eindrücken der Sinne ab, die der Zeit nach der Äußerung und Entwicklung desselben vorangehen. Aber auch das Bewusstsein der reinen Begriffe ist *erworben* und enthält ebenso wie die »Vorstellung« des Raumes nichts Angebornes. Bloß die Quelle dieser Begriffe und Anschauungen liegt, wie ihre | Beschaffenheit lehrt, und die Kritik beweist, in der allgemeinen Form des übergreifenden, äußere und innere Erfahrung befassenden Bewusstseins.[A]

Kant folgte einem äußerlichen Herkommen der Wolff'schen Schule, wenn er psychologische Klassennamen zu Titeln und Gesichtspunkten der Einteilung und Disposition des Vortrages beibehielt. Auf den Gang seiner Untersuchung hat dieser Sprachgebrauch nur nebensächlichen Einfluss genommen. Man hätte bemerken können, dass Kant nicht die Sinnlichkeit als psychologisches Vermögen, sondern die Vorstellungen ›Raum‹ und ›Zeit‹, nicht den Verstand als Seelenkraft, sondern die logischen Einheitsbegriffe in Urteilen, nicht die Vernunft als Ausstattung des menschlichen Geistes, sondern die in der Erkenntnis und Wissenschaft ausgeprägten, gleichsam objektiv daliegenden Schlussformen prüft und kritisiert. Man vergaß, dass für Kant die Existenz einer Seele keine theoretische Wahrheit, sondern nur eine praktische Forderung und Erwartung war! Wie kann man von einer Kantischen Psychologie, von einer psychologischen Kritik reden, da doch Kant den Begriff einer Seelensubstanz für gänzlich unerweislich erklärt? *Die kritische Philosophie Kants kennt keine Psychologie.* Ihr größtes Verdienst, ihre eigentümlichste, methodische Leis-

A Über den »Empirismus« Kants wird im zweiten Abschnitt [insb. 302–304] eine besondere Erörterung folgen.

tung war es, ein Verfahren entdeckt und in Anwendung gebracht zu haben, wodurch die objektive Gültigkeit und die Grenzen der Begriffe, unabhängig von jeder psychologischen Annahme über ihre Entstehung, erkannt und bewiesen werden können. Hierdurch führte sie über die Verstandestheorie Lockes hinaus. Es soll daher die hauptsächliche Angelegenheit des ersten Teiles dieser Schrift sein, den methodischen Unterschied des Kantischen und des englischen Kritizismus nachzuweisen. Im Zusammenhang mit der Missdeutung der Methode stehen die gewöhnlichen Missverständnisse ihrer Ergebnisse. Der Sinn des »transzendentalen Idealismus«[13] kann nur aus dem ganzen Beweisgang gehörig begriffen und fest bestimmt werden. Dieser Idealismus | ist im Grunde das Gegenteil des Idealismus George Berkeleys. Er ist ein Idealismus, der die Existenz der Dinge gar nicht in Zweifel zieht, vielmehr den Grund zu ihrer Bezweiflung hebt. Berkeley behauptete, dass die Dinge nur Ideen seien, er suchte das Wirkliche in den Vorstellungen, in den Perzeptionen der Geister; Kant dagegen zeigt, dass vielmehr die Vorstellungsarten und Begriffe von den Dingen ideell, und von ihrem Gebrauch in der Erfahrung abgesehen, nichtig sind. Zu diesen Vorstellungen gehört aber nach ihm auch das empirische Ich, an welches der englische Idealist gerade die Wirklichkeit geknüpft hatte. Kant und Berkeley lehren also eigentlich Entgegengesetztes. Das *Dasein* der Dinge, die Existenz des Grundes der Erscheinungen steht für Kant außer aller Frage. Lediglich die *Form* ihrer *Anschauung* ist nach ihm eine bloße Idee. Man höre seine eigene Erklärung: »Namen, welche einen Sektenanhang bezeichnen, haben zu allen Zeiten viel Rechtsverdrehung bei sich geführt, *ungefähr so, als wenn Jemand sagte: N. ist ein Idealist.* Denn, ob er gleich durchaus nicht allein einräumt, sondern *darauf dringt,* dass unsern Vorstellungen äußerer Dinge wirkliche Gegenstände äußerer Dinge korrespondieren, so will er doch, dass *die Form der Anschauung* derselben nicht ihnen, sondern nur dem menschlichen Gemüte anhängt.«[A] Die Lehre von der Idealität der Anschauungsform begründet und *erschöpft zugleich* den Kanti-

A Kant VIII, KpV, S. 118, Anmerkung [AA V, S. 13].

schen Idealismus. Kant eliminiert aus der Wirklichkeit die »Undinge« Raum und Zeit, die er zu bloßen Ideen herabwürdigt, damit nicht die eigentlichen Dinge mit ihnen zu lauter *Schein* verwandelt würden.[A]

Die reinen, von den Anschauungsformen befreiten Begriffe dagegen reichen nach ihm hin, das Dasein der Objekte zu erweisen; sie reichen an die positive vom Bewusstsein unabhängige Grenze der Erscheinungen. Nur reichen sie nicht hin, dieses Dasein zugleich zu *bestimmen*. Isoliert von den sinnlichen Bedingungen kann daher der Verstandesbegriff »allerdings auf Dinge an sich angewandt werden«[B]. Und wenn an den kritischen | Philosophen die Frage gerichtet wird: »[O]b es etwas von der Welt Unterschiedenes gebe, was den Grund der Weltordnung und ihres Zusammenhanges nach allgemeinen Gesetzen enthalte«, so ist seine Antwort: »*ohne Zweifel*. Denn die Welt ist eine Summe von Erscheinungen, es *muss* also irgendein transzendentaler Grund derselben sein.«[C] Erscheinung und Existenz an sich sind nach Kant logisch zusammengehörig, die zwei Seiten eines einzigen Begriffsganzen. Niemals begeht er die von ihm selbst als solche bezeichnete Ungereimtheit, Erscheinungen anzunehmen, ohne etwas, was da erscheint. Die Kritik lehrt nur *das Objekt*, und zwar dasselbe Objekt, *in zweierlei Bedeutung nehmen*[D]. Nicht die Begriffe des Daseins, der Kausalität, nur die auf die Anschauungsform bezogenen *Grundsätze* gelten nach Kant von Dingen nur, soweit sie erscheinen. Wir können z. B. nach der Kritik fragen: was in der Vorstellung des Körpers zur Erscheinung, d. i. zur sinnlichen Anschauung desselben gehöre, und wir müssen nach ihr im gleichen Sinne fragen: was von den Vorgängen unseres Selbst nur phänomenale Bedeutung habe? Vergebens aber würden wir nach ihr fragen: ob wir selbst und die Dinge existieren? Die Existenz ist kein Gegenstand der Erkenntnis, sondern der Anerkenntnis, sie ist absolute

A Kant II, KrV, S. 719 [AA III, S. 72].
B Kant VIII, KpV, S. 170–175 [hier 174; AA V, S. 55].
C Kant II, KrV, S. 538 [AA III, S. 457].
D Kant II, KrV, S. 677 [AA III, S. 17].

Position, und bei allen unsern Fragen vorausgesetzt, also durch keine zu erreichen.

Der Begriff des Grundes der Erscheinungen ist in der Philosophie Kants, *soweit es auf die Existenz dieses Grundes ankommt*, positiv zu nehmen. Die Ergebnisse der Kritik sind mithin im Sinne der Wirklichkeitsphilosophie, oder des Realismus aufzufassen. Kants Lehre ist ein Idealismus der Erscheinungen auf realistischem Grunde. Dies geht nicht bloß aus der so unumwundenen und emphatischen Erklärung gegen den Idealismus in der gewöhnlichen Bedeutung des Wortes hervor, sondern ergibt sich noch unmittelbarer aus der Betrachtung der Methode Kants.

Dennoch bestehen Schwierigkeiten in der Auffassung des realistischen Grundes der Kantischen Philosophie, die zum größten Teile aus einem gewissen Mangel an Einhelligkeit ihres | Gedankenkreises zu erklären und daher nicht so fast zu lösen als in ihrem Motive zu heben sein werden. Die Ergebnisse der theoretischen Kritik stehen unter dem stillschweigenden Einfluss einer praktisch bezweckten, neuen Gattung von Metaphysik, wodurch sie in einem gewissen Grade zweideutig oder wenigstens unentschieden werden. Doch bedarf es nur einer konsequenten, durch keinerlei Rücksicht beirrten Fortsetzung des von Kant eröffneten Weges, um auch diese Zweiseitigkeit seines Systems zu überwinden.

§ 4. Nächste Aufgabe dieses Werkes. Bedeutung einer Untersuchung der *Methode Kants*. Die beiden Erkenntnisfaktoren. Kant und *Fichte*

Die Kennzeichnung dieses Weges wird daher zunächst unsere Aufgabe sein. Wir verfolgen die stufenweise Ausbildung des Kritizismus in der englischen Philosophie, um den neuen Weg Kants sichtbar zu machen. Wir werden ferner den Einfluss der Wolffischen Schule auf die Ausbildung der kritischen Philosophie zu bestimmen haben, und den Spuren der Entwicklung der kritischen Methode in den früheren Schriften und namentlich in den brieflichen Äußerungen Kants nachgehen und die gleichzeitigen kritischen Versuche eines Johann Heinrich Lambert und Johannes Nikolaus Tetens zur Vergleichung heranziehen.

Da uns die Philosophie Kants zunächst als eine Phase der philosophischen Vergangenheit erscheint, so befinden wir uns ihr gegenüber von vorne her auf dem Standpunkt der Prüfung, die von keiner Absicht gelenkt werden soll. Das Verfehlte, oder besser, das Unausgeführte in ihr, soll mit derselben Sorgfalt hervorgesucht werden, wie das Gelungene und bleibend der Wissenschaft Angehörige. Die erstarrte Rinde des Systems soll ebenso willig zerbrochen werden, als die unter ihr schlummernden Funken zu wecken sind, an denen sich für die Gegenwart neues, philosophisches Feuer entzünden lässt.

Eine Untersuchung der Methode Kants empfängt ihre besondere, entscheidende Wichtigkeit davon, dass, näher besehen, die Vernunftkritik selbst nichts anderes sein will als die Begründung und die Anbahnung einer neuen philosophischen Methode. Sie nennt sich ausdrücklich den »Traktat der Methode«[14], sie soll das neue Organon der Philosophie werden, woran sie den aufmerksamen Leser schon auf dem Titelblatte durch das Zitat aus Baco | erinnern will. Es soll durch sie nicht die Philosophie als Wissenschaft dargestellt, sondern eine künftige wissenschaftliche Darstellung vorbereitet und ermöglicht werden. Nicht einmal das ausgeführte System der Transzendentalphilosophie, oder, wie wir sagen würden, der Wissenschaftstheorie, bloß die Grundzüge und Grundlagen zu einer solchen will sie darlegen. Um sie richtig zu beurteilen, dürfen wir diesen ihren propädeutischen Charakter nicht aus dem Auge lassen. Aber auch der besondere Antrieb dieser Methode darf nicht unbeachtet bleiben. Kant demonstrierte das Nichtwissen über metaphysische Gegenstände, er hob das Wissen über sie auf, um für den Glauben, wenn schon nur den moralischen Glauben, Platz zu machen. Daher fällt bei ihm der Nachdruck und sozusagen die Pointe seines Verfahrens auf die *negativ*-kritische Seite; er zeigte mehr, was der Verstand nicht leisten könne, als dass er zeigte, was er zu leisten vermag, er hielt sich mehr beim Unvermögen des Verstandes auf und wies dasselbe indirekt nach, dadurch, dass er sein Vermögen überschätzte und ausmaß. Eine kritische Untersuchung seiner Philosophie wird daher gerade diesen Punkt besonders scharf zu prüfen haben. Aber auch abgesehen davon, hängt mit der Beschränktheit des Zweckes, den sich die kritische Philosophie Kants vorgesetzt hatte, ein gewisser, in seinen Folgen sehr weit reichender Mangel derselben zusammen. Kant kritisiert ausschließlich die *reine* Erkenntnis. Sein Zweck war, zu ermitteln, unter welchem Rechtstitel wir *apriorisches* Wissen haben. Aber er unterließ zu zeigen, wie wir das bei weitem umfangreichere, den größten Teil aller unserer Erkenntnisse bildende, empirische Wissen erlangen. Es ist ein Mangel seiner Erkenntniskritik, dass sie nur Kritik der reinen und nicht zugleich auch Theorie der empirischen Vernunft ist. Allerdings bedurften zunächst nur die Anmaßungen der an sich unbeschränkten, reinen Erkenntnis der disziplinarischen Kritik, und insoferne ist Kant durch die Natur seiner Aufgabe hinlänglich gerechtfertigt. Allein, nicht nur entbehrte dadurch sein System der Vollständigkeit einer kritischen Erkenntnislehre überhaupt, es lässt sich auch behaupten, dass die Kritik in vielen Punkten entschiedener und einschneidender sein würde, | wenn sie auch die Erwerbung der empirischen Erkenntnis näher untersucht hätte. Übrigens war sich Kant dieses, aus dem nächsten Zwecke seines Unternehmens vollkommen erklärlichen Mangels, deutlich bewusst, wie u. a. seine Äußerungen an Carl Leonhard Reinhold beweisen. Diesem und seinen übrigen »hyperkritischen« Freunden[15] erteilte er den Rat, die »Kritik« nicht nach oben und sozusagen über die, von ihr ja gefundenen Prinzipien hinaus fortzuführen, sondern dieselbe vielmehr nach unten hin, in die Verzweigungen des positiven Wissens einzuführen, um so den Übergang von den Prinzipien zu den besonderen Wissenskreisen herzustellen – und er selbst beschäftigte sich noch bei sinkender Kraft damit, die Kritik mit der Wissenschaft in fruchtbare Verbindung zu setzen. Die Vernachlässigung, oder doch zu geringe Berücksichtigung des materiellen Faktors des Erkennens neben dem ideellen begünstigte die spätere Ungeheuerlichkeit, den ersteren völlig zu beseitigen. Ein Fichte konnte glauben, Kant übertroffen zu haben, da er doch nur einen Fehler desselben ins Maßlose steigerte. Um dies einzusehen, braucht man nur das unverhältnismäßige Übergewicht zu erwägen, welches der von Kant zwar ausdrücklich anerkannte, und im Ganzen auch richtig geschätzte, aber zu wenig behandelte, empirische Erkenntnisfaktor über den ideellen tatsächlich besitzt. Während aus diesem nichts als der formale Schematismus der Erfahrung, ihre logische und mathematische Form hervorgeht, bringt jener den gesamten Inhalt *und die besondere Form* der Erfahrung herbei. Er verleiht jeder wirklichen Erkenntnis, die nicht auf das rein logisch-mathematische Gebiet beschränkt ist, d.i. die allgemeine Verstandes*form* der Erfahrung zum Gegenstande hat, Bestimmtheit und Gehalt. Wie sich reine Logik und Mathematik zu den konkreten Wissenschaften, also zu Mechanik, Physik, Chemie, Physiologie usf., verhalten, so verhält sich auch der ideelle Faktor der Erkenntnis, der jenen reinen Formwissenschaften zu Grunde liegt, zum materiellen, der zu ihnen allererst den Stoff herbeischafft. Alles Bestimmte und Faktische, alles, was in die bloß formale Erkenntnis einen Inhalt bringt, also das bestimmte Maß, die bestimmte Zahl, die besondere Lage, die gegebene Empfindung, kommt aus|schließlich auf Rechnung des empirischen Faktors der Erkenntnis. Und ganz in dieser Weise führte Kant selbst nicht nur die Gegebenheit des Mannigfaltigen in der Empfindung, sondern auch die bestimmten, besonderen Verhältnisse der Dinge in Raum und Zeit, und die besonderen Erfahrungsgesetze auf den alleinigen Anteil dieses Faktors des Wissens zurück. Es widerstreitet einfach dem urkundlichen Tatbestande, zu behaupten, Kant habe der aus dem Bewusstsein hervorgebrachten allgemeinen Form der Anschauung und Erkenntnis einen »rohen«, formlosen Stoff gegenübergestellt. Und diesen höchst bedeutsamen, ja überwiegenden Erkenntnisfaktor eliminierte nachher Fichte, und versuchte es, den Stoff und die besondere Form der Erfahrung aus dem Gespenst einer nichtigen, eigentlich gar nicht vorhandenen, sondern erst sich ins Unendliche setzenden Tätigkeit, einer aus und mit nichts schaffenden, hohlen Form hervorzuzaubern! Dieser Sprung ins Leere vom realistischen Boden der Kantischen Philosophie aus wurde keineswegs durch Friedrich Wilhelm Joseph Schellings nur ideologische und scheinbare Wiedereinsetzung der Natur und Wirklichkeit in ihre Rechte rückgängig gemacht.

§ 5. Die Terminologie Kants. Beispiel, der Terminus: *Möglichkeit der Erfahrung.* Die Vernunftkritik ist nicht Kritik der Erkenntnis*vermögen,* sondern der Erkenntnis selbst

Eine Veranlassung zu Missverständnissen der Methode Kants und namentlich zu der bereits berührten Auffassung derselben, als einer psychologisierenden, gab ohne Zweifel seine an die scholastische Terminologie der Schule Wolffs gebundene Vortragsweise. Diese Terminologie, welche durch die, in ihrer Art ganz vortrefflichen Lehrbücher Baumgartens befestigt worden war, wurde von Kant noch feiner ausgebildet und bereichert, wobei einzelne Bezeichnungen, z. B. a priori, transzendental, im Zusammenhang seiner Lehre eine veränderte und vertiefte Bedeutung gewinnen mussten. Ein Blick in die Metaphysik Baumgartens belehrt uns nun, dass man gewohnt war, unter psychologischen Aufschriften logische und metaphysische Gegenstände abzuhandeln. Kant entlehnte also diesen Gebrauch der Wolffischen Schule. Noch belehrender aber ist die Erinnerung an die systematische Stellung, welche Baumgarten seiner Ästhetik eingeräumt hatte. Er betrachtete sie als einen Teil der Erkenntnistheorie, als Lehre der normativen, oder vollkommenen sinnlichen Erkennt|nis, und wies ihr daher einen Platz in der allgemeinen Gnoseologie unmittelbar vor der *Logik* an. Denselben Namen, und den gleichen systematischen Ort behielt auch Kant für seine kritische Theorie der sinnlichen Erkenntnis bei; obschon er bei der Bezeichnung ›Ästhetik‹ nicht so fast an eine Lehre des Schönen als an jene Unterscheidung in der alten Philosophie zwischen der ästhetischen und intellektuellen Erkenntnis dachte. Kant legte den Entwurf einer vollständigen, durch die Ästhetik, d. i. die Theorie der sinnlichen Erkenntnis ergänzten *Logik* seiner Vernunftkritik zu Grunde. Daher zerfällt diese in eine Elementar- und Methodenlehre und erhält die besonderen Abschnitte einer Analytik und Dialektik. Nicht die Psychologie und deren Leitfaden der niederen und höheren Seelenvermögen, sondern die durch Ästhetik erweiterte Logik gab den Grundriss her zum systematischen Aufbau der Kritik der reinen

Erkenntnis. *Dadurch tritt die Logik in den Vordergrund des Kantischen Systems, und die Anknüpfung der kritischen Vernunftlehre an die Logik wird entscheidend für das richtige Verständnis ihrer Methode.*

Den mitbestimmenden Einfluss einer fest ausgeprägten Schulsprache auf den Verlauf des Denkens würde nur der übersehen können, der nichts von der rückwirkenden Kraft des Worts auf den Gedanken wüsste. Schon Locke hat auf die Gefahr aufmerksam gemacht, Wörter einer toten Schulsprache mit wirklichen Einsichten zu verwechseln, und zur Probe ihres Gehalts empfiehlt er die Übersetzung in gewöhnliche Ausdrücke der Umgangssprache. Einen ähnlichen, obschon offenbar viel zu weit gehenden Vorwurf haben Johann Georg Hamann und Johann Gottfried Herder gegen Kant erhoben; der letztere hielt überdies auch das Locke'sche Prüfungsmittel in Bezug auf Kant für empfehlenswert. Was man jedoch zu Gunsten einer scholastischen Terminologie in der Philosophie sagen kann, hat Kant selbst in Hinsicht auf seine eigene in der Vorrede zur Rechtslehre und im Aufsatz vom »Vornehmen Ton in der Philosophie«[16] gesagt. Am letzteren Orte rechtfertigt er mit vollem Grunde den formalen Charakter seiner Philosophie als den einzig sachgemäßen und wissenschaftlich strengen, und in jener Vorrede | verteidigt er die Notwendigkeit einer scholastischen Pünktlichkeit des Vortrags, mag dieselbe immerhin als Peinlichkeit gescholten werden, weil nur dadurch allein die voreilige Vernunft dahin gebracht werden könne, sich vor ihren dogmatischen Behauptungen erst selbst zu verstehen. Die Terminologie Kants mit ihren subtilen Distinktionen befördert in hohem Grade die Genauigkeit und Schärfe der Gedankenentwicklung und bildet dadurch ein vortreffliches Mittel der philosophischen Schulung; zugleich ist sie, von ganz vereinzelten Ausnahmen abgesehen, von exemplarischer Konsequenz. In dieser Hinsicht zeichnet sie sich glänzend vor der späteren philosophischen Sprachverderbnis aus. Ich zweifle, ob nicht die Trockenheit, welche Arthur Schopenhauer für den Kantischen Stil bezeichnend fand, ein Merkmal seiner Wissenschaftlichkeit sei; wenigstens sind Anmut und Fülle der Strenge einer wissenschaftlichen Darlegung eher nachteilig als günstig. Kant entbehrte nicht der auszeichnenden Gabe des überlegenen Geistes, durch Variation des Ausdruckes den Gedanken von allen Seiten sichtbar zu machen und zu bestimmen, wozu gerade die verschiedenen Definitionen des »Verstandes«, welche Schopenhauer tadelt, einen Beleg geben. Als Beispiel einer willkürlichen Wortkomposition wählt Schopenhauer unglücklicherweise den Ausdruck: »transzendentale, synthetische Einheit der Apperzeption«[A], und meint, dass dafür ebenso gut Vereinigung gesagt werden könne; wobei er nur übersah, dass es auch eine analytische Einheit des Bewusstseins gebe, und dass überhaupt jedes Wort in dieser Zusammensetzung einen klar umschriebenen Sinn habe. Doch soll nicht geleugnet werden, dass die überaus sorgsame Terminologie Kants einerseits die Wirkung einer zu weitgehenden Vorliebe für äußerliche Symmetrie war, und andrerseits wieder diese Neigung Kants zum bloßen Formalismus begünstigen, sein Denken öfters in künstliche Bahnen ablenken musste. Sie verleitete ihn manchmal dazu, die gelungene Einordnung einer Lehre in die bereitstehende Schematik des Systems statt aller weiteren Untersuchung für die Bestätigung ihrer Gültigkeit zu nehmen. Eine bloße Angelegenheit der Ordnung hielt Kant zuweilen für eine wirkliche Erklärung. Es ist bekannt, wie gewaltsam er überall | seine Kategorientopik zur Geltung zu bringen wusste, wie künstlich er das ästhetische Urteil und den Begriff der Materie unter einen und denselben viereinigen Gesichtspunkt zu rücken verstand. Jedes systematische Erkenntnisgebiet, die Ästhetik so gut wie die Ethik und Teleologie, wird genau nach dem Muster der Logik abgehandelt, also in Elementar- und Methodenlehre, und weiterhin in Analytik und Dialektik eingeteilt. Es versteht sich, dass dabei die in der reinen Erkenntniskritik entdeckte Antinomie obligat ist, wenn sie auch, wie es am augenscheinlichsten bei der Dialektik der teleologischen Urteilskraft der Fall ist, eigens zu diesem Zwecke erfunden werden musste.

Wenn schon wegen dieses hie und da bemerkbaren Einflusses der Terminologie auf den Gedankengang Kants die sorgfältige Be-

A [Schopenhauer, Welt als Wille und Vorstellung, Band I, S. 508.]

rücksichtigung seines Sprachgebrauchs zu einer Aufgabe wie zu einem Mittel der Kritik wird, so noch mehr aus einem anderweitigen Grunde. Die Sprache Kants in ihrer feinern Bedeutung ist nicht mehr ohne weiteres verständlich und erfordert wirklich ein wenig philologische Behandlung. Obschon die meisten ihrer Kunstausdrücke noch heute im Allgemeinen philosophischen Sprachverkehre sind, so haben dieselben doch inzwischen, namentlich durch die raschen Wandlungen der deutschen Systeme, eine mehr oder minder durchgreifende Bedeutungsverschiebung erfahren; und es erscheint daher geboten, den ursprünglichen Sinn erst in historischem Wege wiederherzustellen. Wie wenig nebensächlich diese Bemühung sei, zeigt sich vor allem bei dem überaus wichtigen Terminus: *Möglichkeit der Erfahrung*. Die einseitig idealistische Auffassung und Fortbildung des Kantischen Systems hat es bewirkt, dass dieser Terminus ganz allgemein in *subjektivem* Sinne genommen wird. Man versteht darunter das Vermögen des Subjektes zur Erfahrung, die Fähigkeiten des Verstandes, durch welche Erfahrung erworben oder zustandegebracht wird. Folglich erklärt man auch die »Bedingungen zur Möglichkeit der Erfahrung« schlechtweg für gleichbedeutend mit den ursprünglichen, auf Hervorbringung von Erfahrung zielenden Erkenntnisvermögen und glaubt im Sinne Kants von eingebornen Erfahrungsbegriffen, oder wohl gar von eingebornen Grundsätzen | der Erfahrung, etwa dem der Kausalität, reden zu dürfen. Kant aber gebraucht jenen Terminus durchwegs *objektiv*. Dies wird schon durch die häufige Parallele ›*mögliche Erfahrung*‹ oder gar ›*eine mögliche Erfahrung überhaupt*‹ hinlänglich angedeutet, und durch den feststehenden Gebrauch des Wortes ›*Möglichkeit*‹ in der Wolffischen Schule außer allen Zweifel gesetzt. Möglichkeit der Erfahrung bedeutet demnach für Kant das Wesen oder den *Begriff* der Erfahrung, und die Bedingungen einer möglichen Erfahrung dürfen nicht ohne weiteres den subjektiven Erkenntnisquellen, aus denen Erfahrung entspringt, gleichgesetzt werden.

Welche tiefgreifende Veränderung durch diese Korrektur in die Auffassung des Kantischen Systems gebracht wird, soll in der Folge gezeigt werden. Eine bloße Kritik der psychologischen Erkenntnis*vermögen*, als welche man die Vernunftkritik um ihres Namens willen und mit Verkennung der ihr eigentümlichen Methode betrachtet hatte, verwandelt sich dadurch in eine auf den Begriff der Erfahrung gegründete Kritik der Erkenntnis selbst.[17]

ERSTER ABSCHNITT
Die geschichtlichen Voraussetzungen der kritischen Philosophie *Kants*[18]

Erstes Kapitel

Locke als Begründer des psychologischen Kritizismus[19]

§ 1. Die Aufgabe und die *Methode* Lockes im Allgemeinen

Das Verdienst, eine neue Art des Philosophierens, die kritische, begründet zu haben, bleibt für Locke auch dann unbestritten, wenn es sich herausstellen sollte, dass der Weg, den er einschlug, nicht ans Ziel führen konnte.

Um den Umfang des Erkennens zu bestimmen, die Grundlagen und Abstufungen der Überzeugung, Meinung und Beistimmung festzustellen, ging Locke zum Ursprung der Begriffe zurück. Er suchte, die kritische Aufgabe, die er zuerst in ihrer Bedeutung erfasst hat, durch psychologische Zergliederung der Vorstellungen und Beobachtung ihrer Entstehung zu lösen. Allem Philosophieren über die Dinge stellte er aus Prinzip die Selbsterkenntnis des Verstandes voran. Der Verstand ist es, der wie das Auge uns alle anderen Dinge zeigt und erkennen lässt, und doch achtet er auf sich selber nicht, und es erfordert Kunst und Bemühung, ihn sich gegenüberzustellen. Durch Reflexion auf das Erkenntnisvermögen, durch Erforschung der Abstammung der Begriffe wollte Locke über Maß und Richtung des Erkennens entscheiden und namentlich den Anteil ermitteln, den unsere, von vorneherein gegebene Empfänglichkeit und Auffassungsart an der schließlichen | Vorstellung der Dinge nimmt. Die Veranlassung dieser Untersuchung bot eine ergebnislose Debatte über metaphysische Gegenstände.

Locke erkannte, dass es verkehrt sei, sich mit so entlegenen Dingen zu beschäftigen, ehe man die eigenen Fähigkeiten ausgemessen und bestimmt habe, wie weit dieselben tragen. Es handelte sich also darum, zu bestimmen, auf welche Dinge unser Verstand eingerichtet sei, um die noch in seinem Gesichtsfeld liegenden, erleuchteten Gegenstände von den dunkeln und unerkennbaren zu unterscheiden und durch methodische Begrenzung des Wissens den unnützen Streitigkeiten der behauptenden Metaphysik ein Ziel zu setzen.

Das Werk Lockes trägt die Spuren seiner langen, vielfach unterbrochenen Ausbildung an sich; es ist nicht ohne Weitschweifigkeit und Selbstwiederholung. Von den vier Büchern, in die es zerfällt, enthalten die beiden ersten die Ursprungstheorie der Vorstellungen, die letzten, die mit Unrecht in der Regel zurückgesetzt werden, die eigentliche »Kritik« des Erkennens.

Locke beobachtet die Gedankenentstehung wie ein Naturforscher die Entwicklung einer organischen Bildung, aber er beobachtet sie bloß mit dem Auge des Psychologen, die physiologische, oder wie er sie nennt die physikalische, Untersuchung der Seele schließt er von seinem Plane aus. Für sein Verfahren charakteristisch ist die beständig wiederkehrende Berufung auf den Geisteszustand von Kindern und Wilden. Ein ferneres Kennzeichen seiner beobachtenden Methode ist der Umstand, dass er bei der Kritik der metaphysischen Begriffe nur ausnahmsweise die Untersuchung unmittelbar auf den Inhalt und die Funktion der Begriffe richtet. Gewöhnlich hält er sich an die Bedeutung der Worte. Im Worte hat der Begriff ein sinnliches Dasein, wird er der Beobachtung zugänglich. Der Naturforscher des Verstandes gab das erste, ausführliche Beispiel einer kritischen Untersuchung der wissenschaftlichen Sprache, er zuerst suchte dem Denken von Seite der Sprache beizukommen. Diese Methode war weder tiefgehend genug noch hinlänglich begriffsmäßig. Locke beging in seiner Begriffskritik den Fehler alles Nominalismus, die ans Wort geknüpfte Existenz der Begriffe für ihre Existenz überhaupt zu | halten und die Untersuchung auf Gattungsbegriffe einzuschränken. Die Gattungen unterscheiden sich wesentlich von den reinen, d. i. formalen Begriffen der Gesetze, die nicht so fast selber Vorstellungen sind als vielmehr die strenge Form der Vorstellungen bewirken, wie z. B. die Begriffe, welche mathematische Operationen ausdrücken. An diese Begriffe reichte die Methode Lockes nicht hin, sie war den feinern Erkenntnisproblemen nicht angemessen. Ebenso wenig vermochte der Erfahrungsbeweis gegen angeborne, theoretische und praktische Grundsätze die objektive Gültigkeit der in ihnen ausgedrückten Erkenntnisse zu treffen. Die Allgemeinheit einer Erkenntnis ist vielmehr eine Folge, als der Grund ihrer objektiven Gültigkeit. Übrigens ist der Ausdruck ›Allgemeinheit‹ doppelsinnig, was Locke nicht bemerkt hat. Er kann die Allgemeinheit einer geschlossenen Anzahl bedeuten oder die begriffliche Allgemeinheit, die an sich nichts mit Zahl und Größe – auch nicht einer unbestimmten – zu schaffen hat.

So hängt die Wahrheit eines geometrischen Axioms nicht von einem ›suffrage universel‹ ab, und bleibt bestehen, selbst wenn sie von einzelnen Hypergeometern in Zweifel gezogen werden sollte. Die psychologische und überhaupt die empirische Allgemeinheit der Übereinstimmung und Anzahl hat Locke nicht von der rationalen unterschieden.

Die Erkenntniskritik besteht in der Untersuchung der objektiven Gültigkeit unserer Erkenntnisse. Diese Aufgabe ist verschieden von der Frage nach dem Ursprung der Vorstellungen, sie kann daher durch eine Theorie ihrer Entstehung, sei diese eine psychologische oder physiologische, nicht gelöst werden. Eine solche Theorie setzt nämlich im Grunde die Gültigkeit und Zuverlässigkeit des Erkenntnisganges im Allgemeinen bereits voraus. Hier war die notwendige Schranke des Verfahrens Lockes. Mit großer Schärfe der Analyse zerlegte er die Vorstellungen in ihre ursprünglichen Elemente, obschon vorwiegend nur nach Seite ihres Inhaltes, aber er unterließ einen allgemeinen Beweis ihrer Gültigkeit zu geben. Deshalb nannte Kant seine Methode dogmatisch.

§ 2. *Sensation und Reflexion.* Sekundäre Natur der letztern

Den Stoff aller Erkenntnisse liefert die Erfahrung, welche aus zwei Quellen fließt, der Sensation und Reflexion, dem äußern | und innern Sinn. Die Bedeutung der erstern Quelle ist von selber klar, sie bringt die Sinneswahrnehmungen und diejenigen Schmerz- und Lustgefühle, die, wie Hunger und Sättigung, auf Organempfindungen beruhen, hervor. Die Einführung der Reflexion, als besonderer ursprünglicher Erkenntnisgrundlage, ist nicht ohne Schwierigkeit. Spätere, wie Hume und Condillac, bestreiten sie. Locke nennt die Reflexion nur im uneigentlichen Verstande einen Sinn, da bei ihr ein besonderes Sinneswerkzeug und die Beziehung auf äußere Dinge fehle. Auch erscheint es unstatthaft, eine doppelte Sinnlichkeit anzunehmen für eine doppelte Richtung einer und derselben sinnlichen Empfänglichkeit. Die Reflexion bildet die Grundlage der innern Erfahrung, welche die äußere in der Tat nur wie ein Reflex und in beständiger Abhängigkeit von ihr begleitet. Ich leugne nicht die Selbsttätigkeit des Bewusstseins; allein diese Tätigkeit erfolgt ursprünglich ohne Reflexion, und gehört insoferne zur objektiven Seite der Erfahrung, wie sie sich auch leichter an den Vorstellungen des äußern Erfahrungskreises sichtbar machen lässt. Die Reflexion ist von sekundärer, nachträglicher Natur; durch sie werden wir der eigenen Vorgänge des Bewusstseins wie im Spiegel habhaft. Übrigens räumt Locke diese untergeordnete Stellung der Reflexion selber ein, da er ausführt, wie die reflektierten Vorstellungen viel später eintreten als die durch Sensation gelieferten. Ja, er erklärt sogar an einer Stelle, dass jeder sinnliche Vorgang bei gehöriger Betrachtung den Anblick beider Seiten der Erfahrung gewähre, so dass es deutlich wird, wie Sensation und Reflexion die beiden zusammengehörigen Seiten eines einheitlichen Vorganges bilden, mit dem Unterschiede, dass die letztere Seite eine besondere Aufmerksamkeit erheischt.[A]

Die Form des eigenen Wahrnehmens und Denkens erfassen wir demnach durch eine Art von Wahrnehmung zweiter Instanz,

A Locke, Essay, Buch II, Kapitel 23, § 15, S. 258.

durch Selbstwahrnehmung. Aber gesetzt nun, wir hätten dadurch diese Form vollständig ermittelt, was übrigens auf diesem Wege allein nicht geschehen kann, so würde damit die eigentliche Frage | der Kritik nicht erledigt, sondern erst recht in den Vordergrund getreten sein. Wir wüssten noch nichts vom Grunde der Gültigkeit und den Grenzen des Gebrauchs dieser Form. Wer sagt uns, dass sie den Verhältnissen der Dinge entsprechen und wie weit sie mit denselben übereinkommen müsse; wer beweist uns, dass ihr Umkreis nur auf sinnliche Dinge, auf den von außen gelieferten Stoff und die Reflexe unseres Bewusstseins eingeschränkt sei? Wirklich hat Locke so wenig die Grenzen des Erkennens durch Reflexion auf dessen Ursprung abzuleiten vermocht, dass er sogar für das Dasein Gottes einen theoretischen Beweis gegeben, und damit die Grenzen des Sinnlichen überstiegen hat. Was aber seine berühmte Grenzscheidung des Objektiven, der Wirklichkeit Entsprechenden vom Subjektiven in der Sinnesanschauung betrifft, so zeigten schon die triftigen Einwendungen Berkeleys die Mängel seines Verfahrens, das weder nach oben noch nach unten die Grenzen des Wissens festzustellen vermochte.

§ 3. Der *Empirismus* Lockes. Seine Einschränkung auf den *Inhalt* der Begriffe. Wahrer Gegensatz zu *Descartes*. Anerkennung einer ursprünglichen Verstandestätigkeit (›archetypes‹). Bemerkung über *Nativismus und Empirismus*

Der Empirismus Lockes, seine Herleitung der Erkenntnisse aus der doppelten Erfahrung, ist nicht immer richtig verstanden worden. Man legt zu viel Gewicht auf die Hilfsvorstellung des leeren weißen Blattes, als sei damit behauptet, dass sämtliche Vorstellungen rein von Sinneseindrücken abstammen. In Wahrheit lehrte der Analytiker des Verstandes bloß die Abstammung des Inhaltes aller Begriffe aus den Eindrücken der Sinne. Er bekämpfte zwar das Descartesische Schuldogma des Angeborenseins inhaltlicher Begriffe und Grundsätze, aber er war viel zu besonnen, auch die angeborne Fähigkeit des Begreifens, die ursprüngliche, formale Tätigkeit des Verstandes zu bestreiten. Vom Druck und Gegendruck bloßer Empfindungen in einem Seelenreale wusste er nichts. Er findet es unverschämt, angeborne Schriftzeichen und übernatürliche Eindrücke zu behaupten, weil es Fähigkeiten in uns gibt, diese Begriffe leicht und sicher zu erwerben.[A] Außer den mehr passiven Vermögen des Wahrnehmens und Behaltens führt er unter diesen Fähigkeiten auch die vereinigende Kraft des Denkens auf. Namentlich den Begriff der | Substanz brachte er auf diese ursprünglich verbindende Verstandestätigkeit zurück. Auf demselben Wege werden die »gemischten Modi« gebildet und von derselben Tätigkeit rühren alle diejenigen Vorstellungen her, von denen wir nach Locke die Originale oder Mustertypen (›archetypes‹) selbst erzeugen, und die daher jederzeit adäquate Erkenntnisse sein müssen – eine Bemerkung, die für die spätere Gestaltung der Erkenntnistheorie von der größten Erheblichkeit ist.[B] Außer den Vorstellungen, die uns die Sinne zuführen, gibt es im Bewusstsein auch nach Locke noch ursprünglich erzeugte Vorstellungen, die aus den Operationen der Denktätigkeit selbst hervorgehen und durch Reflexion auf dieselben erfasst werden können. Nur hat Locke diesen Begriffen eine falsche sinnliche Grundlage gegeben, statt der Form der Empfindung ihren Stoff, und sich dadurch die Erkenntnis ihrer Bedeutung verschlossen. Übrigens konnte er auf seinem psychologisch-analytischen Wege zu keiner Theorie der ursprünglich erworbenen Begriffe und ihrer Leistung für die Erkenntnis gelangen und weder das System derselben vollständig ableiten noch ihre Tragweite bestimmen.[C] |

A Locke, Essay, Buch I, Kapitel 2, § 1, S. 13.

B Locke, Essay, Buch II, Kapitel 23, §§ 1–5, S. 240[–248] sowie Kapitel 31, §§ 6–14, [S. 350–356]. Siehe dazu Kapitel 22, § 1, S. 234.

C Der Gegensatz zwischen Locke und Descartes in Bezug auf das Angeborensein der Begriffe besteht nicht darin, dass der erstere auch die angeborne Disposition zu Vorstellungen oder das angeborne Begriffsvermögen geleugnet, der letztere dagegen etwa fertige Begriffe als angebornen Besitz des Geistes behauptet hätte. Vielmehr lehrte auch Descartes (wie die von Herbart herangezogene Stelle aus den »Notae in programma quod-

Der Empirismus Lockes schließt also eine gewisse Gestalt des Nativismus keineswegs aus. Mit der Verwerfung eines angebornen Inhaltes der Begriffe war nicht zugleich die eigentümliche Form ihrer Erzeugung und Entwicklung verworfen. Locke erkannte, dass mindestens ein Teil der Begriffe, wozu er die mathematischen und moralischen zählte, nicht aus Eindrücken allein, sondern wesentlich aus der Form der vereinigenden Verstandestätigkeit hervorgebracht werde. Diese Gestalt des Nativismus, die einzige, die erkenntnistheoretisch von Bedeutung ist, wird schließlich auch vom extremsten Empiristen zugegeben werden müssen. Zwar mögen wir das gesetzliche Verfahren unseres Vorstellens zum Teil wieder auf Rechnung der früheren Erwerbung unserer menschlichen oder tierischen Ahnen setzen, wir mögen mit einem kühnen Rückschritte bis zu den dumpfen, einseitigen Funktionen des Hautsinnesblattes[20] gelangen, aus dem sich die reiferen Organe des Verstandes entwickelt haben, und jenseits welcher Funktionen alle Bewusstseinserregung und damit die Welt als Vorstellung erlischt: aber wir werden zuzugeben genötigt sein, dass doch diejenigen Funktionen, die zur Möglichkeit oder dem Begriff des Bewusstseins selber gehören, also die Verwandlung der gleichzeitigen Mannigfaltigkeit von Impulsen in eine, wenn auch noch so beschränkte Raumwahrnehmung, die Trennung von Gefühl und

dam etc.« in: Descartes, Opera philosophica, S. 218: »non enim unquam scripsi (...) ad illos contrahendos« beweist) nur das Angeborensein des *Vermögens* der Begriffe, nicht das fertiger Erkenntnisse. Der Unterschied liegt vielmehr darin, dass Descartes die angeborne Fähigkeit *bestimmter, inhaltlicher* Begriffe, z. B. der Idee Gottes behauptete, Locke dagegen nur das Angeborensein einer *formalen* Fähigkeit zu Begriffen überhaupt, die dem Inhalte nach sämtlich aus einer der beiden Erfahrungsquellen entspringen, zuließ.

Die Gottesvorstellung ist nach Descartes von dem Urheber unseres Daseins selbst unserem Verstande eingedrückt, dessen Fähigkeit daher von Gott so eingerichtet ist, diese Erkenntnis ohne weitere Erfahrung mit dem bloßen Selbstbewusstsein hervorzubringen. Nach Locke dagegen gibt es | gar keine *inhaltlich* determinierte, sondern nur eine rein formale, angeborne Verstandestätigkeit. Freilich hat Locke nicht näher untersucht, welche Formbegriffe nun aus dieser eingebornen Fähigkeit entspringen.

Empfindung und die damit gesetzte primitive Zeitvorstellung, der Keim des künftigen Selbstbewusstseins, überhaupt die formal vereinigende Kraft des Vorstellens, in der Gesetzlichkeit alles Bewusstseins überhaupt begründet seien und nicht von außen her eingedrückt sein können. Der extreme Empirismus scheint mir eine so gründliche Theorie zu sein, dass er den Grund seiner eigenen Erklärungen sich entzieht.

§ 4. *Die Empfindung*. Klassifikation der einfachen Ideen. Kriterien für deren Einfachheit

Locke löst die zusammengesetzten Vorstellungen in ihre einfachen Bestandteile auf, die er einfache Ideen nennt. Er unterscheidet einfache Vorstellungen, die durch eine der beiden Erfahrungsquellen allein gewonnen werden, von solchen, die dem | Bewusstsein zugleich auf beiden Wegen zugeführt werden. Zu den letzteren zählen, außer den Empfindungen von Lust und Unlust, besonders die einfachen Ideen der Existenz, der Einheit und Zahl, der Kraft, der zeitlichen Folge, obschon diese mehr durch Reflexion erworben wird. Sie sind die gemeinsamen Elemente der äußern und innern Erfahrung, gehören demnach zur Erfahrung überhaupt und sind von besonderer Wichtigkeit für die Erkenntnistheorie. Die psychologische Analyse hat vor der chemischen den Vorzug voraus, zugleich mit dem Verfahren auch seine Richtigkeit beweisen zu können. Denn es handelt sich bei ihr nicht um die Ermittlung der ohne Zweifel sehr zusammengesetzten, physischen Ursachen der Empfindung, sondern um die Erfassung dieser selbst in ihrer reinen und einfachen Tatsächlichkeit. In dieser Hinsicht ist die Unterscheidung der Dichtheit von der Farbe offenbar augenscheinlicher und sicherer als die chemische Trennung einer Verbindung in zwei Stoffe. Auch die psychologische Synthese übertrifft das analoge Verfahren der Chemie. In den gemischten Empfindungen, den ›mixed modes‹ Lockes, erscheinen die Elementarempfindungen nicht nur in ihrer Wirkung, sondern auch der Beschaffenheit nach erhalten. Locke gibt als Kriterien der

Einfachheit von Vorstellungen an: ›ihre Unabhängigkeit voneinander‹, dadurch zeigt er z. B. den Unterschied der Dichtheit oder Widerstandsempfindung von der Ausdehnung, und ihre Unveränderlichkeit, womit sie in alle möglichen Zusammensetzungen eingehen und dabei deutlich unterscheidbar bleiben.

Wir können einfache Vorstellungen nicht verändern oder vertilgen, wir können keine neuen einfachen Vorstellungen ursprünglich erzeugen, so wenig die Hand Stoff zu ihren Werken erschaffen kann. Unser Verstand und unsere Einbildungskraft vermögen nichts, als diese ursprünglich gegebenen Vorstellungen zu wiederholen, zusammenzusetzen, kurz eine formale Tätigkeit an ihnen auszuüben. Man vergleiche damit den Satz von Hermann Helmholtz, dass in unsern Sinneswahrnehmungen nur dasjenige als Empfindung anerkannt werden könne, was durch keine weitere Erfahrung überwunden und in sein Gegenteil verkehrt werden | kann[A]. Die nachweisbare Unveränderlichkeit der Empfindung, ihrer Beschaffenheit nach, die Notwendigkeit, sie so zu erfassen, wie sie uns gegeben ist, machen sie zum Grundstoffe des Erkennens.

§ 5. *Primäre und sekundäre Qualitäten.* Prinzipielle Voranstellung des »mechanischen Sinnes«. Die spezifischen Erregungen und die Eigenschaften der Außendinge. Kritik der Unterscheidung Lockes

Die Empfindungen werden für Eigenschaften der Dinge angesehen. Darin liegt, was Locke nicht bemerkt, bereits eine Beurteilung der Empfindungen durch den Verstand. Einige dieser Eigenschaften gelten jedoch nur missverständlich und einem Sprachgebrauch zufolge für Qualitäten der Dinge, während andere wirklich die eigene Beschaffenheit derselben ausdrücken. Jene betrachtet Locke wie eine Zeichensprache, in die sich die wahren Beschaffenheiten der Dinge für unsere subjektive Auffassung übersetzen. Diese Unterscheidung der einfachen Ideen in unserem Geiste von

A Helmholtz, Physiologische Optik, S. 438.

den Eigenschaften in den Dingen selbst enthält das Wesentliche der Locke'schen Grenzbestimmung des Erkennens, die somit eine Kritik des sinnlichen Inhaltes der Erkenntnis ist. Eine Unterscheidung, die zwar zunächst auf Erfahrung und Beobachtung, daneben aber auch stillschweigend auf einen philosophischen Grund gestützt ist. Eigenschaften, die dem körperlichen Dinge unter allen Umständen angehören, bei jeder wirklichen oder selbst vorgestellten Veränderung an ihm haften, sind daher seine wahren, ursprünglichen Eigenschaften. Was für Veränderungen wir an einem Körper vornehmen oder als vorgenommene erdenken mögen, niemals verschwinden die Solidität seiner Teile, eine gewisse Gestalt derselben, ihre Anzahl und ihre Beweglichkeit. Neben dieser Unveränderlichkeit besteht eine Begreiflichkeit in der Verbindung der ursprünglichen Eigenschaften mit den durch sie veranlassten Vorstellungen. Die Gestalt des wirklichen Dinges und die Vorstellung dieser Gestalt decken sich vollkommen, ein Kreis und ein Viereck bleiben in der Vorstellung dasselbe wie in der Wirklichkeit. Dieser Zusammenhang ist deshalb begreiflich, weil Ursache und Wirkung hierbei von gleicher Art sind. Obschon wir den letzten Grund der Mitteilung von Bewegung nicht erkennen, so ist doch ein verständlicher | Zusammenhang, wo die Ursache eine vom Dinge ausgehende Bewegung, die Wirkung eine dem Sinne eingedrückte Bewegung, die Ursache mechanischer Stoß, die Wirkung mechanische Widerstandserregung ist. Von den primären unterscheiden sich die sekundären Qualitäten durch das Fehlen der beiden Merkmale der Konstanz und des begreiflichen Zusammenhanges. Wie eine Schwingung eines körperlichen Mediums durch irgendwelche molekulare Veränderung des Gesichtsnerven und seiner zentralen Wurzeln die einfachen Eindrücke von Grün, Rot, Violett erzeuge, ist uns ebenso unerfindlich als die Ursache, warum eine heftige Tätigkeit der unsichtbaren Teilchen bei Annäherung und Berührung die Empfindung der Wärme hervorruft. Derselbe Körper wirkt ferner auf verschiedene Sinne verschieden, ja auf denselben Sinn, wenn sein Zustand modifiziert ist. Locke weist nicht bloß die sekundäre Beschaffenheit der spezifischen Sinnesempfindungen nach, er zeigt auch ihre Abhängigkeit von den primären Eigenschaften. So ist die Farbe objektiv genommen eine gewisse Gestaltung und Verwebung der Teilchen, wodurch das Licht in bestimmter Weise zurückgeworfen wird. Die klare und weiße Farbe einer Mandel erscheint, nachdem sie gestoßen worden ist, trüb und schmutzig, ihr süßer Geschmack in einen öligen verändert. Welche Veränderung kann aber Stoßen mit einer Keule in einem Körper erzeugen, als die Veränderung in der Lage seiner Teilchen? Es gibt eine Klasse sekundärer Eigenschaften, welche wir allgemein als bloße Kräfte begreifen, da sie augenscheinlich aus der kombinierten Wirkung der primären hervorgehen. Niemand wird die bleiche Farbe des Wachses, das der Sonne ausgesetzt ist, für eine Eigenschaft der Sonne selbst ansehen, und könnten wir auch in Bezug auf die eigenen Empfindungen den Standpunkt des Beobachters einnehmen, so würden wir ebenso wenig den leuchtenden Glanz als Eigenschaft der Sonne betrachten. In beiden Fällen sind es zwei Dinge, die durch ihre primären Eigenschaften aufeinander einwirken; nur der zufällige Umstand, dass im letzteren Fall das zweite Ding das eigene Sinneswerkzeug ist, hindert uns, die völlige Gleichartigkeit beider Vorgänge direkt wahrzunehmen. Locke vermutet sogar, dass der | größte Teil der sekundären Eigenschaften durch bloße Verschärfung und Ausdehnung der Kraft unserer Sinne zum Verschwinden gebracht werden müsste, dass also die Beschaffenheit der meisten, sekundären Empfindungen nur von der Beschränktheit unserer Sinne herrühre. Diese Bemerkung erinnert auch im Einzelnen an Democritus, der bereits die sekundären Qualitäten als verworrene und dunkle Erkenntnis der primären betrachtet hatte.

Durch diese prinzipielle Voranstellung des mechanischen Sinnes und seiner Empfindung von Widerstand, Bewegung und Gestalt hat Locke eine neueste Wendung in der physiologischen Theorie der spezifischen Sinnesenergien antizipiert.

Die Innervationsempfindungen der gereizten Muskeln bilden die Grundlage für die Ausbildung der besonderen Raumwahrnehmungen. Nur wo ein abgestuftes System von Muskelempfindungen anatomisch mit den spezifischen Erregungen assoziiert ist, also beim Tastsinn, dessen spezifische Energien namentlich die

Temperaturgefühle sind, und beim Gesicht, sind die Bedingungen zur Entwicklung der Wahrnehmung räumlicher Verhältnisse hergestellt. Freilich bleibt auch beim Muskelsinne die allgemeine Unterscheidung des Subjektiven vom Objektiven in der Empfindung bestehen. Die zusammenhängende Reihe der Innervationsgefühle nämlich ist als solche eine Stufenfolge reiner Intensitäten, also nicht minder subjektiv, wie die Reihe der übrigen spezifischen Qualitäten. Der Unterschied, den Kant zwischen der *Form* der Empfindung und ihrer besonderen Materie gemacht hat, ist auch für die Muskelempfindung geltend. Auf Grund der Abstammungs- und Entwicklungslehre können wir uns nun der allgemeinen Annahme kaum entziehen, dass der Muskelsinn mit seinen einfachen Widerstandsempfindungen noch heute eine allerdings sehr entwickelte Gestalt des ursprünglichen Gemeinsinnes (des Hautsinnesblattes) repräsentiere. Die Äußerungen der sogenannten spezifischen Sinnesenergien werden demnach gleich ihren Organen als Anpassungen an die verschiedenen Gattungen der äußeren Reizungsvorgänge aufzufassen sein, und es wäre nicht länger eine rein faktische, sondern eine, wenn auch nur im Allgemeinen als notwendig zu erkennende Verbindung zwischen einer bestimmten | Qualität und dem entsprechenden Reize anzunehmen. Die Tatsache, dass jeder spezifische Sinn auch auf die verschiedenartigste Reizung hin eintönig mit Empfindungen aus dem Kreis seiner besondern Qualitäten antwortet, erklärte sich dann aus der ungemein langen, sehr befestigten Vererbung seiner angepassten Verrichtungsweise. Darf ich übrigens der Selbstbeobachtung trauen, so ist die Rückwirkung des Sinnes auf ungewöhnliche Reize deutlich von der auf adäquate zu unterscheiden. Durch diese ganze Betrachtung gewinnt die Wahrheit der Empfindung, d.i. ihre Bedeutung als objektives Erkenntnismittel eine völlig andere, dem Subjektivismus ungünstige Wendung. Auch Locke war, wie aus dem Obigen hervorgeht, weit vom Subjektivismus entfernt, da er sowohl die objektive Begründung von Farbe, Wärme usw. erkennt, als die gesetzliche Abhängigkeit der sekundären Beschaffenheiten von bestimmten primären hervorhebt. Derselbe Sinn nimmt nach ihm unter gleichen Umständen notwendig denselben Eindruck einer sekundären Qualität wahr. Die mit dem Worte Blau oder Gelb bezeichneten einfachen Ideen sind, wie Locke annimmt, bei allen Menschen ununterscheidbar dieselben, sobald ihre Organe überhaupt in der Verfassung sind, diese Farben wahrzunehmen.[A] Es ist also immer die wirkliche Verfassung der Dinge, zu denen natürlich auch unsere Sinneswerkzeuge gezählt werden müssen, wovon die Ideen von Farbe, Temperatur, Geschmack usw. abhängen. Die Vorstellung einer spezifischen Erregung hat dadurch all die Übereinstimmung mit den Dingen, die sie haben kann und soll. Wie tief Lockes durchaus rationelle Theorie der Empfindung geht, zeigt seine Definition der Wärme als einer sehr heftigen Agitation der kleinsten Teilchen, welche das im Dinge ist, was in der Empfindung als warm aufgefasst wird – eine Definition, die im Zusammenhang seiner Lehre weit begründeter erscheint als die ähnlich lautende, aber durch die unwissenschaftliche Manipulation seiner »Weinlese«[B] erzielte Bacos. Ich kann die Bemerkung nicht unterdrücken, dass die Naturwissenschaft | durch Geringschätzung der Philosophie ihre eigenen Fortschritte unnötigerweise aufgehalten habe.

Die Trennung der primären von den abgeleiteten und übertragenen Eigenschaften war auf eine Unterscheidung gegründet, die einen ungenügend verteidigten Punkt der Locke'schen Lehre enthält, und gegen den sich die Angriffe eines Berkeley kehrten. Es ist nämlich klar, und wird von Locke selbst an die Spitze seiner Untersuchung gestellt, dass wir nicht von den Qualitäten der Dinge, sondern nur von ihren Vorstellungen in den Sinnen ausgehen können. Durch die gegebenen einfachen Ideen dringen wir zu den gesuchten, entsprechenden Qualitäten vor. Nun war der Grund, warum Locke einige Qualitäten vor den übrigen als entsprechend oder die wahre Beschaffenheit der Dinge ausdrückend ansah, der Nachweis, dass wir sie durchaus vom Körper nicht wegdenken können und dass wir uns auch nicht vorzustellen vermögen, wie diese

A Locke, Essay, Buch II, Kapitel 32, §§ 14–16 [S. 360–361]; Buch III, Kapitel 3, § 18 [S. 23] und öfter.

B [Bacon, Neues Organon, § 84.]

Eigenschaften, z.B. Gestalt, Bewegung, durch unsere Auffassung verändert sein sollten. Lockes Grund stützt sich auf die Trennbarkeit dieser Eigenschaften von den abgeleiteten und auf die Erkenntnis, dass sie die Vorstellung des Objektiven in der sinnlichen Wahrnehmung enthalten. Weil er aber die Elemente der objektiven Vorstellung wieder als einfache Empfindungen betrachtete, so konnte er das Begründete seines Verfahrens nicht streng beweisen. Berkeley suchte daher zu zeigen, dass die Trennung Lockes, worauf die ganze Unterscheidung der beiden Arten der Beschaffenheiten beruht, undurchführbar sei. Sie ist nach ihm nur eine geforderte, in Wirklichkeit nicht zu leistende Abstraktion. Wir können Farbe ohne Ausdehnung gar nicht vorstellen, sondern nur bezeichnen, mithin ist Ausdehnung, die ja nach Locke Empfindung ist, ein Teil der ganzen Empfindung, und was von der Farbe gelten soll, dass sie sekundär oder rein vorgestellt sei, muss daher auch von der Ausdehnung gelten. Die ursprünglichen Qualitäten sind untrennbar mit den anderen sinnlichen Qualitäten vereinigt, also folgt, dass sie ebenso wie diese nur im Geiste existieren.[A] |

Dieser Meinung schloss sich auch Hume an, und in der Tat! wer wie Locke Ausdehnung als Empfindung betrachtet, muss die Schlüssigkeit des Argumentes zugeben. Wenn übrigens *Hume* lehrt, dass Farben, Töne, Temperaturempfindungen, ja selbst Schmerz und Vergnügen rein als Vorstellungen betrachtet von Ausdehnung, Bewegung und Solidität nicht unterschieden sind,[B] so ist dies offenbar falsch. Raumerfüllung, Bewegung und Gestalt sind schon als Vorstellungen genommen vor den übrigen Qualitäten dadurch ausgezeichnet, dass sie stets ein Objekt ausdrücken, mag dasselbe existieren oder nicht. Sie beziehen sich nämlich insoferne auf ein Objekt, als sie die formalen Bestandteile eines solchen enthalten, gleichviel ob dasselbe reell oder fingiert sei – oder richtiger: sie beziehen sich nicht auf dasselbe, sondern sind die Elemente des Objektiven in unserer sinnlichen Erkenntnis und bestimmen mithin den Begriff des empirischen Objektes überhaupt. Dadurch unter-

A Berkeley, Prinzipien, S. 26.

B Hume, Über die menschliche Natur, Band I, Teil 4, Abschnitt 1, S. 385.

scheiden sie sich schon in der Vorstellung, und noch abgesehen von jeder Annahme in Betreff der Wirklichkeit, deutlich von den übrigen angeführten Qualitäten. Dieser Unterschied lässt sich allerdings nicht mehr rein psychologisch, sondern nur im Zusammenhang der Erkenntnistheorie vollständig begründen.

§ 6. Erkenntnistheoretische Bedeutung der Empfindung. *Die Empfindung als Grenze des Erkennens*

Die Empfindung ist die eine Grenze des Erkennens.

Alles wirkliche Wissen geht von ihr aus und zu ihr zurück. Der Zusammenhang mit der Empfindung unterscheidet das Erkennen vom bloßen, formalen Denken. Diese Grenze des Erkennens als eine solche entdeckt und bestimmt zu haben ist das Verdienst Lockes. Die von der Sensation und Reflexion empfangenen einfachen Ideen bilden nach ihm »die Grenzen unseres Denkens«, über welche hinaus die Seele trotz aller Bemühung keinen Schritt weiter setzen kann oder etwas zu entdecken vermag.[A] Das Wissen der Empfindung ist wirklich und adäquat. Das Bewusstsein der eigenen Existenz besitzt, als durch doppelte Empfindung gegeben, den höchsten Grad der Gewissheit, wir | haben von ihr ein intuitives, von dem Dasein der Außendinge ein sinnliches, auf Sensation und Beweis eingeschränktes Wissen. Locke kennt übrigens den Traumidealismus, d. i. die Vorstellung, welche die Wirklichkeit zu einem allgemeinen Traum herabwürdigt, und widerlegt ihn mit bemerkenswerten Gründen. Er macht nicht nur auf die durchgängige Abhängigkeit und Unwillkürlichkeit der Empfindungen und den deutlichen Unterschied einer tatsächlichen Empfindung von ihrer Reproduktion im Schlaf und in der Erinnerung, sondern namentlich auch darauf aufmerksam, dass sich unsere Sinne gegenseitig in dem Zeugnis von dem Dasein anderer Dinge unterstützen und ergänzen.[B]

A Locke, Essay, Buch II, Kapitel 23, § 29, S. 265.

B Locke, Essay, Buch IV, Kapitel 11, §§ 4 und 7 [S. 252, 253–254].

Locke lehrte einen Realismus der Empfindung. Sind wir demnach in allem Erkennen von Tatsachen unmittelbar oder mittelbar an die Grenze der Empfindung gewiesen, so entfallen damit von selber die leeren und nutzlosen Grübeleien über verborgene Qualitäten, substantielle Formen und Jenseitigkeiten der Empfindung. In seinem Kampfe gegen das eitle, metaphysische Wortwissen von geheimen Eigenschaften und Kräften, von substanziierten Arten und Allgemeinheiten macht Locke überall die Grenze der einfachen Empfindung geltend, an der jene Einbildungen von Erkenntnis zergehen. Dieser vom Standpunkt der Empfindungstheorie aus namentlich im dritten Buch geführte Kampf erweist die ganze Tragweite seines psychologischen Kritizismus. Namentlich ist die bei dieser Gelegenheit gegebene Kritik des Artbegriffes noch heute von Interesse. Die Natur macht die Ähnlichkeit, der Mensch die Art. Als Kunstprodukt des menschlichen Verstandes ist die Art nur von künstlichen Gegenständen, deren Form der Mensch selber hervorbringt, fest und bestimmt, aber nicht in Bezug auf Naturerzeugnisse. Dass die Art in der definierten abgegrenzten Gestalt, wie sie der Mensch denkt, in der Natur gar nicht vorhanden sei, zeigt Locke an tatsächlichen Übergängen der Arten ineinander und an den Missgeburten. In der Natur herrscht das Gesetz der Stetigkeit, die ähnlichen Dinge bilden eine kontinuierliche Reihe, die sich in | allmähligen Stufen erhebt. Soweit man sehen könne, fallen und steigen die Dinge gleich der Größe bei einem regulären Kegel, wo auch die Durchmesser erst bei etwas erheblicherem Abstande deutlich verschieden, bei zwei sehr nahen Stellen dagegen nicht mehr zu unterscheiden sind.[A] Das menschliche Denken setzt willkürlich zum Zweck der Benennung, Ordnung und Klassifikation Begrenzungen fest, und die Arten sind in Wahrheit nur Wortwesen.

Wie die Empfindung den Stoff einer positiven Erkenntnis bildet, so setzt das Fehlen einer Empfindung unserm Wissen eine Schranke. Die Empfindung ist sowohl die positive als die negative Grenze des Erkennens. Deshalb ist unser Wissen von den Substan-

A Locke, Essay, Buch IV, Kapitel 16, § 12 [S. 284–286].

zen so gering und lückenhaft; wir erkennen weder die eigentliche Natur der Körper noch das Wesen der Seele. In beiden Fällen ist eine Mannigfaltigkeit zusammenbestehender Eigenschaften gegeben, aber es fehlt an der Empfindung ihrer notwendigen Einheit. Wir kennen vom Körper aus unserer Empfindung die ursprünglichen Beschaffenheiten, aber es bleibt uns versagt, in ihre gegenseitige Abhängigkeit und Verursachung einzudringen. Die Kohäsion der Teilchen, die Mitteilung der Bewegung durch den Stoß sind uns unbegreiflich, weil eine Empfindung fehlt, die dieselbe ausdrückte. Ebenso unbegreiflich ist uns der Zusammenhang zwischen den einfachen Ideen der ersten und zweiten Art. Die mechanischen Affektionen durch Körper besitzen keine Verwandtschaft mit all den Ideen, die sie in uns erwecken, da es keine fassbare Verbindung gibt zwischen Anstößen irgendwelcher Körperchen und der Wahrnehmung von Farbe oder Geruch in unserm Geiste; wir können daher über die Erfahrung ihres Zusammenseins hinaus kein bestimmtes Wissen von solchen Einwirkungen erzielen. Wie ein Gedanke in einem Körper Bewegung erzeugen soll, ist so weit von unserm Verständnis entlegen wie, dass ein Körper einen Gedanken im Geiste hervorrufen könne. Würde uns nicht die Erfahrung beständig davon überführen, die Betrachtung der Dinge selbst würde es nie | erkennen lassen. Ein Körper vermag nach unsern Begriffen nur einen andern Körper zu stoßen und Bewegung kann, soweit wir mit unsern Vorstellungen reichen, wieder nur Bewegung hervorbringen; es besteht also zwar eine beständige, regelmäßige Verknüpfung in dem gewöhnlichen Verlauf der Dinge, insoferne auf Bewegung Lust und Schmerz, Farbe und Ton usw. folgen, aber in den beiderseitigen Vorstellungen ist diese Verknüpfung nicht zu entdecken.[A] Zum Teil mit denselben Worten haben neuerdings John Tyndall und nach ihm Du Bois-Reymond auf diese Grenze unserer Begreiflichkeit aufmerksam gemacht.[21] Locke folgert daraus, dass es keine vollkommene Erkenntnis der Körper geben könne, und obwohl er zum theoretischen Materialismus neigt, wie seine Vermutung, dass auch die bloße Materie

A Locke, Essay, Buch IV, Kapitel 3, § 6 und § 28, S. [139–140, 182–]183.

denken könne, zeigt, so erklärt er doch unsere Unbekanntschaft mit der Natur der Materie für ebenso groß wie die mit der Wesenheit des Geistes. Freilich ist diese Bezweiflung einer »reinen Naturwissenschaft« teilweise auf zu geringe Beachtung der Mathematik zurückzuführen, welche, allerdings erst seit sie das scharfe Werkzeug der Analysis des Unendlichen handhabt, viel tiefer in den Zusammenhang der materiellen Vorgänge eingedrungen ist, als Locke vermuten konnte. Allein im Grunde wurde dadurch jene feste Grenze, die Locke dem Erkennen der Außenwelt in den ursprünglichen, nicht weiter ableitbaren Eigenschaften setzte, nicht verschoben, sondern nur unser Wissen innerhalb derselben beträchtlich verschärft und vermehrt. Welchen richtigen Gebrauch übrigens Locke von seinem Erfahrungsprinzip für die Grenzbestimmung des Wissens zu machen verstand, zeigt die einsichtsvolle Bemerkung, dass selbst die obersten Bewegungsgesetze, die Realprinzipien der Mechanik, empirisch sind. Unsere Erkenntnis der Mitteilung der Bewegung, unser Wissen von den allgemeinsten Gesetzen derselben ist auf fortwährende Erfahrung gegründet. Eine rein begriffliche Ableitung dieser Gesetze hält mithin Locke in Übereinstimmung mit den größten Theoretikern der Mechanik für unmöglich.[A] |

§ 7. *Lockes Lehre vom Raum.* Unterscheidung von Raum und Materie. Psychologischer Beweis für die Existenz des *absoluten* Raumes

Die Raum- und Zeitlehre Lockes leidet zwar unter dem Mangel, den Ursprung beider Vorstellungen in der Empfindung statt in der Form derselben zu suchen; aber sie enthält dieser falschen Grundannahme ungeachtet vieles Richtige von bleibendem Werte.

Die Vorstellung des Raumes ist zusammengesetzt aus einer Empfindung oder einfachen Idee und der Wiederholung und Ver-

A Locke, Essay, Buch II, Kapitel 23, § 28 [S. 263–264] und Buch IV, Kapitel 3, § 29 [S. 183–184].

bindung dieser Idee. Der erstere Bestandteil enthält die sinnliche Grundlage, der zweite den Anteil des Verstandes an der Raumvorstellung und ist mithin das ursprüngliche synthetische Element in dieser Vorstellung. Locke bemerkt nämlich, dass der Verstand seine verbindende Tätigkeit auch ohne Hilfe der äußeren Dinge und ohne fremde Einflüsterung, also ursprünglich auszuüben vermöge.[A] Kraft dieser synthetischen Tätigkeit verändert und variiert der Verstand die einfache Sinnesempfindung der Ausdehnung ins Endlose; er vermag außer den wirklich bestehenden Gestalten zahllose neue zu bilden, eine unerschöpfliche Fülle und Mannigfaltigkeit räumlicher Verhältnisse zu erzeugen. Desgleichen beruht auf dem Vermögen, die Vorstellung eines bestimmten Abstandes zu wiederholen, zu verdoppeln, die eine zur andern willkürlich hinzuzufügen, die Vorstellung der Unermesslichkeit oder Ungeschlossenheit des Raumes. Die Fähigkeit unseres Geistes, das gegebene sinnliche Element zu vergrößern oder zu verkleinern, mit sich selbst zusammenzusetzen oder zu trennen, welche Fähigkeit rein formal und an sich selbst unbeschränkt ist, begründet die Idee der Unendlichkeit des Raumes. Die eine Quelle der Raumvorstellung, die produktive Anschauung, ist damit von Locke richtig erkannt und bestimmt worden. Desto größere Bedenken erheben sich gegen das andere Element, die gegebene Empfindung der Ausdehnung. Hier musste Locke von der psychologischen Methode notwendig im Stiche gelassen werden. Die Selbstbeobachtung zeigt allerdings nichts Weiteres, als was Locke fand, dass wir durchs Gesicht den Abstand zweier verschieden gefärbter Dinge ebenso *unmittelbar* wahrnehmen, | wie wir durch das Gefühl auch in der Dunkelheit die Distanz von Körpern unmittelbar bemerken. Die Selbstwahrnehmung reicht eben nur bis an das fertige Resultat der Vorstellung, ohne uns eine Kenntnis von dem verwickelten Prozesse seiner Gewinnung zu geben. Die neuere Physiologie findet bekanntlich den Hergang bei der Raumwahrnehmung keineswegs als einen so einfachen und unmittelbar klaren, wie die Psychologie Lockes. Ja sie war bis auf den heutigen

A Locke, Essay, Buch II, Kapitel 13, § 1, S. 127.

Tag gar nicht im Stande, diesen Hergang vollständig zu begreifen, und indem sie mit Recht die Raumwahrnehmung oder Lokalisation der Empfindungen nicht als einfache Empfindung, sondern als Vorstellung ansieht, ist sie genötigt zuzugeben, »dass die räumliche Ordnung der in sie eingehenden Empfindungen ein *neues Produkt* durch *psychische Synthese* sei«[A]. Also nicht bloß die weitere Ausbildung, schon die erste Gestaltung der Raumwahrnehmung beruht auf einem formalen, synthetischen Grunde. Übrigens gerät Locke durch die falsche Annahme, dass das Element der Raumvorstellung eine einfache Empfindung sei, die sich daher in die gleiche Reihe mit andern einfachen Empfindungen stellen ließe, in Widerspruch mit dem Grundsatz seiner Lehre von der Unveränderlichkeit der Empfindung. Es lässt sich zwar mit jener Voraussetzung allenfalls noch die Fähigkeit verbinden, das ursprüngliche Element durch Wiederholung und Aneinanderreihung in Gedanken bis ins Unbestimmte zu vermehren, aber weder das Bewusstsein der notwendigen Unbeschränktheit dieses Verfahrens begründen und noch weniger die stetige Verkleinerung jenes Elementes ins Unendliche begreifen. Das einfache in der Empfindung gegebene Element der Ausdehnung musste, da es selbst Empfindung sein sollte, dem Verstande eine feste Schranke setzen. Wer den Raum aus der Empfindung ableitet, verfährt offenbar konsequenter, wenn er mit Hume die Teilbarkeit ins Unendliche, auch als mögliches, formales Verfahren verwirft. Ebenso muss er aber dann auch die übrigen nicht sinnlichen Merkmale und ursprünglichen Eigenschaften des Raumes leugnen und dadurch die Geometrie nicht | etwa nur zu einer empirischen Wissenschaft herabwürdigen, sondern dieselbe im Grunde für falsch erklären. Ein solcher würde aber nun der unlösbaren Aufgabe gegenüberstehen, die Entstehung dieser falschen und dennoch axiomatischen Annahmen zu erklären, und den Grund zu zeigen, warum wir nicht vielmehr die wahrgenommenen räumlichen Verhältnisse zur Beurteilung und Kritik des reinen, geometrischen Vorstellens, sondern umgekehrt dieses Vorstellen zur Beurteilungsnorm jener ver-

A Wundt, Grundzüge, S. 485.

wenden; warum wir also nicht sagen, dass die geometrische Linie nicht so genau wie die sinnliche sei, sondern im Gegenteil, dass die sinnliche nicht die Einfachheit und Genauigkeit der geometrischen habe. Ist das Element des Raumes Empfindung, so sind die Eigenschaften, die wir in der Geometrie demselben zu Grunde legen, nicht bloß ungenau, sondern falsch. Doch hat schon Locke den Unterschied der Grundlage der Raumvorstellung von einer bloßen Empfindung gefühlt. Dies zeigt seine Unterscheidung von Ausdehnung und Dichtheit, auf die er augenscheinlich das größte Gewicht legt. Die Ausdehnung, obschon wie jede andere Empfindung vom äußern Sinne abstammend, und speziell durch den Tastsinn und das Gesicht gegeben, unterscheidet sich doch deutlich von den übrigen spezifischen Empfindungen dieser und der anderen Sinne, und bildet eine von ihnen getrennte, für sich bestehende einfache Idee.

Die Gründe, mit denen Locke diese Selbstständigkeit der Raumidee und ihre Trennung von den spezifischen Sinnesempfindungen beweist, sind nur zum Teil psychologische, zum Teile fließen sie aus der unmittelbaren Betrachtung der Raumvorstellung selbst her und bereiten somit die erkenntnistheoretische Untersuchung des Raumes vor. Locke ist in der Raumlehre der psychologische Vorgänger Kants, der mehr mit ihm als Gottfried Wilhelm Leibniz gemein hat. Um zu zeigen, dass Ausdehnung und Körper nicht dasselbe seien, beruft sich Locke auf jedermanns eigenes Denken, das beide Vorstellungen bestimmt und zweifellos unterscheide. Die Ausdehnung schließt nicht die Dichtheit und den Widerstand gegen die Bewegung in sich ein, wir stellen Raum vor ohne etwas darin, was Körpern widersteht oder davon fortgestoßen | wird, z. B. wenn wir die Kapazität eines vollständig entleerten Körpers vorstellen. Auch begreifen wir, dass beim Verschwinden des Körpers nicht die Ausdehnung, die er erfüllte, mitverschwunden sei. Solidität und Ausdehnung, mithin auch Materie und Raum sind verschiedene Vorstellungen und müssen daher auf verschiedenen ursprünglichen Elementen beruhen. Die bloße Reflexion zeigt also die Verschiedenheit der Vorstellungen von Raum und Körper, und beweist dadurch, dass beide eine verschiedene Grundlage haben. Noch wichtiger sind die weiteren von Locke angeführten Beweisgründe, wodurch die Descartesische Annahme der Einerleiheit von Raum und Körper widerlegt wird. Die Teile des bloßen Raumes können nicht voneinander getrennt, seine Kontinuität kann weder in Wirklichkeit noch in Gedanken aufgehoben werden. Allerdings kann man vom Raume so viel, als dem Maße eines Fußes entspricht, vorstellen, ohne auf den übrigen Raum zu achten, dies ist aber lediglich eine teilweise Betrachtung, keine wirkliche oder gedachte Trennung. Wir stellen irgendeinen räumlichen Teil immer nur als Teil des einigen Raumes vor. Was aber die Teilbarkeit ins Unendliche betrifft, so ist sie nur ein anderer Ausdruck und gleichsam die Gegenprobe für die wirkliche Untrennbarkeit und einfache, ursprüngliche Stetigkeit der Teile des Raumes. Ferner sind diese Teile unbeweglich, sie müssen in ›ewiger Ruhe untereinander‹ bleiben. Die vollkommene Widerstandslosigkeit, die Stetigkeit und Unbeweglichkeit des Raumes sind Eigenschaften, die ihn dem Begriffe nach ganz von den materiellen Körpern trennen. Die Möglichkeit der Vernichtung der Dinge in Gedanken beweist die Selbstständigkeit und Unabhängigkeit der Vorstellung des leeren, puren Raumes von der Vorstellung des Körpers. Es handelt sich hier nicht darum, die Wirklichkeit des Leeren in der Natur zu erweisen, sondern nur die wirkliche Getrenntheit unserer Vorstellungen, und also auch die ihres Ursprungs. Mögen die letzten Teilchen der Dinge sich berühren oder nicht, die Vorstellung des Raumes bleibt doch von den Vorstellungen der Dichtheit und Raumerfüllung gesondert. Auch die Bewegung beweist die Trennung von Raum und Körper. Das Stattfinden | der Bewegung kann ohne zu Grunde liegenden, also von den beweglichen Teilchen noch unterschiedenen Raum nicht einmal gedacht werden. Kein Körper und keine Bewegung von Körpern kann bestehen ohne den Raum, wohl aber wird der Raum ohne Körper und ohne Bewegung vorgestellt, er ist die Bedingung von Körper und Bewegung, daher beweist die wahrgenommene Unabtrennbarkeit dieser von ihm nicht, dass er dasselbe sei wie sie, sondern vielmehr umgekehrt, dass er nicht dasselbe ist. Der tiefste Grund aber, den Locke für diese Unterscheidung beibringt, ist aus der Unendlichkeit des Raumes geschöpft. Wer Raum und Materie für identisch erklärt, muss sich notwendig in den Abgrund eines endlosen Stoffes stürzen, und da die Unendlichkeit, wie Locke beweist, nur eine *negative* Vorstellung ist, so wird damit das Positivste, der Stoff, negativ. Sein Bestehen wird in den leeren, rein formalen Prozess des Unendlichen aufgelöst, der Kern der Dinge in haltlosen Schein verflüchtigt. Die Wahrheit ist also, dass man entweder zugestehen müsse, dass der Stoff unendlich und daher rein negativ sei, oder man muss einräumen, dass der Raum kein Körper ist. Wie klar und deutlich auch damit der absolute, leere und ungeschlossene Raum von den Dingen unterschieden sein mag, so groß sind doch die Schwierigkeiten, ihn selbst nun in der Art seines Bestehens und Wesens zu erfassen. Locke glaubt nicht, diese Schwierigkeiten überwinden zu können. Um die Existenz des Raumes gleichsam augenscheinlich zu demonstrieren, wirft er die Frage auf, ob jemand, an das Ende der körperlichen Dinge versetzt, nicht seine Hand über seinen Körper ausstrecken und die Finger seiner ausgestreckten Hand spreizen könne? – und fährt fort, wenn man diese Frage gelöst haben wird, werde man auch wissen, was das ist, was zwischen zwei voneinander abstehenden Körpern ausgespannt und dabei doch kein Körper und ohne alle Dichtheit ist. Mir scheint, die Wahrheit der Kant'schen Lehre, dass der Raum aus der *Form* des Empfindens selber entspringe, müsse bei dieser Frage einem jeden einleuchten! Wir können eben deshalb an keine Grenze der Dinge gelangen, weil wir alle Dinge in der Form des Raumes empfinden und vorstellen, also den äußersten | Stern in eben denselben Rahmen bringen müssen, wie das letzte Atom.

Die Frage, ob der Raum Substanz oder Akzidenz sei, erklärt Locke nicht beantworten zu können, doch hält er sie für unerheblich – wegen der Unklarheit in der Bedeutung dieser Schulworte. Was der Raum sei, das wolle er sagen, sobald man zuvor sagen könne, was die Ausdehnung sei. Der Raum kann nicht definiert werden, weil das Element des Raumes, die Ausdehnung, wie es sich namentlich auf Lockes Standpunkt von selbst versteht, nicht zu definieren ist.

Es ist ein richtiger Grundsatz der Locke'schen Wissenschaftslehre, dass die Elemente zu Definitionen nicht definiert werden können und keiner Erklärung bedürftig sind.[A] Die Definitionen der Ausdehnung drehen sich im Kreise, so wenn gesagt wird: Sie bestehe aus Teilen außerhalb von Teilen, was so viel heißt als Ausdehnung ist Ausdehnung. Dieses »Außerhalb« setzt begrifflich Ausdehnung und Raum voraus. Der Satz Lockes, dass es ›keine Definition der Ausdehnung gibt‹, erinnert an Kants Lehre: Damit gewisse Empfindungen nicht bloß als verschieden, sondern als außereinander vorgestellt werden können, müsse die Vorstellung des Raumes schon zum Grunde liegen. Der Raum enthält und erklärt das »Außereinander«. Vielleicht ist diese Unmöglichkeit den Raum zu definieren eben der Grund gewesen, warum ihn Locke als reine Empfindung betrachtete.

Soweit die Methode Lockes überhaupt reichte, hat sie sich auch beim Begriffe des Raumes bewährt. Die Erörterung dieses Begriffs durch Locke ist weit ergebnisreicher und kommt dem Wesen desselben ungleich näher als die Vorstellung des Leibniz vom Raume als einem abstrakten Verhältnisse. Sie erwies die eigentümliche Selbstständigkeit, die dem Raume im Grunde der körperlichen Welt zukommt, wobei es ihr Vorzug ist, diesen Begriff durch Analyse der gegebenen sinnlichen Erscheinung hervorgehoben zu haben. An der sinnlichen Erscheinung selbst machte Locke den Unterschied der Ausdehnung von den eigentlichen | Empfindungen ersichtlich, obschon er sie fälschlich auch für Empfindung hielt. Der Raum, den er betrachtete, ist keine gedachte Mannigfaltigkeit, sondern die Ausspannung (Expansion[22]) der Dinge – der Raum der Widerstandsempfindung, der Dichtheit, der Farbe, der Gestalt und Lage der Körper. Gerade der von Locke bis zur Anschaulichkeit verdeutlichte Umstand, dass die wirklichen Gestalten und Lagen der Dinge nur auf dem Grunde eines absoluten, stetigen, einförmigen, in sich gleichen, unbeweglichen Raumes nicht bloß gedacht, sondern wahrgenommen werden, da der Raum, den jeder Teil eines fühlbaren und sichtbaren Körpers einnimmt, ein Teil

[A] Locke, Essay, Buch III, Kapitel 4, § 7 [S. 26].

des absoluten, ungeschlossenen, ruhenden Weltraumes ist, macht die Natur des Raumes so überaus rätselhaft und problematisch. Locke hat den psychologischen Beweis für die Existenz des absoluten Raumes geführt, den gleichzeitig[A] Isaac Newton als Voraussetzung der Naturphilosophie behandelte, den später Leonhard Euler als Bedingung der Denkbarkeit und Gültigkeit der obersten Prinzipien der Mechanik nachwies, und Kant durch eine geometrische Betrachtung als eine eigene vom Dasein der Materie unabhängige Realität erkannte, welche sodann den Gegenstand seiner kritischen Theorie der Prinzipien der Sinnlichkeit, der Transzendentalen Ästhetik, bildet. Es fehlte Locke noch der methodische Begriff der Form der Empfindung, um den Grund der Einheit, Stetigkeit, Unbeweglichkeit und Unendlichkeit des Raumes zu finden und das Rätsel seiner Natur zu lösen.

Der psychologische Weg ist ein empirischer und kann daher nicht über die Prinzipien der Empirie entscheiden. Sein Ziel ist erreicht, sobald es auf ihm gelungen ist, die tatsächlich stattfindenden Vorstellungen in ihre deutlich erkennbaren Unterschiede und Elemente zu zerlegen. Die Ablehnung einer prinzipiellen Entscheidung über das Wesen des Raumes war daher ganz im Verfahren Lockes begründet und ist zugleich das unwillkürliche | Eingeständnis des Mangels seiner Methode. Wie in Bezug auf den Raum, so gelangte Locke auch in der psychologischen Erörterung der Zeitvorstellung zu Ergebnissen, die unmittelbar an eine erkenntniskritische Untersuchung des Begriffs heranreichen, und vor derselben stehen bleiben.

A Genau genommen etwas früher: Die »Philosophiae Naturalis Principia Mathematica« erschienen 1687, Lockes Essay, in demselben Jahre vollendet, erschien 1688 im französischen Auszug, 1689 vollständig im Original. Doch ist ein Einfluss Newtons auf Locke sicher nicht anzunehmen.

§ 8. *Die Zeit.* Die einfache Idee der Dauer. Unabhängigkeit der Vorstellung der Sukzession von der Vorstellung der Bewegung. Kritik der Lehre von der Zeit. Gemeinsame Eigenschaften von Raum und Zeit. Deren Grund

Um die Vorstellung der Zeit zu entwickeln, geht Locke von der Dauer aus, denn die Zeit ist Dauer, durch feste Maße bestimmt. Wir gewinnen die Vorstellung der Dauer durch Reflexion auf den Zug unserer Vorstellungen. Die Wahrnehmung des Eintretens der Vorstellungen einer nach der andern ist das, was uns die einfache Vorstellung der Folge verschafft, und der Abstand zweier Vorstellungen gibt uns den einfachen Eindruck der Dauer. Hört die Folge der Vorstellungen auf, wie im traumlosen Schlafe, so nehmen wir auch keine Dauer wahr, und wenn wir die Vorstellung der Dauer auf Vorgänge während des Schlafes übertragen, so ist dies keine Wahrnehmung, vielmehr eine Folgerung. Wie sich die Vorstellung des Raumes unabhängig von der des Körpers herausgestellt hat, so kann auf analoge Weise auch die Unabhängigkeit der Vorstellung der zeitlichen Folge von der der Bewegung gezeigt werden. Nicht die Zeitfolge rührt von der wahrgenommenen Bewegung her, sondern umgekehrt, die Vorstellung der Bewegung stammt von der wahrgenommenen Folge der Eindrücke äußerer Dinge ab. Es gibt eine Wahrnehmung der Zeitfolge ohne alle Wahrnehmung von äußerer Bewegung – den Eindruck, den der Zug der Gedanken macht; umgekehrt gibt es tatsächliche, äußere Bewegungen, die unbemerkt bleiben, weil sie zu langsam oder zu rasch erfolgen. Denn das Maß für alle Wahrnehmung von Sukzession liegt in der Folge der Vorstellungen. Dieses Maß hat, wie Locke richtig vermutete, eine bestimmte, wenn auch nicht, wie er annahm, eine streng konstante Größe. In diesem psychologischen Maß der Dauer haben wir also das entsprechende Empfindungselement in der Zeitvorstellung, wie wir in dem eben noch wahrnehmbaren Abstande das Element des Raumes hatten. Dieses Maß mögen wir nun verdoppeln, wiederholen, auf die wirkliche Dauer der Dinge übertragen oder ihre Dauer nach Vergangenheit und | Zukunft erstrecken und so den Begriff der unendlichen Dauer oder Ewigkeit bilden, von dem sich der der Zeit nur dadurch unterscheidet, dass diese irgendein Teil der unendlichen Dauer ist, in periodische Maße abgeteilt; immer bleibt es doch die einzige und wahre Grundlage für alle diese Besonderungen. Die Zeit ist also nach Locke nicht eine einfache Idee, sondern die Modifikation einer solchen – der Dauer. Folge, Dauer, das psychologische Maß der Dauer und seine beliebige Zusammensetzung konstituieren den Begriff der Zeit.

Die periodischen Himmelserscheinungen dienen uns nur als konventionelles, praktisches Maß der Zeit, in Wirklichkeit bleibt das eigentliche Ausdehnungselement die psychologische Dauer. Nur an diesem ursprünglichen Eindruck messen und schätzen wir jene äußern Bewegungen.

Was gegen die Raumtheorie Lockes einzuwenden war, ist auch gegen diese Ableitung der Zeit aus Empfindung zu erinnern. Locke selbst ist sich ihrer Schwierigkeit bewusst. Es soll zwar einerseits jeder Teil von Dauer wieder Dauer sein, wie jeder Teil der Ausdehnung wieder Ausdehnung ist, und darin die Gleichförmigkeit und Teilbarkeit ins Endlose begründet sein, andererseits dürften doch nur die kleinsten Teilchen von beiden, die man sich noch klar und deutlich vorstellen kann, der Augenblick und der wahrnehmbare Punkt, als die einfachen Ideen dieser Art anzusehen sein. Auf Lockes Standpunkt ist nur das Letztere konsequent. Als Empfindung betrachtet muss das psychologische Zeitmaß jeder modifizierenden Tätigkeit des Verstandes eine unabänderliche Schranke setzen. Es müsste eine ganz feste Größe sein, die als veränderlich gar nicht denkbar wäre. Daraus wird aber die Stetigkeit und Teilbarkeit jeder noch so kleinen Dauer ins Endlose ebenso wenig begreiflich, wie die Vorstellung der strengen Gleichförmigkeit der Zeit. Für die Gleichförmigkeit irgend zweier Teile der Dauer fehlt, wie Locke gesteht, der strikte Beweis aus der Erfahrung.

Übrigens könnte dieselbe aus der Erfahrung gar nicht bewiesen werden, da wir die Gleichförmigkeit der Dauer zweier Erscheinungen immer nur durch Vergleichung und Beziehung | auf die gleichförmige Zeit, die wir unserer Beurteilung voraussetzen müssen, erkennen können. Das psychologische Zeitelement ist beim nämlichen Individuum unter geänderten physiologischen Umständen innerhalb gewisser Grenzen ein verschiedenes. Die anschauliche Gewissheit der strengen Gleichförmigkeit der Zeit, ihrer Stetigkeit und beliebigen Teilbarkeit stünde mithin zu dem unanfechtbaren Grundsatz Lockes ›der Unmöglichkeit eine entgegenstehende, wirkliche Empfindung durch reine Verstandestätigkeit zu verändern und aufzuheben‹ im Widerspruch und müsste als falsche Annahme beseitigt werden, wobei es aber unerklärlich sein würde, wie wir zu derselben kommen könnten. Ist das Element der Zeit Empfindung, und Empfindung, wie nicht bezweifelt werden kann, durch bloße Verstandestätigkeit nicht zu modifizieren, so hätten wir nicht das Vermögen, diese, der Empfindung widerstreitende und dennoch selbstgewisse und anschauliche Erkenntnis der Einförmigkeit der absoluten Zeit in uns zu erzeugen. In Wahrheit ist die absolute Zeit ebenso der Grund für die besondere und relative, wie der absolute Raum die notwendige Voraussetzung irgendeiner räumlichen Bestimmung ist. Jeder Teil der Zeit wird stets als Teil der absoluten Zeit wahrgenommen, wenn auch nicht immer in der Reflexion als solcher gedacht.

In der Form unserer subjektiven Erfassung der Dinge wurzelnd, haben Raum und Zeit gewisse Eigenschaften gemein: Beide sind der Vermehrung und Verminderung ins Endlose fähig, beide durch das Wirkliche nicht beschränkt, die Ausspannung nicht durch den Stoff, die Dauer nicht durch die Bewegung; sie kommen beide allen Dingen zu, die Dinge bestimmen nur so viel von der Dauer und Ausspannung, als durch ihre Bewegung und Gestalt besonders hervorgehoben wird; beide sind in sich stetig und gleichartig, jeder Teil der Dauer ist Dauer, jeder Teil der Ausdehnung ausgedehnt.

Wenn demnach beide Vorstellungen gerade in den wesentlichen, formalen Merkmalen der Unendlichkeit und Stetigkeit übereinstimmen, so weist dieser Umstand notwendig auf einen gemeinsamen Ursprung derselben zurück. Dieser Ursprung kann | nirgends anders als in der Form des Vorstellens selbst gesucht werden. Ich frage, ist die Stetigkeit der einen Vorstellung von der Stetigkeit der andern verschieden? Ist sie nicht eine und dieselbe Stetigkeit einer Vorstellungsform als solcher? Der gemeinsame

Ursprung beider Vorstellungen tritt noch überzeugender ins Bewusstsein, wenn wir mit Locke ihre innige, mit nichts vergleichbare Verbindung betrachten. Ausspannung und Dauer umfassen und begreifen sich einander wechselseitig; jedweder Teil des Raumes ist in jedem Teil der Zeit, jeder Teil der Zeit in jedem Teil des Raumes.

Mit Verwunderung bemerkt Locke: Eine solche Verbindung von zwei unterscheidbaren Ideen ist sonst wohl nirgends in der großen Mannigfaltigkeit, die wir erkennen können, anzutreffen, und mag daher Stoff zu fernerer Spekulation verschaffen. Locke hat durch seine psychologische Raum- und Zeitlehre ein Rätsel aufgegeben, das erst Kant in der transzendentalen Ästhetik glücklich löste.

§ 9. Theorie der *Unendlichkeit*. Ausgang von der *Zahl*. Bedeutung der Locke'schen Untersuchung der Idee des Unendlichen. Diese Idee ist *negativ*. Schwierigkeiten des räumlich Unendlichen

Die Betrachtung der Zahl bildet für Locke den Übergang zur Betrachtung der Unendlichkeit. Die Zahl gehört zu jenen wichtigen Vorstellungen, die auf beiden Wegen der Erfahrung zum Bewusstsein gelangen. Sie ist der äußern und innern Erfahrung gemeinsam oder bildet ein Element der Erfahrung überhaupt. Die Folgerungen aus dieser Bemerkung hat Locke nicht entwickelt, ihre Tragweite für eine Theorie der allgemeinen Erfahrungserkenntnis nicht zu ermessen vermocht. Die Modifikationen der einfachen Idee der Zahl lassen sich alle auf Summierung oder Addition zurückführen. Alle arithmetischen Operationen bestehen schließlich in dem einfachen Vor- und Rückwärtsschreiten in der Zahlenreihe. Die Summierung ist die einfachste Form aller Komposition, ihre Auflösung die durchsichtigste Gestalt der Dekomposition oder Analyse. Dies mag den Satz des Thomas Hobbes veranlasst haben, dass alle Synthese des Denkens im Grunde ein Rechnen sei. Die Besonderungen der Zahlen sind unter allen Modifikationen einer Idee die bestimmtesten, die Beweise durch Zahlen daher die schärfsten und genauesten. Freilich ist damit die Bedeutung der Zahl für das | positive und exakte Erkennen noch nicht erschöpft. Die Operationen mit Zahlen, die Formen des niedern und höhern Kalküls, dienen nicht bloß als formelles Werkzeug des Naturerkennens; die wirklichen Werte, die unveränderlichen Größenbeziehungen oder Konstanten in der Natur, die durch jene Operationen ermittelt werden, bilden zugleich den Grundstoff des exakten Wissens.

Alle Unendlichkeitsbegriffe löst Locke in die Unendlichkeit der Zahl auf. Das unerschöpfliche Vermögen, die Zahl zu vermehren, das Bewusstsein, mit diesem Verfahren an kein Ende kommen zu können, da bei jeder Hinzufügung zu einer Zahl das Vermögen der weiteren Vermehrbarkeit unverändert bestehen bleibt, ist nicht bloß die klarste und deutlichste Vorstellung der Unendlichkeit, sondern auch die einzige, die wir wirklich haben, denn die Unendlichkeit des Raumes und der Dauer ist nur die Wiederholung und die Zusammensetzung bestimmter Raum- und Zeitteile in Verbindung mit der Unendlichkeit der Zahl.

Lockes psychologischer Scharfsinn hat das Problem des Unendlichen auf seinen einfachsten Ausdruck reduziert und dadurch die Behandlung und Lösung desselben vorbereitet.[A] Das Verdienst des englischen Kritikers wird man zu schätzen wissen, wenn man die metaphysischen Nebel kennt, die sich von je um den Begriff des Unendlichen gelagert haben. Noch in Kants Antinomien erscheint dieser Begriff in seiner täuschenden und zweideutigen Fassung und wird gegen die verstandesmäßige Abschließung der Weltkonzeption gebraucht. Und in populären Schriften unserer Tage wird ganz gewöhnlich von einem unendlichen Stoffe gehandelt, ohne dass ihre Verfasser bemerken, dass damit die Materie und alles Bestehende in den Abgrund eines haltlosen Werdens gestürzt wird. Ebenso handelt man ganz unbefangen von einer unendlichen Kraft des Atoms gegen das Eindringen eines andern, ohne die formale Natur des Unendlichkeitsbe-

A Diese Bemerkung bezieht sich auf Dührings, Natürliche Dialektik, [S. 123–125], die die Antinomien des Unendlichen mit Beziehung auf die Locke'sche Formulierung des Begriffs wirklich löste.

griffs zu kennen. Locke wendet sich mit seiner psychologischen Kritik sogleich | gegen den metaphysischen Missbrauch des Unendlichen. Descartes hatte gelehrt, dass unsere Seele im angebornen Besitz der Vorstellung eines unendlichen Wesens sei, und gefolgert, dass dieser, unsere eigene Existenz überragende Begriff das Dasein des unendlichen Wesens oder Gottes beweise. Locke führt dagegen aus, dass der Begriff des Unendlichen im eigentlichen Sinne nur von Raum, Zeit und Zahl gelte, in allen übrigen Anwendungen, z.B. auf die Gottheit, rein bildlich und metaphorisch werde. Die Form des Unendlichen bezieht sich ausschließlich auf den Hergang der Größenerzeugung selbst; das Unendliche ist die stets wachsende oder abnehmende Größe, jede wirklich vorgestellte Größe ist jederzeit eine bestimmte, endliche, nur ist ihre Vorstellung mit dem Bewusstsein des Vermögens verknüpft, über diese Größe noch hinausgehen zu können. In diesem formalen Bewusstsein besteht das Unendliche. Noch weniger als von der wirklichen Größe gilt die Unendlichkeit von einer besonderen Qualität. Es ist widersinnig, von einem ›unendlich Weißen‹ oder überhaupt von einem ›unendlichen Grade einer Beschaffenheit‹ zu reden. Ein unendlicher Verstand ist ein Verstand, der nie zu Verstande kommen kann. Es ist klar, dass durch diese Wendung des Problems auf seine ursprünglich formale Bedeutung zurück, eine unendliche Menge eitler Schulweisheit und metaphysischer Ausflüchte aus dem Grunde gehoben ist.

Locke erklärt: Wir haben keine positive Idee der Unendlichkeit, weil wir keine positive Idee einer unendlichen Zahl haben. Doch stellt er nicht in Abrede, dass etwas in unserer Unendlichkeitskonzeption positiv sei, vielmehr hebt er selbst die positiven Elemente dieses Begriffs einleuchtend hervor. Sie bestehen 1) in der Vorstellung irgendeiner, aber bestimmten Größe, 2) in dem *Vermögen,* über diese Größe hinauszugehen, sie mit sich selber zusammenzusetzen und diese Zusammensetzung beliebig zu wiederholen. Sowohl jene bestimmte Größe, von der wir bei der Unendlichmachung ausgehen müssen, als dieses Vermögen der unbeschränkten, formalen Größenerzeugung sind positiv. Gerade eine wirkliche und nicht bloß auf der stetigen Hervorbringung beruhende

Vorstellung des Unendlichen würde diesem positiven | Vermögen widerstreiten und dasselbe aufheben. Wer dennoch glauben würde, eine bejahende Idee des unendlichen Raumes zu haben, der brauchte nur gefragt zu werden, ob er diese seine Vorstellung noch vergrößern könne oder nicht? Und er wird sich besinnen, dass die Unendlichkeit ein Prädikat seines Vorstellungsvermögens und nicht eine Beschaffenheit oder Größe des Vorgestellten ist.

Doch bleibt hier eine Schwierigkeit bestehen, die Locke nicht ganz zu beseitigen vermochte. Während wir nämlich die Unendlichkeit der Zeit, namentlich sobald es auf ihre Richtung nach vorwärts ankommt, leicht als fließende Unendlichkeit eines Progresses begreifen, der keine Schranke vor sich hat, und einsehen, dass es an einem Grunde fehlt, mit der Hervorbringung der Zeitvorstellung anzuhalten, gewinnen wir in der Regel weit schwerer eine zutreffende Vorstellung der Unendlichkeit des Raumes. Was bedeutet der Fluss des Unendlichen beim Raume, der eine ruhende Vorstellungsform ist? Durch Reflexion auf die Vorstellung des Raumes erkennen wir, dass in ihm alle Teile ins Unendliche zugleich sind. Die gleichzeitige, in einem strengen Zeitpunkt vorhandene Unendlichkeit scheint der Auflösung des Unendlichen überhaupt in einen formalen Prozess zu widerstreiten. Allerdings erproben wir auch die Unendlichkeit des Raumes durch fortgesetzte Teilung und Zusammensetzung, aber die Möglichkeit, diese Probe auf den Raum anzuwenden, die Gewissheit, dass sie stichhaltig sei, obschon sie ihrer Natur nach nie zu Ende geführt werden kann, scheint doch auf dem Wesen des Raumes, der momentanen Unendlichkeit seiner Teile zu beruhen. Im Widerspruch zu Lockes Theorie scheint der Raum eine in jedem Zeitpunkt gegebene oder vollendete Unendlichkeit zu sein. Ich werde auf diese Schwierigkeit im zweiten Teile zurückkommen.[23]

Locke inzwischen unterscheidet die Unendlichkeit des Raumes vom unendlichen Raume. Jene ist unsere endlos wachsende Vorstellung, diese enthielte die Absurdität einer wirklich geschlossenen Unendlichkeit, von welcher wir keine positive Vorstellung haben können. Die Unendlichkeit des Raumes besteht nach Locke in | dem dauernden, sich beständig gleichbleibenden Vermögen, unsere wirkliche Raumvorstellung durch fernere Addition zu erweitern. Die Möglichkeit, den Unendlichkeitsbegriff auf den Raum anzuwenden, gründet sich, wie Locke richtig, aber über seine Empfindungstheorie hinausgreifend erklärt, auf die Natur und Beschaffenheit der Elemente dieser Vorstellung. Weil diese Vorstellung formal ist, weil die Grundlage des Raumes die reine Form der Empfindung ist, deshalb ist Lockes Satz richtig, dass die ›einförmige Vorstellung des Raumes vermöge der Natur und Vorstellung jedes Teiles derselben unendlich ist‹.

So hatte Locke die analytische Schärfe seiner Methode auch bei der Unendlichkeitskonzeption bewährt. Die Untersuchung dieses Begriffs musste für ihn umso wichtiger sein, je mehr gerade die Unendlichkeit sein Erfahrungsprinzip bedrohte, je größer der Missbrauch war, der von dieser unbestimmten Vorstellung in der Schulmetaphysik herrschte. Nichts schien dem sinnlichen Ursprung der Ideen ferner zu liegen als die Entstehung der Unendlichkeitsvorstellung, und mit begreiflicher Befriedigung blickt der psychologische Analytiker am Schlusse seiner Erörterung darauf zurück, dass es ihm dennoch gelungen sei, das Erfahrungsprinzip auch für diesen Begriff zu erweisen. Freilich vollständig war dieses Gelingen nicht, unwillkürlich sah sich Locke bei der Behandlung des Unendlichen über die Schranken seiner Raum- und Zeittheorie hinausgewiesen. Aber als feststehendes Resultat seiner Untersuchung bleibt der kritische Satz: Wir dürfen die Unendlichkeit nicht mit irgendeiner *vorgestellten* Größe verbinden, sondern haben sie als Eigenschaft des *Vorstellens* von Größen zu erkennen.

§ 10. *Kritik des Begriffs der Substanz.* Locke und Hume. Annäherung Lockes an Kant. Die relative Bedeutung der Substanzvorstellung

Der »Versuch über den menschlichen Verstand« richtet sich hauptsächlich gegen die damals einflussreichste metaphysische Schule. Wie Locke im ersten Buche seines Werkes das Grunddogma der Descartischen Philosophie, den angebornen Besitz von Begriffen und Grundsätzen bekämpft und widerlegt, wie er gegen die Lehre dieser Philosophie ausführt, dass das Wesen der Seele nicht auf dem Denken beruhen könne, weil die Seele nicht immer denkt, und dass Körper und Ausdehnung verschieden seien, wie | er ein besonderes Kapitel gegen den falschen Gebrauch der Unendlichkeit richtet und die metaphysische Dunkelheit dieses Begriffes verscheucht, so wendet er die Hauptkraft seiner psychologischen Kritik gegen den Grundbegriff jener Schule, den Begriff der Substanz. Man kann mit ebenso gutem Grunde Locke den Kritiker des Substanzbegriffes nennen, mit dem Hume der Kritiker der Kausalität heißt. Die vorwiegende Richtung der beiden Philosophen auf zwei so verschiedene metaphysische Begriffe ist für den Unterschied ihrer Methode und Denkart sehr bezeichnend. Lockes Stärke liegt in der Zergliederung der durch die Reflexion gleichsam zum Stehen gebrachten Vorstellungen, Hume betrachtet vorzugweise die Bildungs- oder Assoziationsgesetze der Vorstellungen, er sucht die Vorstellungen in ihrer Bewegung und Verknüpfung zu Urteilen auf. Es ließe sich fast das Bild einer psychologischen Statik im Unterschied von einer psychologischen Dynamik anwenden. Im Begriff der Substanz gehen wir über die gegebene Materie des Vorstellens nicht hinaus, er enthält nur einen formalen Zusatz zu den tatsächlich stattfindenden Empfindungen; dagegen ist dem Begriff der Kausalität das Hinausgreifen über eben vorhandene Eindrücke und ihre Verknüpfung mit vorgestellten oder erinnerten wesentlich, auch scheint dieser Begriff einen positiven Zusatz zu den empfundenen Eindrücken zu geben. Zwar hat auch Locke die Assoziationsgesetze des Bewusstseins behandelt. Er macht bei dieser Gelegenheit auf den entscheidenden Einfluss der *Gewohnheit* aufmerksam und zeigt, wie die Gewohnheit sowohl die Bahnen des Denkens wie des Wollens, als auch die Leitungswege der körperlichen Bewegungen bestimme. Die Verbindung der Vorstellungen führt er einsichtsvoll auf die Herstellung von Leitungsbahnen der Nervenströmung oder »Lebensgeister« zurück, die, wenn sie einmal einen Weg betreten haben, diesen fortbehalten, und durch das öftere Betreten desselben Weges ihn zu einem glatten Pfade machen, auf dem fortan die Bewegung so leicht vonstattengeht, wie wenn sie eine natürliche wäre – eine Bemerkung, welche die Physiologie seither glänzend bestätigt hat.[A] | Aber im Ganzen ist seine Behandlung der Assoziation doch nebensächlich, im Gegensatz zu ihrer prinzipiellen Voranstellung bei Hume.

Der Begriff der Substanz bereitet der Locke'schen Theorie augenscheinlich die größten Schwierigkeiten, daher die beständig wiederkehrende Bemühung, diesen Begriff aufzuklären. Locke behandelt sowohl den Ursprung als den Inhalt des Substanzbegriffs. In ersterer Hinsicht ist sein Zugeständnis von Bedeutung, dass diese Vorstellung weder durch Sinnes- noch durch innere Wahrnehmung erlangt wird. Dieser Begriff ist nicht durch Erfahrung gegeben, die Substanz kein empirischer Begriff! Um seinen Ursprung zu erklären, muss daher Locke auf die tätige Kraft des Verstandes zurückgreifen, auf dessen Fähigkeit, Begriffe ursprünglich zu denken. Derartige Vorstellungen, wie die ›Substanz‹, mögen eigentlich Begriffe (›notions‹) heißen, denn sie verdanken ihren Ursprung und ihr Bestehen *mehr* dem menschlichen Denken als den Dingen. Sie sind Vorstellungen der Einheit der mannigfaltigen Empfindungen, und diese Einheit stammt aus einer Tätigkeit des Verstandes, der die einfachen gegebenen Vorstellungen zusammentut, als eine betrachtet und mit einem Zeichen dieser Vereinigung oder Synthese – dem Namen – versieht.[B] Ich brauche nur anzudeuten, wie sehr sich Locke an dieser Stelle der Theorie Kants nähert, nur vermag er aus seinem Standpunkt nicht, die Gültigkeit dieser synthetischen Vorstellung zu beweisen. Auch die Kritik des Inhaltes des Substanzbegriffes dient wesentlich der Kantischen Lehre zur Vorbereitung. Der Begriff der Substanz ist die Verflechtung oder Komplexion zweier verschiedener und trennbarer Bestandteile. Die gegebene Grundlage desselben bildet einzig und allein das mehr oder minder dauernde Zusammenbestehen, die empirische Koexistenz, von sinnlichen Eigenschaften, und insoweit ist unser Begriff klar und deutlich. Zu diesem wahrgenommenen Zusammensein von Eigenschaften denken wir jederzeit

A Locke, Essay, Buch II, Kapitel 33, § 6 [S. 325].
B Locke, Essay, Buch II, Kapitel 22, §§ 2–4 [S. 234–236].

einen unbekannten und unfassbaren Grund ihres Zusammenbestehens hinzu, wodurch sich bloße | Koexistenz in den Begriff der einheitlichen Verbindung (Union) verwandelt. Und dieser Teil des Begriffs bleibt dunkel und verworren. »Die Idee, welche wir haben und der wir den allgemeinen Namen einer Substanz geben, ist nichts Weiteres als die Annahme eines unbekannten Trägers von solchen Qualitäten, die wir vorfinden und von denen wir uns vorstellen, dass sie nicht ›sine re substante‹ existieren können, weshalb wir irgendetwas ihnen unterlegen, was wir Substanz nennen, und was gerade so viel bedeutet als etwas, das darunter steht, oder jene Eigenschaften aufhält.«[A] Unser Begriff der Substanz vermehrt nicht den Inhalt der Erkenntnis, er ist gar kein materieller Begriff. »Ich berufe mich auf jedermanns eigene Erfahrung, ob er sich dabei etwas Mehreres vorstelle, als dass gewisse einfache Ideen koexistieren«[B]. Dennoch »hat die zusammengesetzte Vorstellung der Substanz noch allemal die verworrene Vorstellung von etwas bei sich, dem jene Eigenschaften inhärieren – deren Akzidenzen sie bilden – etwas Besonderes, obgleich man nicht weiß, was es ist«[C]. So dunkel und verworren diese Vorstellung ist, so bleibt sie dennoch unumgänglich und notwendig. Gerade »die vermeintliche, aber in der Tat verworrene Vorstellung der Substanz bleibt dabei immer die erste und oberste«[D]. Es ist daher falsch zu meinen, dass wir über die körperliche Substanz, die Materie, besser unterrichtet seien als über eine geistige. Soweit es auf die Substanz als solche ankommt, ist unsere Unwissenheit in beiden Fällen gleich groß; wir kennen nur die einfachen Ideen, ohne die wahre Natur von Dingen einzusehen. Der Grund der Verbindung der körperlichen Eigenschaften durch Kohäsion oder Druck ist uns ebenso unbekannt, wie der Grund der Einheit von Zuständen des Bewusstseins.

Die Substanzvorstellung ist nicht bloß dunkel, sondern auch relativ. Unser Begriff des Etwas, das da ist und subsistiert, wandert

A Locke, Essay, Buch II, Kapitel 23, § 2 [hier S. 243–244].
B [Locke, Essay, Buch II, Kapitel 23, § 3, hier S. 244.]
C [Locke, Essay, Buch II, Kapitel 23, § 3, hier S. 245.]
D [Locke, Essay, Buch II, Kapitel 23, § 3, hier S. 246.]

immer weiter in das Innere der Dinge zurück, je mehr wir die zunächst wahrgenommenen Eigenschaften als Wirkungen von Tätigkeiten und Kräften erkennen. Wir kennen die Dinge zu|nächst meist durch die sekundären Qualitäten, und wenn wir weiterhin erfahren und begreifen, dass diese Beschaffenheiten nur Wirkungen von Kräften der primären seien, so löst sich ein erheblicher Teil der früheren Substanzvorstellung in bloße Kräfte auf. Doch ist Locke zu besonnen, um anzunehmen, dass auf diesem Wege der Begriff der Substanz völlig zum Verschwinden gebracht und die Substanz je in lauter Kräfte aufgelöst werden könne, er bemerkt nur, dass sich bei weiterem Eindringen in die Natur der Eigenschaften die Vorstellung der Substanz vor uns her verschiebe. Wiederholt gebraucht er, um diese unfassbare Wesenheit der Substanz zu verdeutlichen, das Beispiel vom Inder, der die Erde vom Elefanten, den Elefanten von der Schildkröte getragen sein ließ und auf die Frage nach dem Träger der Schildkröte in Verlegenheit geriet, aus der sich ein europäischer Metaphysiker leicht mit der Antwort: Es ist eben die Substanz, der Träger, der seiner Natur nach alles trägt, herausgezogen hätte.

Dieser Progress ins Unbestimmte beweist mehr als alles Übrige die rein formale Natur des Substanzbegriffes. Bestätigt wird dieselbe dadurch, dass nach Lockes vollkommen richtiger Analyse die Substanz keine inhaltliche Vorstellung ist. Sie trägt zur Vermehrung des Stoffes unserer Erkenntnisse nichts bei, sie enthält nur den Gedanken der objektiven Verbindung des gegebenen Erfahrungsstoffes. Sie entspringt, wie Locke weiß, der reinen Tätigkeit des Verstandes, und ihre Unumgänglichkeit oder Notwendigkeit beruht darauf, dass sie das Denken des Objektes der Erfahrung überhaupt enthält, mithin von jedem beliebigen Erfahrungsobjekte gelten muss. Nur die Anwendung dieser Denkform und die Grenzen ihrer Anwendung sind durch den Stoff der Erfahrung bestimmt.

Dem Substanzbegriff gegenüber befindet sich Locke in ähnlicher Lage, wie Hume gegenüber der Kausalität. Nach ihm müsste dieser Begriff, der zum Inhalt des Vorstellens nichts hinzufügt, als überflüssig beseitigt oder wenigstens, wie dies Hume auch in Bezug auf die Substanz versucht hat, zum Ausdruck einer nur subjektiv gültigen Assoziation herabgesetzt werden. Dass beide Begriffe eine wesentlich objektive Bedeutung und Gültigkeit | haben, da die Substanz das Denken eines Objekts überhaupt, die Kausalität das Denken einer objektiven Sukzession enthält, dass beide zur Form der Erfahrung überhaupt gehören, was schon dadurch angedeutet wird, dass, nach Lockes richtiger Bemerkung, der Begriff der Substanz weder aus Sensation noch aus Reflexion, den beiden Quellen des Inhalts der Erfahrung, entspringt, konnte freilich weder durch die Methode Lockes noch die Humes entdeckt und begründet werden.

Die Kausalität hat Locke nicht näher untersucht. Er führt sie als Beispiel einer Beziehungsvorstellung oder Relation an, von der er im Allgemeinen bemerkt, dass sie oft klarer sei als die der Dinge selbst, und die er auf einfache Vorstellungen zurückführt. In der Beziehung von Ursache und Wirkung ist es die einfache Idee der Kraft, die wir teils durch äußere, teils durch innere Empfindung erhalten. Aber auch die Verbindung der Kraft mit der Veränderung, die sie erzeugt, sollen wir nach Locke unmittelbar wahrnehmen können,[A] eine Behauptung, die ich nur wegen ihres Gegensatzes zu Humes tiefer und richtiger Lehre anführe.

§ 11. *Mathematische und moralische Erkenntnis*. Ihre Zurückführung auf Synthese durch den Verstand. Der Grund ihrer Evidenz und Gewissheit. Analogie des moralischen Erkennens mit dem mathematischen. Die Synthesis a priori

Es würde eine unvollständige Kenntnis der psychologischen Wissenschaftslehre Lockes verraten, wenn ich unterließe, seine Aussprüche über die Natur und die Gültigkeit der mathematischen und moralischen Erkenntnis anzuführen. Im Gebiete des mathematischen und moralischen Erkennens erweist das Denken seine ursprünglich synthetische, wahrhaft schöpferische Kraft. Die dies-

A Locke, Essay, Buch II, Kapitel 26, §§ 1–2 [S. 276–277].

bezüglichen Anschauungen Lockes treten daher in ein sehr merkwürdiges Verhältnis zu den besten und gesichertsten Teilen der Kantischen Lehre. Zugleich dient ihre Betrachtung dazu, die Auffassung der Philosophie Lockes in erheblichen Punkten zu verbessern.

Obschon Locke, und zwar mit Recht, den Inhalt sämtlicher Vorstellungen aus der Erfahrung und Empfänglichkeit des Subjektes ableitet, so kennt er doch auch Vorstellungen, deren Urbilder, wie er sich ausdrückt, durch den Verstand selbst erzeugt werden, also apriorische Vorstellungen, die ja auch im Sinne | Kants selbstgedachte, keineswegs aber eingeborne Begriffe sind. Und wenn auch Locke von einer Theorie dieser Begriffe weit entfernt blieb, und auf dem Wege, den er eingeschlagen hatte, auch entfernt bleiben musste, so ist doch der Umstand höchst bedeutsam, dass er, wo immer er von apriorischen Vorstellungen handelt, ausschließlich moralische und mathematische Begriffe zum Beleg herbeizieht. Damit aber der Leser nicht meine, ich wolle den Unterschied Lockes von Kant mehr als billig verwischen, sei sogleich bemerkt, dass Lockes Fehler ein doppelter war. Er trennte die apriorischen Vorstellungen von den sinnlichen, und er ließ die letzteren jenen zeitlich vorangehen. Er wusste nicht, dass die Sinne oder überhaupt die Empfänglichkeit des Subjekts gar keine Vorstellungen geben können (seine Bemerkung, dass sich in die meisten sinnlichen Wahrnehmungen unbemerkte Urteile und Schlüsse einmischen, steht zu vereinzelt da und hebt die irrige Grundannahme nicht auf); er wusste nicht, dass jede Vorstellung als solche a priori bestimmt sei.

Die mathematischen Vorstellungen, deren Originale der Geist selbst erzeugt, schweben bei ihm in der Luft; sie sind ohne deutliche Beziehung auf die Form der sinnlichen Wahrnehmung. Noch weniger vermochte er von der ursprünglichen Zusammensetzung der moralischen Begriffe eine Anwendung auf die Natur und Tragweite des moralischen Erkennens zu machen.

Die mathematischen Begriffe werden durch Zusammensetzung gebildet. Wir haben das Vermögen, eine unendliche Fülle von Gestalten und ebenso eine unerschöpfliche Menge von Besonderungen der Zahl zu erzeugen ohne weitere Hilfe der Erfahrung, ohne fremde Einflüsterung.[A] Von der Art dieser Zusammensetzung hängen die Eigenschaften der mathematischen Begriffe ab, und werden daher nicht aus allgemeinen Grundsätzen abgeleitet, sondern aus der Konstruktion erkannt. So hängen die Eigenschaften eines Dreiecks von der zusammengesetzten Vorstellung dreier Linien, die einen Raum einschließen – d. i. also von der Konstruktion! – ab, und können daraus hergeleitet werden. In der | Vorstellung einer Ellipse haben wir das ganze Wesen dieser Figur, an welcher wir alle ihre Eigenschaften entdecken und demonstrieren können.[B] Allgemeine Grundsätze sind nicht der Leitfaden der Entdeckung und des Beweises mathematischer Wahrheiten, sondern das Auffinden der anschaulichen Mittelglieder, welche die Eigenschaften der mathematischen Gebilde verbinden. Bei der Entdeckung dieser Wahrheiten hatte die Seele *Gegenstände* und *Richtungen* vor sich, die nichts mit jenen Grundsätzen zu schaffen haben. Daher selbst Fachmänner, die mit den allgemeinen Grundsätzen wohl vertraut sind, einer solchen Entdeckung ihre Bewunderung nicht versagen.[C] Newton hat in seinem Werke bisher unbekannte mathematische Wahrheiten bewiesen, allein zu ihrer Auffindung haben die Grundsätze ›was ist, ist‹ oder ›das Ganze ist größer als der Teil‹ nichts beigetragen und ebenso wenig ihm die *Beweise* dafür an die Hand gegeben.[D] Allerdings ist nach Locke das mathematische Wissen ein demonstratives oder beweisbares Wissen. Man muss aber, um Locke richtig zu verstehen, seine Theorie des Beweises kennen. Der Beweis unterscheidet sich von der intuitiven Erkenntnis nur dadurch, dass er auf Vermittlung beruht. Die Kunst des Beweisens besteht in der Auffindung von vermittelnden Vorstellungen. Damit aber der Beweis die Sicherheit und Gewissheit des Wissens bewirke, müssen alle seine Vermittlungen, alle einzelnen Schritte des

A Locke, Essay, Buch II, Kapitel 12, § 2 [S. 124–125] und Kapitel 13, § 1 [S. 127].

B Locke, Essay, Buch II, Kapitel 31, §§ 6 und 11 [S. 283–284, 288].

C Locke, Essay, Buch IV, Kapitel 12, § 14 [S. 267–268].

D Locke, Essay, Buch IV, Kapitel 7, § 11 [S. 218–224].

Beweisganges von anschaulicher Gewissheit sein. Dadurch unterscheidet sich der wissenschaftliche Beweis vom gewöhnlichen Syllogismus, den Locke einer scharfen Kritik unterwirft, und von dem er nachweist, dass er nichts für die Erkenntnis, sondern bloß für das Disputieren leiste. Worauf es beim Beweise ankommt, ist daher die Anschauung der Übereinstimmung des Mittelbegriffs mit den vorher verglichenen Vorstellungen.[A] Um jeden Zweifel darüber auszuschließen, was er unter mathematischem Beweis verstehe, führt Locke an, dass der Verstand für den Beweis der Winkelsumme des Dreiecks sich nach »andern Winkeln« umsehe, um daraus die Größe der Summe zu bestimmen. Das | mathematische Beweisverfahren ist daher nach Locke ein konstruktives, der Beweis überhaupt die anschauliche Erkenntnis der Vorstellungsvermittlung und Lockes Lehre demnach so zu verstehen, als ob er ausdrücklich erklärt hätte: Das mathematische Erkennen sei nicht analytisch, sondern synthetisch. Diese bei zusammenhängender Betrachtung der Stellen unabweisbare Folgerung erscheint umso wichtiger, je mehr Locke überzeugt ist, in den mathematischen Beweisen die Muster für alle übrigen zu haben, je entschiedener er sie den syllogistischen Wortbeweisen entgegensetzt.

Das mathematische Wissen ist adäquat. Da wir den Gegenstand desselben selbst hervorbringen, in der Vorstellung also zugleich das Original oder Musterbild besitzen, so kann unsre Erkenntnis nicht anders als völlig entsprechend sein. Wir erfassen in diesem Wissen die Sache selbst, die ja auf einer Verbindung im Geiste beruht und nicht dem Muster irgendeines Daseienden nachgebildet ist. Unser Wissen von Substanzen ist ein ungenügendes, das Wissen der mathematischen Objekte dagegen ein vollkommen genaues, weil wir die Eigenschaften jener in der Erfahrung aufsammeln müssen, die Eigenschaften dieser Objekte aber mit ihrer zusammengesetzten Vorstellung besitzen, da sie aus unserer eigenen Zusammensetzung hervorgehen.[B]

A Locke, Essay, Buch IV, Kapitel 17 [S. 288–308].

B Locke, Essay, Buch II, Kapitel 31, §§ 4–5, 11 und 14 [S. 282–283, 288, 289–291].

Die mathematischen Sätze besitzen den höchsten Grad der Gewissheit. Um zu zeigen, dass die Selbstgewissheit und zweifellose Sicherheit der logischen Grundsätze kein Grund ihres Angeborenseins sein könne, beruft sich Locke auf die mathematischen Sätze, deren unendliche, weil einer beständigen Erweiterung fähige Anzahl, dann gleichfalls angeboren sein müsste, da ihre Gewissheit nicht geringer, vielmehr noch augenscheinlicher sei als die Gewissheit der logischen Grundsätze. Das mathematische Wissen ist aber auch ein wirkliches (reales) Wissen. In dem erkenntnistheoretisch bedeutenden Kapitel von der Realität des Wissens zeigt Locke, dass die Kenntnis der mathematischen Wahrheiten nicht bloß ein gewisses, sondern auch ein wirkliches Wissen sei, | obschon es nur ein Wissen von unseren eigenen, subjektiven Vorstellungen ist. Der Mathematiker betrachtet die Wahrheit und die Eigenschaften eines Rechteckes oder Kreises nach der selbstgebildeten Vorstellung in seinem Geiste, mag er auch niemals eine solche Figur mathematisch, d.h. genau wahr in der Wirklichkeit angetroffen haben. Dennoch sind seine Sätze nicht nur wahr und gewiss, sondern gelten selbst von den Dingen, weil diese nicht weiter aufgefasst und in solchen Sätzen gemeint werden, als soweit sie den Vorbildern im Geiste entsprechen.[A] Es wird natürlich auf Lockes Standpunkt nicht ersichtlich, warum wir in diesem Falle die Dinge unsern Vorstellungen unterwerfen, und nicht die Vorstellungen den Dingen, warum wir die mathematischen Gesetze zu Prinzipien der Auffassung und Erkenntnis des Wirklichen verwenden statt sie, gleich empirischen, vom Wirklichen abzuleiten. Locke hat auch hier ein Problem berührt, das erst in einer späteren Gestalt des Kritizismus gelöst werden sollte.

Aus dem gleichen Grunde wie das mathematische ist auch das moralische Erkennen sowohl vollkommen entsprechend und gewiss als real, d.i. von objektiver Gültigkeit. Die Übereinstimmung der Vorstellungen, die Erkenntnis ihrer Verbindung ist hier von derselben Anschaulichkeit wie beim mathematischen Wissen. Die moralischen Begriffe nämlich sind gleich den mathematischen

A Locke, Essay, Buch IV, Kapitel 4, § 6 [S. 188].

ihre eigenen Urbilder, ihre Vorstellungen müssen daher entsprechende und vollständige sein. Moralsätze sind wie die mathematischen des Beweises fähig, obschon die große Zusammensetzung ihrer Begriffe den Beweis erschwert. Der Satz, ›wo kein Eigentum gilt, da gibt es auch kein Unrecht‹, ist nicht minder sicher als irgendein Satz im Euklides. Beweise sind nicht, wie man meint, auf Größen und Größenbeziehungen eingeschränkt, sondern finden überall statt, wo die Übereinstimmung und Vermittlung der Vorstellungen auf intuitive Weise erkennbar ist; also außer auf dem Gebiete der Mathematik auf dem der Moral, da in beiden Vorstellung und vorgestelltes Objekt zusammenfallen, und die völlige Übereinstimmung beider unmittelbar eingesehen | werden kann. Wie endlich die mathematischen Entwicklungen, ungeachtet sie nur Ausführungen unserer eigenen Vorstellungen sind, von objektiver Gültigkeit oder Realität sind, da die Dinge nach dem Grade ihrer Übereinstimmung mit ihnen aufgefasst und beurteilt werden, so sind auch die moralischen Sätze und Beweise gültig und wahr ohne Rücksicht auf das wirkliche Leben und das Dasein der Tugenden, die sie vorschreiben, da vielmehr diese Wirklichkeit nach ihrem Muster und ihrer Maßgabe geregelt und beurteilt wird.[A]

So hat Locke die beiden großen Gebiete, in denen die Synthesis a priori herrscht, berührt. Weit entfernt, durch seine Empfindungstheorie jede weitere Selbsttätigkeit des Bewusstseins auszuschließen, wie gewöhnlich angenommen wird, hat er wiederholt und in den klarsten Worten die mathematischen und moralischen Begriffe auf die freie, selbstständige, verbindende Tätigkeit des Verstandes zurückgeführt. Daraus musste ihm die Aufgabe entstehen, diese Vorstellungen nun vor Verwechslung mit bloßen Chimären zu schützen, ihre Realität, die Gültigkeit von den Objekten zu beweisen – eine Aufgabe, die allerdings über der Tragweite seiner Prinzipien und seiner Methode hinauslag. Dagegen ist seine Ansicht hervorzuheben, dass das mathematische Wissen kein logisch analytisches sei. Es wird weder durch logische Allgemeinheiten entdeckt noch vermittels derselben bewiesen. Es mag dahin-

A Locke, Essay, Buch IV, Kapitel 4, § 7 [S. 188–189].

gestellt sein, inwieweit Locke die Bedeutung des logischen Begriffs unterschätzt und verkannt habe; die scholastischen Allgemeinheiten, die ihm vorlagen, mussten sein Urteil beeinflussen. Aber so viel lässt sich aus seiner Meinung entnehmen und rechtfertigen, dass das mathematische Erkennen kein ausschließlich logisches sei. Zwar beruht dasselbe wie alles Erkennen auf Übereinstimmung der Vorstellungen, also auf Identität, aber diese Identität ist nicht die analytische des zergliederten Begriffs, diese Art identischen Wissens hat Locke als unfruchtbar und höchstens zum Disputieren geeignet gekennzeichnet, sondern die synthetische der Übereinstimmung eines | frei hervorgebrachten Gegenstandes mit seiner Vorstellung und Erkenntnis.

Es mag hier überhaupt der Unterschied des Analytischen und Synthetischen anhangsweise berührt werden, inwieweit derselbe nach Kants Bemerkung schon von Locke angedeutet wurde. Die Sätze durch Übereinstimmung kommen nicht ganz mit Kants analytischen Urteilen überein, diesen gleichen eher Lockes ›nutzlose, identische Sätze, die das Wissen nicht vermehren‹. Dagegen sind die Sätze des Zusammenbestehens gleich den empirisch synthetischen Urteilen Kants, und auch der Grund, warum diese Sätze kein abgeschlossenes Wissen und keine vollständige Gewissheit enthalten, erinnert an Kant. Einerseits können diese Verbindungen durch fortgesetzte Erfahrung vermehrt und verändert werden, andrerseits fehlt die anschauliche Erkenntnis vom Grunde des Zusammenbestehens, daher wir nicht, wie im Falle der zusammengesetzten Erkenntnisse der Mathematik, die intuitive Gewissheit der Übereinstimmung gewinnen.

§ 12. *Locke und Kant.* Vergleichung ihrer Methoden. Kein direkter Einfluss Lockes auf Kant

Locke hat die Materie des Erkennens bestimmt und begrenzt, aber er hat nicht dem Erkennen überhaupt, auch seiner Form nach, die Grenze gesetzt. Er kannte zwar synthetische, selbstgemachte Vorstellungen, die sich dennoch von Einbildungen unterscheiden und eine Gewissheit und Wirklichkeit des Erkennens bedingen, aber er kannte nicht ihre Funktion und Bedeutung für die Erfahrungserkenntnis überhaupt. Hierin lag die Schranke seines Prinzips ›der Empfindung‹, seiner Methode ›der Beobachtung und psychologischen Zergliederung‹. Mit einer ungleich feineren und höheren Kunst der Analyse hat später Kant die Form der Erkenntnis erforscht und zerlegt und daraus die Grenzbestimmung der theoretischen Erkenntnis hergeleitet. Die Empfindung ist die Grenze nur des Inhalts des empirischen Wissens, die Form der Empfindung oder Auffassung in ihrer logischen Bestimmung die Grenze des positiven Wissens überhaupt. Locke hat die Naturgeschichte der menschlichen Begriffe geschrieben, Kant ihre Naturlehre gegeben; die Wissenschaft Lockes ist mehr beschreibend, jene Kants durchwegs erklärend. Locke kennt die Begriffe nur aus der Reflexion auf ihre Entstehung und durch | Selbstbeobachtung, seine Methode ist subjektiv; Kant entwickelt die Formen des Begreifens, indem er die Erkenntnis selbst untersucht und an ihr die Funktionen der Begriffe nachweist – sein Verfahren ist objektiv, das Objekt, das er betrachtet, der »reine Teil« der wissenschaftlichen Erkenntnis. Locke untersucht die Erfahrung vermittels eines Teils derselben, er geht von der innern Erfahrung aus, um diese selbst und die äußere zu beobachten, seine Methode ist »dogmatisch«, sie setzt die Gültigkeit des einen Erfahrungskreises voraus; Kant prüft die gemeinsame Form der Erfahrung, die Grundbegriffe des äußern und innern Erfahrungskreises zumal. Dass es eine solche gemeinsame Form gebe, wodurch die allgemeine Natur oder der Begriff der Erfahrung bestimmt wird, konnte selbst auf dem Reflexionsstandpunkte Lockes nicht verborgen bleiben. Unter den Elementen der Erfahrung führt Locke, wie oben gezeigt worden ist, eine Klasse von Vorstellungen an, die sowohl der äußern als innern Erfahrung entspringen. Die Begriffe der Existenz, der Einheit und Mannigfaltigkeit, der Kraft, der zeitlichen Folge beziehen sich in gleicher Weise auf beide Seiten der Erfahrung. Weil aber Locke diese Begriffe nur so weit berücksichtigte, als sie in der Empfindung gegeben und gleichsam mit ihr verwachsen erscheinen, so entging ihm ihre formgebende Bedeutung, und er konnte sie weder vollständig ableiten, noch ihren gültigen Gebrauch begründen. Begriffe, die nicht mehr der empfänglichen Seite des Bewusstseins angehören, sondern wie die Begriffe der Einheit, der Substanz, seine aktive Seite, die Form der Denktätigkeit ausdrücken, lassen sich nicht durch bloße Selbstwahrnehmung in ihrer eigentlichen Bedeutung erfassen, daher sich in ihrer Behandlung am deutlichsten die Schranken der Methode Lockes zeigten.

Kant hat wiederholt den Gegensatz seiner Methode zum Verfahren Lockes ersichtlich gemacht, am ausführlichsten und im Zusammenhang in der Einleitung zur Deduktion der reinen Verstandesbegriffe. Er unterscheidet sich schon in der Fassung des kritischen Problems, was begreiflich ist, da er von Hume ausgeht, nicht von Locke. Es kann sich daher für ihn nicht mehr um psychologische Kriterien der Wahrheit handeln – nicht die | Entstehung der Begriffe, ihre objektive Gültigkeit steht in Frage. Noch mehr weicht er von Locke in der Art der Lösung der erkenntniskritischen Aufgabe ab. Nicht von der Psychologie, sondern von der Logik wird seine Methode beherrscht; die Logik gibt ihm den Leitfaden der Entdeckung, die »genau bestimmte« Definition des Urteils, die Grundlage der Deduktion der metaphysischen Begriffe an die Hand.

Bei dieser Sachlage kann es keinem Zweifel unterliegen, dass die Philosophie Lockes nicht zu den *unmittelbaren* Quellen der Kantischen gehöre. Die Frage, ob Lockes psychologischer Kritizismus nicht dennoch von Einfluss auf die Ausbildung des transzendentalen gewesen sei, wird unten in Zusammenhang zu erörtern sein.[24, 25]

Zweites Kapitel

Humes skeptischer Kritizismus

§ 1. Die Philosophie Humes ist nicht als *Skeptizismus*, sondern als *Positivismus* aufzufassen. Die Gründe ihres Missverständnisses. Unvollständige Kenntnis Kants von Hume

Humes Gedankenkreis voll Schärfe und von entschiedener Eigentümlichkeit bildet die zweite Epoche des Kritizismus in der Philosophie. War schon Lockes Verstandestheorie durch ihre von Anfang an antimetaphysische Tendenz, durch ihre psychologische Auflösung des Substanzbegriffes als kritisch gekennzeichnet, so gebührt dies Prädikat noch im genauern Sinne der Philosophie Humes. Denn diese Philosophie richtet sich kritisch gegen alle Begriffe, welche in der Metaphysik von Bedeutung sind, wenn sie schon vornehmlich den Begriff der ursächlichen Verknüpfung zum Gegenstande der Untersuchung nimmt.

Zu zeigen, dass allen metaphysischen Beweisen aus Begriffen ebenso starke und ganz unwidersprechliche Gegenbeweise gegenübergestellt werden können, und dadurch das Nachdenken auf die | Wirklichkeit, »zur Erforschung des gewöhnlichen Lebens als dem eigentlichen und wahren Gebiet der Philosophie«[A] hinzuwenden, es durch den Kreis des Erfahrungsmäßigen zu begrenzen, ist die Absicht der Philosophie Humes. Man verkennt ihr Prinzip, wenn man sie, wie gewöhnlich, schlichtweg als Skepsis oder Skeptizismus auffasst.[B] Das Prinzip Humes ist Positivität des Denkens,

A [Hume, Untersuchung, S. 94.]

B Eine rühmliche Ausnahme davon machen *Kirchmann* in seinen *Erläuterungen* zur »Untersuchung in Betreff des menschlichen Verstandes« und *Dühring* in der »Kritischen Geschichte der Philosophie«. »Nichts ist unrichtiger«, erklärt der erstere (S. 193), »als Hume für einen Skeptiker zu halten, obgleich er sich selbst dafür ausgegeben hat«. Und Dühring äußert sich (S. 361): »Die Geschichtsschreiber sind daran gewöhnt, die Leistungen des Schotten D. Hume als das durchgebildetste System des modernen der Skeptizismus nur das methodische Mittel, dieses Prinzip zu erweisen. Die unauflösliche Antinomie zwischen Metaphysik und Antimetaphysik, oder wie man auch sagen könnte, Antidogmatik, sollte nur die Position des Denkens in der Wirklichkeit begründen und befestigen. Übrigens hat sich Hume selber in gar nicht misszuverstehender Weise über seinen Standpunkt geäußert. Er unterscheidet einen »übertriebenen, oder totalen Skeptizismus«, den Pyrrhonismus, von einem »milderen«, zu dem er sich bekennt und den er idealisierend mit der »akademischen Philosophie«[A] verknüpft, und erklärt: »Sollte mich jemand fragen, ob ich einer von den Skeptikern wäre, welche glauben, dass alles ungewiss ist, so würde ich antworten, dass diese Frage ganz überflüssig sei, und dass weder ich, noch irgendein anderer Mensch jemals aufrichtig und beständig dieser Meinung zugetan gewesen sei. Die Natur hat uns durch eine absolute und unvermeidliche Notwendigkeit ebenso wohl zum Urteilen als zum Atmen und Fühlen bestimmt. Wer sich also die Mühe gibt, die Spitzfindig|keiten dieses totalen Skeptizismus zu widerlegen, streitet in der Tat, *ohne einen Gegner zu haben,* und bemüht sich durch Vernunftbeweise ein Vermögen zu begründen, das die Natur schon vorher dem Gemüte eingepflanzt und unvermeidlich gemacht hat. Meine Absicht geht bloß dahin, den Leser die Wahrheit meiner Hypothese empfinden zu lassen, dass alle unsere Erkenntnisse von Ursache und Wirkung sich bloß und allein auf Gewohnheit gründen und dass die Gewissheit[B] mehr eine Wirkung des sinnlichen als des den-

Skeptizismus aufzufassen. Auch lässt sich nicht leugnen, dass der Urheber der ersten, ernstlichen Kritik der gemeinen Kausalitätsvorstellungen hierzu selbst die Veranlassung gegeben habe (…). Indem er das Wesen des antiken Skeptizismus idealisiert vorstellte, legte er seinem eigenen, vermeintlich völlig skeptischen Standpunkt eine Festigkeit bei, die bei ihm gar nicht auf Rechnung der Skepsis zu setzen war (…). Übliche, aber fehlgreifende Benennungen dürfen uns in diesem Punkt nicht täuschen.«

A [Hume, Untersuchung, S. 148.]

B Ich habe den Ausdruck ›belief‹ mit ›Gewissheit‹, ›Überzeugung‹ übersetzt, in der Tat bezeichnet er den höchsten Grad unserer Beistimmung, die durch kein Räsonnement abgeschwächt oder in Zweifel gezogen werden kann. In diesem Sinne gebraucht ihn schon Locke (Essay, Buch I, kenden Teils unserer Natur sei (...). Wäre die feste Überzeugung eine bloße Handlung des Denkvermögens und keine besondere Art der Vorstellung oder kein Hinzukommen der Kraft und Lebhaftigkeit dazu erforderlich, so müsste sie sich unfehlbar selbst zerstören. (...) Gewissheit ist eine *Empfindung* oder eine besondere Art von Wahrnehmung, welche unmöglich durch *bloße Begriffe* und Reflexionen umgestoßen werden kann. (...) Da die Überzeugung eine lebhafte Vorstellung ist, so kann sie nie vollständig sein, wenn sie nicht auf etwas Leichtes und *Natürliches* gegründet ist (...). Die Gründe der Skeptiker und der Dogmatiker sind von einerlei Art, ob sie gleich in ihren Wirkungen und Bestrebungen einander widerstreiten, so dass, wenn der Dogmatiker stark ist, er immer einen Feind von gleicher Stärke an dem Skeptiker findet. (...) Es ist daher ein Glück, dass die Natur die Kraft aller skeptischen Gründe bei Zeiten bricht und ihnen keinen beträchtlichen Einfluss auf den Verstand gestattet (...). Die Natur hat es nicht der Wahl überlassen (dem Prinzip der wirklichen Existenz der Körper beizustimmen [A. R.]), sie hat es ohne Zweifel für eine Sache von zu großer Wichtigkeit gehalten, als dass es unseren ungewissen Schlüssen und Spekulationen hätte anvertraut werden sollen. Wir können wohl fragen: Welche Ursachen bestimmen uns an die Wirklichkeit der Körper zu glau|ben? Aber umsonst werden wir fragen: ob es Körper gebe oder nicht? Dieses ist ein Punkt, den wir bei allen unsern Erkenntnissen schon als ausgemacht annehmen müssen.«[A] Die Überzeugung von der Gewalt der Pyrrhonianischen Argumente soll nur die Festigkeit und Kraft des natürlichen Instinktes, unserer unmittelbaren Gewissheit des Tatsächlichen, erweisen. Die niederschlagendste Einwendung gegen den übertriebenen Skeptizismus ist seine Nutzlosigkeit. Die Argumente des Skepti-

Kapitel 1, § 2). Die wörtliche Übersetzung mit ›Glaube‹ ist ihrer Zweideutigkeit wegen zu verwerfen.

[A] Hume, Über die menschliche Natur, Band I, Teil 4, Abschnitt 1 und 2, S. 368[–370]. Da mir die Originalwerke Humes nicht zur Hand sind, beziehen sich die Zitate auf die Übersetzungen des »Treatise of Human Nature« von Jakob und des »Enquiry Concerning Human Understanding« von Kirchmann.

kers verschwinden wie Rauch vor der Gegenwart der wirklichen Dinge und in der Beschäftigung mit ihnen. So viel stärker, überzeugender und bestimmender sind also die natürlichen Gründe des Erkennens, im Vergleich mit der stärksten, künstlichen Verkettung der Beweise. Jeder beliebige Vorfall des Lebens verjagt alle Zweifel und Bedenken des Pyrrhonisten, und »aus seinem Traum erwacht, wird er der Erste sein, der in das *Gelächter* über sich mit einstimmt und anerkennt, dass alle seine Einwürfe nur spielend sind, und die launische Natur des Menschen offenbaren«[A]. Hume will durch seine »akademische«[B] Philosophie, welche die Untersuchung auf das gewöhnliche Leben, die tatsächliche Wirklichkeit einschränkt, nicht die Grundlagen dieses Lebens erschüttern und den Zweifel so weit treiben, um alles Forschen und Handeln aufzuheben. Vielmehr beabsichtigt er, unsere Schlüsse auf Tatsachen den »trügerischen Begründungen der Vernunft«[C] zu entziehen, und zeigt, dass sie nicht auf allgemeinen Vernunftgründen beruhen, keineswegs, um sie dadurch prinziplos und ungegründet zu machen, sondern, um sie auf ein »anderes« und seiner Meinung nach festeres Prinzip zu stützen, das mit der ganzen Macht und Sicherheit eines Naturgesetzes wirkt. Er muss die Beschränktheit und die Mängel des reinen Räsonnements oder »Vernünftelns« enthüllen, wenn er die Vorzüge und Tragweite seines Prinzips ersichtlich machen will. Daher ist ihm der totale Skeptizismus | eine Hilfsvorstellung – gleichsam der Durchgang durchs Unmögliche –, womit er die anderweitig gegründete Realität des Erkennens erweist. Hume befreit das Erkennen, das sich auf Tatsachen bezieht, von der Abhängigkeit von Vernunftbeweisen, nur um es dafür der Wirklichkeit zu unterwerfen. Es entspricht dem Grundgedanken seiner Philosophie zu sagen, das Erkennen des Tatsächlichen ist nicht logisch, sondern real oder naturgesetzlich begründet.

Bestätigt wird diese Auffassung der theoretischen Philosophie Humes durch Betrachtung seiner praktischen, deren positive Ab-

A Hume, Untersuchung, S. 148–149 [hier 147].

B [Hume, Untersuchung, S 148.]

C [Hume, Untersuchung, S 51.]

sicht doch keinem Zweifel unterliegt. Der Unterschied zwischen Tugend und Laster, zwischen dem sittlich Verbindlichen und Verwerflichen, worauf unsere moralischen Entscheidungen beruhen, kann nicht durch bloße Vergleichung der Begriffe oder aus reiner Vernunft erkannt werden, er geht vielmehr aus einer Empfindung, einem Gefühle hervor, das die Vorstellungen verschiedener Handlungsweisen naturgesetzlich nach sich ziehen. Aus demselben Grunde, aus welchem der Vernunft auf theoretischem Gebiete die Fähigkeit, ursprüngliche Verknüpfungen von Tatsachen zu erkennen, bestritten wird, wird ihr auch im Bereich des Praktischen das Vermögen abgesprochen, den Eindruck des Moralisch-Guten oder Bösen, das Prinzip der sittlichen Beurteilung, ursprünglich zu erzeugen. Wie sich aus der bloßen Vergleichung der Vorstellungen äußerer Objekte nichts entdecken lasse, was dem Eindruck ihrer notwendigen Verbindung entspricht, so finde sich auch in der rein vernünftigen Betrachtung und Zergliederung äußerer Handlungen nichts dem Gefühle ihrer moralischen Bedeutung und Einwirkung Ähnliches. Diese Beschaffenheit kann daher so wenig als jene Empfindung der Notwendigkeit in der Vernunft ihre Quelle haben. Wie aber durch die Bestreitung des Vernunftprinzips im Sittlichen nicht die sittlichen Bestimmungen selber bezweifelt, sondern nur physischen Gesetzen untergeordnet werden sollten, ebenso lag es nicht in Humes Absicht, die Überzeugung vom tatsächlichen Zusammenhange der Dinge dadurch zu entkräften, dass er dieselbe statt auf Verknüpfung oder Einheit der Begriffe auf das Naturprinzip der »Gewohnheit« zu gründen | suchte. In beiden Fällen war bei unserm Positivisten der Grund der Unterschätzung des logischen Prinzips der nämliche. Er kannte nur die analytische Funktion dieses Prinzips, und schränkte seinen Gebrauch auf Vergleichung der Begriffe aus dem Gesichtspunkte ihrer Übereinstimmung oder Nichtübereinstimmung ein, ohne zugleich das synthetische Vermögen der Vernunft zu bemerken, jene formal vereinigende Kraft des Denkens, welche den empirischen Assoziationsgesetzen des Bewusstseins allererst objektive Bedeutung verleiht. Für Hume war die Vernunft nur das passive, reflektierende Vermögen, nicht zugleich ein aktives, energisches Prinzip.

Die Auffassung des englischen Kritikers als eines bloßen Skeptikers wird durch die Autorität Kants vertreten[26] – kein Wunder daher, dass sie bis in die neueste Zeit fast allgemein herrschend geblieben ist. Inwieferne Hume selbst zu dieser einseitigen Erfassung der Absicht seines Kritizismus Anlass geboten habe, wurde bereits oben in der Anmerkung berührt. Er liebte es, die ausgezeichneten Richtungen der antiken Philosophie in Charakterbilder oder Typen zu verwandeln, wobei er sich, wie dies besonders von der alten Skepsis der Fall war, mehr von allgemeinen Eindrücken als von gründlicherer Kenntnisnahme leiten ließ. Übrigens wird die in Rede stehende Auffassung noch aus anderweitigen Gründen erklärlich und zum Teil sogar gerechtfertigt. Wer wie Kant mehr die Folgen beachtete, die sich aus der Kausalitätskritik ergaben, statt den Geist der Philosophie Humes im Ganzen zu erfassen, musste in Hume nur einen jener Skeptiker erblicken, deren ganze Absicht darauf hinausläuft, dem Dogmatiker das Spiel zu verderben und mit gleichem zu vergelten. Wie gegründet die Kritik der gewöhnlichen Kausalitätsvorstellungen im Einzelnen war, wie erheblich der Fortschritt, den das Erkennen dieser Kritik, die den falschen Kraftbegriff eliminierte und so die ergiebigste Quelle für metaphysische Täuschungen verschüttete, verdankt, so wenig vermochte doch Hume, den Positivismus abzuschließen, die Prinzipien der objektiven Erkenntnis festzustellen und vor dem Schicksale, gleich irgendwelchen induktiven Gesetzen zu bloßen Wahrscheinlichkeiten herabzusinken, zu bewah|ren. Die Konsequenzen also, nicht die Tendenzen Humes waren skeptische; und diese skeptischen Folgen gingen nicht so fast aus der in der Hauptsache richtigen Kritik der Kausalität hervor, als vielmehr, wie gezeigt werden wird, aus der falschen Theorie, ja der gänzlichen Verkennung der Natur des mathematischen Erkennens. Seine irrtümliche Theorie der Mathematik verleitete Hume, das logische Moment auch in den Einheitsbegriffen der Erfahrung zu übersehen, und bewirkte, dass selbst seine größte Leistung, eben die Kausalitätstheorie, ungenügend geblieben ist. Die Folgerungen, die sich aus Humes Philosophie ergeben, richten sich skeptisch gegen die Erfahrungserkenntnis – so weit ist Kants Auffassung im vollen Rechte. Übrigens befand sich Kant im Unklaren über das eigentliche Prinzip dieser Philosophie, die er nicht im Ganzen und aus ihrem treibenden Grunde kennen gelernt hatte. Kants Anführungen aus Hume und seine Äußerungen über denselben beweisen, dass er das Hauptwerk des englischen Philosophen, den »Treatise«, nicht gekannt habe. Das einzige unmittelbare Zitat bezieht sich auf die deutsche Übersetzung der Essays (wohl die Johann Georg Sulzers vom Jahre 1755), und zwar auf die »Untersuchung über den menschlichen Verstand«, während eine Stelle in der »Kritik« mehr auf die Naturgeschichte der Religion zu zielen scheint. Die Äußerung, Hume habe nur eine einzige Art der Verknüpfung a priori, den Grundsatz der Kausalität, untersucht, ohne die übrigen Arten, namentlich den Grundsatz der Substantialität, zu berücksichtigen[27], enthält einen tatsächlichen Irrtum, da ja der »Treatise« gerade dem letzteren Begriffsverhältnis eine sehr ausführliche Erörterung in skeptischer Form widmet und überdies die metaphysischen Vorstellungen der Seele und der persönlichen Identität der einschneidendsten Kritik unterzieht. Ebenso irrtümlich ist es, zu behaupten, dass Hume die Gültigkeit der reinen Mathematik nicht angezweifelt habe[28], da er doch im Treatise (und nebenbei auch in der »Untersuchung über den menschlichen Verstand«) die Evidenz der Geometrie nicht bloß bezweifelt, sondern positiv bestreitet, und jene Gültigkeit nur auf den abstrakten Teil der Mathematik, die reine Größenlehre, beschränkt. Doch soll kein Vorwurf gegen Kants | Gründlichkeit in diesem Falle ausgesprochen sein. Hume selbst hat die Nichtberücksichtigung seines Hauptwerks verschuldet. Mit früh geäußerter Genialität hatte er die Grundgedanken seiner Philosophie bereits festgestellt, noch ehe er das College verließ, und sodann das System selbst in Frankreich, in ländlicher Zurückgezogenheit, schon 1737, mit 26 Jahren, vollendet. Doch fand das weitläufige Werk, das 1739 und 1740 in drei Bänden erschien, nicht die geringste Beachtung, ein Misserfolg, der das Urteil des für literarischen Erfolg keineswegs unempfänglichen Autors gegen das eigene Jugendwerk eingenommen zu haben scheint. Daraus wird die Bemerkung im Vorwort der durch ihre Kürze fasslicheren, in ihrer Darstellung eleganteren »Untersuchung« erklärlich, dass der Verfasser jenes Werk nicht mehr anerkenne und die Kritik auf diese neue Bearbeitung seiner Philosophie verweise, obschon Hume tatsächlich in keinem einzigen Punkte von den Lehren des Traktats, die den Vorzug der Ausführlichkeit und Vollständigkeit voraushaben, abweicht. In der Tat wurde der Treatise durch die spätere Darstellung verdrängt. Er war in England selbst so selten geworden, dass ihn Carl Friedrich Stäudlin nur gegen hohen Preis erhalten konnte. Von der deutschen Übersetzung seines Anhängers Jakob scheint Kant keine weitere Kenntnis genommen zu haben. Sie erschien im selben Jahre mit der »Kritik der Urteilskraft«. Zur Verkennung des Positivismus Humes musste noch ein Umstand beitragen, der außer Kant auch den redlichen Stäudlin irreführte. Um seine nichts weniger als unentschiedenen Ansichten über gewisse, religiöse oder mit der Religion in Verbindung gesetzte Gegenstände nur überhaupt veröffentlichen zu können, sah sich Hume genötigt, eine dichte Maske des Skeptizismus vorzunehmen, die er kaum hie und da ironisch lüftete. Übrigens mag die Rolle des Zweiflers dem heitern, vornehm überlegenen Geist Humes besonders entsprochen haben. Wenigstens spielte er dieselbe mit so viel Meisterschaft und so feiner Kunst, dass ihn Stäudlin[29] für einen »Deisten«[A] halten konnte. – Bei keinem Philosophen des 18. Jahrhunderts hat sich die Natürlichkeit des Denkens und der Gesinnung in gleicher Lauterkeit bewährt wie bei Hume. Die Geschichte kann das Prädikat eines | Weltweisen im vollsten Sinne des Worts dem Manne nicht versagen, dessen Denken und Leben im reinsten Einklange standen, und der es als eine Torheit empfand, wenn gewisse Philosophen dieses Leben nur als Durchgang zu etwas Weiterem betrachten. Ohne Zweifel ist Kant in den Hauptpunkten der Erkenntnistheorie, also in der kritischen Raum- und Zeitlehre, in der Verbindung der logischen Einheitsbegriffe mit der Form der Empfindung und der dadurch ermöglichten Herstellung einer objektiven Erkenntnis der Erscheinungen, weit tiefer und erfolgreicher gewesen als Hume. Auch das Vernunftprinzip des Sittlichen, und der daraus hervorgehende strenge Pflicht-

A [Stäudlin, Geschichte, S. 212.]

begriff ist, abgesehen von seinem transzendenten Anhange, nicht nur erhabener und dem Geiste unserer Nation gemäßer, sondern auch den Wurzeln des moralischen Lebens wirklich näherkommend, als der moralische *Sinn* des englischen Philosophen. Dagegen steht Kant den prinzipiellen Fragen der Weltanschauung viel weniger unbefangen, minder frei und kühn gegenüber als Hume. Er verdient hierin wirklich den Namen eines Skeptikers, den dieser mit Unrecht führt.

§ 2. *Die Methode Humes.* Klassifikation der Impressionen. Der Fundamentalsatz des Kritizismus Humes. Gesetze der Assoziation. Verhältnis des Assoziationsprinzipes zum Fundamentalsatz. Grenzen der Methode Humes

Erfahrung und Assoziation sind die beiden Angelpunkte der Philosophie Humes. Die Hervorhebung der Assoziationsgesetze unterscheidet, wie schon erwähnt, seine Methode von jener Lockes. Ein weiterer, wichtiger Unterschied seines Verfahrens besteht darin, dass er weit mehr die Gültigkeit der Begriffe in Betrachtung nimmt als ihren Ursprung. Dadurch ist Hume zum unmittelbaren Vorgänger Kants geworden, der die Frage nach der Entstehung der Erfahrung zurückstellt und die Untersuchung ausschließlich auf die objektive Gültigkeit der Begriffe richtet. Zwar geht Hume noch von einer Vorstellung über den Ursprung der Begriffe aus, und es ist als Mangel seiner Methode zu bezeichnen, dass er diese Vorstellung sofort als leitende Hypothese, als heuristische Maxime, der weiteren Untersuchung zu Grunde legt. Aber seine Untersuchung hält sich doch weit mehr an die Bedeutung der Begriffe selbst als an ihren angenommenen Ursprung. Bei dieser Richtung auf die Tragweite der Begriffe und auf die einheitliche Assoziation der Vorstellungen im Bewusstsein | wird es verständlich, warum gerade die verknüpfenden Begriffe, also namentlich der Begriff der Ursächlichkeit, der in Lockes Philosophie eine sehr nebensächliche und ungenügende Behandlung gefunden hatte, in den Vordergrund der Hume'schen Untersuchung gerückt werden mussten. Auch erscheint es in Hinsicht darauf als durchaus sachgemäß, wenn der ausführlichste Teil des Traktates »Von der Erkenntnis und der Wahrscheinlichkeit«[30] handelt.

Die Vorstellung, welche sich Hume vom Ursprung der Ideen gebildet hat, empfiehlt sich auf den ersten Anblick durch ihre Einfachheit. Die bloße Betrachtung der Vorstellungen ergibt einen ganz unverkennbaren Unterschied ihrer Stärke und Lebhaftigkeit. »Jedermann wird einräumen, dass ein erheblicher Unterschied zwischen den Vorstellungen der Seele besteht, je nachdem man den Schmerz einer außerordentlichen Hitze oder das Vergnügen einer mäßigen Wärme fühlt, oder je nachdem man diese Empfindung nur nachher in das Gedächtnis zurückruft oder im Voraus sich vorstellt.«[A] Diesem Unterschied gemäß teilt Hume die Vorstellungen in die beiden Klassen der Impressionen und Begriffe. Die Differenz beider ist nach ihm nur eine solche des Grades, nicht eine der Art. Gedanken oder Begriffe sind Spuren der Empfindungen, ihre Schattenrisse, Kopien. Je nach dem Grade der Entfernung von den Urbildern, der Deutlichkeit, womit sie die Impressionen abschatten, unterscheiden sie sich wieder in Vorstellungen der Erinnerung und solche der Einbildungskraft. Die Erinnerung, den ursprünglichen Eindrücken näherstehend, ist an die Ordnung derselben gebunden, die Einbildung, frei von ihrer Folge und Verbindung, schaltet in einem gewissen Umfange willkürlich mit dem Stoff der Impressionen. Außer den ersten Impressionen und ihren mehr oder minder genauen Abdrücken, also den Vorstellungen der Erinnerung und Einbildung, unterscheidet Hume noch abgeleitete Impressionen, die Impressionen der Reflexion, welche entweder unmittelbar von einigen jener ersten Impressionen herrühren, wie die sinnlichen | Gefühle, die körperliche Lust und Unlust, oder durch die Dazwischenkunft einer Vorstellung bewirkt werden. Von der letzteren Art, die sich wieder durch den Grad ihrer Lebhaftigkeit oder Stärke in heftige und sanfte Empfindungen unterscheidet, sind die Leidenschaften und alle Formen der Gemütsbewegung. Die reflektierten oder abgeleiteten Impressionen

A Hume, Untersuchung, S. 16.

führen nun, gleich den ursprünglichen, weiter zu neuen Abdrücken oder Begriffen, welche wieder andere Impressionen und weitere Begriffe nach sich ziehen können. Dieses Schema der Vorstellungen ist in doppelter Hinsicht von Erheblichkeit. Einmal erhält in demselben die Reflexion, welche noch Locke zu einer zweiten, ursprünglichen Quelle der Erfahrung gemacht hatte, ihre natürliche Stellung, was deshalb von Bedeutung ist, weil die derivierten Impressionen die Grundlage für das Selbstbewusstsein hergeben, so dass dem empirischen Ichbewusstsein im Systeme Humes von vornherein eine sekundäre, abhängige Rolle zufällt. Und dann ist es gerade eine solche reflektierte Impression, der Eindruck, den eine wiederholte oder gewohnte Verbindung von Vorstellungen bewirkt, welche den Grund unserer Überzeugung ihrer notwendigen Verknüpfung oder der Verursachung bilden soll. Das Wesen der reflektierten Empfindung enthält den Schlüssel zu Humes Kausalitätstheorie. Weil eine solche Empfindung beinahe den Grad einer eigentlichen oder ersten Impression erreicht, so verwechseln wir die vom Eindruck einer häufig wiederholten Verbindung stammende Notwendigkeit mit der Vorstellung einer ursprünglichen, von den Objekten selbst herrührenden Impression. Die Zurückführung der Notwendigkeit in der Verknüpfung von Ursache und Wirkung auf einen reflektierten Eindruck, der wegen seiner von Fall zu Fall wachsenden Stärke und Lebhaftigkeit mit einer wirklich ersten Impression vertauscht wird, macht den psychologischen Teil der Hume'schen Kritik des Kausalitätsverhältnisses aus.

Da die Vorstellungen Abdrücke von Eindrücken, schwächere Nachbilder von Impressionen sind, so gehen ihnen notwendig die zugehörigen Impressionen voran.

Die Priorität der Empfindung vor dem Begriff, der Satz, ›alle Begriffe seien nur Kopien von Eindrücken‹, ist der Funda|mentalsatz der Kritik Humes. Er erzielte denselben auf Grund einer doppelten Erwägung. Begriffe lassen sich erstens immer auf entsprechende Impressionen, seien es ursprüngliche oder reflektierte, zurückführen, eine Wahrnehmung, die durch die scheinbare Ausnahme, dass wir die Lücke zwischen zwei Schattierungen derselben Farbe ohne direkte Impression zu ergänzen vermögen, nicht aufgehoben werden kann; und Begriffe unterscheiden sich zweitens von ihren Impressionen in nichts als dem Grade ihrer Stärke, also sind sie, abgesehen von diesem rein quantitativen Unterschiede, dasselbe. Der so erwiesene Satz wird von Hume als methodisches Prinzip gebraucht, er dient ihm zur kritischen Regel, um danach die Richtigkeit der Begriffe zu beurteilen, wirkliche Begriffe von begriffslosen Worten zu unterscheiden. Für jeden Begriff muss die korrespondierende Empfindung nachweisbar sein, und dieser Nachweis liefert die Probe seiner Gültigkeit. Ein häufiger Gebrauch sinnleerer Ausdrücke wirkt mit der Macht eines reflektierten Eindrucks, er verursacht, dass Vorstellungen aus Gewohnheit und Erziehung für wirkliche Begriffe gehalten werden. Der Philosoph glaubt mit dem beständig gebrauchten Worte Substanz einen realen Begriff zu verbinden, wie der Dichter geneigt wird, an die Wirklichkeit seines Mars oder Jupiter zu glauben. Haben wir also gewisse Vorstellungen in Verdacht, keine, auf direkte Impression gegründeten Begriffe zu enthalten, so brauchen wir nur zu fragen: »Von welcher Impression stammt der vermeinte Begriff her?«[A] Gelingt es uns nicht, eine solche anzugeben, so ist unser Verdacht bestätigt.

Das Kriterium Humes, die direkte, ursprüngliche Impression, mag hinreichend sein, die plumperen Täuschungen der Metaphysik abzuweisen, sie als Gebilde der dichtenden Phantasie zu kennzeichnen; aber es muss bestritten werden, dass es auch ausreiche, die objektive Gültigkeit der formalen Begriffe erkennbar zu machen, ihre Bedeutung und Tragweite zu bestimmen. Die scheinbar so einfache und natürliche Maxime Humes, die sich zu der obigen entscheidenden Frage zuspitzt, wird aus dem zu wenig geprüften und einseitigen Grundsatze hergeleitet, dass ›Begriffe dasselbe seien wie Impressionen‹. Es fehlt der Philosophie Humes | an dem Verständnis der eigentlichen Funktion des Begriffs, und wir werden daher seine von Berkeley entlehnte Theorie des Begriffs besonders in Anspruch nehmen müssen. Inzwischen lässt

A [Hume, Über die menschliche Natur, Band I, S. 30.]

sich vom Standpunkt jener leitenden Maxime der ganze Gedankengang Humes überblicken, nachdem wir zuvor noch das zweite Prinzip seiner Methode: die Assoziation, betrachtet haben werden.

Die ursprünglich gegebene Vorstellung oder Impression wird mit der erinnerten, im Gedächtnis und der Einbildung nachwirkenden, oder dem Gedanken, durch Assoziation verbunden. Die Assoziation ist das Mittelglied zwischen Eindrücken und Begriffen, durch sie werden Begriffe an Eindrücke gekettet, und der Rückgang von Ideen zu Tatsachen ermöglicht. Die Beobachtung lehrt, dass die Vereinigung von erinnerten mit ursprünglich gegenwärtigen Vorstellungen an bestimmte Regeln geknüpft, dass der Weg von den einen zu den anderen auf gewisse Richtungen reduziert sei. Diese Gesetze der Assoziation führt Hume zunächst auf drei allgemeine Prinzipien zurück: die Ähnlichkeit, die Kontiguität oder Berührung in Raum und Zeit und die Kausalität. Die Vollständigkeit dieser Prinzipien wird induktiv bewiesen, es wird gezeigt, dass alle tatsächlichen Verhältnisse der Begriffsverknüpfung auf die angegebenen Gründe zurückgebracht werden können. So ist z. B. der Kontrast aus Verursachung und Ähnlichkeit zusammengesetzt. Die Ähnlichkeit ist offenbar das klarste und einfachste Assoziationsverhältnis, sie verbindet *gleiche* Vorstellungen, das Abbild mit dem Vorbild, die schwächere mit der starken, ursprünglichen Impression. Je nach dem Grade der Ähnlichkeit wird die Verbindung stärker und inniger, ein gut ausgeführtes Porträt erinnert lebhafter an den abwesenden Freund als ein schlechtes.

Das assoziierende Verhältnis der Kontiguität dagegen vereint *verschiedene* Vorstellungen und darin besteht die Wichtigkeit und größere Tragweite dieses Verhältnisses. Die Gleichzeitigkeit von Eindrücken und ihre unmittelbare Aufeinanderfolge sind der Grund für eine ähnliche Verbindung unter den abgeleiteten Vorstellungen. Die Ähnlichkeit in der Beschaffenheit der ursprünglichen und abgebildeten Impressionen, und die Ähnlichkeit in | der Form ihrer Verbindung sind demnach die beiden Prinzipien der Beziehung der Vorstellungen unter sich und zu den Wahrnehmungen selbst, die ihnen vorangehen. Und zwar sind es nach Hume die einzigen einfachen Gründe der Assoziation. Denn was das Verhältnis der Verursachung betrifft, das vorläufig als drittes Prinzip eingeführt und von dem bemerkt wird, dass es das bei weitem ausgebreitetste und wichtigste sei, so wird es eben das Bestreben Humes sein, zu zeigen, dass dieses Verhältnis nur ein besonderer Fall des Prinzips der Kontiguität in Raum und Zeit sei – eine Kontiguität, die durch ihre beständige Wiederholung den reflektierten Eindruck der Notwendigkeit nach sich zieht, und in Folge davon für ein besonderes ursprüngliches Verhältnis gehalten wird. Die Kausalität wird demnach von Hume von vornherein als bloßes Assoziationsverhältnis aufgeführt, und die Richtung der Kritik einseitig auf die psychologische, statt die logische Bedeutung dieses Prinzips gewendet. Die Wirkungen der Assoziation erstrecken sich über den gesamten Bereich des Bewusstseins. Diese an sich ganz passiven, von den Empfindungen und ihren Verhältnissen abhängigen Verknüpfungsformen bringen Einheit in den Verlauf der Gedanken, begründen die persönliche Identität, und führen die entferntesten Gegenstände des Bewusstseins zusammen, nach dem Gesetze, »dass zwei Vorstellungen nicht nur dann verbunden sind, wenn sie einander unmittelbar ähnlich sind, unmittelbar aneinander grenzen und aufeinander folgen, sondern auch, wenn zwischen ihnen ein dritter Gegenstand gesetzt ist, der gegen beide in einem solchen Verhältnisse steht«[A].

Unstreitig hat Hume von den Verhältnissen der Assoziation, und namentlich dem fruchtbaren Gesetz ihrer Übertragung, eine ebenso ausgedehnte als scharfsinnige, in den meisten Einzelheiten treffende Anwendung gemacht.[B] – Dennoch lassen sich die Mängel seines Verfahrens im Ganzen nicht verkennen. Die | Assoziation ist ein Begriff bloß der empirischen Psychologie. Sie enthält nur Regeln, nicht eigentliche Gesetze der Bewusstseinseinheit. Soll vielleicht auch die logische Vereinigung des Bewusstseins nur

A [Hume, Über die menschliche Natur, Band I, S. 39–40.]

B Dies gilt vor allem von der Theorie der Leidenschaften und überhaupt der Moralphilosophie Humes, die eine Fülle sehr subtiler Folgerungen aus den Assoziationsvorgängen enthalten. Ich verweise beispielshalber auf die originelle Theorie des Eigentumbegriffes in Hume, Über die menschliche Natur, Band III, S. 52–114.

assoziativ sein? Es ist bemerkenswert, wie ängstlich Hume vermeidet, jede, auch die nur formale Tätigkeit des Bewusstseins anzuerkennen, wodurch er sich das Verständnis nicht bloß des mathematischen Denkens in seiner schöpferischen und maßgebenden Bedeutung, sondern selbst – zum Nachteil für seine Kausalitätstheorie – dasjenige der experimentellen, auf tätiges Eingreifen in die Natur beruhenden Methode verschließt. Die Frage der Erkenntnistheorie nach der Wahrheit der Begriffe lässt sich weder durch die psychologische Analyse Lockes noch die psychologische Synthese Humes lösen, da sie überhaupt nicht im Wege der psychologischen Betrachtung liegt. Daher ist es auch nicht die Assoziationspsychologie gewesen, die Hume zum Rang eines kritischen Philosophen erhoben hat, sondern die direkt auf den Begriff der Kausalität gerichtete Untersuchung, also derjenige Teil seiner Theorie des ursächlichen Verhältnisses, welcher von psychologischen Annahmen unabhängig ist.

Fragt man nun, wie sich das Assoziationsprinzip zu dem Fundamentalsatze verhalte, so antworte ich, dass es nichts sei als eine Erweiterung und Übertragung dieses Satzes von den Impressionen auch auf ihre Verhältnisse. Von der Ähnlichkeit ist es unmittelbar klar, dass sie nur ein anderer Ausdruck des Satzes von ›der Nachwirkung der Empfindung in der Vorstellung und dem Zusammentreffen beider dem Inhalte nach‹ sei. Die Kontiguität aber beruht auf der Nachwirkung der räumlichen und zeitlichen Lage der ursprünglich empfangenen in den nachträglich erinnerten Vorstellungen. Mithin enthält jener Satz das eigentliche Fundament der Erkenntnislehre Humes. Ist diese Grundlage fest und außer Zweifel, so darf es keine Begriffe geben, welche etwas anderes oder mehr enthielten als die Empfindungen und ihre gegebenen Verhältnisse. Nun treten im entwickelten Bewusstsein tatsächlich Begriffe hervor, die einen Zusatz zu den Empfindungen enthalten oder zu enthalten scheinen, selbst wenn wir unter Empfindungen nicht die isolierten Eindrücke allein, | sondern die verknüpfte Mannigfaltigkeit derselben verstehen wollen. Die Begriffe des Daseins, der Substanz, der Kausalität, des allgemeinen Raumes, der reinen Zeit, sind Begriffe, die nicht für reine Abschattungen von Empfindungen gelten können. Schon ihre Analyse ergibt, dass sie nicht bloß Mehreres, sondern vielmehr etwas ganz anderes enthalten, als die Empfindungen aus sich selbst hergeben. Sie drücken gar nicht das aus, was wir vorstellen, nicht den Inhalt unserer Vorstellungen, sondern wie und wonach wir vorstellen, die Form des Vorstellens. Bereits Locke wusste, dass der Begriff der Substanz mehr ausdrücke, als die gegebene Verbindung von Eindrücken enthält, nämlich die notwendige, objektive Einheit dieser Verbindung. Unser Begriff der Substanz ist der Begriff des Grundes, angewandt auf eine gleichzeitige Mannigfaltigkeit von Eindrücken, der Begriff der Kausalität ist der nämliche Begriff des Grundes in Anwendung auf die zeitliche Folge der Empfindungen. Der beiden Begriffsverhältnissen gemeinsame Gedanke des Grundes aber ist ein bloßer Denkbegriff. Er enthält nichts Empfundenes oder Empfindbares, sondern betrifft lediglich die Form unseres einheitlichen Denkens, in Beziehung gesetzt zu gegebenen Empfindungen. Ebenso drücken die Begriffe ›Raum‹ und ›Zeit‹ nicht die Zusammenstellung und Verallgemeinerung empfundener Lagen und Verhältnisse aus, sondern das Verfahren, wonach diese Zusammensetzung und die notwendige, objektive Verknüpfung zur Einheit des Raumes, der Zeit erfolgt. Daher können Raum und Zeit wohl durch Abstraktion an den Empfindungsvorstellungen als deren Form sichtbar gemacht, aber nicht durch Deduktion aus der Empfindung selbst hergeleitet werden. Diese Begriffe widerstreiten dem theoretischen Grundsatze Humes. Wird ihre Analyse richtig durchgeführt, so kann jener Satz nicht bestehen bleiben, so gibt es Vorstellungen, welche augenscheinlich keine bloßen Abbilder, sondern, wie schon Locke erkannt hat, die selbsterzeugten Urbilder, selbstgedachte Originale des Bewusstseins sind. Um seinen Fundamentalsatz durchzusetzen, sieht sich daher Hume genötigt, zunächst die Existenz der Begriffe überhaupt zu bestreiten, indem er mit Berkeley das Denken des Allgemeinen | als widersprechend und unmöglich nachzuweisen sucht, und zwar wie beide den Begriff auffassen mit gutem Rechte, aber ohne damit das Wesen des Begriffs treffen zu können. Ferner muss Hume gewisse, einfache Grundannahmen über die Natur des Raumes gegen die Autorität der Geometrie verwerfen, wobei der sichtliche Eifer, womit er dieses Wagnis unternimmt, den innern Widerstand andeutet, den er empfindet. Endlich muss er das Moment der Notwendigkeit, das in den Begriffen der Kausalität und Substanz unstreitig enthalten ist, und für welches er doch keine unmittelbare Impression aufzufinden weiß, auf eine mittelbare zurückzuführen suchen, weil ihm als Quelle der Vorstellungen nur der direkte oder reflektierte Eindruck bekannt war. Der negative Teil der Kausalitätskritik, der Satz, dass ›die Notwendigkeit nicht in der ursprünglichen Empfindung gegeben ist‹, wird sich behaupten lassen, der positive dagegen steht unter dem Einfluss der einseitigen Empfindungstheorie und muss daher selber kritisch überwunden werden.

Die Methode Humes, auf Erfahrung und ihre unmittelbare Reproduktion gegründet, führte schließlich zum Relativismus, worunter man die Ansicht versteht, dass nicht nur die besondern Gesetze der Erfahrung und Natur, sondern die Prinzipien der Erkenntnis selber von bloß wahrscheinlicher, nicht unbedingter Gültigkeit seien. Dieses endliche Ergebnis, am besten durch Humes Auffassung des Wunders zu veranschaulichen, weist auf einen Mangel in der Methode zurück und rechtfertigt es, wenn wir der Lehre Humes im Gegensatz zum Geiste der Positivität, der ihn erfüllte, die Abschließung einer positiven Weltanschauung bestreiten. Anstatt das Erfahrungsprinzip auf den Stoff oder Inhalt der Erkenntnisse zu beschränken, zieht Hume auch deren allgemeine Form in den ungeschlossenen, empirischen Bereich herab, wodurch die festen Grundlagen des Wissens wankend werden und dem auf Erfahrung errichteten Gebäude den Zusammensturz drohen. Aus ähnlichem Grunde haben später Auguste Comte und John Stuart Mill nicht vermocht, die Erfahrungserkenntnis zu begründen und prinzipiell vor subjektivistischen Wendungen abzuschließen.

§ 3. Berkeley und *Hume über den Allgemeinbegriff. Wundt* über den Begriff. Die Bestreitung einer Vorstellung *des Allgemeinen* hebt nicht die Existenz der Begriffe im Bewusstsein auf. *Grundlinien einer Theorie des Begriffs.* Einfluss der unrichtigen Erfassung des Begriffs auf den Kritizismus Humes

Berkeley hatte gelehrt, dass Begriffe, worunter er Vor|stellungen des Allgemeinen versteht, unmöglich seien. Alle unsere Vorstellungen sind vielmehr individuell. Niemand stellt das Dreieck überhaupt vor. Indem aber Vorstellungen an Worte oder Zeichen geheftet werden, können sie allgemein gebraucht werden.[31] Das Wort bedeutet eine bestimmte, individuelle Vorstellung und erinnert zugleich an andere, ebenfalls bestimmte Vorstellungen. Nicht die Vorstellungen selbst, sondern ihr Gebrauch ist allgemein, die Allgemeinheit keine Eigenschaft ihres Inhaltes, sondern eine Art und Weise der Anwendung. Diese, so weit richtige Begriffstheorie kehrte Berkeley sofort gegen die Locke'sche Unterscheidung der zwei Gattungen von Qualitäten, eine Unterscheidung, welche sich nach ihm nur in Worten, nicht in der Vorstellung vollziehen lasse, da niemand die Ausdehnung von der Dichtheit und Farbe in der Vorstellung wirklich zu trennen, und abgesondert aufzufassen vermag. Jene Unterscheidung ist daher keine wirkliche Trennung, sondern nur die teilweise Betrachtung; die abstrakte Vorstellung ist eine bestimmte oder individuelle Teilvorstellung, kein selbstständiger Allgemeinbegriff.

Hume adoptierte diese Theorie, die er für eine der wichtigsten Entdeckungen in der Wissenschaft erklärte. Übrigens ergab sie sich für ihn einfach als Folge des Fundamentalsatzes. Da alle unsere Begriffe von Eindrücken abstammen, Eindrücke aber notwendig einen individuell bestimmten Grad haben, so müssen auch Begriffe in derselben Weise, wenn auch schwächer, bestimmt sein. Der Verstand kann keine Vorstellung von Quantität und Qualität bilden, ohne zugleich eine bestimmte Vorstellung ihrer Grade zu bilden. Die bestimmte Länge einer Linie kann nicht von der Linie selbst getrennt werden, so wenig wie der bestimmte Grad einer

Beschaffenheit von dieser selbst. Ferner sind alle Tatsachen individuell, allgemeine Tatsachen wären absurd und unmöglich; was aber als Tatsache genommen undenkbar ist, die Allgemeinheit, muss als Begriff betrachtet desgleichen sein. Nur der Gebrauch, nicht der Inhalt gewisser Begriffe ist ein allgemeiner. Wir haben zwar stets nur das Bild eines einzelnen Objektes im Bewusstsein, aber wir vermögen unter Umständen dieses Bild so zu verwenden, als ob es mehrere Dinge befassen | würde. Dieser Gebrauch eines Begriffes über seine Natur und Grenze hinaus, rührt daher, dass wir alle möglichen Grade von Beschaffenheit und Größe so weit sammeln, als es unsere praktischen Zwecke erheischen. Wir können also in der Vorstellung eines Dings mit den verschiedenen Modifikationen seiner Eigenschaften wechseln. Ein weiterer Grund für die Allgemeinheit ist die Übertragung des Namens. Das Wort erzeugt einen individuellen Begriff nach einer bestimmten Gewohnheit; diese Gewohnheit bringt nach dem Gesetz der Assoziation eine andere, individuelle Vorstellung herbei usf. und in diesem Wechsel der Vorstellungen besteht ihre Allgemeinheit. Diese Allgemeinheit des Vorstellens ist jedoch nur Unbestimmtheit. Wenn wir eine große Zahl denken, so hat die Seele davon keine vollkommen entsprechende Idee, sondern bloß die Fähigkeit, einen solchen Begriff nach einer Methode oder Regel, nämlich dem richtigen Gebrauch der Einheiten, zu erzeugen, und das Bewusstsein dieser Fähigkeit ist in diesem Falle die Allgemeinheit der Vorstellung. Schließlich zeigt Hume die Bedeutung der Denkoperation, welche in der Sprache der Schule ›distinctio rationis‹ heißt, am Beispiele von verschieden gefärbten Marmorkugeln derselben Größe.

Der Wechsel der Farbe lockert für die Vorstellung die Verbindung von Figur und Farbe; wir beginnen zwischen den verschiedenen Farben gleichsam zu schwanken, während das zweite Merkmal, die Gestalt, konstant bleibt. Dadurch gewinnen wir allmählig die Fähigkeit, beide Beschaffenheiten zu unterscheiden, obschon nicht wirklich zu trennen, und wir begleiten sodann bald die eine bald die andere Eigenschaft mit einem gewissen, wenn auch für gewöhnlich nicht bemerkten Grade von Reflexion. Wir bilden also schließlich wohl zwei Teilvorstellungen, aber keine gesonderten Allgemeinbegriffe aus. »Ein Mensch, der verlangen würde, dass man die Figur einer weißen Kugel betrachten solle, schlechthin ohne an ihre Farbe zu denken, fordert Unmögliches.«[A] Diese Beobachtung ist nicht zu bestreiten. Neuerdings hat Wundt dieselbe Theorie der Allgemeinvorstellung be|gründet. Doch unterscheidet er richtig den Begriff noch von der Allgemeinvorstellung, wenn er auch irrtümlich dem Begriffe die Existenz als bestimmtes psychisches Gebilde, ähnlich der Empfindung, abspricht. Wundt erfasst mit Johann Friedrich Herbart den Begriff als das *Postulat* einer Allgemeinvorstellung von der Beschaffenheit, dass sie nur diejenigen Bestandteile schematisch enthalte, welche allen ihr unterzuordnenden Einzelvorstellungen gemeinsam sind, und die in alle diese Einzelvorstellungen durch einen vollständigen Zerfließungsprozess übergehen könne. Da aber dieses Postulat genau genommen nie verwirklicht werden kann, da vielmehr dem Begriffe, soll er zu einem wirklichen Akte des Bewusstseins werden, »entweder die Allgemeinvorstellung, oder sogar irgendeine Einzelvorstellung substituiert werden muss«[B], so folgt daraus, dass wir keine Begriffe, sondern nur das unerfüllbare Bestreben haben, solche zu erzeugen. Dem Begriff ist also nach dieser Theorie die Existenzfrage gestellt. Haben wir Begriffe? –

Es scheint mir, man habe bisher den Ursprung der Begriffe an der unrechten Quelle aufgesucht, und daraus einen Unterschied der begrifflichen von den gewöhnlichen Vorstellungen hergeleitet, der nicht stattfindet, oder wenn er stattfände, den Erkenntniswert der Begriffe sehr herabmindern müsste, nämlich bis auf eine gewisse Brauchbarkeit im Verkehr und in der Mitteilung der Gedanken. Indem man die Gesamtvorstellung entweder dem Begriffe einfach gleichsetzte oder wenigstens als den Ausgang der Begriffsbildung annahm, musste man das Eigentümliche der begrifflichen Vorstellung in der schematischen Allgemeinheit, oder geringeren Bestimmtheit, erkennen. Nicht diese Allgemeinheit, sondern die

A Hume, Über die menschliche Natur, Buch I, Teil 1, Abschnitt 7, S. 51–53.
B Wundt, Grundzüge, S. 670–672.

höchste Klarheit und Deutlichkeit scheint mir vielmehr die auszeichnende Eigenschaft des begrifflichen Vorstellens zu sein. Dieses Merkmal der ›Klarheit und Deutlichkeit‹, also der größten individuellen Bestimmtheit, hat bereits Descartes als Eigenschaft des begrifflichen Bewusstseins erklärt. Er folgerte dasselbe aus der einfachen Natur des Denkens, die er allem begrifflichen und tatsächlichen Erkennen zu Grunde legte. Und | Baruch de Spinoza unterscheidet sehr richtig die adäquate, völlig genaue Erkenntnisweise von der verworrenen, durch schwankende und zerfließende Gesamtvorstellungen oder Gemeinbilder.[A] Außer dem Merkmal der Bestimmtheit ist das der Unveränderlichkeit oder Konstanz für das begriffliche Vorstellen charakteristisch. Vorstellungen, welche die Natur unseres Denkens selber ausdrücken, oder in der Gesetzlichkeit der Denkakte bestehen, sind völlig konstant, die übrigen begrifflichen Vorstellungen suchen wir durch wissenschaftliche Methoden jener vollkommenen Beharrlichkeit anzunähern. Mindestens müssen Vorstellungen, die für Begriffe gelten können, im Zusammenhang eines und desselben Räsonnements, innerhalb des Ganzen eines und desselben Erkenntnisgebietes unverändert erhalten bleiben. Begriffe wären demnach bestimmte und beharrliche Vorstellungen. Weit entfernt, den Empfindungen und Vorstellungen aus Empfindung an Bestimmtheit nachzustehen, übertreffen sie vielmehr diese hierin.

Dennoch besteht ein Unterschied, ja eine wesentliche Ungleichartigkeit zwischen Begriffen und Empfindungsvorstellungen, der sich aus ihrem ganz verschiedenen Ursprunge ergibt. Begriffe sind ursprünglich von Empfindungen verschieden und dürfen nicht als Vorstellungen betrachtet werden, die aus diesen deriviert wären. Wenn wir uns in den strengen Teilen der Wissenschaft, also der Mathematik, der reinen Mechanik umsehen, so treffen wir auf Vorstellungen und Verbindungen von Vorstellungen, die von Beschaffenheitsvorstellungen ihrer ganzen Art und Bedeutung nach verschieden sind. Der Punkt als Durchschnitt oder Berührung der Linien, die Gerade als strenge Richtungs-

[A] Spinoza, Ethica, Pars 2., Prop. 40, Scholium.

identität, die reinen Gesetze der Größenoperationen, die Vorstellung der Masse als Koeffizient der Beschleunigung, die der Kraft als Grund der Bewegungsänderung erster Ordnung – sind nicht Objekte der Empfindung oder der Inhalt von Empfindungsvorstellungen. Sie drücken nichts Gegenständliches, nicht das aus, was wir vorstellen, sondern Formen und Gesetze, wie wir vorstellen, und in | welche wir irgendeinen empfundenen Inhalt zu bringen haben, um ihn in einen begriffenen umzusetzen. Wir stellen daher diese Formen *an* und mit den empfundenen Vorstellungen, nicht aber *in* denselben vor. So kann die mathematische Grenze nicht als Empfindung gedacht werden, wohl aber wird sie an dem empfundenen Objekte vorgestellt. Irgendwelche physische, sogenannte Linie nehmen wir zwischen strengen oder reinen Grenzen wahr. Jede Richtungsänderung beurteilen wir durch den Begriff der Geraden; weshalb Ewald Hering mit Recht erklärt, dass uns jeder Augenblick tausende von mathematischen Linien und Punkten darbiete, welche daher keineswegs bloße Produkte der Abstraktion seien.[A] Desgleichen ist der mechanische Begriff der Masse der Art nach von der Beschaffenheitsvorstellung des Stoffes unterschieden. Das Gemeinbild des Stoffes stellt sich als ein Gemische von Empfindungsresten dar, als die unbestimmte, zerfließende Vorstellung eines Empfindbaren überhaupt; die Masse im mechanischen Sinne ist ein formaler Größenbegriff, die logisch und mathematisch bestimmte Vorstellung, welche das Gesetz enthält, nach welchem wir die mechanische Bedeutung irgendwelches, empirischen Stoffes zu denken haben. ›Kraft‹ im Sinne der Mechanik hat mit der populären Kraftvorstellung, dem unbestimmten Bilde eines Strebens und Widerstrebens oder irgendeiner willensartigen Ursache, nur den Namen gemein. Diese ist eine qualitative, jene eine formale Vorstellung. Die Gemeinbilder mögen zwar den Anlass zur Bildung und Gewinnung von Begriffen geben, aber sie enthalten nicht das Gesetz ihrer Bildung. *Begriffe sind formale Vorstellungen.* Die Form des Bewusstseins ist Quelle der Begriffe, und zwar entweder ihre einzige oder doch ihre erste

A Hering, Beiträge zur Physiologie, S. 288.

Quelle. Begriffe, die ihren Ursprung und ihren Bestand ausschließlich in den formalen Akten des Anschauens und Denkens haben, nenne ich reine oder ursprüngliche Begriffe, solche, die zur Form des Verstandes noch die Formen der Dinge und Vorgänge der Natur hinzufügen, mögen abgeleitete oder empirische Begriffe heißen. Das Denken selbst | ist die einfachste Gestalt des Seins, mithin müssen alle übrigen, denkbaren oder wirklichen Formen des Daseins mindestens in der Form des Denkens bestimmt sein. Die einfachen Denkbegriffe enthalten daher die Form der reinen und empirischen Anschauungsbegriffe.

Außer ursprünglichen und abgeleiteten Begriffen unterscheide ich mit Dühring[A], der Bedeutung nach, Begriffe der Gattungen und der Gesetze. Dieser Unterschied rührt von dem Unterschied der Anschauungsformen her, je nachdem die Form der ruhenden, im Raum vorhandenen Mannigfaltigkeit, oder die Form der zeitlichen Veränderung der Begriffsbildung zu Grunde gelegt wird. So wenig es gelingen kann, die Vorstellungsform des Raumes auf die der Zeit zurückzuführen oder den gegebenen Unterschied beider Formen aufzuheben, so wenig kann der Gegensatz der Gattungsbegriffe und Gesetze zum Verschwinden gebracht werden. Doch sind die Begriffe der Gesetze, wie ebenfalls Dühring ausführt, von größerer, begrifflicher Allgemeinheit, entsprechend der vollkommeneren Einfachheit der Zeitform.

Die Allgemeinheit überhaupt, die man mit Recht als Eigenschaft des begrifflichen Vorstellens angesehen hat, besteht nicht in dem Unbestimmten oder Schematischen des psychologischen Gemeinbildes, sondern ist eine Folge der *Einfachheit* und *Formalität* der Begriffe. Nur muss streng zwischen der begrifflichen und der numerischen Allgemeinheit unterschieden werden. Jene liegt im Wesen des Begriffs selbst, diese betrifft nur seine Anwendung auf wirkliche Dinge. Erst im Urteilsakte, in der Beziehung der Begriffe auf Objekte, erhalten die Begriffe einen Geltungskreis, eine numerische Allgemeinheit, welche allein im genauen Sinne des Worts Quantität heißen kann. Begriffe selbst und reine Definitio-

A Dühring, Natürliche Dialektik, S. 63–65.

nen aus Begriffen haben im Unterschied von den Urteilen keine Quantität, sie sind, um einen Ausdruck des wiederholt genannten Philosophen zu gebrauchen, ›logische Unendlichkeiten‹[32].

Die Gattungsbegriffe haben die Verwechslung von Begriff | und Gemeinbild veranlasst. Die begriffliche Abfolge der Gattungen, ihre Einschließung und Unterordnung wird gewöhnlich unter dem Bilde der Sphäre gedacht, und dieses Bild für die Sache selbst, d. i. für das in Rede stehende begriffliche Verhältnis genommen, obschon dasselbe ebenso gut unter dem Gleichnis einer Verzweigung der Gattungen, eines Stammbaums derselben vorgestellt werden könnte. Ich will daher an einem Beispiel die gänzliche Diversität von Gattung und Gemeinbild nachzuweisen suchen. Dem Gemeinbild ›Baum‹ entspricht im gegenwärtig geltenden botanischen Systeme gar kein Begriff. Das Gemeinsame der Bilder verschiedener Bäume, der Besitz eines Stammes, hat keinen begrifflichen oder systematischen Wert. Mithin fallen begriffliche Gattungen und Gemeinbilder von Naturobjekten auseinander. Der Begriff der Gattung überhaupt besteht in der bestimmten, durch die Definition ausgedrückten *Regel* des Erkennens gewisser empirischer Objekte. Diese Definition selbst aber besteht in der Angabe des Ortes im System der zugehörigen Erkenntnis, also wie die Logik richtig lehrt, in der Angabe des Genus und der spezifischen Differenz. Durch beide zusammen wird die Stelle im System vollkommen bestimmt.

Denn das System enthält das geordnete Ganze der begrifflichen Erkenntnis eines geschlossenen Gebietes von Erscheinungen. Da die Erkenntnisformen individuell und bestimmt sind, so hindert nichts, dass es eine begriffliche Erkenntnis nicht bloß übereinstimmender Objekte, sondern auch einzelner Dinge gebe. Die Definitionen oder Begriffe der Chemie z. B. sind *zunächst* Begriffe individueller Dinge. Damit ist für das begrifflich Allgemeine die Kluft überbrückt, welche zwischen dem schematisch Allgemeinen und empirisch Einzelnen besteht.

Ich bemerke noch, dass die Definitionen der Gesetze jederzeit durch mathematische Konstruktion erfolgen. Einen Begriff durch Konstruktion definieren, heißt die Regel seiner Darstellung in der

Anschauung denken. So ist die Definition einer Parabel das, etwa in der Polargleichung ausgedrückte, bestimmte Gesetz ihrer Darstellung. Jedes Gesetz wird schließlich durch irgendeine Gleichung definiert; *denn alle begrifflichen Gesetze sind Fälle | der allgemeinen, logischen Gleichung zwischen Grund und Folge.* Eine Gleichung ist aber, wie Georg Simon Ohm richtig lehrte[33], nicht die Gleichsetzung von *Größen,* sondern die Gleichsetzung von Operationen, von Konstruktionen oder Erzeugungs*gesetzen* von Größen.

Ich habe mir diesen Exkurs erlaubt auch im Ausblick auf die Kritik Kants. Es ist klar, wenn Begriffe nicht diskursive Allgemeinheiten sind, wie die Gemeinbilder, sondern individuelle und bestimmte Formen oder Methoden des Denkens, so wird es nicht erst der künstlichen Dazwischenkunft besonderer »Schemata« bedürfen, um die formalen Denkfunktionen mit den Formen der Anschauung in Einklang und Verbindung zu setzen. Der erkenntnistheoretische Unterschied beider, den entdeckt zu haben Kants Verdienst ist, soll damit nicht bezweifelt werden. Auch die metaphysische Frage, ›ob und was unsern Begriffen in der Wirklichkeit entspreche‹, verliert wenigstens ihre unlösbare Gestalt, da die *Form* der Objekte und Vorgänge der Natur mit der *Form* der Denktätigkeit von vorneherein unter einen gleichartigen Begriff gebracht sind.

Hume nahm den Begriff für eine qualitative Vorstellung, statt für eine formale. Er suchte seinen Ursprung in der Beschaffenheit, anstatt in der Form des Vorstellens. Er verfehlte das Wesen des Begriffs und dieser bleibt daher unberührt von seiner Kritik. Der Einfluss der falschen Begriffstheorie erstreckt sich über alle weiteren Lehren des englischen Kritikers. Deshalb verkannte Hume die Bedeutung des mathematischen Vorstellens, er kritisierte die mathematischen Begriffe durch die Empfindung. Und weil er die eigentliche Funktion des mathematischen Denkens nicht erfasste, so unterschied er nicht zwischen der begrifflichen Notwendigkeit des Kausalitätsgesetzes und der bloß assoziativen Nötigung durch Trieb und Gewöhnung. *Das mathematische Denken ist das einzige Mittel, den logischen Einheitsbegriff des Grundes in die An-*

schauung überzuführen. Durch das mathematische Denken stellen wir einen begrifflichen Zusammenhang her und dringen wir in den wirklichen ein. |

§ 4. Humes Lehre über *Raum, Zeit und Mathematik.* Bestreitung der unendlichen Teilbarkeit. Kritik dieser Bestreitung. Die formale Natur des Raumes und der Zeit. Bestreitung des Leeren. Angriffe gegen die *Geometrie.* Die Geometrie hat keine genaue Gültigkeit von den Dingen. Der Zweifel Humes ist berechtigt und schwer zu lösen

Die Lehre Humes über Raum und Zeit besteht in zwei Teilen. Der erste Teil seines Systems bestreitet die unendliche Teilbarkeit der Vorstellungen von Raum und Zeit und behauptet ihre Zusammensetzung aus endlichen Empfindungsbestandteilen. Der zweite Teil weist diese Elemente nach und leugnet die Gültigkeit der Vorstellungen des leeren Raums und der reinen Zeit.

Wenn Begriffe von Empfindungen abzuleiten sind, so müssen Begriffe in derselben Weise individuell und bestimmt sein wie die Empfindungen, ihre Urbilder; sie müssen eine Größe und einen Grad haben und es können keine Vorstellungen statthaben, welche der Teilbarkeit ins Unendliche fähig, d.i. ohne bestimmte Größe wären. Daher muss den Vorstellungen von Raum und Zeit eine endliche Größe, ein Empfindungsminimum zu Grunde liegen, woraus sie durch Zusammensetzung gebildet werden. Die Teilbarkeit ins Unendliche ist sowohl im Begriffe als in der Wirklichkeit unmöglich. Wenn ferner Impressionen und Begriffe, vom Grade ihres Bewusstseins abgesehen, dasselbe sind, so kann es keine von Impressionen freie oder rein formale Begriffe geben, Raum und Zeit müssen mithin aus Empfindungen abgeleitet sein. Der Raum ist die Ordnung sichtbarer und fühlbarer Punkte, die Zeit die Sukzession der Empfindungen. Ein Vakuum – eine Ausdehnung, leer von Impressionen – wäre eine Trennung von Raum und Empfindung; also ist das Vakuum undenkbar und unmöglich, ebenso wie eine Zeit ohne Sukzession oder eine unveränderliche Dauer.

Nun gibt aber die Geometrie die klarsten Beweise für die Teilbarkeit des Raums ins Unendliche, auch geht sie von der Vorstellung des leeren, ungeschlossenen Raumes aus, welche Vorstellung noch durch anderweitige Argumente beglaubigt wird. Gegen beide Arten von Einwürfen wendet sich daher Hume, um seine Lehre zugleich zu verteidigen und zu erläutern. Er bestreitet die Autorität der Geometrie in Bezug auf Tatsachen. Sie ist ihm nur eine Wissenschaft der Beziehung von Ideen, nicht Erkenntnis des Wirklichen. Ihre Demonstrationen mögen scharf und gültig sein, aber ihre Begriffe sind willkürlich. Die Definitionen, von denen sie ausgeht, sind unverständlich, wenn man | nicht von der unendlichen Teilbarkeit absteht und unteilbare, sensible Punkte zugibt. Das Maß, womit sie die Gleichheit und Proportionalität der Figuren bestimmt, ist niemals völlig genau; es verschafft uns keine Kenntnis von der wirklichen Anzahl der Punkte in den Figuren. Die Geometrie mag daher das Urteil der Sinne an Schärfe und Genauigkeit noch so weit übertreffen, ihre Begriffe sind doch stets weniger scharf und bestimmt, wie die einfachen Impressionen selbst. Niemals kann die Präzision der geometrischen Vorstellungen größer werden als die der Elemente der sinnlichen Wahrnehmung, in Wahrheit bleibt sie hinter dieser zurück. Den zweiten Teil der Einwürfe beantwortet Hume durch die Unterscheidung zwischen dem Eindruck, den eine bloße Distanz und die Unterbrechung von Empfindungen bewirken, und dem genau ähnlichen einer wirklichen Ausdehnung und Dauer. Durch Verwechslung der Distanz mit Ausdehnung werde das Leere erdichtet, wie die Beharrlichkeit, wenn zwei gleiche Erscheinungen desselben Objekts für den Beweis seiner kontinuierlichen Existenz genommen werden.

Es entspricht dem Positivismus des schottischen Kritikers, die Unendlichkeitsvorstellung, und zwar gerade in der Richtung nach dem unendlich Kleinen, beseitigen zu wollen. Das unendlich Große ist so offenbar eine formale Vorstellung, die auf der Vorstellungsfähigkeit beruht, insoferne diese subjektiverseits ungehemmt ist, dass es nicht leicht in Widerspruch zur Wirklichkeit geraten zu können scheint. Wir sind uns bewusst, über jede wirkliche Vorstellung in der reinen Vorstellung hinausgehen zu können, insoferne es sich nur um die formale Hervorbringung von Größe handelt; dies Bewusstsein begründet und erschöpft zugleich den Begriff des unendlich Großen. Das Wirkliche dagegen wird als bestimmte Größe gegeben, und wenn wir nicht zu unterscheiden wissen zwischen der Vorstellungsform, in der das Wirkliche aufgefasst wird, und dem letzteren selbst, so verwickeln wir uns in den Widerspruch einer bestimmten, endlichen Ausdehnungsgröße, die dennoch aus unbestimmt vielen Teilen bestehen soll. Hume bestreitet, dass wir eine adäquate Idee des Unendlichen haben, da unsere Vorstellungsfähigkeit beschränkt | ist. Das Unendliche entsteht nur in der Zusammensetzung von Teilen; in der Dekomposition der Teile dagegen stoßen wir zufolge der Grenzen unseres Vorstellungsvermögens notwendig auf unteilbare Bestandteile. Dies gilt sowohl von den Begriffen der Einbildung als von den Impressionen selbst. Der zehntausendste Teil eines Sandkörnchens gibt zwar eine deutliche Vorstellung der Zahl, die Einheit dagegen, die zu dieser Zahl gebraucht wird, ist in der Phantasie nicht kleiner als das Bild des Sandkörnchens selbst. Ein sichtbarer Punkt, von dem wir das Auge entfernen, ist im Momente, wo er der Wahrnehmung entschwindet, eine absolut unteilbare Größe. Das Mikroskop bildet nur ein neues Minimum für die Wahrnehmung, ohne die Größe dieses Minimums an sich zu ändern. Da uns aber die Sinne häufig ein unverhältnismäßiges Bild von Dingen geben, die sie uns als einfach vorstellen, obschon wir durch Erfahrung schließen, dass sie in Wirklichkeit noch Teile haben, so schließen wir voreilig, dass es Teile geben könne jenseits aller möglichen Empfindbarkeit. Die Neigung der Einbildung, eine einmal begonnene Teilung fortzuführen, bewirkt die Täuschung einer unendlichen Teilbarkeit, d.i. der Fähigkeit, beliebig unter die Grenze des einfach Wahrnehmbaren hinabzusteigen. Die Vorstellung des Raumes (und ebenso der Zeit) ist daher aus endlichen Teilen zusammengesetzt. Und was von der Vorstellung gilt, das gilt mindestens möglicherweise von dem Wirklichen selbst, während dasjenige, was schon in der bloßen Vorstellung unmöglich und widersprechend ist, wie die unendliche Teilbarkeit, umso mehr von der

Wirklichkeit unmöglich und unstatthaft sein muss. Daher ist der Raum (und ebenso die Zeit) wirklich aus unteilbaren Größen bestehend – der Raum aus sichtbaren und fühlbaren Punkten, die Zeit aus der Summe der kleinsten Folge von Empfindungen.

Wir können auf diese Beweisführung entgegnen, dass sie das Wirkliche mit der Form des Wirklichen verwechsle, was allerdings auf dem Standpunkte Humes notwendig war. Soll die Vorstellung des Unendlichen die vollendete Vorstellung unendlich vieler wirklicher Teile sein, so wäre der Widerspruch unvermeidlich, und noch dadurch zu verstärken, dass nicht bloß die | einmal begonnene Teilung einer wirklichen Größe ins Unendliche fortgesetzt, sondern überdies schon auf unendlich verschiedene Weise begonnen werden kann. Die Unendlichkeit des Raumes ist nur die Folge seiner Stetigkeit und vollkommenen Gleichförmigkeit und zugleich die Probe dieser seiner *formalen* Natur. Die unbeschränkte Vermehrung und Verkleinerung der Raum- und Zeitgrößen in der Vorstellung kann als Beweis dienen, dass Raum und Zeit zur Form, nicht zum Inhalt des Vorstellens gehören. Die Unendlichkeit des Raumes z. B. beruht einfach darauf, dass wir Raum im Raume vorstellen, jede bestimmte Ausdehnung als Bestimmung des allgemeinen Raumes. Der Leugnung des reinen Raumes bei Hume entspricht der Versuch, die absolute Zeit zu beseitigen; beides ergibt sich aus der Annahme, dass Raum und Zeit aus Empfindungen zusammengesetzt, von Impressionen abgeleitet seien. Es könnte beinahe schon die bloße Reflexion auf den Tatbestand des Bewusstseins genügen, um das Irrige jener Annahme fühlbar zu machen. Veränderung und Beharrung stehen in unauflöslicher Verbindung, und zwar so, dass die Form des Beharrens Voraussetzung jeder Wahrnehmung und jedes Begriffs der Veränderung ist. Wie wir wirkliche Veränderungen nur als solche irgendwie beharrlicher, sich erhaltender Dinge vorstellen und begreifen, wie demnach der Grundsatz der Veränderung seine Grenze und seinen Halt am Prinzipe der Konstanz hat, so erkennen wir auch das reine Schema der Veränderung, die Zeitform der Entwicklung als solche, nur im Hinblick und unter beständiger Voraussetzung der absoluten und – wie widersinnig dies auch klingen mag – der an sich selber beharrlichen Zeit. Gerade die Form des Beharrens ist die reine Zeitform. Dem Raum, als Grundform aller möglichen, räumlichen Bestimmtheit, entspricht die Beharrlichkeit oder reine Zeit, von der sich die Veränderung als Bestimmung und Besonderung abhebt. Wie jede Lage nur als Lage im Raume nicht bloß begriffen, sondern auch wahrgenommen wird, obschon diese Form der Wahrnehmung erst durch Reflexion erkannt wird, so wird jede Veränderung als Teil der absoluten Zeit gedacht und wahrgenommen. In der Inkommensurabilität der Form des Beharrens im Vergleich | mit der Form der Veränderung besteht die unendliche Teilbarkeit der Zeit, welche, so gefasst, alles Widersprechende zu verlieren scheint.

Ich halte die Einwendungen Humes von seinem Standpunkte für konsequent, aber ich halte diesen Standpunkt für verfehlt, der die Formalität von Raum und Zeit verkennt, welche die Unendlichkeit beider Vorstellungen sowohl begründet als erklärt. Übrigens ist die Art merkwürdig, wie Hume Raum und Zeit aus minimalen Empfindungen zusammengesetzt denkt. Um den Zirkel zu vermeiden, den bereits Locke in der Definition der Ausdehnung bemerkt hatte, um also nicht Ausdehnung aus wirklich ausgedehnten Elementen abzuleiten, nimmt er die Zuflucht zu Punkten, die mit einem offenbaren Missbrauch des Wortes ›mathematische Punkte‹ heißen, und welche zwar einfach sind, wie strenge Punkte, aber zugleich mit Sichtbarkeit und Fühlbarkeit ausgestattet. Jede von diesen einfachen Sichtbarkeiten oder Fühlbarkeiten bildet für sich eine bestimmte, daher selbstständige Impression. Dadurch werden die Punkte verhindert zusammenzufallen und gezwungen, eine Ausdehnung zu bilden, deren weitere Bearbeitung, also namentlich die Erkenntnis der dritten Dimension, auch nach Hume Sache der »Vernunft«, und nicht Entdeckung der Sinne ist.

Der Fehler der Annahme liegt, abgesehen von der Unmöglichkeit, eine punktuelle Farbe oder Tastempfindung vorzustellen, darin, dass der Punkt *in* der Vorstellung, als Teil ihres Inhaltes, statt *an* derselben, als Durchschnitt und strenge Grenzbestimmung gesucht wird. – »Fünf Töne auf der Flöte« geben die Vorstellung der Zeit, und diese ist nicht etwa eine sechste Impression, sondern nichts als die Ordnung, in der wir jene fünf Eindrücke empfangen haben. Die kleinste noch wahrnehmbare Sukzession von Empfindungen bildet das sinnliche Element der Zeit. Wir hätten uns demnach die Zeitlinie als dicht mit Empfindungen besetzt zu denken, da ein Intervall von Empfindungen so wenig eine Zeitstrecke sein soll, wie ein bloßer Abstand eine wirkliche Ausdehnung sei.

Wie nahe übrigens Hume selbst der Anerkennung des formalen | Raumes kommt, ist aus der überaus künstlichen Wendung zu ersehen, mit der er den Beweisen für das Leere zu begegnen sucht. Locke hatte den Unterschied der Raumidee von den Eindrücken der Dichtheit und Farbe psychologisch erwiesen, und von der Vorstellung des Leeren gegen die Descartesische Gleichsetzung von Materie und Raum Gebrauch gemacht. Hume hatte dagegen wieder Empfindung und Form der Empfindung, Impression und Raum vermengt. Dennoch will er die Folgerung daraus nicht einräumen. Wer mit Descartes Materie und Raum, oder mit Hume Impression und Ausdehnung für einerlei nimmt, muss zugeben, dass mit der Vernichtung der Materie oder der Abwesenheit von Empfindung zugleich der Raum derselben weggeschafft sei, dass die Wände eines Zimmers, aus dem die Luft und alle Materie entfernt ist, sich ohne weiteres berühren müssen. Diesem Schlusse zu entgehen, schlägt Hume einen Ausweg ein; er bemüht sich, einen Unterschied zwischen der Vorstellung eines bloßen Abstandes, einer Unterbrechung der Empfindungen und jener der leeren Ausdehnung aufzufinden. Wir nehmen die Distanz sichtbarer Dinge wahr, auch wenn nichts Sichtbares zwischen ihnen gegeben ist. Ebenso erkennen wir die Entfernung fühlbarer Objekte, ohne dass sonst Fühlbares dazwischentritt. Die völlige Abwesenheit von Licht ist Mangel von Empfindung, sie kann daher keine Vorstellung von Ausdehnung verschaffen. Erscheinen aber im lichtleeren Nichts zwei leuchtende Punkte, so werden wir ihren Abstand bemerken und sehen, ob derselbe groß oder gering, veränderlich oder unveränderlich ist. Eine Bewegung, die ohne Hindernis erfolgen würde, könnte für sich keine Raumvorstellung bewirken; wird dieselbe jedoch durch Widerstandsempfindungen unterbrochen, so ist die Wirkung davon derjenigen einer Abstandsempfindung gleich. Jene Punkte und diese Widerstandsgefühle erregen unsern Sinn in derselben Weise, wie sie ihn treffen oder berühren würden, wenn zwischen ihnen noch andere Impressionen gegeben wären. Wir sind geneigt, gleiche Wirkungen auf gleiche Ursachen zu beziehen, und obschon wir nichts wahrnehmen als eine gewisse Lage der Eindrücke, so schließen wir doch auf wirkliche Ausdehnung, welche gewöhnlich diese Lage verursacht. Die | Erfahrung verstärkt diesen Schluss, indem sie lehrt, dass ohne Änderung jener Eindrücke andere Empfindungen dazwischentreten können, oder, dass die eine Art von Abstand, die nichts ist als Empfindungsmangel verbunden mit einem Verhältnis von Empfindungen, in die andere, in wirkliche Ausdehnung verwandelt werden kann. Auf ähnliche Weise sucht Hume die Erdichtung der leeren oder beharrlichen Zeit zu erklären. Die Erscheinung eines Objekts um fünf Uhr und dann wieder um sechs Uhr veranlasst uns im Vergleiche mit der Folge unserer Vorstellungen, eine Zwischenzeit anzunehmen, innerhalb welcher das Objekt unverändert existiert haben soll. Überdies belehrt uns die Erfahrung, dass das unverändert erscheinende Objekt wirklich einer Reihe von Veränderungen inzwischen fähig war; und obgleich uns nichts als zwei gleiche Erscheinungen desselben Dinges gegeben sind, so bewirkt doch ihre Stellung und Beziehung zu dem Vorstellungsverlaufe die Vorstellung von Dauer. Das Objekt war in unserm Falle eigentlich der Zeit enthoben, da die Zeit nur *Sukzession* von Empfindungen ist, aber wir fingieren einen zeitlichen Abstand, indem wir die Eindrücke des Objekts mit der Folge unserer Empfindungen verbinden.

Es braucht kaum besonders bemerkt zu werden, dass diese Schlusssätze den eigenen Prämissen Humes widersprechen. Zwei Punkte sind in seinem Systeme nie mehr oder weniger als zwei Elemente des Raumes, wenn nichts außer ihnen gegeben ist, kann ihre vereinigte Vorstellung nie mehr als die eines Linienelementes ergeben. Die Punkte mögen an sich getrennt existieren, in der Vorstellung müssten sie sich berühren – oder der Raum ist nicht, wie Hume will, aus punktuellen Impressionen zusammengewebt. Ferner ist es augenscheinlich, dass von Distanz, Lage, Richtung nur unter Voraussetzung des Raumes gehandelt werden kann, dass diese Vorstellungen die Raumanschauung vielmehr zur Bedingung haben als sie bewirken können. Wenn es endlich möglich ist, in gewissen Fällen ohne weitere Empfindung eine Vorstellung zu empfangen, gleich derjenigen einer wirklich empfundenen Ausdehnung, so vermuten wir mit Grund, dass die nämliche Fähigkeit die hinlängliche Quelle aller Raumanschauung | sei. Ein Verhältnis von Empfindungen wird wie ein wirklicher Raum vorgestellt. Vielleicht sind es überhaupt nur Verhältnisse von Eindrücken, die wir zufolge der Natur oder Form unseres Vorstellens als Raum wahrnehmen. Wenn das Nichts zwischen Empfindungen als Ausdehnung vorgestellt wird, so kann der Grund der Raumsetzung mindestens in diesem Falle nur im Subjekte, nur in seiner Auffassungsart liegen, da niemand das Nichts für etwas Objektives ansehen wird. Und wenn das Vermögen der Raumvorstellung in diesem Falle subjektiv ist, warum nicht in allen übrigen Fällen? Wenn wir die Beweisführung Humes solcher Gestalt für missverständlich erklären, so sind wir auch im Stande, den Grund seines Missverständnisses zu zeigen. Der schottische Kritiker vermochte nicht die Art der Wirklichkeit zu denken, die der unumgänglichen Konzeption des leeren Raumschemas zuzuschreiben ist. Er konnte sich bei der Wirklichkeit des »Undinges« Raum mit Recht nicht beruhigen. Das Wirkliche sah er in den Impressionen, und dem, was diesen entspricht, die wahre Beschaffenheit der räumlichen Ordnung der Eindrücke hielt er dagegen für unbegreiflich. Dieses eigentliche Motiv seiner Bekämpfung des Leeren geht aus einer Anmerkung hervor, worin er sich über die Grenzen seiner Untersuchung ausspricht. Er schränkt dieselbe auf die Erscheinungen der Objekte in Beziehung auf unsere Sinne ein, ohne auf die Erforschung der wahren Ursachen derselben ausgehen zu wollen. In Bezug auf das Wirkliche selbst teilt er die Voraussetzung der Newton'schen Naturphilosophie von der Getrenntheit und Selbständigkeit der körperlichen Elemente. Nun scheint aber jede atomistische Vorstellungsart den Beweis des absoluten Raumes zu liefern – eine Folgerung, der sich Hume mit der Wendung entzieht: »Man räumt ein Vakuum ein, d. h., Körper können in eine solche Ordnung gestellt werden, dass sie noch andere, ohne von diesen gestoßen oder durchdrungen zu werden, aufnehmen können. *Die wahre Natur dieser Stellung ist unbekannt.* Wir kennen bloß ihre Wirkungen auf die Sinne und ihre Fähigkeit Körper aufzunehmen.«[A] |

Zugegeben, dass wir das Wesen dieser Ordnung nicht kennen, so hindert dennoch nichts, die allgemeine Form ihrer Erscheinung in Bezug auf unsre Sinne zu entdecken – und als diese Form den Raum zu erweisen.

Um die Angriffe Humes gegen die Geometrie nicht zu unterschätzen, müssen wir ihre Richtung scharf ins Auge fassen. Es ist öfters leicht, einem Autor Widersprüche und selbst Verkehrtheiten in Worten nachzuweisen, wo doch solche in der Sache selbst nicht stattfinden. Die Geometrie und überhaupt die Mathematik ist nach Hume eine Wissenschaft durch *Relationen von Ideen*, keine Erkenntnis von Tatsachen. Zwar ihre Grundlagen entlehnt sie der Erfahrung, dem Impressionenstoffe, aber ihre weiteren Beweise und Entwicklungen beziehen sich lediglich auf Begriffe. Hume bezweifelt nicht die Richtigkeit der *reinen*, sondern die Gültigkeit der *angewandten* Mathematik. Wenn wir uns an den eigentlichen Sinn der Ausdrücke *analytisch* und *synthetisch* halten, wonach der erstere überhaupt das *begriffliche*, wenn auch nicht gerade durch Begriffszergliederung erzielte Wissen bezeichnet, der letztere das *gegenständliche* Erkennen in seinem Unterschiede vom rein ideellen Wissen, so können wir allerdings mit Kant sagen, Hume habe die Mathematik für eine *analytische* Wissenschaft genommen. Übrigens wähne man nicht, über Humes begründeten Zweifel an der objektiven Gültigkeit der Mathematik mit der Entdeckung triumphieren zu können, dass die Methode der Mathematik und speziell der Geometrie keine rein analytische im logischen Sinne des Wortes sei, sondern durchwegs von den Denkoperationen der Begriffsverbindung und -erweiterung Gebrauch mache. Mag man überzeugt sein, dass schon die Grundform, in die sich alles mathematische Räsonnement kleidet, die *Gleichung* ›kein identischer oder analytischer Satz sei‹, mag

A Hume, Über die menschliche Natur, Band I, S. 136[–138, hier 138].

man also willig eine Synthesis a priori in der Mathematik einräumen, die berechtigte Frage Humes wäre damit noch nicht erledigt. Denn nicht die Tatsache der reinen Mathematik noch die von ihm freilich zu wenig untersuchte Form ihres Verfahrens, will Hume in Anspruch nehmen, sondern ihre Anwendbarkeit auf wirkliche Dinge. Wie sehr er das Gewicht der geo|metrischen Beweise fühlt, deren Grundlagen er in ihrer Gültigkeit bestreitet, beweisen die Äußerungen in dem »Essay«. Der paradoxe Satz der unendlichen Teilbarkeit werde, erklärt er, auf eine Reihe der natürlichsten und klarsten Beweisgründe gestützt, so dass man die Vordersätze nicht zugeben könne, ohne zugleich der Folgerung beitreten zu müssen. Er weiß sich dagegen nicht anders zu schützen als durch Verwerfung der *abstrakten Begriffe*. In der Tat ist hier der Angelpunkt, worum sich seine antigeometrische Argumentation dreht. Alle Vorstellungen, deren der Geometer sich bedient, sind nur Einzelvorstellungen, welche die Sinne oder die Einbildungskraft liefern, und daher nicht ohne Ende teilbar. Gibt es Begriffe als einfache, strenge Denkformen von der Bestimmtheit und Wirklichkeit der Empfindung, obschon von dieser der Art nach verschieden, so lässt sich Humes Zweifel lösen. Gegen seine falsche Vorstellung vom Begriffe hat sich eine Widerlegung der skeptischen Einwürfe gegen die Mathematik zu kehren.

Wenn es noch eines Beweises bedürfte, dass Hume nicht die *reine* Mathematik bezweifeln wollte, so wäre auf die Erklärung in der »Untersuchung« zu verweisen[34]: Die von Euklid demonstrierten Wahrheiten würden ihre Gewissheit und Evidenz für immer behalten, auch wenn es niemals in der Natur einen Zirkel oder ein Dreieck gegeben hätte, weil Urteile dieser Art durch reine Denkoperation entdeckt werden, ohne von einem wirklichen Ding in der Welt abhängig zu sein. Diese Unabhängigkeit der mathematischen Demonstrationen von den Tatsachen mag ein logischer Vorzug sein, aber, wie sie die Gewissheit der mathematischen Urteile bewirkt, so ist sie auch zugleich der Grund ihrer Leerheit an realer Erkenntnis.

Dem Anscheine nach ist die frühere, ausführlichere Bekämpfung der Geometrie in der »Abhandlung über die menschliche Natur« skeptischer als die in der »Untersuchung über den menschlichen Verstand«[A]. In Wahrheit ist die Absicht des Angriffes in beiden Darstellungen eine und dieselbe; es soll die vollkommene Gültigkeit der Geometrie von den Gegenständen der Sinne und Erfahrung bestritten werden, und zwar in Bezug | auf einen einzigen, allerdings sehr erheblichen Punkt, nämlich ihre behauptete Teilbarkeit des Raumes ins Unendliche. Dieser einzige, paradoxe, von der Wirklichkeit ungültige Satz nimmt der Geometrie, deren übrige Beweise den vollsten Beifall verdienen, die Untrüglichkeit, welche auch der »Abhandlung« zufolge der abstrakten Größenlehre allein, dem Muster, aber freilich auch dem einzigen Falle einer gewissen Erkenntnis durch reine Vernunft, zuerkannt werden darf. Die unendliche Teilbarkeit soll die Definitionen der Geometrie unverständlich machen, einen strengen Begriff von räumlicher Größe und räumlichem Maße verhindern, und das Denken in Ungereimtheiten verwickeln, die, obschon durch die verschiedensten Beweise unterstützt, unmöglich von den Gegenständen der Wahrnehmung gültig sein können. Ich erinnere an den Einfluss, den gerade das Problem der unendlichen Teilbarkeit auf den Gedankengang Kants genommen hat. Schon in der »Monadologia Physica« bemüht er sich diesen Grundsatz der Geometrie mit der Forderung der Naturphilosophie, das Wirkliche diskret vorauszusetzen, zu vereinigen. Später redet er wiederholt von der »Schikane einer verfehlten Metaphysik«[B], welche der gewissen Behauptung der Geometrie zum Trotz die unendliche Teilbarkeit geleugnet habe. Ohne Zweifel war für Kant dieses Dilemma zwischen Mathematik und Naturphilosophie mit ein Motiv zur Ausbildung der Lehre, dass der allgemeine Raum ausschließlich eine Vorstellungsform sei.

Die Ausdrücke, womit Hume in der »Abhandlung« die objektive Gültigkeit der Geometrie bekämpft, sind schroff und nicht immer glücklich gewählt, um den Sinn seiner Bestreitung zu tref-

A Siehe dazu Hume, Untersuchung, Abteilung 12, Abschnitt 2 [S. 143–147].

B [Kant V, MAdN, S. 354; AA IV, 505.]

fen. Sie können ungeeignet, zum Teile selbst verkehrt erscheinen, während die ihnen zu Grunde liegende Meinung sehr bestimmt und richtig ist. Erinnern wir uns an die Grundtendenz seiner kritischen Philosophie: die Widerlegung aller und jeder Erkenntnis von *Gegenständen* durch bloße Vernunft oder Demonstration, und wir werden ihn verstehen, wenn er von der »Ungenauigkeit«[35] der Geometrie redet, von Irrtümern, die ihr notwendig anhaften, obschon sie nicht beträchtlich und in der Praxis ohne Folgen sind. Es ist leicht, die Einwendungen Humes | der Plumpheit zu zeihen und sie in Worten abzuweisen, aber schwer, die wichtige Frage zu lösen, welche Hume aufwirft, ob nämlich die Wahrheiten der Geometrie, ihrer ideellen Vollkommenheit unbeschadet, von den Gegenständen der Erfahrung genau gültig seien.

Ich will diese eigentliche Fragestellung des schottischen Kritikers an einem Satze der »Abhandlung« zu zeigen versuchen. »Wenn die Geometrie über die Größenverhältnisse *in den Dingen* entscheidet, so brauchen wir nicht mit der allergrößten Präzision und Genauigkeit zu Werke zu gehen. *Keiner ihrer Beweise erstreckt sich so weit.* Die Abmessungen und Proportionen der Figuren werden genau genommen, aber die Zeichnungen grob und mit vieler Freiheit entworfen. Sie können nie beträchtliche Irrtümer veranlassen, ja überhaupt gar keine, wenn nicht diese Wissenschaft von allen Seiten nach der größten Vollkommenheit strebte.«[A] Der Nachdruck dieser, sonst unbegreiflich schiefen Stelle, liegt auf dem »Entscheiden der Geometrie über die Dinge«, und die Beweise, von denen behauptet wird, dass sie nicht mit der größten Pünktlichkeit sich bis zu den Dingen erstrecken, sind die tatsächlichen Beweise, die Anwendungen der Geometrie auf Objekte, denn von den ideellen Beweisen, den »Abmessungen und Proportionen der Figuren«, wird ja ausdrücklich eingeräumt, dass sie völlig genau seien, wie denn Hume überhaupt den geometrischen Demonstrationen rein als solchen »vollsten Beifall«[B] zollt.

A Hume, Untersuchung, S. [100–]101.
B [Hume, Über die menschliche Natur, Band I, S. 115.]

Was liegt näher als zu sagen, dass es nicht die »Zeichnung«[A] und selbst nicht ein Entwurf in der Einbildung sei, von welchen beiden wir wissen, dass sie der begrifflichen Strenge der geometrischen Demonstration nie völlig entsprechen können, worauf es der Geometrie ankommt, sondern die reine *Gesetzlichkeit* der Anschauung? Die Geometrie ist ideelle Raumwissenschaft, sie könnte Logik des Raumes genannt werden; sie ist Wissenschaft nicht der Tatsachen, sondern der Gesetze der Anschauung. Aber damit würde gerade zugestanden sein, was Hume will. Wenn selbst die Zeichnung, also ein Gegenstand, der eigens | der geometrischen Demonstration angepasst wird, der durch diese geforderten begrifflichen Konstruktionen nicht *genau* zu entsprechen vermag, so gibt es überhaupt keinen Gegenstand, der den geometrischen Ideen völlig gemäß ist, so ist die Geometrie keine *genaue* Erkenntnis von *Gegenständen*. Ihre logische Vollkommenheit ist gegenüber der gegenständlichen Wirklichkeit ein Mangel. Was hilft ihre ideelle Präzision zur vollen Erkenntnis des Wirklichen, wenn sie sich nicht herablassen kann zum Niveau der Tatsachen? Es kommt darauf an, ob wir mit unserem Positivisten den Nachdruck und Vorzug auf die Gegenstände legen wollen und das tatsächliche Erkennen, oder auf die Begriffe und die Relationen der Ideen. Ich glaube, die Wahl kann nicht zweifelhaft sein. Erkenntnis besteht in Übereinstimmung des Denkens und der Wirklichkeit. Auf der Höhe der Abstraktion drehen wir uns mit dem Dogmatiker ewig im leeren Kreise der Begriffe, erst durch die Beziehung auf das Wirkliche wird unser Wissen zum Beurteilen von etwas, was da ist, wird das jungfräuliche Denken durch gegenständlichen Inhalt befruchtet – und damit allererst Erkenntnis.

Ideell können wir allerlei Sorten von Geometrien konstruieren, Räume von positivem oder negativem Krümmungsmaße untersuchen, Dreiecke mit Winkelsummen von mehr oder weniger als zwei Rechten, »Parallelen«, die sich neigen, ohne sich zu treffen, wir können n-fach ausgedehnte Mannigfaltigkeiten Räume betiteln und das Gerade krumm sein lassen, ohne dass die ideelle Voll-

A [Hume, Über die menschliche Natur, Band I, S. 117.]

kommenheit diesen Geometrien die objektive Gültigkeit verleiht und sie davor schützen kann, Hirngespinste zu bleiben.

Es ist wahr, Humes Redeweise steht dem Angriffe bloß. Er spricht von »Ungenauigkeit, von Mangel an Akkuratesse«[A], wo er eigentlich nur von *Unanwendbarkeit* der geometrischen Begriffe reden sollte. Es widersagt einfach dem Sprachgebrauche, den gedachten Durchschnitt im Punkte, die Berührung im Punkte, weniger scharf und pünktlich zu nennen als das Zusammenfließen von Linien in einem gemeinschaftlichen Segmente, oder das Fortlaufen von Tangente und Kurve durch eine gewisse Raumstrecke hindurch – Beispiele, welche Hume herbeizieht, um den Unter|schied von objektiver Anschauung und geometrischem Begriff zu zeigen. Die Strenge, welche den geometrischen Vorstellungen eignet, ist von der Schärfe der sinnlichen offenbar nicht dem *Grade*, sondern der *Art* nach verschieden. Oder soll vielleicht die geometrische, gedachte Gerade nicht gerade genug, etwa weniger gerade sein als eine sinnliche, sogenannte gerade Linie[36]?

Die Ungenauigkeit, welche Hume in der Geometrie zu finden glaubt, betrifft also nicht ihre Beweise, sondern die Gegenstände der Beweise und die Begriffe, auf denen sie errichtet werden. Die ersten Prinzipien der Geometrie sollen nach ihm auf Sinne und Einbildungskraft beruhen, daher in den Grenzen dieser Fähigkeiten eingeschlossen sein, so dass die Schlüsse daraus nie über diese Vermögen hinausgehen, noch weniger ihnen widersprechen können, wie es der Fall von dem angenommenen Grundsatz der unendlichen Teilbarkeit sein würde. In ihren Grundlagen ist die Geometrie Erfahrungswissenschaft, und teilt in Bezug auf dieselben die Unvollkommenheit jeder empirischen Wissenschaft. Vergeblich werden wir einen genauern Begriff des Geraden oder Krummen auszubilden suchen, als er in der Unterscheidung der Sinne gegeben ist, umsonst einen Punkt denken, der nicht ein Minimum von Sichtbarkeit und Fühlbarkeit wäre. Auch die Gleichheit und der Unterschied der Größe wird schließlich durch die Sinne erkannt. Der strenge Begriff der Gleichheit ist die Anzahl der Punkte

A [Hume, Über die menschliche Natur, Band I, S. 148.]

einer Figur. Aber dieser Maßstab ist unbrauchbar wegen der Kleinheit der Punkte und der Unfähigkeit, ihre Zahl zu bestimmen. Wir sehen uns daher auf die Vergleichung der Figuren angewiesen, und da wir erfahren, dass diese Vergleichung einer sehr weit gehenden Verbesserung fähig ist, bilden wir voreilig einen Begriff vollkommener Gleichheit aus, einen Maßstab, dessen Genauigkeit so groß sei, dass weder die Sinne noch die Einbildungskraft ihm entsprechen können. Dieser unbestimmte Maßbegriff ist nicht nur unnütz, sondern selbst chimärisch. »Das letzte Richtmaß für die geometrischen Figuren ist immer nur in den Sinnen und der Einbildung zu suchen, so dass es ungereimt ist, von einer Vollkommenheit zu sprechen, so hoch, dass diese Fähigkeiten nicht darüber zu ent|scheiden vermögen, da die wahre Vollkommenheit eines Dinges doch eben in der Übereinstimmung mit seinem höchsten Muster besteht.«[A]

Die Fehler dieser Auffassung der Geometrie sind unschwer zu entdecken. Der Gegenstand der Geometrie ist nicht die sinnliche Anschauung, er ist überhaupt nicht Anschauung, weder die empirische, den Sinnen gegenwärtige, noch eine nachgebildete in der Phantasie, sondern die Form der Anschauung, welche als solche notwendig selber unanschaulich ist. Weit entfernt deshalb, ein bloßes Nichts zu sein, ist diese Form an jeder wirklichen, empfundenen Anschauung nachweisbar. Wir nehmen ausgedehnte Objekte nur zwischen strengen Grenzen wahr. Diese Grenzen sind allerdings von mathematischen Linien oder Flächen noch verschieden. Die letzteren sind logisch bestimmte, nach Begriffen dargestellte Linien und Flächen. Die Geometrie ist eben Wissenschaft der Raumform, daher von der formalen Anschauung allein noch unterschieden, durch das Logische, das in ihr wirksam ist. Das Formale der Anschauung bildet für ihr Bestimmen und Setzen nach Begriffen die Grundlage. Ihre Genauigkeit ist mithin die logische, die Genauigkeit der vollkommen scharfen, ganz einfachen Denkfunktion in Anwendung auf das Anschauungsschema. Auch sind die geometrischen Maßbestimmungen spezifisch ver-

A [Hume, Über die menschliche Natur, Band I, S. 112.]

schieden von der Messung und Vergleichung durch die Sinne. Proportionalität und Gleichheit der Gebilde werden in der Geometrie begrifflich aus dem Bildungsgesetze der Figuren erkannt. Die Kongruenz z. B. wird nicht durch die Deckung erprobt, sondern die Notwendigkeit der Deckung aus der Kongruenz im geometrischen Sinne gefolgert. Weil die Konstruktion eines ebenen, geradlinigen Dreiecks durch zwei Seiten und den eingeschlossenen Winkel begrifflich bestimmt ist, sind irgendwelche Dreiecke mit diesen Konstruktionsstücken kongruent, und müssen sich decken, ohne dass wir sie erst zur wirklichen Deckung zu bringen brauchten.

Mit Berichtigung dieser Fehler ist jedoch der »Zweifel« Humes nicht abgewiesen, vielmehr drängt er sich in verstärktem Grade auf. Je mehr wir den Artunterschied der Geometrie von | einer Erfahrungswissenschaft hervorkehren, desto dringender wird die Frage: ob diese ideelle Wissenschaft noch objektive Gültigkeit haben könne, ob sie mehr sei als eine Beschäftigung mit Begriffen und nach Begriffen erzeugten Gestalten? Die Lösung dieses eigentlichen Problemes Humes würde nur gelingen, wenn wir das Stattfinden zweier weiterer Voraussetzungen zeigen könnten. Nur wenn das Raumschema, das die Geometrie logisch bestimmt, zugleich das Schema der empirischen Anschauung wäre, nur wenn der Raum nicht zweimal existierte, einmal als ideelle Vorstellungsform und dann als Form der Existenz der Dinge, nur wenn der allgemeine Raum *ausschließlich* Vorstellungsform, Form der Auffassung der Dinge ist, so gelten die Gesetze des Raumes von den räumlich[37] aufgefassten Dingen, so gibt es eine Vernunftwissenschaft von der Form der Erscheinung der Dinge, mithin von den Dingen als Gegenständen unserer Auffassung und Erfahrung. Doch genügt offenbar diese Voraussetzung allein noch nicht. Nur wenn zugleich in der Verknüpfung der Erscheinungen etwas der logischen Form der Anschauungsgesetze Analoges, mit ihr formal Übereinkommendes anzutreffen ist, so dass das Prinzip der Logik mit dem obersten Gesetze des gegenständlichen Zusammenhanges der Form nach zusammentrifft, hat die Geometrie, die Wissenschaft von der Gesetzlichkeit der formalen Anschauung, objektive Gültigkeit.

Der Zweifel Humes treibt somit zu tiefen, erkenntnistheoretischen Untersuchungen an. Die Wichtigkeit der Frage, die Hume anregt, lässt sich ermessen, wenn wir erwägen, dass das mathematische Denken, das Denken in Anschauungsformen das einzige Mittel einer eigentlichen Begriffserweiterung ist. Wo es sich um wahre Verknüpfung der Begriffe, nicht um ihre bloße Zergliederung und Unterordnung handelt, ist es der feste Leitfaden des mathematischen Denkens, dem wir nachgehen müssen. Zugleich ist die Mathematik in der Gewinnung und Bearbeitung positiver Erkenntnisse von entscheidendem Einfluss: Sie lenkt den erfindenden, schöpferischen Geist in verstandesmäßige Bahnen, sie macht die Begriffe der Spekulation anwendbar auf die Wirklichkeit in Raum und Zeit. Der Zusammenhang der Naturvorgänge, | unbegreiflich in seinem letzten Grunde, wird der überhaupt möglichen Begreiflichkeit nur so weit unterworfen, als es gelingt, denselben in jedem besonderen Falle auf eine mathematisch denkbare Verbindung zu bringen. Daher haben die Grundbegriffe des Naturerkennens mathematische Gestalt erhalten, die Masse ist der Quotient: $\frac{p}{g}$, die lebendige Kraft die Größe ½ mv^2; daher ist überhaupt positives Wissen im engeren Sinne auf die Beziehung seiner Bestandteile unter dem Gesichtspunkte der *Quantität* eingeschränkt. Und wenn auch unser Wissen unter diesem Gesichtspunkte begrenzt erscheinen mag, so wird es dafür auch verschärft. Täusche ich mich nicht, so war es vornehmlich die unerledigte Frage nach der Gültigkeit der angewandten Mathematik, welche das Ungenügende an Humes unstreitig größter Leistung: der Kausalitätskritik, verschuldete.

§ 5. *Kritik der Kausalität.* Bedeutung der Hume'schen Untersuchung. Dogmatischer Missbrauch des Satzes vom zureichenden Grunde. Entstehung der Kausalitätskritik. Die *Notwendigkeit* als ihr Problem. Unterscheidung der begrifflichen und tatsächlichen Erkenntnis. Die Kausalität als Schema der Erkenntnis von Tatsachen. Beweise, dass die Kausalität nicht a priori sei. Beweis, dass keine Impression von *Kraft* stattfinde. Kausalität ist beharrliche Kontiguität und Sukzession. Berechtigung des Schlusses von der Vergangenheit auf die Zukunft. Die Kausalität als *Instinkt.* Die *Gewohnheit* in Verbindung mit der *Beständigkeit* der Folge begründet die Notwendigkeit. Die sekundäre Impression der Überzeugung (*belief*). Anwendungen der Kausalitätslehre: *Vernunft der Tiere, Willensfreiheit, methodische Regeln. Kritik der Kausalitätslehre Humes.* Einwendungen von *Priestley, Reid, Poisson,* und Verteidigung Humes. Wirkliche Mängel seiner Lehre und namentlich des Prinzips der Gewohnheit. Berichtigung der Auffassung des Verhältnisses Kants zu Hume

Die Kausalitätslehre Humes erscheint in der »Abhandlung« im Zusammenhange einer Untersuchung über Gewissheit und Wahrscheinlichkeit. Damit ist ihr erkenntnistheoretischer Charakter unzweideutig angegeben. Auch legen wir den Wert derselben mehr auf die rein kritischen Bestandteile, mag es auch sein, dass Hume selbst das Gewicht auf die Erklärung der Notwendigkeit des Kausalverhältnisses aus dem empirischen Prinzip der Gewohnheit legen wollte. Es ist nicht ungewöhnlich, dass eine kritische Betrachtung das Verdienstliche einer Leistung anderswo sucht, als wo es ihr Urheber erblickte, und wohin er es zu legen beabsichtigte. Übrigens zieht Hume das Prinzip der Gewohnheit nur herbei, um seinen Fundamentalsatz der ›Abstammung des Begriffs von der Impression‹ zu retten, und den Satz zu erläutern, dass der ›Übergang von der Ursache zur Wirkung und umgekehrt ohne Reflexion, ohne die Dazwischenkunft eines Begriffes‹ erfolge. Dabei blieb ihm nicht unbekannt, dass die Gewohnheit kein letztes oder einfaches Erklärungsprinzip sei, vielmehr selber nur ein Fall von beständiger Sukzession. Er würde sonst der kaum zu umgehenden Einwendung begegnet sein, dass seine Erklärung der eigenen Theorie, nach welcher die Er|kenntnis jeder Kraft, also auch die der Wirksamkeit der Gewohnheit ausgeschlossen wird, widerspreche.

Man kann die Tragweite der Hume'schen Untersuchung kaum hoch genug schätzen. Die Kausalität ist die einzige Form, Begriffe mit Tatsachen zu verbinden, das einzige Mittel, über bloße Begriffe hinauszugehen zu Erfahrung und Wirklichkeit. Die Naturwissenschaft gebraucht den Satz der ursächlichen Verknüpfung als axiomatische Voraussetzung, sie nimmt ihn als zugestanden und erwiesen an. Er gilt ihr als *methodischer* Begriff, der ihr Verfahren leitet, als Anweisung, Gesetze in den Erscheinungen zu erwarten. Er ist die Maxime, nach der Gesetzlichkeit der Erfahrung zu forschen, kein Gesetz der Natur, sondern ein Gesetz der Forschung. Alle wissenschaftliche Erwartung und Voraussicht gründet sich auf diesen Satz, aber ebenso auch die Klugheit und Berechnung des gewöhnlichen Lebens. Er erweitert den Horizont der Realität über den gegenwärtigen Tatbestand des Bewusstseins, er verbindet das Augenblickliche mit dem Vergangenen und Künftigen zu der einen und ganzen Wirklichkeit.

Hume unternahm also nichts Geringeres, als das oberste Prinzip der tatsächlichen Erkenntnis zu prüfen. Durch seine Fragestellung allein reihte er sich den bahneröffnenden Denkern an, auch wenn seine Theorie nicht überdies zu Ergebnissen von gesicherter Wahrheit geführt hätte, welche Elemente bilden der Philosophie als Wissenschaft der menschlichen Selbsterkenntnis.

Das Fundament, worauf die dogmatische Philosophie jeder Gestalt errichtet wird, ist die Voraussetzung der Erkennbarkeit der Tatsachen rein durch Vernunft oder Räsonnement. Der Leitfaden aller reinen Vernunftbeweise ist der Satz vom Grunde. Die Voraussetzung des Dogmatismus besteht in der Verwechslung oder absichtlichen Vertauschung der Denkforderung, die durch diesen Satz ausgedrückt wird, mit einem metaphysischen Gesetze der Verknüpfung oder wohl gar der Existenz der Tatsachen. Der Satz des zureichenden Grundes ist kein Prinzip, sondern ein Postulat des Denkens, er stellt die Aufgabe: die Ableitung eines Satzes von einem andern vollständig zu begründen. | Nach der Natur der Sätze, welche bewiesen werden sollen, ist sowohl die Vollständigkeit als die Art der Begründung verschieden. Der Satz vom Grunde bezieht sich also nicht auf alle, sondern ausschließlich nur die beweisbaren Sätze. Er ist mithin schon im reinen Denken von eingeschränktem Gebrauche, und zwar hat er seine Schranke an den eigentlichen Grundsätzen, also zuvörderst am Prinzip der Identität und des Widerspruches selber. Aber auch auf die übrigen Axiome des ideellen Denkens, die mathematischen Prinzipien, findet das Postulat der Begründung keine Anwendbarkeit mehr. Prinzipien sind nicht beweisbar, sondern nur definierbar, erklärte schon Aristoteles. Es ist widersinnig, von denjenigen Einsichten, welche die Gründe zu allen Begründungen hergeben, eine Begründung zu fordern. Weder das Prinzip der Größengleichheit in seinen verschiedenen synthetischen Definitionen ›Gleiches zu Gleichem hinzugetan ergibt Gleiches‹, ›zwei Größen, die einer dritten gleich sind, können einander substituiert werden‹, noch der ›logische Satz $A = A$‹ stehen unter der Herrschaft des Satzes vom Grunde. Diesen schon im Denken bloß als Postulat gültigen Satz für das Prinzip des tatsächlichen Zusammenhangs, ja des Daseins genommen zu haben, ist der Grundirrtum des Dogmatismus. Um ihn überhaupt nur mit einiger Scheinbarkeit begehen zu können, musste noch ein zweiter gewagt werden. Sobald die Begründung mit der Verursachung vermengt war, mussten auch Begriffe und Tatsachen vermischt und für einerlei ausgegeben werden. Die Dinge mussten wenigstens von einer Seite her mit Gedanken zusammenfallen, damit die Vorgänge den Begründungen und Ableitungen mit einigem Rechte gleichgesetzt werden konnten. Es musste in der Natur, jenseits des Bewusstseins ein allgemeines, objektives Denken angenommen werden, ein Denken ohne Subjekt, ohne Gedachtwerden, ein Denken, dem Halt und Wesen mit seiner Grundlage, dem Bewusstsein, entzogen war. Das Sein des Denkens, worin der metaphysische Tiefsinn von Cartesius den Punkt des Zusammentreffens von Wirklichkeit und Bewusstsein entdeckt hatte, musste sich in ein denkendes Sein verwandeln; obschon die beiden Sätze

›das Denken ist‹ und ›das Sein ist Denken‹ sich so weit unter|scheiden wie die Prinzipien des Realismus und der Ideologie. Spinoza, der Klassiker des Dogmatismus, vertauscht, worauf Schopenhauer aufmerksam gemacht hat[38], in völlig naiver Weise die Begriffe von ›ratio‹ und ›causa‹. Zwar hat er neben dem ideellen Attribut der Substanz noch ein reelles, doch laufen die Besonderungen beider durchwegs parallel, und dieser Parallelismus ist die Voraussetzung der Anwendbarkeit seiner »geometrischen«, eigentlich rationalen Methode. Ich vermute, dass der Hieb Humes auf die mit »prächtigen Titeln prunkenden *geometrischen* Beweise«[A] auch Spinoza gegolten habe. Was Spinoza durchführte, brachte der gewandte Leibniz später in eine Formel. Von den beiden großen Prinzipien unserer Schlüsse bildet das eine, der Satz der Identität und des Widerspruchs, die Grundlage der Denkbarkeit, das zweite, der Satz vom Grunde, kraft welches wir erkennen sollen, dass eine Tatsache weder für wahr noch als *existierend* gefunden werden könne, ohne hinlänglichen Grund, das Fundament der Tatsächlichkeit, wenn überhaupt von Tatsachen die Rede sein kann, wo wir es genauer genommen mit konfusen Monadenperzeptionen zu tun haben. Wolff hat diese Leibnizische Formel in möglichst pedantischer Weise zu einem Schulsystem des Alleserklärens zu einer wahren Hyperlogistik ausgesponnen; und selbst Kant ließ sich an dieser Stelle noch von der dogmatischen Strömung fortziehen. Er würde sonst in der Entdeckung Humes mehr als eine »Erinnerung« und einen »Zweifel«[B] gesehen haben.

Der schottische Kritiker gelangte zur Einsicht in den wesentlichen Unterschied zwischen rationeller Begründung und dem Beweis von Tatsachen; er bewies dem Dogmatismus gegenüber die Unerkennbarkeit der Tatsachen *bloß* durch Vernunft. Die Ursache kann niemals ein rein logischer Grund sein, auch wenn der letztere Begriff dem ersteren unter gewissen Einschränkungen und mittels wissenschaftlicher Umformungen und Methoden im Denken substituiert werden darf.

A [Hume, Über die menschliche Natur, Band I, S. 115.]
B [Kant III, Prol., S. 9; AA IV, S. 260.]

Der Versuch, eine fremde Einsicht genetisch zu erklären, sie in ihrer Entstehung zu rekonstruieren, bleibt bestenfalls – Kon|jektur. Darf ich eine solche hier wagen, so glaube ich auf den Einfluss von Spinoza und Leibniz, besonders aber auf eine Bemerkung Lockes, die den eigentlichen Anstoß zur Kausalitätskritik gegeben zu haben scheint, aufmerksam machen zu können. Daneben mögen auch die Versuche von Hobbes und Samuel Clarke, den Satz der Kausalität allgemein zu beweisen, bestimmend gewesen sein; wenigstens werden ihre Beweise an geeigneter Stelle geprüft. Mit Spinoza zeigt sich Hume vertraut; er benützt seine Substanzlehre, um die Beweise der Immaterialität der Seele zu entkräften, und die Stelle in der »Untersuchung«, wo die Meinung erwähnt ist, dass ›das Übel in Bezug auf das Ganze verschwinde‹[A], scheint auf ihn zu deuten. Ebenso glaube ich, dass der Ausdruck ›prästabilierte Harmonie‹ nicht ohne Absicht in einem Zusammenhange erscheint, in welchem gerade von der wirklichen Übereinstimmung von Tatsachen und Ideen gehandelt wird.[B] Die kritische Kausalitätslehre wäre demnach in bewusstem Gegensatz zur dogmatischen ausgebildet worden, die Wichtigkeit, die der Satz vom Grunde durch Spinoza und Leibniz empfangen hatte, hätte Hume die Richtung gerade auf dieses vermeintliche Prinzip gegeben. Noch unmittelbarer musste aber die Einwirkung Lockes gewesen sein. Durch den Wechsel der Eigenschaften oder Empfindungen, lehrt Locke, in Verbindung mit der Vorstellung von Kraft, die wir hauptsächlich durch Selbstwahrnehmung empfangen, gelangen wir zum Begriff des ursächlichen Verhältnisses. Diese Ansicht entspricht aufs Beste der gewöhnlichen Meinung. Wir empfinden den Widerstand, den die Körperwelt auf unser Gefühl äußert, wir fühlen die Anstrengung beim Heben eines Gewichts, den Andrang, den eine rasche Bewegung der Glieder aufwendet, wir nehmen das Bestre-

A Hume, Untersuchung, S. 93.]

B Hume, Untersuchung, Abteilung 5, S. 52. Auch sonst verrät Hume Kenntnis von Leibniz, z. B. in den »Gesprächen über natürliche Religion«, wo er den seltsamen und erfahrungswidrigen Optimismus des Leibniz erwähnt (Hume, Gespräche, S. 164).

ben bei unserm Handeln wahr, und sehen, wie es sich scheinbar unmittelbar in die bezweckte Bewegung | umsetzt, kurz, wir glauben selbst Kraft oder Ursache zu sein, und nichts scheint gewisser als die direkte Wahrnehmung, die Empfindung von Kraft. Und wenn wir auch bald an dem Rechte zweifeln werden, diese Kraftempfindung auf die Verhältnisse der empfindungslosen Materie einfach zu übertragen, gleich wie wir an der ähnlichen Berechtigung der gewöhnlichen Vorstellung irre werden, die uns veranlasst, die Qualitäten der Empfindungen außer uns zu suchen, so scheint doch die Empfindung eines wirksamen Prinzips in der Wahrnehmung unseres eigenen Wollens, des Strebens und Gegenstrebens, durch die innere Erfahrung außer allen Zweifel gesetzt zu sein. Aber – je eingewurzelter und gewöhnlicher ein Vorurteil ist, je unvermeidlicher daher der Irrtum, den es uns begehen lässt, umso größer muss auch der Grad von Besinnung sein, welche uns darüber zu enttäuschen vermag. Zu bemerken, was jeder übersieht, obschon es jeden umgibt, ist dem Scharfblick des Genies gegeben. Mit diesem genialen Blicke erkannte Hume, dass wir in keinem Falle, auch nicht bei unserem eigenen Wollen und Handeln, ein wirksames Prinzip, eine Kraft wahrnehmen, sondern dass wir in jedem, auch in diesem Falle auf Kraft oder Wirksamkeit nur schließen. Ich vermute, eben diese Einsicht sei der erzeugende Punkt gewesen, um den sich Humes Kausalitätslehre gestaltet habe. Die *Notwendigkeit* des Kausalitätsverhältnisses, die nur ein anderer Ausdruck für die mehr sinnlichen Ausdrücke von Kraft, Hervorbringung, Erzeugung u. dgl. ist, war das Problem Humes. Hier war ein Begriff, der, im Gegensatze zu der Grundlehre seiner Philosophie, mit der ganzen Lebhaftigkeit und Zuverlässigkeit eines regelmäßig von einer Impression abgeleiteten im Bewusstsein erscheint, ohne dass doch irgendeine Impression für ihn in dem gesamten Umkreise der äußern und innern Erfahrung anzutreffen ist. Der dogmatische Philosoph erklärt die Notwendigkeit für eine begriffliche; soll also der Dogmatiker Recht behalten mit der Behauptung ›Kausalität ist ein reiner Vernunftbegriff‹, mithin gibt es Erkenntnis von Tatsachen aus reiner Vernunft? »Soll die Verzweiflung an dem Erfolge mich zu dem Geständnisse bringen, dass ich hier im Besitze eines Begriffs bin, | vor dem keine ähnliche Impression vorhergegangen ist?«[A] Dass Hume wirklich das Ziel seiner Untersuchung in der Erklärung der Notwendigkeit fand, davon gibt die »recht laute Anzeige« am Schlusse derselben den Beweis: Er habe soeben »eine der allersubtilsten Untersuchungen in der Philosophie vollendet, nämlich die Untersuchung über die Macht und Wirksamkeit der Ursachen, worauf es bei allen Wissenschaften so außerordentlich viel anzukommen scheint«[B].

Hume geht von der Unterscheidung der begrifflichen und tatsächlichen Erkenntnis aus. Der Unterschied beider Erkenntnisarten ist nach ihm ein wesentlicher, soweit es nämlich auf die Erkenntnis, nicht auf ihren Ursprung ankommt. Unter den Verhältnissen der Vorstellungen gibt es solche, welche rein die Beziehungen der Begriffe ausdrücken, mithin ganz von den Begriffen allein abhängen. Dazu gehören die logischen Verhältnisse der Übereinstimmung und des Widerspruchs und die mathematischen, also die abstrakten Größenverhältnisse, die geometrischen der Gleichheit und Proportionalität, die Zahlenverhältnisse. Diese Verhältnisse sind unveränderlich, solange nur unser Begriff derselbe bleibt. Sie sind unabhängig von der Erfahrung, weil sie durch bloße Denkoperation entdeckt und verknüpft werden. Sie sind der Gewissheit und Evidenz fähig, was namentlich von den abstrakten Größenbeziehungen gilt. Eine zweite Klasse der Vorstellungsverhältnisse betrifft die Tatsachen und die Verbindung von Tatsachen. Es sind die Verhältnisse der Identität, d. i. der Beharrlichkeit eines Dinges, der Stellung der Objekte in Raum und Zeit, und der ursächlichen Verbindung. Man könnte zu ihnen noch »die Grade der Qualität« zählen, die offenbar Sache der Wahrnehmung, also des tatsächlichen Vorstellens sind, obschon sie Hume, wie mir scheint

A Hume, Über die menschliche Natur, Band I, S. 161.

B Hume, Über die menschliche Natur, Band I, S. 311. Ich werde im Folgenden die Darstellungen der »Abhandlung« und der »Untersuchung« zugleich zu Rate ziehen. Das Verhältnis beider lässt sich so bestimmen: Die erste Darstellung bringt den Gedankengang in klarerer, mehr geschlossener Abfolge, die zweite dagegen setzt einzelne Punkte in ein helleres Licht. Jakob hat bekanntlich beide Ausgaben ineinander gearbeitet.

mit Unrecht, in die erste Klasse | versetzt. Verhältnisse der zweiten Art ändern sich unabhängig von unsern Begriffen, und sind daher keiner begrifflichen Demonstration fähig. Sie besitzen mithin auch nicht jene Evidenz und Selbstverständlichkeit, die den Relationen der Ideen eigen ist. Ihre Gewissheit ist mit der Überzeugung, die jene mit sich führen, nicht zu vergleichen, sie ist von *anderer Art*. Unter bestimmten Annahmen, die wir selbst setzen und definieren, ist die Winkelsumme des Dreiecks gleich zweien Rechten; unter diesen Annahmen ist es ein *Widerspruch*, dass die Summe von zwei Rechten verschieden ist. Das Gegenteil einer begrifflichen Erkenntnis ist undenkbar. Das Gegenteil irgendeiner Tatsache oder eines Verhältnisses von Tatsachen ist jederzeit denkbar, es schließt mithin niemals einen Widerspruch ein. Das Nichtsein eines Dings ist kein Widerspruch. Wenn also Tatsachen des ungeachtet einer Evidenz und Sicherheit fähig sind, wenn sie Beifall und Überzeugung erwecken, das Urteil über sie mit Notwendigkeit bestimmen, obschon nicht mit logischer Notwendigkeit, so entsteht die Frage nach der Natur dieser Evidenz, nach dem Grunde des Beifalls und der Überzeugung, kurz nach dem Prinzip der tatsächlichen Wahrheit. In zwei Fällen von den obigen Verhältnissen kann die Antwort nicht zweifelhaft sein. Die Beharrlichkeit eines gegenwärtigen Dinges, die Stellung von Objekten in Raum und Zeit, die den Sinnen vorliegen, wird in der Wahrnehmung selbst gegeben und liegt in ihr eingeschlossen. Die bloße Empfänglichkeit, oder wie man mit Hume sagen könnte, die Impressionabilität der Sinne, ist hier der vollgültige Grund der Vorstellung. Die Impressionen weisen nicht über sich hinaus. Wir geben dies einstweilen zu und erwägen mit Hume die Schwierigkeit, welche entsteht, wenn es sich nicht allein um gegenwärtige Objekte handelt. Die Identität eines gegenwärtigen Dings oder Eindruckes mit einem früheren, die Verbindung eines eben in der Wahrnehmung gegebenen Vorganges mit einem andern, der ihm entweder in der Zeit vorangegangen ist oder nachfolgen soll, ist offenbar nicht mehr Sache der bloßen, direkten Wahrnehmung. Wir gehen über das Gegebene hinaus, wir setzen eine gegenwärtig stattfindende Impression | mit einer erinnerten in Beziehung, verknüpfen eine Tatsache mit einem Begriffe. Dazu ist eine Denkhandlung notwendig, die Folgerung von der Tatsache auf den Begriff. Und nach der Berechtigung dieser Verstandesoperation, nach der Gültigkeit dieser Folgerung ergeht die Frage Humes. Halten wir einen Augenblick inne. Die Form aller tatsächlichen Erkenntnis ist der Schluss von einem Objekte oder objektiven Vorgange auf einen Begriff. Die Vorstellungen, welche durch die tatsächliche Erkenntnis verknüpft oder aneinandergeschlossen werden, sind *ungleichartig*, die der rein begrifflichen *gleichartig*. In der Ideenrelation sind beide Verhältnisglieder Begriffe, in der Erkenntnis des Wirklichen muss wenigstens ein Bestandteil eine Tatsache sein. Dieser Satz gilt ausnahmslos. Selbst wenn wir ursächliche Schlüsse rein in der Vorstellung zu ziehen glauben, ist es immer die Überzeugung von der Wirklichkeit des Ausgangspunktes unserer Schlüsse, die diesen den Charakter von tatsächlichen verleiht. »Es ist für uns unmöglich, unsre Schlüsse bis ins Unendliche fortzusetzen, und das einzige Mittel, das ihnen ein Ende machen kann, ist eine Impression der Erinnerung oder der Sinne, über welche hinaus sich weder ein Zweifel, noch eine Untersuchung erstreckt.«[A] Nach Hume münden selbst rein begriffliche Schlüsse endlich in tatsächliche und in Tatsachen aus, da ja alle Begriffe von Impressionen abstammen. Die gültige Verbindung einer Tatsache mit einem Begriff ist demnach die allgemeine Form des Erfahrungsschlusses zum Unterschiede vom reinen Vernunftschlusse. Vernunftschlüsse können also niemals an die Stelle von Erfahrungsschlüssen treten, die begriffliche Wahrheit kann niemals der faktischen gleich werden.

Untersuchen wir nun die Schlüsse in Bezug auf Tatsachen, so befolgen sie alle ein und dasselbe Schema, das Schema *der ursächlichen Verbindung*.

»Alle Folgerung bezüglich der Tatsachen wird einzig gebildet nach dem Verhältnis von Ursache und Wirkung, vermittels welches wir allein über die unmittelbare Gewissheit der Erinnerung und der Sinne, also die Gewissheit der Impressionen selbst, hinausgehen können«[39]. Alle tatsächlichen Schlüsse sind ihrer | Be-

A [Hume, Über die menschliche Natur, Band I, S. 171.]

deutung nach *Kausalitätsschlüsse.* Unsere Konklusion auf die *Identität* eines gegenwärtig wahrgenommenen Objekts mit einem früher zur Wahrnehmung gelangten, ist ein Schluss durch Kausalität. Die noch so genaue Ähnlichkeit der stattfindenden mit der vorgestellten Wahrnehmung würde uns keine Gewähr für die numerische Identität des Dinges bieten, wenn wir nicht zugleich wüssten, dass keine *Ursache* wirkte, die diese Ähnlichkeit hervorbringen konnte. Auch der Schluss aus einer fehlenden Ursache ist ein Kausalitätsschluss, nur ein negativer. Ebenso schließen wir auf das Zusammentreffen, auf die *Kontiguität* von Objekten in Raum und Zeit aus der kausalen Verknüpfung dieser Objekte, außerdem hätten wir es nur mit einer einfachen Erinnerung, aber mit keiner eigentlichen Folgerung zu tun. Kurz, wir gelangen über die Eindrücke der Sinne durch eine wahre Folgerung nur hinaus auf Grund des Kausalitätsverhältnisses. Und dies verleiht nach Hume dem in Rede stehenden Verhältnis seine unvergleichliche Wichtigkeit, dass es nicht nur das oberste, sondern selbst das einzige Prinzip der tatsächlichen Erkenntnis ist. Die Kausalität ist eine *synthetische* Urteilsform; sie ist nach Hume die einzig mögliche Synthesis von Objekten mit Begriffen, eine Annahme, welche für seine Theorie des Substanzbegriffes von allergrößter Bedeutung ist, und die daher später geprüft werden muss. – Damit ist die Frage nach dem Wesen aller tatsächlichen Begründung eingeschränkt auf die Untersuchung nach dem Wesen der kausalen Verbindung.

Es wurde schon im Allgemeinen gezeigt, dass die reelle Erkenntnis niemals aus Begriffen allein abzuleiten sei, d. h. dass sie niemals a priori sein könne. Das Gegenteil von einer Tatsache ist kein Widerspruch, daher ist es ungereimt, eine Tatsache a priori beweisen zu wollen. Dies soll nun im Besonderen von der Kausalität, der Grundform der tatsächlichen Erkenntnisse, erwiesen werden. Dabei sind zwei Fälle für sich ins Auge zu fassen. Die Apriorität könnte nämlich von dem allgemeinen in der Kausalität ausgedrückten Begriffsverhältnisse gelten, oder sich auf die besonderen kausalen Verbindungen beziehen. Im ersten Falle würden wir durch rein begriffliche Erwägung, unab|hängig von Erfahrung einsehen können, dass »alle Veränderungen (welcher Beschaffenheit immer sie sein mögen [A. R.]) nach dem Gesetz der ursächlichen Verknüpfung geschehen«[A], oder um eine mit Humes Fassung übereinkommende Formel zu gebrauchen, dass »alles, was anhebt zu sein, etwas (es sei, was es wolle) voraussetze, worauf es nach einer Regel folgt«[B40]. Im zweiten Falle würde es die Beschaffenheit der Ursachen sein, aus der wir ohne weiteres folgern könnten, dass überhaupt und welche Wirkung aus ihnen hervorgehen müsse. Es wäre z. B. denkbar, dass wir eine solche Vorstellung von mechanischer Kraft durch die Sinne erwerben, welcher wir die Mitteilung von Bewegung von vorneherein gleichsam ansehen könnten.

Beide Fälle werden von Hume besonders geprüft, daher ist die Annahme zu berichtigen, dass er »aus der Zufälligkeit unserer Bestimmungen nach dem Gesetze (der Kausalität [A. R.]) auf die Zufälligkeit des Gesetzes selbst geschlossen habe«[C].

Die Notwendigkeit einer Ursache bei einer jeden neuen Existenz oder bei der Veränderung der Existenz beweisen, heißt so viel als die Unmöglichkeit beweisen, dass irgendein Ding ohne erzeugendes Vermögen anfangen könne zu sein, dass es zu existieren anhebe, ohne erzeugt zu sein. Dieser Beweis kann nie geleistet werden, mithin ist auch der erste Satz niemals a priori beweisbar, und alle versuchten Beweise drehen sich, wie Hume zeigt, in einem augenscheinlichen Zirkel. Man kann die Unmöglichkeit einer Demonstration des allgemeinen Kausalitätsgesetzes a priori beweisen. Ursache und Wirkung sind verschieden, also auch in Gedanken trennbar. Diese Trennbarkeit von Ursache und Wirkung in der Vorstellung widerlegt allein schon die Annahme einer begrifflichen Notwendigkeit in ihrer Verbindung. Nun schließt

A [Kant II, KrV, S. 768; AA III, S. 166.]

B [Kant II, KrV, S. 162; AA IV, S. 128.]

C [Kant II, KrV, S. 591; AA III, S. 500.] Was Kant, ohne die »Abhandlung« zu kennen, freilich annehmen durfte. In der »Untersuchung« ist die Widerlegung des apriorischen Beweises des allgemeinen Kausalitätsgesetzes nicht besonders durchgeführt. *Zufälligkeit* im obigen Satze bedeutet das Gegenteil von Begreiflichkeit, oder logischer Notwendigkeit, die Erkenntnis aus Erfahrung.

überdies die denkbare Trennung der Vorstellungen die mögliche Trennung der Gegenstände selbst in sich ein; also | ist es denkbar und möglich, dass ein Ding anhebe zu sein, ohne deshalb erzeugt zu sein, es ist möglich, dass es unabhängige Prinzipien der Veränderung gebe. Kurz, die Denkbarkeit und Möglichkeit, Ursache und Wirkung voneinander zu trennen, beweist, dass ihre Verbindung nicht a priori, aus bloßen Begriffen demonstriert werden kann. Wollte man einwenden, dass Ursache und Wirkung deshalb in Gedanken nicht getrennt werden können, weil sie Korrelate sind, die ergänzenden Teile eines einzigen Begriffsverhältnisses, so genügt die Erwiderung Humes, dass allerdings der Ausdruck ›Wirkung‹ relativ ist, dass es sich aber nicht um den Ausdruck, sondern um die Vorstellung, und den Gegenstand der Vorstellung handele, die mit diesem Ausdruck bezeichnet werden. Die Frage lautet: Ist jeder Anfang, jede neue Veränderung oder Entstehung *Wirkung*? Und diese Frage lässt sich nimmer aus reinen Begriffen entscheiden.[A] Ich glaube, dieser Beweisführung würde auch Kant zugestimmt haben. Auch er hält ja einen Beweis des allgemeinen Kausalitätsgesetzes, der rein aus Begriffen geführt würde, für unmöglich, und er beweist den Satz zwar unabhängig von der besonderen Erfahrung, aber nicht unabhängig von Erfahrung überhaupt, von der Beziehung auf ihre allgemeine Form.

Der Grundsatz der ursächlichen Verknüpfung ist demnach weder ein Axiom, das keines Beweises fähig noch bedürftig ist, noch ein rein apriorischer Satz, der aus bloßen Begriffen nach dem logischen Prinzipe der Identität bewiesen werden könnte. Er ist nicht evident; sein Gegenteil ist denkbar: er ist nicht beweisbar; die Begriffe, die er verknüpft, sind verschieden und trennbar. Allein, obschon nicht gänzlich von der Erfahrung unabhängig, könnte dieser Satz doch in einem gewissen Umfange von der Erfahrung exi-

A Kant I, NG, S. 159 [AA II, S. 203]: »Ich lasse mich auch durch die Wörter Ursache und Wirkung (…) nicht abspeisen. Denn wenn ich etwas schon als eine Ursache wovon ansehe (…), dann ist es leicht, die Position der Folge nach der Regel der Identität einzusehen«. Leicht, aber – nur tautologisch!

miert sein. Die ursächliche Folgerung besteht | aus einer Tatsache und einem Begriffe, sie besteht in dem notwendigen Übergange von der Tatsache zum Begriff. Die Tatsache ist der empirische Bestandteil des Vorganges, die Beziehung auf den Begriff eine Vernunfthandlung. Sie könnte eine reine Vernunfthandlung sein: die begriffliche Entwicklung der gegebenen Tatsache. Dann müsste die Tatsache, für sich betrachtet, über sich selbst hinausweisen; der Grund, der uns bestimmt, zu einem neuen Begriff fortzugehen, müsste in der eigenen Beschaffenheit der Tatsache liegen. Die Ursache müsste die Vorstellung von Kraft oder Wirksamkeit in sich schließen, und so von selbst die Vorstellung einer bestimmten Wirkung herbeiziehen; die Wirkung müsste, als Vorstellung angesehen, unvollständig sein, und so zur ergänzenden Ursache zurückführen. Um über diese Möglichkeiten zu entscheiden, untersucht Hume die Wahrnehmung, die zur Ausbildung des Begriffes von Kraft, Macht oder Wirksamkeit den Anlass gegeben haben könnte; darum forscht er nach dem Eindruck von dem dieser Begriff vielleicht abstammen mag – und findet keinen. Dieses negative Ergebnis ist nichtsdestoweniger für die Erkenntnis von der erheblichsten, positiven Bedeutung. Die Zurückbringung von einem veralteten, durch Gewohnheit und Überlieferung gleichsam verhärteten Irrtum ist einem wirklichen Fortschritte gleich zu achten. Hume befreite die Philosophie der Wissenschaft von dem falschen, täuschenden Kraftbegriffe. Statt der eiteln Aufsuchung von »letzten Ursachen« wies er der Forschung den Weg zur Ermittlung der Gesetze der Erscheinungen. Bei sehr komplizierten oder bei ungleichartigen Fällen von Verursachung ist jedermann leicht von der Unmöglichkeit zu überzeugen, die Wirkung aus der bloßen Betrachtung der Ursache vorauszusehen und erdenken zu können. Niemand sieht dem Brote auf den ersten Blick seine ernährende Beschaffenheit an, oder entdeckt durch die Wahrnehmung des klaren, durchsichtigen Wassers die Folge des Erstickens. Dass zwei befeuchtete Marmorplatten sich wohl mit Leichtigkeit seitlich verschieben, aber nicht ohne Gewalt voneinander abheben lassen, wird nur durch Beobachtung und Erfahrung entdeckt. Doch gibt es zwei sehr ausgebreitete Fälle, in denen wir eine direkte Empfindung von | wirkenden Prinzipien zu haben glauben. Die Mitteilung der Bewegung und der Eindruck unseres eigenen Bestrebens und Wollens scheint uns die Wahrnehmung von Kräften zu verschaffen. Wenn wir, um bei Humes Beispiel zu bleiben, eine Billardkugel auf eine andere von gleicher Masse und in Ruhe befindliche anlaufen sehen, so glauben wir die Wirkung des Zusammentreffens, ohne den Erfolg erst abwarten zu müssen, im Voraus bestimmen zu können. Die Eigenschaften der Undurchdringlichkeit in Verbindung mit Bewegung und Stoß scheinen die Wirkung vollständig einzuschließen. Der Fall scheint dem Verstande so völlig durchsichtig zu sein, dass er auf die Mithilfe der Erfahrung verzichten zu können meint. Dennoch enthält der Vorgang ein unbegreifliches Element. Warum sollen nicht beide Massen nach dem Stoße ruhen, oder beide sich zurückbewegen oder voneinander seitlich abspringen können? Der bestimmte Erfolg ist nur ein Fall unter hundert Denkbarkeiten, und die Erfahrung allein ist es, die gerade diesen Erfolg aus den verschiedenen Möglichkeiten zur Wirklichkeit heraushebt. Das Täuschende dieses Beispiels ist übrigens weit stärker, als Hume bemerkt hat. Nachdem wir einmal Bewegung, oder Ortsveränderung, wahrgenommen haben, können wir Bewegung im bloßen Raumschema entwerfen. Der phoronomische Teil des Vorgangs ist also in der Tat dem rein ideellen Vorstellen zugänglich; daraus schließen wir fälschlich, dass es auch der faktische sei. Die ideelle Fortsetzung der Bewegung im reinen Raume ist von dem empirischen Prinzip ihrer Mitteilung durch Masse auf Masse spezifisch verschieden, und das Wesen dieses Mitteilungsprinzipes unbekannt. Die Prinzipien der Mechanik sind nicht reine, sondern empirische Begriffe, letzte Tatsachen, durch Beobachtung und Zergliederung der Erfahrung ermittelt. Tatsachen werden aber immer nur durch das Medium der Sinne empfangen und sind mithin als Erscheinungen gegeben. Wir kennen nur die Erscheinungen von etwas, das wir Materie und Kraft nennen, nicht dieses Etwas selbst. Kennten wir die Kraft, warum messen wir sie nicht unmittelbar selbst, statt ihrer Wirkung? Kraft ist, soweit wir sie kennen, nur eine Beziehung, wie die Ursache die Beziehung auf die Wirkung, | die mit ihr verbunden erscheint. Sie selbst, das Subjekt der Beziehung, liegt diesseits unserer Wahrnehmungen und Begriffe.[A]

Nachdem sich solcher Gestalt die Kräfte oder wirkenden Prinzipien den Sinnen entziehen, nachdem die Vorstellung von Undurchdringlichkeit, Ausdehnung und Bewegung der Masse in sich vollständig sind und kein anderes Ereignis angeben, das aus ihnen hervorgehen könnte, so ist es die Erfahrung allein, welche uns im Umkreis der äußeren Erscheinungen die Mitteilung der Bewegung kennen lehrt, uns von der Bewegung eines Dinges zu der neuen Bewegung eines andern überleitet.

Allein – wenngleich die Kraft nicht unmittelbar in der Vorstellung äußerer Gegenstände anzutreffen ist, so könnte sie doch in der innern Erfahrung gegeben und auf die äußere übertragen sein. Empfängt die Selbstbeobachtung eine direkte Wahrnehmung von Kraft? Es soll nicht bestritten werden, dass das Material für den gewöhnlichen und populären Kraftbegriff aus der innern Erfahrung genommen wird, die Selbstwahrnehmung der Anstrengung, des Andranges, des Nisus[41] bei einer körperlichen Handlung, dieses Gefühl der Intensität in der Bestrebung gibt den Stoff des gemeinen Kraftbegriffes her. Wir sind selbst Körper oder Maschinen, deren Verrichtungen in die große Maschine der Außenwelt eingreifen, was liegt daher näher als die Gefühle, welche das Getriebe unserer Maschine begleiten, auf die mitempfindenden und die empfindungslosen Teile der gegenständlichen Welt zu übertragen? Eine Übertragung, so natürlich, dass selbst Galileo Galilei, der Urheber der Dynamik, diese Empfindungsseite der Kraft noch

A Siehe Anm. 4. in Humes »Untersuchung« (S. [71–]72) und früher Anm. 3 (S. [67–]68) über die sogenannte vis inertiae. »Wir lernen durch Erfahrung, dass ein Körper in Ruhe oder in Bewegung seinen Zustand beibehält, bis er durch eine neue Ursache eine Änderung erleidet, und dass ein gestoßener Körper dem stoßenden so viel Kraft entzieht, als er selbst empfängt. Dies sind Tatsachen. *Nennt* man dies eine vis inertiae, so bezeichnet man damit nur die Tatsachen, ohne einen Begriff von dieser trägen Kraft zu bieten. Man spricht ebenso von der Schwere und meint damit gewisse Vorgänge, ohne die tätige Kraft zu kennen.«

stark betonte.[A] Weder die Natürlichkeit dieser Pro|jektion noch das Vorhandensein des Gefühles selbst kann in Abrede gestellt werden. Die kritische Frage lautet vielmehr: Enthält diese Empfindungsvorstellung einen Bestandteil, der über sie selbst hinausleitet zur bestimmten Wirkung, ist sie eine Impression von Verursachung, die das verknüpfende Wesen der Kausalität zur Erfassung bringt? Und diese Frage hat Hume unwidersprechlich verneint. Diese Empfindung der Anstrengung und des Bestrebens ist für sich betrachtet vollständig, sie ist eine selbstständige, als solche isoliert aufgefasste Impression, nichts liegt in ihr, was eine a priori erkennbare Verknüpfung mit einem andern Ereignisse an die Hand gäbe. »Was folgt, lernt man nur aus Erfahrung, aber nicht a priori«[B]. Ich halte den Beweis, womit Hume die Meinung zerstört ›als enthielte die Empfindung des Willens die Empfindung einer *Ursache*‹ für vollgültig und setze seine Gründe her. Erstens gibt es in der ganzen Natur, zugestandenermaßen, kein mysteriöseres Prinzip als die Verbindung von Seele und Leib, von Wille und Bewegung. Wie kann ein Gedanke den Stoff erregen und bewegen? »Könnten wir durch einen leisen Wunsch Berge versetzen oder die Gestirne in ihren Laufbahnen aufhalten, so wäre diese große Macht doch nicht außerordentlicher und unbegreiflicher.«[C] Zweitens,

A Siehe Dühring, Prinzipien der Mechanik, S. 24. Was | Galilei ›impeto‹ nennt, repräsentiert die Empfindungsvorstellung der Kraft – den Andrang, den wir in der Muskelempfindung fühlen und nach der Intensität dieses Gefühles schätzen, was er ›momento‹ (›movimentum‹) heißt, die wissenschaftliche Seite der Kraftkonzeption, die wir berechnen.

B [Hume, Untersuchung, S. 62.]

C [Hume, Untersuchung, S. 60.] Ich zweifle nicht, dass es diese Stelle war, welche Kant vorschwebte, als er schrieb: »Ich weiß wohl, dass das Denken und Wollen meinen Körper bewege, aber ich kann diese Erscheinung (…) niemals durch Zergliederung auf eine andere bringen, und sie daher wohl erkennen, aber nicht einsehen. Dass mein Wille meinen Arm bewegt, ist mir nicht verständlicher, als wenn Jemand sagte, *dass derselbe auch den Mond in seinem Kreise zurückhalten könnte*, der Unterschied ist nur dieser, dass ich jenes erfahre, dieses aber niemals in meine Sinne gekommen ist.« (Kant VII/1, TG, S. 103 [AA II, S. 370]) Ein Beweis, wie richtig Kuno Fischers Annahme sei, dass die Schrift: »Träume eines Geisterwenn Wille | Vorstellung von Macht oder Ursache ist, warum sehen wir dann nicht a priori, wie weit und weshalb diese Macht in Grenzen eingeschränkt ist? Wir müssten aus dem Begriff des Willens voraussehen können, dass und warum er wohl über Zunge und Hand, aber nicht über Herz und Leber gebiete. Wenn unsere Glieder durch Krankheit gelähmt sind, so haben wir noch immer den Willen sie zu bewegen, ohne es dieser Vorstellung anzusehen, dass nunmehr der gewohnte Erfolg ausbleiben müsse. Wäre der Wille ein Begriff von Ursache oder Macht, so müsste er den Grund der Verbindung mit der Wirkung einschließen. Drittens belehrt uns die Anatomie, dass die unmittelbare Wirkung des Wollens nicht die in die Sichtbarkeit tretende Bewegungserscheinung ist. Würden wir wirklich in unserem Bestreben die Vorstellung einer ursprünglichen Kraft besitzen, so brauchten wir nicht erst die Wissenschaft nach der Reihe von Veränderungen zu befragen, die zwischen dem Bewusstsein des Willens und der bezweckten Äußerung verläuft. Wir können den Satz, dass ›Wille und Bewegung kein a priori erkennbares, kausales Verhältnis bilden‹, vielfach kommentieren und werden ihn durchwegs bestätigt finden. Wir empfinden, dass wir wollen und erfahren, was wir wollen. Wir lernen unsern Charakter aus Beobachtung und Erfahrung kennen. Die Selbsterfassung des Willens schließt also den Umstand nicht ein, aus dem wir von vorneherein die bestimmte Wirkung entnehmen könnten. Wer aber dennoch das innere Geschehen als Instanz gegen Hume anrufen möchte, und glauben würde, in der Verknüpfung der Bewusstseinsphänomene sei ihm ein vollkommen durchsichtiges Kausalverhältnis gegeben, der würde übersehen, dass Kausalität die Beziehung eines Objektes zu einer Idee und keine reine Relation von Ideen ist. Die Verknüpfung von Wille und sichtbarer Handlung ist also Erfahrung, wie jede andere ur-

sehers« ganz unter dem bestimmenden Einfluss von Hume stehe.[42] Von diesem Ergebnis Humes, dass die *besonderen* Kausalitätsverhältnisse nur durch Erfahrung erkannt werden, blieb Kant auch in der Folge überzeugt. Es bildet einen viel zu wenig beachteten Teil seiner Kausalitätstheorie und hätte längst über die wahre Bedeutung seines *Idealismus* orientieren sollen!

sächliche Verbindung. Diese Erfahrung wird durch die Wissenschaft weiter zergliedert und auf ihre einfacheren Bestandteile zurückgebracht. Wenn der Wille nach Schopenhauer »die Kausalität von innen gesehen«[A] sein soll, so lässt uns leider dieser innere Anblick ebenso im Dunkeln, wie die Betrachtung irgendeines Zusammenhangs äußerer Dinge. |

Weder die Kausalität im Allgemeinen noch die besonderen kausalen Verhältnisse sind demnach a priori erkennbar, also müssen sie a posteriori erkannt sein; die Grundlage aller Beweise zufolge der Relation von Ursache und Wirkung kann mithin nur die *Erfahrung* sein. Die Berufung auf Erfahrung ist aber noch keine Erklärung; und Humes Theorie schließt auch nicht mit diesem einfachen Ergebnisse ab. Dem bisher dargestellten, negativen Teile der kritischen Kausalitätslehre, der die Verneinung der Apriorität begründete, folgt ein positiver, der den Grund der Erfahrungsschlüsse zu ermitteln sucht, und nun darzustellen ist. Erinnern wir uns vorerst an das eigentliche Problem Humes: Wie kommt in unsere tatsächlichen Folgerungen jene Notwendigkeit hinein, die doch keine begreifliche Notwendigkeit, keine logische Gewissheit ist? Diese Notwendigkeit soll erklärt werden. Hierbei ist auf einen Unterschied aufmerksam zu machen, den auch Hume bemerkt und verwertet hat. Die Notwendigkeit ist zwar zunächst subjektiv, ein Vorgang im Bewusstsein, eine Empfindung, eine gewisse Bestimmung der Vorstellungen. Doch knüpft dieser Vorgang an eine Bestimmung des objektiven Verhältnisses von Ursache und Wirkung an; und nichts kann irrtümlicher sein als zu behaupten, die Notwendigkeit sei nach Hume reine *Gewohnheits*sache. Diese Unterscheidung einer doppelten Seite des Begriffs der Notwendigkeit ist für die Erkenntnislehre von Wichtigkeit. Die objektive Notwendigkeit einer Erkenntnis besteht in ihrer Gültigkeit, und zwar ihrer unbedingten Gültigkeit, vom Gegenstande, sie betrifft also das, was vom Gegenstande überhaupt gedacht werden muss; die subjektive dagegen bezeichnet den höchsten Grad von Bewusstsein oder Überzeugung, womit eine Erkenntnis vorgestellt wird. Was

A [Schopenhauers, Über die vierfache Wurzel, S. 138.]

einen unumgänglichen Bestandteil des gegenständlichen Wissens ausmacht, ist objektiv notwendig. Was dagegen nichts zur Erkenntnis eines Gegenstandes beiträgt, kann immerhin subjektive Notwendigkeit, ja selbst Allgemeinheit besitzen, wie die ästhetische Lustempfindung, ohne dadurch objektiv notwendig zu werden. Bei Kant erscheinen beide Bedeutungen der Notwendigkeit strenge gesondert; bei Hume treten sie zwar auch getrennt auf, aber nicht mit dem | gleichen Bewusstsein der prinzipiellen Bedeutung dieser Trennung. Die objektive Notwendigkeit des Kausalitätsverhältnisses ist die *Beständigkeit*, die Unveränderlichkeit in der Verknüpfung von Ursache und Wirkung nach Raum und Zeit; die subjektive die Empfindung des Glaubens bei der Vorstellung der kausalen Verbindung. Dieser Glaube, das subjektive Merkmal aller reellen Erkenntnis, wird bei der Kausalität durch Gewohnheit erzeugt, und die Gewohnheit selbst durch die Konstanz des wahrgenommenen Verhältnisses; also ist diese Konstanz das eigentliche Wesen der Kausalität, während die Gewohnheit nur die objektive Notwendigkeit mit der subjektiven vermittelt.[A] – Den Verhältnissen der Eindrücke zueinander entsprechen die Beziehungen zwischen Eindrücken und Begriffen, den Verhältnissen der Impressionen die Assoziationsverhältnisse. Wir kennen die einfachsten dieser Verhältnisse, außer dem Grundverhältnis von Eindruck und Idee selbst, sind es Ähnlichkeit und Zusammentreffen in Raum und Zeit. Das letztere Verhältnis, die Kontiguität, bildet nun auch einen Bestandteil des ursächlichen Verhältnisses. Ja, wenn wir einen einzelnen Fall von Kausalität besonders ins Auge fassen, so enthält derselbe überhaupt nichts Weiteres als die Berührung von Dingen in Raum und Zeit. Die Koexistenz der Objekte,

A »Die Ursache ist das, nachdem ein anderes beständig existiert. (...) Dies allein wissen wir davon in der Tat. *Diese Beständigkeit ist das wahre Wesen der Notwendigkeit*, und man hat keinen andern Begriff davon.« (Hume, Untersuchung, S. 88, Anm. 6) »Die Notwendigkeit kann auf zwei Arten definiert werden, nach den zwei Definitionen der Ursache von der sie einen wesentlichen Bestandteil bildet. Sie besteht *entweder in einer beständigen Verbindung* gleicher Dinge oder in dem Verstandesschluss von dem einen auf das andere.« (Hume, Untersuchung, S. 88) die unmittelbare Folge der Vorgänge an ihnen erschöpfen den Inhalt eines vereinzelten Falles von Verursachung vollständig, soweit überhaupt die Wahrnehmung dieser Verbindung reicht. Die bloße Angrenzung der Dinge in Raum und Zeit ist freilich noch kein Verhältnis der Verursachung, sondern nur ein Teil dieses Verhältnisses. Damit das Neben- und Nacheinander der Dinge in einen Fall eigentlicher Kausalität verwandelt werde, muss die Beharrlichkeit ihrer Verbindung hinzukommen. Diese ist daher | im Sinne Humes als das entscheidende Merkmal anzusehen, als das Wesen der Kausalität, soferne diese objektiv betrachtet wird. Ursache ist ein Wirkliches, worauf ein anderes Wirkliches unmittelbar und beharrlich folgt, oder kurz: Kausalität ist beharrlich Kontiguität und Sukzession. Diese Formel hat den Vorzug, nebst der zeitlichen auch auf die räumliche Verbindung von Ursache und Wirkung Gewicht zu legen. Die letztere wird gewöhnlich übergangen, da in der Tat die Priorität der Ursache, die Folge von Ursache und Wirkung, der wichtigere und weit charakteristischere Teil der kausalen Verknüpfung ist.[A]

Wir haben damit den schwierigsten Punkt einer Kausalitätslehre überhaupt erreicht. Es handelt sich darum, die Grenzen der Anwendbarkeit und Gültigkeit des Kausalitätsgesetzes festzustellen. Je mehr wir nun mit Hume der Überzeugung sind, dass die tatsächlichen Beweise niemals bloß logische Begründungen sein können, je unwiderleglicher uns sein Satz erscheint, dass ›Tatsachen keiner eigentlichen Demonstration fähig sind, oder aus puren Begriffen nicht abgeleitet werden können, und daher schließ-

A Die Kontroverse, ob Ursache und Wirkung streng gleichzeitig oder sukzedierend gedacht werden müssen, kann nur durch Vereinigung beider entgegengesetzter Behauptungen geschlichtet werden. Die Kausalität enthält so wohl ein räumliches Moment, die Koexistenz, wie ein zeitliches, die Folge, nur ist das letztere nicht bloß hervorstechender, sondern wirklich bedeutender. Kant hat das räumliche Moment nicht übersehen – aber unter eine besondere Kategorie gebracht. Die seltsame Verkehrtheit, die Priorität der Ursache gänzlich zu leugnen, hat Hume selbst gebührend und unwidersprechlich bekämpft (Hume, Über die menschliche Natur, Band I, S. 157).

lich immer nur durch Beobachtung und Erfahrung erkannt sein müssen‹, desto höher werden wir die Wichtigkeit dieser Untersuchung Humes zu schätzen vermögen. Die Vorstellung der Ursache schließt, wie gezeigt, keinesfalls jene der Wirkung begrifflich ein, also ist es Erfahrung allein, die uns von der einen zur andern Vorstellung hinüberführt. Aber, selbst nachdem uns die Erfahrung von der Verbindung verschiedener Tatsachen regelmäßig überzeugt hat, bleibt uns noch immer der eigentliche, verknüpfende Umstand verborgen. Ein solcher Umstand mag vorhanden sein – es soll nicht bestritten werden, »dass die Objekte | selber unter sich die Verhältnisse ihres Neben- und Nacheinanderseins möglich machen«[A] –, aber er kommt nicht zur Wahrnehmung. Die Erfahrung kann nicht über sich selber hinausweisen, sie reicht so weit, als die bisherige Beobachtung und die Begriffe der Erinnerung reichen. Die Schlüsse und Beweise aus der Erfahrung dagegen führen weit über ihre gegebene Grundlage hinaus. Wir haben bisher in unzähligen Fällen eine Gleichförmigkeit und Beständigkeit bestimmter Verknüpfungen von Tatsachen erfahren, und wir sind berechtigt zu schließen, dass wir eine noch größere Beständigkeit und Regelmäßigkeit gefunden haben würden, wenn unsre Erfahrung noch schärfer und wissenschaftlich sorgfältiger gewesen wäre, da wir sehen, wie jede Verfeinerung der experimentellen Methoden unsre Kenntnis von Regelmäßigkeit und Übereinstimmung in der Natur vermehrt. Aber die sichere und unmittelbare Auskunft, die uns die Erfahrung und die Folgerung nach rückwärts in die Vergangenheit gewährt, bezieht sich immer nur auf die bisher stattgefundene Erfahrung. Unsere Schlüsse beziehen sich direkt nur auf die gegenwärtige Wahrnehmung und die Begriffe der Erinnerung. Nun schließen wir aber tatsächlich von dem gegenwärtigen Zeitpunkt und aus der vergangenen Erfahrung auch nach vorwärts in die Zukunft, und gerade auf diesem Schluss beruht die ganze Macht der Kausalität. Weil wir eine beständige Gleichförmigkeit in allen genauer erkannten Fällen der Vergangenheit bis auf die Gegenwart herab erfahren haben, so folgern wir dieselbe

A [Hume, Über die menschliche Natur, Band I, S. 336.]

Beharrlichkeit auch für alle Fälle der Zukunft, von denen wir offenbar keine Erfahrung haben können. Weil das früher verzehrte Brot uns ernährt hat, so schließen wir, dass auch ein anderes Brot zu einer andern Zeit uns ernähren müsse. Dinge, welche vergangenen Dingen in ihren Eigenschaften gleichen, statten wir ohne weiteres mit denselben Kräften aus und erwarten von ihnen dieselben Wirkungen. Augenscheinlich besteht hier eine Folgerung, geschieht hier ein Schritt, der uns über die Erfahrung hinausführt, die Erfahrung über sich selbst hinaus erweitert. Es ist nicht dasselbe zu sagen: »Ich habe gefunden, dass dieses Ding immer mit dieser Wirkung verbunden gewesen ist«, und »ich sehe voraus, dass andere, diesem ähnliche | Dinge mit gleichen Wirkungen verbunden sein werden«[A]. Wir setzen voraus, dass die Fälle künftiger Erfahrung denen gleich seien, die wir erfahren haben, wir glauben an die allgemeine Gleichförmigkeit der Natur und sind überzeugt, dass gleiche Ursachen alle Zeit gleiche Wirkungen haben müssen. Aber, wie sollen wir diese Voraussetzung beweisen und den Schritt rechtfertigen, den wir über den Umkreis der wirklich stattgefundenen in die Sphäre der möglichen Erfahrung unternehmen? Eine Berufung auf die vergangene Erfahrung beweist nur so viel, dass gewisse ursächliche Verknüpfungen bis zu dieser Zeit stattgefunden haben. Die Berufung auf künftige Erfahrung ist widersinnig und unmöglich. Die Ausflucht endlich auf die wirkliche und ausnahmslose Bestätigung früherer Schlüsse auf das Künftige, z. B. die Bestätigung astronomischer Vorausberechnungen durch spätere Erfahrung, schiebt die Frage nur hinaus: Aus welchem Grunde schließen wir von der bisherigen Bestätigung unserer wissenschaftlichen Erwartung auf alle künftige? Es ist nicht undenkbar, dass der bisher gleichförmige Gang der Natur einen Wechsel erfahre, es ist nicht undenkbar, obschon, aus gleich zu erörternden Gründen, unglaublich. Wir empfinden ein innerliches Widerstreben gegen eine so monströse Annahme, aber wir erkennen in ihr keinen Widerspruch. Wo also ist das Prinzip unserer Schlüsse von der Vergangenheit auf die Zukunft? Dieses Prinzip kann keines-

A [Hume, Untersuchung, S. 32.]

falls ein beweisender Grund sein. Es ist kein vernünftiger Grund, der uns bestimmte, aus tausend Fällen anders zu schließen als aus einem einzigen. Wir schließen durch Vernunft von einem Fall auf alle gleichartigen Fälle – oder wir schließen gar nicht durch bloße Vernunft. Die Schlussfolge nach der Kausalität von der Beständigkeit auf die Notwendigkeit, von der wahrgenommenen Gleichförmigkeit auf die unbedingte Übereinstimmung, ist keine logische Schlussweise, weil die Form der Synthesis dieser Konklusion kein logischer Grundsatz ist. Zur Bestätigung dieses Satzes dient eine einfache Beobachtung irgendeines Kausalitätsschlusses. Die Wahrnehmung eines Dinges führt ohne alle Reflexion, ohne die Intervention irgendeines Begriffes die Vorstellung seiner Ursache oder Wirkung herbei. Kinder und Wilde, | ja selbst Tiere vollziehen Schlüsse der Kausalität, niemand wird aber dem niedrigen Bewusstsein dieser Wesen die Vorstellung von Begriffen oder gar förmlichen Grundsätzen zuschreiben wollen. Man hat neuerlich vielfach mit der Hypothese von unbewussten Schlüssen gespielt – und namentlich die Kausalitätsschlüsse dazu gezählt[43], aber wenn man darunter mehr versteht als eine gewisse Analogie mit eigentlichen Schlüssen, die jederzeit Schlüsse der Reflexion und des deutlichen logischen Bewusstseins sein müssen, so versteht man sich selber nicht. Gewisse psychologische, oder selbst physiologische Vorgänge, z. B. die Wahrnehmung von Dingen der Außenwelt, können ihrem allgemeinen Verfahren oder Schema nach in die Form von Vernunftschlüssen gebracht werden, es können Obersätze eingeführt werden, ohne dass sie tatsächlich stattfanden, nur um ein Mittel zu gewinnen, diese Hergänge zu verdeutlichen. Mag also immerhin der Kausalitätsschluss ein »unbewusster« Schluss genannt werden, diese Metapher leistet nichts für die Erkenntnis seines Prinzips und die Begründung seiner Gültigkeit. Als logischer Schluss betrachtet, wäre der Schluss der Kausalität ein Fehlschluss. Es kann nicht ohne weiteres von vielen auf alle Fälle gefolgert werden, von dem empirisch Allgemeinen auf eine unbedingte von Zahl und Zeit unabhängige Allgemeinheit. Logisch lässt sich also der Kausalitätsschluss nicht rechtfertigen. Hiermit wäre nun der wahre »Zweifel« Humes an der Gültigkeit der Kausalität ausgesprochen. Um aber Hume ganz, um ihn auch nur richtig zu verstehen, dürfen wir keineswegs bei dieser skeptischen Wendung stehen bleiben. Der schottische Positivist wollte gar nicht die Sicherheit und den Überzeugungsgrad, deren die Kausalitätsschlüsse fähig sind, erschüttern oder schwächen, er wollte sie vielmehr verstärken und befestigen, indem er sie den Bedenklichkeiten und der Unschlüssigkeit bloßer Vernunftbeweise entzog. Die Denktätigkeit besteht nach ihm in dem Versetzen und Verbinden bloßer Ideen, oder abgeleiteter Vorstellungen, nach dem Gesichtspunkte der Übereinstimmung und des Widerspruchs. Diese Funktion, obschon innerhalb ihres Wirkungskreises einer zweifellosen Gewissheit fähig, ist dennoch nur von nachträglicher Geltung. Das | Material, worauf sie ausgeübt wird, stammt von der Realität der Empfindung her, sie selbst, die kombinierende und vergleichende Verrichtung, wurzelt schließlich in Realprinzipien, in Naturgesetzen der Assoziation. Das Vernunftprinzip ist dem Realprinzip untergeordnet. Das Gesetz der Kausalität ist kein Grundsatz der bloßen Vernunft, nicht weil seine Sicherheit geringer wäre als die Festigkeit eines Vernunftsatzes, sondern weil seine Gewissheit anderer Art ist als eine nur logische Evidenz. Dieses Gesetz ist dem Belieben unseres Denkens entnommen, es ist nicht anvertraut oder unterworfen »den trügerischen Begründungen«[A] der Vernunft. Die Verursachung ist eine philosophische Relation, aber sie ist es nur, insoferne sie eine *natürliche* Relation ist. Die Kausalität ist kein Satz der Logik, sondern ein Naturgesetz des Bewusstseins. Um die Kausalität als Realprinzip zu erweisen, greift Hume für dieselbe nach der Vorstellung eines Instinktes oder Triebes; die Kausalität ist ein *Instinkt*, unwiderstehlich und unwillkürlich, unfehlbar und ohne Schwanken wie der Trieb nach Bewegung oder Sättigung. Man höre ihn selber: »Die Wirksamkeit der Vernunft ist langsam, in den ersten Jahren der Kindheit kaum bemerklich, im besten Falle zu allen Zeiten und Perioden des Lebens dem Irrtum und Versehen sehr ausgesetzt. Es entspricht mehr der allgemeinen Weisheit der Natur, eine so notwendige Tätigkeit der Seele – den

A Hume, Über die menschliche Natur, Band I, S. 192.

Schluss nach der Kausalität – durch Instinkt oder einen mechanischen Trieb zu sichern, welcher in seiner Wirksamkeit frei von Irrtum bleibt, gleich beim Beginn des Lebens und Denkens sich geltend macht, und von den mühsamen Begründungen des Verstandes unabhängig ist. So wie die Natur uns den Gebrauch unserer Glieder gelehrt hat, ohne uns die Kenntnis der Muskeln und Nerven, durch die er erfolgt, zu geben, so hat sie uns auch einen Instinkt eingepflanzt, welcher die Gedanken in derselben Richtung führt, die sie für äußere Gegenstände festgestellt hat.«[A] Also die Verkettung einer Tatsache mit einem Begriffe, die Vereinigung von Ursache und Wirkung, ist selbst eine reelle Verkettung, und | ihr Prinzip ein Naturtrieb, kein Gedanke! Nur dadurch ist eine »Harmonie« zwischen tatsächlicher Erkenntnis und den Tatsachen selbst gestiftet, dass jene Erkenntnis eine reelle, keine ideelle Verbindung ist. Um diesen für die Auffassung der Kausalitätslehre Humes entscheidenden Punkt noch mehr ins Licht zu stellen, setze ich noch die Anmerkung her, die von Lockes Einteilung der Gründe in demonstrative und wahrscheinliche handelt. Hume verwirft diese Einteilung mit dem Bemerken, dann müsste es bloß wahrscheinlich sein, dass morgen die Sonne aufgehen werde, und gliedert selbst die Erkenntnisse in demonstrative, *gewisse*, und wahrscheinliche, indem er die Erfahrungserkenntnisse zu den *gewissen* zählt.[B] Herbart ist also sehr im Irrtum mit seiner bekannten Gegenüberstellung: Hume leugnete, dass Erfahrung Erkenntnis sei, und Kant behauptete es. Auch nach Hume ist Erfahrung Erkenntnis, aber eine spezifisch verschiedene von der Erkenntnis aus reiner Vernunft. Die Auffassung der Kausalität als eines Triebes entspricht aufs Beste der innern Erfahrung. Die Kausalität regt sich zunächst im Bewusstsein als ein *Bedürfnis*, das Befriedigung erheischt. Eine isolierte Tatsache erweckt das natürliche Verlangen nach ihrer Vereinigung mit andern Tatsachen. Dieses Verlangen kann sich von den schwächeren Graden einer dumpfen Neigung zu den stärkeren und stärksten eines Affektes, ja einer Lei-

A Hume, Untersuchung, S. 51.
B Hume, Untersuchung, S. 53.

denschaft steigern. Es ist die Leidenschaft des Forschens und Begründens, die den Denker Leben und Welt um sich her vergessen macht. Und ist nicht der analoge Satz der Vernunftlehre, der dem Prinzipe oder Triebe der Kausalität entspricht – ein *Postulat*, die Forderung vollständiger Begründung? Haben wir dies einmal erkannt, so werden wir nicht mehr forschen, welcher Grundsatz ist die Kausalität, sondern fragen, welcher Grundsatz befriedigt unser Kausalitätsverlangen. Diese Frage hat Hume aufzuwerfen unterlassen.

Den Instinkt der Kausalität erläutert Hume aus der *Gewohnheit*. Wenn wir erwägen, in welch engem Zusammenhang | nach den Ergebnissen der modernen Biologie Instinkt und Gewohnheit stehen, und uns erinnern, dass mindestens alle sekundären Triebe durch Gewohnheit erzeugt sind, so dass wir sie mit Recht als vererbte Gewohnheiten betrachten, so werden wir den Scharfblick des Philosophen, wie billig, bewundern müssen. Hume antizipierte mit seiner Theorie des Instinkts ein spätes Resultat der heutigen Wissenschaft. Doch wäre es falsch, die Kausalität der Gewohnheit einfach gleichzusetzen. Einerseits ist die Gewohnheit ein weit allgemeineres Naturprinzip als der Trieb der Kausalität, und andererseits hat die letztere zugleich eine *objektive* Grundlage. Die *Beständigkeit* der Aufeinanderfolge der Vorgänge in Verbindung mit dem innerlich wirksamen Prinzipe der Gewohnheit setzen den Trieb der Kausalität zusammen. Auch dürfen wir nicht übersehen, dass die Gewohnheit ausdrücklich nur zur Erklärung der Folgerung aus der Kausalität, nicht für die ursprüngliche Erwerbung und Ausbildung dieser Verknüpfungsform herbeigezogen wird. Wir nehmen eine beständige Verbindung bestimmter Ereignisse wahr, zu dieser Wahrnehmung bedürfen wir keiner Gewohnheit, nur für die Anwendung dieser beharrlichen Folge auf alle Zukunft bedürfen wir der Bestimmung durch das assoziative Prinzip der Gewohnheit. Die Gewohnheit ist nun eine ›vera causa‹, im Sinne Newtons, eine Ursache, deren wirkliches Stattfinden wir nachweisen können. Sie ist eine gültige Ursache, wenn sie auch, nach der Überzeugung Humes, weit davon entfernt ist, eine letzte oder einfache zu sein. Hier ist der Ort, einer Einwendung zu begegnen. Hat nicht Hume jede

Erkenntnis eines »wirkenden Prinzipes« ausgeschlossen, hat er nicht erklärt: Ursache ist nur ein Wirkliches, dem ein anderes beständig folgt? Wie lässt sich diese Verneinung und diese Erklärung damit reimen, dass hier dennoch ein Prinzip eingeführt wird, von dem die Kausalität abgeleitet sein soll, also ein Prinzip der Macht oder Wirksamkeit? Der Widerspruch ist nur ein scheinbarer. Niemals hat Hume die *Existenz* wirkender Prinzipien in Abrede gestellt, was er bestreitet ist allein ihre Erkennbarkeit oder Begreiflichkeit. »Was das anbetrifft, da man sagt, dass die Wirkungen der Natur von unsern Gedanken unabhängig | sind, so gebe ich dieses zu, und habe selbst bemerkt, dass die Objekte untereinander die Verhältnisse des Neben- und Nacheinanderseins möglich machen.«[A] Nur ist das vereinigende Prinzip äußerer Dinge ebenso *unbegreiflich* wie der Grund der Vereinigung unserer innerlichen Vorstellungen. »Die Erfahrung«, erklärt er, »verschafft uns nie *Einsicht* in die innere Struktur oder die *wirkenden Prinzipien* der Dinge, sondern gewöhnt das Gemüt bloß von dem einen auf das andere überzugehen. Ein solcher Einfluss auf das Gemüt ist an sich vollkommen *unbegreiflich*.«[B] Es ist ein anderes, zu sagen, ›wir haben keine Einsicht, keinen Begriff von Kräften oder wirkenden Ursachen‹, und zu sagen, ›Kräfte und Wirksamkeiten existieren nicht‹. Die Unbegreiflichkeit ist beim Gewohnheitsprinzip keine andere als im Falle irgendeines andern Naturprinzipes. Wenn Hume diesen Unterschied zwischen der Bestreitung einer Begreiflichkeit und dem Zweifel an der Existenz vielleicht zu wenig hervorkehrt, so vergesse man nicht, dass seine Angelegenheit die Tragweite der Erkenntnis, nicht die Frage der Existenz ist. Dass übrigens die Gewohnheit, wie hervorgehoben wurde, nicht das einzige Prinzip der Kausalität ist, sondern erst in Verbindung mit der Konstanz tatsächlicher Verbindungen die Verursachung hervorbringt, geht daraus hervor, dass sie auch isoliert, ohne Beziehung auf Kausalität wirksam ist. Hume weist auf die *Erziehung* hin, um die Macht der Gewohnheit zu erweisen. Die Erziehung ist künstlich, nicht natürlich,

A [Hume, Über die menschliche Natur, Band I, S. 336.]
B [Hume, Über die menschliche Natur, Band I, S. 337.]

ihre Maximen widerstreiten oft der Vernunft und dem Geheiß der Tatsachen, und dennoch wirkt sie in ähnlicher Weise wie eine natürliche Kausalverknüpfung. Die Gewohnheit genügt nicht, um die Verursachung völlig zu erklären. Es kann Gewöhnung vorhanden sein ohne einen Schluss auf Ursache und Wirkung, und umgekehrt kann auch das Nachdenken die Gewohnheit auf indirekte Art ersetzen, z. B. dann, wenn wir nach einer einzigen Erfahrung schließen, obschon offenbar eine Gewohnheit niemals durch *eine* Erfahrung allein hergestellt wird. Um das Gewohnheitsprinzip nicht zu überschätzen – denn es könnte ja der Fall sein, dass Kausalität ein ursprünglicher, kein sekundärer Trieb ist! – müssen wir im Auge behalten, dass es Hume | vornehmlich darauf ankommt, die Kausalität als ein direktes, zum Unterschied von einem durch Reflexion geleiteten Prinzipe, nachzuweisen. »Da wir nun alles, was *ohne neue Schlüsse* von einer bloßen Wiederholung herrührt, *Gewohnheit* nennen, so können wir es als zugestanden betrachten, dass alle Überzeugung diesen Ursprung hat.«[A] Die Gewohnheit bedeutet somit Ausschließung der Reflexion.

Die Wirkung der Gewohnheit ist eine Impression, der Eindruck des Glaubens, d. i. der Überzeugung, von dem die Vorstellung der Notwendigkeit in der kausalen Verknüpfung herrührt, so dass die Notwendigkeit eine Folge unserer Schlussweise ist, nicht, wie man annehmen möchte, ihre Voraussetzung. Nicht, weil wir eine Notwendigkeit von vorneherein erkennten, schließen wir auf ursächliche Verknüpfung, vielmehr umgekehrt von der Verbindung der Vorgänge vermittels des Glaubens aus Gewohnheit auf die Notwendigkeit dieser Verbindung. Man glaubt Worte Kants zu vernehmen, wenn man Hume erklären hört: »Die Notwendigkeit eines Geschehens ist keine Bestimmung in dem wirkenden, sondern in dem denkenden oder verständigen Wesen, was das Geschehen betrachtet«[B] – aber freilich nur die Worte, denn ihre Bedeutung ist im Zusammenhange der Lehre Humes sehr weit verschieden.[C]

A [Hume, Über die menschliche Natur, Band I, S. 212.]

B [Hume, Untersuchung, S. 86, Anm. 5.]

C Hume, Untersuchung, S. 86. Ich erlaube mir, noch die Stelle aus

Wir haben nun jene Impression der Überzeugung oder des Glaubens näher zu betrachten, um den Vorgang der Kausalitäts- | schlüsse vollständig zu kennen. Vergleichen wir den Gedanken an die Existenz mit der Überzeugung von der Existenz einer Sache, so nehmen wir einen Unterschied wahr, der nur die Beschaffenheit, nicht den Inhalt unseres Vorstellens betrifft. Weder die vorgestellte noch die als wirklich anerkannte Existenz verändern oder vermehren den Inhalt eines Begriffes, insoferne sind beide nicht unterschieden. Dennoch ist die Verschiedenheit der zwei Sätze ›ich stelle vor, das Ding ist‹ und ›ich glaube, dass es existiere‹ außerordentlich. Die Überzeugung ist ein Gefühl von Lebhaftigkeit, Stärke, Festigkeit, vermöge welches wir Realitäten *mehr* vorstellen als Fiktionen, und Begriffe der *Urteilskraft* von reinen Denkbegriffen unterscheiden. Im Denken werden Begriffe auf Begriffe bezogen, durch das Urteilen Begriffe auf Objekte, urteilen heißt Vorstellungen auf die Wirklichkeit beziehen, und diese Beziehung besteht in jenem Beifall, jener Anerkennung, welche Traum und Wirklichkeit, Gedanken und Dinge trennt. »*Der Glaube ist mehr als ein bloßer Begriff*«[A], mithin die Erkenntnis durch Glaube, wie die ursächliche ist, mehr als begriffliche. Durch dieses unsagbare Gefühl der Urteilskraft unterscheidet sich der Eindruck von Begebenheiten, die im Romane erzählt werden, und von Begebenheiten, die erlebt sind. Wir zweifeln öfters, ob ein Vorstellungsver-

»Über die menschliche Natur« zu zitieren: »Notwendigkeit ist etwas, das bloß in dem Subjekte, gar nicht in den Dingen existiert; und es ist uns gar nicht möglich, uns nur den entferntesten Begriff davon zu machen, wenn wir sie als eine Eigenschaft in den Körpern ansehen (…). Sie ist nichts als die Bestimmung der Gedanken von Ursachen zu Wirkungen und von Wirkungen zu Ursachen, nach ihrer durch Erfahrung erlernten Vereinigung überzugehen. So wie die Notwendigkeit, welche macht, dass zwei mal zwei vier ist, oder drei Dreieckswinkel zweien Rechten gleich sind, *bloß in der Handlung des Verstandes* liegt, ebenso liegt die Notwendigkeit oder Kraft, welche Ursachen und Wirkungen verknüpft, in der Bestimmung des Gemüts, von dem einen zum andern zu gehen (…). In dem Subjekte allein liegt also die reale Kraft der Ursachen nebst ihrer Verknüpfung und Notwendigkeit.« (Hume, Über die menschliche Natur, Band I, S. 330)

A [Hume, Über die menschliche Natur, Band I, S. 199.]

lauf sich auf eine frühere Erfahrung gründe oder nur eingebildet sei, bis plötzlich ein glücklicher Umstand hinzutritt, der den ganzen Verlauf wieder erweckt, ihm das Gefühl der Überzeugung mitteilt, und die ganze Macht erinnerter Wirklichkeit verleiht. Dieser Glaube ist nun vor allem der unmittelbar stattfindenden Impression eigen. In der Empfindung liegt die absolute Position, die Anerkennung wirklicher Existenz, lehrt auch Herbart[44].

»Glauben heißt eine unmittelbare Impression der Sinne, oder die Wiederholung dieser Impression im Gedächtnis fühlen.«[A] Wenn einmal dieses Gefühl der Überzeugtheit durch eine gegenwärtige Impression erregt ist, so pflanzt es sich fort und breitet sich über alle Vorstellungen aus, welche mit der gegebenen Impression assoziativ verbunden sind. Die Impression führt nach | den Assoziationsgesetzen andere Vorstellungen herbei; die Lebaftigkeit und Stärke der Impression teilt den herbeigezogenen Ideen einen Teil ihres eigenen Bewusstseinsgrades mit. Wenn das Gemüt einmal in Schwung und Leben versetzt ist, so schreitet es zu lebhafteren Begriffen der verbundenen Gegenstände fort, nach einer natürlichen Disposition von dem einen zum andern überzugehen. Der gegenwärtige Eindruck verstärkt die damit assoziierte Vorstellung, verwandelt sie aus einem bloßen Begriff in einen Gegenstand der Urteilskraft, und verleiht ihr den Charakter der Wirklichkeit. Hume vermutet mit Recht eine physiologische Ursache der Mitteilung von Überzeugung, d. i. dem stärksten Bewusstseinsgrade. Was nun bereits von einem einfachen Verhältnisse der Assoziation nach Ähnlichkeit und Kontiguität gilt, dass die vorhandene Impression die mit ihr verkettete Vorstellung verstärkt, muss in noch höherem Grade vom Verhältnis der Verursachung gelten. Die Stärke der Überzeugung, die dieses Verhältnis vor allen andern auszeichnet, ist die summierte Wirkung der Kraft des Glaubens, den schon die reine Kontiguität empfängt, und der Kraft der Gewohnheit durch Wiederholung und Anhäufung derselben Kontiguität in allen vorausgegangenen Fällen der Erfahrung. Daraus lässt sich der Grad der Gewissheit ermessen, den die Verbindung von Ursache und

A [Hume, Über die menschliche Natur, Band I, S. 178.]

Wirkung für unser Bewusstsein besitzt. Die Notwendigkeit des Kausalverhältnisses ist somit erklärt, die Impression ist entdeckt, welche eine beständige Verbindung in eine notwendige verwandelt. – Die Darstellung dieser Kausalitätstheorie wäre jedoch unvollständig, wenn wir die Korollarien übergehen würden, welche Hume an dieselbe knüpft. Sie betreffen seine Lehre der *Freiheit*, seine Betrachtung »der Vernunft der Tiere« und die Logik, oder die Summe von Regeln, die er über die ursächlichen Schlüsse aufstellt.

Zwischen physischen und moralischen Ursachen findet in Bezug auf Notwendigkeit kein wahrer Unterschied statt. Die Notwendigkeit einer Ursache ist die Regelmäßigkeit, womit die Folge mit ihr verknüpft ist, und der Schluss aus dieser Regelmäßigkeit. Beide Bedeutungen gelten auch von den mensch|lichen Handlungen. Wir nehmen eine Regelmäßigkeit der Handlungen wahr, die sich umso mehr verstärkt, je mehr wir in die Verknüpfungen der Willensakte eindringen, und wir richten unsere Schlüsse und unser Betragen in Bezug auf andere Menschen nach der Überzeugung ihrer Gleichförmigkeit ein. Aber auch die Empfindung der Notwendigkeit ist in der physischen und moralischen Verursachung von derselben Art. Hume zeigt dies durch ein treffendes Beispiel. Ein Gefangener ohne Geld und Einfluss überlegt die Möglichkeit einer Flucht. Er wird eher hoffen dürfen, Mauern und Eisen zu brechen, als den Willen der Wächter zu beugen. Zum Schafott geführt, weiß er, dass die Gewissheit des Todes ebenso durch die Pflichttreue der Wächter und Gerichtspersonen, als durch die Wirkung des Beiles bedingt ist. Hier sind natürliche Ursachen mit willkürlichen Handlungen verkettet, aber der Schluss ist nicht weniger fest und sicher, als wenn er durch physische Ursachen allein bestimmt gewesen wäre. Das *Gefühl* der Notwendigkeit ist aber in beiden Klassen von Fällen nur ein sekundärer Vorgang im Bewusstsein, die Folge des Schlusses, nicht das Prinzip desselben. Dies führt Hume auf einen, mindestens geistreichen Versuch, den metaphysischen Knoten der Willensfreiheit zu lösen. Er unterscheidet zwischen Notwendigkeit im Sinne von vollkommener Regelmäßigkeit, und Notwendigkeit im Sinne von Zwang oder Nötigung. Die letztere Notwendigkeit wird niemand von seinem eigenen Handeln zugeben, da er sie in der Tat bei demselben nicht empfindet. Freiheit im Sinne der Ausschließung des Zwanges, also die Macht, je nach dem Beschluss des Willens zu handeln, muss ohne weiteres zugestanden werden. Nichts hindert aber, dass die Beschlüsse des Willens selbst der nämlichen Regelmäßigkeit unterworfen sind wie die Vorgänge der äußeren Natur. Und diese Regelmäßigkeit und Bedingtheit des Willens selbst findet ohne Zweifel statt. Freiheit als Abwesenheit einer Ursache, d. i. als Zufall oder Grundlosigkeit, ist vom Willen ebenso zu verneinen, als Freiheit als Abwesenheit der Nötigung von ihm zu bejahen ist. Wenn wir die Handlungen anderer betrachten und eine immer wachsende Regelmäßigkeit gewahren, je genauer und öfter | wir sie beobachten, so werden wir durch Gewohnheit veranlasst, an ihre Notwendigkeit zu glauben, wie wir durch eine weit stärkere Gewohnheit von der Notwendigkeit physischer Ursachen überzeugt worden sind. Obgleich *diese* Notwendigkeit nur eine Folge der Betrachtung ist, ein Gefühl, das sie begleitet, so übertragen wir sie dennoch auf die wahrgenommene Reihe der Erscheinungen selbst. Der Unterschied in dem Grade der Überzeugung von der physischen und dem der moralischen Notwendigkeit ist also nur ein Unterschied in der Stärke der Gewohnheit, welche bei den weit einfacheren, daher regelmäßiger erscheinenden physischen Vorgängen in demselben Verhältnis wirksamer sein muss, als sie schwächer ist bei den komplizierten Äußerungen des menschlichen Handelns. Wenn wir nun unsere eigenen Handlungen betrachten und keinen Eindruck der Nötigung oder des Zwanges empfangen, da das Motiv, das diese Handlungen bestimmt, eine Eigenschaft unseres Selbst ist, eine äußerste Tatsache, über welche *wir* selbst nicht hinausgehen können, so entsteht ein scheinbarer Widerspruch zwischen der wahrgenommenen Freiheit der eignen und der empfundenen Notwendigkeit der fremden Willensäußerungen. Dieser Widerspruch löst sich sofort, wenn wir bedenken, dass das *Gefühl* der Notwendigkeit in keinem Falle eine Beschaffenheit der Ursache ausdrückt, sondern stets nur eine Eigenschaft unserer Betrachtung und Folgerung ist. Die »versöhnliche« Theorie Humes von der Freiheit gleicht in sehr glücklicher Weise den Anspruch des Gemüts oder der innern Erfahrung mit der Forderung der Wissenschaft aus – durch Berichtigung des Begriffs der Notwendigkeit. Die menschlichen Handlungen sind frei, d. h. sie erfolgen ohne Empfindung der Nötigung aus dem eigenen Willen des Handelnden, sie sind notwendig, d. h. es besteht eine konstante, und zwar in Bezug auf die zu Grunde liegenden Verhältnisse vollkommen konstante Verbindung zwischen den Akten des Willens und den Beweggründen, Umständen und Charakteren.[A] |

Hume rühmt mit Recht als einen Vorzug seiner Theorie, dass sie vermöge ihrer Einfachheit und Natürlichkeit auch die »Vernunft« der Tiere umfasse und erkläre. An der Fähigkeit der Tiere, mindestens der höheren Tiere, Schlüsse aus der Erfahrung zu gewinnen und in einem gewissen Umfange von früherer Erfahrung auf künftige zu folgern, zu zweifeln, hält Hume für absurd. Die Tatsache selbst ist so offenkundig, dass jede Bemühung, sie erst zu beweisen, lächerlich sein würde. Der echte Geist der Natürlichkeit, von dem seine vorurteilsfreie Philosophie durchaus getragen ist, hat Hume von vorneherein vor den Irrtümern der Metaphysik bewahrt, welche noch in einem Descartes zur empörenden Verleugnung des Seelenlebens der Tiere gelangt war. Was dieser Ableugnung einen gewissen Schein verleiht, ist eben die gänzliche Verkennung der Natur und Form der tatsächlichen Erkenntnis. Soll diese Erkenntnisweise auf so schwierigen Voraussetzungen, als förmliche Begriffe und Grundsätze sind, beruhen, so ließe sich allerdings nicht absehen, wie Tiere oder Kinder schließen können sollten. Ihre Folgerung geht unmittelbar von Empfindung zu Empfindung und bedarf keiner Dazwischenkunft eines Begriffs. Nachdem aber erwiesen ist, dass das Prinzip aller tatsächlichen Beweise kein Prinzip der Reflexion oder des Nachdenkens ist, sondern eine Art *mittelbarer, vermittelter Empfindung*, so steht nichts mehr im Wege, dasselbe Prinzip auch der Schlussweise der Tiere zu Grunde zu legen. Diese Verallgemeinerung ist zugleich ein Beweis der Wahrheit des Prinzipes selber, nach der Regel, dass die

A Wir haben den Gegenstand der Willensfreiheit ausführlich in Band II [Teilband 2, S. 216–280] zu erörtern.

Wahrscheinlichkeit einer Hypothese umso größer ist, je mehrere, unter sich getrennte Reihen von Erscheinungen sie umfasst und erklärt. Die Tiere lernen von der Erfahrung. Sie empfinden den Eindruck der Gewohnheit, wie die Dressur und Erziehung beweisen. Sie folgern aus früherer Erfahrung, indem sie der Anblick eines Gegenstandes, wie ihre Handlungen zeigen, auf die Vorstellung der gewohnten Wirkung bringt. Alle Umstände sind gegeben, um sohin den Schluss zu ziehen, dass es ebenfalls Erfahrung und Gewohnheit seien, welche die Folgerung der Tiere bestimmen. Allerdings gibt es Äußerungen scheinbarer Intelli|genz der Tiere, welche weit das in ihnen vorauszusetzende Vermögen des Verstandes übertreffen, ja in ihrer Vollkommenheit das Gepräge unfehlbarer mechanischer Ursachen an sich tragen: die Äußerungen der Instinkte. Erinnern wir uns aber, dass zwischen Gewohnheit und Instinkt keine Scheidewand besteht, dass eine sehr lange dauernde Gewohnheit die Macht und Sicherheit des Instinktes annimmt, so werden wir jene Äußerungen weniger ungewöhnlich, obschon nicht minder unbegreiflich finden. Vernunft und Instinkt gehen ineinander über. »Ja die ganze Vernunft selbst ist nichts als ein wundervoller unerklärlicher Instinkt in unsrer Seele.«[A]

Die Regeln, welche Hume für die Schlüsse nach dem Kausalitätsverhältnisse aufstellt, verdienen ihrer Klarheit und Richtigkeit wegen angeführt zu werden. Die Kennzeichen eines Kausalverhältnisses sind, wie wir wissen, Angrenzung in Raum und Zeit, Priorität der Ursache, Beständigkeit der Verbindung. Die Schlüsse oder Regeln aus diesem Verhältnisse sind: 1) Ähnliche Ursachen haben ähnliche Wirkungen zur Folge, ein Schluss, der mit dem Grade der Ähnlichkeit an Stärke gewinnt; 2) übereinstimmende Wirkungen verschiedener Dinge rühren von einer gemeinsamen Eigenschaft in diesen Dingen her; 3) die Verschiedenheit der Wirkungen ähnlicher Dinge muss von demjenigen Teile herkommen, worin sie unterschieden sind. Diese beiden Sätze hat Mill als methodische Grundsätze der Übereinstimmung und der Differenz seiner Lehre der experimentellen Methode zu Grunde genommen.

A [Hume, Über die menschliche Natur, Band I, S. 362.]

4) Wenn eine Erscheinung ab- und zunimmt mit der Ab- und Zunahme einer Ursache, so muss sie die zusammengesetzte Wirkung der verschiedenen Teile der Ursache sein. Man kann voraussetzen, dass die Abwesenheit oder Gegenwart eines Teils der Ursache auch allemal von der Abwesenheit oder Gegenwart eines proportionierlichen Teils der Wirkung begleitet ist. Mills Regel der sich begleitenden Veränderungen. 5) Ein Ding, das eine Zeit lang bei seiner vollkommenen Existenz ohne Wirkung ist, kann nicht die alleinige Ursache einer erfolgenden Veränderung sein, sondern es bedarf noch des Beistandes anderer Prinzipien, die seinen Einfluss im zweiten Falle erklären. Von | diesen Sätzen ist, wie Mill zeigte[45], für die experimentelle Methode der dritte von entscheidender Wichtigkeit. Übrigens bemerkt Hume mit Recht: Alle Regeln dieser Art sind leicht zu finden, aber außerordentlich schwer in der Anwendung.

Wir wenden uns zur Kritik, inwieweit dieselbe nicht schon in die Darstellung selbst eingeflochten ist. Von den Einwendungen, die Humes einfache und verständliche, aber freilich der »künstlichen« Gewohnheit widerstrebende Theorie, erfahren hat, verdienen diejenigen von Thomas Reid und Joseph Priestley keine nähere Berücksichtigung. Namentlich bei Priestley gerät man unwillkürlich in Zweifel, ob er auch nur richtig lesen wollte. Wir sehen, erklärt er in den »Briefen an einen philosophischen Zweifler«[46], diesen Grundsatz als eine sichere Voraussetzung an und handeln demselben ohne Bedenken gemäß. Aber hat Hume je bestritten, dass die Kausalität eine sichere »Voraussetzung« sei, und hat er nicht selber gerade die *praktische* Bedeutung dieser Schlussform betont, und deshalb dieselbe der Unsicherheit der Vernunftbegründungen entnommen? Ohne alle *nähere Überzeugungen* würden wir bei der *Wahrnehmung*, dass zwei Ereignisse einander beständig begleiten, glauben, dass hiervon in der Natur ein hinlänglicher Grund vorhanden sein müsse – fährt Priestley fort. Und dies soll eine Einwendung gegen Hume sein, da es vielmehr augenscheinlich eine fast *wörtliche* Reproduktion seiner Lehre ist. Ohne *neue Schlüsse*, ohne weitere Reflexion schließen wir, wie Hume zeigte, direkt von der wahrgenommenen Beständigkeit auf notwendige Verknüpfung oder Verursachung. Sorgfältiger sind die Bemerkungen Reids[47]. Wenn er aber einwirft, der Grundsatz der Kausalität sei nicht zufällig, sondern notwendig, so ist eben diese *Notwendigkeit* das *Problem* Humes, der sich mit philosophischem Geiste nicht bei der bekannten Tatsache allein beruhigt. Die Erfahrung soll allgemeine Grundsätze nur wahrscheinlich machen; niemand werde aber den Grundsatz der Kausalität für nur wahrscheinlich halten. Auch Hume nicht, der ihn für *gewiss* erklärt, und die eigene Art dieser Gewissheit zu beweisen sucht. Diese Beweise hätte Reid angreifen sollen, anstatt eine irrtümliche Behauptung als Ein|wendung vorzubringen. Die Erfahrung könne jenen Grundsatz nicht in uns erzeugen, weil wir von den meisten Naturereignissen die Ursachen nicht kennen (vielmehr von keinem!), die Kausalität sei überdies kein Gegenstand der Empfindung, sondern eine Beziehung von Ideen. Dass sie es nicht ist, hat Hume unwiderleglich dargetan – und ich finde nichts in Reids »Untersuchung«, was diese Beweise entkräften könnte. Warum werde die Kausalität als notwendige Grundwahrheit angesehen, fragt Reid und antwortet: weil sie allgemein befolgt und anerkannt werde. Wie könne man auch nach dem Grunde des Satzes vom Grunde fragen, da es eben Grundsatz sei, dass nichts ohne Grund geschehe? Es braucht kaum bemerkt zu werden, um wie vieles philosophischer und gründlicher Hume verfährt, wenn er sich mit der allgemeinen Anerkennung nicht begnügt. Es gibt oder gab auch allgemein anerkannte Irrtümer. Und was die Einwendung betrifft, es sei widersinnig, nach dem Grunde der Kausalität zu forschen, so ist sie sehr oberflächlich. Weil die Kausalität kein logischer Satz ist, sondern mindestens die Anwendung des Satzes vom Grunde statt auf Begriffe auf die *Wirklichkeit*, so ist es gar nicht widersinnig, nach dem Rechte dieser Anwendung, nach dem Grunde ihrer Gültigkeit zu fragen. Niemand hat Hume richtiger verstanden, das Entscheidende, worauf es ihm ankam, vollkommener getroffen, als Kant. Die Frage, die Hume verneinte, ist eben die von Kant hervorgehobene: Ist der Grundsatz der Kausalität eine Erkenntnis a priori, d. i. aus bloßen Begriffen, ist er ein selbstgedachtes Prinzip der Vernunft? Freilich, wenn Kant weiter erklärt: Nach Hume ist

Kausalität nur subjektive Gewohnheit, so ist dieses »nur«[48] zu urgieren, da Kausalität auch nach Hume mehr ist als Gewohnheit, nämlich Beharrlichkeit der Folge. Auch hat Kant zunächst bloß von seinem Standpunkte aus Recht, die Gewohnheit, ein Wirklichkeitsprinzip, an Bedeutung einem Prinzip der reinen Vernunft nachzusetzen. Übrigens besteht zwischen Hume und Kant, wie alsbald gezeigt werden soll, kein reiner Gegensatz, die gewöhnliche Behauptung, Kant habe Hume widerlegt oder widerlegen wollen, ist nur halbwahr. Weitere Einwendungen gegen Humes Theorie könnten von Seiten der experi|mentellen Wissenschaft versucht werden, ein Teil derselben ist in der Tat triftig, aber nicht diejenige, welche zunächst liegt, und von Siméon-Denis Poisson erhoben wurde.[A] Nach Hume sollen wir, wie der französische Analytiker erklärt, keine andere Vorstellung von Ursache und Wirkung haben, als die des Zusammentreffens oder unmittelbaren Aufeinanderfolgens beider, aber nicht die eines notwendigen Zusammenhanges. Die wiederholte Beobachtung erwecke zwar eine starke, gewohnheitsmäßige Präsumtion, die aber verschwinde, wenn wir das Zusammentreffen nur eine geringe Anzahl von Malen beobachtet haben. Wir könnten hinzufügen, um diesen Einwurf nachdrücklichst zu verstärken, dass im Vergleich zu allen vergangenen und künftigen Fällen, die notwendig unserer Beobachtung entzogen sind, jede noch so große Zahl von Beobachtungen verschwindend klein sei. Die Zahl der beobachteten Fälle ist unendlich klein, die Kraft der Überzeugung in die Verursachung ungemein groß, mithin könnte diese Kraft nicht durch die Zahl der Wiederholungen hervorgebracht sein. Allerdings nicht die *theoretische* Überzeugung, der logische Grund derselben – aber warum nicht der natürliche Glaube? Ich halte selbst das Wiederholungsprinzip für zweifelhaft, jedoch aus einem anderen Grunde als Poisson. In der experimentellen Wissenschaft, bemerkt Poisson weiter, entscheiden wenige, mit aller Sorgfalt und Akribie angestellte Versuche über die Gewissheit einer kausalen Verbindung. Wenige Experimente haben Hans Christian Oersted von der mag-

[A] Poisson, Lehrbuch der Wahrscheinlichkeitsrechnung, S. 131.

netischen Wirkung des Voltaischen Stromes überzeugt, während nach dem Prinzipe Humes nach 10 Versuchen die Wahrscheinlichkeit für den elften erst sein müsste. Dieses und andere Beispiele lehren, dass unabhängig von jeder Gewohnheit die bloße *Möglichkeit*, d.i. die Begreiflichkeit, dass die Ursache zur Hervorbringung ihrer Wirkung geeignet sei, in Verbindung mit einigen wenigen Versuchen ein vollgültiger Grund zur Annahme ihrer Wiederkehr und ihres unbedingten Stattfindens sei. Diese Einwendung scheint Hume | zu vernichten – und trifft ihn gar nicht. Hume kennt den experimentellen Schluss aus wenigen, ja möglicherweise aus einem einzigen Falle künstlicher, oder theoretischer Beobachtung. Er weiß, dass wir beim Experimente mit den Ursachen operieren, dass wir neue Umstände in den vorhandenen Tatbestand einführen, und die Veränderung zufolge dieses Umstandes quantitativ bestimmen. Es ist ihm nicht unbekannt, dass innerhalb eines sehr weiten Umkreises das ableitende und deduzierende Verfahren auf Grund weniger und einfacher empirischer Prinzipien herrsche, und dass auf diesem Gebiete die Induktion in Gestalt der Verifikation an das Ende, statt an den Anfang unseres Schlusses trete. Er selbst macht auf die Rolle der »Geometrie« aufmerksam, die uns befähige, unter Voraussetzung der Gültigkeit gewisser Gesetze den Einfluss ihrer Wirksamkeit zu beherrschen.[A] Aber hier ist es »das Nachdenken, welches auf indirekte Weise die Gewohnheit ersetzt«[B]. Die Verbindung ist in *einem* Falle allerdings nicht *habituell* geworden, allein dieser Fall wird durch die Mathematik gewissen Prinzipien oder Erfahrungsgesetzen subsummiert, welche im höchsten Grade habituell geworden sind, so dem Prinzip der Mitteilung von Bewegung. Und diese letzten, einfachen Kausalverbindungen sind es, deren Entdeckung wir der beständigen Erfahrung allein verdanken, die durch »alles reine Denken der ganzen Welt«[C] nimmermehr hätten gefunden werden können.

A Hume, Untersuchung, S. 30 und Hume, Über die menschliche Natur, Band I, S. 216.

B [Hume, Über die menschliche Natur, Band I, S. 216.]

C [Hume, Untersuchung, S. 30.]

Die Mathematik verhilft uns zwar zur Entdeckung der abgeleiteten Gesetze, sie verschafft uns selbst die Kenntnis neuer Tatsachen, die der Beobachtung für immer entgangen wären, wie es u. a. die Optik beweist; aber die obersten Gesetze der Erscheinungen, die Grundlagen aller Ableitungen, können nicht selber wieder abgeleitet werden. Sie sind der empirische Inhalt des formalen, mathematischen Denkens. Ich habe selbst hervorgehoben, dass Hume die Bedeutung der Mathematik unterschätzte, dass er kein Mittel besaß, die strenge Gültigkeit ihrer Anwendung auf das Wirkliche zu beweisen – allein dieser Mangel ändert nichts an dem richtigen Satze, dass die ›einfachen kausalen Ver|bindungen in der Natur nicht weiter ableitbare, also durch Erfahrung gegebene und gekannte Tatsachen sind‹. Um jeden Zweifel an der Richtigkeit dieses Satzes zu zerstören, muss noch das moderne Prinzip der Korrelation der Kräfte herangezogen werden. Wir haben erkannt, dass zwischen Ursache und Wirkung eine strenge Größengleichung bestehe, wir wissen, dass der Fond von mechanischer Kraft eine konstante Summe sei, die in allen Verwandlungen und Umsetzungen der Wirkungen sich erhält. Eine gewisse Bewegungsform ist der bestimmten Größe einer andern äquivalent. Die Äquivalenz von Ursache und Wirkung setzt uns nun in vielen Fällen in den Stand, durch Experiment und Rechnung nicht nur die Wirkung aus der Ursache, sondern auch rückwärts die Ursache aus der Wirkung hervorzubringen. Die experimentelle Umkehrung des Verfahrens beweist die unbedingte Gültigkeit der erforschten, kausalen Verbindung, unabhängig von jeder weiteren Erfahrung und Beobachtung. Die Verknüpfung von Ursache und Wirkung erscheint hier vollkommen durchsichtig und ganz begreiflich. Der Schein der Begreiflichkeit a priori schwindet indes, sobald wir bedenken, dass die eine Bewegung immer ein anderes Faktum bleibt als die zweite. Beide verknüpfte Vorgänge sind zeitlich, also empirisch verschieden. Unsere Überzeugung bleibt mithin *insoweit* stets von der Zeit und der Erfahrung abhängig. Das ganze System der Erfahrungswissenschaft, obschon in seinen Mittelgliedern geschlossen und festgefügt, ist doch in seinen äußersten Enden und tiefsten Grundlagen hypothetisch. Die Gründe der Erscheinungen sind Tatsachen, das System der Dinge daher, in seinen Gründen betrachtet, ›freie Tatsächlichkeit‹[A]! Was aber in dem angeführten, prinzipiellen Falle den Schein der vollständigen Begreiflichkeit bis zur Täuschung verstärkt, ist Hume nicht unbekannt geblieben. Es ist die Steigerung der Überzeugung aus reiner Kausalität durch das Hinzutreten des Verhältnisses der *Ähnlichkeit* oder Identität. »Dass die Mitteilung von Bewegung oder mechanischer Kraft der Natur gemäßer sei, als jede andere natürliche Wir|kung, ist in dem Verhältnisse der Ähnlichkeit zwischen der Ursache und Wirkung zu suchen, das sich hier mit der Erfahrung (oder Kausalität [A. R.]) vereinigt, und die Dinge auf die engste und innigste Weise zusammen verbindet, so dass wir uns deshalb *einbilden, als wären sie absolut unzertrennlich*«[B].

Wenn aber auch Humes Satz bestehen bleibt, dass die ›letzten, kausalen Verknüpfungen, auf welche alle übrigen zurückzubringen sind, Verbindungen von Realitäten und nicht von Begriffen sind, so dass bei allen Zergliederungen und Trennungen durch die Wissenschaft ein unerklärlicher Rest anzutreffen sein muss‹ – eben das Faktische in seinem Unterschied vom Ideellen, der Kern der Erscheinungen in seinem Unterschied von der Schale – so bietet seine Theorie dennoch einige Stellen einem kritischen Angriffe dar.

Die empirischen Prinzipien sind als solche zwar keines Beweises, keiner weiteren Ableitung fähig, wohl aber eines Nachweises. Nun scheint mir dieser Nachweis nicht durch wiederholte Erfahrung zu erfolgen, die Gültigkeit desselben nicht von der Anzahl der Wiederholungen abhängig zu sein. Vielmehr auf dem Wege einer Analyse der gegebenen Erfahrung. Die Tatsachen, die zur Wahrnehmung gelangen, sind sehr zusammengesetzt, die beobachteten Vorgänge äußerst weit hergeleitet. In keinem Falle treten die vorhandenen Gesetze unvermischt mit ihren reinen Wirkungen in die Erscheinung. Besteht nun nicht die Kunst der Methodik, und die Hilfe der Instrumente, die nach theoretischen Absichten

A Dühring, Natürliche Dialektik, S. 73–108.
B Hume, Über die menschliche Natur, Band I, S. 228.

konstruiert werden, und welche die Methode ins Werk setzen, darin, dass wir vermittels ihrer die Erscheinungen dekomponieren und, so weit als möglich, in ihren Elementen isoliert darstellen können? Die Beständigkeit ist der objektive Charakter einer wirklichen Kausalverbindung, die Einfachheit der Charakter einer letzten oder äußersten Verknüpfung tatsächlicher Elemente. Wenn wir von einer durch zergliedernde Erfahrung ermittelten Tatsache zugleich das Merkmal ihrer Einfachheit nachweisen können, so haben wir Grund, sie als letzte | Tatsächlichkeit, als empirisches Prinzip zu betrachten. So ist das Zusammensetzungsprinzip der Kräfte von einer Einfachheit, dass die wiederholten Versuche erklärlich sind, es für eine rein begriffliche Erkenntnis auszugeben. Das Erhaltungsprinzip der Bewegung kann nur durch analysierende Beobachtung und Erfahrung entdeckt werden, es lässt sich aber zeigen, dass es zugleich den denkbar einfachsten Fall unter allen erdenklichen Möglichkeiten bilde. Kurz, die Analyse einer gegebenen Tatsache, nicht die fortwährende Erfahrung von derselben führt uns schließlich zu Elementartatsachen, deren charakteristische Eigenschaft die Einfachheit ist. Aber offenbar sind wir damit nicht am Ziele. Was verbürgt uns die *Beharrlichkeit* der einfachen Gesetze? Unsere Erfahrung, sei es nun die zergliedernde oder die sich wiederholende, reicht genau bis zum gegenwärtigen Augenblicke herab. Unsere Schlüsse aus der Erfahrung wenden sich in eine unabsehbare Vergangenheit zurück, und zwar soweit sie den materiellen, oder faktischen Leitfaden nicht verlieren, mit völliger Sicherheit, denn sie werden durch die gegenwärtige Wirklichkeit bestätigt. Mit welchem Rechte und an welchem Leitfaden greifen sie aber in die Zukunft vor? Es mag sein, mit dem Rechte eines Instinktes, mit dem Triebe lebendiger Erwartung. Allein – ein Instinkt kann natürlich und doch zugleich fehlgreifend sein, es kann einen irreleitenden Trieb geben, so naturwüchsig er auch sein mag. Was ist das Kriterium seiner Richtigkeit, und haben wir Grund, die Berechnungen unserer Klugheit und unseres Wissens diesem Triebe anzuvertrauen? Antwortet man, es sei die fortwährende Bestätigung in jedem nächsten Augenblicke, die das Kennzeichen für seine Richtigkeit gibt, so entgegnen wir mit

Hume, als Handelnde seien wir damit zufrieden, aber als Philosophen erlaube man uns, noch weiter zu forschen. Unsere Entschließungen werden wir unbedenklich der Macht des Instinktes überlassen, aber nicht die Sache der strengen, einfachen Wahrheit. Hume hat, wie gezeigt, diesen Punkt, den schwersten einer Kausalitätstheorie, nicht außer Acht gelassen, aber auch nicht erledigt. Die Beharrlichkeit von Dingen und Verbindungen der Dinge nachzuweisen, heißt dieselbe unab|hängig von der Zeitreihe darstellen. Die Bedingung dieser Darstellung ist keine geringere, als dass wir in einem gewissen Sinne über die allgemeine Zeit verfügen. Wenn die allgemeine Zeit nicht zur Existenz selbst, sondern zur Form unserer Auffassung oder der Erscheinung der Existenz gehörte, so ließe sich die Erfüllung jener Bedingung absehen. Die Idealität der reinen Zeit also hat sich uns unvermutet als ein Mittel der sichern Grundlegung der positiven Wissenschaft und Philosophie des Wirklichen herausgestellt, ein Punkt, den wir in einem späteren Zusammenhange erörtern wollen[49]. Hume setzte die Zeit aus Empfindungen zusammen; er merkte nicht, dass der Wechsel der Empfindungen nur eine empirische Bestimmung, oder Besonderung der reinen Zeit sein könne; die allgemeine Zeitform entstand ihm erst *nach* dem Wechsel, statt *in* der Auffassung desselben, und deshalb vermochte er nicht, die *Konstanz* der Kausalverbindungen von dieser Form frei zu machen, deshalb konnte er nicht die Kausalitätsschlüsse, ungeachtet sie ihm mit Recht für gewiss galten, davor schützen, schließlich doch in *Wahrscheinlichkeiten* überzugehen. Die Gewissheit unterscheidet sich nach ihm von der Wahrscheinlichkeit nur durch das Gefühl der Notwendigkeit. Da aber dieses Gefühl verschiedener Grade fähig ist, so bleibt der Unterschied beider nur quantitativ. Durch widerstreitende Erfahrungen wird das Gefühl abgeschwächt, die Gewissheit in Wahrscheinlichkeit verwandelt; durch fortgesetzte Steigerung der Wahrscheinlichkeit die Stufe der Gewissheit erreicht.[A] Selbst

A Die psychologische Wahrscheinlichkeitstheorie Humes ist übrigens meisterhaft, obschon meines Wissens wenig gekannt (Über die menschliche Natur, Band I, Abschnitt 11–13). Hume unterscheidet eine philosodas | Wunder vermochte Hume nicht streng aus dem Umkreis der möglichen Erfahrung zu verbannen. Sein höchst interessanter, geistvoller Versuch, das Wunder aufzuheben, gipfelt in dem Nachweis, dass alle Beweise, die *für* dasselbe erdenklich oder angeblich erbracht sind, ohne Vergleich *unwahrscheinlicher* seien, als die Beweise gegen dasselbe. Das Wunder kann nie nach den Regeln der Erfahrungserkenntnis bewiesen werden, aber könnte es darum allein nicht dennoch geschehen – künftig geschehen? Merkwürdig, dass ein englischer Theologe, James Bowling Mozley[50], die Argumentation Humes umzukehren suchte. Weil wir für die Erwartung, dass irgendein Teil der Naturordnung im nächsten Augenblicke noch derselbe sein werde, der er bisher war, keinen Vernunftgrund haben, so ist das Wunder möglich. Man kann es nicht einmal *schlechthin* unwahrscheinlich nennen, da die Wahrscheinlichkeit seiner Ausschließung auf der Annahme der Gleichförmigkeit der Naturordnung beruht, und diese Annahme nur wahrscheinlich ist.[A] |

phische Wahrscheinlichkeit und eine unphilosophische, in den Wahrscheinlichkeitsschlüssen des gewöhnlichen Lebens herrschende. Die philosophische unterscheidet er in Wahrscheinlichkeiten des Zufalls und der Ursachen. Der Zufall ist die Negation von Ursachen, als solche daher indifferent. Unter den Zufällen müssen sich immer Ursachen einmischen, damit ein Urteilen stattfinden könne. Am Beispiel des Würfelwurfes zeigt Hume in feiner Weise, wie sich die Überzeugung nach verschiedenen Wahrscheinlichkeitsgrößen auf die verschiedenen Fälle verteile. In den Wahrscheinlichkeiten des Zufalls fehlt es an der *Beständigkeit* der Erscheinungen, in denen der Ursachen an der *Ähnlichkeit* der verglichenen Ursachen. Die unphilosophischen | Wahrscheinlichkeiten sind 1) aus der Lebhaftigkeit der Impression herrührend, jede zufällige, z. B. krankhafte Steigerung des Grades eines Eindruckes erzeugt einen Wahrscheinlichkeits- und selbst einen Fehlschluss der Kausalität; 2) bestehen sie in der Neuheit, die die Lebhaftigkeit steigert; 3) in der Abnahme der Gewissheit durch die Menge von Beweisen, der gewöhnliche Mann vermag nicht die vollkommene Schlüssigkeit eines längeren Räsonnements einzusehen, dieselbe ist ihm daher nur wahrscheinlich; 4) aus Vorurteilen, z. B. übereilten Generalisationen.

A Herr Tyndall hat diese Beweisführung zu widerlegen versucht. Er bemerkt sehr richtig, dass unsre Schlüsse auf die Zukunft nicht auf der Anzahl

Um die reflexionslose Wirkung der Kausalität und besonders, um das Gefühl der Überzeugung in diese Verknüpfungsform zu erklären, hat Hume nach der Gewohnheit als Erklärungsgrund gegriffen. Ich habe das Scharfsinnige dieser Erklärung nach Verdienst hervorgehoben und gebe zu, dass, wenn Kausalität ein abgeleiteter Instinkt sei, sie nur Gewohnheit, und zwar vererbte Gewohnheit sein könne. Es scheint mir jedoch im Wesen des Kausalitätstriebes zu liegen, dass er vielmehr als ursprünglicher Instinkt, als letztes Naturgesetz des Bewusstseins betrachtet werden müsse. Wenn dem so ist, so wäre Kausalität, als subjektives Prinzip tatsächlicher Erkenntnis, nicht weiter erklärlich, sie wäre so unerklärlich wie das Bewusstsein überhaupt, von dem wir in keiner unserer Erklärungen ganz zu abstrahieren vermögen. Aber abgesehen von dieser Vermutung, die später von andrer Seite her entschieden werden soll, scheint mir auch die Gewohnheit an sich wenig geeignet, die lebhafte Empfindung der Notwendigkeit, welche eine Eigenschaft des subjektiv erwogenen Kausalitätsprinzipes ist, zu erklären. Die Wirkung der Gewohnheit ist abstumpfend, nicht belebend, und wenn sie auch vollkommen die *Leichtigkeit* erklären mag, womit der Übergang von Ursache zu Wirkung und

der vergangenen Beobachtungen beruhen, also keine bloßen Wahrscheinlichkeitsschlüsse seien. Wir steigen nach ihm durch eine Art sicherer Eingebung, oder Inspiration, von der fleißigen und klugen Beobachtung zu den Prinzipien und leiten aus diesen durch vollkommen gültige, mathematische Schlüsse die Gesetze der Erscheinungen ab. Der Weg, den wir einschlagen, führt von Induktion zur Intuition, der Erfassung der Prinzipien, von da zur Deduktion, dem Gegenbeweis der Induktion. Tyndall weist dies an der Gravitation Newtons und an der Entdeckung und Messung des Drucks der Atmosphäre durch Evangelista Torricelli nach. Er hätte kaum einfachere und glücklichere Beispiele finden können (Tyndall, Fragmente aus den Naturwissenschaften, S. 68). Dennoch scheint er mir den Nerv der Beweisführung seines scharfsinnigen, theologischen Gegners nicht getroffen zu haben. Herr Mozley würde entgegnen dürfen, zugegeben, dass unter der Voraussetzung der Schwere der Luft die Gesetze des Barometers vollkom|men gewiss und zweifellos seien, aber wie kann man beweisen, dass die Luft immer schwer bleiben müsse – oder überhaupt, dass Schwere eine alle Zeit vorhandene Eigenschaft der Körper bleiben werde?

umgekehrt erfolgt, so umso weniger die *Stärke* des Bewusstseins und der Überzeugung der Notwendigkeit dieses Übergangs. Diese Einwendung, die sich, wie bemerkt, nicht gegen die allgemeine Ansicht der Kausalität als eines Bewusstseinsinstinktes richtet, wird durch eine objektive Erwägung unterstützt. Nicht die Regelmäßigkeit der Erscheinungen, die sich am besten, ja allein eignet, eine gewohnheitsmäßige Verbindung herzustellen, hat den Kausalitätsinstinkt ursprünglich in Tätigkeit versetzt, sondern höchst wahrscheinlich umgekehrt das Außerordentliche in den Begebenheiten, das Gelegentliche und Ungewöhnliche in dem Fluss der Phänomene. Ein stiller Wechsel wird als keiner empfunden, erst der Eingriff, | die Unterbrechung, die ein besonderes Ereignis hervorbrachte, kann der Aufmerksamkeit einen Anstoß gegeben und das Bedürfnis des Nachforschens nach Ursachen hervorgerufen haben. Es ist belehrend, dass das früheste Denken dieses wach gewordene Bedürfnis nicht durch die Annahme konstanter Gesetze befriedigt hat, sondern durch die Erdichtung launenhafter Willkür, in Gestalt machtvoller Persönlichkeiten. Das Interesse des Willens gab den Impuls, die Analogie des Willens den Stoff der anfänglichen Kausalitätsäußerung. Ich zweifle auch gar nicht, dass es einer tieferen Psychologie gelingen werde, in dem Kausalitätsstreben den Ausgangs- und Vereinigungspunkt von Wille und Verstand zu finden.

Doch betreffen die letzteren Bemerkungen nicht die erkenntnistheoretische, sondern die psychologisch-genetische Seite der Hume'schen Kausalitätslehre. Ein Mangel, unter dem dieselbe leidet, muss noch erwähnt werden, obschon er erst in der Folge gehoben werden kann. Hume kennt kein eigentliches Prinzip des Urteilens. Wir verstehen unter Urteilen den Übergang vom bloßen Denken zum Erkennen des Wirklichen, von der Beschäftigung mit Begriffen zur Anwendung derselben auf das Wirkliche. Für diesen Übergang fehlt es Hume an einem Grunde. Er hat dafür nur ein Gefühl, eine reflektierte Impression statt eines Begriffes und einer wahren Denktätigkeit. Er übersieht, dass das Urteilen eine Funktion, keine Sensation sei; daher gelten ihm Impressionen ohne weiteres als *Gegenstände* für das Bewusstsein. Nun entsteht ein Gegenstand für das Bewusstsein niemals rein durch einen Eindruck, sondern stets nur durch einen Begriff – aber ja nicht einen »unbewussten«, den wir jenen überlassen wollen, die nicht deutlich zu denken vermögen. Das gegenständliche Denken entspringt zugleich mit dem Selbstdenken, in der Trennung und Verbindung des Bewusstseins und Selbstbewusstseins entsteht und besteht das Objekt – selbstverständlich der Vorstellung, nicht dem Sein nach. Inwieweit dieser Mangel Humes auch auf die Kausalitätstheorie eingewirkt habe, bleibt späterer Untersuchung vorbehalten; wir suchen inzwischen vielmehr ihre Vorzüge zu überblicken. Dieselben bestehen: erstens in der | Trennung des tatsächlichen Erkennens vom rein ideellen Denken. Diese prinzipiell wichtige Sonderung wirkt mächtig auf Kant ein, und gehört daher zu den geschichtlichen Voraussetzungen seines Kritizismus. Zweitens in dem Nachweis, dass Kausalität ein Prinzip des faktischen, kein Grundsatz des logischen Denkens ist. Dass daher, drittens, das Gesetz der Kausalität keines apriorischen Beweises fähig ist. Dies Ergebnis war es, das den Anstoß zur Vernunftkritik gab. Viertens endlich, dass das objektive Merkmal der Kausalität die Beharrlichkeit sei. Kant, der überhaupt auf die Kriterien der wirklichen Erfahrung kein Gewicht legt, sondern nur die der möglichen untersucht, hat diesen wichtigen Teil der Hume'schen Kausalitätslehre nicht weiterentwickelt, obschon gerade er durch die Entdeckung der Idealität der reinen Zeit die Bedingung zu seiner Fortbildung an die Hand gibt.

Man missdeutet das Verhältnis Kants zu Hume, wenn man den ersteren nur als Opponenten dieses auffasst. Vielmehr war Kant in den erheblichsten Punkten mit Hume einverstanden. Er war einverstanden mit ihm, dass alle *besonderen* Kausalverknüpfungen *nur* durch Erfahrung erkannt werden, er war sogar in einem gewissen Umfange mit dem Hauptsatze desselben einverstanden, der ›Unbeweisbarkeit des allgemeinen Kausalitätsgesetzes rein aus Begriffen‹. Weil Kant mit Hume die Kausalität vom logischen Satze des Grundes unterscheidet, konnte er die Gültigkeit der Kausalität nicht aus bloßen Begriffen beweisen. Man übersehe nicht, dass Kant das allgemeine Kausalitätsgesetz nicht als

Grundsatz, sondern als *Analogie* der Erfahrung beweist. Was er zu zeigen suchte, war das Stattfinden einer Analogie zwischen der Form unserer Begründungen und der allgemeinen Verknüpfungsform der Tatsachen. Wir vermögen nach ihm die Gleichheit eines *Verhältnisses* der wirklichen Zusammenhänge und der begrifflichen Vereinigungen zu beweisen, ohne damit, wie der Dogmatiker, eine Übereinstimmung im Wesen beider annehmen zu dürfen. Und wir vermögen selbst diese Analogie nur so weit vorauszusetzen, inwieweit die Dinge Vorstellungen, oder Erscheinungen sind, denn genau so weit stehen sie unter den Einheitsbegriffen unserer denkenden Erfahrung. Wem es | nun mehr auf wirkliche Erfahrungserkenntnis ankommt als auf formale, der mag sogar die gesicherten Ergebnisse der Theorie Humes für wichtiger schätzen als das Ergebnis Kants. Ich bemerke schließlich noch, dass auch in methodischer Beziehung zwischen Kant und Hume eine gewisse Verwandtschaft ist.

Obschon Hume im Gegensatz zu Kant sichtlich das Gewicht auf die Erklärung der subjektiven Notwendigkeit legt, so leitet er doch dieselbe in Übereinstimmung mit diesem von der objektiven – der Beharrlichkeit – vermittels des Naturprinzipes der Gewohnheit ab. Auch Kant beweist die objektive Gültigkeit und daraus die Notwendigkeit, und er wendet vielleicht zu wenig Aufmerksamkeit der letzteren, psychologischen Seite des Problems zu. Freilich die Art des Beweises ist bei beiden sehr verschieden. Während Hume die Notwendigkeit aus der Beständigkeit der Erfahrung deduziert, beweist sie Kant aus der intellektuellen Form einer möglichen Erfahrung, d.i. aus dem Begriff der Erfahrung. Die Größe dieser Verschiedenheit bemisst die Weite des methodischen Fortschrittes Kants über Hume hinaus.

§ 6. *Zusammenhang der theoretischen Philosophie Humes.* Die Skepsis als Waffe gegen den Dogmatismus. Unbeweisbarkeit des Daseins. Substanz. Persönliche Identität und Einheit des Bewusstseins. Anhang: Humes Idee von *mechanischer Anpassung* bei *Entstehung* und *Entwicklung* der *Organismen*

Obschon die weiteren Teile der theoretischen Philosophie Humes nicht mehr zu den geschichtlichen Voraussetzungen des Kritizismus Kants gehören, da gerade diese Teile in der späteren Bearbeitung der »Untersuchung« sehr verkürzt worden sind, so möge dennoch eine übersichtliche Darstellung derselben hier Platz finden. Man kennt Hume zu wenig, wenn man nur seine Leistung in der Kausalitätstheorie berücksichtigt, man kennt ihn freilich auch dann nur zur Hälfte, wenn man, wie es unser Plan vorschreibt, nur seine theoretische Philosophie in Betracht zieht. Er selbst gibt den Untersuchungen zur praktischen Philosophie den Vorzug, und auch Kant scheint ihn zunächst von dieser Seite her gekannt und gewürdigt zu haben.[A]

Im IV. Teile der »Abhandlung über die menschliche Natur«, | welcher von den skeptischen und andern philosophischen Systemen überschrieben ist, zeigt Hume den Kampf der verschiedenen Systeme von der intellektuellen und materiellen Welt, welche die Schulphilosophie errichtet hat. Seine Absicht dabei ist polemisch, und man würde diesen Teil seiner Philosophie sehr missverstehen, wenn man ihn außer Beziehung zu dieser Tendenz auffassen und sofort als Darlegung der eigenen Überzeugung des Autors betrachten wollte. Fragen wir, welche Partei Hume selbst nehme, so ist darauf keine runde Antwort möglich. Soweit es auf reine Begriffsphilosophie ankommt, verhält er sich skeptisch. Beweis und

A In der Nachricht von der Einrichtung seiner Vorlesungen von 1765–1766 nennt er die Versuche Humes in der praktischen Weltweisheit neben denen Anthony Ashley Shaftesburys und Francis Hutchesons. Sie seien zwar unvollendet und mangelhaft, gleichwohl noch am weitesten in der Aufsuchung der ersten Gründe aller Sittlichkeit gelangt (Kant I, Nachricht, S. 297 [AA II, S. 311–312]).

Gegenbeweis sind gleich stark; die »Krankheit«[A] des Skeptizismus durch Vernunft allein nicht heilbar. Nun erschöpft aber die theoretische Philosophie nicht die Philosophie überhaupt, so wenig als das Erkennen die Natur des Menschen. Wir verstehen daher, warum Hume die Frage verneint, ob er selber zu den Skeptikern gehöre, welche alles bezweifeln. Hume führt die Waffen der Antidogmatik zur Abwehr und Widerlegung des Dogmatismus, er gebraucht sie nicht als Werkzeuge zur Grundlegung des eigenen Systems. Diese ist vielmehr in den früheren Teilen des Traktates ausgeführt. Und wir haben zur Beurteilung des skeptischen Teiles den Satz, dass das ›Wirkliche nicht aus Begriffen erkannt werde, dass die Überzeugung von ihm jeder Willkür entzogen und auf ein Naturprinzip gegründet sei‹, als Voraussetzung zu nehmen. Der gegenwärtige Teil der Abhandlung führt den indirekten Beweis dieses Satzes. Wenn also der Kampf zwischen Dogmatismus und Skepsis scheinbar ohne Entscheidung bleibt, wenn sich das Spiel und Widerspiel von Beweisen anscheinend beständig ohne Gewinn und Verlust erneuert, so ist in Wahrheit die Entscheidung bereits erfolgt. Nur durch Begriffe kann sie nicht fallen, sondern dadurch, dass die Vernunft den Sinnen, die Begriffe der Wirklichkeit unterworfen werden. Die Überzeugung von der Existenz und Tatsächlichkeit ist selber eine Tatsache, die Impression des Glaubens, kein Begriff, und es wäre widersinnig, Tatsachen einfacher Art beweisen zu wollen. Hume will sagen: Wenn Ihr versucht, das Dasein zu beweisen, so zeige ich Euch, dass es nicht beweisbar sei, dass Eure angeb|lichen Beweise falsch oder mindestens ebenso guten Gegenbeweisen ausgesetzt seien. Ihr wollt mit Euren Erklärungen über die Grunderfahrungen hinaus, und erklärt in der Tat nichts mehr. So ist es zu verstehen, wenn Hume, bevor er an die Widerlegung der dogmatischen Beweise für das Dasein der Dinge geht, erklärt: Die Frage, ob es Körper *gebe* oder nicht, müsse bei allen unsern Erkenntnissen für ausgemacht angenommen werden, es handle sich nur um die *Gründe*, die uns bestimmen, an dieses Dasein zu glauben. Ist der Glaube, die höchste Überzeugung eine

A [Hume, Über die menschliche Natur, S. 430.]

Folge von Vernunftbeweisen, oder ist er selbst vom Range einer Wirklichkeit, sind die Gründe begriffliche oder faktische?

Um die Tragweite und Gültigkeit der Erkenntnis aus Begriffen zu ermessen, könnten wir zwei Wege wählen; wir könnten unmittelbar erforschen, was sie leiste, oder bestimmen, was sie nicht zu leisten vermag, wir könnten entweder die Macht oder die Ohnmacht der reinen Vernunft nachweisen. Beide Wege, obschon entgegengesetzt, führen schließlich zu demselben Ziele. Hume schlägt den letzteren ein; auf die Frage, wie weit sich die Fähigkeit unserer Begriffe erstrecke, entgegnet er: nicht so weit, um das Dasein zu beweisen oder irgendeine Tatfrage zu entscheiden; also wird das Dasein, da es zu leugnen widersinnig ist, nicht aus reinen Begriffen erkannt. Wer diesen Standpunkt der Beurteilung des sogenannten Skeptizismus Humes nicht einnimmt, wird zu folgendem Ergebnis gelangen. Nach Hume ist die Existenz von Dingen – zweifelhaft. Alles was uns wirklich gegeben wird, ist Vorstellung und nichts Weiteres. Nun sind unsere Vorstellungen unterbrochen, also gibt es nirgends eine dauernde Existenz. Das Schließen der Augen vernichtet, das Wiederaufschlagen derselben schafft neue Dinge, d.i. Impressionen. Nichts in der Vorstellung bezieht sich auf ein von ihr unabhängiges Objekt, alles in ihr ist subjektiv – Empfindung. Meine eigene Existenz ist ein Phänomen, wie das Dasein von Außendingen. Ich bin nur ein Büschel von Vorstellungen. Vergebens werde ich das Dasein von Geistern behaupten, wenn ich das Dasein von Körpern aufgehoben habe. Ist Sein gleich Vorgestelltwerden, so ist auch mein eigenes Sein und das aller übrigen, etwaigen, vor|stellenden Wesen nur in der Vorstellung; ich stelle mir vor zu sein, bin aber nicht. Wer dieses Ergebnis für die letzte und ernstliche Meinung Humes nehmen will, möge selber zusehen, wie er damit die Tatsache zusammenreimen kann, dass derselbe Hume an anderen Orten sehr positive Ansichten begründet, und wo er über seine unmittelbar vorliegende, erkenntniskritische und psychologische Aufgabe hinausgeht, zu physiologischen Erklärungsgründen der Assoziationsgesetze, der Verstärkung einer assoziierten Vorstellung durch den gegenwärtigen Eindruck u. dgl. greift – dass Hume ferner keineswegs die wirkenden Prinzipien, sondern nur ihre Erkennbarkeit bestreitet, dass er zugesteht, es gebe eine »Struktur«[A] der Körper, die sich der Auffassung unserer Sinne entzieht. Alle diese Äußerungen sind augenscheinlich entschieden und positiv, und es bleibt, um einen so auffälligen Widerspruch im Systeme zu heben, nur übrig, den wahren Sinn und die eigentliche Richtung seiner Antidogmatik anders als in der bisherigen Weise zu bestimmen.

Niemals hat Hume das Dasein der Dinge bezweifelt, sondern nur gelehrt, dass unsere Erkenntnis von ihnen nicht über dasjenige hinausgehe, was die Sinne von ihnen lehren. Jenseits der Impressionen, die für uns äußerste Tatsachen sind, ist nur noch Raum für leere Begriffsspiele. Wenn Humes Philosophie der Sinne und des Wirklichen den Geist von der Spekulation zur Erfassung des Tatsächlichen abruft, so folgt sie nur dem Zuge der Natur selbst, die uns nicht zum Disputieren, sondern zum Handeln und für die Geselligkeit bestimmte.

Wenn damit über die allgemeine Richtung der Skepsis Humes entschieden und erkannt ist, dass dieselbe nur beziehungsweise gegenüber der Begriffsmetaphysik gelte, so soll doch keineswegs bezweifelt werden, dass auch das skeptische Kapitel viele Bestandteile des Positivismus Humes enthalte. Im Kampf mit dem Dogmatismus hat Hume nicht nur dessen Beweisen Gegenbeweise gegenübergestellt, sondern auch einen Teil seiner eigenen Anschauungen entwickelt. Dies gilt namentlich von seinem Phänomenalismus und der Kritik des Persönlichkeitsbegriffs. Es ist die wahre und eigentliche Ansicht Humes, dass das Wesen der Ma|terie unbekannt, und nur die Erscheinung von etwas, das wir als Substanz bezeichnen, aber nicht erkennen, gegeben ist. Er zeigt, dass keine einzige Impression das materielle Wesen ausdrücke, da die Ausdehnung und Bewegung von Farbe und Solidität abhängen und diese beiden nachweisbar subjektiv seien. Ebenso ist es ihm unzweifelhaft ernst, wenn er mit treffender Schärfe den Streit um die persönliche Identität mehr für eine *grammatische* als eine *philosophische* Kontroverse erklärt. Den Idealismus Ber-

A [Hume, Über die menschliche Natur, Band I, S. 9.]

keleys gebraucht Hume zwar zunächst nur als Kampfmittel gegen den dogmatischen Beweis des Daseins von Außendingen durch Begriffe. Aber in Gestalt des Phänomenalismus bildet er zugleich einen Bestandteil seiner eigenen theoretischen Überzeugung. Nur haben wir beide, den Idealismus, welcher selber dogmatisch ist, und den Phänomenalismus, welcher kritisch und positivistisch ist, bestimmt zu unterscheiden. Zu erklären, dass die Eindrücke der Sinne und der Reflexion Erscheinungen von Dingen seien, dass auch das Ich – die Vorstellung der Vereinigung der Vorstellungen – phänomenal sei; und zu behaupten, dass die Existenz überhaupt nur eingebildet ist, dass es keinen Körper gebe, weil die Vorstellung des Körpers ein Phänomen ist, dass mein empirisches Dasein Täuschung sei, weil die Erfassung und Reflexion meines Daseins so gut phänomenal ist, wie die Vorstellung der Außenwelt – diese Behauptung und jene Erklärung sind himmelweit verschieden. Aber abgesehen von dieser eigentlich metaphysischen, nicht mehr erkenntnistheoretischen Frage nach der Existenz, die für Hume wie für Kant bereits ausgemacht und außer Zweifel ist, so ist der Phänomenalismus kein Ergebnis, sondern ein *methodisches* Mittel für Hume wie für Kant. Beide gebrauchen ihn zu ihren kritischen Zwecken; Hume, um vermittels desselben zu zeigen, dass es keine Erkenntnis von Gegenständen aus reiner Vernunft gebe; Kant, um zu beweisen, dass objektive Vernunfterkenntnis von der Form der Gegenstände als Erscheinungen möglich und sogar notwendig sei. Das Mittel war im Ganzen dasselbe, der Zweck verschieden, ja entgegengesetzt. Ich sage im Ganzen, denn Kants Idealismus ist transzendental, Humes empirisch. |

Der Beweis der Existenz von Dingen, unabhängig von unserem Bewusstsein, scheint einfach und zwingend zu sein. Dennoch enthält er Dunkelheiten und Widersprüche, welche seine Kraft vernichten. Zunächst ist die Frage der Existenz eine Tatfrage, also niemals rein durch Begriffe zu entscheiden; dann erhebt sich gegen den Beweis eine unumstößliche Schwierigkeit: »der Skeptizismus der Sinne«[A]. Es sind darunter nicht die Sinnestäuschungen und

A [Hume, Untersuchung, S. 142.]

gewöhnlichen Zweifelgründe gegen das Zeugnis der Empfindung zu verstehen, sondern es ist die Tatsache gemeint, dass uns ein Objekt nicht zweimal gegeben ist, in der Vorstellung und zugleich als Außending. Die Wahrnehmung oder Vorstellung selbst ist der Gegenstand, und das sinnliche Bewusstsein vermag nicht Ding und Vorstellung zu trennen. Wie aber sollten Begriffe diese Trennung beweisen können, da nach der Lehre Humes Begriffe von den Sinneseindrücken abstammen. Es kann also nie ein zweifelloser *Beweis* des Daseins der Außenwelt geführt werden. Erinnern wir uns an Humes eigentliche Ansicht: Der Glaube, der höchste Grad der Überzeugung von der Existenz von Dingen, ist unwillkürlich wie die Verrichtung des Atmens, der Bewegung, er ist physiologisch verursacht, nicht logisch begründet. Auf seine Gründe angesehen, als Beweis aus Begriffen betrachtet, wird er zweifelhaft, ja er erweist sich sogar als falsch. Wir behaupten ein Doppeltes vom Sein der Dinge. Wir behaupten ihre kontinuierliche und ihre unabhängige Existenz. Wenn wir die Sonne heute sehen, die wir gestern gesehen haben, so behaupten wir, sie habe fortgefahren zu existieren, sie sei kontinuierlich vorhanden gewesen; da wir aber erwägen, dass unsre Vorstellungen von der Sonne unterbrochen waren, so folgern wir aus ihrer kontinuierlichen Existenz im Gegensatz zur Unterbrechung, dass diese Existenz vom Bewusstsein unabhängig ist. Wir trennen Ding und Vorstellung; was ist aber das Ding außer seiner Vorstellung? Es kann nichts von dem sein, was es in der Vorstellung ist; wenn wir ihm aber alle Eigenschaften der Vorstellung nehmen, so bleibt nichts übrig als das unsagbare, unerkennbare Etwas überhaupt, jenes völlig kahle Ding an sich, das sich keiner Bemühung des Skeptikers lohnt. So führen uns die Begriffe schließlich zu einer nackten, | hohlen Abstraktion. Prüfen wir beide Teile des Beweises. Gegeben sind uns verschiedene, obzwar genau ähnliche Impressionen, ihre Beständigkeit und der Zusammenhang nach Ursache und Wirkung gestattet unserer Einbildung, unmerklich von der einen zur andern Vorstellung überzugehen, weil wir keine Verschiedenheit empfinden, so setzen wir beide Vorstellungen identisch. Ein *begrifflicher* Beweis für vollkommene Identität setzt aber zwei Bestandteile voraus, die

Unveränderlichkeit und die *Ununterbrochenheit* der Wahrnehmung, von denen nur der erstere, die Unveränderlichkeit, gegeben ist, der zweite durch den leichten Übergang der Einbildungskraft ersetzt wird. Noch deutlicher ist die Schwierigkeit des zweiten Teiles unserer Demonstration. Die Einbildung bestimmt uns, verschiedene Vorstellungen als dieselben anzunehmen, ihre kontinuierliche Existenz zu folgern; die Überlegung belehrt uns, dass unterbrochene Vorstellungen nicht identisch sein können, daraus schließen wir, dass nur das Objekt beständig, die Vorstellung intermittierend ist, wir sondern das Ding von der Wahrnehmung, dem direkten Zeugnis des Bewusstseins entgegen, und um diese Sonderung zu rechtfertigen, *erdichten* wir ein völlig unfassbares Objekt, wovon wir nicht sagen können, was es sei. Damit ist die Demonstration widerlegt und gezeigt, dass das Dasein selbständiger Dinge nicht demonstriert werden kann. Ich brauche nicht zu bemerken, dass ich mich zu diesem Punkte darstellend, nicht billigend verhalte. Die Frage nach dem äußeren Dasein hat Hume noch an einer früheren Stelle, im Zusammenhange des positiven Teiles seiner theoretischen Philosophie behandelt. Nichts ist unserem Gemüte auf eine reelle Art gegenwärtig als seine Vorstellungen. Also ist es für uns unmöglich, einen Begriff zu denken, ein Ding vorzustellen, das sich von den gegebenen Begriffen und Impressionen unterschiede. Das Universum für unsere Einbildungskraft ist die Welt unserer Vorstellung. Allein – »wollen wir recht tief in den Begriff der äußeren Objekte eindringen, insofern wir sie als von unsern Wahrnehmungen *spezifisch* verschieden denken, so sagen wir, dass wir einen bloßen *Verhältnisbegriff* von ihnen haben, ohne Anspruch darauf zu machen, die sich verhaltenden Objekte zu | begreifen«[A]. Hier wird also ausdrücklich die Existenz »der sich verhaltenden Objekte« eingeräumt, nur ihre Begreiflichkeit in Anspruch genommen. Soweit es auf die Begreiflichkeit ihrer Beschaffenheit, ihrer »Spezies« ankommt, mit Recht, aber, obschon wir durch jenes Verhältnis nur zu einem Grenzfalle gelangen, zur Grenze dessen, was seiner Natur nach niemals Be-

A [Hume, Über die menschliche Natur, Band I, S. 144.]

wusstsein ist, so würden wir doch sehr irren, den Verhältnisbegriff selbst zu unterschätzen. Durch diesen Begriff hat Kant den Idealismus der Erscheinungen an den Realismus des Grundes der Erscheinungen gekettet, die Dinge als Vorstellungen mit ihrer Gegenseite, als Dingen an sich selbst verbunden. Hume hat diesen Begriff, den er selbst anerkennt, zu freigebig in das skeptische Räsonnement hineingezogen, und dadurch einen Zweifel auf ihn geladen, er hat überhaupt die objektive Bedeutung der formalen Denkbegriffe, wie oben gezeigt ist, verkannt.

Ein Gleiches lässt sich gegen seine Auffassung der Bewusstseinseinheit bemerken. Die Untersuchung im sechsten Abschnitt ›von der persönlichen Identität‹ lenkt von selbst die Betrachtung auf die tiefere Lehre Kants, der zwar gleichfalls den »Paralogismus« der Persönlichkeit erkannte, aber zugleich auch die erkenntnistheoretische Bedeutung der formalen Bewusstseinsvereinigung hervorhob. Die Methode, nach der Hume den Begriff des Selbst untersucht, verdient unsern Beifall. Er zeigt zunächst, dass das Selbst keine besondere Vorstellung, sondern lediglich eine Beziehungsform der Vorstellungen sei. »Wenn ich recht tief in dasjenige eindringe, was ich mein Selbst nenne, so treffe ich allemal auf gewisse partikuläre Vorstellungen, oder auf Empfindungen von Hitze oder Kälte, Licht oder Schatten, Liebe oder Hass, Lust oder Unlust. Ich kann mein Selbst nie allein ohne eine Vorstellung ertappen, was ich beobachte, ist nichts als eine Vorstellung«[A], nichts Einfaches und Kontinuierliches, was diese Vorstellung hat. Kurz, ich bin, insoweit, nur ein Bündel, eine Vereinigungsform, von Vorstellungen. Um nun nachzuweisen, wie überhaupt die Vorstellung der persönlichen Identität entstanden sein möge, untersucht Hume die verschiedenen Fälle und Bedeutungen der Identität. Der erste ist die Verwechslung einer sehr | ähnlichen Folge numerisch verschiedener Impressionen mit ihrer völligen Gleichheit vermöge des unmerklichen Übergangs der Phantasie von der einen zur andern. In gleicher Weise bleibt die wahrgenommene Identität bei einer sehr geringen Vergrößerung oder Verminderung eines Dinges

A [Hume, Über die menschliche Natur, Band I, S. 489.]

und einer sehr allmähligen Veränderung desselben für die Vorstellung bestehen. Andere Fälle von Gleichheit sind Identität des Zweckes, z. B. bei künstlichen Gegenständen, und der Sympathie oder Gegenseitigkeit der Teile eines organischen Ganzen. Auch besteht eine spezifische Identität bei sehr rascher Veränderung, wenn eben diese das Wesen eines Dinges bildet - die Identität eines Flusses. Die Identität der Person ist jenes erdichtete Etwas, von derselben Art wie das, welches wir den vegetabilischen und tierischen Körpern zuschreiben. Sie rührt von dem sanften und unmerklichen Fortschritt der Gedanken her. Sie ist keine reale Vereinigung, sondern eine Verknüpfung in der Einbildung. Das Gemüt ist ein System verschiedener Vorstellungen, einem Freistaate gleich, in welchem die verschiedenen Glieder gesetzlich durch Regierung und Subordination vereinigt sind.

Seiner allgemeinen Form nach ist das Bewusstsein Synthese, der Begriff dieser Synthese, der Grundbegriff des Erkennens überhaupt. Das Bewusstsein hat zwar nur die Einheit einer Leistung, eines Gesetzes, nicht die eines dauernden Dinges. Aber die Stellung des Bewusstseins bringt es mit sich, dass sein Einheitsgesetz der Rahmen für alle übrigen, empirischen Formen der Vereinigung ist. Die allgemeine Einheit der Erfahrung, das systematische Grundgepräge der Dinge ist zunächst ein Reflex des einheitlichen, auffassenden und denkenden Bewusstseins. Die Gegenstände, die zur Erfahrung kommen können, müssen mindestens die Einheitsform des Bewusstseins haben. Tatsächlich intermittiert das Bewusstsein, zum Beweis, dass es nicht von substantieller, sondern von nachträglicher, abgeleiteter Beschaffenheit ist, aber dennoch ist der Gedanke der Kontinuität des Bewusstseins, welcher über die Unterbrechungen sozusagen übergreift, Grund aller übrigen Stetigkeitsvorstellungen. Hume hat diese erkenntnistheoretische Tragweite des Bewusstseins über die Er|scheinungen der Außen- und Innenwelt übersehen über der, von ihm mit Recht verneinten Frage, ob das Selbst ein Ding sei, oder ein besonderes Ding - eine Monas - zum Grunde liegen habe?

Die bisher zur Betrachtung gelangten Punkte geben kein annäherndes Bild von der Gesamtphilosophie des großen, schottischen Denkers. Humes beachtetste Leistung, diejenige, die zunächst Epoche gemacht hat, ist die Kausalitätskritik. Doch bildet sie nur einen Bestandteil seiner zugleich über die Gebiete der Moral- und Religionsphilosophie und die nicht zur Philosophie gezählten Felder der Nationalökonomie und Politik ausgedehnten Forschung. Hume ist der Vorgänger von Adam Smith, der Rivale von Jean-Jacques Rousseau. Gerade in der praktischen Philosophie hat seine Assoziationspsychologie zu den fruchtbarsten Anwendungen geführt, und wir müssen bei der Erörterung des Kantischen Vernunftprinzipes der Moral[51] noch einmal auf den schottischen Philosophen zurückkommen. Aber auch über die kosmologischen, zur Gesamtauffassung der Welt gehörigen Fragen hat Hume Gedanken geäußert, Ideen geschaffen, die zum Teil in die Zukunft vorausgriffen. Obschon nicht eigentlich in den Kontext dieser Schrift gehörend, mögen sie dennoch im Vorbeigehen berührt werden. Die Gegenwart diskutiert wieder eifriger diese zum Teil philosophischen Probleme auf Grund der prinzipiellen Errungenschaften der Naturwissenschaft der Zeit, des Gesetzes der Erhaltung der Kraft und der monistischen Erfassung des Lebens. Mit Interesse werden wir nun bemerken, dass Hume die am meisten in Erwägung gezogenen Hypothesen, die organische und mechanische, mit großer Schärfe und Klarheit bespricht. In den »Gesprächen über natürliche Religion« stellt Philo, anknüpfend an ältere kosmologische Systeme, die Analogie zwischen der Welt und einem Organismus auf. Er zeigt, dass sie zwar natürlicher und zutreffender sei als die Analogie mit einem Kunstwerke, verwirft sie aber schließlich zu Gunsten der weit wahrscheinlicheren mechanischen Auffassung. Er knüpft an Epicur an. Anstatt aber die Materie, wie Epicur tat, für unendlich anzunehmen, setzt er sie als endlich voraus. Eine endliche Anzahl von Teilen | ist nur endlicher Versetzungen fähig, und es kann bei einer hinlänglichen Dauer nicht fehlen, dass jede mögliche Ordnung endlich zum Vorschein kommen muss. Also muss unter Annahme beständiger Bewegung in weniger als unendlichen Versetzungen eine Ordnung entstehen, wie die gegenwärtige, die sich kraft ihrer eigenen Natur zu erhalten vermag, und den Anschein von Kunst und Zweckmäßigkeit gewinnt, obschon sie rein durch wirkende Prinzipien erreicht worden ist. Nehmen wir an, die Materie gehe von einem allerverworrensten Anfangszustande aus, der nicht die mindeste Ähnlichkeit mit Absicht, Zweckmäßigkeit und Ordnung besitzt, so muss in einer sehr großen Periode schließlich eine Verfassung der Teilchen eintreten, vermöge welcher dieselben jene Beständigkeit und Gesetzlichkeit erhalten, die wir jetzt in ihren Beziehungen bemerken. »Es ist mithin umsonst, sich auf die Nützlichkeit der Teile bei Tieren und Pflanzen und ihre wunderbare, gegenseitige Zusammenstimmung zu berufen. Ich möchte wohl wissen, wie ein Tier bestehen könnte, wenn seine Teile nicht gerade auf diese Weise eingerichtet wären. Finden wir nicht, dass es sogleich untergeht, wenn diese Einrichtung aufhört? Und in der Tat füget es sich glücklicher Weise, dass die Teile der Welt so wohl geordnet sind, dass sogleich irgendeine regelmäßige Form ihre Rechte auf die Materie geltend macht. Und würde wohl die Welt bestehen können, wenn es nicht so wäre? Müsste sie nicht sowohl als jenes Thier aufgelöst werden, und durch neue Lagen und Verhältnisse hindurchgehen, bis sie nach einer langen, obgleich endlichen Reihe aufeinander folgender Zustände, diese oder irgendeine andere Ordnung fände?«[A]

Hume hat die Philosophie des achtzehnten Jahrhunderts in würdigster, ja wenn in der Philosophie, wo nur die allgemeine Vernunft klassisch ist, von Klassizität die Rede sein dürfte, in klassischer Weise vertreten. In manchem Betrachte verdient sein Positivismus die Bezeichnung kritisch mit gleichem, wenn nicht besserem Rechte, als Kants in der Moralphilosophie zur transzendenten Metaphysik umkehrender Kritizismus. |

Doch sollen die Mängel seiner Methode nicht verschwiegen werden. Im Vergleich zu Locke einen entschiedenen Fortschritt über eine bloß psychologische Untersuchungsweise hinaus bildend, bleibt doch die Methode Humes an wissenschaftlicher Strenge hinter der Methode Kants zurück. Weder die Psychologie der Sensation noch die der Assoziation haben die erkennt-

A Hume, Gespräche, S. 143[-144].

nistheoretischen Fragen zu erledigen vermocht. Mit seiner Unterscheidung der tatsächlichen von der begrifflichen Erkenntnis, mit seiner direkt auf Inhalt und Bedeutung des Kausalitätsgesetzes gerichteten Untersuchung, hat zwar Hume den Weg der Erkenntniskritik betreten, aber auch nur betreten, da er durch die falsche Voraussetzung der Abstammung aller Begriffe, auch ihrer Form nach, von Eindrücken der Sinne, in weiteren Fortschritten aufgehalten war.

Wir haben damit die eine Quelle der Kantischen Philosophie von ihrem Ursprung an bis zu ihrem Einfluss in die letztere beobachtet. Die andere, die wenigstens für die methodische Ausbildung und Form des Kantischen Systems bei weitem einflussreicher war, liegt in der Wolffischen Philosophie.

Berkeleys Idealismus dagegen kann meiner Meinung nach nicht zu den bestimmenden Voraussetzungen der Lehre Kants gerechnet werden. Ich vermute sogar, dass, von einer gelegentlichen Kenntnisnahme abgesehen, Kants Aufmerksamkeit erst durch die bekannte *Garve*'sche Rezension der Vernunftkritik auf Berkeley gelenkt worden sei[52]. Meines Bemerkens fehlt in der ersten Auflage der »Kritik der reinen Vernunft« der Name Berkeleys.[53] |

Drittes Kapitel

Der Einfluss *Wolffs* auf *Kant*. Die kritischen Bestrebungen von *Lambert* und *Tetens*

§ 1. Der Einfluss *Wolffs*

In der Vorgeschichte des Kantischen Kritizismus nimmt die Philosophie Wolffs eine hervorragendere Stelle ein, als ihr gewöhnlich eingeräumt wird. Kant verhält sich zu Wolff keineswegs bloß kritisch. Er hat nicht, wie Kuno Fischer darstellt[54], die Standpunkte Wolffs, Lockes, Humes nacheinander durchlebt und abgefertigt, ehe er den eigenen erreichte; vielmehr erstreckte sich der Einfluss von Wolff und seiner Schule durch alle Perioden seiner philosophischen Entwicklung hindurch, und wurde gerade in der letzten, kritischen wieder mächtiger. Stets behielt Kant den strengen Begriff der ›Philosophie als System reiner Vernunfterkenntnisse‹ vor Augen, wenn ihn auch die Verzweiflung, diesen Begriff verwirklichen zu können, vorübergehend ins Lager der englischen Philosophie trieb. Kant wollte den Rationalismus nicht stürzen, sondern zwischen ihm und dem Standpunkt, den er für Skeptizismus hielt, vermitteln. Eine Vermittlung aber ist keine völlige Verneinung, sondern schließt teilweise Bejahung und Anerkennung in sich ein. Mit gutem Grunde kann der Kritizismus Kants als ›relativer Rationalismus‹[55] bezeichnet werden. Wir wollen damit den Einfluss der englischen Philosophie nicht unterschätzen; dieser Einfluss bestimmte Kant, fortan die Lösung der philosophischen Aufgabe in anderer Richtung zu verfolgen, statt direkter Erkenntnis von Dingen durch reine Vernunft, die Vernunftprinzipien ihrer Erscheinung aufzusuchen und zu begründen. Die Vorstellung von Kant als dem Gegner und Überwinder der Wolffischen Schulphilosophie bedarf der Berichtigung. Als Kant in der Philosophie als Autor auftrat, war die Herrschaft dieses Systems bereits gebrochen, er hätte also einen Gegner bekämpfen müssen, der nicht mehr auf dem Felde zu treffen war. | Dieses behaupteten vielmehr empirisch psychologische Untersuchungen, der Eklektizismus und die ästhetisierende Popularphilosophie. Und nun bemerke man, dass Kant in seiner kritischen Zeit gerade dieser schwächlichen Vertretung der Philosophie das Muster der strengen, geschlossenen Beweisführung Wolffs vorhielt, weshalb gesagt werden kann, dass er in gewissem Betrachte die Philosophie Wolffs restituierte. Er bekämpfte nicht die dogmatische Methode derselben, sondern den Dogmatismus des Systems. Ihr Mangel in seinen Augen war, dass sie die Ausgangspunkte und Grundbegriffe ihres demonstrierenden Verfahrens ununtersucht gelassen habe; es fehlte ihr an einer »Propädeutik«, das an sich richtige Beweisverfahren zu begründen und die Grenzen seiner Tragweite zu bestimmen. In diesem Sinne schrieb Kant den »Traktat der Methode«[A], wie er selbst die propädeutische Kritik nannte, und so ist es zu verstehen, wenn er die übersichtliche Darstellung seines Hauptwerkes »Prolegomena zu einer jeden künftigen Metaphysik, die als Wissenschaft (d.i. als dogmatisches System der philosophischen Erkenntnisse [A. R.]) wird auftreten können«, betitelte. Kant erklärte Wolff für den größten aller dogmatischen Philosophen[56], eine Ehre, auf die allerdings nicht Wolff, sondern Spinoza allein Anspruch hat. Wolff ist ihm der Urheber »des bisher noch nicht erloschenen Geistes der Gründlichkeit in Deutschland«[B]. In der Tat hatte Kant vieles von der Art der Gründlichkeit gelernt, die sich in den Schriften Wolffs und seiner Schule breitgemacht hatte. Seine peinliche Umständlichkeit im Vortrage, die Vorliebe für scholastische Ausdrücke und Wendungen, auch dort, wo sich ungezwungen weniger künstliche dargeboten hätten, kurz, die äußere Technik oder Manier seiner wissenschaftlichen Werke trägt den Stempel Wolffischer Schulung. Kant besaß in nicht geringem Grade die Fähigkeit echt populärer, d.i. einfach natürlicher Darstellung. Spuren davon verrät er in allen seinen Schriften, am meisten, und dies ist bezeichnend, in der Schriftengruppe der Jahre 1762–1766, in welche Zeit bekanntlich seine Beschäftigung mit der englischen Philosophie und der geistige Umgang mit dem

A [Kant II, KrV, S. 674; AA III, S. 15.]
B [Kant II, KrV, S. 683; AA III, S. 25.]

Apostel der Natürlichkeit, J. J. Rousseau, fallen. In den kritischen Werken dagegen herrscht der Ton der | Schule vor, besonders in der »Kritik der reinen Vernunft«. Es soll nun gar nicht in Abrede gestellt werden, dass die hier befolgte Lehrart ihre Vorzüge besitze. Dem Gegenstande der Untersuchung, und namentlich ihrem Gesichtspunkte, war dieses strenge, methodische, ableitende Verfahren durchaus angemessen. Es sollten die logischen Bedingungen einer möglichen Erfahrung abgeleitet und begründet werden, eine Aufgabe, die nur auf einem so rationellen, begriffsentwickelnden Wege gelöst werden konnte, wie ihn Kant einschlägt. Allein – es darf auch nicht ganz verschwiegen werden, dass die äußerliche Rücksicht auf die Form des Systems, manchmal der Gedankenverknüpfung hinderlich werden konnte, und wirklich hinderlich geworden ist. Herstellung von Symmetrie konnte für Erreichung einer wahren Einsicht gelten. Der Einfluss Wolffs geht jedoch tiefer als bis auf die äußere Systemform und Methode der Darstellung. Der Ausgang und die Richtung der kritischen Methode sind deutlich von diesem Einflusse bestimmt. Im Rahmen der Wolffischen Philosophie hat Kant seinen Kritizismus ausgeführt und selbst wo er sich gegen die Metaphysik der Schule kehrte, blieb seine Kritik von der Gestalt abhängig, in die Wolffs Schule die metaphysischen Dogmen gebracht hatte. Es sind weniger die unvermeidlichen Fragestellungen einer »natürlichen Dialektik«[57], die er kritisch löste, als die dogmatischen Glaubensartikel der Schule, denen er widersprach. Schon Schopenhauer verwunderte sich, dass Kant die Irrtümer der Leibnizischen, also auch der Wolffischen Vernunft für notwendige Täuschungen der allgemeinen Menschenvernunft ansah und demgemäß behandelte. Bedürfte es eines faktischen Beweises, dass Kant sich niemals völlig der Wolffischen Systemphilosophie entfremdete, so läge derselbe in der Tatsache, dass er den Kathedervortrag des eigenen Systems bequem in die Fächer der Philosophie Wolffs verteilen konnte, wie es die Vorlesungen über Metaphysik, von Karl Heinrich Ludwig Pölitz nach nachgeschriebenen Heften herausgegeben[58], lehren.

Die Wirksamkeit Wolffs kann nur im Zusammenhange seiner Zeit und Umgebung billig beurteilt werden. Wir begreifen zunächst kaum, wie ein logischer Pedant wie er den Pietisten im Ernste gefährlich erscheinen und von ihrer Seite der Ehre der | Verfolgung gewürdigt werden konnte. Wenn wir jedoch vernehmen, dass selbst Friedrich der Große die Werke Wolffs, die er eigens ins Französische übersetzen ließ, eifrig studierte, so werden wir den Maßstab unserer Schätzung ändern. In der steifen Regelrichtigkeit dieses Systems, in der Parade seiner zahllosen Paragraphe erkennen wir denselben Geist der Zeit, der in der Kunst den Zopfstil, im politischen Leben den aufgeklärten Despotismus, im religiösen den Rationalismus hervorgebracht hat.

§ 2. *Der Begriff der Möglichkeit.* Übereinstimmung und Divergenz von Wolff und Kant

Es mögen hier vornehmlich zwei Elemente der Philosophie Wolffs betrachtet werden, sein Begriff der Philosophie und das Prinzip, das er der Ausführung des Systems zu Grunde legte.

Philosophie ist die Wissenschaft der möglichen Dinge, soferne sie möglich sind. Der Nachdruck der Definition liegt auf dem Worte Möglichkeit. Wolff hätte nicht glauben können, mit dieser Definition einen besondern Fund gemacht zu haben, wert, um näher berichtet zu werden[A], wenn dieselbe nur bedeuten würde, Philosophie sei Wissenschaft aller möglichen Dinge. Statt eines deutlich unterscheidenden Merkmals der philosophischen Erkenntnisart, das er angeben wollte, hätte er dann die Philosophie mit den übrigen Wissenschaften ununterscheidbar vermengt. Wolff führt drei Klassen von Erkenntnissen auf, die historische, die mathematische, die philosophische; er weist der historischen die Tatsächlichkeit, der mathematischen die Größenbestimmung, der philosophischen die Möglichkeit der Dinge zu – eine Einteilung,

A »Hanc philosophiae definitionem reperi anno 1703. cum ad tradendam philosophiam in Academia Lipsiensi (…) animum appellerem.« (Wolff, Logica, Kapitel 2, § 29)

die auch Kant im Wesentlichen beibehalten hat.[A] Das Kriterium der Möglichkeit ist die Denkbarkeit, möglich ist, was begrifflich übereinstimmt, was sich nicht widerspricht. Die philosophische Erkenntnis erstreckt sich demnach so weit, als die Dinge denkbar oder begreiflich sind, Gegenstand der Philosophie | ist der Begriff der Dinge, die Begreiflichkeit der Gegenstände. Nur weil die Dinge nicht völlig begreiflich sind, gibt es außer der Philosophie, oder begrifflichen Erkenntnis, noch eine Empirie, oder historische Kenntnis. Zur Möglichkeit oder zum Begriff der Dinge tritt als Komplement ihre faktische Existenz hinzu, der Gegenstand der verworrenen Auffassung der Sinne. Es ist das Bestreben der Philosophie, die verworrene, historische Erkenntnis in eine begriffliche aufzuklären, das trübe Faktum in den durchsichtigen Begriff zu verwandeln. Das Werkzeug dieser Aufklärung ist der Satz vom Grunde. Ehe wir jedoch das Prinzip der Wolffischen Philosophie näher betrachten, haben wir den Folgen ihrer Begriffsbestimmung nachzugehen. Bei der Möglichkeit der Dinge denken wir mit Wolff nicht an ein subjektives Belieben, Dinge vorzustellen oder auch nicht vorzustellen, Vermutungen über Dinge anzustellen, problematisch über sie zu urteilen. Möglichkeit bedeutet weder ihr Vermögen zu sein noch unsere Fähigkeit, sie vorzustellen. Möglichkeit ist der Inbegriff des Denkbaren am Objekte, nicht die Kraft des Denkens im Subjekte; das Mögliche bedeutet das, was in den Dingen unserem Denken entspricht, nicht dieses unser Denkvermögen selbst, es betrifft die logische Beschaffenheit der Dinge, nicht die logische Fähigkeit des Menschen. Kurz, Möglichkeit ist nicht psychologisch und genetisch, sondern logisch und objektiv zu fassen. Genau denselben Begriff von Möglichkeit hat Kant beibehalten. Seine Untersuchung stützt sich auf die »Möglichkeit der Erfahrung«. »Die oberste Frage der Transzendentalphilosophie ist: Wie ist Erfahrung *möglich*?«[59] Die Möglichkeit der Erfahrung

A Kant gliedert die Erkenntnisse in historische Erkenntnisse (ex datis) und Vernunfterkenntnisse (ex principiis), die letzteren wieder in mathematische, durch Konstruktion der Begriffe, und philosophische, aus bloßen Begriffen.

ist das Prinzip der gegenständlichen Erkenntnis a priori, der Erkennbarkeit der Dinge aus Begriffen. Man würde nun Kant gänzlich missverstehen, wenn man unter dieser Möglichkeit unser Vermögen, Erfahrung zu erwerben, verstünde, wenn man Möglichkeit anthropologisch, als Befähigung des Menschen zur Erfahrung, nicht logisch als Begriff der Erfahrung erfasste. Es handelt sich für Kant nicht um die Entstehungsgründe der Erfahrung, sondern um ihre Erkenntnisprinzipien, darum, was im *Begriffe* ›Erfahrung‹ gedacht wird. Das Empirische überhaupt, das der äußern | und innern Erfahrung Gemeinsame, kurz das Begriffliche der Erfahrung ist das Fundament seiner Untersuchung.

Es ist eine wesentlich verschiedene Aufgabe, die Natur des Denkens zu erforschen und die Gültigkeit des Gedachten zu prüfen. Die letztere, kritische Aufgabe ist von der ersteren, psychologischen, gänzlich unabhängig. Auch eine vollständige Theorie der Vorstellungsbildung, der Erwerbung und Entwicklung der Begriffe würde doch nichts über ihre Wahrheit, oder objektive Gültigkeit entscheiden können. Wohl aber ist diese psychologisch-genetische Aufgabe von der Lösung jener kritischen in einem gewissen Umfange abhängig. Denn die Begriffe, durch die wir die innere Erfahrung denken, sind dieselben Erkenntniselemente, durch welche die äußere Erfahrung in ihren allgemeinsten Gründen begreiflich wird. Eine Theorie dieser gemeinsamen, logischen Grundlagen aller Erfahrung bildet das Ziel der Erkenntnislehre – einer objektiven, und nicht subjektiven Wissenschaft. Kant hat zuerst das Verhältnis beider Aufgaben richtig erfasst und die kritische in der ihr gebührenden, von irgendwelcher psychologischen Theorie unabhängigen Selbstständigkeit hingestellt. Dass er dabei von Wolffs Definition der Philosophie, als eines Systems rein rationeller Erkenntnisse, ausging, und namentlich dessen methodischen Begriff der Möglichkeit zum Grunde nahm, verleiht jenem sonst scholastischen, ja abgeschmackten Systeme die hohe, geschichtliche Bedeutung, die wir ihm bereits im Allgemeinen zuerkannt haben. Um keinen Zweifel zu lassen, dass der Ausdruck ›Möglichkeit der Erfahrung‹ von Kant im Sinne des ›Begriffs der Erfahrung‹, nicht eines ›Vermögens zur Erfahrung‹, also objektiv, nicht subjektiv gebraucht werde, setzt Kant sehr häufig dafür den völlig unzweideutigen Ausdruck ›mögliche Erfahrung‹ oder selbst ›eine mögliche Erfahrung überhaupt‹ ein.[A] Er erklärt: Die Regeln der Einheit in der Verknüpfung der Erscheinungen können jederzeit in der Erfahrung, ja sogar *in ihrer Möglichkeit* erwiesen | werden.[B] Ja er definiert selbst: *Transzendentalphilosophie d. i. Möglichkeit* einer Natur.[C] Niemand wird einen Kant des Widersinnes beschuldigen wollen, gemeint zu haben, dass Philosophie eine Natur erschaffe, dass sie das *Vermögen*, Natur hervorzubringen sei. Kant unterscheidet eine doppelte Seite des Möglichkeitsbegriffes: die Möglichkeit eines Dinges dem Begriffe nach – logische Möglichkeit, die auf dem Satze der Übereinstimmung und des Widerspruches allein beruht, und reale, deren Beweis durch mögliche Darstellung des Dings in der Erfahrung geführt werde.[D] Endlich definiert er Möglichkeit ganz im Sinne Wolffs: ›als Position der Vorstellung eines Dinges respektive auf unsern Begriff‹[E]; und erklärt: ›man könne beweisen, dass Dinge als Erscheinungen in einer Erfahrung auf gewisse Weise notwendig verbunden sein müssen, und nicht getrennt werden können, ohne derjenigen Verbindung zu *widersprechen*, vermittels deren diese Erfahrung möglich (d. i. also begreiflich) ist‹[F].

A An vielen Stellen, z. B. Kant II, KrV, S. 603[–604; AA III, S. 509–510], eine Stelle, die ich besonders auszeichne, weil sie ein konzises und überaus klares Resümee des *transzendentalen* Beweises enthält.

B Kant II, KrV, S. 137[–138; AA III, S. 144].

C Kant VI, TelP, S. 387 [AA VIII, S. 182–183].

D Kant I, Fortschritte, S. 569 [AA XX, S. 325–326].

E Kant IV, KU, S. 292 [AA V, S. 401–402].

F Kant VIII, KpV, S. 171 [AA V, S. 54]. In dem eben angeführten Ausdruck[60]: »eine mögliche Erfahrung überhaupt«, achte man besonders auf den unbestimmten Artikel. Kants Beweisführung bezieht sich gar nicht auf die wirkliche Erfahrung, sondern auf den Begriff der Erfahrung; so beziehen sich die Lehrsätze der Kinematik nicht auf wirkliche Bewegungen, sondern auf *mögliche*; Kant hat durch seine Kritik eine *rationelle* Erfahrungstheorie begründet, wie die Kinematik eine rationelle Bewegungslehre ist. Diese Bemerkung mag auch vorläufig dazu dienen, den Zweifel an der Durchführbarkeit einer so *allgemein* gestellten Aufgabe, wie die der Transzendentalphilosophie ist, zu beseitigen.

Möglichkeit der Erfahrung bedeutet also für Kant so viel als Begreiflichkeit der Erfahrung. Etwas als Bedingung möglicher Erfahrung beweisen, heißt für ihn, es in Beziehung auf den Begriff der Erfahrung beweisen; die Bedingung ist hier nicht als psychologische, sondern als logische, mithin selbst a priori beweisbare Bedingung zu verstehen.

Achten wir nun neben der Übereinstimmung auch auf den Unterschied, der in der näheren Bestimmung der philosophischen Aufgabe liegt. Wolff und Kant fassen zwar beide diese Aufgabe rationalistisch, für beide ist Philosophie ein System reiner Ver|nunfterkenntnisse. Während aber der dogmatische Rationalismus von der Möglichkeit der Dinge spricht, handelt der kritische von der Möglichkeit der Erfahrung. Der zureichende Grund für die Erkennbarkeit von Gegenständen war für Wolff ihre Denkbarkeit. Denkbare Dinge sind mögliche, also begrifflich erkennbare Dinge. Die Begriffe beziehen sich demnach bei Wolff unmittelbar auf die Dinge selbst. Daher bildet nach ihm die transzendentale Wahrheit die Ordnung der Gegenstände ab, wie sie ist, die Ordnung und Abfolge der Begriffe kommt völlig überein mit der Ordnung des Seienden selbst. Ontologie ist daher eine Seinslehre aus Begriffen. Kant dagegen erkannte, dass die bloße Denkbarkeit nicht genüge, um gegenständliche Erkenntnis zu begründen. Die Denkbarkeit ist zwar das positive Kriterium der logischen, aber nur ein negatives, eine unerlässliche Bedingung der faktischen Erkenntnis. Daher können Dinge niemals direkt durch Begriffe allein erkannt werden. Zur Möglichkeit ihres Denkens muss die Möglichkeit ihrer Anschauung hinzukommen, aus der Verbindung von Begriff und Anschauung entspringt Erkenntnis. Gegenstände der Anschauung sind aber Gegenstände der Erfahrung, die Erkenntnis von Dingen, soweit sie rationell ist, kann sich daher nur auf den Begriff der Erfahrung beziehen. In der Anschauung empfangen und dargestellt wird das Wirkliche zur Erscheinung, also gibt es reine Erkenntnis nur von der Form der Erscheinung der Dinge. Der Dogmatismus hatte das Denken mit dem Erkennen verwechselt, der Kritizismus schränkt das gegenständliche Denken auf die Bedingung ein, unter welcher es zum Erkennen wird. Nicht die

Denkbegriffe also, welche die Ontologie zum Grunde nimmt, haben sich geändert, nur ihr Verhältnis zum Wirklichen, ihre Funktion als Erkenntnisbegriffe wird anders bestimmt. Nach Wolff drücken diese Begriffe das Wesen der Dinge aus, nach Kant begründen sie die objektive Einheit der Erfahrung von den Dingen. Für Wolff sind sie ohne weiteres Begriffe von Gegenständen, nach Kant sind sie es nur, soferne diese Gegenstände Erscheinungen oder Objekte der Erfahrung sind. Umfasste bei Wolff die Begreiflichkeit die Dinge selbst, so schließt sie bei Kant nur ihre Erscheinungen in sich ein. | Die Form der Erscheinung ist Gegenstand rein begrifflicher Erkenntnis.

Aus dem eben dargestellten Verhältnisse der Vernunftkritik zur Vernunftdogmatik ergeben sich wichtige Folgen für die richtige Auffassung Kants. Fürs Erste handelt es sich bei Kant lediglich um die Erkennbarkeit der Dinge aus reiner Vernunft. Nicht die Existenz von Dingen, sondern ihre Begreiflichkeit kommt zur Untersuchung. Das Dasein selbst bleibt dabei außer Frage, wie denn wirklich die Existenz kein Gegenstand eines Beweises, sondern Sache der Anerkennung, absolute Position, ist. Zweitens ist nicht der Idealismus das eigentliche Ergebnis der kritischen Erkenntnistheorie, sondern der transzendentale Beweis, der Beweis der Möglichkeit einer gegenständlichen Erkenntnis aus reiner Vernunft. Der Idealismus enthält nur die nötige Restriktion der apriorischen Erkenntnis; nur soweit die Dinge Erscheinungen sind, sind sie ihrer allgemeinen Form nach aus Begriffen erkennbar. Also fällt der Nachdruck im Systeme Kants nicht auf den Idealismus, sondern auf den durch den Phänomenalismus eingeschränkten Rationalismus. Dieses Ergebnis, aus dem geschichtlichen Zusammenhange des Systems gewonnen, soll im Folgenden durch unmittelbare Betrachtung desselben bestätigt werden.

Noch an einem andern Punkte glaube ich eine Einwirkung der Wolffischen Philosophie auf Kant behaupten zu können. Kant unterscheidet zwei Grundbestandteile unserer Erkenntnis, von denen der eine a priori erkennbar ist, der andere ausschließlich empirisch, von der Erfahrung hergenommen ist. Zu dieser Unterscheidung der beiden Erkenntnisfaktoren, die in der Erfahrung zusammenwirken, scheint zwar weniger die Wolffische Einteilung der Erkenntnisse in historische und in Vernunfterkenntnisse, wohl aber die durchgeführte Sonderung eines reinen, oder rationellen Teiles einer Wissenschaft von dem empirischen Teile derselben den Anstoß gegeben zu haben. Die Philosophie eines Wissensgebietes erstreckt sich so weit, als der apriorische Teil der Erkenntnis auf diesem Gebiete reicht. Diese prinzipielle Sonderung halte ich, von ihrer erkenntnistheoretischen Bedeutung abgesehen, auch für methodisch wichtig. Das Gebiet der Philo|sophie erscheint unfassbar, und Grenzstreitigkeiten zwischen Philosophie und positiver Wissenschaft werden unvermeidlich, wenn nicht die erstere auf den rein begrifflichen Teil des Erkennens beschränkt und als Wissenschaft aus bloßen Begriffen erklärt wird.[A]

§ 3. *Der Satz vom Grunde* in der Wolff'schen Philosophie

Das Prinzip der Wolffischen Philosophie, deren Begriff wir entwickelt haben, ist der Satz vom Grunde. Der dogmatische Missbrauch, den Wolff von dem an sich leeren Postulate der vollständigen Begründung trieb, kann nicht überboten werden. Er kann auch nicht in lächerlicherer Weise geübt werden, als in der Weise Wolffs. Dieser Philosoph bewies nach dem Leitfaden jenes Satzes schlechthin alles. Ohne je den eigentlichen Gehalt der Leibnizischen Formel zu prüfen, gilt sie ihm ohne weiteres als der Ariadnefaden aus dem Labyrinth des Wirklichen in die klare Ordnung des Begrifflichen. Er definiert: ›Nichts sei ohne zureichenden Grund, warum es vielmehr sei als nicht sei‹, und bemerkt weder den versteckten Zirkel, der in dem Wörtchen ›warum‹ liegt, noch die Unbestimmtheit des Ausdruckes ›zureichend‹, noch die Ungeheuerlichkeit der Behauptung, dass alles, mithin die Existenz selbst begründet oder begrifflich abgeleitet sein solle. Auf die beiden ersten

A Die kürzeste Definition der *theoretischen* Philosophie dürfte wohl sein: Sie sei Wissenschaft der Elemente des denkenden Bewusstseins als Elemente der Erfahrung betrachtet.

Mängel der Definition hat schon Kant in seiner philosophischen Erstlingsschrift aufmerksam gemacht.[61] Der letzte, metaphysische Irrtum wird deutlich werden, wenn wir den Sinn der Wolffischen Formel näher beleuchten.

Kein Ding, erläutert Wolff selber, es sei eine Substanz, ein Akzidenz, ein Attribut oder ein Modus, existiert wirklich, von dem nicht gefragt werden könne, welches sein zureichender Grund des Existierens sei. Schlechthin für jedes Ding, sei es die Gottheit oder die Materie, soll nach einem Begriffe gefragt werden können, aus dem sein Dasein eingesehen oder begründet wird. Jedes Ding hat einen zugehörigen Begriff zur Voraussetzung, und dieser Begriff ist dasjenige in der Ursache, warum es entweder | einfach da ist oder eine besondere Modifikation des Daseins erfährt. Wolff unterscheidet also Ursache und Grund, aber er setzt den Grund der Ursache voraus. Wir vermögen also nicht bloß nach Begriffen für alles und jedes zu fragen, sondern es sind wirklich solche Begriffe als Gründe für alles vorhanden. Das Nichts wird daher definiert als dasjenige, dem kein Begriff entspricht. Und als einfache Folge dieser verkehrten Logik ergibt sich der widersinnige Satz: ›omne ens est *verum*!‹ Dem System der Wirklichkeit wird ein Begriffssystem vorangestellt, ein Reich der Möglichkeiten, das durch das ›complementum possibilitatis‹ das Prädikat der Wirklichkeit empfängt, und fortan existieren leibhaftige Begriffe, *wahre* Dinge und greifen ineinander wie die Sätze im Syllogismus. Wolff erklärt das Universum im Ganzen und Einzelnen syllogistisch. Daher hat er lauter »vernünftige Gedanken«. Schon er führt die Wahrnehmung auf einen Schluss zurück, und glaubt eine wichtige Entdeckung gemacht zu haben mit dem Einfalle, dass der Syllogismus Grund aller Veränderungen in der Seele ist. Den Naturgesetzen der Vorstellungsverknüpfung legt er das aristotelische Schema der künstlichen Gedankenverbindung zu Grunde.[A] Wie ganz er des philosophischen Tiefsinnes entbehrte, wie völlig sein Denken in syllogistische Wortbreite sich verflachte, zeigt sich besonders daraus, dass er den Descartesischen Satz vom ›Sein des Denkens‹ aus dem Syl-

A Wolff, Vernünftige Gedanken, §§ 341–343.

logismus herleitete: Wer sich seiner und anderer Dinge bewusst ist, der ist, wir sind uns unser und anderer Dinge bewusst, also sind wir. Descartes hatte erkannt, dass der Syllogismus keinen Beweis für Tatsachen, keinen Schluss von realer Gültigkeit leisten könne, dass er eine Form sei, Gedanken zu subsummieren, nicht Gedanken mit Wirklichkeiten zu verbinden, sobald nicht ein tatsächliches Prinzip gefunden werde, das seiner Form Gehalt und Bedeutung verschaffe. Ein solches Wirklichkeitsprinzip, und zwar das oberste aller, dasjenige, wovon wir in keiner Erkenntnis und in keiner willkürlichen Vorstellung zu abstrahieren vermögen, hatte er im Sein des | Denkens nachgewiesen. Wer diesen Nachweis wieder für einen bloßen Syllogismus nahm und das Bewusstsein der Existenz auf den Kredit der aristotelischen Methode gründete, besaß die Fähigkeit nicht, Descartes zu verstehen.

Dass der Satz vom Grunde wirklich das Prinzip des Wolffischen Philosophierens war, erhellt daraus, dass alle Angriffe, die diese Philosophie erfahren hat, gegen diesen Satz zielten. Sowohl Christian August Crusius als Joachim Georg Darjes haben diesen Satz bekämpft, der erstere durch Unterscheidung der logischen Begründung von der realen Verursachung, der zweite, indem er die Unbeschränktheit des Satzes bestritt, mit der beachtenswerten Wendung, er gelte nur insofern, als Wahrheit, d. i. etwas der logischen Verkettung von Gedanken Analoges, in der Verknüpfung der Dinge sei. Lambert schränkte ihn auf dasjenige ein, was nicht für sich »gedenkbar« ist, er nahm also sowohl die einfachsten Begriffe als letzte Tatsachen von der Forderung der Begründung aus. Und so sehr war das Ansehen des Satzes erschüttert, dass Kant schon in einer der früheren Schriften erklärte, er wolle sich desselben, als eines streitigen Satzes, in seiner Beweisführung nicht bedienen. Um die Größe des Fehlers zu ermessen, der in der Verwechslung von Verursachung und Begründung begangen wird, stelle man die beiden Sätze zur Vergleichung zusammen: ›Ein jeder Satz muss einen Grund haben, wenn er für bewiesen gelten soll‹ und ›eine jede Veränderung muss eine Ursache haben, die ihr vorangeht‹. So wenig ein Satz dasselbe ist wie eine Veränderung, so wenig kann ein Grund das Nämliche sein wie die Ursache. Die *Vorstellung* der Ursache kann zwar Grund eines Beweises der Wirkung werden, ebenso gut wie umgekehrt die Wirkung Grund des Beweises der Ursache – aber niemals kann die Ursache selber, und abgesehen von ihrer Vorstellung, Grund sein, es seien denn die Dinge reine Gedanken und ihre Verknüpfungen reine Subsumtionen von Gedanken. Etwas Analoges kann man wie Darjes und noch weit bestimmter Kant zwischen Begründung und Kausalität finden, aber auch nur etwas Analoges, wobei Analogie im strengen Sinne als Ähnlichkeit des Verhältnisses unähnlicher Dinge zu nehmen ist. Nach dem, was zur Kausalitätstheorie | Humes bemerkt worden ist, dürften diese Andeutungen genügen, um die Scheinmethode des Alles-Begründens aus der Wissenschaft zu verbannen.

Nicht die demonstrierende Methode in ihrer missbräuchlichen Anwendung auf »alle Dinge überhaupt«, sondern die Trennung eines formalen Teiles des Erkennens von einem faktischen und die Definition der Philosophie als strenger Begriffswissenschaft haben sich von Wolff aus auf Kant fortgepflanzt, so dass die Berücksichtigung dieser beiden Elemente seiner Philosophie in die Vorgeschichte des Kant'schen Kritizismus gehören.

§ 4. Kritische Bestrebungen in der deutschen Philosophie am Ausgang des 18. Jahrhunderts. *Lambert.* Bedeutung seines neuen Organons für die Theorie der Forschung. Gesetz der Interpolation. Lambert über die Prinzipien der Mechanik. Trennung von Kinematik und Mechanik. Mechanische Analogien. Vermittlung zwischen Wolff und Locke. Lamberts Erkenntnistheorie. Seine Kategorien. Das *Apriori.* Vergleichung der Methode Lamberts und Kants. Lamberts Bemerkung zur transzendentalen Ästhetik

Zu dieser Geschichte gehört die folgende Betrachtung nur mittelbar. Noch bevor Kant den Standpunkt seiner kritischen Philosophie erreicht hatte, kam es von anderer Seite zu Versuchen der Annäherung an die englische Philosophie. Lambert und Tetens haben, jeder in einer anderen Richtung, eine Auseinandersetzung mit dem englischen Kritizismus versucht. Von diesen Versuchen gebührt demjenigen Lamberts geschichtlich und sachlich der Vorrang. Der Erfahrungssatz der Geschichte, dass ›ein großer Mann und seine Werke nur der umfassendste und glücklichste Ausdruck dessen sind, was seine Zeit erstrebt, dass sie nicht eine neue Strömung eigentlich erzeugen, sondern nur die vorhandene verstärken und allenfalls ihr eine neue Richtung geben‹, bewährt sich auch in der Geschichte der Philosophie Kants. Es fehlte unmittelbar vor Kant in der deutschen Philosophie nicht an Bestrebungen, die wir ihrem Sinne nach ›kritische‹ nennen müssen, wenn auch diese Bezeichnung selbst erst von Kant gebraucht wurde. Die allgemeine Lage der Philosophie in Deutschland von der Mitte bis gegen das Ende des 18. Jahrhunderts hatte große Ähnlichkeit mit der Situation, in welche diese schicksalsreiche Wissenschaft in der Gegenwart geraten ist. Eine Zerfahrenheit der Meinungen nach allen Richtungen, Versuche, den französischen Materialismus auf deutschen Boden zu verpflanzen, schwache, schöngeistige Modephilosophie, die Bemühungen endlich, Philosophie auf Psychologie und Physiologie neu zu begründen, charakterisieren jene wie unsere eigene Zeit. Und es ist nicht zufällig, | dass neben diesen prinziplosen Versuchen ein stärkerer Betrieb der Philosophiegeschichte damals wie jetzt sich bemerklich machte. Eine Zeit, die auf irgendeinem Gebiete die Fähigkeit verloren hat, Geschichte zu machen, wird um desto geneigter sein, Geschichte zu studieren. Die Verachtung der reinen Philosophie war ebenso der Modeton jenes Zeitalters geworden, wie sie es abermals in unsrer Zeit ist, und Kant erklärte, dass es für das Gegenteil einer Auszeichnung gelte, als Metaphysiker bezeichnet zu werden. Und wenn die Verachtung allmählig der Gleichgültigkeit Platz gemacht hatte, so sah darin ebenfalls Kant weniger das Zeichen des Indifferentismus an den Problemen der Philosophie – und wie sollten auch diese Probleme jemals einem Zeitalter gleichgültig werden können, da sie die Probleme der allgemeinen Menschennatur sind, hervorgerufen durch ihre Fähigkeit der tiefsten Besinnung auf das Dasein! – als die Wirkung der gereifteren Urteilskraft, die sich nicht mehr mit Scheinwissen hinhalten ließ. Sein Zeitalter galt Kant für das eigentliche Zeitalter der *Kritik*[62]. Merkwürdigerweise drängten sich jene kritischen Bestrebungen alle um die Entstehungszeit des Kantischen Hauptwerkes zusammen. Tetens schrieb 1760 seine »Gedanken, warum in der Metaphysik nur wenige ausgemachte Wahrheiten sind«, 1763 stellte die Berliner Akademie die Preisfrage nach der Evidenz, deren die Metaphysik fähig sei, 1764 veröffentlichte Lambert sein »Neues Organon«, Christoph Meiners forderte 1772 »Revision der Philosophie« und suchte die Philosophie durch Psychologie zu reformieren, Johann Christian Lossius untersuchte 1775 die »Physischen Ursachen des Wahren«, und 1776 übergab Tetens die »Philosophischen Versuche über die menschliche Natur« der Öffentlichkeit. Alle diese kritischen Bestrebungen wurden durch die kritischen Werke Kants verdunkelt. Sie sind jedoch zum Teile wert, der Vergessenheit entrissen zu werden. Die Ziele, nach denen die philosophische Forschung der Gegenwart strebt, sind denjenigen genau ähnlich, welche bereits vor einem Jahrhundert verfolgt wurden, auch darf es uns nicht wundern, wenn die zeitliche Entfernung zusammenrückt, nachdem, was inzwischen lag, doch im Großen und Ganzen eine Periode philosophischer Träume | war. Im Vorbeigehen sei des Lossius erwähnt, der, augenscheinlich mehr durch Charles Bonnet als Johann Bernhard Basedow, wie Johann Gottlieb Buhle annimmt[63], beeinflusst, unter obigem, sehr bezeichnenden Titel die Tragweite des Erkennens untersuchte. Die Wahrheit, erklärte er, bezeichne nur eine Relation der Dinge zu uns. Wenn wir die Wahrheit abgesehen von den Objekten und den Menschen selbst denken, gibt sie gar keinen Begriff, und ist nichts. Zwischen den Dingen aber, den Sinnenwesen außer uns und unseren Organen, wie deren Veränderungen, besteht ein materieller Zusammenhang. Zufolge dieses Zusammenhanges ist es unmöglich, dass nicht ein und dieselbe Empfindung entstehen sollte, wenn einerlei Dinge unter den nämlichen Umständen auf das nämliche Organ wirken. Man kann nicht kürzer den Subjektivismus[64], der sich an den qualitativen Unterschied von Empfindung und objektivem Hergang hält, grundsätzlich widerlegen, als es in diesem Satze des Lossius geschah, der durch die neueste Physiologie seine Bestätigung findet. Die Empfindungen sind demnach, ihrer subjektiven Qualität ungeachtet, nicht der zufällige, sondern ein notwendiger Ausdruck des objektiven Vorgangs. Zwischen den Empfindungen in den Organen und den von ihnen hergeleiteten Gedanken findet nach Lossius derselbe genaue Zusammenhang statt, so dass es als unmöglich bezeichnet werden muss, dass bei der Empfindung des veränderten Zustandes eines Organs nicht ein Gedanke, und zwar der nämliche Gedanke entstehen sollte, wenn nur der Zustand des Organs auf einerlei Art abgeändert worden ist. Endlich zieht Lossius das Ergebnis, dass die Existenz der Dinge außer uns gewiss ist, unsere Erkenntnis von den Dingen aber relativ, insofern sie durch unsre mechanische Organisation bestimmt ist.[A65] Die moderne, physiologische Psychologie hat ihre Vorgänger in dem Jahrhundert, dem die Aufklärung zur Maxime geworden war. So hatte z. B. Bonnet das klarste, methodische Bewusstsein, dass man zur Erklärung der psychischen Erscheinungen ihnen die parallelen physiologischen substituieren müsse, und obschon er noch an Trennung der Substanzen dachte, so hielt er sich doch | in seinem »Essai analytique sur les facultés de l'âme« an die Sache, nicht an diese Fiktion.[B]

In den Kreis dieser Bestrebungen fällt auch das Werk Lamberts, das wegen seiner nahen Beziehungen zur Vernunftkritik hier zu betrachten ist. Lambert, als Physiker und Mathematiker seiner Zeit berühmt, und vom großen Friedrich ausgezeichnet, verdient von der Geschichtsschreibung der Philosophie eingehender berücksichtigt zu werden, als es bisher geschehen ist. Aber nicht die Geschichtsschreibung allein, die Philosophie selbst kann noch heute aus dem neuen Organon nicht unerheblichen Gewinn ziehen. So wenig dieses Werk in prinzipieller Hinsicht einen Vergleich mit der Vernunftkritik gestattet, so mangeln ihm doch nicht anderweitige besondere Vorzüge, die noch gegenwärtig sein Studium lohnen.

A Buhle, Geschichte der neuern Philosophie, Band VI, S. 565–568.

B »Nous ne savons pas plus ce que c'est qu'une idée dans l'âme, que nous ne savons ce qu'est l'âme elle-même: mais nous savons que nos idées sont attachées à certaines fibres; nous pouvons donc raisonner sur ces fibres, parce que nous les voyons« (Bonnet, Essai, S. [XXIV–]XXV).

Es mag ihm zur Empfehlung dienen, dass es der englische Logiker Mill seiner Beachtung wert fand, und wir behaupten, dass die in ihm geleistete Theorie des wissenschaftlichen Beweises in den Hauptpunkten zutreffender ist als die eigene Mills. Lambert hat, wie es bei seinem ernstlichen Betrieb der positiven Wissenschaften zu erwarten ist, die deutlichste Vorstellung von der ›*methodischen* Bedeutung der Mathematik für die Gewinnung und Erweiterung des Naturerkennens‹. Die Mathematik gehe in Erkenntnis und Bestimmung desjenigen, was man nicht direkt durch die Sinne erfahren kann, zugleich am weitesten und sichersten, sie diene, aus dem Gegebenen dasjenige zu finden, was an sich nicht gefunden werden kann. Bei dieser richtigen Wertschätzung der Mathematik ist es nicht auffallend, wenn seine Theorie der Induktion in wesentlichen Punkten die Mills übertrifft. Das Verfahren des in die Erscheinungen eindringenden Verstandes besteht zunächst in einer Zergliederung der zusammengesetzten Tatsachen in ihre möglichst einfachen Elemente, die sodann der mathematischen Bearbeitung unterzogen werden. In dieser Hinsicht ist nun besonders sein Gesetz der Interpolation | der Erscheinungen durch die strengen, mathematischen Stetigkeitsbegriffe auszuzeichnen, das er an dem Gesetze der Strahlenbrechung, von Willebrord van Roijen Snell entdeckt, erläutert. Wir verweisen überhaupt auf das VI.–VIII. Hauptstück des 1. Teiles des Organons und bemerken nur, dass besonders das VIII. Kapitel, das von der Erfahrung handelt, mit einer Fülle von trefflichen Beispielen ausgestattet ist. Was für Lambert besonders charakteristisch ist, ist die sehr klare Vorstellung, die er von der Trennung und Entgegensetzung des ideellen, von der Erfahrung unabhängigen, vom empirischen Erkenntnisfaktor, sowie von ihrem Zusammenwirken bei der Herstellung wirklicher Erkenntnis besaß. Durch die prinzipielle Gegenüberstellung von Form und Stoff der Erfahrung wurde er zum unmittelbaren Vorgänger Kants. Und was ihm sogar neben Kant ein selbstständiges Verdienst gibt, ist der Umstand, dass er sich nicht wie dieser mit den Kriterien der möglichen Erfahrung begnügt hat, sondern auch die Kriterien der wirklichen untersuchte. Unter den ideellen Erkenntnissen, deren Gültigkeit von der Empirie unabhängig ist, führt er zunächst die logischen Gesetze auf. Die Gesetze der Hypothesenbildung z. B. sind von der besonderen Gestalt der auf die Wirklichkeit bezogenen Hypothesen unabhängig. Sie können nicht selber wieder als Hypothesen betrachtet werden, soll unser Wissen einen festen, unverrückbaren Halt haben. Außerdem galt ihm die Mathematik für ein System rein ideeller Wahrheiten. Die Arithmetik, erklärt er, ist eine bloß ideale Wissenschaft, eine Methode der positiven, und die Geometrie ist a priori, wenn und soweit die Ausdehnung ein einfaches Element der Erkenntnis ist.

Die besonderen räumlichen Verhältnisse und die bestimmten Zahlengrößen gelten ihm dagegen mit Recht für Grunderfahrungen, die nicht mehr aus der reinen Form des mathematischen Wissens begriffen werden können. »Zahlen sind *individual*, und wenn sie in der Natur auf eine Art bestimmt sind, so ist es mit Ausschluss aller übrigen Arten.«[A] Erwägen wir den Wert, den wir heute mit vollem Grunde auf das Vorhandensein und die Ermittlung konstanter Größen in der Natur legen, als wodurch erst das formal exakte Wissen seinen Inhalt empfängt, so werden | wir, wie billig, von der tiefen Einsicht Lamberts überrascht sein. Wie richtig er die prinzipielle Trennung des reinen Teiles der Erkenntnis vom Anteil der Erfahrung zu verwerten weiß, lehrt ein Blick in seine Abhandlung über die Prinzipien der Mechanik.[B] Lambert ist meines Wissens der erste, der die Phoronomie, heute Kinematik geheißen, als ein Gebiet apriorischer Erkenntnisse, der eigentlichen Mechanik voranstellte. Um aus Phoronomie Mechanik zu erhalten, bedürfe es allgemeiner Grunderfahrungen, zu denen der Begriff ›Kraft‹, das Gleichgewichtsgesetz am Hebel, das Zusammensetzungsprinzip der Kräfte und selbst das Axiom der Erhaltung der gleichförmigen Bewegung in der Geraden gehören. Die Streitigkeiten zwischen den Anhängern von Descartes und Leibniz sieht er als »Wortstreit« an, er erklärt sich gegen die Vieldeutigkeit der Bezeichnung ›lebendige Kraft‹, und will einen anderen Ausdruck

A [Lambert, Neues Organon, Band I, Dianoiologie, S. 361–362.]
B Lambert, Beiträge, Teil II, Abschnitt 2.

für das Massengeschwindigkeitsquadrat gebraucht wissen. Das Zusammensetzungsprinzip bezieht er unmittelbar auf die Zusammensetzung der Kräfte selbst, nicht die ihrer phoronomischen Äußerungen, um eine für Statik und Mechanik gemeinsame Gestalt des Prinzipes zu gewinnen. Durchaus denkt Lambert in mechanischen Analogien; so spricht er von einer ›Kraft der Beharrlichkeit (vis inertiae) des Verstandes‹, d. i. der Erhaltung des Bewusstseins in der Verkettung eines Räsonnements, er redet von der ›Trägheitskraft des Willens‹, und selbst mit einiger Wunderlichkeit von ›Dimensionen des Guten‹. Den mechanischen Sinn betrachtet er sehr richtig als den Grundsinn, wie denn aller Wahrscheinlichkeit nach die Spezialsinne von dem Tastsinne abstammen, dessen primitivere Beschaffenheit dadurch gekennzeichnet ist, dass die äußeren Reize direkt, ohne Einschaltung, wenigstens ohne notwendige Einschaltung besonderer Apparate, die Nervenendigungen treffen.[A] Die unsinnige | Lehre von der Welt als allgemeiner Sinnestäuschung verdankte ihre Scheinbarkeit der Berufung auf die Vorgänge und Verrichtungen des Sehens. Lambert geht in der Widerlegung dieser abgeschmacktesten aller menschlichen Theorien sehr richtig von der Empfindungsweise des Tastens aus und erklärt den Grund des Scheins bei den Modifikationen der übrigen Sinne aus der zu großen Feinheit ihres mechanischen Apparates, weshalb eine direkte Empfindung der mechanischen Vorgänge hier nicht möglich werde, so dass dieselben erst aus anatomischen und physiologischen Schlüssen erkannt werden.[B] Zur Vervollständigung dieser allgemeinen Charakteristik mag noch erwähnt sein, dass Lambert mit vielem Glücke die wissenschaftliche Methode mit den Verrichtungen des praktischen Lebens zu vergleichen wusste. Er macht aufmerksam darauf, wie vielfach die letzteren mit dem Verfahren in der Wissenschaft übereinkommen.

A Wundt hat in den »Grundzügen der physiologischen Psychologie« nachzuweisen gesucht, dass die Endkolben, die Pacini'schen Körper, nicht Endorgane im physiologischen Sinne sind, weil sie zur Tastempfindung nicht notwendig sind (S. 338).

B Lambert, Neues Organon, Band II, Phänomenologie, Hauptstück 2.

Als Forscher und Praktiker hatte er selbst zu genau mit den Dingen verkehrt, um nicht bemerken zu sollen, dass die Kunstgriffe der Praxis von den Mitteln der Theorie weit weniger abweichen, als gewöhnlich angenommen wird, wenn man Wissenschaft und Tätigkeit schroff einander gegenüberstellt. Auf dem Vermögen, das spekulativ Erkannte ins Werk zu setzen, nach Anweisung der Spekulation die Wirklichkeit zu bearbeiten, beruht die Macht der Methode. Der Verkehr mit den Dingen selbst, dieser tätige Verstand, unterscheidet die wahre und ganze Forschung von der abgezogenen, den Dingen fremd bleibenden Spekulation allein, die zwar tiefer sein mag, aber dafür der Gefahr nicht entgeht, in eine leere Tiefe zu geraten.

Lambert suchte zwischen den Standpunkten Wolffs und Lockes zu vermitteln, er dachte das Verfahren beider zu verbinden, dadurch, dass er der synthetischen Beweisführung des ersteren die Analysis des zweiten voranstellte. Er war von der Bedeutung des streng demonstrativen Lehrganges ebenso überzeugt als von der Notwendigkeit des Erfahrungsprinzipes. Seine Vermittlung zwischen Demonstration und Erfahrung blieb jedoch | eine äußerliche Verknüpfung von beiden. Weit tiefer, ja von den Wurzeln der Sache aus, hat später Kant den Gegensatz zwischen dem Intellektualsysteme von Leibniz, Wolff und dem Sensualismus der Erfahrungsphilosophie vermittelt. Lambert tadelte an Wolff das Ausgehen von Definitionen, ehe die Möglichkeit des erklärten Begriffes erwiesen sei. Wolff habe wohl Schlüsse zusammenhängen und Folgen ziehen können, aber dafür die Schwierigkeiten in die Definitionen gesteckt. Diesen Irrtum erklärt Lambert aus dem Missverständnisse der Methode des Euklides, welche zwar äußerlich befolgt, aber nicht in ihrem eigentlichen Sinne gebraucht worden sei. Der dogmatische Philosoph bemerkte nicht, dass die Definitionen des Euklides nur als vorläufige Annahmen gelten sollten, und mehr Sache der Benennung als Gegenstand des Beweises sind. Das wahre Wesen der geometrischen Methode sei, die Möglichkeit der Figuren zu beweisen und ihre Grenzen zu bestimmen. Die Geometrie gewinnt ihre Elemente nicht erst aus Definitionen, sie leitet sie nicht vom Allgemeinen ab, vielmehr beginnt sie sofort mit dem Einfachen selbst. Ebenso macht man in der Mechanik »aus der Definition der Bewegung nicht viel Wesens, sondern man schaut sogleich, was dabei vorkommt, also: Körper, Richtung, Geschwindigkeit, Zeit, Kraft, Raum und diese Stücke vergleicht man unter sich, um Grundsätze zu finden.«[A] Die Elemente der begrifflichen Methode, will Lambert sagen, werden nicht durch Deduktion aus Allgemeinheiten, sondern durch Analyse, direkt an dem zu untersuchenden Begriffe ausgeübt, gewonnen. Statt also mit dem Allgemeinen zu beginnen, ist von dem Einfachen auszugehen. »Definitionen sind nicht der Anfang, sondern, das was man notwendig vorauswissen muss, um die Definitionen zu machen.«[B66] Hierin ist »Locke auf der wahren Spur gewesen, das Einfache in unserer Erkenntnis aufzusuchen«[C]. Und seinem Beispiele folgend, sucht Lambert »auf gut *anatomische* Art die Begriffe sämtlich vorzunehmen, um zu sehen«[D], welche Begriffe einförmig und nicht ferner auf andere zurückführbar seien. Er lässt sich dabei von der Unterscheidung zwischen einfachen Verhältnisbegriffen und einfachen Substanzbegriffen leiten. Er trennt | die formalen oder Verhältnisbegriffe von den Beschaffenheitsbegriffen. Allerdings behält sein Verfahren etwas Äußerliches und, wenn man will, Oberflächliches, das er selbst eingesteht, wenn er erklärt, »um die einfachen Begriffe aufzusuchen, brauche man gleichsam nur ein Lexikon durchzugehen, und die Begriffe in ein Register zu bringen«[E]. Eine Bemerkung, auf die sich wohl die spätere Äußerung Kants bezieht: »Aus dem gemeinen Erkenntnisse die Begriffe heraussuchen, welche gar keine besondere Erfahrung zum Grunde liegen haben, und gleichwohl in aller Erfahrungserkenntnis vorkommen, von der sie gleichsam die bloße Form der Verknüpfung ausmachen (d. i. also die einfachen Verhältnisbegriffe [A. R.]), setzte kein größeres Nachdenken oder mehr Einsicht

A [Kant I, Kant/Lambert, S. 356–357; AA X, S. 66.]

B [Kant I, Kant/Lambert, S. 347.]

C [Kant I, Kant/Lambert, S. 356; AA X, S. 66.]

D [Kant I, Kant/Lambert, S. 355; AA X, S. 65.]

E Aus Lamberts und Kants philosophischem Briefwechsel (Kant I, Kant/Lambert, S. 345–370 [hier 348]).

voraus, als aus einer *Sprache* Regeln des wirklichen Gebrauchs der Wörter heraussuchen und so Elemente zu einer *Grammatik* zusammentragen«[A]. Eine Vergleichung mit der kritischen Methode Kants wäre daher ganz unstatthaft, obschon es zunächst den Anschein haben möchte, dass das Vorhaben, das ganze »Inventarium der reinen Vernunft«[B] zu durchsuchen, wenig verschieden sei von dem Durchstöbern eines Lexikons. Allein dieser Ausdruck Kants ist ein bloßes Bild, das er von seiner Methode gebraucht, nicht die Beschreibung dieser selbst.

Wir werden übrigens auch die Methode Lamberts nicht unterschätzen dürfen. Sie ist ein Anfang von Erkenntniskritik, wenn auch noch nicht diese selbst. Wenn Locke sich noch vorwiegend auf dem psychologischen Felde bewegte, und dem Ursprung der Begriffe nachging, begann dagegen Lambert, und gleichzeitig mit ihm Kant, die Untersuchung direkt auf die Begriffe selbst zu richten. Wir sind daher kaum überrascht, schon Lambert die echt kritische Frage aufwerfen zu hören: ob oder wie ferne die Kenntnis der Form zur Kenntnis der *Materie* unseres Wissens führe?[67] Diese Frage erscheint ihm in mehrfacher Hinsicht von Erheblichkeit. Denn 1) ist die Erkenntnis von der | Form, wie sie in der Logik vorkommt, so unbestritten und richtig als nur immer in der Geometrie, daher ist 2) auch nur der formale Teil der Philosophie unangefochten geblieben, während wir 3) nicht einmal genau wissen, was man bei der Materie zum Grunde legen wolle; 4) bestimmt die Form die *Anordnung* der Materie. Treten in diesen Erklärungen Form und Materie des Bewusstseins deutlich auseinander, auf deren begrifflicher Sonderung die Möglichkeit einer Erkenntniskritik beruht, so noch mehr in den Sätzen, welche an jene angeknüpft werden. »Die Form gibt Prinzipien, die Materie aber Axiome und Postulate«. »Entweder ist kein zusammengesetzter Begriff gedenkbar (möglich) oder die Möglichkeit der Zusammensetzung muss schon in den einfachen Begriffen gedenkbar sein«. »Da die Form auf lauter Verhältnisbegriffe geht, so gibt sie keine an-

A Kant III, Prol., S. 88 [AA IV, S. 322–323].

B [Kant II, KrV, S. 13; AA IV, S. 13.]

dere als einfache Verhältnisse an«[A]. Erläutern wir diese Sätze: Der Unterschied von Axiom und Prinzip besteht darin, dass jenes ein inhaltlich bedeutender Grundsatz, dieses Ausdruck einer Denkform ist. Jenes richtet sich nach einfachen Beschaffenheiten der Sache, dieses nach der formalen Tätigkeit des Denkens selbst. Das Postulat schließt sich an das Axiom als eine Aufgabe an, inhaltliche Erkenntnis nach der Vorschrift des Grundsatzes zu erzeugen. Die Begriffe der Form oder die Prinzipien sind Arten einer möglichen Synthesis. So ist die Beziehung von Grund und Folge eine Form möglicher Verknüpfung. Formbegriffe beziehen sich daher ihrem Wesen nach bloß auf Verbindungen, sie sind der Ausdruck reiner Verhältnisse im Denken. Daraus folgt, dass das bloße Denken niemals einen Inhalt ergeben könne, oder dass aller Stoff und Gehalt des Vorstellens gegeben sein müsse.

Die Methode, das Einfache in der Erkenntnis zu bestimmen, zielte auf eine Kategorienlehre. Denn die Aufgabe einer solchen Lehre ist, die Elemente des Bewusstseins und damit die Elemente der Auffassung und Erscheinung zu finden. Kategorien sind die einfachen, letzten Prädikate von den Dingen, die allgemeinen Prinzipien ihrer Beurteilung. Daher ist eine Kategorienlehre niemals reine Sache der Logik, sondern immer zugleich, ja vor|wiegend eine Angelegenheit der Metaphysik, sie ist eine logisch-metaphysische Aufgabe.

Nun konnte das Verfahren Lamberts bei der Lösung dieser Aufgabe allerdings nicht zum Ziele führen. Es fehlte demselben an einem Mittel, sowohl die Vollständigkeit als den Grund der Gültigkeit der Bewusstseinselemente von den Gegenständen der Erfahrung zu beweisen. Zu den einfachen Bestandteilen der Erkenntnis, also den individuellen, nicht weiter zerlegbaren Begriffen zählt Lambert: Bewusstsein, Existenz, Einheit, Dauer, Sukzession, Solidität, Ausdehnung, Bewegung, Kraft, Wollen. Wir bemerken sogleich, dass es dieser Aufzählung an einem Prinzipe gebreche. Wenn eine Empfindung, wie die Solidität, zu den Vorstellungsele-

A [Kant I, Kant/Lambert, S. 354–355; AA X, S. 65.]

menten gehören soll, so lässt sich nicht einsehen, warum nicht mit demselben Rechte jede andere Empfindung dazu gerechnet wird. Jede Empfindung ist für sich als eine äußerste, nicht weiter teilbare, wenn schon kontinuierlicher Abstufung des Grades fähige Tatsache zu betrachten. Dagegen ist es zweifelhaft, ob auch Bewegung und Wille zu den elementaren Erscheinungen gehören. Wir unterscheiden an der Bewegung ihre räumliche und zeitliche Bestimmtheit und es ist ungewiss, ob das Wollen ein unauflösbarer Bestandteil der inneren Erfahrung ist. Ebenso werden wir fragen, ob Sukzession und Dauer in der Weise getrennt werden dürfen, dass beide mit der gleichen Selbstständigkeit aufgeführt werden können? Zu der Einheit bemerkt Lambert, dass wir ihren Begriff zunächst in dem Worte ›Ich‹ haben und mittelbar in dem, was wir in unseren Vorstellungen zusammennahmen – eine Bemerkung, welche die wichtige Lehre Kants von der Einheit des Bewusstseins in der Verknüpfung des Mannigfaltigen als der obersten Bedingung einer möglichen Synthesis, vorher verkündet. Auch an anderen ebenso scharfsinnigen als treffenden Äußerungen fehlt es bei Lambert nicht. So wenn er sagt, Raum und Dauer seien kein Generikum, keine Gattungsbegriffe, weil nur *ein* Raum und *eine* Dauer ist, so ausgedehnt auch beide sein mögen. Die Wolffische Erklärung von Raum und Zeit aus dem *Begriffe* der Ordnung *verschiedener* Dinge, d. i. aus dem Begriffe der Mannigfaltigkeit, bestreitet er mit der | Bemerkung, der Begriff der Verschiedenheit erschöpfe nicht das *Außereinander*, weil dazu notwendig noch der klare und einfache Begriff des Raumes hinzukommen müsse, auch seien die Definitionen Wolffs von Raum und Zeit einander viel zu ähnlich, um daraus den großen, ja unvergleichlichen Unterschied herzuleiten, dass die Zeit nur von einer, der Raum von drei Dimensionen sei.[A] Es mag noch zur Feststellung des Sinnes, den Kant mit

A Wolff, Ontologia, Kapitel 2, § 544: »Si quid percipimus tanquam a nobis *diversum*, illud *extra* nos repraesentamus.« Der Sprung in der Erklärung ist augenscheinlich. Es ist nicht dasselbe zu sagen, etwas sei von uns verschieden, und etwas sei *räumlich* von uns verschieden. § 548: »Si plura diversa, *adeoque* (sic) extra se invicem existentia tanquam in uno nobis repraesentamus; notio extensionis oritur: ut adeo *extensio* sit multorum didem Terminus ›a priori‹ verbindet, der Gebrauch dieses Wortes bei Lambert beobachtet werden. »Beim Apriori haben wir der Erfahrung nur den Anlass zu danken«[A]. A priori ist das, was unabhängig von der Erfahrung eingesehen werden kann und insoferne es dies kann, nur dasjenige also, dessen Erkenntnisgrund nicht in der Erfahrung liegt. »Was im eigentlichsten Verstande a priori heißen soll, kann nur *Möglichkeiten* enthalten«. »Unsere Wissenschaft würde ganz und im strengsten Sinne a priori sein, wenn wir die Grundbegriffe sämtlich kennten und *die erste Grundlage zur Möglichkeit ihrer Zusammensetzung* wüssten«[B]. Die Frage, ob es in unserer Erkenntnis etwas gebe, was in diesem Sinne a priori ist, hält Lambert mit Recht zum Teile für unnötig, es genügt dafür auf die *Logik* zu verweisen.[C] Demnach betrifft in der Sprache der Wolffischen Schule der Ausdruck ›a priori‹ niemals die psychologische, sondern stets die logische Notwendigkeit einer Erkenntnis. Er ist keine Bezeichnung des Ursprungs, sondern des Erkenntnisgrundes einer Vorstellung. Der Hinweis auf die Logik, die nächste Beziehung des Apriori zum Begriffe ›Möglichkeit‹ setzen diese Bedeutung des | Terminus außer Zweifel. Es wird gezeigt werden, dass auch Kant das Wort a priori in demselben Sinne nahm.

Die mitgeteilten Proben des philosophischen Geistes Lamberts mögen hinreichend gefunden werden, um zu beweisen, dass Lambert in der kritischen Philosophie der unmittelbare Vorgänger Kants ist, sie mögen als Beleg zu dem oben ausgesprochenen allgemeinen Satze dienen und zeigen, dass die kritische Strömung in der deutschen Philosophie von Kant nicht eigentlich erzeugt, sondern nur verstärkt und in eine neue Richtung gebracht worden ist. Zwischen beiden Philosophen besteht wirklich jene genaue Übereinstimmung, die Lambert empfand, als er die Schrift »Der einzig mögliche Beweisgrund« durchlas, eine Übereinstim-

versorum aut, si mavis, extra se invicem existentium, coexistentia in uno.« Die Erschleichung liegt in den Worten »si mavis«.

A [Lambert, Neues Organon, Band I, Dianoiologie, S. 423.]

B [Lambert, Neues Organon, Band I, Dianoiologie, S. 421–423.]

C Lambert, Beyträge, Teil II, Abschnitt 1, Vorrede und Neues Organon, Alethiologie, Hauptstück 9.

mung nicht bloß in der Denkart, sondern selbst in der Auswahl der Gegenstände und im Gebrauch der Ausdrücke. In der Schriftengruppe von 1762–1766 hatte Kant noch keine andere Methode gebraucht, als die von Lambert angewandte. Auch er stellte als oberste methodische Regel auf, in der Philosophie nicht von Definitionen auszugehen, da die Definition in der Metaphysik, weit entfernt das Erste zu sein, meistens sogar das Letzte sei. Auch Kant suchte die philosophische Methode durch Analysis der Begriffe zu verbessern, die er bis zu den »unerweislichen«, einfachen Begriffen fortgeführt wissen will. Auch er endlich dachte und schrieb von dem Unterschied des mathematischen und philosophischen Verfahrens. Erst 1769 gelangte er zu einer weiteren Umgestaltung der Methode, deren Frucht, die Dissertation »De mundi sensibilis atque intelligibilis forma et principiis«, er noch Lambert vorlegen konnte. In der brieflichen Beurteilung dieser Schrift knüpft Lambert gerade an jenen Punkt seine Bemerkungen, der in der Folge zu den häufigsten Missverständnissen und Kontroversen führen sollte – an die ausschließliche Idealität von Raum und Zeit. Unter dieser Annahme müssten alle Veränderungen bloßer Schein sein. »Sind also Veränderungen real, so eigne ich auch der Zeit eine Realität zu (…). Zeit und Raum werden *reeller* Schein sein, wobei etwas zum Grunde liegt, das sich so genau und beständig nach dem Schein richtet, *als genau und beständig die geometrischen* | *Wahrheiten* immer sein mögen.«[A] Dieser Grund ist nach Lamberts Bezeichnung ein ›Gleichnis von Raum und Zeit in der *Gedankenwelt*‹ – also ein »intelligibler Raum« und eine intelligible Zeit. Es bleibt näherer Erörterung vorbehalten[68], inwieweit Kant diesen Schwierigkeiten in der Vernunftkritik selbst abgeholfen habe. Kant hatte zwar in den besonderen räumlichen und zeitlichen Verhältnissen der Dinge etwas, was vom Vorstellungsschema abgesehen real bleibt und nicht völlig aus der reinen Form des Vorstellens begriffen werden kann, anerkannt; es scheint jedoch, dass er verabsäumt habe, auch auf das Vorstellungsschema selbst den Begriff des Grundes anzuwenden. Es muss als ein Zeugnis der analyti-

A [Kant I, Kant/Lambert, S. 369; AA X, S. 110.]

schen Schärfe Lamberts betrachtet werden, dass er sogleich auf diesen Mangel in der Lehre Kants aufmerksam machte. Wie nahe übrigens der Begriff des reellen Scheins mit dem des objektiven Scheins und das Gleichnis vom Raume in der Gedankenwelt mit dem intelligiblen Raum Herbarts zusammentrifft[69], bedarf kaum der Erwähnung.

§ 5. Die »Versuche über die menschliche Natur« von *Tetens*. Die psychologische Methode in erkenntnistheoretischen Fragen. Missglückter Versuch, Hume zu widerlegen. Annäherungen an Kant. – Zusammenfassung der Vorgeschichte der Philosophie Kants

Wer die »Kritik der reinen Vernunft« mit psychologischem Vorurteile liest und, mit seinem Blicke an den Überschriften ihrer Teile haftend, der Ansicht ist, der Begriff der Erfahrung werde in ihr auf gewisse Grundvermögen der menschlichen Seele zurückgeführt und aus diesen hergeleitet, muss auch der Meinung sein, dass Tetens, der Verfasser der »Versuche über die menschliche Natur«, der eigentliche und wahre Vorgänger, ja zum Teile selbst Doppelgänger Kants auf deutschem Boden war. Hier findet er den formgebenden »Verstand«, dessen Funktionen oder Tätigkeitsweisen den empfundenen Stoff in »objektivische« Verhältnisse bringt, hier entdeckt er das »Präformationssystem der menschlichen Vernunft«[A], das Kant ausdrücklich von sich abweist, und das ihm von seinen psychologischen Auslegern beständig wieder zugeschrieben wird.

Kant schätzte das Werk Tetens' sehr hoch. Dasselbe lag, wie Hamann berichtet, beständig auf seinem Tische aufgeschlagen. Die psychologischen Anschauungen Kants zeigen in der Tat eine große Verwandtschaft mit denen Tetens', nur dass der Blick Kants umfassender und mehr auf eine allgemeine Anthropologie | gerichtet war. Die Anerkennung, die er dem Werke Tetens' im Allgemeinen zollte, hinderte ihn jedoch nicht, gelegentlich tadelnd

A [Kant II, KrV, S. 757–758; AA III, S. 129.]

zu bemerken, der ›Versuch dieses über Selbsttätigkeit und Freiheit sei unternommen worden, ehe sein Autor mit sich selbst über den Gegenstand im Reinen gewesen war‹[70]. Überhaupt darf man sich das Verhältnis Kants zu Tetens auch in Bezug auf Psychologie keineswegs als ein abhängiges denken, vielmehr ließe sich umgekehrt ein bestimmender Einfluss, den er seinerseits auf Tetens genommen habe, behaupten. Das im Jahre 1777 erschienene Werk des letzteren bezieht sich nämlich mit Beifall auf Kants in der Dissertation von 1770 niedergelegte Lehre der Anschauungsformen, und betont namentlich die psychologische Seite dieser Lehre. Erwägen wir nun, dass Kant wirklich in diese Schrift eigentliche, psychologische Fragen und Bemerkungen einmischte, dass er von den beständigen Gesetzen der Verstandestätigkeit handelt, von Begriffen, die nach den unserer Seele eingepflanzten Gesetzen erworben sind, so ist wohl die Vermutung erlaubt, dass ein gewandter mit ähnlichen Fragen beschäftigter Geist davon einige, von ihm selbst vielleicht kaum bemerkte Impulse erfahren habe. Wir haben nicht vor, das Werk Tetens,' das der Geschichte der Psychologie angehört, hier im Einzelnen zu betrachten, es genüge im Allgemeinen zu bemerken, dass die Versuche dieses Forschers, wie schon der Titel andeutet, unter dem Einfluss der englischen Philosophie stehen, namentlich demjenigen Lockes und David Hartleys, und dass sie sich zu Bonnet teils anlehnend, teils polemisch verhalten. Daraus erklärt sich hinlänglich die Methode, die Tetens befolgt. In einer Reihe von Essays führt er das Seelenleben vor, wobei er im Ganzen ein beobachtendes Verfahren einhält und erst zum Schlusse metaphysische Ausblicke wagt. Dabei sucht er mit physiologischen und selbst allgemeinern, biologischen Tatsachen in Verbindung zu bleiben. So geht er den Spuren des seelischen Lebens bis in die Keimesgeschichte des Körpers nach und versucht sogar die Gegensätze der Evolutions- oder Ausschachtelungstheorie von Bonnet u. a. und der damals verkannten Theorie der Neubildung oder Epigenesis von Caspar Friedrich Wolff zu vermitteln. Von besonderem Inter|esse ist sein methodisch richtiger, ja selbst tiefer Gedanke, die Gesetze der Assoziation der Ideen und die Gesetze der Assoziation der Bewegung unter dem Gesichtspunkte eines einheitlichen, gemeinschaftlichen Gesetzes zu stellen. »Wir bemerken, dass sich neue Ideen verbinden zufolge der Koexistenz derselben in uns. Dasselbe Gesetz finden wir wieder bei *den organischen Assoziationen* der Bewegungen im Körper. *Sinn*glieder und *Bewegungs*glieder, die zugleich gebraucht werden, assoziieren sich so, dass die Bewegungen in dem einen die in dem andern wiedererwecken.«[A] Daraus lässt sich das allgemeine Gesetz für den Körper wie für die Seele folgern: dass die Gefäße, die sich zugleich entwickeln und aneinander liegen, sich auch miteinander zu verbinden »geneigt werden«, eine Verbindung, welche durch Ausbildung einer »Zwischenfiber«[B] (einer Kommissur oder Leitungsbahn also) erfolgt.

Wir verfolgen jedoch mit der Betrachtung der Versuche Tetens' andere methodische Zwecke. Dieses Werk soll uns zeigen, wie weit man durch rein psychologische Untersuchungen in der Lösung erkenntnistheoretischer Fragen gelangen kann, und wo die Grenzen sind, an denen jede nur psychologische Forschung mit ihrer Lösung jener Probleme anstoßen muss. Ein großer Teil des Werkes beschäftigt sich mit der Psychologie des Erkennens, und darunter auch, was uns besonders vom Werte ist, mit einer psychologischen Widerlegung der Kausalitätskritik Humes. Tetens ist überhaupt der erste, der in Deutschland einen umfassenderen Versuch unternahm, die Lehre Humes zu bestreiten. Was man von psychologischer Seite irgend vorbringen kann, um die Kausalitätsvorstellung zu begründen, hat Tetens vorgebracht, sollte es sich also zeigen, dass damit der »Zweifel« Humes nicht gehoben werde, so wäre zugleich bewiesen, dass das Problem überhaupt nicht im Bereiche bloßer Psychologie liegt, wie es auch in der Tat der Fall ist. Tetens bemerkt[C], dass die Vorstellung des Kausalitätsverhältnisses, psychologisch betrachtet, nicht einfach, sondern zusammengesetzt ist. Die innere Erfahrung lehrt, | dass wir unser Bestreben fühlen und, solange wir es fühlen, auch die aus demselben hervorkom-

A [Tetens, Versuche, Band II, Versuch 14, Abschnitt 4, S. 551.]
B Tetens, Versuche, Band II, Versuch 14, Abschnitt 4, S. 551–553.
C Tetens, Versuche, Band I, Versuch 4, Kapitel 4.

menden Wirkungen empfinden. Der empfundene Trieb des Strebens verbreitet sich über die Empfindungen der an ihn geknüpften Äußerungen. Dieses unser Selbstgefühl übertragen wir sodann auf die äußeren Gegenstände selbst. Mit dieser Übertragung assoziiert sich gleichzeitig ein Denkakt, ausgedrückt durch den Begriff des Grundes und des in ihm Gegründeten. *Die Begreiflichkeit der Folge aus dem Grunde* in ihrer Verbindung mit jener im Selbstgefühle empfangenen, auf das Verhältnis der Dinge übertragenen Wahrnehmung der Ausbreitung des Triebes über seine Äußerungen, macht die vollständige Vorstellung der Verursachung aus. Die Assoziation der Triebe mit den Empfindungen, die auf sie folgen, in Verbindung mit der Assoziation der Gedanken bilden die psychologischen Bestandteile des Kausalitätsbegriffes.

Der wesentliche von diesen Bestandteilen ist nach Tetens die Gedankenverknüpfung nach Grund und Folge, die Begreiflichkeit der letzteren aus der ersten. »Indem die Begreiflichkeit des Einen aus dem Andern, oder das Gegründetsein in dem Andern zu einer Idee von objektivischer Abhängigkeit gemacht wird, so wird behauptet, dass die Ursache zu der Wirkung in einer solchen objektivischen Beziehung stehe, dass ein Verstand, der jene deutlich und vollständig sich vorstellet und dann in dem zum Begreifen erforderlichen Akte fortwirket, die Vorstellung von der nachfolgenden Wirkung in sich hervorbringe, oder doch wenn ihm diese Vorstellung anderswoher zugekommen ist, sie mit jener Vorstellung verbinden muss.«[A] Augenscheinlich verwechselt Tetens das Postulat der Begreiflichkeit mit dem Grundsatze der Kausalität. Er hält den begrifflichen Zusammenhang von Grund und Folge für einen Fall von Verursachung, während er nur ein Fall von Identität ist. Die Folge ist ein Teil des Grundes, die vollständige Folge gleich dem Grunde! Dieses von ihm falsch gedeutete Begriffsverhältnis überträgt er dann auf das von demselben durchaus verschiedene Verhältnis aufeinanderfolgender | Dinge. Die Berechtigung zu dieser Übertragung sucht er allerdings nachzuweisen, und zwar an den ersten Grundsätzen der Bewegung. Die Mitteilung der Bewegung

A Tetens, Versuche, Band I, Versuch 4, Kapitel 4, S. 327.

sollen wir durch einen bloßen Schluss unabhängig von weiterer Erfahrung einsehen können. Wir nehmen einen anlaufenden Körper wahr und einen zweiten, auf welchen seine Bewegung gerichtet ist, und der diesen Vorgang auffassende, *fortarbeitende* Verstand soll durch ein bloßes Räsonnement erkennen, dass notwendig irgendeine Veränderung entstehen müsse[A]; ungefähr wie Kant lehrte, *dass* eine Veränderung eintreten müsse, können wir unabhängig von Erfahrung erkennen und gleichsam durch den Verstand voraussehen, wenn schon wir die Erfahrung abwarten müssen, um zu sehen, *welche* es sei. In der Sprache der Logik heißt eine solche Schlussweise ›petitio principii‹. Die psychologische Beobachtung aber, auf der Tetens zu fußen glaubt, entscheidet gegen ihn. Wir können die Vorstellung eines Bewegungsvorganges im Bewusstsein fortsetzen und wiederholen, aber es bleibt immer dieselbe Vorstellung, während jene des ruhenden Körpers, gegen den die Bewegung sich richtet, eine von der ersteren Vorstellung getrennte und verschiedene ist. Dass bei dem wirklichen Zusammentreffen der Objekte beider Vorstellungen eine Wirkung erfolge, müssen wir durch einen neuen Eindruck erfahren; wir müssen abwarten, ob und was geschehe, soferne wir nämlich von der bisherigen Erfahrung, von der wir freilich ohne weitere Überlegung auf die neue, ihr in den Umständen genau ähnliche schließen, absehen könnten. Die Mitteilung von Bewegung ist eine Grunderfahrung. Ebenso muss die weitere Frage Tetens,' ob es eine Induktion sei, dass ein Körper, einmal in Bewegung versetzt, seine Bewegung unverändert beibehalte, solange dieselbe nicht durch eine äußere Ursache verändert wird, ohne Bedenken bejaht werden. Das Beharrungsgesetz der Bewegung ist nicht ohne weiteres, d. i. ohne Erfahrung, verständlich. Wir haben im Gegenteile, worauf schon Herbart aufmerksam gemacht hat[71], die natürliche Neigung, ein Nachlassen der erregten Bewegung von selbst mit dem Aufhören des Impul|ses zu fingieren. Der Satz der Beharrlichkeit der Bewegung und der Beweis dieses Satzes wird aus der Erfahrung gewonnen; nur die Bezeichnung ›Induktion‹ erscheint mir für die-

A Tetens, Versuche, Band I, Versuch 4, Kapitel 4, S. 312–314.

sen Beweis nicht passend zu sein. Nicht jeder Erfahrungssatz wird durch eigentliche Induktion entdeckt – wo es sich um die einfachsten Grundlagen der Erfahrung handelt, gebrauchen wir das analytische Verfahren, wir dekomponieren die Erfahrung, bis wir zu Verhältnissen gelangen, die in *einem Satze der Gleichförmigkeit* ausgedrückt werden können, in einem Satze also, der zugleich logisch und empirisch einfach ist. Begreifen heißt aus Gründen ableiten, woher sollten wir aber Sätze der Gleichförmigkeit ableiten? In gewissem Sinne gibt dies auch Tetens zu, wenn er erklärt: Bei zusammengesetzten Wirkungen begreifen wir zwar nicht die Dependenz der einfachen Wirkungen aus ihren Ursachen, aber wir suchen dann auch nur die zusammengesetzte Wirkung aus der Zusammensetzung der Ursache begreiflich zu machen.[A] Nur bemerkt er nicht, dass er sich mit diesem Zugeständnisse für Hume entschieden habe. Ebenso wenig wie dieser Verstandesanteil an der Vorstellung der Kausalität lässt sich der Anteil der Empfindung in der Weise, wie es Tetens meinte, aufrechterhalten. Zugegeben, dass wir, solange das Bestreben währt, auch seine »hervorkommenden Wirkungen« empfinden – empfinden wir aber auch das »*Hervorkommen*« selbst, enthält unser Gefühl der Bestrebung einen Bestandteil, aus dem die Wirkung direkt begreiflich wird, indem sie *identisch* enthalten wäre? Da diese Frage nur verneinend beantwortet werden kann, so hilft uns die Berufung auf das Selbstgefühl nichts, zu geschweigen davon, dass auch die Übertragung des Selbstgefühls auf die ursächlichen Verhältnisse der Dinge noch der Rechtfertigung bedürfte. Was aber alle Hoffnung abschneidet, das Kausalitätsproblem durch den Rekurs auf psychologische Erfahrung zu lösen, ist der entscheidende Umstand, dass wir auf diesem Wege immer nur zu einer *subjektiven* Notwendigkeit des Gesetzes gelangen können. Bei der Kausalität handelt es sich nicht um notwendige Verknüpfung | unserer Ideen, mag diese Notwendigkeit psychologisch oder logisch, mag sie eine Verknüpfung durch Assoziation oder ein Zusammenhang von Grund und Folge sein, sondern um die Verknüpfung einer Idee mit einem

A Tetens, Versuche, Band I, Versuch 4, Kapitel 4, S. 312–314 [hier 321].

Dinge, um das Hinausgehen über die Ideen und die Verhältnisse von Ideen zu den Gegenständen selbst. Hume bestreitet nicht, dass es zwischen den Dingen notwendige Verhältnisse gebe, er beweist nur, dass diese Verhältnisse nicht unabhängig von der Erfahrung, also nicht aus reinen Begriffen erkannt werden können. Auf diesem Punkte erwartet er seinen Gegner, es ist der Punkt seiner Kausalitätstheorie, der, wie mir scheint, bisher festgeblieben ist. Tetens selbst gesteht am Schlusse seiner Auseinandersetzung mit Hume, »wir haben keine andere Idee von der objektivischen Verursachung als die innere subjektivische Verursachung im Verstande«[A], also, fügen wir hinzu, *hat Hume Recht behalten*! Kant erklärt in der Vorrede zur »Kritik der praktischen Vernunft«, Hume würde sich bei einer solchen subjektiven Notwendigkeit »sehr wohl befinden, denn er verlangte nichts mehr, als dass, statt aller objektiven Bedeutung der Notwendigkeit im Begriffe der Ursache, eine bloß subjektive, nämlich *Gewohnheit*, angenommen werde«[B]. Kant befindet sich jedoch hier im Irrtum. Hume hat sich eben nicht mit der Berufung auf subjektive Notwendigkeit zufriedengegeben, sondern diese Notwendigkeit aus einem objektiven Kausalprinzipe *erklärt*. Die Gewohnheit, weit entfernt, ein subjektives Kausalverhältnis zu sein, ist vielmehr ein *objektives*, ein Fall *beständiger* Sukzession, eine ›vera causa‹, deren Stattfinden in der Erfahrung nachweisbar ist. Aus dieser objektiven Kausalverknüpfung leitet Hume vermittels des Eindruckes der Überzeugung oder des Glaubens die subjektive Notwendigkeit ab; also ist die letztere das Problem, das er löst, nicht eine Ausflucht, bei der er sich zufrieden stellt.

In vielen Einzelheiten erinnert Tetens an Kant, oder besser, greift er Kant vor, und es ist von Bedeutung, den Grad der Übereinstimmung, aber noch mehr den des Unterschiedes beider | zu bemerken. Die verschiedenen einfachen, »objektivischen« Verhältnisse betrachtet jener als hervorgegangen aus ebenso vielen einfachen Tätigkeitsarten oder Funktionen der Denkkraft – ein

A Tetens, Versuche, Band I, Versuch 4, Kapitel 4, S. 327.
B [Kant VIII, KpV, S. 117; AA V, S. 13.]

Ausdruck, den auch Kant für die *subjektive Existenz* der logischen Einheitsbegriffe gebrauchte. Die Aufsuchung aller von uns »gedenkbaren« Verhältnisse und Beziehungen der Dinge *werde den Umfang und die Grenzen des menschlichen Verstandes* aus einem neuen Gesichtspunkte zur Darstellung bringen.[A] Damit ist die kritische Frage in *psychologischer* Form gestellt, in einer Form also, in der sie unserer Überzeugung nach nicht lösbar ist, und in welcher sie auch Kant nicht zu lösen suchte, da er vielmehr von der Logik und dem Begriff der Erfahrung ausgeht, obschon seine Formel, ›den Umfang und die Grenzen der reinen Vernunft zu bestimmen‹, leicht missverstanden wird, sobald man nicht auf die Einschränkung »*reiner*« Vernunft achtet, und sich nicht überhaupt an das wirkliche Verfahren Kants hält. – Im sechsten Kapitel des IV. Versuches unterscheidet Tetens die Empfindung als die Materie des Erkennens von der *Form* der Gedanken, dem Werke unserer denkenden Kraft, eine Unterscheidung, die auch Kant zu Grunde legt, und die erkenntnistheoretisch gültig ist, wenn wir für Form des Verstandes, Form der Erfahrung einsetzen. In demselben Zusammenhange bemerkt Tetens ferner: Die Gesichts- und Gefühlsvorstellungen, insoferne sie Unterschiede, Lagen und Beziehungen der vorgestellten Objekte enthalten und als Bilder derselben angesehen werden, enthalten *Urteile* und sind Wirkungen der Denkkraft.[B] Allerdings sind es nicht Urteile der Reflexion, sondern direkte Wirkungen der Denkform, welche wir nachträglich zur Reflexion bringen können – »Analoga von Urteilen[72]«. Der Vorgang der Vorstellungsbildung ist seiner Form nach betrachtet übereinstimmend mit dem reflektierten Vorgang der Vorstellungsverbindung. Der wichtige Satz, dass ›in der Wahrnehmung dieselben Vorstellungsakte unmittelbar ausgeübt werden, die wir in der Zusammensetzung der Vorstellungen zu Sätzen und Urteilen der Reflexion wiederfinden‹, ist | demnach schon Tetens bekannt. Noch näher trifft er mit Kant zusammen durch die Bemerkung: Die *Verhältnis*ideen können auch unabhängig von den bezogenen Objek-

A Tetens, Versuche, Band I, Versuch 4, Kapitel 5, S. 334[–345].
B Tetens, Versuche, Band I, Versuch 4, Kapitel 6, S. 336[–345, hier 345].

ten vorgestellt werden, so wenn wir beim Raume »die Aktion des Beziehens«[A] vorstellen, aber die Dinge selbst nicht. Kant habe daher darin Recht, dass die beziehende Tätigkeit der Seele, mit welcher diese die zugleich vorhandenen Eindrücke in ein Ganzes vereinige, die Wirkung ihrer eigenen beziehenden Kraft sei, d. h. dass die Raumvorstellung auf der synthetischen Einheit des Bewusstseins beruhe. Dieser Akt der Vereinigung sei die Form der Raumvorstellung, zu der die mannigfaltigen und gleichzeitigen Eindrücke (»die mehreren Gefühle«[B]) die Materie geben. Man wird hier sogleich auch den Unterschied von Kant bemerken. Zur Raumvorstellung genügt nach dem letzteren nicht der bloße Denkakt der einheitlichen Beziehung, es muss noch die formale Empfänglichkeit der Sinne hinzugenommen werden, um die einheitliche Vorstellung des Raumes zu ergeben. Daher ist der Raum nicht Begriff, sondern selbst Anschauung. Geradezu überraschend ist das Zusammentreffen Tetens' mit Kant im folgenden Satze: »[W]enn ich meine Idee von der Sonne als Vorstellung in mir habe, so beziehe ich sie auf die Sonne als ihr *Objekt*. Die wahrgenommene (besser: die durch Reflexion erkannte [A. R.]) Vorstellung in der Beziehung auf ein Objekt macht erst *die Idee von der Sache* aus. Ist nun diese Beziehung eine Vergleichung? Kann sie es sein? Kann das Objekt mit der Vorstellung von ihm verglichen werden? Worin also auch diese Beziehung bestehen mag, so ist sie *ein Bestandteil von jeder Idee* (eines Objekts [A. R.]) und ist dieses eine Vergleichung?«[C] Die Vorstellung kann nicht durch Vergleichung mit dem Gegenstande auf den Gegenstand bezogen werden, weil vor der Beziehung kein Unterschied von Vorstellung und Gegenstand gegeben ist, sondern die Vorstellung des Gegenstandes allererst durch diese Beziehung entsteht. Wir werden in der Folge sehen, wie Kant das hier aufgegebene Rätsel entziffert. Tetens bemerkt inzwischen sehr richtig, dass unter den gewöhn|lichen Beziehungsbegriffen, also den Begriffen einer Beschaffenheit in Bezug

A [Tetens, Versuche, Band I, Versuch 4, Kapitel 7, 359.]
B [Tetens, Versuche, Band I, Versuch 4, Kapitel 7, S. 360.]
C Tetens, Versuche, Band I, Versuch 4, Kapitel 7, S. 364.

auf eine Sache, der Übereinstimmung der Dinge und ihres Unterschiedes, der Kausalität, der Koexistenz, einer übersehen worden ist, der, wie wir sagen können, der einfachste und ursprünglichste aller ist und welcher in dem Satze ausgedrückt wird: das Ding *ist*, der Beziehungsbegriff der Vorstellung auf ein Objekt überhaupt. – Im fünften Versuche, der »über den Ursprung unserer Kenntnisse von der objektivischen Existenz der Dinge« überschrieben ist, bemüht sich Tetens weiter um das aufgeworfene Problem und gelangt zu beachtenswerten Ergebnissen. Er widerlegt zunächst den subjektiven Idealismus, von ihm »Egoismus«[A] genannt, der das Ich als die einzige Vorstellung eines Wirklichen ansieht, mit Wendungen, die einigermaßen an Kants »Widerlegung des Idealismus« gemahnen. Damit wir die Vorstellung ›Ich‹ gewinnen können, müssen wir zugleich die Vorstellung von Objekten außer uns haben. Der Gedanke also, dass Objekte existieren, kann nicht vom Gedanken ›Ich‹ abgeleitet sein, weil der letztere Gedanke nur in Beziehung auf den ersteren entsteht und besteht. Die Vorstellung ›Ich‹ ist das Korrelat der Vorstellung eines Objektes, und umgekehrt; beide sind füreinander und nicht die eine aus der andern. »Der Gedanke, es ist etwas in mir«, auf welchen sich der Idealist als die letzte Tatsache bezieht, »hat nicht ausgebildet werden können, ehe nicht schon Verteilungen und Absonderungen der Empfindungen vor sich gegangen sind, die *nebst der Idee von unserem Ich zugleich auch die Ideen von andern Objekten* hergeben mussten (…). Wenn die Reflexion schon so weit gekommen war, dass sie mit dem Inbegriff von innern Empfindungen, den Gedanken verbinden konnte: Ich bin, so musste sie auch die Vorstellungen vom Körper und den äußeren Gegenständen *auf gleiche Weise* zubereitet in sich antreffen.«[B] Erläutern wir diesen völlig richtigen Satz. Aus der gegebenen Mannigfaltigkeit von Empfindungen sondert sich bald ein Kreis von Eindrücken aus, der sich durch seine Konstanz von den übrigen wechselnden Empfindungen unterscheidet. | Diese Sonderung wird dadurch verstärkt und befestigt, dass

A [Tetens, Versuche, Band I, Versuch 5, Kapitel 2, S. 377.]
B Tetens, Versuche, Band I, Versuch 5, Kapitel 8, S. 413[–414].

sich gerade mit diesem Kreise von konstant bleibenden Empfindungen die subjektiven Lust- und Schmerzempfindungen assoziieren.

Die Einheitsfunktion des Bewusstseins, die sich zunächst in seinem primitiven Zustande auf die Gesamtheit der Empfindungen bezieht, wird sich daher gerade auf diesen Kreis richten müssen. Aber sie wird sich auf denselben nicht richten können, ohne zugleich den Kreis der übrigen Empfindungen zu unterscheiden. Im Akte der Reflexion entsteht daher, und in diesem Akte besteht zugleich mit dem Selbstbewusstsein das gegenständliche. Äußere und innere Erfahrung sind ursprünglich verbunden. Weder stammt die äußere Erfahrung von der innern, noch die innere von der äußeren ab; in der sondernden und gleichzeitig durch die Sonderung verbindenden Reflexion besteht Erfahrung als Ganzes der Erscheinung von Ich und Ding. Erfahrung ist die *Disjunktion* von Ich und Objekt. So sind wir auf psychologischem Wege zum Begriff der Erfahrung überhaupt gelangt, den die Erkenntnistheorie zu untersuchen hat. Wir brauchen uns wohl kaum vor dem Missverständnisse zu wahren, dass wir mit dem gleichzeitigen Entstehen des Objekts und der Ichvorstellung nicht die Entstehung der *Vorstellung* des Objektes meinten, sondern die Erschaffung dieses selbst.[73] Wir betrachten das Bewusstsein überhaupt als phänomenal, nur ist es Träger von abgeleiteten Phänomenen, den Erscheinungen der innern wie der äußeren Erfahrung. Auch in diesem Punkte finden wir uns in Übereinstimmung mit dem Psychologen Tetens, als welcher bereits bemerkte: »Unsre Vorstellungen von der Seele und ihren Veränderungen sind ebenso wie unsre Ideen von dem Körper nur Scheine«[A74], da beide Klassen von Ideen relativ sind, nämlich in Beziehung auf das Bewusstsein überhaupt.

Im siebenten Versuche handelt Tetens von der »objektiven Wahrheit«, er handelt also von der eigentlichen Frage einer *Erkenntnistheorie*. Und hier wird es besonders deutlich, dass eine bloße Psychologie, d. h. das Ausgehen nur von *einem* Er|fahrungs-

A Tetens, Versuche, Band II, Versuch 13, Kapitel 2, S. 152.

kreise unzulänglich ist und bleibt. Tetens kennt abermals nur die »subjektivische«, auf psychologischer Empirie fußende Notwendigkeit: die Unmöglichkeit, die Dinge anders denken zu können, und entscheidet, »diese Unmöglichkeit werde dann den Dingen außer dem Verstande beigeleget«[A]. Aber eben die Berechtigung dieser »Beilegung« steht in Frage. Warum muss dasjenige, was subjektiv notwendig ist, auch notwendig vom Objekte selbst gültig sein? Die subjektive Notwendigkeit ist Sache der Wahrnehmung. Diese Wahrnehmung kann täuschen. Sie braucht auch nicht allgemein vorhanden zu sein. Es kann sich jemand einbilden, Parallelen denken zu müssen, welche konvergieren. Um diese Notwendigkeit zu beweisen, müssten wir daher die Erfahrung aller befragen. Aber auch dann wäre unser Beweis nur empirisch; wir würden den Grund dieser Notwendigkeit nicht einsehen und also nicht wissen können, ob sie sich nicht im nächsten Augenblicke ändern werde. Man hat einen sehr falschen Begriff von der Methode Kants, wenn man glaubt, er gehe von dieser Notwendigkeit und Allgemeinheit aus, oder setze sie voraus. Vielmehr hat es Kant mit der logischen Notwendigkeit zu tun und beweist dieselbe in Bezug auf den Begriff der Erfahrung. Das »Nicht-anders-denken-Können« ist kein Kriterium der Wahrheit, sondern ein Zeichen des Zwanges. Sehr richtig bemerkt zwar Tetens: »In jenen Beziehungen (den logischen und mathematischen Axiomen [A. R.]) arbeitet der Verstand nach Gesetzen, die wir als Gesetze jeder Denkkraft ansehen müssen« und »ein Verstand, der das Widersprechende denkt, ist selbst für unsern Verstand ein Widerspruch; das Dasein eines solchen Verstandes muss ich daher ebenso verneinen, als die Existenz eines widersprechenden Objektes.«[B] Aber wie bezieht sich dieser Verstand auf Objekte, wie muss er sich auf solche beziehen, wie überträgt er seine eigene Widerspruchslosigkeit auf die Dinge; eliminiert er nicht vielleicht nur für sich die Widersprüche, die an sich am Objekte vorhanden

A [Tetens, Versuche, Band I, Versuch 7, Kapitel 4, S. 531.]

B Tetens, Versuche, Band I, Versuch 7, Kapitel 4, S. 545[–546, hier 546, [542].

sein mögen? Warum ist ein Widerspruch von den Dingen so unmöglich wie von Gedanken, obschon doch | Dinge nicht Gedanken sind? Wir gelangen zwar mit diesen Überlegungen von Tetens zu einer subjektiven Logik, zu einem normalen Denken, aber wir begreifen nicht, warum Dinge und Vorgänge, ihrer allgemeinen Form nach, mit dieser subjektiven Logik übereinstimmen müssen, warum das normale Denken zugleich ein normatives für die Dinge selbst sein müsse. Es ist daher nur das Eingeständnis der Unzulänglichkeit der psychologischen oder subjektiven Methode, wenn Tetens die Kardinalfrage der Erkenntnistheorie: ›was heißt objektive Wahrheit?‹, ›was heißt Objektivität?‹ damit beantwortet zu haben glaubt, dass er erklärt: »Die Sache wird und muss ihrer Natur nach von *jedem* sie fühlenden und empfindenden Wesen so vorgestellt und empfunden werden«[A]. Die ›ultima ratio‹ des Empirismus ist – der ›suffrage universel‹!

Wir haben die Vorgeschichte des Kritizismus Kants betrachtet, und zwar mit besonderer Rücksicht auf die Entwicklung der Methoden. Die Reflexion auf den Ursprung der Erkenntnisse kennzeichnete das Verfahren Lockes. Die Begriffe wurden von ihm zergliedert, nicht um ihrer selbst willen, um ihre Bedeutung und Tragweite zu bestimmen, sondern um die Quellen zu erforschen, aus denen sie entsprungen sein mussten. Für diese Forschungsweise nach der Entstehung der Begriffe musste eine empirische Psychologie der Kinder und Naturvölker von besonderem Werte erscheinen, daher konnten wir bei Locke bereits die Anfänge der vergleichenden Psychologie antreffen. Die Absicht Lockes war, den *Inhalt* aller Begriffe aus Eindrücken der äußeren Erfahrung und aus der eigenen Empfänglichkeit der Vorstellungskraft abzuleiten; sie war nicht und konnte nicht sein, jede formale Tätigkeit des Bewusstseins auszuschließen. Jene Absicht hat der empirische Philosoph auch erreicht, es ist ihm gelungen zu zeigen, dass kein Erkenntnisinhalt angeboren sei, auch nicht, wenn man unter Angeborensein mit Descartes nur versteht, dass sich inhaltliche Vorstellungen in unserem Bewusstsein von selbst, ohne weitere Mit-

A [Tetens, Versuche, Band I, Versuch 7, Kapitel 1, S. 537.]

hilfe der Erfahrung mit der eigenen Entfaltung des Bewusstseins entwickele. Dieses Ergebnis der Locke'schen Philosophie ist als ein Bestandteil von gesicher|ter Geltung in den Kritizismus Kants eingegangen; die Materie des Erkennens ist dem Bewusstsein gegeben. Die psychologisch-genetische Methode Lockes, für welche die Begriffsanalyse nur ein Mittel bildete, wurde bei Hume, sowohl was das Verfahren selbst, als auch was das Prinzip desselben betrifft, entschieden kritisch. Die Untersuchung der Bedeutung der Begriffe erhält bei ihm das Übergewicht vor der Untersuchung ihres Ursprungs, und der eigentliche Zweck seiner Philosophie ist nicht mehr ein psychologischer, sondern ein erkenntnistheoretischer. Er gipfelt im Satze: Es gibt keine Erkenntnis von Gegenständen durch Begriffe der Vernunft. Dieses Ergebnis, dem Ausdruck nach negativ, weil kritisch, ist nichtsdestoweniger von der erheblichsten, positiven Bedeutung. Fortan heißt erkennen mit den Dingen selbst, nicht mit unseren reinen Begriffen verkehren. Das Drehen des Geistes im Kreise seiner leeren Begriffe, woraus die schwindelhaften, metaphysischen Systeme entsprangen, wurde als vergebliche, eitle Bemühung erkannt, und der Geist dadurch vom lästigsten und abstrusesten Teil sogenannter Wissenschaft, der reinen Begriffswissenschaft von Dingen, befreit. Humes Satz ist nun auch großenteils gültig, und eine wichtige Bereicherung des menschlichen Erkennens; *er ist gültig von dem gesamten Umkreise der besonderen Erfahrung*, die den weitaus größten Teil aller unserer Erkenntnisse ausmacht. Diesen Teil seiner Gültigkeit hat niemand, auch Kant nicht, bestritten oder zu bestreiten vermocht. Zur vollkommenen Gültigkeit bedarf aber der Satz einer Einschränkung. Und diese Einschränkung gegeben zu haben, ist der wahre Fortschritt Kants über Hume. Es gibt zwar keine Erkenntnis a priori, d.i. aus Begriffen von Dingen selbst, wohl aber gibt es apriorische Erkenntnis von der Form der Erfahrung überhaupt, also von der *Form* der Dinge als *Erscheinungen*. Ich weiß wohl, dass Kant diesen Satz nicht im Sinne des Positivismus gebraucht, dass er die Begrenzung der reinen Vernunft, ihre Bestimmung, die allgemeine Form der Erfahrung zu erkennen, benützt, um daraus eine Schranke derselben zu machen, jenseits welcher er sich ein Reich intelligibler Möglichkeiten für seine Moralmetaphysik leer hält; aber ich behaupte zugleich, dass das | positive und dauernde Ergebnis der wirklich kritischen Bestandteile seiner Philosophie in diesem Satze allein zu finden ist. Die eben angegebene Einschränkung des Hume'schen Satzes konnte von Kant nur durch eine geänderte Methode des Kritizismus erzielt werden. Und in der Entdeckung und Anwendung dieser neuen Methode besteht sein größtes Verdienst. Zu dieser Methode eröffnete ihm aber die Schulung in der streng demonstrativen Philosophie Wolffs den Zugang; daher gebührt dieser Philosophie eine maßgebende Stellung in der Vorgeschichte der kritischen. Wir konnten dies durch Hinweisung auf die Methode Lamberts zeigen. Lambert, wie Kant unter dem Einfluss Wolffs stehend, gelangte zu einem Verfahren, demjenigen genau ähnlich, das Kant selbst in der Zeit unmittelbar vor der Entstehung der Vernunftkritik befolgte. Es war das Verfahren, die Begriffe zu analysieren, um zu dem Einfachsten und Elementaren der Erkenntnis zu kommen, und zwar, im Unterschiede von Locke, nicht um den Ursprung und die Entstehung derselben zu ermitteln, sondern um sichere Grundlagen für das weitere demonstrative Verfahren zu erhalten.

Von den beiden Hauptströmungen, welche in die kritische Philosophie Kants münden sollten, war die Wolffische Philosophie die frühere und durch längere Dauer einflussreichere, als der spätere, dafür aber intensivere Anstoß durch den Kritizismus Humes. Durch Hume wurde Kant veranlasst, den Rationalismus der Erkenntnis zu prüfen, er wurde bestimmt, ihn einzuschränken, aber nicht bewogen, ihn aufzugeben.

Mit der Betrachtung der Methode Lamberts sind wir unmittelbar an die Ausbildung der eigenen Methode Kants herangetreten, den Gegenstand des folgenden Kapitels.[75]

ZWEITER ABSCHNITT
Die Methode des Kritizismus *Kants*[76]

Erstes Kapitel

Ausbildung der kritischen Methode

§ 1. Aufgabe dieses Kapitels. Methodische Bedeutung der Erkenntniskritik. *Kritische Vorbemerkungen.* Prüfung der Darstellung *Fischers* vom Entwicklungsgange Kants

Das eigentlich Schöpferische in der Philosophie besteht, wie das in der Kunst, weniger in der Entdeckung oder, wenn diese überhaupt möglich wäre, der Erschaffung neuer Elemente, als in einer originalen Verbindung der vorhandenen und bereits ermittelten Grundbestandteile. Was das Bilden und Gestalten in der Kunst bedeutet, ist in der Wissenschaft das methodische Verfahren. Mit Erreichung eines neuen, methodischen oder prinzipiellen Standpunktes treten sogleich die gegebenen Erkenntnisse in einen Zusammenhang, der bis dahin nicht vermutet werden konnte. Neue Seiten der Gegenstände, die dem Erkennen bisher unzugänglich waren, werden sichtbar. Prinzipien sind die Gesichtspunkte des Verstandes in der Auffassung und Beurteilung der Dinge. Auch Gesetze der Erfahrung werden dadurch zu Prinzipien, dass sie zu Grundbegriffen von Methoden werden. Daher geht eine neue Methode immer von neuen Prinzipien, neuen Anfangs- und Vereinigungspunkten des Erkennens aus. Die Bereicherung der Wissenschaft mit neuen Methoden bedeutet also ihre Vermehrung mit neuen Prinzipien – eine Vermehrung, die sich zum bloßen Zuwachs an Kenntnissen verhält, wie die Erfindung eines neuen Werkzeugs der Produktion zur bloßen Vermehrung des Vorrats | von Produkten. Die Entdeckung eines neuen Verfahrens leistet mit einem Male und im Ganzen, was die Bereicherung des wissenschaftlichen Materials, geleitet von der Methode, nur nach und nach und im Einzelnen leisten kann. Von der Einführung neuer Prinzipien und Methoden beginnt daher in der Wissenschaft eine Epoche. Bedürfte dieser Satz erst des Beweises, so sei auf die Methode der Analysis hingewiesen, auf dieses scharfe und genaue Instrument des mathematischen Erkennens, wodurch wir dem stetig Veränderlichen Punkt für Punkt mit strengen Denkbestimmungen zu folgen vermögen, und durch dessen Anwendung die Mechanik auf eine weitere Entwicklungsstufe gerückt worden ist.

Die Elemente des Kritizismus waren gegeben, als sie von Kant in eine neue, fruchtbare Verbindung gesetzt wurden; ein Teil der kritischen Aufgabe war gelöst, als Kant zu ihrer weiteren Lösung eine allgemeinere Methode einführte. Diese Methode ist es, mit der er sich bewusst war, eine originale, von allen bisherigen Systemen der Philosophie abweichende Leistung vollzogen zu haben. Weil er für diese Methode die Bezeichnung kritisch wählte, so empfing auch seine ganze Philosophie den Namen der kritischen oder des Kritizismus. Mit Recht betrachtete er als erste Bedingung der Reform der Philosophie die Umgestaltung der Methode. Wenn eine Methode gefunden war, durch welche die auflösbaren Fragen der theoretischen Philosophie von den unlösbaren unterschieden werden konnten, durch welche anzugeben war, was zur Lösung eines philosophischen Problems gegeben sein müsse, durch die sich überdies der Grad der Bestimmtheit, deren die Lösung fähig ist, ermessen ließ, so war der Hauptquell der unaufhörlichen Streitigkeiten auf diesem Gebiete verschüttet, der beständige Anlass zur Uneinigkeit genommen, kurz die Philosophie auf die Bahn einer wirklichen Wissenschaft gebracht, welche fürderhin durch einträchtige Arbeit wachsen konnte.

Kant hebt wiederholt und nachdrücklich die *methodische* Bedeutung der Kritik hervor. Er nennt die Vernunftkritik die Abhandlung der Methode, er erklärt sie für die Propädeutik, die methodische Vorübung und Grundlegung zum System der Philosophie. Nicht einmal als ausgeführte »Transzendentalphilosophie«[77], | als vollständiges System aller reinen Vernunfterkenntnisse will er sie betrachtet wissen, sondern nur als vollständigen Entwurf zu einem solchen System.[A] Auf die Kritik und Transzendentalphilosophie soll nach Kant die Metaphysik folgen, und zwar die Metaphysik der Natur und die der Sitten.[B, C] |

A Um das vollständige System der Transzendentalphilosophie zu sein, fehlt der Vernunftkritik die ausführliche Analysis der Begriffe, die Kant unterlässt, »weil sie die Bedenklichkeit nicht hat, die bei der Synthesis angetroffen wird« [Kant II, KrV, S. X; AA IV, S. 24], also der Kritik weniger bedarf als der synthetische Gebrauch der Begriffe. Dieser Erklärung steht bekanntlich die spätere Äußerung Kants in dem Absageschreiben an Fichte entgegen. Aber auch die letztere Äußerung setzt nicht die Kritik dem Systeme der Philosophie überhaupt gleich, sondern nur einem Teil des Systems, nämlich der Transzendentalphilosophie, sei es, dass Kant im Eifer der Polemik die frühere Erklärung aus dem Gedächtnis verloren hat, sei es, wie ich vermute, dass er im Zusammenhang des Streites kein Gewicht auf die in der Kritik fehlende Analysis legen will.

B Man kann den Ausdruck ›Metaphysik der Sitten‹ bestreiten, wenn man mit Herbart unter Metaphysik ausschließlich die Wissenschaft der Denkbarkeit des Seienden versteht, aber auch nur den Ausdruck, nicht, wie es von Herbart geschieht, die Aufgabe selbst, nämlich die logische Grundlegung der Ethik.[78] Übrigens kennt auch Kant einen engeren Gebrauch des Wortes ›Metaphysik‹, wonach er dasselbe auf die logischen Grundlagen der allgemeinen Naturwissenschaft einschränkt.

C Das Schema der philosophischen Aufgaben und Wissenschaften können wir nach Kant in folgender Weise entwerfen: Philosophie der möglichen Erfahrung – Kritik und Transzendentalphilosophie, Philosophie der wirklichen Erfahrung – Metaphysik der Natur, und zwar der äußeren Erfahrung, rationale Physik, der innern, rationale Psychologie. Der letztere Teil der Naturmetaphysik ist jedoch nur »transzendental«, d. h. es gibt von ihm nur eine allgemeine, philosophische Erkenntnis, da zur besonderen die Anwendbarkeit der Mathematik fehlt, durch welche allein philosophische mit rein empirischen Erkenntnissen vermittelt werden. Diese Aufgaben erschöpfen das Gebiet der theoretischen Philosophie. Die praktische Philosophie enthält gleichfalls einen kritischen oder methodischen und einen positiven oder metaphysischen Teil, der erstere behandelt die Möglichkeit oder den Begriff des Sittlichen, der zweite umfasst die Metaphysik der Sitten und die metaphysischen Anfangsgründe der Tugendlehre, also das wirkliche, sittliche Leben. Von der Ästhetik endlich gibt es nur Kritik, die philosophische Aufgabe in Bezug auf dieses Forschungsgebiet besteht lediglich in der Entwicklung des Begriffs des ästhetischen Urteils. – Wir wollen den Unterschied des Transzendentalen und Metaphysischen zu bestimmen suchen. Transzendental ist nach Kant die Beziehung reiner Ver-

Diese wesentlich methodische Bedeutung der Erkenntniskritik im Systeme der Philosophie verleiht der Frage, durch welche Entwicklungen hindurch und auf Anlass welcher äußerer Einflüsse hin Kant zu den Grundgedanken seiner Methode gelangte, besondere Wichtigkeit. Durch die genaue Feststellung der Ausgangs-

nunftbegriffe auf Gegenstände *überhaupt*, also auf mögliche Erfahrung, | und der Beweis ihrer Gültigkeit in dieser Beziehung, metaphysisch die Beziehung derselben auf bestimmte Gegenstände, also auf die wirkliche Erfahrung. Transzendentalphilosophie enthält die logischen Bedingungen einer Erfahrung überhaupt, Metaphysik die Bedingungen der wirklichen Erfahrung des Menschen, d.i. den Gebrauch der Erkenntnisprinzipien der allgemeinen Erfahrung als Kriterien der äußeren und innern Erfahrung. So ist z.B. der transzendentale Grundsatz der Beharrlichkeit metaphysisch, wenn er auf den Begriff der Materie, des Beharrlichen im Raume angewandt wird. Die Einheit und Gesetzlichkeit der Vernunft, ein transzendentales Prinzip, wird als Form des menschlichen Willens betrachtet, und ausgeprägt zu einer praktischen Maxime zum metaphysischen Grundsatz der Ethik. Metaphysik überhaupt ist das System der logischen Grundlagen der positiven Wissenschaften, der »reine Teil« der Wissenschaften also, der aus methodischen Rücksichten gesondert und selbstständig behandelt werden soll. Um über diese Bedeutung der Metaphysik nicht im Unklaren zu lassen, stellt Kant die »wahre« Metaphysik dem Wahngebilde von Begriffen gegenüber, die sich gar nicht in der Anschauung darstellen, d.i. durch Erfahrung überhaupt beglaubigen lassen, und erklärt, die wahre Metaphysik sei keineswegs darum erdichtet, weil sie nicht von der Erfahrung entlehnt ist, sondern enthalte die reinen Denkoperationen, durch die das Mannigfaltige gegebener Vorstellungen in die gesetzmäßige Verbindung gebracht werde, die es zur Erkenntnis erhebt. (Kant V, MAdN, S. 311 [AA IV, S. 472]) – Wir können sagen, wieweit eine Wissenschaft logisch und mathematisch ist, so weit ist sie a priori, wieweit sie rein logisch ist, ist sie überdies auch rein philosophisch, so dass jede Wissenschaft sowohl Mathematik als Philosophie enthalten muss, welche zusammen ihren reinen, oder apriorischen Teil ausmachen. Der Inbegriff alles rein Logischen in den Wissenschaften heißt Philosophie. Die Philosophie hat demnach zwei Aufgaben zu erfüllen, eine methodische und eine systematische; sie ist Kritik der Grundbegriffe und Methoden des Erkennens und sie ist das System oder die Theorie dieser Begriffe. Sollte dieses Gebiet der Philosophie zu eingeschränkt erscheinen, so bedenke man, dass es dafür auch umso konzentrierter, also gediegener erscheint. Es wäre zu wünschen, die Philosophie hätte sich, ihres kritischen und rein theoretischen Verhältnisses zur Forschung eingedenk, niemals in die Forschung selbst eingemengt.

punkte des kritischen Verfahrens gelangen wir auf geradem Wege zur Einsicht in das kritische Problem. Statt uns bei der äußeren Form der Darlegung, die in ihren scholastisch künstlichen | Wendungen den innern Zusammenhang mehr verdeckt als enthüllt, aufzuhalten, treffen wir auf die eigentlichen Antriebe und Prinzipien selbst, welche Gestalt und Richtung der Methode bestimmten. Statt der Manier, oder wenn man lieber will, der Technik der Darstellung, beobachten wir die Gestaltung der Gedanken, ihre Entwicklung und Komposition. In mehrfacher Hinsicht dürften die Ergebnisse eines historisch-genetischen Verfahrens für die Auffassung und Beurteilung des Kritizismus Kants erheblich werden, und es bleibt daher das unbestreitbare Verdienst Fischers[79], zuerst dieses Verfahren in seiner Bedeutung erfasst und mit der gehörigen Ausführlichkeit angewandt zu haben. Seinem Beispiele im Allgemeinen folgend, werden wir erkennen, dass der Weg der Kritik niemals durch die Psychologie geführt habe, dass ihr Ziel nie die Unterscheidung und Ausmessung der Erkenntnis*vermögen* gewesen sei. Wir werden das psychologische Vorurteil, ein hauptsächliches Hindernis des Verständnisses Kants, aus dem Wege räumen. Kant ging auf die Umgestaltung der Methode der Metaphysik aus, der Wissenschaft der Dinge überhaupt aus bloßen Begriffen, also einer *objektiven* Wissenschaft. Um diese Methode zu finden, untersuchte er nicht die Erkenntnisfähigkeiten, sondern die Erkenntnisarten, er wandte seinen Blick nicht, wie vor ihm Locke getan, auf die innere Erfahrung, sondern hielt ihn gerichtet auf den gesamten Umkreis gegenständlicher Erkenntnis, auf die Erfahrung überhaupt. Er trennte nicht Sinnlichkeit und Verstand als subjektive Vermögen, vielmehr vermutete er ihre wurzelhafte, wenn auch für uns zu tief gelegene Einheit; er stellte nur Anschauung und Begriff gegenüber. Er sonderte nicht Verstand und Vernunft zu aparten Seelenvermögen ab, vielmehr behauptete er auch in der Periode der kritischen Philosophie, wie urkundlich belegt werden soll, dass beide psychologisch betrachtet dasselbe Vermögen seien. Was er unterscheidet, ist das auf die Form der Anschauung bezogene Urteil, vom Schluss aus reinen Begriffen, die immanente von der transzendenten Erkenntnis. Ebenso werden wir das zweite

Hindernis der richtigen Auffassung Kants zu beseitigen vermögen: das idealistische Vorurteil, die Meinung, als sei Kants Lehre vor | allem Idealismus. Die Idealität des allgemeinen Raumes und der reinen Zeit ist wirklich, wie Kant erklärt, das Gegenteil des eigentlichen Idealismus. Nur wenn Raum und Zeit *überhaupt* zu Vorstellungs- und Auffassungsformen der Dinge »herabgewürdigt« werden, treten die Dinge selbst in der Unabhängigkeit ihrer Existenz bloßen Vorstellungen gegenüber, nur dadurch werden sie davor bewahrt, sich in die nichtige Unendlichkeit des absoluten Raumes und der reinen Zeit zu verlieren. Durch Dekomposition der Erscheinung, d. i. der Anschauung der Dinge bis zu ihren formalen Grundlagen, erweist der Kritizismus das Dasein der Dinge. Übrigens ist weder dieser Erweis noch der Idealismus der Erscheinung die Hauptangelegenheit der Kritik. Die Kritik ist keine Metaphysik, die Frage der Existenz daher außer ihrem Bereiche. Der Idealismus ist für die Kritik kein Ergebnis, sondern ein Mittel, keine Konsequenz, sondern eine Prämisse. Der Idealismus ist jene notwendige Restriktion, innerhalb welcher allein die Erkennbarkeit der Dinge aus Begriffen, unabhängig von der Erfahrung, bewiesen werden kann. Nur von Erscheinungen der Dinge gibt es apriorische Erkenntnis, und zwar auch von Erscheinungen nur ihrer allgemeinen Form nach. Dieses wahre Verhältnis des Idealismus zur Erkenntniskritik wird besonders deutlich bei der Betrachtung des Überganges von der Inauguralschrift des Jahres 1770 zur »Kritik der reinen Vernunft« hervortreten.

Der Entwicklungsgang Kants ist methodisch, insoferne er gründlich und stufenweise erfolgte; er ist stetig, insoferne der Zusammenhang einer und derselben Persönlichkeit und ihrer angebornen und durch frühe Einflüsse befestigten Denkweise in Betrachtung kommt. Aber dieses Methodische und Stetige schließt nicht entscheidende Wendungen und plötzliche Übergänge aus. Aller Einschaltungen ungeachtet bleibt der Übergang von der vorkritischen zu der kritischen Zeit ein Sprung, eine Umwälzung der Denkart. Kant hat eine Revolution der philosophischen Denkart bewirken wollen, und er hat ohne Zweifel eine Revolution der eigenen Denkweise erlebt und empfunden. Zur Bestätigung dieser sicheren Voraussetzung, bewährt durch jeden Fall von | wissenschaftlicher Entdeckung, soweit dieselbe nicht zufällig, sondern schöpferisch war, haben wir zu allem Überfluss das ausdrückliche Bekenntnis Kants: »Seit etwa einem Jahre«, schreibt er 1770 an Lambert, »bin ich, wie ich mir schmeichle, zu demjenigen Begriffe gekommen, welchen ich nicht besorge jemals ändern, wohl aber erweitern zu dürfen, und wodurch alle Art metaphysischer Quästionen *nach ganz sichern und leichten Kriterien geprüft und inwieferne sie auflöslich sind oder nicht mit Gewissheit kann entschieden werden*«[A]. Das Jahr 1769 bildet die feste Grenze, vor welcher wir die Ausbildung der *kritischen* Methode nicht suchen dürfen, mit welcher die Entwicklung der kritischen Philosophie anhebt. Alles, was vor diesem Jahre an Abhandlungen oder brieflichen Äußerungen anzutreffen ist, hat keine direkte, sondern nur mittelbare Beziehung auf die Gestaltung des Kritizismus.

Erst in der Dissertation vom Jahre 1770 hat Kant die sinnliche Erkenntnis von der begrifflichen unterschieden, und damit den ersten und wesentlichen Schritt der Kritik des Erkennens zurückgelegt. Noch handelt er aber von der sinnlichen und intelligibeln Form der *Welt*, nicht der *Erfahrung*. Bald darauf (1772) stellt er jedoch bereits die kritische Hauptfrage: ›Wie können sich Begriffe a priori auf *Objekte* beziehen?‹, und gleichzeitig findet er auch die *metaphysische* Deduktion der Erkenntnisbegriffe. Der Rahmen unserer eigentlichen Aufgabe ist daher enge umgrenzt, er umspannt den Zeitraum von 1769–1781. Wenn wir dennoch über diesen Rahmen hinaus und zu den vorkritischen Abhandlungen und Briefen zurückgreifen, so leitet uns dabei eine der Absicht Fischers entgegengesetzte Intention. Statt eine Übereinstimmung zwischen der kritischen und vorkritischen Zeit herstellen zu wollen, die nicht besteht, suchen wir vielmehr die Bedeutung des kritischen Verfahrens durch den Unterschied von den vorkritischen Versuchen zu beleuchten. Übrigens soll gar nicht bestritten werden, dass einige Ansätze zur späteren Kritik in der früheren Periode anzutreffen und dass einige Ergebnisse der Forschungen die-

A [Kant I, Kant/Lambert, S. 358–359; AA X, S. 97.]

ser Zeit in die kritischen Werke eingegangen sind. Auch ist es von vorneherein klar, dass die Umwälzung der | Denkart nicht zugleich die vollständige Aufgebung des Gedachten zu bedeuten habe, welches sie nur in einen neuen Zusammenhang bringt. So ist der Anfang der Unterscheidung der mathematischen und philosophischen Erkenntnisweise allerdings schon in der Preisschrift vom Jahre 1763 gemacht. Aber auch nur der Anfang. Die Differenzen von der späteren kritischen Trennung überwiegen noch weit die Übereinstimmung. Diese Differenzen betreffen 1) das Objekt beider Wissensarten, noch erscheint die Mathematik als Wissenschaft der Größe, die Philosophie als Wissenschaft der Qualitäten (eine Unterscheidung, die von Crusius ausgeht und von Kant später als falsch nachgewiesen wird), 2) ihr Verfahren selbst, die Mathematik verbindet einfache *Begriffe*, die Philosophie zergliedert zusammengesetzte Begriffe, die Synthesis der ersteren erscheint hier noch als bloße Begriffsverbindung, nicht als Konstruktion in der formalen Anschauung, die Analysis der zweiten begründet keinen *methodischen* Unterschied von der Mathematik, weil sie nur vorläufig gelten soll, »es ist nur noch die Zeit nicht, in der Metaphysik *synthetisch* zu verfahren«[A]. Erwägen wir dagegen die gänzliche Divergenz beider Arten des Erkennens, wie sie in der Vernunftkritik begründet wird, so muss uns Fischers Behauptung von der *völligen Ausbildung* dieses Gegensatzes in der herangezogenen Schrift, hinfällig erscheinen. Dagegen ist eine andere frühe erkannte Unterscheidung unverändert in das kritische Hauptwerk übergegangen, die Unterscheidung des logischen Widerspruchs von der Realopposition, die Erkenntnis, dass ein Antagonismus von Kräften kein Widerspruch von Begriffen sei. Diese metaphysisch wichtige Einsicht, zugleich wichtig für die Entwicklungsgeschichte des Kantischen Denkens, wurde bekanntlich in der Schrift »Versuch, den Begriff der negativen Größen in die Weltweisheit einzuführen«, 1763, vorgetragen. In der »Amphibolie der Reflexionsbegriffe« und in der Kritik des Begriffes vom ›ens realissimum‹ macht Kant von der früher gewonnenen Erkenntnis Gebrauch. Von nicht geringe-

A [Kant I, Deutlichkeit, S. 97; AA II, S. 290.]

rem Belange erscheinen uns endlich die »unerweislichen Begriffe und Grundsätze«[A], von denen sowohl die eben berührte Schrift als die Abhandlung über den »Einzig möglichen Beweis|grund« handeln, und die noch in »Träume eines Geistersehers« wiederkehren. In ihnen sah bereits Cohen sehr richtig die Vorgänger der Grundbegriffe und Grundsätze a priori der Erfahrung.[B]

K. Fischer geht, wie mir scheint, von einer zu weit getriebenen Stetigkeitsvorstellung in Betreff der Entwicklung der Kantischen Philosophie aus, wohl einer Reminiszenz an die Geschichtsauffassung Georg Wilhelm Friedrich Hegels, wenn er erklärt, die chronologische Reihenfolge der Kantischen Schriften sei zugleich die innere sachliche, sie sei zugleich die Genesis dieser Philosophie in ihrer allmähligen Entstehung und Ausbildung.[C] Er will damit nicht behaupten, dass Kant bei der Abfassung seiner Schriften nach einem bewussten Plane verfahren sei, sondern nur, dass es die innere Notwendigkeit der Sache gewesen sei, welche die Probleme gerade in dieser Gestalt und Reihenfolge hervorgetrieben und entwickelt habe. Er erklärt die Entstehung der Vernunftkritik nach dem Systeme der Evolution, wir erklären sie nach dem System der Epigenesis, welche wirkliche Neubildungen und kritische Wendungen mit sich bringt. Abgesehen von der innern, durch keinen Fall der Entwicklungsgeschichte eines Schriftstellers[D] zu beseitigenden Unwahrscheinlichkeit, die in der Annahme einer präformierten Entwicklung liegt, stehen der Ansicht Fischers die eigenen Erklärungen Kants entgegen. An Schriften mag man deuteln können, aber briefliche Äußerungen lassen sich nicht so leicht drehen. Kant erklärt 1765 in seinem Schreiben an Lambert: »Ich habe verschiedene Jahre hindurch meine philosophischen Erwägungen auf alle erdenkliche Seiten gekehrt und bin nach so mancherlei

A [Kant I, Deutlichkeit, S. 104, AA II, S. 296.]

B Hier und im Folgenden sei verwiesen auf: Cohen, Begriffe in Kants vorkritischen Schriften.

C Fischer, Geschichte, Band III, S. 121–312.

D Die Fischer'sche Ansicht der Entwicklung Kants erinnert an die Hypothese Schleiermachers von dem Zusammenhange der platonischen Dialoge.

Umkippungen, bei welchen ich jederzeit die Quellen des Irrtums oder der Einsicht in der Art des Verfahrens suchte, endlich dahin gelangt, dass ich mich der Methode versichert halte, | die man beobachten muss, wenn man demjenigen Blendwerk des Wissens entgehen will, was da macht, dass man alle Augenblicke glaubt, zur Entscheidung gelangt zu sein, aber ebenso oft seinen *Weg wieder zurücknehmen* muss, und woraus auch die zerstörende Uneinigkeit der vermeinten Philosophen entspringt, weil gar kein Richtmaß da ist, ihre Bemühungen einstimmig zu machen«[A]. Die Methode, die er weiterhin beschreibt, ist diejenige, von der er in der Schriftengruppe von 1763 die Proben gab, die Versicherung dagegen, die er gibt, vor weiteren »Umkippungen« bewahrt zu bleiben, sollte sich nicht bewähren. Schon vier Jahre darauf gelangte er zur letzten, diesmal entscheidenden, nicht wieder rückgängigen Umwälzung seiner Denkart. Kant selbst sieht also seinen Entwicklungsgang nicht als eine stetige Reihe an, er ist sich der Unterbrechungen und Umwandlungen bewusst, die ihn nach allen »erdenklichen Seiten« führten, und ohne Zweifel spricht er im Affekte des eigenen Erlebnisses, wenn er 1763 sagt: »Es gibt eine Zeit, wo man in einer solchen Wissenschaft, wie die Metaphysik ist, sich getraut, alles zu erklären und alles zu demonstrieren, und wiederum eine andere, wo man sich nur mit *Furcht* und *Misstrauen* an dergleichen Untersuchungen wagt«[B]. Im Gefühle stetigen Fortschrittes führt man eine zuversichtlichere Sprache.

Eine vollkommene Stetigkeit in der Ausbildung der kritischen Philosophie, dergestalt, dass diese Ausbildung nicht durch wirkliche Krisen und entscheidende Veränderungen in der Denkrichtung unterbrochen worden wäre, lässt sich im Allgemeinen nicht behaupten, weil sich Kant im Gegenteile der Umwälzungen und tiefgreifenden Wandlungen seines Denkens bewusst ist. Sie kann aber ebenso wenig im Einzelnen begründet werden, ohne dass der Gegensatz zwischen der vorkritischen Periode und der kritischen aufgehoben wird. Soll die Aufeinanderfolge der Schriften der frü-

A Kant I, Kant/Lambert, S. 350 [AA X, S. 55].
B Kant I, Beweisgrund, S. 164 [AA II, S. 66].

heren Zeit zugleich das Entwicklungsschema der kritischen Philosophie darstellen, soll sie zugleich die sachlich geforderte Entfaltung des kritischen Systemes sein, so müsste sie diesen | methodischen Gang genommen haben. Anschauung und Begriff müssten zunächst als verschiedene Erkenntnisarten einander gegenübergetreten sein, die synthetischen Urteile der Anschauung müssten sich von den analytischen durch Auflösung eines Begriffs gesondert haben, es müsste die prinzipielle Verschiedenheit von Mathematik und Philosophie erkannt worden sein, endlich hätte der logische Gebrauch der Verstandesbegriffe vom realen, sich auf Gegenstände überhaupt beziehenden, getrennt werden müssen. Keine dieser Voraussetzungen ist, näher betrachtet, schon in den früheren Schriften erfüllt, obschon Fischer eine jede derselben vollkommen erfüllt sieht und demnach lehrt, eine Menge von Zügen, die man erst der kritischen Philosophie zuschreibe, finde sich vollkommen ausgebildet schon in den Untersuchungen der früheren Zeit, so dass diese den rechten Schlüssel zum Verständnisse Kants hergäben[80].[A] So soll in der Schrift von der »Falschen Spitzfindigkeit der syllogistischen Figuren« die Unterscheidung zwischen Sinnlichkeit und Verstand gemacht worden sein. In einer Schlussanmerkung, die übrigens nicht zum eigentlichen Vorhaben der kleinen Abhandlung gehört, wird nämlich erwähnt[81], dass es etwas anderes sei, einen Unterschied bloß empfinden und Dinge als unterschiedene erkennen. Eine unterschiedene Empfindung ist noch keine Erkenntnis oder Beurteilung des Unterschieds empfundener Gegenstände. Die Differenz, welche sonach hier bemerkt wird, ist die Differenz von Empfindung und Urteil. Diese schlichte, psychologische Reflexion kann keine erkenntnistheoretische Bedeutung in Anspruch nehmen. In der Kritik des Erkennens handelt es sich nicht um die Unterscheidung der Erkenntnis*vermögen*, sondern der Erkenntnis*arten*, und zum Beweis dafür, dass die letztere Unterscheidung nicht durch eine einfache, psychologische Beobachtung erkannt werden konnte, berufen wir uns auf die Erklärung Kants, erst nach *langem Nachdenken* sei es

A Fischer, Clavis Kantiana.

ihm gelungen, die reinen Elementar*begriffe* der Sinnlichkeit von denen des Verstandes mit Zuverlässigkeit zu unterscheiden.[A] Eben weil es auf die Unter|scheidung der *Begriffe*, nicht auf eine Einteilung der Erkenntnisvermögen ankam, setzte der erste Schritt zur Kritik langes Nachdenken voraus. Eine Bemerkung wie die obige, psychologische, erheischte offenbar kein langes Nachdenken und darf nicht dem Ergebnis eines solchen gleichgesetzt werden. Zwischen Sinnlichkeit und Verstand als psychologischen Vermögen wurden auch von anderen Forschern Unterschiede wahrgenommen und durch die Rangabstufung der Vermögen in niedere und höhere ausgedrückt. Kant dagegen vermutet umgekehrt, soweit es auf die psychologische Seite der Frage ankommt, die tiefer liegende Einheit der beiden Vermögen. Also kann seine Entgegensetzung von sinnlichen und Verstandeserkenntnissen nichts gemein haben mit der psychologischen Trennung der Erkenntnisfähigkeiten. Den kritischen Unterschied der Erkenntnisarten hat Kant am Begriffe des Raumes entdeckt und zuerst in der Dissertation von 1770 dargelegt. In der gesamten Gruppe der früheren Schriften findet sich noch keine Spur dieser Unterscheidung. – Die wahre Absicht des in Rede stehenden Schriftchens ist hinlänglich durch seinen Titel angegeben. Es sollte durch dasselbe die Schullogik von einem überflüssigen Ballaste befreit werden, durch Vereinfachung der Syllogistik mittels Zurückführung der übrigen Schlussweisen auf ihr eigentliches, in der ersten Figur rein ausgeprägtes Prinzip. Kant scheint nicht gewusst zu haben, bei dieser Bemühung den Vater der Logik auf seiner Seite zu haben.

Einen wirklichen Ansatz zur kritischen Philosophie im gedachten Schriftchen könnten wir vielleicht in der Reduktion der »oberen Erkenntnisfähigkeiten« auf die Funktion des Urteilens erblicken. Um ein Prinzip der Ableitung der formalen Erkenntnisbegriffe zu finden, sah sich Kant nach einer Verstandeshandlung um, die alle übrigen enthalte, und fand, dass diese Operation im *Urteilen* bestehe. Demnach könnte ihn die Erinnerung an jene, früher

A Kant III, Prol., S. 89 [AA IV, S. 323].

gewonnene Einsicht bei der Auffindung des Prinzips der Deduktion geleitet haben.

Glücklicher als in diesem Falle scheint Fischer mit dem Nachweise zu sein, dass der Unterschied zwischen logischem und realem Erkennen bereits in dem »Versuch, den Begriff der negativen | Größen in die Weltweisheit einzuführen«, und im »Einzig möglichen Beweisgrund« angetroffen werde. Die Tatsache ist nicht zu bestreiten. In der erstgenannten Abhandlung wird die gänzliche Diversität von Real- und Idealgrund, von Ursache und logischem Grunde gezeigt, in der zweiten nachgewiesen, dass die Existenz kein logisches Prädikat, kein Merkmal des *Begriffs* einer Sache sei. Wenn nur nicht die »Kritik« diese Ergebnisse zum Teile wieder rückgängig gemacht hätte! In der vorkritischen Periode war die Kausalität ein empirischer Begriff, unerweislich, einfach, nicht auf einem Urteile beruhend, in der Kritik ist sie die Verbindungsform für einen apriorischen, nicht empirischen Grundsatz, bezogen auf die Sukzession der Erscheinungen, daher gültig von den Dingen selbst, soweit sie Erscheinungen, d.i. Anschauungen sind. Damals war jeder reale Gebrauch des Satzes vom Grunde ausgeschlossen, später wird die gegenständliche Gültigkeit dieses Satzes als Erfahrungsanalogie gelehrt. Der Satz vom Grunde wird für die Form der Erfahrung als objektiv gültige Erkenntnis bewiesen. Zwischen beiden Auffassungen des Postulats vom Grunde besteht mithin keine Übereinstimmung, sondern Gegensatz. Die Trennung von Ursache und Grund in der Schrift von den negativen Größen ist keine direkte Vorbereitung der späteren, kritischen Kausalitätslehre. – Dass die Existenz kein Prädikat eines Dinges sei, mithin nicht analytisch aus seinem Begriffe entwickelt werden kann, lehrt auch die Kritik. Existentialsätze sind synthetisch. So weit reicht die Übereinstimmung der Kritik mit der zweiten, eben genannten Abhandlung vom Beweisgrunde. Aber neben den empirisch-synthetischen Urteilen des Daseins, neben der absoluten Position in der Empfindung kennt die Kritik noch eine Kategorie der Existenz, eine Position des Daseins, welche in der Urteilsfunktion als solcher enthalten ist und die objektive Form der Erfahrung begründet. Der Unterschied der vorkritischen Schrift von den entsprechenden, kritischen Lehren ist abermals bedeutender, als ihre Übereinstimmung.

Ebenso können wir dem weiteren Ergebnisse Fischers nur zum Teile beistimmen. In der Preisschrift »Über die Deutlichkeit der Grundsätze« soll nach ihm bereits der | methodische Gegensatz von Philosophie und Mathematik erkannt und begründet sein. Dazu fehlt es aber an der Erfüllung zweier wesentlicher Bedingungen. Anstatt nämlich das Verfahren der Mathematik und die Methode der Philosophie einander prinzipiell entgegenzusetzen, begnügt sich Kant, die mathematische Synthesis und die philosophische Analysis vorläufig zu unterscheiden. Er erklärt die Nachahmung der mathematischen Methode nur deshalb für unstatthaft, weil die Analysis der Begriffe in der Philosophie noch nicht vollendet sei. Die Mathematik kann sofort mit dem Einfachen beginnen, die Philosophie muss das Einfache erst aus dem Zusammengesetzten gewinnen. Der Ausgang des mathematischen Verfahrens ist von dem Anfange des philosophischen verschieden, nicht das eigentliche Verfahren, der Fortgang selbst. »Es ist noch lange die *Zeit* nicht, in der Metaphysik synthetisch zu verfahren, nur wenn die Analysis uns wird zu deutlich und ausführlich verstandenen Begriffen verholfen haben, wird die Synthesis den einfachsten Erkenntnissen die zusammengesetzten, wie in der Mathematik, *unterordnen* können«[A]. In der Preisschrift *soll* die Philosophie nicht von Definitionen anfangen, in der Kritik *kann* sie nicht von ihnen ausgehen, dort waren Definitionen nur noch zur Zeit nicht möglich, hier sind Definitionen im strengen Sinne in der Philosophie überhaupt nicht möglich, nämlich synthetische Definitionen, als welche ausschließlich auf das Gebiet der Mathematik eingeschränkt sind. Der Unterschied des Verfahrens beider Wissenschaften ist in der Preisschrift noch nicht als *wesentlicher* begriffen, er ist nur als Unterschied des Grades, nicht der Art erfasst. Deshalb ist auch zweitens die Synthesis der mathematischen Erkenntnis noch nicht Konstruktion in der formalen Anschauung, sondern Zusammensetzung *einfacher Begriffe*. Zwar heißt es, die

A [Kant I, Deutlichkeit, S. 97; AA II, S. 290.]

Mathematik betrachte in ihren Beweisen das Allgemeine unter dem Zeichen ›in concreto‹, die Philosophie betrachte es durch das Zeichen ›in abstracto‹. Damit ist der Unterschied der intuitiven und diskursiven Erkenntnis angedeutet. Allein, weil diese Betrachtung nur noch eine Betrachtung unter Zeichen ist, so fehlt hier die deutliche, kritische Einsicht, dass das Zeichen das Objekt der | Mathematik *darstelle,* dass die Konstruktion in der möglichen Anschauung ihr Wesen sei. Annäherungen zur späteren Grenzbestimmung von Mathematik und Philosophie sind in der Preisschrift wirklich zu finden, aber nur Annäherungen, nicht die völlige Ausbildung der späteren Lehre.

Nach einer anderen Seite dagegen ist die Methode, die sowohl in der Preisschrift wie in der Abhandlung vom Beweisgrunde dargelegt wird, eine Ankündigung der kritischen. Sie bildet ein Stadium, einen Standpunkt in der Ausbildung der letzteren. Erwägen wir nämlich, dass die Aufgabe einer kritischen Methode in der Philosophie überhaupt darin besteht, sichere Kriterien anzugeben, aus denen mit völliger Bestimmtheit die Lösbarkeit der metaphysischen Fragestellungen zu entnehmen ist, und beachten wir zugleich, dass Kant die Tendenz seiner vorkritischen Methode mit den Worten kennzeichnet: »Seit dieser Zeit sehe ich jedes Mal aus der Natur einer jeden vor mir liegenden Untersuchung was ich wissen muss, um die Auflösung einer besonderen Frage zu leisten, und welcher Grad der Erkenntnis aus demjenigen bestimmt ist, was gegeben worden, so dass zwar das Urteil öfters eingeschränkter, aber auch sicherer wird, als gemeiniglich geschieht«[A], so können wir nicht verkennen, dass beide Methoden, die frühere der angeführten Schriften, die endgültige der Kritik, von einer und derselben Intention geleitet werden. Das Ziel ist im Allgemeinen erkannt, nur der Weg seiner Erreichung noch nicht im Besonderen gefunden. Es fehlt in der eben angegebenen Schilderung der methodischen Absicht Kants kein Zug, der nicht auch die Tendenz der eigentlichen, kritischen Methode charakterisierte; die Data, die gegeben sein müssen, um eine Erkenntnis zu ermögli-

A Kant I, Kant/Lambert, S. 350 [AA X, S. 56].

chen, die Bestimmung der Grenzen, innerhalb welcher die Lösung der philosophischen Probleme gelingen kann, die Einschränkung also, welche die Erkenntnis zu erfahren hat, um zu einer bestimmten und sichern zu werden, alles dieses ist zugleich Beweggrund und Aufgabe des Kritizismus.

Die Beurteilung der Ergebnisse, durch die Fischer die An|nahme der vollkommenen Ausbildung der Grundlagen der kritischen Philosophie schon in den Untersuchungen der vorkritischen Periode zu rechtfertigen sucht, hat uns von der Unhaltbarkeit seiner Hypothese überzeugt. Auch hat Kant selbst sich nirgends auf dic früheren Schriften berufen; er wenigstens hat die Bekanntschaft mit den älteren Untersuchungen nicht vorausgesetzt; er hat den Schlüssel zum Verständnisse der kritischen Werke nicht dort hingelegt, wo Fischer ihn suchte.

Neben der eigenen Entwicklung Kants werden von Fischer die bestimmenden Einflüsse, welche diese Entwicklung von außen her erfahren hat, keineswegs verkannt. Aber auch hierbei befindet sich Fischer auf einem Allmähligkeitsstandpunkte, den wir nicht zu teilen vermögen. Er erklärt nämlich, Kant habe nacheinander die Standpunkte von Wolff, Locke und Hume durchlebt, bevor er den eigenen gefunden habe. Demnach gliedert er die vorkritische Periode in die Zeit des Einflusses von Leibniz-Wolff (1740–1760) und die Zeit der Einwirkung der englischen Philosophie. Er zerlegt den letzteren Teil der Periode in drei Stufen. Die Stufe des Übergangs zur englischen Erfahrungsphilosophie werde durch drei Schriften beurkundet: die »Spitzfindigkeit der syllogistischen Figuren«, den »Versuch, den Begriff der negativen Größen in die Weltweisheit einzuführen« und den »Einzig möglichen Beweisgrund«. Die Stufe des Einflusses der Erfahrungsphilosophie soll durch die Preisschrift über die Evidenz der Metaphysik eröffnet, durch die Beobachtungen über das Gefühl des Schönen und Erhabenen sowie das Programm der Vorlesungen von 1765–1766 dargestellt werden. Die dritte Stufe zeigt Kant unter dem Einfluss von Rousseau, in dem Aufsatze »Über die Krankheiten des Kopfes« und der Notiz über einen Abenteuerer (Kormanicki)[82], weil in beiden Rousseaus Erwähnung geschieht[A], und in Übereinstimmung mit Hume in der Schrift »Träume eines Geistersehers«. |

Der Anklang an Hegels Geschichtsauffassung ist auch hier unverkennbar. Einen Standpunkt durchleben, heißt nach Hegel so viel als ihn absolvieren, ihn in den nächst höheren aufheben. So einfach, wie sich's Hegel konstruierte, ist jedoch das Schema der geschichtlichen Entwicklung nicht. In unserem Falle erstreckte sich der Einfluss Wolffs durch sämtliche Entwicklungsperioden Kants hindurch. Durch diese ursprüngliche und dauerndste Strö-

A Anmerkung: Das Verhältnis Kants zu Rousseau war kein vorübergehendes, kein bloßer Durchgangspunkt, wie es nach Fischer scheinen könnte. In den nachträglichen Bemerkungen zu den »Beobachtungen über das Gefühl des Schönen und Erhabenen« verrät sich überall die Tiefe und Nachhaltigkeit des Einflusses Rousseaus. So beson|ders in den Stellen: »Rousseaus Buch (Emile [A. R.]) dient die Alten zu bessern (…). Rousseau verfährt synthetisch und fängt vom natürlichen Menschen an, ich verfahre analytisch und fange vom gesitteten an.« (Kant XI/1, Bemerkungen, S. 224, 226 [AA XX, S. 9, 14]; siehe dazu das Programm der Vorlesung von 1765–1766 über die Methode, »nach welcher man den Menschen studieren muss, nicht allein denjenigen, der durch die veränderliche Gestalt, welche ihm sein Zustand eindrückt, entstellt worden (d. i. den gesitteten [A. R.]), sondern die *Natur* des Menschen, die immer bleibt« [Kant I, Nachricht, S. 297; AA II, S. 311].) Die S. 236–240 der angeführten Bemerkungen sind voll von Betrachtungen über die Ungleichheit der Menschen, das »Übelschaffende der Wissenschaft« und dergleichen, augenscheinlich durch Rousseau angeregt. Einen besonderen Nachdruck haben wir auf das folgende Selbstbekenntnis Kants zu legen: »Ich bin selbst aus Neigung Forscher, ich fühle den ganzen Durst nach Erkenntnis und die begierige Unruhe, darin weiterzukommen. Es war eine Zeit, da ich glaubte, dieses alles könnte die Ehre der Menschheit machen und ich verachtete den Pöbel, der von Nichts weiß. *Rousseau hat mich zurechtgebracht.* Dieser *verblendende* Vorzug verschwindet, ich lerne die Menschen ehren und würde mich viel unnützer finden als die gemeinen Arbeiter, wenn ich nicht glaubte, dass diese Betrachtung allen übrigen einen Wert erteilen könnte, die *Rechte der Menschheit* herzustellen« (Kant XI/1, Bemerkungen, S. 240 [AA XX, S. 44]).

Für das Natürlichkeitsprinzip Rousseaus hatte Kant den empfänglichsten Sinn. Seine Einschränkung des Wissens auf Erfahrung, der Religion auf treue, entschlossene Pflichterfüllung, was sind sie anders als ein Ausfluss dieses Prinzipes?

mung wird selbst die Einwirkung des englischen Kritizismus wesentlich modifiziert.

Noch in der »Kritik der reinen Vernunft« hielt Kant, wie früher erwähnt worden ist[83], der dogmatischen Methode Wolffs, seiner geschlossenen und gründlichen Beweisführung eine Lobrede, und niemals hat er sich ganz dem Einflusse dieses strengen, begriffsgemäßen, wenn auch öfters leeren und formalistischen Verfahrens entzogen. Er hat die rationalistische Form der deutschen Philosophie mit dem Geiste des englischen Kritizismus erfüllt und durchdrungen. Seine Philosophie resultierte aus Wolff und | Hume. Und zwar war sie nicht etwa ein äußerlicher Kompromiss zwischen dem Rationalismus und dem Sensualismus der Erkenntnisprinzipien, sie ist vielmehr die lebendige und innige Verbindung dieser beiden, entgegengesetzten Theorien des Wissens. In jeder Erkenntnis wirken Anschauung und Begriff, Sinne und Verstand zusammen. Dieses beständige Verhältnis zum Rationalismus hat Fischer verkannt, wenn er den Entwicklungsgang Kants nur als die Zurücklegung von Stufen, als Wiederholung von früheren Standpunkten bis der neue, kritische erreicht war, ansieht. Die wirkliche Bildungsgeschichte Kants war, wie alle Geschichte, ebenso sehr vom Prinzip der Erhaltung als dem der Veränderung beherrscht. Man kann übrigens nicht sagen, dass Fischer sein progressives Entwicklungsschema zu einförmig in Anwendung bringe, im Gegenteile muss gesagt werden, dass er Unterschiede setze, wo laut dem urkundlichen Tatbestande keine anzutreffen sind. So zerlegt er die zusammengehörige Schriftengruppe von 1762–1766 in drei Teile, den drei Stufen gemäß, die er von dem Einfluss der englischen Philosophie annimmt. Kant habe sich zuerst auf den Boden der englischen Naturphilosophie gestellt, von da sei er zur englischen Erfahrungsphilosophie übergegangen, von Newton zu Locke, und nachdem er eine Zeit lang unter dem Einfluss Lockes gestanden habe, sei er zu Hume fortgeschritten. Wir bestreiten diesen von Fischer behaupteten Einfluss Lockes ebenso, wie wir die Trennung in Anspruch nehmen, die er zwischen so enge zusammengehörigen, gleichzeitig abgefassten Schriften vornimmt, wie es nachweisbar die Schriften »Über die Deutlichkeit der Grundsätze« und »Der einzig mögliche Beweisgrund« sind. Die Preisschrift »Über die Deutlichkeit der Grundsätze« ist zwar 1764 erschienen, musste aber schon 1763 verfasst und der Berliner Akademie vorgelegt worden sein, in demselben Jahre, in welchem auch die Schrift »Der einzig mögliche Beweisgrund« veröffentlicht worden war. Mag auch die Abfassungszeit der letzteren, weit umfangreicheren Abhandlung etwas früher (etwa 1762) anzusetzen sein als die Entstehung der kurzen und »eilfertig«[A] entworfenen Gelegenheitsschrift, so ist doch der Standpunkt beider Abhandlungen ununterscheidbar derselbe, was sich unwiderleglich | daraus ergibt, dass in die Abhandlung »Der einzig mögliche Beweisgrund« eine einleitende Zusammenfassung der Ergebnisse der Preisschrift aufgenommen wurde und umgekehrt in die Preisschrift ein Auszug des Beweisganges für die Existenz Gottes, wie ihn die erstere Schrift führte.[B] Bei diesem offenbaren Verhältnis beider Schriften ist es vollkommen unbegreiflich, warum Fischer eine Verschiedenheit des Standpunktes für jede derselben behauptet und die Abhandlung über den »Einzig möglichen Beweisgrund« in die Zeit des *Überganges* zu Locke, die Preisschrift in die Zeit des *Einflusses* der englischen Erfahrungsphilosophie versetzt. Nicht nur die beiden gedachten Werkchen, auch die Schrift von den negativen Größen, das Programm der Vorlesungen von 1765–1766, ja selbst die »Träume eines Geistersehers« gehören einer und derselben Denkrichtung an und bilden eine untrennbare Gruppe. Sie sind nicht nur methodisch, sondern auch sachlich verbunden, sie bewegen sich nicht bloß in der nämlichen Gedankenform, sie behandeln sogar zum Teil dieselben Gegenstände und gebrauchen die gleichen Beispiele, ja öfters selbst die gleichen Worte.[C] Was Fischer zu seiner gezwungenen, künstlichen

A [Kant I, Nachricht, S. 293; AA II, S. 308.]

B Kant I, Beweisgrund, S. 170 [AA II, S. 71]; Kant I, Deutlichkeit, § 1, S. 106 [AA II, S. 296–297].

C Wie die Schrift über den Beweisgrund den Begriff der Existenz als einfachen, unerweislichen Grundbegriff erklärt, so auch die Abhandlung der negativen Größen die Begriffe der Realgründe. Die Differenz, die zwischen der Empfindung und dem Erkennen eines Unterschiedes besteht

Trennung bewogen haben mag, | scheint, abgesehen vom allgemeinen Geschichtsschema Hegels, das Missverständnis des Satzes gewesen zu sein: »suchet durch sichere *innere* Erfahrung d. i. ein unmittelbares, augenscheinliches Bewusstsein, diejenigen Merkmale auf, die gewiss im Begriffe von *irgend*einer allgemeinen Beschaffenheit liegen«[A84]. Hier war also, wie es scheint, die Philosophie nicht bloß überhaupt auf Erfahrung, sondern auf innere, psychologische Erfahrung verwiesen – also der Standpunkt Lockes erreicht. Von dieser Auslegung hätten ihn indes schon die Worte ›irgendeine Beschaffenheit‹, also allenfalls auch eine körperliche, zurückbringen sollen, noch mehr der Zusammenhang, in dem die Stelle steht. Nicht das Beispiel Lockes, sondern das Beispiel der Naturwissenschaft *Newtons* wird der Philosophie zur Befolgung empfohlen. Wie die Naturwissenschaft auf Grund sicherer Erfahrungen mit Hilfe der Geometrie die Gesetze der Erscheinungen aufsucht, so soll auch die Philosophie von gesicherten Erfahrungen mittels des Räsonnements zur Erkenntnis fortschreiten. Mathematik und Erfahrung bestimmen das Verfahren der Naturwissenschaft, Erfahrung und Räsonnement die Methode der Geisteswissenschaft. Ist dieses auch der Standpunkt der Erfah-

und nach Kant den tierischen vom menschlichen Intellekte trennt, kehrt zum Teile mit denselben Worten, wie die in der Schrift über die Spitzfindigkeit gebrauchten, auch in der Preisschrift wieder. Das Programm gibt ein Resümee der in der letztgenannten Schrift und in der Abhandlung vom Beweisgrund dargelegten Methode (Kant I, Nachricht, S. 293 [AA II, S. 308]). Und wenn es nach Kants eigener Erklärung an Mendelssohn der Schrift »Träume eines Geistersehers« vornehmlich auf die Frage ankommt, wie die Seele in der Körperwelt gegenwärtig ist, so wirft bereits die Preisschrift dasselbe Problem mit gleichlautenden Worten auf (Kant I, Deutlichkeit, S. 101 [AA II, S. 293]) usw. Ich bemerke noch, dass in die Preisschrift auch die Ergebnisse der Dissertation über die physische Monadologie vom Jahre 1756 eingegangen sind (Kant I, Deutlichkeit, S. 92 [AA II, S. 286], »Beispiel«), obschon nach Fischer Kant in diesem Jahre noch unter dem Einfluss Wolffs gestanden haben soll! – zum Beweis, dass Kant seine Standpunkte nicht so kontinuierlich gewechselt habe, wie es sein Geschichtsschreiber angenommen hat.

A [Kant I, Deutlichkeit, S. 92; AA II, S. 286.]

rungsphilosophie, so doch nicht derjenige Lockes, nicht empirische Psychologie, die Kant von allem Anfange an geringer schätzte, sondern rationelle Empirie überhaupt wird hier der erfahrungsfreien, dafür aber auch von positiven Kenntnissen leeren Philosophie als Heilmittel empfohlen. Statt hier eine Anlehnung an Locke zu sehen, die auch aus anderweitigen Gründen zu bezweifeln ist, erblicken wir vielmehr einen Keim, ja einen Teil der *kritischen Methode*. Die kritische Methode besteht in der prinzipiellen Trennung und faktischen Verbindung des ideellen Erkenntnisfaktors mit dem empirischen; in der Einsicht, dass rein formales Denken, aus dem die bloße Begriffsphilosophie bis dahin ihre Weisheit hervorgezaubert hatte, nur dadurch zum Erkennen wird, dass es seine Form und Funktion vermittels der mathematischen Vorstellung am Stoffe der Erfahrung betätige.

Den Stoff zu aller Erkenntnis liefert die Erfahrung; in ihr liegen die »Data« zu der an sich leeren Begriffsform. Daher er|klärt Kant jede Nachforschung für vergeblich »in Ansehung einer Frage, wozu die Data in einer anderen Welt, als in welcher wir empfinden, anzutreffen sind«[A], daher erklärt er: ›u. a. die Grundkräfte, die Fundamentalverhältnisse der Kausalität müssen gegeben sein und dürfen nicht ersonnen werden‹, und stellt in diesem Sinne überhaupt gegebene Vorstellungen erdachten gegenüber. Auch in der Periode der kritischen Werke gilt ihm jede Erkenntnis für leer, die sich nicht auf ein »Datum« der Erfahrung beziehe, nur ist das Datum des apriorischen Wissens die tatsächliche Form der Anschauung, während der Stoff des übrigen Erkennens, wie in der vorkritischen Zeit, die gegebene Mannigfaltigkeit der Dinge und ihre besonderen[85], in der Erfahrung vorfindlichen Verhältnisse sind. Die prinzipielle Bedeutung des empirischen Faktors des Erkennens erfasst zu haben, darin liegt die Bedeutung der in der Preisschrift geforderten Methode. Zu dieser Einsicht wurde Kant durch die Analogie der Naturwissenschaft gebracht, nicht durch einen Einfluss Lockes, der ohnehin gänzlich unerweislich ist. Will man nämlich unter Locke nicht etwa nur den Typus der Erfah-

A [Kant VII/1, TG, S. 99; AA II, S. 368.]

rungsphilosophie verstehen, sondern die wirkliche, historische Persönlichkeit, das Werk »Über den menschlichen Verstand«, so muss jede direkte Einwirkung Lockes auf Kant geleugnet werden; es sei denn, dass man annehmen wolle, Kant sei von Hume zu Locke zurückgegangen, nur um den Cursus der geschichtlichen Standpunkte nachzuholen.

Wir haben zu dem Jahre 1762 das bestimmt lautende Zeugnis Herders, wir haben aus dem Jahre 1765 das eigene Zeugnis Kants für seine Bekanntschaft mit Hume.[A] Ich zweifle sogar | nicht, dass Kant schon bald nach dem Erscheinen der deutschen Übertragung der Essays (1756) die erste Bekanntschaft mit Hume geschlossen habe, wenn ich auch kein Gewicht auf die briefliche Erwähnung Humes durch Hamann (27. Juli 1759) legen möchte.[B] Aber selbst wenn diese Zeugnisse fehlten, so würde die Abhandlung über die Einführung der negativen Größen in die Philosophie allein und unzweifelhaft den bereits 1763 stattgefundenen Einfluss Humes beweisen können. In dieser Abhandlung wird nämlich der Realgrund vom Idealgrund, Ursache und logischer Grund gänzlich geschieden. Der Realgrund ist niemals ein logischer Grund. Es wird das Beispiel von der Bewegung eines Körpers auf einen in Ruhe befindlichen gebraucht und in der Weise Humes erläutert, die zweite, mitgeteilte Bewegung sei etwas anderes als die Bewegung des anlaufenden Körpers. Da sich Kant nirgends die erste

A Schubert, Biographie, S. 41. Unter den Philosophen, welche Kant in den Vorlesungen 1762 nicht bloß berücksichtigt, sondern *geprüft* hat, wird von Herder Hume angeführt, *Locke* aber mit Stillschweigen übergangen. Kant selbst hat nirgends einen Einfluss Lockes auf seine Denkart behauptet, dagegen, wie bekannt, die in seinem Denkleben epochemachende Einwirkung Humes hervorgehoben. Im Programm zu den Vorlesungen von 1765–1766 wird Hume angeführt, wenn auch zunächst nur in Bezug auf seine praktische Philosophie. Wer wird aber zweifeln können, dass Kant ebenso gründlich auch den theoretischen Essay geprüft habe, umso mehr, da bereits die Schrift über die negativen Größen eine genaue Bekanntschaft mit der Kausalitätslehre verrät!

B Im erwähnten Briefe weist Hamann auf Hume, »den attischen Philosophen« hin, dessen *Glaubens*prinzip er in durchaus missverständlicher Weise, in der gewöhnlichen Bedeutung des Wortes Glaube, auslegt.

Entdeckung der völligen Verschiedenheit von Ursache und Grund zugeschrieben hat, so bleibt nichts übrig, als dieselbe auf ihren wahren Urheber zurückzuführen, also zuzugeben, dass schon die Abhandlung von 1763 unter der Einwirkung Humes stehe. Dies wird durch Herders Bemerkung zum Jahre 1762 bestärkt, dass Kant schon damals Hume *geprüft* habe. Mit wie verwandtem Geiste übrigens Kant die Lehre Humes erfasst habe, davon ist ein auffallender Beweis die Stelle der in Rede stehenden Abhandlung: »Ich lasse mich auch durch die Wörter Ursache und Wirkung, Kraft und Handlung nicht abspeisen; denn wenn ich etwas schon als eine Ursache wovon ansehe, oder ihr den Begriff einer Kraft beilege, so habe ich in ihr schon die Beziehung des Realgrundes zur Folge gedacht und dann ist es leicht, die Position der Folgen nach der Regel der Identität einzusehen«[A]. Diese Bemerkung hat im »Treatise« ihre Parallele, einem Werke, das Kant unbekannt war.[B] |

Der Einfluss Humes wurde indessen für Kant nie zur Abhängigkeit von Hume. So besitzt die Abhandlung von 1763 ihr eigentümliches Verdienst darin, den Unterschied von Grund und Ursache am Unterschiede von Widerspruch und Wirklichkeitsgegensatz ersichtlich gemacht zu haben. Auch strebt sie bereits unverkennbar über Hume hinaus. Zum Schlusse deutet Kant seine eigene, obschon noch nicht die kritische Kausalitätslehre an; er erklärt, aus seinen Betrachtungen ergebe sich, dass die *Beziehung* eines Realgrundes auf etwas, das dadurch gesetzt oder aufgehoben wird, gar nicht durch ein Urteil, sondern bloß durch einen *Begriff* könne ausgedrückt werden.[C] Nur mit einem Teil der Lösung, welche Hume vom Kausalitätsprobleme gegeben hat, war Kant mit jenem einverstanden *und blieb er es auch in der Folge*. Dass die besonde-

A [Kant I, NG, S. 159; AA II, S. 203.]

B Hume, Über die menschliche Natur, Band I, S. 169: »Noch leichter verfahren die, welche sagen, jede Wirkung müsse ihre Ursache haben, weil sie schon in dem Begriffe der Wirkung mitenthalten wäre. Jede Wirkung | setzt freilich notwendigerweise eine Ursache voraus, da der *Ausdruck* ›Wirkung‹ relativ ist, dessen Korrelat eben die Ursache ist. Aber dies beweist nicht, dass vor jedem *Dinge* eine Ursache vorhergehen müsse.«

C Siehe dazu § 3 dieses Kapitels.

ren Kausalitätsbegriffe, elementare Begriffe der Erfahrung, gegebene nicht a priori erkennbare »Fundamentalverhältnisse«[A] seien, und dass wir das ›Wie der Verursachung‹ in keinem Falle einsehen, also nicht aus Begriffen demonstrieren können – dies bildet die gemeinsame Überzeugung der vorkritischen wie der kritischen Periode. Dass aber der Kausalitätsbegriff überhaupt nur von subjektiver Bedeutung, nicht von objektiver Gültigkeit sei, ist ein, allerdings von Kant missverständlich behauptetes Ergebnis der Lehre Humes, welchem er niemals – auch nicht in der vorkritischen Zeit, beigepflichtet hat.

Das Verhältnis Kants zu Hume wird von Fischer nicht richtig erfasst. Es wird von ihm in eine zu späte Zeit versetzt und der Grad der Einwirkung Humes auf Kant überschätzt. Erst in der Schrift von 1766 erkennt Fischer diesen Einfluss Humes, und zwar einen so mächtigen Einfluss, dass er Kant in den »Träumen eines Geistersehers« ganz auf dem »skeptischen« Standpunkte findet. Da aber dieser Annahme die Äußerung Kants, er sei weit entfernt gewesen, Hume auch in Ansehung | seiner Folgerungen Gehör zu geben, entgegensteht, sieht sich Fischer veranlasst, diese entschiedene Erklärung auf die spätere Zeit nach 1770 zu beziehen, obschon die Erklärung selbst eine solche zeitliche Beschränkung ihrer Geltung ausschließt. Der Grund zu dieser gezwungenen Auslegung lag für Fischer in der Gleichsetzung von Erfahrungs- und Gewohnheitsbegriff. »Welchen Folgerungen hätte Kant nicht Gehör gegeben«, so ruft er aus, »wenn er doch mit Hume die Kausalität für einen Erfahrungs- *oder* Gewohnheitsbegriff hielt?«[B] Allein diese Gleichsetzung ist falsch. Auch Locke hatte ja die Kausalität als Erfahrungsbegriff angesehen, ohne sie auf Gewohnheit zurückzuführen – und Hume führt nicht die Kausalität selbst, sondern die *Notwendigkeit*, die wir dieser Verhältnisvorstellung gleich einer begrifflich erkannten zuschreiben, auf Gewohnheit zurück. Das Gewohnheitsprinzip soll nicht erklären, dass Kausalität nur aus Erfahrung erkannt werde, es soll nur erklären, warum

A [Kant VII/1, TG, S. 104; AA II, S. 371.]
B [Fischer, Geschichte, Band III, S. 240.]

wir diesem Erfahrungsbegriff einen höheren Grad der Überzeugung oder des Glaubens verleihen. Die Gewohnheit ist selbst nach Hume ein besonderes, empirisches Kausalverhältnis, ein Fall unveränderlicher Aufeinanderfolge. Dieses Prinzip, weit entfernt, die Theorie der Kausalität bei Hume zu erschöpfen, wird nur unter Voraussetzung der Theorie gebraucht. Der Erklärung der Notwendigkeit, nicht der Kausalität, aus der Gewohnheit hat nun Kant in der Tat niemals zugestimmt – auch in den »Träumen eines Geistersehers« nicht. Er hat die Gewohnheit fälschlich für ein bloß subjektives Prinzip genommen und daraus die Folgerung gezogen, dass nach Hume die Kausalität überhaupt nur subjektiv sei, eine Folgerung, die er aber nicht gelten ließ. Mithin bezieht sich die Erklärung in den Prolegomena auch auf die Schrift von 1766.

Statt aus der Gewohnheit leitet diese Schrift die Kausalitätsvorstellungen aus der Zergliederung des Tatbestandes der Erfahrung ab. Durch Auflösung der verwickelten Erscheinungen werden nach ihr die kausalen *Grundverhältnisse* erkannt, die also jederzeit aus der Erfahrung ermittelt werden müssen, während a priori nicht erkennbar ist: »wie Etwas könne eine Ursache sein«[A], und es nicht weniger verständlich ist, dass mein Wille den | Arm bewegt, als wenn er den Mond aufhalten könnte, nur dass das letztere erfahrungswidrig ist. Man beachte nun, dass in der Schrift »Träume eines Geistersehers« nur von den *besondern* Kausalitätsverhältnissen gehandelt wird, die allgemeine Verbindungsform der Kausalität dagegen gar nicht in Frage kommt. In Bezug auf die besonderen Kausalitätsvorstellungen aber nehmen auch die kritischen Werke genau denselben Standpunkt ein! Auch ihnen gilt das eigentliche ›Wie der Verursachung‹ für unerkennbar.[B] Und in Übereinstimmung mit der früheren Schrift verwehrt auch die Kritik wiederholt, Grundkräfte oder »Fundamentalverhältnisse« der Kausalität zu ersinnen, die also nicht die Korrelate der gegebe-

A [Kant VII, TG, S. 102; AA II, S. 370.]

B Siehe dazu z. B. Kant VIII, KpV, S. 171 [AA V, S. 54] und die im Folgenden berührten Stellen der Vernunftkritik (Kant II, KrV, S. 174 [AA III, S. 177], 186 [AA III, S. 187], 591 [AA III, S. 500] und öfter).

nen Erscheinungsverhältnisse sind. Dass die besonderen Kausalverbindungen sämtlich zum Stoffe der Erfahrung gehören, oder gegeben seien, lehrt die Kritik ebenfalls. Sie tadelt an Hume nur dies, dass er die Zufälligkeit, d.i. empirische Bedingtheit unserer Schlüsse nach dem Kausalitätsgesetze für die Zufälligkeit des Gesetzes selbst genommen habe. Zufälligkeit bildet hier den Gegensatz zur begrifflichen Notwendigkeit, es ist der Inbegriff des Aposteriori im Gegensatz zum Apriori. Also lehrt die Kritik in Übereinstimmung mit Hume, dass die bestimmten Kausalverhältnisse nur a posteriori erkannt werden; sie behauptet im Unterschiede von Hume nur, dass die Kausalität *überhaupt* eine allgemeine, a priori erkennbare Erfahrungsanalogie sei, die Anwendung des Begriffsverhältnisses von Grund und Folge auf die allgemeine Sukzession der Erscheinungen. Wir wissen nach der Kritik a priori nur, *dass* Erscheinungen analog wie Grund und Folge verknüpft seien, weil dieses Wissen einen Teil der möglichen Erfahrung bildet, zur Vorstellung eines Gegenstandes überhaupt gehört; aber wir wissen allein durch Erfahrung, *wie* ihre Aufeinanderfolge bestimmt ist. Man übersehe nicht, dass Kant neben der Natur im transzendentalen Sinne, d.i. der möglichen Erfahrung, auch die Natur im empirischen Sinne kennt und anerkennt, und dass er zu dieser *alle besonderen Natur|gesetze* zählt und zählen muss. Zwar konstruierte er sogar die Materie aus zwei antagonistischen Kräften, die in verschiedenen Verhältnissen der Distanz wirksam sein sollen, aber er hielt diese Kräfte der Attraktion und Repulsion für gegeben – und was er konstruierte, ist nur der Begriff der Materie, das was von ihr a priori, rein nach Verstandesgesetzen erkennbar ist, nicht ihr empirisches Wesen. Das Dasein im Raume, die Beweglichkeit, die Mitteilung von Bewegung sind auch nach ihm lauter empirische Prädikate der Materie. Was Kant in den »Träumen eines Geistersehers« von den besonderen Kausalitätsbegriffen lehrte, dass sie aus Erfahrung und nur aus Erfahrung abstammen, daran hält er fest auch in der Periode seiner kritischen Philosophie. Worin er aber in dieser Periode von Hume abweicht und womit er über ihn hinausgeht, ist seine Lehre von der allgemeinen Kausalitätsvorstellung als Form möglicher Erfahrung, als gehörig zum Begriff der

Erfahrung – ein Punkt, der in den »Träumen eines Geistersehers« gar nicht zur Behandlung gelangte. Übrigens ist es bemerkenswert, dass schon in der Dissertation vom Jahre 1770 dieser allgemeine Kausalitätsbegriff als reiner Verstandesbegriff auftritt. – Einen Skeptiker Kant, wie ihn Fischer darstellt, haben wir demnach aus der Geschichtsschreibung zu verweisen.

Diese Bemerkungen sollen uns dienen, die folgende Darstellung des Entwicklungsganges Kants vorzubereiten. Sie zeigten uns die Wichtigkeit der Schulung in der Wolffischen Philosophie, welche dem Denken Kants jene rationalistische Richtung gab, die ihn befähigen sollte, zwischen den Ansprüchen des Empirismus und des ideellen, begrifflichen Denkens in Mathematik und Logik wahrhaft zu vermitteln. Niemals hat zwar diese Schulung Kant in bloßer Schülerhaftigkeit gehalten; schon in der ersten philosophischen Schrift tritt er mit ganz beachtenswerter, kritischer Selbstständigkeit der Schule gegenüber. Aber die Methode der Schule blieb doch von formal bestimmender Einwirkung auf seine Denkart. Außer der Schule Wolffs haben wir von philosophischer Seite her nur einen einzigen maßgebenden, äußeren Impuls kennen gelernt, den Anstoß, der von Hume ausging. Wir befin|den uns dabei in genauester Übereinstimmung mit der Nachricht Kants über seine philosophische Bildungsgeschichte. Die Erinnerung von D. Hume (in Betreff des Kausalitätsgesetzes), und nur diese allein, war es, welche viele Jahre vor Abfassung der Prolegomena – d. i. um das Jahr 1762, vielleicht bald nach 1759 – Kants dogmatischen Schlummer unterbrochen hat. Wir haben aber noch nicht einen der mächtigsten Einflüsse auf Kants Bildungsgang betrachtet, die gründliche Beschäftigung mit den Naturwissenschaften in ihren rationellen Teilen. *Der Geist und die Methode der mathematischen Naturwissenschaften haben das Muster hergegeben zur Ausbildung der philosophischen Methode Kants.* An Newton knüpfte er an in seiner ersten Schrift zur philosophischen Methodik, und nach der Analogie des experimentellen Verfahrens der Naturwissenschaft erläuterte er in der Vorrede zur Vernunftkritik das Wesen der kritischen Methode.

§ 2. *Kants Entwicklungsgang bis zum Jahre 1770.* Die Motive zur Reform der philosophischen Methode. Anteil der *Naturwissenschaft* an der Reform der Philosophie. *Einfluss der Newton'schen Naturphilosophie.* Newton über den absoluten Raum und die absolute Zeit. Das Raumproblem. Analyse der Abhandlung »Monadologia Physica«. *Einfluss Humes auf Kant.* Der Plan zu einem Werke *über die eigentümliche Methode der Metaphysik.* Analysis der Begriffe. Die Entdeckung des Unterschiedes von sinnlichen und intellektuellen Elementarbegriffen

Das Gefühl der Ergebnislosigkeit der bisherigen, reinen Begriffsphilosophie verband sich in Kant mit der entschiedenen Neigung für das rationelle, begriffsmäßige Verfahren selbst. Er hatte das Schicksal, »in die Metaphysik verliebt zu sein«[A] und zugleich zu bemerken, dass diese Wissenschaft, die er für die höchste Angelegenheit des menschlichen Geistes betrachtete, noch nicht den sicheren Gang fortschreitender Erkenntnis angetreten habe. Er hatte sich persönlich zu emsig und erfolgreich an der naturwissenschaftlichen Arbeit beteiligt, um nicht den weiten Abstand der Leistungen auf philosophischem Gebiete zu sehen. Schon in der Schrift über die »Schätzung der lebendigen Kräfte« merkte er an, die Metaphysik befinde sich erst an der Schwelle einer recht gründlichen Erkenntnis, und 1763 schrieb er: »Die Metaphysik ist ohne Zweifel die schwerste unter allen menschlichen Einsichten, allein es ist noch niemals eine geschrieben worden«[B86]. Der Widerstreit dieser Wahrnehmung mit seiner Neigung steigerte sich bei ihm bis zum Affekte. Unter dem Einflusse dieses leidenschaftlichen Triebes wurde er zum Reformator der philosophischen Methode. Er vergleicht die philosophischen Systeme mit Meteoren, deren Glanz nichts für ihre Dauer verspreche, er redet vom boden|losen Abgrund der Metaphysik, von einem finstern Ozean ohne Ufer und ohne Leuchtturm und gebraucht das Bild eines Kampfplat-

A [Kant VII/1, TG, S. 98; AA II, S. 367.]
B [Kant I, Deutlichkeit, S. 88; AA II, S. 283.]

zes endloser Streitigkeiten. Er wirft der Metaphysik vor, ein Blendwerk von Wissen zu sein, und bemerkt, wie sie nach allen Anläufen, die sie genommen habe, kontinuierlich ins Stecken geraten sei[87]. Nicht ohne einigen Schmerz der Selbstüberwindung nimmt er in den »Träumen eines Geistersehers« Abschied von der Metaphysik, er bekennt selbst an Moses Mendelssohn, zugleich über sich gespottet zu haben, da er wirklich einige Anhänglichkeit sowohl für die Swedenborgische Geisterwelt als die dieselbe unterstützenden Vernunftgründe einer die Erfahrung transzendierenden Philosophie nähre.[A] Zwischen der Kühnheit, womit man sich in einer solchen Wissenschaft, wie die Metaphysik, alles zu beweisen getraut, und wiederum der Furcht und dem Misstrauen, die man bei derartigen Versuchen empfindet, musste er selbst geschwankt haben, und es ist begreiflich, wenn er im Bewusstsein der Ver|geblichkeit,

A Noch in den Vorlesungen über Metaphysik aus den Jahren 1788 und 1789 (herausgegeben von Pölitz) erklärte Kant den Gedanken des Emanuel Swedenborg vom Geisterreiche für *sehr erhaben*. Er verbindet ihn mit seiner eigenen Unterscheidung des ›mundus intelligibilis‹ und ›sensibilis‹. Nur unsere sinnliche Anschauungsform mag das Hindernis sein, die schon jetzt stattfindende Gemeinschaft mit den Geistern zu sehen. Fischer irrt daher, wenn er den Ton der Schrift über Geisterseherei und Metaphysik für pure Persiflage hält und sagt, Kant habe nach dem Sprichwort zwei Fliegen mit einer Klappe erreicht und lachend zugeschlagen. Das Lachen in dieser Schrift ist nicht das unbefangene, reine Auslachen, sondern ein humoristisches, mit Ernst versetztes Lachen. Man vergleiche mit der angeführten Stelle (Kant I, Beweisgrund, S. 255 [AA II, S. 137–138]) noch die Stellen S. 251–253, welche den in der Vernunftkritik (Kant II, KrV, S. 313, 601 [AA III, S. 279–280, 549]) allerdings nur problematisch gegebenen, aber sichtlich ernster genommenen Unsterblichkeitsgedanken und Jenseitigkeitsvorstellungen parallel laufen, nur ist die Darstellung in den Vorlesungen weit bestimmter und mehr dogmatisch. Es heißt hier: Die Trennung der Seele vom Körper bestehe in der Verwandlung der sinnlichen Anschauung in die geistige. Das Leben der Seele beruhe nicht auf der Zufälligkeit der Zeugung des tierischen Lebens, es habe schon vor diesem Leben gedauert usw.

Wir werden diese privaten Vorstellungen des von pietistischen Eltern abstammenden und erzogenen Philosophen nicht auffallend finden, aber die Kritik hat wenigstens das Recht, auf dieselben aufmerksam zu machen, da sie in ihnen den Ursprung entdecken dürfte für die Doppelseitigkeit des bisher unfassbaren Begriffs des Dings an sich.

auf dem bisherigen Wege fortzukommen, nur mehr mit Widerwillen, ja mit einigem Hasse auf die Anmaßung ganzer Bände voll metaphysischer Einsichten zu blicken vermochte.

Es würde einen beschränkten Standpunkt verraten, wollten wir den Antrieb zur Reform der philosophischen Methode einzig und allein in der Wahrnehmung der Unvollkommenheit aller bisherigen, rationellen Philosophie in Verbindung mit dem ausgesprochensten Interesse und außerordentlicher Befähigung Kants für den Rationalismus, d.i. für strenge Wissenschaftlichkeit, finden. Neben diesem allerdings vorwiegenden Impuls ging stillschweigend die Wirkung eines andern her, dessen Richtung keine rein wissenschaftliche war. Die hauptsächlichsten, ja im Grunde genommen die einzigen Gegenstände der Metaphysik waren für Kant: Gottheit, Freiheit und Unsterblichkeit. Das Interesse, das die Vernunft an diesen Problemen und ihrer Entscheidung nimmt, ist kein theoretisches, sondern praktisches, obschon vielleicht nicht durchaus ein reines praktisches. Das sittliche Leben soll nach Kant seine Vollendung nur in der Realität, oder wenigstens in dem Glauben an die Realität dieser Ideen finden können. Kant beabsichtigte nun, das Wissen über diese höchsten Vernunftobjekte aufzuheben, um dem Glauben an sie Platz zu machen, um sie indirekt vor Anzweiflung und Verwerfung zu schützen. Wenn die Gründe sowohl für den Beweis als den Gegenbeweis hinsichtlich der Vernunftideen aufgehoben waren, so war dadurch schon der nötige Spielraum geschaffen, in dem sich das Gemüt mit seinen Postulaten frei ergehen konnte. Indem also Kant das *Nichtwissen* über die fraglichen Gegenstände *demonstrierte*, glaubte er unter einem die positiven Gründe der Metaphysik, die Gegengründe des »frechen« Materialismus[88] erledigt zu haben. Seine Meinung war, wie nicht zu bezweifeln ist, ebenso redlich, wie der Ausgleich, den er zwischen den streitenden Parteien versuchte, mit geschichtlichem Maße gemessen, ernst sittlich und selbst tiefsinnig ist. Aber er genügt nicht mehr für unsere Zeit. Die Voraussetzung zur Beilegung des Streites um jene Vernunftwesen ist bei Kant der *Dualismus*; der Beschränkung des Wissens durch den Glauben entspricht die Begrenzung der sinnlichen Welt durch ein | intelligibles Reich. Die

Philosophie unserer Wissenschaft ist dagegen der *Monismus*. Die naturwissenschaftlichen Entdeckungen dieses Jahrhunderts, namentlich die prinzipiellen Fortschritte des Naturerkennens, also das Erhaltungsgesetz der mechanischen Kraft, die Lehre von der Einheit und Kontinuität des Lebens, zwingen uns, im Prinzip die Weltkonzeption positiv abzuschließen, sie gestatten uns nicht mehr, aus irgendwelchen Rücksichten außer der Wirklichkeit eine Überwirklichkeit, sei es auch nur problematisch, anzunehmen. Der Dualismus ist als wissenschaftlich überwunden zu betrachten. Hier scheiden sich die Wege, die die philosophischen Überzeugungen unserer Zeit einschlagen, von den Wegen Kants; und der Kritik erwächst die Aufgabe, die Einflüsse und Rückwirkungen der dualistischen Grundvorstellung auf alle Teile des Systems Kants, auf die Lehre von den Formprinzipien der Erscheinung und von der Tragweite der reinen Begriffe zu entdecken und von den entwicklungsfähigen Bestandteilen desselben abzusondern. Eine Fortbildung der Kantischen Lehre ist unserer Überzeugung nach einzig in der monistischen Richtung zu versuchen, wofür übrigens in dieser Lehre bestimmte Anfänge und Wendungen gegeben sind.

Die schriftstellerische Tätigkeit Kants ist bis zum Jahre 1762, mit Ausnahme einer akademischen Gelegenheitsschrift über die Grundlagen der metaphysischen Erkenntnis und einem kleinen Aufsatze über den Optimismus[89], naturphilosophischen und naturwissenschaftlichen Inhaltes. Die Bedeutung, welche Kant in der Geschichte der Naturwissenschaft hat, wurde erst in neuester Zeit nach Gebühr gewürdigt – namentlich von Zöllner[A] nach dem Vorgange Carl Gustav Reuschles.[B] Zöllner gelangt zum Schlusse, dass »Konzeptionen, auf denen exakte Forscher der Gegenwart das stolze Gebäude ihres wissenschaftlichen Ruhmes erbaut haben, in bewundernswürdiger Übereinstimmung bis in die kleinsten Details schon bei Kant«[C] angetroffen werden. Vielleicht noch bedeutender als die Leistungen Kants auf dem Gebiete der Mechanik,

A Zöllner, Natur der Kometen.
B Reuschle, Kant und die Naturwissenschaft.
C [Zöllner, Natur der Kometen, S. 428.]

Physik, | physischen Astronomie sind seine Verdienste in der physischen Geographie und der Wissenschaft der organischen Natur. Kant hat vor Ritter den wissenschaftlichen Begriff der Geographie aufgestellt und durchzuführen versucht, er hat sich vor Charles Darwin mit Ideen der Abstammung und Vererbung getragen, die seiner Zeit weit voraneilten. Der Aufschwung, den die biologische Wissenschaft seit Darwin genommen hat, lenkte den Blick auch auf die Konzeptionen des deutschen Philosophen, was zur überraschenden Entdeckung führte, dass Kant unter den Vorläufern der Darwin'schen Theorie eine ganz hervorragende Stelle einnimmt.[A] In seinem, freilich nicht in die gegenwärtig behandelte Periode fallenden Aufsatze »Von den verschiedenen Rassen der Menschen« entwickelte Kant den Begriff einer Naturgeschichte im Unterschied von einer bloß klassifizierenden Naturbeschreibung und bemerkte: »Die Naturgeschichte würde uns die Veränderung der Erdgestalt, ingleichen die der Erdgeschöpfe (Pflanzen und Tiere), die sie durch Wanderungen (Migration) erlitten haben, und ihre daraus entsprungenen *Abartungen* von dem Urbilde der Stammgattung lehren. Sie würde vermutlich *eine große Menge scheinbar verschiedener Arten zu Rassen derselben Gattung machen* und das jetzt so weitläufige Schulsystem der Naturbeschreibung in ein physisches System für den Verstand verwandeln.«[B] Weil es in der Natur der organischen Wesen liege, dem Boden *in langen Zeugungen anzuarten*, so folgerte Kant, dass wir nirgends mehr in der Welt die *ursprüngliche, menschliche Gestalt* unverändert antreffen. Als Grund der Umwandlung vermutet er einen Einfluss der klimatischen Verhältnisse auf das Zeugungssystem – und erklärt: wenn die Natur ungestört *viele Zeugungen hindurch wirken kann, so bringt sie jederzeit einen dauerhaften Schlag hervor*. Die Unterschiede zwischen Varietäten, Spielarten, Rassen erschienen ihm fließend, selbst der Unterschied von Art und Abart

A Siehe dazu die eben erschienene Schrift von Fritz Schulze: »Kant und Darwin« (Jena 1875), eine fleißige, vollständige Zusammenstellung aller Äußerungen Kants über Abstammung und Entwicklung der Lebewesen.

B [Kant VI, MR, S. 322; AA II, S. 434.]

galt ihm nicht für unübersteiglich. Unter Ausschließung vieler *Lokal|schöpfungen* entscheidet er: Eine Tiergattung, die eine gemeinschaftliche Abstammung hat, enthält unter sich nicht mehr verschiedene Arten, sondern nur erbliche Abarten. Das Gewicht, das er bei »Bestimmung des Begriffs einer Menschenrasse« auf die Erhaltung erworbener Charaktere durch *Vererbung* legt, die Kritik ferner, die er an dem gewöhnlichen Zweckbegriffe vornimmt, lassen uns in ihm einen Vorgänger der Deszendenzlehre[90] erkennen. Schon frühe hatte er sich von missbräuchlicher Anwendung des die Natur vermenschlichenden Zweckes frei gemacht, er spottet bereits 1763 über die aufgeklärte Absichtlichkeit, womit die physisch-teleologischen Verfasser die Natur heimsuchen, »als ob die Laufrinnen der Flüsse eigens von Gott ausgehöhlt wären«[A]. Und wie sehr er sich in der kritischen Periode der Abstammungslehre näherte und wie er nur noch durch das Festhalten an dem Artdogma gehindert war, die entscheidenden Konsequenzen zu ziehen, kann die folgende Stelle aus der »Kritik der teleologischen Urteilskraft« zeigen: »[W]as die Veränderung betrifft, der gewisse Individuen der organisierten Gattungen zufälligerweise unterworfen werden, *wenn man findet, dass ihr so abgeänderter Charakter erblich* und in die Zeugungskraft aufgenommen wird, kann nicht füglich anders als gelegentliche Entwicklung einer ursprünglich in der Spezies vorhandenen, zweckmäßigen Anlage beurteilt werden (...). *Denn wenn man von diesem Prinzip abgeht, so kann man mit Sicherheit nicht wissen, ob nicht mehrere Stücke der jetzt an einer Spezies anzutreffenden Form ebenso zufälligen, zwecklosen Ursprungs sein mögen.*«[B] Weit entfernt, auf Grund solcher Äußerungen Kant zu einem Darwinianer vor Darwin machen zu wollen, erkennen wir in denselben nur die Natürlichkeit seiner Denkweise, die hohe Befähigung, die er für die Naturforschung besaß.

Wir haben indes nicht vor, Kants einflussreiche Stellung zu den Naturwissenschaften von Neuem zu erörtern. Die angeführten Stellen bezweckten nur, die Einwirkung seiner echt natur|wissen-

A [Kant I, Beweisgrund, S. 232; AA II, S. 120.]
B Kant IV, KU, S. 314 [AA V, S. 420].

schaftlichen Denkart auf die Ausbildung seiner philosophischen Methode zu begründen. Die Naturwissenschaft hat in der Person Kants den erheblichsten Anteil an der Reform der Philosophie genommen.

Ich glaube zeigen zu können, dass der Einfluss der Naturphilosophie Newtons auf die Entstehung der kritischen Philosophie Kants kein geringerer war als selbst der Einfluss Humes. Ging auch von dem letzteren eine spezifisch philosophische Anregung aus, so wirkte dafür die erstere bestimmend auf die Methode im Allgemeinen ein. Von der Gründlichkeit, womit Kant sich die Prinzipien und das Verfahren der philosophischen Naturwissenschaft Newtons aneignete, von der Selbstständigkeit, womit er sie erfasste und fortbildete, gibt seine berühmte Naturgeschichte und Theorie des Himmels ein wahrhaft großartiges Dokument. Kant war der bedeutendste Anhänger Newtons in einer Zeit, in welcher in seinem Vaterlande die Leibniz-Wolffische Philosophie, die in mehr als einer Hinsicht einen Gegensatz zu Newton bildet, herrschte und in rein philosophischen Dingen auf ihn selbst maßgebend war. Der Gegensatz von Leibniz und Wolff zu Newton betrifft, soweit er hier in Betracht kommt, die Auffassung des Raumes und die Stellung der Erfahrung in der wissenschaftlichen Erkenntnis. Leibniz und Wolff fassen den Raum relativ auf, Newton erfasste ihn im Sinne der Geometrie und Mechanik, also absolut. Jene erkennen in ihm nur ein Verhältnis der Dinge, das Verhältnis ihres Zusammenseins, ihrer gleichzeitigen Mannigfaltigkeit, welches, wenn es von den Sinnen verworren vorgestellt wird, Raum wird und heißt. Folgerichtig leiten sie den Raum von den Dingen ab; sie beginnen mit der Ordnung der Dinge und erklären eine gewisse Ordnung derselben für den Raum. *Sie stellen die Dinge dem Raume voran.* Newton dagegen, dessen geistiger Blick auf dem kosmischen Raume ruhte, erkannte, dass die sinnliche Vorstellung räumlicher Verhältnisse der Dinge *den Raum* voraussetze, folglich setzte er die Dinge, wie es natürlich und notwendig ist, in den Raum hinein. Er unterscheidet demnach *den absoluten, wahren und mathematischen Raum* (und ebenso die Zeit) von dem rela|tiven, erscheinenden, gewöhnlichen Raume. Jener ist nichts anderes als der *Weltraum* selbst, der ungeschlossene alle Dinge umfassende und allen Dingen die Stätte des Daseins in der Erscheinung bereitende Raum, dieser ist der Inbegriff der besonderen räumlichen Verhältnisse der Dinge untereinander. Von jenem lehrt Newton, dass er seiner Natur nach ohne alle Beziehung zu einem äußeren Dinge, zu etwas außer ihm vorhanden, sich selbst gleich und unbeweglich sei, während der relative Raum nur ein Teil, ein bestimmtes Maß oder irgendeine bewegliche Richtung sei, die von unserem Sinne aus durch ihre Lage zu den Dingen bestimmt wird. Ihrer Gestalt und Größe nach sind der relative Raum und der Teil des absoluten, der durch jenen abgemessen wird, ununterscheidbar dasselbe; aber der Zahl nach können sie verschieden sein. So hat die Atmosphäre ein beständig gleiches Verhältnis zum Erdkörper, sie nimmt aber durch die Bewegung der Erde immer andere und andere Teile des absoluten Raumes ein, Teile, die sich vollkommen gleichen nach Gestalt und Größe, jedoch der Zahl nach beständig verschieden sind. Dieselbe Betrachtung führt Newton von der Zeit durch, welche absolut ohne Verhältnis zu irgendetwas außer ihr, gleichförmig verfließt und mit einem anderen Worte die beständige *Dauer* heißt.[A] Eigentlich fließt die reine Zeit nicht; sie ist gleichsam das Bett für den Fluss der Erscheinungen. Wir verstehen nun, in welchem Sinne der absolute Raum die Bedingung für alle empirisch-räumlichen Bestimmungen ist. Damit Dinge in räumlichen Verhältnissen stehen können, müssen sie nicht nur Verhältnisse unter sich selbst haben, sondern außerdem und zugleich ein Verhältnis zum absoluten Raume. Nur durch dieses letztere ihnen allen gemeinschaftliche Verhältnis werden die ersteren Verhältnisse zu räumlichen. Ein Ding ist ein räumliches Ding nicht durch das bloße Verhältnis seiner Koexistenz mit anderen Dingen, sondern durch sein Verhältnis mit diesen zugleich zum absoluten Raume. Leibniz hielt sich allein an die gleichzeitige Ordnung der Dinge. Sein Raumbegriff | ist abstrakt. Er abstrahierte gerade von dem Eigentümlichen, was jene Ordnung erst zu einer Raumordnung macht. Oder er abstrahierte vom Raume

A Newton, Principia Mathematica, Scholion ad def. 8.

und erhielt dafür ein bloß gedachtes Verhältnis. Die Gleichzeitigkeit der Dinge ist noch kein Nebeneinander derselben, auch dann noch nicht, wenn diese Gleichzeitigkeit als gegenseitig genommen wird. Wir erhalten damit wohl die Einheit der Mannigfaltigkeit gleichzeitiger Dinge, einen begrifflichen Bestandteil des Raumes - aber nicht diesen selbst. So sind Empfindung und Gefühl gleichzeitig und einheitlich verbunden, aber nicht in einem räumlichen Verhältnisse stehend; Geschmäcke, Gerüche, Töne sind simultan mit Farben, Druckempfindungen, Muskelgefühlen, aber sie bilden zusammen noch keinen Raum. Wenn also Newton den absoluten, für sich bestehenden, unbeweglichen Raum dem relativen Raume zu Grunde legt, und in der Bewegung des relativen Raumes diesen sukzessiv Teile des absoluten einnehmen lässt, so ist er augenscheinlich der Leibnizischen Lehre gegenüber im Rechte. Die zweite Differenz seiner Naturphilosophie von der Leibniz-Wolffischen Schulphilosophie betrifft die Bedeutung der Erfahrung als eines notwendigen Bestandteiles aller Erkenntnis. Nach Newton geht der Weg des Erkennens von den Erscheinungen durch Induktion zu den Ursachen der Erscheinungen; aber diese Ursachen müssen wahre Ursachen (›verae causae‹) sein, d. h. ihr Stattfinden muss durch *Erfahrung* bewiesen werden. Durch diese einzige Forderung, dass die Ursachen wahr sein müssen, scheidet sich Erfahrungserkenntnis von müßiger Spekulation, echte Naturwissenschaft von Metaphysik. Die Erfahrung bildet nicht bloß den Ausgangspunkt, sondern auch den Schlusspunkt des Erkennens. Die Operationen des Denkens gehen niemals über die Erfahrung hinaus, widrigenfalls sie ins Leere geraten müssten, sie verwandeln nur gegebene Erfahrung in begriffene, die unverbundene, zufällige Erfahrung in gesetzlich verknüpfte, also notwendige. Jede Ursache, deren Stattfinden in der Erfahrung nicht gezeigt wird, ist so lange eine Fiktion oder bestenfalls eine Hypothese, ein möglicher Obersatz, zu dem der Untersatz, die Erfahrung, fehlt, um einen Schlusssatz zu geben. Die Maxime des Naturforschers ist der | Satz Newtons: ›hypotheses non fingo‹. Alles würde sofort begreiflich sein, wenn es erlaubt wäre, Ursachen zu erdenken. So erdachte sich Leibniz die Monade, und nachdem er sie mit Vorstellungs- und Triebkräften ausgestattet hatte, war es ihm ein Leichtes, alles Übrige nach dem Leitfaden des zureichenden Grundes begreiflich zu machen. ›Il n'y a que le premier pas qui coûte.‹ Alles Erkennen a posteriori war nach den Prinzipien des Leibniz im Grunde ein verworrenes Erkennen a priori – eine dunkle, nicht hinlänglich aufgeklärte Verstandeserkenntnis. Reines Wissen und Erfahrung waren nur in dem Grade der Helligkeit des Bewusstseins, nicht ursprünglich und wesentlich verschieden. Die Erfahrung war nicht mehr der Stoff und die Grenze des Erkennens, sondern sie war ein unklares, undeutliches Wissen. Damit war ein schrankenloser Dogmatismus verkündet; die philosophische Monade konnte nicht bloß die Form der Erscheinung, sondern den gesamten Inhalt des Daseins aus sich selber entwickeln. Dieser unendlichen Begriffsentwicklung gebietet die Naturwissenschaft Newtons mit ihrem Erfahrungsprinzipe Halt; sie erklärt Begriffe für leere Hirngespinste, die nicht ihren sämtlichen Inhalt aus der Erfahrung geschöpft und den lautern Quell der Erfahrung unvermischt in sich aufgenommen und bewahrt haben.

Niemals war Kant in der Raumlehre Anhänger der Leibniz-Wolffischen Philosophie. In der Schrift von der »Schätzung der lebendigen Kräfte« leitete er den Raum nicht von einem Verhältnis des bloßen Zusammenseins der Dinge ab, er führte ihn zurück auf ein bestimmtes *Wirkungsgesetz* der Substanzen. Und in der für seine Bildungsgeschichte höchst bedeutsamen Abhandlung »Metaphysicae cum geometria junctae usus in philosophia naturali« ist er grundsätzlich mit Newton einverstanden, er verbindet hier die mathematischen Prinzipien der natürlichen Philosophie mit der physischen Monadologie, d. i. der Atomistik. Diese Abhandlung entstand 1756, in demselben Jahre, in dem die Naturgeschichte des Himmels erschien. Die intensive Beschäftigung mit | Newton hat die Lossagung Kants von den Dogmen der Wolffischen Philosophie bewirkt! Schon 1756 hatte der Einfluss dieser Dogmen auf Kant aufgehört. Aber mit den Lehrsätzen nicht zugleich die Form des Beweisganges, mit den Dogmen nicht auch die dogmatische, d. i. rationalistische Methode. In dem Schriftchen »Vom ersten Grunde des Unterschiedes der Gegenden im Raume« trat endlich Kant den geometrischen Beweis für den absoluten Raum als notwendige Voraussetzung des relativen, empirischen an und ergänzte so die von Newton und Euler[A] für dieselbe Voraussetzung entwickelten Gründe. Diese drei Schriften bilden die Stadien in der Entwicklung und Lösung des Raumproblemes während der vorkritischen Zeit. Ja die zuletzt genannte Schrift steht sogar auf der Schwelle der kritischen Lehre. Ein Teil ihrer Ergebnisse ging in das kritische System ein. In ihr wurde bereits der absolute und ursprüngliche Raum als ein Grundbegriff erwiesen, *der kein Gegenstand einer äußeren Empfindung ist, vielmehr alle äußere Empfindung erst möglich macht.* Es fehlte nur die Zurückführung der Raumvorstellung auf die empfängliche Seite des Bewusstseins, die Einsicht, dass der Ursprung dieses Begriffes in der Form der sinnlichen Anschauung zu suchen sei – und der Standpunkt der transzendentalen Ästhetik war erreicht. Die entscheidende Wichtigkeit, welche die Lösung des Raumproblemes auch für die Methode der Vernunftkritik besitzt, veranlasst uns, der Entwicklung desselben nachzugehen, nachdem wir die Ausbildung der Methode im Allgemeinen betrachtet haben werden. Wir knüpfen zu dem letzteren Zwecke an die Abhandlung über die »Physische Monadologie« an.

Diese Abhandlung enthält schon einen Teil der in der Preisschrift »Über die Deutlichkeit der Grundsätze« weiterentwickelten, methodischen Grundsätze. Zugleich ist sie der erste Entwurf der späteren »Metaphysischen Anfangsgründe der Naturwissenschaft«. Sie greift also bis in die kritische Periode vor. In wörtlicher Übereinstimmung mit der Preisschrift wird hier die Methode | der Naturwissenschaft gekennzeichnet. Es sei die einstimmige Regel aller wahren Forscher, nichts willkürlich anzunehmen oder dem Belieben einer bloßen Konjektur zu überlassen, vielmehr mit der größten Sorgfalt das entscheidende Votum der Erfahrung einzuholen und mittels der Geometrie auszulegen, um nicht ins Leere zu geraten.[B] Die nämlichen Kennzeichen, Verbindung von Erfah-

A Euler, Réflexions sur l'Espace et le Temps, S. 324–326. Siehe dazu auch § 3 dieses Kapitels.

B Kant V, Monad., S. 257 [AA I, S. 475]. »Qui rerum naturalium perscrurung mit Geometrie zur Ermittlung der Gesetze der Erscheinungen, gibt auch die Preisschrift vom naturwissenschaftlichen Verfahren an. Außerdem sucht bereits die »Physische Monadologie« die materielle Raumerfüllung aus dem Antagonismus zweier Kräfte, der Anziehung und Abstoßung, zu erklären, von denen die erste nach dem inversen Quadrat, die zweite nach dem inversen Kubus der Entfernung wirken soll. Wie in der späteren naturphilosophischen Schrift wird auch hier erörtert, eine bloße Kraft der Repulsion würde alle Materie zerstreuen, die bloße Attraktion dagegen müsste sie aufs Engste zusammendrängen, eine endliche Raumerfüllung ergebe sich also nur durch das Widerspiel beider Kräfte. Die Materie nehme den Raum nicht ein durch ihre bloße Gegenwart, sondern vermöge der Undurchdringlichkeit, welche eine eigentliche, repellierende Kraft sei. Die Verschiedenheit der Raumerfüllung erkläre sich aus den verschiedenen, den einzelnen Elementen eigenen Graden der Kraft der Undurchdringlichkeit, nicht aus einem dazwischen gemengten leeren Raume. – Der eigentliche Gegenstand der kleinen Abhandlung ist, den Nutzen zu zeigen, der aus der Verbindung der Geometrie mit metaphysischen Betrachtungen über die Konstitution der Materie für die Naturphilosophie erwachse. Zu dem Ende sucht Kant die Widersprüche aus dem Wege zu räumen, die sich zwischen der Geometrie und Metaphysik in Bezug auf das Problem der Materie erheben – ein Vorhaben, das umso wichtiger erscheint, wenn wir bedenken, dass es sich hier um Schwierigkeiten handle, die | zum Teil noch heute nicht überwunden sind.[A] Für das Verständnis der Methode Kants ist es nun von Wichtigkeit zu bemerken, dass er bereits in dieser Schrift das Ansehen der Geometrie und Erfahrungswissen-

tatione operam navant (...) in eo quidem unanimi consensu coaluerunt sollicite cavendum esse, ut ne quid temere et conjectandi quadam licentia confictum in scientiam naturalem irrepat, neve quidquam absque experientiae suffragio et sine geometria interprete incassum tentetur.«

[A] Du Bois-Reymond hat in dem bekannten Vortrag über die Grenzen des Naturerkennens[91] den Widerspruch zwischen der Atomistik und der unendlichen Teilbarkeit des Raumes von neuem geltend gemacht und denselben für unlösbar erklärt.

schaft als durchaus gleichberechtigt, ja zum Teile selbst als überlegen den Ansprüchen von Seite der Metaphysik gegenüberstellt. Er war also schon damals kein Anhänger der Schulphilosophie mehr. Wolff hatte die philosophische Erkenntnis, als die vollkommen begriffsgemäße, der mathematischen übergeordnet; von der Metaphysik gehen nach ihm die Entscheidungen über die Wissenschaftsfragen überhaupt aus. Kant stellt die Mathematik neben die Philosophie, er will zwischen ihnen vermitteln; wo er aber eine Vermittlung nicht möglich findet, steht er auf der Seite der Gegenpartei. Er führt gegen Leibniz-Wolff den Beweis der unendlichen Teilbarkeit des Raumes. Es ist interessant zu sehen, wie Kant die Punkte des Gegensatzes zwischen Verstandesmetaphysik und mathematischer Naturwissenschaft scharf und bündig darstellt. Jene leugne hartnäckig die Teilbarkeit des Raumes ins Unendliche, welche die Geometrie mit der an ihr gewohnten Gewissheit beweise. Jene verwerfe den Raum als Voraussetzung der ungehemmten Bewegung, diese erweise ihn als dazu notwendig. Jene halte die allgemeine Gravitation für eine Chimäre, während die Naturphilosophie dieselbe zu den sicher erkannten Ursachen der Erscheinungen zähle. Den Widerspruch zwischen der Einfachheit und endlichen Zahl oder Diskretion der Atome und der unendlichen Teilbarkeit und Stetigkeit des Raumes sucht Kant durch Berichtigung des Begriffs der Raumerfüllung zu heben. Das materielle Element erfüllt den Raum nicht durch sein bloßes Dasein, sondern durch die Aktionssphäre[92] seiner Wirkungen. Durch seine äußeren, auf andere Elemente bezogenen Wirkungen beschreibt das Element der Materie ein Element des Raumes. Im Raume sind daher nicht die inneren Determinationen, die eigenen Erregungen des Elementes | anzutreffen, sondern nur die äußeren Erscheinungen derselben. Wer das Raumelement in Gedanken teilt, teilt nur die Quantität des Wirkungskreises, nicht das wirkende Element selber. Unbeschadet der Einfachheit des Elementes können sich also seine Wirkungen in dem ins Unendliche teilbaren Raumelemente[A]

[A] Nicht Punkte – denn der Punkt ist nicht das Element des Raumes, sondern eine Grenze im Raume.

stetig verbreiten. Das für sich Existierende wird durch die ins Unendliche gehende Teilung seiner äußeren Erscheinung nicht erreicht; die Teilung der Wirkungen ist keine Spaltung des wirksamen Atoms. – Eine Folge dieser Lehre wäre der Satz: Ein Element der Raumerfüllung, stetig und daher unendlich teilbar, ist nur die Erscheinung oder Wirkung eines Elementes der Substanz, welches für sich, d.i. ›in abstracto‹ betrachtet, unräumlich gedacht werden muss. Die Hypothese, welche Kant zur Beseitigung des Widerspruches zwischen der Stetigkeit des Raumes und der Diskretheit und Einfachheit der raumerfüllenden Elemente ausbildet, ist gleich der auch gegenwärtig vielfach beliebten Annahme einer dynamischen Atomistik. Später hat Kant die Atomistik gänzlich aufgegeben und einen reinen, dafür auch halt- und kernlosen Dynamismus der Materie ausgebildet, worüber in der Folge zu handeln sein wird[93] und worin die einzige prinzipielle Differenz der »Metaphysischen Anfangsgründe« und der »Physischen Monadologie« zu finden ist.

Aus dieser Betrachtung der kleinen, aber wichtigen Schrift vom Jahre 1756 folgt, dass Kant in der Frage nach der Natur des Raumes sich auf die Seite der Geometrie, also der Leibniz-Wolffischen Lehre entgegenstellte. Die Newtonische Naturphilosophie hatte seinen Geist über die deutsche Begriffsphilosophie hinausgeführt. Von Newton lernte er, den absoluten Weltraum in Erwägung zu ziehen, den Raum, der nicht durch Zusammensetzung aus Monaden erst gewonnen werden kann, sondern als das Prinzip aller Zusammensetzung und alles räumlichen Erscheinens und Wirkens diesen zu Grunde liegen muss. Mit dem Unendlichkeitsprobleme ging ihm zuerst das Bewusstsein des | Gegensatzes von Begriffsmetaphysik und mathematischer Naturerkenntnis auf. Kein Wunder, wenn ihn dieses Problem noch öfter beschäftigt hat, wenn er noch in der Vernunftkritik in einer Anmerkung zur Ästhetik auf dasselbe zurückkommt, es daselbst unter den unvermeidlichen Antinomien aufführt und noch einmal in den Anfangsgründen der Naturwissenschaft von den Anmaßungen einer sich überhebenden und missverstehenden Metaphysik redet, die den augenscheinlichsten Beweisen der Geometrie zum Trotze die unendliche Teilbarkeit des Raumes verleugnet[94]. An dieser Stelle war das

Ansehen der dogmatischen, über die Wirklichkeit aus Begriffen entscheidenden Metaphysik vernichtet. Sie musste sich unter dem größeren Gewichte der geometrischen Beweise beugen, ihr Geltungskreis zeigte sich durch die Selbstständigkeit der mathematischen Naturforschung erheblich eingeschränkt.

Bald sollte ihre Autorität noch tiefer sinken. Unter dem Einflusse Humes erfolgte eine weitere Entfernung Kants von den Lehrsätzen der Schule. Noch 1755 hatte er das Prinzip der Wolffischen Philosophie, vermittels welches diese begriffliche und faktische Erkenntnis identifizierte, oder vielmehr beide Erkenntnisarten vermengte, den Satz vom zureichenden Grunde, der Hauptsache nach angenommen und gegen die Einwendungen von Crusius verteidigt. Jetzt entdeckte er zufolge jenes Einflusses den wesentlichen Unterschied beider Erkenntnisarten, er fand, dass der logische Grund niemals dem Realgrunde gleichgesetzt werden könne. Damit war die Fähigkeit der Metaphysik, materielle, inhaltliche Erkenntnisse aus sich oder a priori zu entwickeln, bestritten und die Notwendigkeit einer gründlichen Reform dieser Wissenschaft erkannt. Wie jede andere Wissenschaft, so hatte auch die Metaphysik den Inhalt ihrer Erkenntnisse fürderhin der Erfahrung zu entnehmen. »*Die echte Methode der Metaphysik ist im Grunde einerlei mit derjenigen, die Newton in die Naturwissenschaft einführte*«[A]. Wie das Ver|fahren Newtons nicht mit der Geometrie anhebt und lediglich in einer mathematischen Entwicklung besteht, sondern von dem Grunde sicherer Erfahrungen ausgeht, die dem formalen Vorstellen der Mathematik erst Inhalt und Bedeutung verleihen,

[A] Kant I, Deutlichkeit, S. 92 [AA II, S. 286]. Um die nahe Verwandtschaft dieser Schrift mit der Abhandlung über physische Monadologie hinsichtlich des methodischen Standpunktes, | den beide einnehmen, zu zeigen, wiederhole ich, dass die wesentlichen Resultate der letzteren in die erstere aufgenommen wurden (Kant I, Deutlichkeit, S. 93–95 [AA II, S. 287–288]). Ich erlaube mir, besonders aufmerksam zu machen auf die gleichlautende Erörterung des Begriffs der *unmittelbaren* Einwirkung im Sinne Newtons im Unterschiede von der Einwirkung durch Berührung. (Kant I, Deutlichkeit, S. 94 [AA II, S. 287–288] und Kant V, Monad., Sektion 2, Proposition 9, S. 268 [AA I, S. 483]) so hat auch die verbesserte Methode der Metaphysik nicht aus reinem Räsonnement, aus bloßer Begriffszusammensetzung zu bestehen, sondern sichere Erfahrungen zu Grunde zu legen. Nur sind die Objekte dieser Erfahrung: Begriffe; deshalb heißt die hier gebrauchte Art der Erfahrung *innere* Erfahrung. »Suchet durch sichere, innere Erfahrung, diejenigen Merkmale auf, die gewiss im *Begriffe* von irgendeiner allgemeinen Beschaffenheit liegen.«[A] Die Erfahrung, welche für die Metaphysik verlangt wird, ist eine zergliedernde Erfahrung, die Analyse der Begriffe, die wir haben. Begriffe dürfen nicht willkürlich durch Zusammensetzung erdacht werden, sie müssen gegeben sein; gegebene Begriffe, nicht erdachte, wie die Leibnizische Monade, bilden den Grundstoff der Metaphysik. Sagen wir also: Analytik der Erfahrungsbegriffe wird als der erste Teil der neuen, philosophischen Methode gefordert. Die Erfahrung wird als Grundlage und Grenze des begrifflichen Verfahrens hingestellt. Es handelt sich nicht mehr darum, »das Wesen einer Sache« begrifflich zu erschöpfen oder gar aus Begriffen abzuleiten, sondern dasjenige zu ermitteln, was wirklich in der Vorstellung der Sache gegeben ist. So sucht auch der Naturforscher nicht das Wesen einer Ursache zu begreifen, vielmehr bedient er sich einer wirklich gegebenen Ursache zur Verknüpfung der Erscheinungen.

Nach zwei Seiten suchte Kant diese Aufgabe in der vorkritischen Zeit zu erfüllen. Er suchte die Form der metaphysischen Beweisführung zu vereinfachen und er wollte den Inhalt ihrer Erkenntnisse bestimmen, die »unerweislichen Begriffe«[B], die den Stoff ihres synthetischen Aufbaues hergeben. Er vereinfachte die | Syllogistik, indem er das Schließen auf ein mittelbares Urteilen zurückführte, auf die Erkenntnis eines Merkmals einer Sache durch ein anderes nach der Regel: Das Merkmal eines Merkmales ist auch ein solches der Sache selbst, und was vom Merkmal einer Sache ausgeschlossen ist, ist auch von dieser selbst auszuschließen. Statt des zwar richtigen, aber etwas vagen Prinzips ›de omni

A [Kant I, Deutlichkeit, S. 92; AA II, S. 286.]
B [Kant I, Deutlichkeit, S. 104, AA II, S. 296.]

et nullo‹ führte Kant das Prinzip der *mittelbaren Prädikation* ein, das im Vergleich zum ersteren nicht nur bestimmter, sondern auch weitertragend, nämlich auch von den Begriffen der Gesetze geltend ist. Mit der entdeckten Spitzfindigkeit der vier syllogistischen Figuren war zugleich ein guter Teil der bisherigen, die syllogistische Methode befolgenden Metaphysik als Spitzfindigkeit gekennzeichnet. Die Gegenstände nun, auf welche die vereinfachte Schlussform angewandt werden soll, sind die Elementarbegriffe der Erfahrung. Es ist dasselbe Bestreben, das Einfache im Denken aufzufinden, welches Lambert anleitete, Locke mit Wolff zu verbinden, und welches Kant bestimmte, die Metaphysik durch die Methode der rationellen Erfahrungswissenschaft umzugestalten. Wie weit übrigens Kant entfernt blieb, den Rationalismus überhaupt zu verwerfen, weil er den unbedingten oder dogmatischen Rationalismus verwarf, zeigt sein Verfahren bei der Ermittlung der Elementarbegriffe der Erfahrung – ein Verfahren, das selber durchaus das Gepräge der strengen, begrifflichen Methode aufweist. Wo immer er sich der englischen Philosophie in den Ergebnissen näherte, da blieb doch sein Verfahren von der deutschen Schule beeinflusst. So erweist Kant den Unterschied von Ursache und Grund, indem er die Begriffe des logischen Widerspruchs und der Realopposition vergleicht. Beide unterscheiden sich in ihren Folgen. Die logische Opposition hat zur Folge die Aufhebung des Begriffs, ein unvorstellbares Nichts, die reale hat etwas zur Folge; gleiche, entgegenstrebende Kräfte z.B. bewirken Ruhe, diese Folge ist vorstellbar, sie ist selbst eine Wirklichkeit. So liefert ferner Kant einen Beweisgrund zur Demonstration Gottes, und zwar den einzigen, der nach seinem Dafürhalten möglich ist. Sein Beweisgang hat mit demjenigen, den Locke antrat, in den Ergebnissen völlige Ähnlichkeit, während | er in der Form von diesem gänzlich abweicht. Beide beweisen den Satz, dass ›ein notwendiges Dasein angenommen werden müsse‹, beide zeigen, dass dieses Dasein Gott sei. Während aber Kant von der inneren Möglichkeit oder dem Begriffe der Dinge ausgeht und nachweist, dass das Stattfinden dieses Begriffs zugleich die notwendige Bedingung desselben, das Dasein des Absoluten, beweise, geht Locke von einem wirklich gegebenen Dasein, der Existenz des eigenen Selbst, aus und gelangt von diesem aus zur Annahme einer unbeschränkten Wesenheit. Kant beweist ferner aus dem Begriff des absoluten Daseins seine göttlichen Eigenschaften, Locke beweist sie aus Erfahrungsanalogien, die notwendig zu einem höchst intelligenten, in seiner Macht vollkommenen Wesen hinleiten.

Kant bekämpfte die dogmatische Metaphysik mit ihren eigenen Waffen. Er ging auf ihrem eigenen Wege über ihre Lehrsätze hinaus, was freilich in dem zuletzt angeführten Falle nicht gilt. Er verfolgte das rationelle Verfahren bis an das Ziel und entdeckte so die Grenzen, aber auch die wahre Bedeutung desselben.

Nachdem solchergestalt Kant, bestimmt durch das Beispiel der naturwissenschaftlichen Methode und angeregt durch die Erinnerung Humes gegen den Missbrauch des Kausalitätsgesetzes, von der Notwendigkeit überzeugt worden war, die Metaphysik zu reformieren, und nachdem er erkannt zu haben glaubte, dass diese Reform in der Befolgung jener Methode geleistet werden könnte, reifte in ihm der Entschluss, ein Werk über *die eigentümliche Methode der Metaphysik* zu schreiben, eine Propädeutik also zu aller künftigen Metaphysik. Er fasste den Plan zu jenem Werke, das sich, obschon erst nach mancherlei weiteren Entwicklungen, zur »Kritik der reinen Vernunft« gestalten sollte. Auf dieses Vorhaben, womit sich Kant trug, zielt seine Bemerkung in der Abhandlung über die negativen Größen: Er werde *dereinst* sein Ergebnis, dass die Beziehung des Realgrundes auf die Folge *nicht* durch ein Urteil, sondern durch einen Grundbegriff ausgedrückt werde, der Welt ausführlich vorlegen.[A] Mit | Recht erblickten Johann Heinrich

A *Cohen* bezieht diese Stelle mit Unrecht auf die Schrift | vom Beweisgrunde, als enthielte diese die Erfüllung der hier rätselhaft ausgesprochenen Verheißung, und folgert daraus die spätere Entstehung der gedachten Schrift (Cohen, Begriffe in Kants vorkritischen Schriften, [S. 30]). Allein, war in jener Stelle die Kausalität auf »unerweisliche Grundbegriffe«, auf Fundamentalverhältnisse der Erfahrung zurückgeführt, so in dieser Schrift der Begriff des Daseins, der gleichfalls »unerweislich« sein soll. Ist jene Zurückführung ein Rätsel, das einer ausführlichen Lösung bedarf, so gewiss nicht minder dieselbe Behauptung vom Begriff der Existenz. Nie-

Tieftrunk und Fischer in diesem Versprechen das Programm der späteren Vernunftkritik.[95] Noch bestimmter tritt uns dieses Vorhaben aus dem ersten Briefe Kants an Lambert entgegen (31. Dezember 1765). Hier erzählt Kant, eine Schrift von ihm über »die eigentümliche Methode der Metaphysik«[A] sei bereits im Messkataloge angekündigt worden, er habe jedoch die Vollendung derselben noch ausgesetzt, weil es ihm zwar nicht an Beispielen der verkehrten Methode fehlte, wohl aber an Sätzen, die das richtige Verfahren zeigen könnten. Er ziehe daher vor, zunächst die »Metaphysischen Anfangsgründe der Naturwissenschaft« zu bearbeiten. Offenbar haben wir hier schon die Umrisse der künftigen, literarischen Unternehmungen Kants. Die projektierte Schrift über die Methode nimmt genau die Stelle der späteren kritischen Werke ein, an welche sich wirklich die metaphysischen Anfangsgründe angeschlossen haben. Eine weitere Verdeutlichung erfährt dieser Plan ein Jahr darauf in der Schrift »Träume eines Geistersehers«. Aus den hier gegebenen Andeutungen lassen sich die Grundsätze der vorkritischen Methodenlehre entnehmen. Es heißt, die Metaphysik leiste zweierlei Vorteile. Der erste sei, den Aufgaben ein Genüge zu tun, die das forschende Gemüt aufwirft, wenn es den Geheimnissen der Dinge nachspähe. Es ist dies die Aufgabe der bisherigen Metaphysik, ihrer Natur nach unlösbar und die Erwartung der Lösung beständig täuschend. Der andre Vorteil sei der Natur des menschlichen Verstandes mehr angemessen, er besteht darin: einzusehen, *ob die Aufgabe aus demjenigen, was man wissen kann, auch bestimmt sei und welches Verhältnis die Frage | zu den Erfahrungsbegriffen habe, darauf sich alle unsre Urteile jederzeit stützen müssen.* Insofern ist die Metaphysik *eine Wissenschaft von den Grenzen der menschlichen Vernunft.* Eine Grenze des Erkennens bilden die »Data« der Erfahrung. Es ist vergeblich, über Dinge nachzuforschen, wozu die »Data« in einer anderen als

mand wird aus der Schrift »Der einzig mögliche Beweisgrund« hinsichtlich dieses Problemes mehr finden können als in der Abhandlung von den negativen Größen.

A [Kant I, S. 350; AA X, S. 65.]

der empfundenen Welt liegen, über Dinge jenseits des Bereiches der Erfahrung. Die negative Form, die positive Bedeutung einer solchen Grenzbestimmung des Wissens werden vortrefflich mit den Worten gezeichnet: »Ich habe also meine Zeit *verloren*, damit ich sie *gewönne*, ich habe meinen Leser *hintergangen*, damit ich ihm *nützte*, und wenn ich ihm gleich keine neue Einsicht darbot, so vertilgte ich doch den Wahn und das eitle Wissen«[A]. Das Zurückkommen von einer vergeblichen Untersuchung ist auch ein Fortschritt, der Beweis des Nicht-wissen-Könnens auch ein Wissen. Als feste Stützpunkte des Erkennens erscheinen also hier die Elemente der Erfahrung. Durch Auflösung der zusammengesetzten Erscheinungen gelangen wir zu Elementarvorstellungen, den Empfindungen in ihrer Bestimmtheit einerseits, den »Fundamentalverhältnissen[96]«[B] der Kausalität, den Begriffen der Existenz, des Raumes, der Zeit andrerseits. In Bezug auf diese Grundlagen der Erfahrung hat jede philosophische Aufgabe bestimmt zu werden. Es muss gezeigt werden, in welchem Zusammenhange sie mit der Erkenntnis des Gegebenen stehe, inwieweit sie inhaltlich determiniert sei. Aufgaben, die nicht aus diesem Grundstoffe des Wissens bestimmt sind, sind unlösbare Aufgaben.

Die Aufgabe der vorkritischen Periode war die Entdeckung der Elemente der Erkenntnis, das Verfahren, das Kant dabei beobachtete, die Zergliederung der Erfahrung überhaupt, des Umkreises der *gegebenen* Begriffe. Dieses Verfahren ist der analytischen Methode der Naturforschung nachgebildet; und nur inwieweit die Methode Lockes eine Ähnlichkeit hat mit der naturwissenschaftlichen Methode, ist sie auch dem hier befolgten Verfahren Kants ähnlich. Während aber Locke die Weise der | im engeren Sinne *empirischen* Naturwissenschaft befolgte, ging Kant der Analogie der strengen, mathematischen Naturwissenschaft nach. Dadurch ist sein Verfahren schon formell betrachtet höher geartet. Die Philosophie ist ihm auch in der vorkritischen Zeit keine bloße Erfahrungswissenschaft, weil auch die Naturerkenntnis keine reine Em-

A Kant VII/1, TG, S. 98–100 [AA II, S. 367–368].
B [Kant VII/1, TG, S. 104; AA II, S. 371.]

pirie ist. Den Gegenstand der Kantischen Methode bildet die allgemeine Erfahrung, die Begriffe »von irgendwelcher allgemeinen Beschaffenheit«[A], ihr Ziel ist die Ermittlung des Inhaltes, nicht eine Theorie der Entstehung der Begriffe. Es sollen nicht die Verstandeskräfte, sondern die Erfahrungsbegriffe in ihre Elemente zerlegt werden. Das Ziel der Locke'schen Methode war die Vorstellungsbildung; es galt ihr, die Gelegenheitsursachen der Entstehung der Begriffe zu erkennen. In Bezug auf diese psychologische Frage ist Kant schon in der Preisschrift anderer Ansicht als Locke. Das Bewusstsein überhaupt, der Begriff einer Vorstellung, erklärt er hier, kann »beinahe gar nicht aufgelöst werden«[B]. In der Tat erkennen wir wohl in der Vorstellung elementare Unterschiede, die Empfindung, die Form der Empfindung, den reflexiven Bestandteil der Beziehung der Vorstellung auf ein Ich und ein Objekt, aber was eine Vorstellung, ein Bewusstsein überhaupt sei, lässt sich nicht weiter erklären, da das Bewusstsein zu aller möglichen Erklärung die Voraussetzung ist. Die Vernunftkritik wird beweisen, dass das Bewusstsein überhaupt kein Gegenstand der Erfahrung, sondern eine Bedingung derselben ist. So war schon die vorkritische Methode über eine subjektive, psychologische Betrachtungsweise hinausgekommen. Sie zergliederte und verglich unmittelbar die Begriffe selbst, um den gegebenen Bestandteil derselben von dem erst durch die Verbindung der Begriffe gesetzten Teil zu unterscheiden. *Die Analytik der Begriffe ist der Anfang ihrer Kritik.* Erst muss die Erfahrung *anatomisch* in ihre Grundbestandteile zerlegt werden, bevor man *physiologisch* die Funktion und Bedeutung dieser Grundbegriffe erforschen kann.

Die Analysis der Begriffe, soweit sie in der vorkritischen | Zeit durchgeführt erscheint, zeigt einen doppelten Mangel, in dessen Beseitigung die weitere Entwicklung der Methode besteht. Die Erfahrungsbegriffe werden noch als *gleichartig* nebeneinander geordnet, und es fehlt die Gewähr für ihre Vollständigkeit, die Möglichkeit, sie systematisch zu verknüpfen. Dem ersten Teile des

A [Kant I, Deutlichkeit, S. 92; AA II, S. 286.]
B Kant I, Deutlichkeit, S. 84 [AA II, S. 279–280].

Mangels hat die Dissertation vom Jahre 1770 abgeholfen, sie hat den *Artunterschied* zwischen den sinnlichen Elementarbegriffen und den logischen Grundlagen der Erkenntnis nachgewiesen. Der zweite Teil der Aufgabe wurde bald nachher gelöst, das System der Verstandesbegriffe aus der Form der Urteile entwickelt.

Es war eine Entdeckung notwendig, um diesen Fortschritt in der Methode zurücklegen zu können. Diese Entdeckung machte Kant auf Grund seiner erneuten Untersuchung der Raumvorstellung. Hier greift die kleine Schrift des Jahres 1768 vom absoluten, ursprünglichen Raume bestimmend in die Entwicklung der kritischen Methode ein. Der Raum wird als ein Grundbegriff ganz eigener Art erkannt. Obschon nicht selber Gegenstand einer äußeren Empfindung, ist er doch die Bedingung jeder äußeren Empfindung und deshalb sinnlicher Natur. Das Objekt dieser Vorstellung ist einig, stetig und ungeschlossen, es ist eine Wirklichkeit ohne Substanz und Gehalt, eine formale Wirklichkeit, keine materiale. Eine Vorstellung, die sich unmittelbar auf einen einzigen Gegenstand bezieht, wie die Vorstellung des Raumes, ist Anschauung. Wäre der Raum ein abstrakter Begriff, so müsste er ein Merkmal der Dinge sein, das Merkmal ihres Nebeneinanderseins. Nun gewinnen wir die Raumvorstellung nicht durch Ableitung aus den Verhältnissen der Dinge; wir gelangen vielmehr zu seiner Vorstellung nur dadurch, dass wir von den Dingen abstrahieren, das abgesehen von den Dingen Vorhandene ist der Raum. Die Vorstellung vom Raume ist Anschauung, und, weil der Raum Bedingung der äußeren Verhältnisse der empfundenen Objekte ist, so ist diese Anschauung – Grundanschauung. Sie gehört zum Begriff oder zur Möglichkeit der Anschauung. Eine solche Anschauung ist nur denkbar, wenn der Grund ihrer Entstehung in der sinnlichen oder empfänglichen Natur des Be|wusstseins liegt, also ist der Raum, subjektiv genommen, oder nach der Seite seines Ursprungs betrachtet, Form der Sinnlichkeit. Derartige Betrachtungen waren es, die Kant von der in der Schrift des Jahres 1768 gewonnenen Einsicht zu der Lehre vom Raum und ebenso von der Zeit, wie sie die Dissertation von 1770 darstellt, hinüberleiteten. Sofort traten den sinnlichen Elementarbegriffen die Grundbegriffe des Verstandes gegenüber, die

Begriffe nämlich, welche nicht die Form der Anschauung eines Objektes ausdrücken, sondern die Form seines Denkens enthalten. Dem Raume und der Zeit stellten sich die Begriffe der Möglichkeit, der Existenz, der Notwendigkeit, der Substanz, der Ursache gegenüber, als intellektuelle Erfahrungsbegriffe im Vergleich zu den sinnlich formalen. Durch diese Gegenüberstellung schien sich die Vorstellung der Dinge wie mit einem Schlage realer und übereinstimmender zu gestalten als je zuvor. Wenn Raum und Zeit den Grund ihres Ursprunges in sinnlichen Vorstellungsarten des Subjektes haben, so sind die Gegenstände in Raum und Zeit nur die Wirkungen der eigentlichen Dinge auf die Natur und Weise der subjektiven Auffassung – sie sind Erscheinungen. Gelingt es uns nun, die intellektuellen, sich auf die Objekte überhaupt und unangesehen ihrer Erscheinung oder Anschauung beziehenden Begriffe sorgfältig von der Vermischung, von dem »Contagium«[A] mit den Bedingungen der sinnlichen Wahrnehmung frei zu erhalten, so stellen diese Begriffe sogleich die Dinge vor, wie sie sind. Hierdurch schien sich das Rätsel der Metaphysik, in ihrem ontologischen Teile, mit einem Male zu lösen. Diese Wissenschaft wollte die Form des Seienden überhaupt ermitteln, sie wollte die Lehre von den Dingen, von der Existenz an sich sein, und hatte nicht die sinnlichen Bedingungen ihrer Erscheinung von den durch die Begriffe allein erkennbaren Prinzipien ihres Seins getrennt. Sie hatte vom Raume als einem Verhältnis der Dinge selbst gehandelt, während er nur eine Form ihrer Anschauung ist. Was die Metaphysik erstrebte, war *gegenständliche* Erkenntnis rein aus Begriffen. Der Grund, warum sie dieses Ziel nicht erreichte, war ihre Unbekanntschaft mit dem Unterschiede von Erscheinung und Ding. Sie hatte Erscheinun|gen für Dinge genommen. Durch Berichtigung dieses Irrtums schien das Hindernis ihres Fortschrittes beseitigt. Die Begriffe erhielten dem Anschein nach ein neues, fruchtbares Feld, die intelligible Welt, das System der Dinge, wie es unabhängig von der Form seiner Erscheinung in der Sinnlichkeit des Menschen ist. Der wahrgenommenen Welt der Erscheinungen der Dinge lag

A [Kant I, De mundi, S. 332; AA II, S. 441.]

eine an sich wirkliche Welt zum Grunde, das Korrelat der reinen Begriffe. Ich brauche kaum zu sagen, dass diese Trennung der Welt nach der sinnlichen Form ihrer Erscheinung, nach der begrifflichen Erkenntnis ihres Seins, der Standpunkt der Dissertation vom Jahre 1770 ist. Wohl aber betrachte ich es als Probe der Richtigkeit meiner Darstellung, dass durch dieselbe die scheinbare Wendung zum Dogmatismus vollkommen erklärlich, ja notwendig wird. Verglichen mit den Schriften aus der Periode von 1762–1768 ist die Dissertation über die Form und die Prinzipien der sinnlichen und intelligiblen Welt dogmatisch. Aber dieser Dogmatismus lag mitten im Wege zum endgültigen Kritizismus. Er war der unvermeidliche Durchgangspunkt zu dem letzteren. Die erste Folgerung aus der Trennung von sinnlichen Elementarbegriffen, die nichts als die formalen Bedingungen unserer Auffassung der Dinge ausdrücken, und den intellektuellen Begriffen, welche die Denkform des Objektes überhaupt befassen, musste die doppelte Erkenntnisweise der Dinge sein, also ganz unerwartet dem Rationalismus zur Stütze dienen. Nachdem die Schranken der Sinnlichkeit gefallen waren, erhielten die Begriffe eine unermessliche Tragweite. Es musste erst die Erwägung hinzukommen, dass die begriffliche Erkenntnis unvollständig, unbestimmt, leer sei; die Frage musste erst aufgeworfen werden, ›wie sich überhaupt Begriffe auf Objekte beziehen können‹, da doch Dinge nicht selbst Begriffe sind, um zur Einsicht zu führen, dass die formale Sinnlichkeit nicht bloß die Schranke, sondern auch den Stoff der reinen Erkenntnis bilde.

Wir haben bisher den Entwicklungsgang Kants bis zur Dissertation vom Jahre 1770 im Allgemeinen dargestellt. Wir werden noch im Besonderen die Ausbildung der Lehre von der Kau|salität und dem Raume betrachten, wegen der Wichtigkeit, die gerade diese Probleme für die Vernunftkritik haben.

§ 3. *Die unauflöslichen Begriffe*. Entwicklung der Kausalitätslehre Kants. Fortschritte in der Raumtheorie. Kant und die *absolute Geometrie*. Der Aufsatz »Von dem ersten Grunde der Unterscheidung der Gegenden im Raume«. *Euler* und *Kant*. Beweis für die Notwendigkeit der Annahme des absoluten Raumes. Übergang zur Idealitätslehre des allgemeinen Raumes

Die Analysis der Begriffe führt auf Grundbegriffe, auf letzte Bestandteile der Erfahrung und des Erkennens. Das Kriterium der begrifflichen Einfachheit, mithin der vollendeten Analysis, ist die unmittelbare Unterordnung der Begriffe unter den Satz der Einstimmigkeit und des Widerspruchs. Ein Begriff ist einfach oder »unerweislich«, wenn er nur unter dem formalen Erhaltungsgesetz des Bewusstseins steht, also von keinem weiteren Begriffe abgeleitet werden kann.[A] Unter den unauflöslichen Begriffen führt Kant ausdrücklich an: die Kausalitätsbegriffe, den Begriff des Seins, des Raumes.[B] Als unauflösliche Begriffe behandelt er außerdem die Möglichkeit und die Notwendigkeit.[C] Augenscheinlich sind diese Begriffe die Vorgänger der Formen der Anschauung und der Kategorien. Für die Kritik der Kategorienlehre ist es von einigem Belang, dass Kant sogleich eine Mehrheit unauflöslicher Begriffe aufführt, wie er später ein mehrgliedriges System von Erkenntnisbegriffen aufstellen sollte. Die wichtigsten unter diesen Begriffen sind Kausalität und Raum, die daher besonders behandelt werden mögen, soweit dies nicht schon im Verlauf der bisherigen Darstellung geschehen ist.

Das Kausalitätsproblem beschäftigte Kant bereits in der Habilitationsschrift vom Jahre 1755. Der zweite Abschnitt dieser Schrift handelt vom bestimmenden, oder wie er in der Wolffischen Schule hieß, zureichenden Grunde. Noch ist Kant zwar im All-

A Kant I, Deutlichkeit, S. 104 [AA II, S. 295].

B Kant I, Beweisgrund, S. 173 [AA II, S. 73–74]. Kant V, Gegenden, S. 301 [AA II, S. 383].

C Kant I, Beweisgrund, S. 175–177 [AA II, S. 75–77].

gemeinen mit Wolff einverstanden, das logische Postulat vom Grunde mit dem Gesetz der Kausalität zu identifizieren. Aber im Besondern macht er doch eine bemerkenswerte Unterscheidung. Angeregt durch die Trennung, welche Crusius zwischen Wirklichkeits- und Erkenntnisgrund vorgenommen hatte, und an die Einteilung anknüpfend, die Wolff selbst von den Gründen gegeben hatte, erklärte Kant diesen Unterschied in bestimmterer Weise dahin, dass der Realgrund vorhergängig bestimmend, der Idealgrund durch Konsequenz oder nachfolgend bestimmend sei. Der Realgrund | geht wirklich demjenigen vorher, was durch ihn bestimmt wird, der Erkenntnisgrund folgt eigentlich demjenigen nach, was er bestimmt. So erkennen wir z. B. aus der Verfinsterung der Jupiters-Trabanten durch Konsequenz die Geschwindigkeit der Fortpflanzung des Lichtes. Aber diese Wirkungsweise des Lichtes ist in Wirklichkeit eine Voraussetzung, unter der jene Erscheinung möglich ist. Dagegen bestimmt die Elastizität des Äthers diese Wirkungsweise des Lichtes vorhergängig, sie ist die Ursache derselben. Unser Denken steht mithin zu beiden Gründen in einem umgekehrten Verhältnisse. Das, wovon wir ausgehen, um durch Konsequenz zu bestimmen, ist eigentlich die Wirkung des Realgrundes. Der Realgrund bringt die Wahrheit hervor, der Idealgrund erklärt sie nur. Es sei erlaubt, in der späteren Sprache der Kritik zu sagen: Der Realgrund ist synthetisch, der Idealgrund analytisch. Dass dies wirklich die Meinung Kants sei, ergibt sich aus folgender Gegenüberstellung: »Beim ersteren (dem Grunde der Wahrheit [A. R.]) wird nur von jener Stellung des Prädikates gehandelt, *welche durch Identität der Begriffe mit dem Prädikate bewirkt wird*, die, es sei an sich, es sei beziehungsweise, im Subjekte enthalten sind, *und das Prädikat (das Consequens), das schon dem Subjekte anhängt, wird bloß offen dargelegt*. Beim letzteren (dem Grunde der Wirklichkeit [A. R.]) wird in Betreff derjenigen Prädikate, die in ihm gesetzt werden, geforscht, nicht ob sie seien, sondern *woher* das Dasein derselben bestimmt ist.«[A] Die Angabe dieses »Woher« ist die Angabe des Realgrundes.

A Kant I, ND, Proposition 9, S. 19. [Übersetzung von A. R.]

Was nur durch begriffliche Identität folgt, ohne durch einen vorhergängigen Grund bestimmt zu sein, ist nicht verursacht, es existiert an sich. Es existiert, dies ist alles, was von ihm zu sagen und zu begreifen ist. Das Prinzip des bestimmenden Grundes darf daher nicht in einem unbeschränkt allgemeinen Sinn genommen werden, als ob seine Herrschaft die Gesamtheit der möglichen Dinge umfasse. Ausgenommen von dem Prinzipe ist alles, dessen Existenz absolut, nicht durch einen vorhergehenden | Grund bedingt ist, also das Wirkliche als solches und abgesehen von seinen Veränderungen. Damit war eine wichtige Einschränkung des Wolffischen Schuldogmas ausgesprochen, ein Schritt zur Kritik desselben gemacht. Jenes Dogma entschied, nichts sei ohne Grund, warum es vielmehr sei als nicht sei; es forderte und setzte voraus, dass es Gründe für alles gebe, dass der Grund dem Sein selbst vorangehe, es bewegte sich im Leeren einer logischen Unendlichkeit. Kant dagegen entdeckt an der absoluten Wirklichkeit, die er freilich der Gottheit allein zumisst, die unaufhebbare Schranke für den Bereich des Satzes vom Grunde. Auch im Übrigen sind seine Ausfälle gegen die Dogmen der Schule treffend. Er bestreitet den Satz, dass ›irgendwelche Substanz ohne äußere Einwirkung, ohne Gegenseitigkeit der Wirkung mit anderen Substanzen, der Veränderungen fähig sei‹, er bestreitet also den Hauptsatz der Monadologie, nach welchem ›alle Veränderungen insgesamt in isolierten Einfachheiten abspielen sollen‹. Daher spricht er sich gegen die prästabilierte Harmonie aus und erklärt sich für die wirkliche Verbindung von Seele und Körper. Auch gegen das sogenannte Prinzip des Nichtzuunterscheidenden wendet er sich und macht geltend, dass Unterschiede des Ortes ebenfalls wahre und wirkliche Unterschiede der Dinge seien.[A] Innerhalb des gemeinsamen Be-

[A] Überhaupt ist die kleine Abhandlung reich an Beziehungen auf spätere Werke, die hier bereits angeknüpft erscheinen. So widerlegt Kant das ontologische Argument mit Gründen, die einigermaßen der späteren Widerlegung in der Vernunftkritik vorgreifen. Den Beweisgrund, den er selbst für das Dasein Gottes liefert, hat er nachher in einer eigenen Schrift weiterentwickelt. Die dialogische Behandlung des Problems der Willensfreiheit kann als Anklang gelten an die spätere Antinomie, die in diesem Progriffs vom Grunde hatte sonach Kant eine weiter tragende Unterscheidung des logischen vom realen Grunde | vorgenommen, indem er den logischen Grund auf Identität des Prädikates mit dem Subjekte bezog und ihn zur Bestimmung der Erkenntnis nur zuließ, insoferne ein Wirklichkeitsgrund vorhergeht, dessen Folge der Grund des Erkennens ist. Damit war die Trennung beider durch den gemeinsamen Namen des Grundes verknüpften Begriffe vorbereitet, welche in der Schrift über die negativen Größen erfolgen sollte.

Die Methode, nach welcher diese Trennung geschah, wurde bereits gekennzeichnet. Wir halten uns hier an das Ergebnis selbst. Danach sollen logische Gründe niemals Ursachen sein können, die einen niemals den andern gleichgesetzt werden dürfen. Die Begriffe der Realgründe sind vielmehr unerweisliche Begriffe, die durch Analyse aus der Erfahrung ermittelt werden müssen, und die Beziehung derselben zur Folge geschieht nicht durch ein Urteil; sie ist selbst ein äußerstes Fundamentalverhältnis der Erfahrung, also gegeben, nicht gedacht, vorhanden, aber nicht weiter begreiflich. Die Begreiflichkeit hat an den fundamentalen Verhältnissen der Kausalität ihre Grenze erreicht, ihre Aufgabe ist, diese Verhältnisse ihren Ableitungen zu Grunde zu legen, nicht, was unmöglich ist, sie selbst in begriffliche Beziehungen oder Urteile zu verwandeln. Der Fortschritt, der in der Entwicklung der Kausalitätslehre hiermit gemacht wurde, ist weittragend. War es früher einzig die unbedingte Wirklichkeit selber, die den Begründungsversuchen widerstand, so sind es nun sämtliche einfache, erfahrungsgemäße Kausalverhältnisse, die außer den Bereich logischer Ableitung und Begründung fallen. Im logischen Urteil des Grun-

bleme entdeckt wird. Dagegen kann ich die Beziehungen nicht erkennen, die Fischer in einer Stelle unserer Abhandlung zur Schrift »Einführung der negativen Größen« findet. In dem Scholion zur 8. Proposition wird allerdings gezeigt, dass negative Gründe auch Gründe seien, aber ist dies der Sinn der späteren Schrift? Diese zeigt vielmehr, dass aufgehobene Wirkungen, Wirkungen, die verhindert werden, in die Erscheinung zu treten, *keine* aufgehobenen Begriffe, dass Gegenwirkungen keine Widersprüche, d. i. keine Gegengründe seien.

des werden Subjekt und Prädikat identisch verbunden. Die Konsequenz ist hier in der Identität von Grund und Folge angelegt. Wenn aber Realgründe nie logische Gründe sind, so kann die Beziehung von Ursache und Wirkung keine begriffliche Identität sein. Dies will der Satz besagen, ihre Beziehung beruhe nicht auf einem Urteile. Und so ist es in der Tat. Auch wo Ursache und Wirkung ihrer Beschaffenheit und ihrer Größe nach gleich (äquivalent) sind, auch wo die strengste Gegenseitigkeit zwischen beiden herrscht und durch Umsetzung der Vorgänge bewiesen werden kann, wie bei | dem Wechselverhältnis von mechanischer Ursache und Wirkung, findet keine strenge, begriffliche Identität statt, sondern nur völlige *Analogie* mit dieser. Der eine Bewegungsvorgang ist örtlich und zeitlich von dem anderen verschieden, beide fallen also nicht begrifflich zusammen. Deshalb gibt es in der realen Welt ein Fortschreiten des einen zum andern, in der logischen nur Stillstand der Begriffe. Die logische Identität ist analytisch, sie ist bereits gegeben in und mit dem Begriffe, die mechanische Identität ist synthetisch, sie operiert in Raum und Zeit; sie schafft die Gleichung, die Logik entwickelt sie nur.

Ich wiederhole, dass Kant weder in der eben behandelten Schrift noch in den »Träumen eines Geistersehers«, die zu demselben Ergebnisse der Unbegreiflichkeit der elementaren Kausalitätsverhältnisse gelangen, den allgemeinen Begriff der Kausalität erörtert. Wahrscheinlich trat dieser Begriff erst, nachdem der Raum als sinnlicher Elementarbegriff erkannt war, als Grundbegriff der Verstandeserkenntnis hervor. Gerade in jener Analogie in der Verknüpfung mechanischer Vorgänge mit der identischen Beziehung von Grund und Folge liegt der allgemeine Begriff der Kausalität, eine Bemerkung, die später in der Kritik der Analogien der Erfahrung ausgeführt werden soll.

Es sei noch erwähnt, dass die Art, wie Kant logischen Grund und Ursache trennt, nämlich durch Vergleichung des Widerspruchs mit der Realopposition, nicht bloß methodisch, sondern auch sachlich von Bedeutung ist. Während nämlich positiv wirkende Ursachen, Ursachen also, deren Wirkungen in die Erscheinung treten, im Zusammenhange des Räsonnements die Stelle von Gründen einnehmen können, lassen sich Widersprüche niemals antagonistischen Wirkungen gleichsetzen. Der Antagonismus von Kräften ist kein Widerspruch, also kann auch die positive Wirkung von Kräften keine Identität sein.

Das Raumproblem hat Kant während der vorkritischen Periode in der Schrift »Von der wahren Schätzung der lebendigen Kräfte« und dem Aufsatze »Von dem ersten Grunde des Unterschiedes der Gegenden im Raume« behandelt. In untergeordneter Weise gehört auch der: »Neue Lehrbegriff der Bewegung und Ruhe« hier|her, insoferne der hier geführte Nachweis der Relativität aller Bewegung nur unter Voraussetzung des ursprünglichen, absoluten Raumes denkbar ist. Wenn eine Bewegung immer durch die parallele, aber entgegengesetzte Bewegung des Raumes, in dem sie erfolgt, aufgehoben werden soll, so muss dabei dem relativen Raume der leere, reine Raum zu Grunde gelegt werden.

Den Liebhabern der neuen, die tatsächliche Auffassungsform der Wirklichkeit transzendierenden Sorte von Geometrie mag es nicht unerwünscht sein, zu vernehmen, dass Kant den Grundgedanken ihrer Spekulation antizipiert hat, dass er mithin vor Johann Carl Friedrich Gauss und Bernd Riemann zu den Begründern der »absoluten«[97] Geometrie zähle. In der erstgenannten Schrift leitet Kant die Raumform von dem Gesetze der Wirkung der Substanzen ab. Er erklärt, dass die Unmöglichkeit, die wir bei uns bemerken, einen Raum von mehr als drei Abmessungen vorzustellen, daher zu rühren scheine, dass unsere Seele die Eindrücke nach dem Gesetze des umgekehrten quadratischen Verhältnisses der Distanzen empfange, welches Gesetz zugleich die allgemeine Wirkungsweise der Massen aufeinander ist. Der Grund für die dreifache Dimension des Raumes sei also nur tatsächlich, nicht notwendig. Wie Gauss durch räumliche Deutung der komplexen Zahlen auf die Hypothese eines Raumes von mehr als drei Dimensionen geriet, so wurde Kant durch die räumliche Auslegung der Potenzen auf die gleiche Möglichkeit aufmerksam. »Die vierte Potenz ist in allem demjenigen, was wir uns durch die Einbildungskraft vom Raume vorstellen, ein Unding. Man kann in der Geometrie kein Quadrat mit sich selber multiplizieren, daher beruht die

Notwendigkeit der dreifachen Abmessung nicht sowohl darauf, dass wenn man mehrere setzte, man nichts anderes täte, als dass die vorigen wiederholt würden, sondern vielmehr auf einer gewissen anderen Notwendigkeit, die ich noch nicht zu erklären im Stande bin.«[A] Wenn die Substanzen nach einem anderen Gesetze der Anziehung als dem des inversen Quadrates der Distanz wirkten, so wäre ein Raum von anderen Dimensionszahlen die Folge. »Eine Wissenschaft von allen diesen möglichen Raumesarten wäre unfehlbar die höchste Geometrie, die ein endlicher Verstand unternehmen | könnte.«[B] Kant unterlässt auch nicht, die sehr bedenklichen, metaphysischen Konsequenzen dieser »höchsten Geometrie« zu ziehen. »Räume von dieser Art könnten nun unmöglich mit solchen in Verbindung stehen, die von ganz anderem Wesen sind; daher würden dergleichen Räume zu unserer Welt gar nicht gehören, sondern eigene Welten ausmachen müssen.«[C] Nur wenn die einzige Raumesart der Raum von drei Dimensionen ist, gibt es auch notwendig im metaphysischen Sinne eine einzige Welt.[D] Selbst die Vernunftkritik steht derartigen Spekulationen weniger ferne, als es zunächst den Anschein hat. Auch sie spielt noch in mehr als zulässiger Weise mit der Möglichkeit einer andersartigen Anschauungsform, als es die menschliche, oder sollen wir darwinistisch sagen: als es die jetzige menschliche ist. Sie wagt es, vom Raume nur aus dem Standpunkte des Menschen zu reden, als wäre die menschliche Anschauungsart eine beliebige Einrichtung und als schwebte das menschliche Bewusstsein in der Luft. Allerdings ist die Vorstellungsform des Raumes eine Tatsache, aber sie ist eine Tatsache von prinzipieller Bedeutung, ein »empirisches Axiom«[E98].

In weit rationellerer Weise, als es in der Jugendschrift geschah, hat die letzte Schrift der vorkritischen Zeit die Raumfrage erörtert. Sie liefert durch geometrische Betrachtungen den Beweis für den

A [Kant V, Schätzung, S. 25–26; AA I, S. 23.]
B [Kant V, Schätzung, S. 27; AA I, S. 24.]
C [Kant V, Schätzung, S. 27; AA I, S. 25.]
D Kant V, Schätzung, §§ 9–12.
E Näheres in der Kritik der transzendentalen Ästhetik.

absoluten Raum, sie zeigt, *dass der absolute Raum unabhängig von dem Dasein aller Materie und selbst als der erste Grund der Möglichkeit ihrer Zusammensetzung eine eigene Realität habe*[99]. Weil sich dabei Kant selbst auf die Abhandlung Eulers beruft, so sei mir gestattet, zunächst dessen Gründe für die Notwendigkeit, den absoluten Raum vorauszusetzen, in Kürze zu erwägen.

Das oberste Gesetz der Mechanik ist das Beharrungsgesetz der Materie. Dieses Gesetz behauptet von der Materie, und zwar von jedem Elemente derselben, dass der Zustand von Ruhe und | Bewegung erhalten bleibe, inwieferne nicht äußere Ursachen ihn verändern. Nun ist dieses Gesetz nur denkbar und gültig, wenn es einen Raum (und ebenso eine Zeit) im absoluten Sinne genommen gibt, denn es schließt die Annahme beider in sich ein. Die Beharrung der Ruhe behauptet nicht ein konstantes Verhältnis des ruhenden Teilchens zu irgendeinem Nachbarteilchen, das ja selbst in Bewegung, mithin in einem beständig veränderten Verhältnis zu ihm begriffen sein kann, sondern ein dauerndes Verhältnis zum Raume selbst und abgesehen von allen übrigen materiellen Elementen in ihm. Die Beharrlichkeit der Bewegung behauptet noch bestimmter, dass die einmal eingedrückte Bewegung des Teilchens unabänderlich in der *Geraden* verharre. Das Teilchen, für sich genommen, beschreibt ins Unendliche mit der Anfangsgeschwindigkeit, die es besitzt, die Gerade. Der Begriff der Geraden, der Unendlichkeit der Geraden, setzt notwendig den absoluten Raum sowie die absolute Zeit voraus. Die Leibnizische Theorie des Raumes hatte denselben von Verhältnissen der Dinge abgeleitet und mithin als ein Gedankending behandelt. Hier zeigt sich aber, dass vielmehr die wirklichen Verhältnisse der Dinge auf dem Raume beruhen, also von ihm abzuleiten sind. Nun erwäge man, dass diese Gesetze nicht etwa nur logische Annahmen sind, die bloß zur subjektiven Begreiflichkeit der Erfahrung gehörten, sondern dass es Gesetze sind, die positiv durch Erfahrung bestätigt werden, also nicht logische Hypothesen, sondern Wirklichkeitsprinzipien, und man wird den Wert der Schlussfolgerung Eulers richtig schätzen. So wirklich die allgemeinen Bewegungsgesetze sind, so wirklich ist auch ihre notwendige Voraussetzung, so gewiss existieren der absolute Raum und die absolute Zeit – wie schwierig, ja rätselhaft immerhin die Art ist, wie wir ihre Existenz zu denken haben.

Kant sucht nun von anderer Seite die Argumentation für den absoluten Raum zu vervollständigen. Nicht nur im Allgemeinen setzt die Vorstellung der Bewegungsgesetze den ursprünglichen Raum voraus, auch die bestimmten, besonderen Vorstellungen der Bewegung und Lage sind nur in Beziehung auf diesen wahren und absoluten Raum möglich. Der Ausgang der Kantischen | Untersuchung ist das rechtwinkelige Koordinatensystem, gelegt durch unseren Körper, offenbar das natürlichste Orientierungsmittel, von dem man irgend ausgehen kann, da selbst die Urteile über die Weltgegenden dem allgemeinen Begriff der Gegenden, der nur durch das Verhältnis zu den Seiten unseres Körpers verständlich ist, untergeordnet werden. Jeder muss die Raumkonstruktion der Welt von sich aus beginnen. Jeder ist gezwungen, bei der anschaulichen Vorstellung der Lage irgend zweier Dinge sich selbst als den ursprünglichen Beziehungs- oder Anfangspunkt der Koordinatensysteme mit vorzustellen. Es ist dies gleichsam der geometrische Egoismus, den wir, wie andere Sorten von Egoismus, mit auf die Welt bringen. Aller Wahrscheinlichkeit nach existieren dafür nicht bloß psychologische, sondern zugleich physiologische Ursachen (man denkt an die senkrechte Durchkreuzung der Ampullen) – wie denn allgemein das Psychologische seine physiologische Gegenseite haben muss. Kant selbst macht darauf aufmerksam, dass die rechte Seite unseres Körpers mechanisch und dementsprechend auch dem Gefühle nach bevorzugt sei. Worauf es uns aber hier ankommt, ist nicht die physiologische Seite der Frage oder die interessante naturhistorische Tatsache, dass Naturprodukte in Bezug auf die Gegend, nach welcher ihre Teile geordnet sind, große Übereinstimmung zeigen, z. B. die Schnecken, sondern die Bedeutung dieser ursprünglichen Orientierung im Raume – der Satz, den Kant erwiesen hat, dass der vollständige Bestimmungsgrund einer körperlichen Gestalt nicht lediglich auf dem Verhältnis und der Lage seiner Teile gegeneinander, sondern noch überdies auf einer Beziehung gegen den allgemeinen, absoluten Raum beruhe.

Man nennt symmetrisch Körperräume, welche sowohl nach Inhalt als Begrenzung gleich sind, aber dennoch nicht füreinander gesetzt, d.h. nicht zur Deckung gebracht werden können. Diese Unmöglichkeit beruht auf ihrer Lage im absoluten Raume. Dreikante, z.B. der entgegengesetzten Zimmerecke, können Flächen, Seiten und Winkel gleich haben, also genau dieselbe räumliche Kapazität und Gestalt besitzen, ohne dass das eine die Stelle des anderen eintauschen könnte. Ein sphärisches Dreieck kann | einem anderen in jedem Bestimmungsstücke für sich genommen völlig gleichen, ohne doch mit demselben kongruent zu sein. Das nächstliegende Beispiel für Symmetrie ist übrigens die rechte und die linke Hand, zum Beweis, dass selbst bei völliger Ähnlichkeit der Gestalt und Größengleichheit noch ein Unterschied bestehe, wodurch es verhindert wird, dass das eine Ding den Platz des andern einnehmen kann. Das Nämliche beweist jedermanns Bild im Spiegel. Worauf beruht nun diese augenscheinliche Tatsache? Wenn ein Körperraum, bei der genauesten Übereinstimmung mit einem zweiten hinsichtlich aller an ihm selbst erkennbaren Ausdehnungsverhältnisse, dennoch nicht den Raum des letzteren einnehmen kann, so muss dies darauf beruhen, dass beide Räume verschiedene Teile des absoluten Raumes sind. Die Umgrenzung des einen Körpers ist eben absolut eine andere als die Umgrenzung des zweiten – sie ist ein anderer Teil des ursprünglichen Raumes. Die Art der Verbindung der Teile ist bei beiden Körpern dieselbe, alle Verhältnisse der Lage und Ordnung sind unter sich verglichen ununterscheidbar die gleichen, nur ihre Lage, ihr Verhältnis im Weltraum ist ein anderes. Um dies möglichst populär und eindringlich auszudrücken, wählt Kant das Beispiel der Hand. »Wenn man sich vorstellt, das erste Schöpfungsstück solle eine Menschenhand sein, so ist es notwendig, entweder eine rechte oder eine linke, und um die eine hervorzubringen, war eine andere Handlung der schaffenden Ursache nötig, als die, wodurch ihr Gegenstück gemacht werden konnte.«[A] Die Folgerung daraus ist nicht zu verfehlen. Bestände der Raum nur aus einem Verhält-

A [Kant V, Gegenden, S. 300; AA II, S. 382–383.]

nis der Dinge, so müsste dieselbe Anzahl von Dingen, in dieselbe Ordnung gebracht, notwendig denselben Raum ausmachen. Aus der nämlichen Zahl von Leibnizischen Monaden hätte der Schöpfer ohne bereits vorhandenen Raum nur eine Hand überhaupt bilden können, eine Hand, die auf jede Seite des Körpers passen müsste! Bestände der Raum in einem Verhältnis, so müsste er mit den Dingen schwinden, die in diesem Verhältnis zueinander stehen, denn ein Verhältnis schwindet mit den Verhältnisgliedern. Außer den Verhältnissen der Dinge und ihrer Teile untereinander muss noch ursprünglich und | absolut *der Raum* existieren, der alle diese Verhältnisse umfasst, in dem sie alle sind und der bleibt, wenn die Verhältnisse geändert oder aufgehoben werden. »Es ist hieraus klar, dass *nicht die Bestimmungen des Raumes Folgen von den Lagen der Teile der Materie gegeneinander, sondern dass diese Folgen von jenen sind,* und dass also in der Beschaffenheit der Körper Unterschiede angetroffen werden und zwar wahre Unterschiede, *die sich lediglich auf den absoluten und ursprünglichen Raum beziehen, weil nur durch ihn das Verhältnis körperlicher Dinge möglich ist.*«[A] Der Raum ist ein Grundbegriff – eines von den ersten »Datis« der Erfahrung. Er ist nicht *Gegenstand,* sondern *Bedingung* der äußeren Empfindung. Der Begriff des Raumes, wie ihn der Geometer denkt, nämlich absolut und ursprünglich, ist also kein bloßes Gedankending, wozu ihn die Leibnizische Schule herabsetzen wollte, noch eine Abstraktion aus der Empfindung, sondern eine Realität, obschon eine Realität so eigener Art, dass es bei aller ihrer Anschaulichkeit nicht an Schwierigkeiten fehlt, sie zu begreifen.

Damit war die Beschaffenheit des Raumes, soweit es auf den Gegenstand oder Inhalt dieser Vorstellung ankommt, richtig erkannt. Der Raum war als *ursprünglich* gegenüber und als *unabhängig* von den besonderen räumlichen Bestimmungen der Dinge erwiesen. Es war entdeckt, dass der Raum als Bedingung den äußeren Empfindungen vorhergehe, dass die Räume, welche

A [Kant V, Gegenden, S. 301; AA II, S. 383.]

die Dinge einnehmen und durch ihre gegenseitigen Verhältnisse bestimmen, Teile des einigen und ursprünglichen Raumes sind.

Dem Anscheine nach trennt uns noch ein weiter Schritt von der in der Kritik verkündeten Wahrheit der Idealität des allgemeinen Raumes. Noch wird dem Raume eine eigene Realität, unabhängig von dem Dasein aller Materie und selbst als dem ersten Grunde der Möglichkeit ihrer Zusammensetzung, zugeschrieben. In Wirklichkeit war jedoch der Schritt von dem Ergebnis unserer Schrift zur kritischen Einsicht sowohl zeitlich als sachlich ein kurzer. Die Prämissen waren sämtlich gegeben, aus denen die Folgerung entspringen musste. Was ist dies für eine Realität, | die vom Dasein *aller Materie* unabhängig ist, die nicht verschwindet, wenn die Materie in Gedanken vernichtet oder aus dem Wege geräumt wird, die vielmehr erst in ihrer wahren Selbstständigkeit und Ursprünglichkeit hervortritt, wenn wir von den Dingen abstrahieren; die also kein Abstraktum, aus den Dingen abgezogen wie ein gemeinsames Merkmal, sondern eine Abstraktion *von* den Dingen, eine Zurückziehung, eine Abwendung von ihnen ist, oder wenigstens durch diese erkannt und erwiesen wird! Betrachten wir noch einmal die symmetrischen Gebilde des Raumes. Kant selbst kehrt in den Prolegomenen zu ihnen zurück und findet in ihnen einen der stärksten Beweise für die Idealität des Raumes – in ihnen, die er noch in unserer Schrift als Argument für die Realität desselben gebraucht hatte. Hier sind wesentliche, oder innere Unterschiede zweier Dinge, die doch durch keinen Verstand als wesentliche, den Dingen selbst eigene Unterschiede eingesehen werden können. Es sind keine begrifflichen Unterschiede, weder in der Beschaffenheit noch im Verhältnis der Dinge untereinander – es sind anschauliche Unterschiede und nur solche, also nicht durch den Verstand, nur durch die Sinne zu erfassen. Wie – wenn der Raum, obschon kein Gegenstand der Empfindung, Form derselben wäre? Wenn der formale Grund seiner Anschauung in der Auffassungsart des Subjektes selber läge? Dann – aber auch nur dann ließe sich's begreifen, dass an sich gleiche Dinge durch das Verhältnis zu unserer Vorstellungsform verschieden sein können. Dann wäre die Unmöglichkeit, symmetrische, also objektiv genommen genau gleiche Gebilde zur Deckung zu bringen, aus ihrer verschiedenen Beziehung zur Vorstellungsform, die im Subjekte entspringt und besteht, zu erklären. Erwägen wir: In jedem Vorstellungsakte stellen wir äußere Dinge zugleich mit ihrem Verhältnisse zueinander in einem Verhältnisse zum absoluten Raume vor. Wie, wenn dieses letztere, allen Dingen gemeinsame, für alle Dinge eine Voraussetzung ihrer Vorstellbarkeit bildende Verhältnis, das Verhältnis zu unserer Auffassungsform selber ist? Dieses letztere Verhältnis ist es nun in der Tat, von dem Kant lehrt, dass es nur unserer Vorstellungsart, nicht den Dingen und ihren eigenen Beziehungen angehöre. | Wir befassen das System der Dinge in eine einzige und einheitliche Gesamtanschauung, so wenig oder so viel wir von den Dingen anschauen, ob wir durch das Mikroskop die Grenzen der sinnlichen Auffassung nach unten, durch das Teleskop nach oben verschieben, immer nehmen wir die Dinge in reinen Grenzen wahr, alle Räume, die kosmischen wie die mikrokosmischen, nehmen wir *im Raume wahr*, das kann nur heißen: in der Form unserer Anschauung und Auffassung, in der Form der Sinnlichkeit. Weil die Dinge nebst ihren Verhältnissen wechselseitig zueinander insgesamt, als Gegenstände der Empfindung und soweit sie dies sind, noch ein notwendiges Verhältnis zum Gesetze und der Form der Anschauung haben, deshalb werden sie nicht bloß in bestimmten räumlichen Verhältnissen gegenseitig zueinander, sondern immer auch in dieser ihrer Beziehung zur Vorstellungsform des allgemeinen, reinen Raumes wahrgenommen.

Diese Entdeckung vom allgemeinen Raum als einem Gesetze der Anschauung selbst, als einer Form des auffassenden Bewusstseins, als einer Synthese, durch welche formal die sinnlichen Eindrücke der objektiven Welt geordnet werden, trennt die vorkritische von der kritischen Periode. Und für die objektive Art und Weise der Untersuchung Kants ist es von der allergrößten Bedeutung, dass diese Entdeckung unmittelbar nach der Erforschung der Natur und Beschaffenheit des Raumes gemacht wurde. Kant ist nicht etwa von der Sinnlichkeit, als einem psychologischen Vermögen, ausgegangen und hat an ihr die Form ihres rezeptiven Verhaltens zu den Dingen gezeigt, *er ist vielmehr zu der Sinnlichkeit zurückgegangen, nachdem er das Wesen des Raumes, dieses sinnlichen, vorhandenen Weltraumes, erkannt hatte. Aus der Beschaffenheit des Raumes folgerte Kant, dass sein formaler Grund einzig und allein in den Sinnen, in der Form ihrer Erregung oder Empfänglichkeit liegen kann.*[A] |

Wir sind damit zur Betrachtung der Dissertation vom Jahre 1770 gelangt, in welcher Kant zuerst der Welt seine metaphysische Entdeckung kundgegeben hat.[100]

A Siehe unten die Methode der Ästhetik, Kapitel 3 [u. a. S. 378, 424].

Zweites Kapitel

Die Dissertation vom Jahre 1770 und die fernere Ausbildung der Vernunftkritik

§ 1. Der Standpunkt der *Dissertationsschrift*. Erklärung des Dogmatismus dieser Abhandlung. Die methodischen Beziehungen der Dissertation zur Vernunftkritik. Analyse der Abhandlung

Die akademische Schrift »Über die Form und die Prinzipien der sinnlichen und der intelligiblen Welt«, mit welcher Kant die ordentliche Professur antrat, macht in der Geschichte seiner Philosophie für sich allein, wenn auch nur vorübergehend, Epoche.

Gewöhnlich wird sie bloß als Vorgängerin und, was die Theorie der sinnlichen Erkenntnis betrifft, als Teil der Vernunftkritik aufgefasst. Sie bedeutet aber in Wirklichkeit mehr. Sie stellt einen eigentümlichen Standpunkt zwischen der vorkritischen und der kritischen Periode dar. Sie ist die Skizze eines förmlichen philosophischen Systems, das noch in erheblichen Punkten von dem späteren Lehrgebäude abweicht. Sie lehrt nämlich die Erkennbarkeit der Dinge selbst aus Begriffen. Sie gewährt dem Verstande noch eine direkte, nicht eine bloß durch die Erscheinung vermittelte Beziehung auf die Dinge. Die Bedingungen der sinnlichen Erkenntnis galten ihr noch nicht als die Grundlagen alles gegenständlichen Wissens, sondern weit mehr als Hindernisse, zu dem Wirklichen vorzudringen, wie es an sich selber ist. Sie sucht daher ihre Aufgabe darin, die Begriffe von der Ansteckung mit der sinnlichen Auffassungsweise rein zu erhalten, sie von den Anschauungen zu trennen. Nach | Abzug der räumlichen und zeitlichen Vorstellungsformen, die zwischen dem Verstande und den Dingen liegen, schien sich diesem die wahre Gestalt des Wirklichen zu zeigen. Wurde dasjenige ausgeschieden oder in Abrechnung gebracht, was zur Anschauung eines Gegenstandes gehört, so schien die eigentliche Wesenheit des Objektes hervorzutreten.

Das Korrelat der Begriffe sollte die Welt der Existenz an sich sein. In diesem Sinne knüpft die Abhandlung an die Unterscheidung an, welche die Alten zwischen der Welt der Erscheinung und der Welt des Seins vorgenommen hatten. In eben demselben Sinne stellt sie einen doppelten Gesichtspunkt der Weltauffassung auf – den durch die Sinne und den durch Begriffe allein. Die intelligible, die begreifliche Seite der Welt tritt hervor, sobald der sinnliche Standpunkt mit dem des Verstandes vertauscht wird. Der Welt der Erscheinung, welche an die Bedingungen ihrer Anschauung geknüpft ist, liegt noch eine einfachere, allgemeinere Gestalt des Seins zu Grunde, den einfachen Denkbegriffen konform.

Nicht ohne vorhergängige Untersuchung darf entschieden werden, welcher Standpunkt der wahre sei, derjenige, den die Dissertation behauptet, oder der spätere der Vernunftkritik, welche die Funktion der Begriffe auf Gegenstände der Anschauung, mithin auf Erscheinungen einschränkt. Scheinbar ist der Standpunkt der Dissertation höher gelegen und verspricht die weitere Aussicht, insoferne von ihm aus die Begriffe über die Anschauungsformen hinaus zu dem Grunde der Erscheinungen reichen. Und wer die Begriffe als einfache Tätigkeitsformen, als Gesetze des Bewusstseins betrachtet, wird nicht von vorneherein ihre Tragweite beschränken und auf eine, wenigstens *formal*, weit positivere Erkenntnis vom Grunde der Erscheinungen verzichten, als diejenige ist, die ihm von der Vernunftkritik gewährt wird.

Die Dissertation eröffnete die Aussicht auf eine neue Ontologie. Unter allen Schriften Kants ist sie die am meisten dogmatische, eine Tatsache, die erklärt werden muss, um den Entwicklungsgang des kritischen Philosophen begreiflich zu machen. Unter Ontologie versteht man die Wissenschaft der Dinge aus Begriffen, das System desjenigen von den Dingen, was a priori, | d. i. unabhängig von der Erfahrung, erkannt werden kann. Den Denkbegriffen *unmittelbar* eine reale Bedeutung zu geben, darin besteht die Bemühung einer Ontologie. Die Logik lehrt die Form des Denkens durch Analyse und Beschreibung der Form des Gedachten kennen; die Ontologie ist die Anwendung dieser Form auf die gegenständliche Welt. Sie behauptet, dass sich die Begriffe und Verhältnisse der Begriffe direkt auf die Dinge beziehen, ohne Dazwischentreten ihrer Anschauung, oder ihrer allgemeinen Anschauungsform. Sie behauptet, dass der Schematismus der Begriffe zugleich und ohne weiteres der allgemeine Schematismus der Wirklichkeit sei. Die Ontologie ist Reallogik. Dasselbe behauptet nun auch Kant, in der Abhandlung von der Form der sinnlichen und den Prinzipien der intelligiblen Welt[101], von diesen Prinzipien. Die Begriffe der Möglichkeit (der reinen Denkbarkeit), der Existenz, der Notwendigkeit, der Substanz, der Ursache, nebst ihren Korrelaten und den ihnen entgegengesetzten Begriffen bilden nach der Lehre dieser Abhandlung ein System, das in der Verfassung der »intelligiblen« Welt sein genaues Gegenstück hat. Diese Verfassung ist aus jenen Begriffen erkennbar; also gibt es Erkenntnis der Dinge aus reinen Begriffen. So weit stimmt hier Kant mit dem dogmatischen Rationalismus überein. Er weicht aber von ihm ab in der richtigen Erfassung der Bedeutung von Raum und Zeit. Die bisherige Ontologie hatte einen wesentlichen Unterschied übergangen. Sie wollte nur von *möglichen* Dingen handeln, von Dingen ihrem *Begriffe* nach; aber sie hatte zum Begriff der Dinge auch die sinnliche Form, unter der die *Anschauung* eines Dinges möglich ist, gezählt. Die Grundsätze, die sie von der Begreiflichkeit der Dinge aufstellte, galten zum Teil nur von der Begreiflichkeit ihrer Anschauung, also der Erscheinung der Dinge. Daher entbehrten diese Grundsätze der Allgemeinheit, die sie ihnen zuschrieb. Was von den Dingen gilt unter dem Gesetz ihrer Anschauung, braucht nicht von ihnen zu gelten bloß unter der Bedingung des Denkens. Man muss unterscheiden zwischen Dingen, soweit sie Erscheinungen sind, und eben denselben, insoferne sie der Grund der Erscheinungen, Existenzen an sich selber sind. Die Welt der Phänomene enthält | nur die Wirkungen der Dinge, die Welt der Noumene, die wirkenden Dinge selbst. Diesen Unterschied nicht gemacht zu haben, darin besteht nach Kant der Fehler der Metaphysik, darin liegt der Grund ihrer Erfolglosigkeit.[102] Daher will er die ontologischen Begriffe reinigen von der Beimengung mit sinnlichen. Er will der Metaphysik eine Propädeutik voranschicken, eine Methodenlehre, welche *den Unterschied der sinnlichen Erkenntnis von der des Verstandes dar-*

legt.[A] »Es scheint eine ganz besondere, ob zwar bloß negative Wissenschaft vor der Metaphysik vorhergehen zu müssen, darin den Prinzipien der Sinnlichkeit ihre Gültigkeit und ihre Schranken bestimmt werden, damit sie nicht die Urteile über Gegenstände der reinen Vernunft verwirren, wie bis daher fast immer geschehen ist«[B]. In gleichem Sinne äußerte sich Kant noch 1772 an Marcus Herz über das Vorhaben, *die Grenzen der Sinnlichkeit und der Vernunft* in einem besonderen Werke festzustellen.[C] Der fünfte Abschnitt der Dissertation enthält den Grundriss zu diesem Werke, dessen Plan eine Phase der Entwicklung der Vernunftkritik bildet.[D]

Was hat nun Kant bewogen, den dogmatischen Standpunkt in Beziehung auf die Erkenntnis aus Begriffen mit dem kritischen zu vertauschen, statt der Grenzen der Sinnlichkeit vielmehr die | Grenzen der Vernunft zu bestimmen, statt eine Erkennbarkeit der Dinge aus Begriffen zu behaupten, die der allgemeinen Form ihrer Erscheinung zu lehren? Welche Erwägung hat ihn von der Dissertation zur »Kritik der reinen Vernunft« hinübergeführt? Ehe wir

A [Kant I, Kant/Lambert S. 360; AA X, S. 98.] »Scientia vero illi *propraedeutica* est, quae *discrimen docet sensitivae cognitionis ab intellectuali.* (...) Intellectualium duplex potissimum finis est: prior *elenchticus*, per quem negative prosunt, quando nempe *sensitive concepta arcent a Noumenis*, et quanquam scientiam non provehunt latum unguem, tamen eandem ab errorum contagio immunem praestant« [Kant I, De mundi, S. 213; AA II, S. 395] etc.

B Kant I, Kant/Lambert, S. 360 [AA X, S. 98].

C Kant XI/1, Briefe, S. 25 [AA X, S. 129].

D Dieser Abschnitt ist überschrieben: »De Methodo circa sensitiva et intellectualia in Metaphysicis« [Kant I, De mundi, S. 331; AA II, S. 410]. Die oberste Regel, die er aufstellt, ist: »[S]ollicite cavendum esse, ne principia sensitivae cognitionis domestica terminos suos migrent ac intellectualia afficiant« [Kant I, De mundi, S. 332; AA II, S. 411]. Daraus wird ein Prinzip, jedes beliebige, erschlichene Axiom zu kritisieren, abgeleitet: »Si de conceptu quocunque intellectuali *generaliter* quicquam praedicatur, quod pertinet ad respectus spatii atque temporis; *objective* non est enuntiandum et non denotat nisi conditionem, sine qua conceptus datus sensitive cognoscibilis non est.« (Kant I, De mundi, S. 333 [AA II, S. 412]) Ich mache überhaupt auf diesen Abschnitt besonders aufmerksam, da er der Vorläufer der Kritik ist.

diese Fragen zu lösen und damit das Verhältnis der Schrift von 1770 zur »Kritik« zu erörtern versuchen, haben wir die Stellung jener zu den Ergebnissen der vorangegangenen Periode zu betrachten.

Unter der Annahme einer völligen Unterordnung Kants unter die englische Erfahrungsphilosophie wäre der Standpunkt der Dissertation unbegreiflich. Es müsste denn sein, dass Kant, kaum durch Hume aus dem dogmatischen Schlummer geweckt, wieder eingeschlafen sei. Diese Annahme wurde jedoch bereits oben widerlegt.[103] Niemals hat Kant den Rationalismus überhaupt bestritten. Er wusste zu gut, dass auch die Naturwissenschaft nicht ohne die Hilfe der Geometrie zu den Gesetzen der Erscheinungen vordringen könne. Was er bekämpfte, war der unbegründete Rationalismus – der Rationalismus, der nicht von sicheren, gegebenen Grundbegriffen ausgeht. Aber diese Grundbegriffe waren nicht einfach durch Erfahrung gegeben. Sie mussten durch Analyse, also durch ein denkendes Verfahren, aus der Erfahrung gewonnen werden. So war der Begriff des Seins die absolute Position, die Anerkennung des Wirklichen durch das Denken, welche nicht wieder zurückgenommen werden konnte. Zwar die Fundamentalverhältnisse der Kausalität, die *besonderen* ursächlichen Verknüpfungen waren nur durch Erfahrung erkennbar – insoweit behielt Hume Recht: aber der allgemeine Begriff der Kausalität, die Analogie von Grund und Folge mit der Verbindung von Ursache und Wirkung wurde in der vorkritischen Zeit nicht näher untersucht. Nunmehr trat jene Entdeckung ein, dass Raum und Zeit sinnliche Elementarbegriffe der Erfahrung, dass sie die Bedingungen der *Anschauung* der Objekte sind. Sofort mussten sich die übrigen Grundbegriffe der Erfahrung als Bedingungen des *Denkens* der Objekte von jenen unterscheiden. Beziehen sich die formalen Elemente der Sinnlichkeit auf die Gegenstände, wie sie dem empfänglichen Bewusstsein *erscheinen*, so mussten | wohl die Elemente der Verstandeserkenntnis die Dinge ausdrücken, wie sie *sind*. Jene gingen auf die Dinge unter dem Gesichtspunkte der sinnlichen Auffassung, diese, frei von der Einschränkung auf die Sinne, mussten daher auf die Dinge überhaupt sich beziehen. Die Dissertation ist kein Rückfall in den Dogmatismus, sondern die notwendige Konsequenz der früheren Untersuchungen.

Die Dissertation nimmt zwischen der vorkritischen Periode und der kritischen eine mittlere Stellung ein. Sie knüpft in der Theorie der sinnlichen Erkenntnis an die Untersuchung über den absoluten Raum an, und sie enthält andererseits die Keime zur späteren Lehre der Verstandeserkenntnis. Die Kluft, welche sie von der letzten Schrift aus der früheren Periode trennt, ist sachlich und zeitlich nicht bedeutender als die, welche zwischen ihr selbst und dem Anfange der Kritik der formalen Denkbegriffe liegt. Zwei Jahre nach dem Aufsatz »Vom ersten Grunde des Unterschieds der Gegenden im Raume« war die Idealitätslehre von Raum und Zeit vollendet; zwei Jahre nach dem Erscheinen der Dissertation der Ausgangspunkt der kritischen Theorie der Verstandesbegriffe mit der »metaphysischen« Deduktion erreicht. Die wesentlichen methodischen Begriffe des kritischen Hauptwerks erscheinen bereits in der Dissertation teils vorbereitet, teils ausgebildet. Das Letztere gilt von der Unterscheidung zwischen Materie und Form in der sinnlichen Wahrnehmung, vom Begriff der reinen Anschauung und dem der Erscheinung; das Erstere lässt sich von der Unterscheidung der Urteile in analytische und synthetische erweisen. Unter den Kategorien werden gerade die wichtigsten, die der Relation angeführt, ebenso die Kategorien der Modalität. Von den Problemen der Kritik tritt die Antinomie hervor, und zwar erscheint sie hier weit natürlicher aus der Unendlichkeitsvorstellung hergeleitet, während sie später erst aus einem transzendenten, den Leitfaden der Erscheinungen verlierenden Schlusse hervorgebracht wird. Von besonderer Wichtigkeit ist noch die Erörterung einer Frage, die im Zusammenhange der eigentlichen Erkenntniskritik zurücktritt, obschon Kant seine in der Dissertation dargelegte Ansicht darüber nicht geändert hat: | der Frage, wie die Vorstellungen, die im erkenntnistheoretischen Sinne a priori sind, psychologisch erworben werden?

Nach diesen methodischen Seiten haben wir im Zusammenhang unserer Darstellung die Dissertation zu betrachten. Der Gegenstand derselben ist zwar ein metaphysischer, das Objekt der rationalen Kosmologie, die Konzeption der Welt als eines substantiell Zusammengesetzten; aber die Behandlung dieses Gegenstandes geschieht aus erkenntnistheoretischem Gesichtspunkte. Es wird der doppelte Ursprung des Weltbegriffes erwogen, die zweifache Art der Erfassung des Weltganzen einerseits in der Form der sinnlichen Vorstellung, andererseits durch das Denken allein. Es ist etwas anderes, die Zusammensetzung von Substanzen zu einer Welt bloß im Allgemeinen zu denken und diesen Begriff nach der sinnlichen Erkenntnisart zu vollziehen, ihn intuitiv vorzustellen. Ebenso ist die Auflösung im Begriffe nichts als das bloße Wegdenken der Zusammensetzung überhaupt, die Auflösung nach der sinnlichen Vorstellung dagegen ein Rückgang von Teilen zu Teilen. Der Verstand gelangt mit einem Sprunge zum Einfachen; in der Vorstellungsart der Sinne ist das Einfache ebenso unfassbar, wie das Ganze unerreichbar. Denn die Darstellung des Begriffs der Zusammensetzung und seines Gegenteils, der Auflösung, in der anschauenden Erkenntnisweise beruht auf der Form der Zeit, sie geschieht durch sukzessives Hinzutun und andererseits durch stetige Dekomposition; weil aber die Form der Zeit ungeschlossen und unendlich teilbar ist, so ist in ihrer Form weder die Allheit der Teile noch ihre Einfachheit zu erfassen. Die Welt ist der Zeit nach unvorstellbar. Es macht sich der Widerspruch bemerkbar zwischen einer Anschauungsform mit ihrer leeren Unendlichkeit und der Forderung des Verstandes nach begrifflicher Abschließung der Weltkonzeption. Die Sinne können den Begriff des Verstandes nicht »exequieren[104]«. Nach Gesetzen der Anschauung können wir das Ganze der Zusammensetzung nach und das Zusammengesetzte nach seiner Totalität nicht als vollendet vorstellen. – Zwei Punkte müssen aus dieser kurzen Übersicht besonders hervorgehoben werden. Es liegt bereits hier der Unterschied zwischen | analytischer und synthetischer Erkenntnis, obschon nicht den Worten, so doch der Sache nach, vor. Und ferner ist es von Bedeutung, dass die Entwicklung der kritischen Philosophie gerade vom kosmologischen Probleme ausgeht, von der Antinomie im Begriff des Weltganzen. Der Unterschied, der am Eingang der Dissertation bemerkt wird, zwischen dem bloßen Denken eines zusammengesetzten Ganzen oder seiner einfachen Teile und dem Vollziehen dieser Verbindung und Auflösung in einer anschaulichen Vorstellung, also unter Bedingungen der Zeit, betrifft das Wesen des Unterschiedes der analytischen und synthetischen Urteile, wobei es ganz unerheblich bleibt, dass Kant die Worte ›Analysis‹ und ›Synthesis‹ noch in einem allgemeineren Sinne gebraucht. Den synthetischen Urteilen muss Anschauung, empirische mit Empfindung oder formale, im bloßen Schema von Raum und Zeit, zu Grunde liegen. Durch ihren anschaulichen Grund unterscheiden sich die synthetischen Urteile von den analytischen, deren Grund rein begrifflich ist. Weil aber die Anschauung den Gegenstand, sei es seinem Inhalt, sei es der bloßen Form nach, bezeichnet, so ist der Unterschied von analytisch und synthetisch allgemein der Unterschied von begrifflicher und gegenständlicher Erkenntnis. In der Dissertation, die zuerst der Sache nach diese Unterscheidung vollzieht, wird jedoch ihre prinzipielle Bedeutung noch nicht erkannt. Erst nachdem die Frage, ›wie sich überhaupt Begriffe auf Objekte beziehen können‹, also die Frage nach der *Möglichkeit gegenständlicher Erkenntnis* aufgeworfen worden war, musste sich die methodische Bedeutung jener Einteilung der Urteile aufdrängen.

Zwischen der rein begrifflichen und der sinnlich anschauenden Erkenntnis findet nun in Bezug auf den Weltbegriff ein Gegensatz statt, eine Antinomie zwischen Denk- und Anschauungsform. Die Zeit, die Bedingung synthetischer Urteile, lässt uns die Vorstellung des Universums weder der Zusammensetzung noch der Teilung nach vollenden, weil sie selbst ohne Grenzen und ohne Teile ist. Kant ergreift in der Dissertation die Partei des Rationalismus, aber auf eine eigentümliche Art. Er verwirft nämlich nicht die Vorstellungen des Unendlichen und Stetigen, er | führt vielmehr die Unmöglichkeit, eine vollendete Unendlichkeit zu denken, auf eine subjektive Bedingung, auf das Gesetz unserer Anschauung zurück. So erklärt er den Grundsatz, dass ›alle Menge eine bestimmte Anzahl sein müsse‹, für erschlichen, indem derselbe eine subjektive Schranke unserer Vorstellungsfähigkeit zu einem Gesetz der Dinge erkläre. Hier ist es aber augenscheinlich der Verstandesbegriff, welcher strenge Abschließung fordert, nicht die formal unbeschränkte Sinnlichkeit, wie Kant meint. Mit einem Blicke des Bewusstseins mag der schöpferische Geist umfassen können, was für das menschliche Vorstellen sukzessiv durch die Unendlichkeit der Zeit herabsteigt. Allein, werden wir einwenden, ein Verstand, und sei es ein göttlicher, der die vollendete Unendlichkeit anschaut, ist kein Verstand, sondern ein Widerspruch.

Die ganze Dissertation ist die Beweisführung und Entwicklung des Satzes, dass ›Denkbegriffe von den Gesetzen der Anschauung unabhängig sind, dass dasjenige, was den Gesetzen der anschauenden Erkenntnis nicht unterliegt, zwar für uns nicht anschaulich vorstellbar, aber deshalb nicht unmöglich und widersprechend ist‹. Damit ist eine doppelte Auffassung der Welt begründet; der Begriff der Welt von der Unvollendbarkeit ihrer sinnlichen Erscheinung befreit.

Die Antinomie trieb zur Unterscheidung der phänomenalen von der intelligiblen Welt; um aber diese Unterscheidung zu machen, musste ihr jene zwischen den sinnlichen Elementarbegriffen und den reinen Denkbegriffen vorangegangen sein. Also war es ein metaphysisches Interesse, welches Kant auf die Bahn der kritischen Philosophie brachte. In der Dissertation erscheint die transzendentale Ästhetik, die Lehre von der Idealität des Raumes und der Zeit, ganz dem metaphysischen Zwecke untergeordnet. Die neue, auf Trennung der beiden Erkenntnisarten beruhende Methode sollte sich sogleich an einem metaphysischen Hauptprobleme erproben, das selbst gegenwärtig noch für die positive Philosophie ein solches bildet – an dem Widerspruch der Unendlichkeit mit dem Verstandesbegriff der Welt. Damit ist zugleich angedeutet, dass uns die Kantische Lösung weder in | der Dissertation noch in der Kritik nach jeder Hinsicht befriedigt. Hier haben wir jedoch nur die Bedeutung der Antinomie für die Entwicklung der Methode hervorzuheben; sie besteht darin, dass die Antinomie ein Motiv, und zwar vielleicht das nächste und mächtigste, zur Ausbildung der kritischen Methode war. In seinen Forschungen über den Himmel hatte Kant das Universum der sinnlichen Anschauung betrachtet, in seiner Schulung in der Wolffischen Philosophie die logische Seite des Weltbegriffs, entwickelt zu einem Systeme rationaler Kosmologie, kennen gelernt und den Widerspruch in beiden Auffassungsweisen bemerkt. Daher hatte er sich frühe mit dem Unendlichkeitsprobleme in seiner Beziehung zur Frage der Raumerfüllung, der Zusammensetzung der Materie aus einfachen Bestandteilen, beschäftigt und zwischen Newton und Leibniz, zwischen Geometrie und Metaphysik zu vermitteln gesucht. Mit der Erkenntnis der wahren Beschaffenheit des Raumes, mit der daraus gezogenen, unabweisbaren Folgerung, dass der allgemeine Raum seinen Ursprung in der Form der Sinnlichkeit nehme, musste die Lösung jenes Problems auf eine neue Stufe gelangen. Es lag nun nur noch in der Natur der Sinne und ihrer Auffassung, wenn wir in der zusammengesetzten Erscheinung nicht das Einfache anzutreffen, aus dem Einfachen nicht das Ganze zu gewinnen vermögen, wenn die gegebene Totalität der Welt in der Vorstellung sich in einen unerschöpflichen Progress und Regress zu verlieren scheint. Sofort nach seiner Entdeckung über den Raum schied daher Kant die Welt im Raume von der Welt dem Verstande nach ab und erklärte, die Welt der Erscheinung habe nur ein subjektives Prinzip der Nebenordnung ihrer Teile und der Aneinanderreihung ihrer Zustände, nämlich die formale Sinnlichkeit; die Welt, wie sie an sich ist und vom Verstande gedacht wird, hat dagegen ein Prinzip der Wechselwirkung verbundener Substanzen, ein Realprinzip des Grundes, welches sich beständig und unveränderlich erhält.[A] Von diesem Wirklichkeitsprinzipe erklärte der Philosoph, dass es selbst die Einheit und Zusammenfassung der sinnlichen Erscheinungen in die Form | des einzigen Raumes und der einheitlichen Zeit möglich mache.[B] Von so tiefem und bestimmendem Ein-

[A] Kant I, De mundi, § 2.

[B] Kant I, De mundi, § 22, Scholion. Dieses Scholion wird von Fischer und nach ihm von Ueberweg nicht richtig erfasst.[105] Beide Forscher sehen in ihm, trotz des ausdrücklichen Protestes Kants, eine Annäherung an Nicolas Malebranche, eine Bekundung mystisch-theosophischer Neigung. Ich gebe willig zu, dass Kant von der letzteren nicht frei war, aber in dieser Stelle wenigstens kommt sie nicht zur Geltung. Die Frage, die das Scholion untersucht, ist die nach der Ursache der anschaulichen Erkenntnis. Woher flusse war demnach die Antinomie auf die Entwicklung der kritischen Philosophie.

Die Trennung der Form der sinnlichen Welt vom Prinzip der realen beruht auf zwei Voraussetzungen – der Annahme der Idealität der allgemeinen Vorstellungsformen Raum und Zeit und der Voraussetzung eines realen Gebrauches der reinen Denkbegriffe. Die Gründe für diese Annahmen werden in der Beschaffenheit der beiderseitigen Vorstellungen gefunden. Vorstellungen, die nur die Empfänglichkeit des Subjektes ausdrücken, die Art und Weise, wie dasselbe durch die Gegenwart der Dinge erregt wird, sind sinnlich. Dasjenige, was in ihnen ausschließlich zur Rezeptivität des Subjektes gehört, also die Empfindung ihrer Qualität nach, die allgemeine Form seiner Erregung, muss notwendig ausschließlich subjektiv sein; die Vorstellung der allgemeinen Form der | Sinnlichkeit ist daher, für sich betrachtet, eine Idee. Jene Vorstellungen dagegen, die aus dem Verstande, einer tätigen Fähigkeit des Subjektes, hervorgebracht werden und durch welche das Subjekt sich dasjenige vorstellt, was seiner Beschaffenheit nach nicht Ge-

kommt es, dass wir alle Dinge, die uns erscheinen, in die Einheit eines Raumes, die Einzigkeit einer allgemeinen Zeit zusammenfassen? Kant führt diese Einheit in der Form der Erscheinungen auf die Einheit und Erhaltung der wirkenden Kraft zurück. Weil unser Bewusstsein mitsamt der Welt der Anschauung von derselben Kraft eines Einzigen getragen wird, deshalb erscheinen alle Dinge in dem Zusammenhange einer einzigen Welt. Diese Erklärung, der ich der Hauptsache nach vollkommen beipflichte, ist nicht mystisch, sondern nur *monistisch*. Und es ist damit über das Wesen jenes Wirklichkeitsprinzipes, das sich in der Erhaltung von Stoff und Kraft als ein einziges kundgibt, nicht entschieden, ob es Gott sei. Mit Recht bemerkt daher Kant am Schlusse des Scholion, die Ansicht von Malebranche weiche von der hier vorgetragenen weit ab.

Ich bemerke noch, dass die Frage, welche dieser ganze Abschnitt vier der Dissertation behandelt und auf die sich das eben betrachtete Scholion bezieht, die Frage ist: »[Q]uonam principio ipsa haec relatio omnium substantiarum nitatur, quae intuitive spectata vocatur spatium. In hoc itaque cardo vertitur quaestionis de principio formae mundi intelligibilis« (Kant I, De mundi, S. 326 [AA II, S. 407]). Also das Realprinzip der Einheit der Wirklichkeit soll das Idealprinzip der Zusammenfassung des Wirklichen in die Einheit des Raumes erklären.

genstand der Sinne sein kann, sind begrifflich. Begriffe drücken also dasjenige von den Gegenständen aus, was nach Abzug des sinnlichen Inhaltes ihrer Vorstellung übrig bleibt. Dass Dinge Substanzen, dass sie Ursachen seien, dass sie in Wechselwirkung des Handelns und Leidens stehen, sind begriffliche Bestimmungen der Objekte. An den Gegenständen selbst unterscheiden wir demnach das Erscheinende und das Gedachte; wir unterscheiden ihre Beziehung zur Sinnlichkeit und ihr Verhältnis zur Denktätigkeit. Von den Denkbegriffen, d.i. der durch Reflexion bewusst gewordenen Gesetzlichkeit des Denkens, lehrt die Dissertation einen doppelten Gebrauch: den logischen und den realen. Der logische Gebrauch bezieht sich auf empfangene, sinnlich gegebene Dinge, durch den realen werden selbst Begriffe von Dingen oder Verhältnissen der Dinge gegeben. Logisch ist die Bestimmung eines Gegenstandes der Erscheinung. Denn in dem sinnlichen Gebiet des Erkennens heißt dasjenige *Erscheinung, was dem logischen Gebrauch des Verstandes vorhergeht.* Die Bestimmung der Erscheinung zu einer gegenständlichen Vorstellung geschieht durch Reflexion, also durch ein Urteil. Gegenständlich bestimmte Erscheinung ist *Erfahrung*. Also führt der Weg von der Erscheinung zur Erfahrung nur durch Reflexion gemäß dem *logischen* Gebrauch des Verstandes.[A] In diesen Sätzen der Dissertation liegen die Keime | der transzendentalen Logik. Logisch ist ferner die Bestimmung der sinnlichen Vorstellungsform, also der Gebrauch der Begriffe in der Geometrie, in der Mathematik überhaupt. Denn Er-

A Kant I, De mundi, §§ 3–6. Man vergleiche die Definition: »In sensualibus autem et Phänomenis, *id quod antecedit usum intellectus logicum, dicitur Apparentia*, quae autem apparentiis pluribus per intellectum comparatis oritur cognitio reflexa vocatur *Experientia*« (Kant I, De mundi, S. 311 [AA II, S. 394]), mit der Stelle in der Kritik: »Der *unbestimmte* Gegenstand einer empirischen Anschauung heißt *Erscheinung*.« [Kant II, KrV, S. 32; AA IV, S. 29] Die gegebene und empfangene Mannigfaltigkeit von Eindrücken und deren besondere Verhältnisse heißen bei Kant Erscheinungen. Die Bestimmung der Erscheinungen zur Erkenntnis von Objekten, also zur Erfahrung, erfolgt durch die Kategorien, durch die Arten der objektiven Verknüpfung des gegebenen Materiales der Sinne, durch die Einheitsbegriffe der Reflexion über die Erscheinungen. Siehe dazu Kapitel 3.

kenntnisse bleiben sinnlich, es mag dabei noch so viel logischer Gebrauch vom Verstande gemacht werden, wenn ihre Grundlagen zum sinnlichen Erkenntnisgebiete gehören, wie es von den Grundlagen der Mathematik der Fall ist. Sie heißen sinnlich wegen ihrer Entstehung. Die Behauptung eines realen Gebrauchs der Begriffe über den logischen in der Bestimmung der Erscheinungen und ihrer Form, also über die empirische und mathematische Erkenntnis hinaus, bildet den Gegensatz der Dissertation zur »Kritik«. Die letztere erklärte diesen Gebrauch für transzendent. Die Denkbegriffe reichen zwar *problematisch* über das Gebiet der Sinne und der Erscheinungen der Sinne hinaus, aber ihr Gebrauch bleibt dabei *unbestimmt* und unvollständig. Sie reichen an die positive Grenze der Erscheinungswelt; aber ohne diesseits derselben einen Gegenstand bestimmen zu können. Die Kritik verzichtet daher auf eine bestimmte, begriffliche Erkenntnis der realen Gegenseite dieser phänomenalen Welt. Das Jenseits der Erscheinungen ist für sie ein Bereich unbestimmter Positionen des Denkens, das nur durch unsere praktischen Bedürfnisse näher bestimmbar wird. Was dagegen die Dissertation zu der Behauptung eines positiven, uneingeschränkten Gebrauchs der Begriffe veranlasste, war ohne Zweifel die noch fehlende Einsicht, dass die reinen Begriffe ihren Ursprung und ihren Bestand in der Urteilsfunktion haben. Die Urteilsfunktion kann aber ursprünglich nur an dem gegebenen Material sinnlicher Vorstellungen zur Ausübung gebracht werden, womit von selbst die Einschränkung ihrer begrifflichen Form auf Erscheinungen der Sinne gegeben ist. Die Dissertation inzwischen betrachtete die reinen Begriffe als *abstrahierende* Vorstellungen; der Verstandesbegriff abstrahiert von allem Sinnlichen, und da er seinerseits noch nicht vom Urteile abstrahiert wurde, so blieb nur die Annahme übrig, dass er es selber sei, welcher Gedanken von Dingen und ihren Verhältnissen ursprünglich setze oder erzeuge.[A] Schien doch der Verstandesbe|griff bereits durch die Analyse der Erfahrung als ein gültiger Grundbegriff erwiesen; worauf anders sollte sich also seine Gel-

[A] Kant I, De mundi, § 6.

tung beziehen können, als auf das Gedankending, auf das Noumenon, den Grund der Erscheinungswelt?

Die Theorie der sinnlichen Erkenntnis, wie sie im dritten Abschnitt der Dissertation vorgetragen wird, ist unverändert in das kritische Hauptwerk eingegangen und enthält verglichen mit der Kritik nichts Eigentümliches, weder der Methode noch den Ergebnissen nach. Es hieße Wortforschung, statt sachlicher, treiben, wollten wir auf die Voranstellung der Lehre von der Zeit oder auf einige Abweichungen in den Ausdrücken einen Nachdruck legen. Wir werden daher den methodischen Teil der Lehre von den Formprinzipien der sinnlichen Welt unten im Zusammenhange erörtern.

Dagegen müssen aus der Dissertation zwei Punkte besonders hervorgehoben werden. Der erste betrifft das Verhältnis, in dem die *besonderen* Formen der Mannigfaltigkeit der Eindrücke zu den allgemeinen Formen der sinnlichen Auffassung stehen. Der zweite enthält die Zurückweisung der zunächst scheinbaren, ja kaum zu umgehenden Folgerung, dass Raum und Zeit nebst den reinen Denkbegriffen angeborne Vorstellungen seien. Beide sind für das Verständnis des Kantischen Kritizismus von großem Belange.

In der sinnlichen Vorstellung ist die Materie von der Form zu unterscheiden. Die Materie ist dasjenige in der Erscheinung oder empirischen Anschauung, was der Empfindung entspricht. Die Form enthält zunächst das Gesetz, nach welchem das Mannigfaltige, das den Sinn erregt, geordnet wird. Die Empfindung hängt ihrem Stattfinden nach von der Gegenwart eines Gegenstandes ab; die Empfänglichkeit beweist selbst schon das Dasein vom Bewusstsein unabhängiger Dinge. Nur ihrer Beschaffenheit nach ist die Empfindung von der Natur der sinnlichen Empfänglichkeit, vom Zustande der Sinne, abhängig. Aber auch die Form, obwohl im Allgemeinen von der Auffassungsweise der Sinne abzuleiten, »beweist jedenfalls eine *Beziehung* oder ein Verhältnis der empfundenen Dinge, nur ist sie nicht eigentlich eine Abschat|tung oder ein Schema des Objektes, sondern nur ein dem Bewusstsein ursprünglich eigenes Gesetz, die Empfindungen, wie sie aus der

Gegenwart des Objektes entstehen, miteinander zu verknüpfen«. »Damit das Vielerlei des Gegenstandes, der den Sinn trifft, in ein *Ganzes der Vorstellung* verwachse, bedarf es eines inneren Prinzips des Bewusstseins, welchem zufolge jenes Mannigfaltige in bestimmter *gesetzlicher* Weise eine gewisse Gestalt (Raum und Zeit [A. R.]) annimmt.«[A] Hier wird ausdrücklich der Beitrag des empirischen, dem Bewusstsein gegebenen Stoffes der Erkenntnis zur Entwicklung einer bestimmten, räumlichen Anschauung angeführt. Die bestimmten Verhältnisse der räumlichen Dinge enthalten etwas Wirkliches, dem Bewusstsein Gegebenes, und zwar gegeben durch die Dinge selbst. Nur die allgemeine Raumform ist subjektiv, und drückt das *Gesetz* unserer Auffassung aus. In genau übereinstimmendem Sinne erklärt auch die Kritik, und zwar in der ersten (angeblich idealistischeren![106]) Auflage: »[D]ie unermessliche Mannigfaltigkeit der Erscheinungen kann aus der reinen Form der sinnlichen Anschauung nicht hinlänglich begriffen werden«[B], sie enthält mithin das rein Empirische in den räumlichen Vorstellungen, ein Datum der Erfahrung, keine Bedingung derselben, etwas, was dem Bewusstsein gegeben, nicht durch dasselbe gemacht wird. Man vergisst immer wieder, dass die Kritik eine Kritik der *reinen*, nicht der empirischen Erkenntnis ist, dass sie neben der Möglichkeit oder dem Begriff der Erfahrung noch die Wirklichkeit, das Faktum der Erfahrung, kennt und anerkennt. Wenn in analoger Weise, wie von der Sinnlichkeit in Bezug auf ihr allgemeines Gesetz, Erscheinungen in Raum und Zeit überhaupt aufzufassen, vom Verstande erklärt wird, er sei der Gesetzgeber der Natur, so gilt dies ebenso von der Natur nur ihrem formalen Begriffe nach, von der Begreiflichkeit der Natur überhaupt, also von der Natur, soweit sie als Erscheinungskomplex an das Bewusstsein geknüpft, soweit sie das Korrelat des formalen, denkenden Bewusstseins ist, mithin nur von den transzendentalen, nicht einmal den metaphysischen, geschweige den besonderen, em|pirischen Naturgeset-

A Kant I, De mundi, § 4. [Übersetzung von A. R.]
B Kant II, KrV, S. 114 [AA IV, S. 93].

zen. »Empirische Gesetze können als solche ihren Ursprung *keineswegs* vom reinen Verstande herleiten.«[A]

Ein zweites, weitgreifendes Missverständnis betrifft die Verwechslung des Apriori mit der Lehre der »faulen Vernunft«[B] von angebornen Begriffen. Noch Helmholtz äußerte sich, Kant habe die Raumvorstellung *kurzweg* für angeboren erklärt. Dieses Missverständnis lässt sich zwar leicht aus der Betrachtung der Methode der Vernunftkritik heben. Doch dürfte es nützlich sein, es außerdem durch direkte Erklärungen Kants zu widerlegen. »Es erhebt sich hier endlich gleichsam von selbst die Frage, ob beide Begriffe (Raum und Zeit [A. R.]) *angeboren* oder *erworben* seien. Das Letztere scheint zwar durch den Beweisgang schon widerlegt zu sein. Indessen sind beide Vorstellungen *unzweifelhaft erworben*, nicht so, dass sie von der Empfindung der Objekte abstrahiert wären, sondern dadurch, dass sie durch die auffassende Tätigkeit der Seele, die nach *beständigen Gesetzen* ihre Empfindungen ordnet, wie ein unveränderlicher Typus und daher wie eine Anschauung, erlangt werden.«[C] Dasselbe ist von den Verstandesbegriffen der Fall. Sie sind in der Natur des Verstandes, nicht in den Sinnen zu suchen, aber nicht wie wenn sie angeborne Begriffe wären; sondern sie sind als Begriffe zu betrachten, die aus den dem Bewusstsein eigenen Gesetzen abstrahiert und also *erworben* sind, und zwar, indem wir bei Gelegenheit der Erfahrung auf die Tätigkeit des Bewusstseins reflektieren. Diese Begriffe sind demnach weder als Vorstellungen noch in der Gestalt von *Anlagen* oder Einrichtungen dem Bewusstsein angeboren. Wir erlangen sie, indem wir auf die Gesetze des Bewusstseins reflektieren.[D] Es sind Begriffe, welche in der Reflexion über das Mannigfaltige der Erscheinungen entspringen und die Gesetze eben dieses denkenden Bewusstseins ausdrücken. Daher entsteht die Kategorie in der Anwendung der logischen Funktionen des Urteils auf Erscheinungen,

A [Kant II, KrV, S. 114; AA IV, S. 93.]
B [Kant II, KrV, S. 596; AA III, S. 454.]
C Kant I, De mundi, § 15, Corollarium. [Übersetzung von A. R.]
D Kant I, De mundi, § 8.

und die logischen Funktionen selbst haben ihren Ursprung aus der synthetischen, d. i. nicht gegebenen, sondern hervorgebrachten Einheit des Bewusst|seins. So weit war Kant vom *Nativismus*, der Philosophie der Faulen[107] entfernt! Damit man nicht die herangezogenen Stellen für den Ausdruck einer früheren, in der Kritik aufgegebenen Ansicht halte, begnüge ich mich vorläufig, auf die Erklärung Kants aus der späteren Zeit der höchsten Entwicklung der kritischen Philosophie zu verweisen: »Die Kritik erlaubt *schlechterdings* keine angebornen Vorstellungen, alle *insgesamt*, sie mögen zur Anschauung oder zu Verstandesbegriffen gehören, nimmt sie als *erworben* an.«[A]

Von weiteren methodischen Beziehungen der Dissertation zur Kritik mag noch angeführt werden, dass der Schluss derselben die Lehre von den *regulativen* Prinzipien antizipiert. Unter den fälschlich für objektiv gehaltenen Regeln des Verstandesgebrauchs bei der Klassifikation und Systematik der Naturdinge wird die Vorschrift der Generalisation (›principia non esse praeter summam necessitatem multiplicanda‹) als ein subjektives Prinzip angeführt, zu welchem später der einschränkende Grundsatz der Spezifikation hinzukam (›entium varietates non temere esse negligendas‹). Außerdem wird das Prinzip der Natürlichkeit ausgesprochen (›omnia in universo fieri secundum ordinem naturae‹), und auf Grund desselben die Ausschließung des Wunders postuliert. Damit vergleiche man den Anhang zur transzendentalen Dialektik: Vom regulativen Gebrauch der Ideen der reinen Vernunft.

Der fünfte Abschnitt der Dissertation, aus dem die angeführten Stellen rühren, fasst die methodischen Ergebnisse der bisher entwickelten, doppelseitigen Betrachtung der Welt und ihrer Prinzipien zusammen. Auf die Welt der Erscheinungen beziehen sich Naturwissenschaft und Mathematik, in denen der Gebrauch des Verstandes logisch ist. Die Welt des Seins ist Objekt der Metaphysik, der Gebrauch der Begriffe in dieser Wissenschaft real. Danach ist auch die Methode in beiden Wissensgebieten verschieden. In der Wissenschaft der Erscheinungen sind die Grundbegriffe und

A Kant I, Entdeckung, S. 444 [AA VIII, S. 227].

Grundsätze durch die Anschauung gegeben, daher bestimmt der Gebrauch die Anwendung der Begriffe, ihre Methode. | In der reinen Philosophie werden die Begriffe ursprünglich erzeugt, hier geht die Methode der Wissenschaft vorher. Die Metaphysik ist Erzeugung der Begriffe. Der Gebrauch der Vernunft stellt hier die Grundsätze fest; die Darlegung der Gesetze der reinen Vernunft ist zugleich die Hervorbringung der Wissenschaft selbst. Das Kriterium der Wahrheit metaphysischer Gesetze ist ihre Unterscheidung von gegebenen oder willkürlich vorausgesetzten Gesetzen, der Nachweis, dass es ursprünglich gedachte und dennoch objektiv reale Prinzipien seien. Der logische Gebrauch der Begriffe ist nur analytisch, er zeigt, was aus gegebenen Begriffen nach Verstandesgesetzen folgt; der metaphysische ist ursprünglich setzend, thetisch. Die Methode der Metaphysik besteht in der Schöpfung von Begriffen nach Gesetzen des reinen Intellektes. Die spätere Kritik hat zugleich mit dem realen Gebrauch der Denkbegriffe dieses schöpferische Verfahren aufgegeben. Eine Konstruktion von Begriffen ist nach ihr nur in der allgemeinen Anschauungsform möglich; nur das mathematische, nicht das philosophische Denken konstruiert Begriffe. An die Stelle der ursprünglich setzenden Methode tritt später die kritische, welche die Bedingungen und Grenzen der gegenständlichen Erkenntnis aus Begriffen feststellt. Nicht die Dinge werden von der Philosophie konstruiert, sondern die Erkenntnis der Dinge wird es, also der Begriff der Erfahrung. – Zur Grundlegung der metaphysischen Methode, wie sie die Dissertation erfasste, soll der Satz dienen: »Wenn von irgendeinem Verstandesbegriff etwas allgemein ausgesagt wird, was zu den Verhältnissen des Raumes und der Zeit gehört, so bezeichnet dies nur die Bedingung, ohne welche der gegebene Begriff nicht sinnlich erkennbar ist«[A]. Die Ontologie beging den Fehler der *metaphysischen Verwechslung*, indem sie die Phänomene »intellektuierte«. Sie hat ohne Unterschied von Dingen, im Verstande betrachtet, ausgesagt, was nur von Gegenständen der Anschauung allgemein gültig ist. Die sinnliche Bedingung, unter der allein die Anschau-

[A] Kant I, De mundi, § 24, S. 333. [Übersetzung von A. R.]

ung eines Gegenstandes möglich ist, gehört nicht zur Bedingung seiner Möglichkeit überhaupt oder zum allgemeinen Begriff des Gegenstandes. In einem Urteile ist das Prädikat das Prinzip, das sich über das Subjekt erstreckt; wenn also das Prä|dikat ein sinnlicher Begriff ist, so gilt das Urteil nur, soweit die Bedingungen der sinnlichen Erkenntnis reichen, das Subjekt desselben mag selbst sinnlich oder intellektuell sein. Ist dagegen das Prädikat ein reiner Begriff, so gilt das Urteil unbeschränkt, wenn auch zum Subjekte ein sinnlicher Begriff genommen wird. Wenn ich z. B. sage: ›was ist, muss irgendwo und irgendwann sein‹, so drückt das Prädikat räumliche und zeitliche Existenz, die Gesetze unserer Anschauung aus und gilt mithin nur unter der Bedingung dieser Gesetze, also für Dinge als Erscheinungen. Der umgekehrte Satz: ›das räumlich und zeitlich Vorhandene ist ein Seiendes‹, hat zum Prädikat den bloßen Begriff eines Dinges überhaupt; er ist unbeschränkt gültig. Nach der angegebenen Regel prüft die Dissertation die gewöhnlichen ontologischen Lehrsätze. Und wenn auch in Bezug auf die Ausdehnung der Verstandesbegriffe ihr Standpunkt dem kritischen, der ihren Gebrauch einschränkte, noch ferne liegt, so zieht sie doch bereits die Grundlinien zur späteren *Dialektik*. Man denke insbesondre an den kritischen Satz: ›Grenzen des Erkennens sind nicht Schranken der Dinge, Prinzipien möglicher Erfahrung nicht allgemeine Bedingungen der Dinge an sich selbst‹[108].

Der Standpunkt der Dissertation ließ sich nur vorübergehend behaupten. Die Dissertation selbst weist schon über ihn hinaus. Sie bestimmt die Natur der Verstandesbegriffe nur negativ, als leer von allem Inhalt menschlicher Anschauung. Da uns aber keine andere Art von Anschauung als die in Raum und Zeit gegeben ist, da selbst die Vorstellung eines anderen Gesetzes der Anschauung, als es das unsre ist, zu den Spielen mit Begriffen gehört, so müssen wohl Begriffe, welche von Inhalt und Form dieser einzigen Anschauung absehen, ganz und gar leer sein. In der Tat weiß sich die Dissertation nur dadurch zu helfen, dass sie diesen Begriffsformen einen *symbolischen* Inhalt zuschreibt, ähnlich wie nachgehends die Kritik den Ideen der Vernunft eine symbolische Erkenntnis einräumt. Augenscheinlich ist diese Annahme nur eine Ausflucht, bei der sich Kant nicht lange beruhigt hat. Auch bleibt sie vor einer Schwierigkeit stehen, die sich gegen alle objektive, von der Wirklichkeit gültige Anwen|dung bloßer Begriffe erhebt, mag jene Wirklichkeit eine symbolische oder die eigentliche sein. Verstandesbegriffe drücken Funktionen des Denkens aus, die Gesetzlichkeit unseres Denkverfahrens. Wie können Begriffe von subjektiven Denkformen noch etwas weiteres ausdrücken als die Tätigkeitsform des Denkens? *Wie können sich bloße Begriffe auf Objekte beziehen?* Gesetze des Anschauens stehen notwendig zu den Erscheinungen der Gegenstände in Beziehung, denn die Anschauung wird durch die Gegenwart des Objektes erregt; Gesetze des Denkens dagegen, losgelöst von den Bedingungen der anschaulichen Vorstellung, sind ohne Beziehung auf ein wirkliches Ding.

Diese Betrachtung wurde hier nicht willkürlich eingeschaltet, sie ist der Erwägung ähnlich, welche wirklich der weiteren Ausbildung der kritischen Philosophie vorangegangen ist.

§ 2. *Fernere Ausbildung der Methode.* Der kritische Standpunkt in Hinsicht der rein begrifflichen Erkenntnis. *Das kritische Problem erscheint zuerst im Briefe an Herz von 1772 formuliert.* Entdeckung der metaphysischen Deduktion der Kategorien. *Die kritische Hypothese*

Die Trennung der sinnlichen und der Verstandeserkenntnis war der Standpunkt der Dissertation von 1770. Die Verbindung beider Erkenntnisarten zur Herstellung wirklicher, gegenständlicher Erkenntnis ist der Standpunkt der Vernunftkritik. Lehrte jene einen Verstandesgebrauch nach Abstraktion von allem Material und aller Form der sinnlichen Vorstellung, so lehrt diese, dass Begriffe in der Anschauung allein Gehalt und Bedeutung gewinnen, dass sie an sich genommen leere Formen sind, die sich nur am Stoffe der Sinnlichkeit verwirklichen können. Was von den Begriffen nach Abzug des sinnlichen Teils der Vorstellung übrig bleibt, ist nur Ausdruck einer logischen Funktion, einer bloßen Denkform. So wenig lassen sich Begriffe an sich selbst und ohne eine wenigstens symbolische Beziehung zur Sinnlichkeit vorstellen, dass sie selbst in der Logik und dem rein analytischen oder logischen Teile der Mathematik nur durch Bezeichnung, nur an einem sinnlichen Materiale vorstellbar gemacht werden können. Abgesehen von dieser Bezeichnung, also ›subjektiv‹, existieren sie gar nicht als Vorstellungen, sondern als Funktionen des Bewusstseins, als die Gesetzlichkeit des Denkens selbst. Wie sie demnach für sich nicht vorstellbar sind, so wird auch durch sie allein nichts vorgestellt. Es hilft uns nichts, rein logische Funktionen allgemein auf Gegenstände zu beziehen, wie es die Disser|tation versuchte; dadurch allein wird kein Gegenstand erkannt. Begriffe geben sich keinen Gegenstand, sie erwarten ihn anderswoher, von den Sinnen und der Erfahrung. *Begriffe ohne Anschauungen sind leer*. Was die Dissertation für den realen Gebrauch der Begriffe erklärt hatte, erklärt die Kritik für einen transzendenten und leeren. Aber auch: *Anschauungen ohne Begriffe sind blind*[109]. Die bloße Anschauung, welche freilich in unserem entwickelten Bewusstsein nicht vorkommt, sondern nur eine Grundlage desselben bildet, enthält nur die Wirkung oder *Erscheinung* des Gegenstandes. Es wird etwas empfunden und in die Form der Empfindungen gebracht, aber es wird nicht etwas als empfundenes Ding vorgestellt. Der Gegenstand der Anschauung allein ist *unbestimmt*. Gegenständlich bestimmt wird die Anschauung durch die begriffliche Tätigkeit des Bewusstseins. Es ist eine Aktion des Vorstellens und nicht die bloße Erregung der Empfindung notwendig, um Ich und Ding zu trennen und gleichzeitig aufeinander zu beziehen. Im Denken entsteht die Gegenseitigkeit von Subjekt und Objekt. *Das Denken ist Bedingung der Erfahrung, nicht eine Folge derselben.*[110] In der Erfahrung stellen wir *Objekte* der Erscheinungen vor, wir bleiben nicht bei den bloßen Wirkungen der Dinge, der reinen Erscheinungen, stehen. Das einzige Mittel, Objekte vorzustellen, ist die Beurteilung der Anschauung. Es gibt ein ursprüngliches Urteilen, das nicht, wie das abgeleitete, Objekte vergleicht, sondern das Objekte *für das Bewusstsein* erzeugt. Ohne Zweifel existieren Dinge diesseits und unabhängig vom Bewusstsein. Aber Objekte werden diese Dinge nur im Bewusstsein, nur durch die reflexive Denktätigkeit, welche Selbstbewusstsein und gegenständliches Wissen in der Gegenüberstellung verbindet, in der Verbindung entgegensetzt. Dieser Satz, dass das ›Denken Bedingung der Erfahrung ist, dass die logische Funktion die bestimmte Vorstellung eines Gegenstandes der Erscheinung bewirkt, von dem die Empfindung nur eine unbestimmte gibt‹, ist der Hauptsatz der transzendentalen Analytik. Der in der Dissertation so genannte logische Gebrauch der Begriffe stellt sich in der Kritik als der wahrhaft reale heraus. Dass aber ohne Be|ziehung auf die Erscheinung und ihre Form das Denken rein logisch sei, dass Begriffe ohne diese Beziehung nur nackte Denkformen sind, dass der angeblich reale Gebrauch derselben, wie ihn die Dissertation behauptete, in Wahrheit ein *unbestimmt* logischer sei, ist der Grundsatz der Dialektik, aus welchem dieselbe die transzendente, den Bereich der Erfahrungsgegenstände überschreitende Erkenntnis von Gegenständen aus bloßen Begriffen, d.i. die dogmatische Philosophie widerlegt.

So weit sind Dissertation und Kritik getrennt; und es entsteht die Frage, welcher Übergang von der einen zur andern führte. Eine Frage, deren genaue Beantwortung für das Verständnis der Methode Kants von entscheidender Bedeutung ist. Es handelt sich also um den Weg der Entdeckung des kritischen Standpunktes.

Der Schwerpunkt der kritischen Philosophie Kants liegt nicht, wie gewöhnlich angenommen wird, in der Theorie der sinnlichen Erkenntnis, welche, vollkommen ausgebildet, bereits in der Dissertation enthalten ist, sondern in der Lösung des Problems: wie eine gegenständliche Erkenntnis aus Begriffen, unabhängig von den Eindrücken der Erfahrung möglich, ja unumgänglich notwendig sei, damit das Faktum der Erfahrung begreiflich werde; er liegt in der transzendentalen Logik, nicht der transzendentalen Ästhetik. Die Ästhetik ist nur eine Voraussetzung der Logik. Abgeschlossen und vollständig begründet wird sie erst in der letzteren. Bloße Formen der Sinnlichkeit geben noch keine *Erkenntnis*, und das Problem der Erkenntnis hat erst die kritische Logik gelöst. Die Voranstellung der Ästhetik entspricht nur einer systematischen Rücksicht, ja in der weiteren Entwicklung der Methode nach Vollendung des Hauptwerkes scheint Kant sogar das Ausgehen von der kritischen Urteilslehre zu bevorzugen. Ebenso wenig ist der Phänomenalismus, oder wie er gewöhnlich heißt, der Idealismus, die Hauptsache des Kantischen Systems. Er ist nur die restringierende Bedingung, unter welcher gegenständliches Erkennen a priori möglich ist. Begriffe dienen, als Funktionen der Bewusstseinseinheit, die Erscheinungen in Raum und Zeit überhaupt zu bestimmen. Nur innerhalb dieser Grenzen | lässt sich ihr bestimmter, objektiv gültiger Gebrauch erweisen. Dabei ist die Lösung des Erkenntnisproblemes durch Kant so allgemein, dass ihr selbst derjenige beitreten müsste, dem es beliebte, andere Formen der Anschauung, also der Erscheinung der Dinge, anzunehmen, als die wirklich gegebenen, Raum und Zeit.

Das eigentliche, kritische Problem hatte Kant zur Zeit der Abfassung der Dissertation noch gar nicht ausgesprochen. Bald nach dem Erscheinen dieser Schrift, als er mit dem Plan umging, die dort im Umriss verzeichnete Methode, die Methode also, auf Grund der Trennung der sinnlichen von den rein intellektuellen Begriffen einen realen Gebrauch der reinen Begriffe zu erzielen, auf das gesamte Gebiet der Philosophie, und namentlich auch ihren praktischen Teil anzuwenden, bemerkte er nach seiner eigenen Äußerung in dem Briefe an Herz vom 21. Februar 1772, dass ihm noch etwas Wesentliches mangle, was er so gut wie die anderen bisher außer Acht gelassen habe, obschon es den Schlüssel *zum ganzen Geheimnisse der Metaphysik* ausmacht. Er hatte sich noch nicht gefragt: *Auf welchem Grunde beruht die Beziehung desjenigen, was man in uns Vorstellung nennt, auf dem Gegenstand?*[111] Diese Frage enthält, wie Kant weiter auseinandersetzt, zwei Teile. Wie können sich sinnliche Vorstellungen, soweit sie dies sind, auf Gegenstände beziehen, und wie lässt sich die Beziehung der Begriffe auf Objekte verstehen? Der erste Teil derselben bereitet keine Schwierigkeit. Die sinnliche Vorstellung drückt ihrer Beschaffenheit, der Empfindung, ihrer Form, dem Raume und der Zeit nach, nur die Art aus, wie unser empfängliches Bewusstsein durch den Gegenstand affiziert wird. Die sinnliche Vorstellung ist *Erscheinung*, die Wirkung des Gegenstandes auf die Sinne und ihre Auffassungsform. Und da ist es leicht einzusehen, wie

Erscheinungen, als Wirkungen, ihrer Ursache: der Natur unserer Sinnlichkeit, jederzeit gemäß sein müssen. Erscheinungen gehen gleichsam durch die Beschaffenheit der Sinne hindurch, sie werden nur so empfangen, wie es diese Beschaffenheit mit sich bringt. Was also rein aus der Vorstellungsart durch die Sinne folgt, muss gültig sein für alle in dieser Art empfangenen Vorstellungen. Wäre unser | Intellekt schöpferisch, so würde die Beziehung seiner Begriffe auf Dinge gleichfalls keiner weiteren Schwierigkeit unterliegen. Begriffe drücken nicht die empfängliche, sondern die tätige Natur unseres Bewusstseins aus, die Gesetze des Denkens, nicht des Empfindens. Nun ist aber diese Tätigkeit keine schaffende Tätigkeit. Indem wir Dinge erdenken, bringen wir keine Dinge hervor. Wir haben keinen ›intellectus archetypus‹. Logisch richtige Begriffe von Objekten sind nicht ohne weiteres real-gültige Begriffe. Dennoch entwerfen wir Grundsätze über den Begriff der Dinge. Wir antizipieren z. B. die Grundsätze der Erhaltung, wir greifen damit der Erfahrung vor und postulieren, dass die Wirklichkeit sich nach unseren Begriffen richten solle. Wie lässt sich dieses Postulat begründen; wie die Einstimmigkeit reiner Begriffe mit den Dingen beweisen? »In der *Mathematik* geht dieses an, weil die Objekte für uns nur dadurch Größen sind, dass wir ihre Vorstellungen *erzeugen* können.«[A] Die Mathematik ist Logik, auf die Form des sinnlichen Vorstellens angewandt. Sie ist Wissenschaft von selbstgedachten Dingen; die Ontologie dagegen will Wissenschaft von wirklichen Dingen sein. Gibt es eine solche Wissenschaft? Gibt es gegenständliche Erkenntnis rein aus Begriffen? Zur Beantwortung dieser Frage, die in der Tat, wie Kant verkündet, das ganze Geheimnis der Begriffswissenschaft umfasst, ist die Erfüllung einer Bedingung unerlässlich: Um zu wissen, wie Begriffe allgemein sich auf Dinge beziehen, wie sie objektiv gültig sein können, da sie doch zunächst nur die Gesetzlichkeit des Denkens ausdrücken, müssen wir erst diese Begriffe kennen, ihr vollständiges System besitzen, den Umfang aller reinen Erkenntnis oder der reinen Vernunft überblicken. Zur Erzielung dessen eröffnen sich

A [Kant XI/1, Briefe, S. 26; AA X, S. 131.]

drei Wege. Wir könnten die wirklich stattfindende Erkenntnis, wie wir sie vorläufig nennen wollen, also die Erfahrung und Wissenschaft der Erfahrung, zergliedern, um auf ihre einfachen Bestandteile, die Elementarbegriffe, zu stoßen. Dieser Weg, in der vorkritischen Periode von Kant eingeschlagen, gibt keine Sicherheit für die Vollständigkeit des Erreichten. Kant hat in den Abhandlungen der früheren Zeit zunächst die Elementarbegriffe durch Analyse der Erfahrung er|mittelt und hierauf an diesen Begriffen den Unterschied von sinnlichen und rein intellektuellen Grundvorstellungen entdeckt. Dieses Verfahren ist objektiv, obgleich die Gegenstände desselben subjektiv – nämlich Begriffe – sind. Der zweite Weg dagegen, der sich zu erschließen scheint, ist subjektiv und psychologisch. Wir könnten die Begriffe aus der Organisation des Denkens entwickeln. Da aber diese Organisation kein Gegenstand der Beobachtung sein kann, da das Denken eine Bedingung aller Erfahrung, eine Voraussetzung der Selbsterkenntnis so gut wie der gegenständlichen ist, so ist diese Methode fehlgreifend. Es gibt keinen Weg, direkt die Grundbegriffe des Denkens zu finden. Der dritte Weg ist der kritische – dessen Anfang uns eben beschäftigt. Kant brachte die reinen Begriffe des Verstandes in ein System von Kategorien dadurch, dass er erkannte: Die ursprünglichen von diesen Begriffen fallen völlig mit den logischen Einheitsbegriffen der Urteile zusammen. *In der Beschaffenheit dieser Begriffe entdeckte er ihre Übereinstimmung mit den Denkfunktionen zu Urteilen und er bewies diese Übereinstimmung dadurch, dass er die Begriffe aus der Form der Urteile ableitete. In diesem ganzen Verfahren ist nichts von Psychologie, nichts von einer Reflexion auf das »Seelenvermögen« des Verstandes oder der Vernunft zu bemerken.* Die Methode ist unabhängig von irgendwelcher Theorie über die intellektuelle Kraft als einer subjektiven Fähigkeit.

Diese *metaphysische* Deduktion, wie sie Kant deshalb nennt, weil die Ableitung *aus Begriffen*, nämlich den Begriffen der Urteilsformen geschieht, war bereits 1772 vollendet. »Indem ich (...) die Quellen der intellektualen Erkenntnis suchte, ohne die man die Natur und die Grenzen der Metaphysik nicht bestimmen kann, brachte ich diese Wissenschaft in wesentlich unterschiedene Abteilungen und suchte die *Transzendentalphilosophie*, nämlich alle Begriffe der gänzlich reinen Vernunft in eine gewisse Zahl von *Kategorien* zu bringen, aber nicht wie *Aristoteles*, der sie aufs bloße Ungefähr (? [A. R.]) nebeneinander | setzte, sondern wie sie sich selbst durch einige wenige *Grundgesetze des Verstandes in Klassen* einteilen.«[A]

Übereinstimmend damit hat Kant in den Prolegomenen[B] den Weg der Entdeckung verzeichnet. Nach langem Nachdenken, erklärt er dort, gelang es ihm, die sinnlichen Elementarbegriffe von den rein intellektuellen zu unterscheiden. Diese Unterscheidung wurde zunächst am Begriff des Raumes vollzogen; ihre Frucht ist die Dissertation von 1770. Hierauf suchte Kant nach einem Prinzip, aus dem die reinen Begriffe »vollzählig und mit Präzision bestimmt werden könnten«[C]. Dies Prinzip war das Urteil, jene Verstandesfunktion, die sich nur »durch verschiedene Modifikationen oder Momente unterscheidet, das Mannigfaltige der Vorstellung unter die Einheit des Bewusstseins zu bringen«[D]. Aber – in Betreff der Urteilslehre wandte sich Kant nicht an die Psychologie, sondern an die *Logik*. »Hier lag nun schon fertige, obgleich nicht von Mängeln freie Arbeit der Logiker vor.«[E] Von nun an be-

A [Kant XI/1, Briefe, S. 27; AA X, S. 131.] Der Brief an Herz, dem diese Stellen entnommen wurden, wird in einer eben erschienenen Schrift von *Paulsen*: »Versuch einer Entwicklungsgeschichte der Kantischen Erkenntnistheorie« in nahezu übereinstimmender Weise verwertet. Handelte es sich in einem solchen Falle, wo es nur auf geduldiges Lesen und richtiges Interpretieren derselben Quellen ankommt, um einen Prioritätsanspruch, so könnte ich auf meinen Aufsatz *Kantstudien* in der Wiener Abendpost von 1874 (Nr. 188, 189) verweisen, woselbst auf den Brief an Herz mit dem Bemerken aufmerksam gemacht wurde, dass er gleichsam das Datum der Entstehung der Vernunftkritik angebe.[112] Übrigens erwähnte schon Jürgen Bona Meyer in der Schrift »Kants Psychologie« den Brief von 1772, ohne seine Bedeutung gewahr zu werden.

B Kant III, Prol., S. 89 [AA IV, S. 323]; siehe auch die Vorrede, S. 10 [AA IV, S. 260–261].

C [Kant III, Prol. S. 89; AA IV, S. 323.]

D [Kant III, Prol. S. 89–90; AA IV, S. 323.]

E [Kant III, Prol. S. 90; AA IV, S. 323.]

herrscht die Logik den Aufbau des kritischen Systems, daher auch äußerlich das System dem gebräuchlichen Lehrgebäude der Logik angepasst wird. Diese Stellung der Logik ist für das Verständnis der Methode von der größten Bedeutung. Denn die Logik ist, ungeachtet dass ihr Gegenstand, das Denken, in seiner Gesetzlichkeit subjektiv ist, ihrem Verfahren nach *objektiv*. Sie ist eine deskriptive Wissenschaft der Form des Denkens. Sie entwickelt diese Form, indem sie das *Gedachte*, nicht das Denken in seinen psychologischen Entstehungsgründen, untersucht und | in einfache Verhältnisse zergliedert. Und so objektiv wie ihre Grundlage, die Logik, ist auch das System der Vernunftkritik, welche ihren Hauptteilen nach geradezu kritische Logik (freilich nicht Kritik der Logik!) heißen könnte. – Auch des Aristoteles geschieht an den obigen Stellen Erwähnung. Sein Beispiel und seine Bezeichnung gaben ohne Zweifel den Anstoß zur metaphysischen Deduktion. Mit dieser Ableitung der Grundbegriffe des Denkens war die Periode der Vernunftkritik eröffnet. »Ohne mich«, fährt Kant an obigem Orte fort, »über die ganze Reihe der Untersuchung hier zu erklären, kann ich sagen, dass es mir, was das Wesentliche meiner Absicht betrifft, gelungen sei, und ich jetzt im Stande bin, eine *Kritik der reinen Vernunft* (…) vorzulegen.«[A]

Bekanntlich vergingen weitere neun Jahre, ehe Kant wirklich sein kritisches Hauptwerk der Welt vorlegen konnte. Es war nicht bloß die Weitläufigkeit des Plans[B], welche die Vollendung so lange hinausschob, sondern die innere Schwierigkeit der gestellten Aufgabe.

Anscheinend sind wir durch die metaphysische Deduktion dem Ziele eher ferner als näher gekommen. Wenn die Elemente der Verstandeserkenntnis nur Verhältnisbegriffe der Vorstellungen im Urteile sind, wenn sie nur die Synthesen des Bewusstseins im Urteile, und zwar die einheitlichen Gründe dieser Verknüpfungsarten ausdrücken, so scheinen sie, als Begriffe subjektiver Denk-

A Kant XI/1, Briefe, S. [27–]28 [AA X, S. 132].

B Kant entwickelte diesen Plan 1776; siehe dazu Kant XI/1, Briefe, S. 37 [AA X, S. 199].

vorgänge, auch nur von subjektiver Gültigkeit zu sein. Zwar werden wir zu zeigen vermögen, dass dieselben Einheitsbegriffe, nach denen reine Vorstellungen zu einem Urteile verknüpft erscheinen, auch in der Verknüpfung gegenständlicher Vorstellungen zu Urteilen der Erfahrung anzutreffen sind. Wir können z. B. zeigen, dass Vorgänge, die sich beständig und unveränderlich in der Erscheinung folgen, dadurch in eine kausale Beziehung zueinander gesetzt und in ein gegenständliches Urteil der Erfahrung verwandelt werden, dass auf ihre Sukzession das Begriffsverhältnis von Grund und Folge angewandt wird. Aber damit haben | wir weder die Tatsache dieser Anwendung erklärt, noch weniger ihre Berechtigung erwiesen. Zur metaphysischen Deduktion, welche die *Bedeutung* der Elementarbegriffe, als Begriffe der logischen Funktionen, bezogen auf das Denken eines Objektes, ermittelt, muss noch die »transzendentale« kommen, welche den Grund dieser Beziehung erklärt und die objektive Gültigkeit derselben beweist. Ich zweifle nicht, dass es der weite Schritt von der metaphysischen zur transzendentalen Deduktion gewesen sei, der die Ausführung jenes Entwurfes zur Kritik so lange verzögert hat. Ich schließe dies nicht bloß aus der ungemeinen Schwierigkeit der Aufgabe, deren Lösung, wie Kant selbst erklärt, ihm die meiste, doch wie er hoffe, nicht unvergoltene Mühe bereitet habe, sondern auch aus dem Umstand, dass diese Deduktion erst in der zweiten Auflage ihre definitive Gestalt erhalten hat, nachdem die erste Auflage zu diesem Zwecke noch psychologische, nicht zur erkenntnistheoretischen Sache gehörige Voraussetzungen herbeigezogen hatte. Auch der Übergang von der metaphysischen zur transzendentalen Deduktion lässt sich einigermaßen rekonstruieren. Kant selbst erwähnt, dass ihr Grundgedanke von ihm zunächst als Hypothese erfasst worden sei.[A] In der Tat ist es der regelmäßige Fall bei einer

[A] »Ich stelle in dieser Vorrede die in der Kritik vorgetragene jener Hypothese (des Kopernikus [A. R.]) analogische Umänderung der Denkart auch nur als Hypothese auf, ob sie gleich in der Abhandlung selbst aus der *Beschaffenheit* unserer Vorstellungen von Raum und Zeit und den Elementarbegriffen des Verstandes nicht hypothetisch, sondern apodiktisch bewiesen wird, *um nur die ersten Versuche einer solchen Umänderung, wel-*

wissenschaftlichen Entdeckung, dass das Schlussergebnis früher gefunden wird als die Beweise. Durch Intuition, durch eine Art schöpferischer Synthese ergreift der Geist des Entdeckers die Idee des Ganzen, bevor er daran geht, die Schlüsse methodisch und im Einzelnen auszubilden, welche auch andere zur Wiederholung derselben Synthese in ihrem Geiste befähigen. *Die kritische Hypothese* ist in der Erwägung enthalten, die wir im Werke selbst unter der Überschrift | *Übergang zur transzendentalen Deduktion* antreffen. Es sind nur zwei Fälle denkbar, unter denen Begriffe notwendig und ausnahmslos mit Gegenständen übereinstimmen. Entweder wenn die Begriffe von den Gegenständen abstammen, oder wenn die Gegenstände aus den Begriffen hervorgehen. Der erste Fall ist von reinen Verstandesbegriffen ausgeschlossen. Die metaphysische Deduktion bewies, dass diese Begriffe nicht von den Gegenständen, sondern von den Gesetzen des Denkens abstammen. Wenn es also objektive Erkenntnis durch Begriffe geben soll, so bleibt nur der zweite Fall zu erwägen, dass die Gegenstände aus den Begriffen abgeleitet sind. Da aber Gegenstände nicht ihrer Existenz nach von Begriffen abstammen können, weil Begriffe keine Dinge erschaffen, so können sie nur ihrer Vorstellung nach von Begriffen abhängig sein. Also richtet sich vielleicht die Vorstellung der Gegenstände im Allgemeinen nach den Grundbegriffen, oder subjektiv ausgedrückt: den Grundgesetzen des Denkens. Allein – die Vorstellung der Gegenstände kann sich nur so weit nach Begriffen richten, inwieweit die Gegenstände selbst Vorstellungen, nur so weit also, als sie Anschauungen oder Erscheinungen sind. Die Vorstellung der Gegenstände in der Erscheinung kann sich im Allgemeinen nach Grundbegriffen des Denkens richten, wenn diese Begriffe notwendig mit der Form der Erscheinung verknüpft sind. Lässt sich diese Verknüpfung zeigen, so wird es auch begreiflich, dass Erscheinungen nur dadurch zu Objekten des Bewusstseins werden, wenn sie nach allgemeinen Gesetzen des Den-

che allemal hypothetisch sind, bemerklich zu machen« (Kant II, KrV, S. 674, Anm. [AA III, S. 14]; siehe auch den Übergang zur transzendentalen Deduktion der Kategorien, S. 88[–90; AA III, S. 104]).

kens verbunden werden. Diese Gesetze oder die ihnen korrespondierenden Begriffe würden dann nicht bloß zur Begreiflichkeit einer schon gegebenen Erfahrung gehören, also subjektiv gültig sein, sondern zum Begriff der Erfahrung selbst, so dass sie notwendig gültig sein müssten vom gesamten Inbegriff der Erfahrung.

Die Entdeckung der Abhängigkeit der Objekte der Erfahrung, der allgemeinen Form ihrer Vorstellung nach, von den Grundbegriffen des Denkens ist jene Umkehrung der philosophischen Denkart, die Kant mit der Hypothese des Copernikus verglich. Mit ihr war der kritische Standpunkt erreicht, den er in der transzen-|dentalen Deduktion befestigte. Ich vermute, dass Kant diese Entdeckung zuerst beim Begriff der Ursächlichkeit gemacht habe. Dieser Begriff stammt nicht von der Erfahrung ab, vielmehr umgekehrt die Erfahrung von ihm. Er kann nicht aus ursächlichen Verhältnissen der Erfahrung gewonnen sein, weil Verhältnisse der Erscheinungen als ursächliche allererst durch die Denkfunktion erkannt werden, die in diesem Begriff ausgedrückt ist. Diejenigen Elemente des Bewusstseins, durch welche die Vorstellung eines Objektes der Erfahrung erst möglich wird, können nicht von den Objekten der Erfahrung abgeleitet werden. Ihre objektive Gültigkeit besteht darin, dass sie die ersten Bedingungen der Vorstellung eines Objektes sind.

Damit sind wir zur transzendentalen, der eigentlich kritischen Methode gelangt, nach welcher der Beweis für die gegenständliche Erkenntnis aus Begriffen geführt wird. Ehe wir uns jedoch zur Darstellung dieser Methode wenden, haben wir gewisse Vorurteile zu beseitigen, welche erfahrungsmäßig der richtigen Auffassung dieser Methode hinderlich sind.

§ 3. *Kontroversen über die Methode der Vernunftkritik.* Das *psychologische* Vorurteil. Die anthropologische Kritik. Unterscheidung von subjektiver und objektiver Notwendigkeit. Die Einwendungen *Herbarts* gegen die Methode. Wundts *synthetische* Raumtheorie. Kants Lehre ist nicht *Nativismus*. Die Kritik ist unabhängig von Psychologie. – Das *idealistische* Vorurteil. Kants Lehre ist Phänomenalismus der Anschauungen und Realismus der Dinge. Bedeutung des Phänomenalismus

Ich habe vor, unter diesem Titel[113] einige der verbreitetsten Missverständnisse der Methode des Kritizismus zu besprechen, da dieselben bereits durch den Entwicklungsgang der Kantischen Philosophie hinlänglich widerlegt werden können. Auch wünsche ich die Darstellung der Methode im folgenden Kapitel von der Unterbrechung durch diese Kontroversen frei zu halten. Ich verstehe zunächst unter *psychologischem* Vorurteil kein Vorurteil Kants, sondern ein Vorurteil seiner Ausleger und Kritiker; die Behauptung, die kritische Philosophie sei auf Psychologie gegründet, oder die Forderung, sie solle es sein, obschon sich Kant selbst des anthropologischen Charakters seiner kritischen Untersuchungen nicht deutlich bewusst gewesen sei. Die letztere Forderung wird von Johann Gottlieb Fries und seiner Schule erhoben, die erstere Behauptung hat besonders Herbart zu ihrem Vertreter.[114]

Vorerst muss gegen Fries erklärt werden, dass eine psychologische Grundlegung der Kritik ganz und gar ihrem eigenen Vorhaben widerstreite. Wäre die Kritik auf Psychologie oder Anthropologie gegründet, so würde sie sich auf einen *Teil* der Er|fahrung stützen. Sie würde nicht die Prüfung der Bedeutung und Tragweite der allgemeinen Erfahrungsbegriffe sein können. Sie würde vielmehr die Gültigkeit dieser Begriffe für den Umkreis der persönlichen und überhaupt der psychologischen Empirie voraussetzen. Denn es ist an dem nicht zu zweifeln, was Herbart bemerkte, dass alle Begriffe, durch die wir die innere Erfahrung denken, selbst metaphysische, mithin der Kritik bedürftige Begriffe seien. Der Begriff der Fähigkeit oder Kraft ist ein Kausalitätsbegriff, er setzt mithin die Gültigkeit des allgemeinen Kausalitätsgesetzes voraus. Der Begriff eines Trägers der psychischen Vorgänge ist ein Substanzbegriff, also beruht er auf der Richtigkeit dieses Begriffes. Die Unterscheidungen, die wir unter den verschiedenen psychischen Ereignissen treffen, sind nichts als die bestimmte Anwendung allgemeiner, in der Erfahrung gebrauchter Grundsätze und daher abhängig von dem Grunde und den Grenzen ihres Gebrauchs. Die innere Erfahrung hat vor der äußeren in Bezug auf die Festigkeit und die Evidenz ihrer Grundlagen nichts voraus, wohl aber steht sie derselben in Bezug auf die Anwendbarkeit der logischen Erfahrungsgrundsätze bei weitem nach. Abgesehen von einigen unbestimmten Verallgemeinerungen sind die Fortschritte, die wir im Gebiete der psychischen Erscheinungen machen, von der geeigneten Substitution der physiologischen Methoden an die Stelle der rein psychologischen abhängig. Das Studium des Gehirns, die phylogenetische und ontogenetische Entwicklungsgeschichte des Nervensystems sind zwar ein indirektes, aber das einzig zuverlässige Studium des Erkenntnisvermögens. Die Gegenstände der innern Erfahrung sind gleich den Objekten der äußeren Erscheinungen. ›Alles was durch Sinne, d. i. durch Affektion empfangen wird, ist Erscheinung‹, ein Satz, den Kant erwiesen hat und der durch die Erfahrung bestätigt wird. Ein weiterer richtiger Satz Kants ist die ›Abhängigkeit der inneren Erfahrung, des empirischen Selbstbewusstseins, von der äußeren‹, auf Grund welcher Kant den *Idealismus widerlegte*. Würden wir, wie öfters behauptet worden ist, durch Selbsterfassung nicht Erscheinungen, sondern die äußerste, nackte Wirklichkeit selbst ergreifen können, so könnte über diese Auffassung kein Streit erhoben | werden. Es könnte nicht gezweifelt werden, ob z. B. das Gefühl etwas Ursprüngliches und Einfaches sei, oder wie *Göring* lehrt[A], die Wirkung, also die Erscheinung eines unbewussten Willens. Wie deutlich sich Kant des Verhältnisses der Anthropologie zur Kritik bewusst war, wie unrichtig also die Meinung von Fries ist, er habe nur aus Mangel an Verständnis seiner eigenen Methode deren anthropologischen Cha-

A Göring, System der kritischen Philosophie, Teil 1, S. 60–126.

rakter verkannt, beweisen seine eigene Äußerungen. Die Anthropologie ist für Kant eine empirische, zunächst nur pragmatische Wissenschaft, deren weitere Fortschritte er von der komparativen Methode der Naturwissenschaft erwartet. Nur vorläufig ist die Psychologie als Gegenstück einer allgemeinen oder philosophischen Naturwissenschaft ins System der philosophischen Wissenschaften einzureihen. Ihre fernere Entwicklung werde sie vielmehr den Naturwissenschaften anreihen. Man werde, prophezeit Kant irgendwo, Reisen unternehmen, um den Menschen kennen zu lernen, wie man ehedem Reisen unternahm und noch unternimmt, um die übrige Tierwelt zu erforschen. Der Mensch ist ein Objekt der Naturforschung – Anthropologie Naturwissenschaft. Daher bestreitet Kant den anthropologischen Charakter der Kritik. Er erklärt, sich an das Transzendentale halten zu wollen, und dasjenige, was psychologisch, d. i. empirisch sein möchte, ganz bei Seite zu setzen.[A] Die Erkenntnis des Empirischen überhaupt kann nicht als empirische Erkenntnis angesehen werden, sie gehört zur Untersuchung des Begriffs einer jeden Erfahrung.[B] Die allgemeinen Erfahrungsprinzipien beherrschen nicht die Natur des Menschen allein, sondern die Natur überhaupt, den Menschen und die Welt. Daher diejenigen, welche die *objektive* Notwendigkeit der Begriffe a priori dadurch zu rechtfertigen suchen würden, dass sie den Ursprung derselben psychologisch erklärten, ungereimt, nämlich ihrer Absicht entgegen, handeln würden, weil auf diesem Wege immer nur *subjektive* Notwendigkeit erzielt wird.[C] Vieles, z. B. der Begriff | des Zweckes, ist subjektiv oder psychologisch notwendig, ohne einen Bestandteil der objektiven Erkenntnis zu bilden. Daher ist der Zweck im Systeme Kants keine Kategorie! Beruhte Kants Lehre auf der subjektiven Notwendigkeit bestimmter Begriffe und Regeln des Denkens, auf dem Gefühl der Nötigung, diese Begriffe und Regeln so denken zu müssen, wie sie gedacht werden, auf der Unmöglichkeit, sie anders zu denken, so würde

A Kant II, KrV, Methodenlehre, S. 618 [AA III, S. 520].

B Kant II, KrV, S. 276 [AA IV, S. 216–217].

C Kant I, Philos, S. 607[–608].[115]

seine Lehre auf der niedersten Stufe der Erfahrung, auf der Selbstwahrnehmung stehen. Subjektiv notwendig ist die Halluzination so gut wie die Wahrnehmung eines wirklichen Gegenstandes. Objektive Notwendigkeit gehört zum Begriffe des Objektes. Es ist der Inbegriff derjenigen Elemente des Erkennens, ohne welche das Objekt, nicht etwa nicht existieren, sondern nicht *vorgestellt* werden würde. Die Trennung der objektiven Notwendigkeit von der subjektiven ist zugleich die Scheidung der Kritik von Psychologie und Anthropologie. Um die Beweise für diese Trennung, die in der ganzen folgenden Darstellung enthalten sein werden, nicht schon hier anzuhäufen, begnüge ich mich, die entscheidende Stelle aus dem kritischen Hauptwerke vorzuführen. Wollte jemand die Prinzipien der Erfahrung für *Anlagen* zum Denken erklären, die uns mit unserer Existenz eingepflanzt oder von unserem Urheber so *eingerichtet* wären, »dass ihr Gebrauch mit den Gesetzen der Natur genau stimmte, so würde (außer dem, dass bei einer solchen Hypothese kein Ende abzusehen ist, *wie weit* man die Voraussetzung vorbestimmter Anlagen zu künftigen Urteilen treiben möchte) das *entscheidend* sein, dass in solchem Falle den Kategorien die *Notwendigkeit* mangeln würde, die ihrem Begriffe wesentlich angehört. Denn z. B. der Begriff der Ursache, welcher die Notwendigkeit eines Erfolges unter einer vorausgesetzten Bedingung aussagt, *würde falsch sein,* wenn er nur auf einer beliebigen, uns *eingepflanzten* Notwendigkeit beruhete.«[A] Er würde *falsch* sein, wenn er bloß *eingeboren* wäre! »Ich würde nicht sagen können, die Wirkung ist mit der Ursache *im Objekte* (d. i. *notwendig*) verbunden, sondern ich bin nur so *eingerichtet,* dass ich diese Vorstellung nicht anders als so verknüpft denken kann, welches gerade das ist, was der Skeptiker | am meisten wünscht; denn alsdann ist alle unsere Einsicht, durch vermeinte *objektive Gültigkeit* unserer Urteile, nichts als lauter Schein *und es würde auch an Leuten nicht fehlen, die diese subjektive Notwendigkeit (die gefühlt werden muss)* (! [A. R.]) *von sich nicht gestehen würden*; zum wenigsten könnte man mit niemandem über dasjenige hadern, *was bloß*

A [Kant II, KrV, S. 757; AA III, S. 129.]

auf der Art beruht, wie sein Subjekt organisiert ist«[A]. Die anthropologische Kritik beruht auf der *Organisation des Denkens,* die philosophische *auf dem Begriff der Erfahrung.* Psychologisch notwendig ist, was ich denken muss, transzendental, oder erkenntnistheoretisch *wahr,* was sich auf den allgemeinen Begriff der Erfahrung bezieht, und dessen Beziehung auf diesen Begriff bewiesen werden kann. Die Psycho|logie beschäftigt sich mit den Bildungsgesetzen der Begriffe, die Erkenntniskritik mit den Bedingungen ihrer Wahrheit oder objektiven Gültigkeit. Selbst wenn es eine ursprüngliche »Einrichtung« des Verstandes gäbe und uns diese zugleich bekannt wäre, so würde noch immer die kritische Frage zu lösen bleiben, ob diese Einrichtung uns *wahre* Erkenntnisse

A Kant II, KrV, Supplement XIV, S. 757[–758; AA III, S. 129]. Siehe auch folgende Stelle, Kant VIII, KpV, S. 116[–117; AA V, S. 12–13]: »Subjektive Notwendigkeit statt der objektiven, die nur in Urteilen a priori stattfindet, unterschieben, heißt der Vernunft das Vermögen absprechen, über den Gegenstand zu urteilen, d. i. ihn und was ihm zukomme zu erkennen, und z. B. von dem, was öfters und immer auf einen gewissen vorhergehenden Zustand folgte, nicht sagen, dass man aus diesem auf jenes *schließen* könne (denn das würde objektive Notwendigkeit und Begriff von einer Verbindung a priori bedeuten), sondern nur ähnliche Fälle (mit den Tieren auf ähnliche Art) erwarten dürfe, d. i. den Begriff der Ursache im Grunde als *falsch* (…) verwerfen. Diesem Mangel der *objektiven,* und *daraus folgenden* allgemeinen Gültigkeit dadurch abhelfen wollen, dass man doch keinen Grund sähe, *anderen vernünftigen Wesen eine andere Vorstellungsart beizulegen,* wenn das einen gültigen Schluss abgäbe, so würde uns *unsere Unwissenheit* mehr Dienste zur Erweiterung unserer Erkenntnis leisten als alles Nachdenken (…). Ich erwähne hier nicht einmal, *dass nicht die Allgemeinheit des Fürwahrhaltens die objektive Gültigkeit* eines Urteils beweise, sondern *wenn jene auch zufälligerweise zuträfe,* dieses doch nicht einen Beweis der *Übereinstimmung mit dem Objekte* abgeben könne, *vielmehr die objektive Gültigkeit allein den Grund einer notwendigen allgemeinen Einstimmung ausmache.*« Wann wird die Behauptung verstummen, Kant habe die Allgemeinheit und Notwendigkeit gewisser Erkenntnisse einfach vorausgesetzt, und daraus ihre Gültigkeit hergeleitet, während seine Methode umgekehrt aus der objektiven Gültigkeit die Allgemeinheit und Notwendigkeit für jene Erkenntnisse folgerte, welche zum Begriff der Erfahrung gehören – er habe von Einrichtung des Verstandes, d. i. von *angebornen* Begriffen gehandelt, während nach ihm alle Begriffe *erworben* sind?

verschaffe? Eine Kritik des Erkennens auf Anthropologie gründen wollen, heißt: das Problem der Kritik nicht verstehen.

Was Fries an der Kantischen Methode vermisste, ihre psychologische Begründung, glaubt Herbart als ihr eigentliches Fundament zu erkennen; was aber jenem als Vorzug erscheinen würde, gereicht nach diesem der Methode zum Tadel. Und zwar das Letzte, wie wir öfters hervorgehoben haben, mit Recht. Ginge die kritische Methode von rein psychologischen Voraussetzungen aus, so müsste sie in ihrer Richtung fehlgreifen; nicht deshalb, weil die psychologischen Anschauungen Kants um vieles unwissenschaftlicher sind als die Grundannahmen der Herbartischen Psychologie mit ihrem einfachen Seelen-Reale und der Pseudomechanik seiner Vorstellungen[A], sondern weil die Kritik dann nicht Kritik sein könnte, d. i. Prüfung der allgemeinen Grundbegriffe des Erkennens, der logischen Bedingungen der äußern und innern Erfahrung zugleich.

Einzelne Einwendungen Herbarts gegen die Ergebnisse der Kritik, soweit dieselben von der Auffassung der Methode unabhängig sind, müssen nicht bloß als scharfsinnig, sondern auch als triftig anerkannt werden. Seine Auffassung der Methode dagegen lässt sich dem urkundlichen Tatbestand gegenüber nicht behaupten. Die Grundlage Kants soll nach Herbart empirische Psychologie sein. »Betrachtet man den Umriss der Vernunftkritik, so | kann man einen Augenblick zweifelhaft bleiben: Ist sie eine *Psychologie* oder eine ganze Metaphysik?«[B] Ich glaube, wenn man diesen Umriss wirklich und ohne Vorurteil betrachtet, so kann man keinen Augenblick zweifelhaft bleiben, dass die Kritik eine tief gefasste und durch die Theorie des sinnlichen Erkennens ergänzte *Logik*

A Ich schreibe dies Urteil nicht leichtfertig hin. Mir sind die sonstigen Verdienste der Psychologie Herbarts nicht nur bekannt – ich weiß die reformatorische Bedeutung seines *Versuches*, Mathematik auf die psychischen Erscheinungen anzuwenden, zu schätzen – allein die Grundbegriffe dieser Psychologie sind nicht haltbar. Die Ableitung der Hemmungssumme z. B. widerstreitet dem Grundgesetze der Mechanik, dass *Wirkung und Gegenwirkung gleich sind.* Darauf bezieht sich der Ausdruck ›Pseudomechanik‹.

B Herbart III, Schriften zur Metaphysik, Teil 1, S. 118.

sei. Ihre Grundeinteilung ist die gebräuchliche der Logik in Elementar- und[116] Methodenlehre, wovon die erstere wieder in Analytik und Dialektik zerfällt. Erst als subsidiäre Einteilung tritt nach Wolffischem Schulgebrauch die nach psychologischen Klassennamen hinzu, ohne jedoch das eigentliche Grundgerüste zu überbauen. Kants Kritik ist Kritik der metaphysischen, über Dinge aus reinen Begriffen entscheidenden *Logik*. Man mag die Architektonik des Kantischen Werkes im Einzelnen als künstlich und scholastisch bezeichnen, wie sie es in der Tat ist; aber es ist falsch zu behaupten, dass sie nach dem Schema der Seelenvermögen entworfen und dadurch fertiggebracht wurde, dass alle Vermögen der Reihe nach untersucht wurden. Herbart spottet, nachdem die Sinnlichkeit ihre Formen angewiesen erhalten habe, kam die Reihe an den Verstand. »Das Vorurteil der Seelenvermögen, deren jedes gewisse, bestimmte Formen in die Erfahrung hineintrage, war einmal da.«[A] Der geschichtliche Hergang bei der Entstehung der Kritik widerlegt diesen Irrtum. Kant, dem der oberflächliche Unterschied von niederen und höheren Seelentätigkeiten, Sinnlichkeit und Verstand gewiss nicht unbekannt war, hatte zuerst den Raum als Grund*begriff* erklärt. Erst aus der Beschaffenheit dieser Vorstellung folgerte er, dass der Grund ihrer Erzeugung in den Sinnen liege, dass sie das Gesetz ausdrücke, nach welchem koexistierende Eindrücke in unserer Auffassung zusammengeordnet und in die Einheit einer Anschauung verknüpft werden, also das Schema der sinnlichen Anschauung enthalte. Dadurch traten die Begriffe von Raum und Zeit den übrigen formalen Begriffen gegenüber. Aber die letzteren selbst wurden nicht aus der psychologischen Betrachtung des Verstandes abgeleitet, sondern aus der *logischen Theorie der Urteile*. Über diese Ableitung befindet sich Herbart offen|kundig im Irrtum, wenn er erklärt, »die *ganze* Deduktion Kants liegt in den Worten: so finden wir«. (»Wenn wir von allem Inhalte eines Urteils überhaupt abstrahieren, *so finden wir*, dass die Funktion des Denkens in demselben unter vier Titel ge-

A [Herbart III, Schriften zur Metaphysik, Teil 1, S. 121.]

bracht werden könne«[A].) In diesen Worten liegt nichts Weiteres als die Berufung auf die *formale Logik*, also nicht einmal die metaphysische, geschweige denn die transzendentale Deduktion der Kategorie. Die metaphysische Deduktion besteht in dem Beweise, dass die Erkenntnisbegriffe mit der Art und Weise, wie in Urteilen die Einheit der Begriffe gedacht wird, zusammenfallen; dass die analytische Einheit zu Sätzen verknüpfter Begriffe ihrem logischen Wesen nach mit der Vereinigung von Wahrnehmungen in *gegenständliche* Urteile übereinstimme. So soll nach Kant das Begriffsverhältnis von Prädikat und Subjekt im kategorischen Satze mit dem gegenständlichen Verhältnis von Eigenschaft und Ding der Form nach koinzidieren. In dieser ganzen Beweisführung ist kein Wort von Psychologie enthalten. Ebenso unrichtig ist es, die transzendentale Deduktion, die Berechtigung und Gültigkeit zur allgemeinen Synthesis empirischer Anschauungen »am Ende in der *Einrichtung* des menschlichen Geistes«[B] zu finden und dieses für die *Lehre Kants* auszugeben. Ich brauche nicht die früher erörterte Stelle zu wiederholen, in der die Berufung auf eine angeborne Einrichtung des Verstandes von Kant nachdrücklich zurückgewiesen und gezeigt wird, dass durch eine derartige, übrigens nie zu beweisende Annahme die objektive Gültigkeit der Begriffe vielmehr aufgehoben als begründet sein würde. Der Gedankengang der transzendentalen | Deduktion widerlegt, auch abgesehen von der eigenen Erklärung Kants, den Irrtum Herbarts. Diese Deduktion zeigt, dass die reinen Begriffe notwendige Be-

A Herbart III, Schriften zur Metaphysik, Teil 1, S. 122. An dieser Stelle fährt Herbart fort: »Gesetzt aber, die bekannte Tafel der Urteilsformen hätte wirklich, was sie nicht hat, wesentlichen innern Zusammenhang: so müsste nun noch ein Sprung gemacht werden, wenn Urteilsformen der leeren (nämlich der formalen! [A. R.]) Logik sich in metaphysische Erkenntnisbegriffe verwandeln sollten. *Wir wollen annehmen, der Sprung sei geschehen*«. Hier hat Herbart die ganze metaphysische Deduktion *übersprungen*, die eben den Übergang von der formalen Logik zur metaphysischen Erkenntnis vermittelt. Der Sprung ist in seiner Auffassung, nicht im Werke Kants anzutreffen.

B [Herbart V, Schriften zur Psychologie, Teil 1, S. 261.]

standteile der Vorstellung des Objektes überhaupt sind, und sie zeigt dies aus der *Bedeutung* des gegenständlichen *Urteils*, wie die metaphysische Beweisführung aus der *Form* des *Urteils* erfolgte.[A] Offenbar hat Herbart den von Kant scharf formulierten Unterschied von objektiver und subjektiver Notwendigkeit niemals beachtet. Ebenso wie über die Beweisführung der Kritik befindet sich Herbart im Irrtum über das Problem derselben, also über das, was zu beweisen ist. Er meint, Kant habe eingesehen, dass in Ansehung der wahren Bedeutung der Kategorien *alles* auf die Frage ankomme: ›Wie *bildet* sich die Erfahrung?‹[B] Die Formen der Erfahrung erzeugen sich als deren notwendige Bestimmungen, »aber den Prozess dieser Erzeugung kannte damals keine Psychologie, also schrieb Kant diese Formen dem Erkenntnisvermögen als dessen ursprüngliche Einrichtung zu«[C]. Der Hergang der Vorstellungsbildung und der Entstehung von Erfahrung ist ohne Zweifel eine überaus wichtige Aufgabe. Aber *dass dies nicht die Aufgabe der Vernunftkritik Kants sei*, geht schlagend schon aus der einzigen Stelle hervor: »Um alles Bisherige in einen Begriff zusammenzufassen, ist zuvörderst nötig, die Leser zu erinnern, *dass hier nicht von dem Entstehen der Erfahrung die Rede sei, sondern von dem, was in ihr liegt*. Das Erstere gehört zur *Psychologie* und würde selbst auch da, ohne das Zweite, welches zur *Kritik der Erkenntnis* gehört, niemals gehörig entwickelt werden können.«[D] Obschon mit der Wolffischen Philosophie in seiner Jugend bekannt geworden, scheint Herbart doch von dem Terminus ›Möglichkeit der Erfahrung‹ irregeleitet worden zu sein; sonst würde er bemerkt haben, dass diese Bezeichnung einen objektiven Sinn hat und dass in der Wolffischen Schulsprache Möglichkeit der Erfahrung gleich möglicher Erfahrung den Begriff der Erfahrung be-| deute. Der Begriff der Erfahrung ist der feste Grund, *die einzige Voraussetzung* der Kantischen Erkenntnistheorie. In Beziehung

A Kant II, KrV, S. 71 [AA IV, S. 59–60].

B Herbart V, Schriften zur Psychologie, Teil 1, S. 511.

C Herbart XII, Historisch-kritische Schriften, S. 592.[117]

D Kant III, Prol., S. 65 [AA IV, S. 304].

auf diesen Begriff wird die Gültigkeit, an sich genommen, bloß ideeller Erkenntnisse, z. B. der Mathematik bewiesen. Und die Frage der Kritik lautet ja nicht, ›wie *entstehen* synthetische Urteile a priori‹, sondern ›wie sind sie möglich‹, ›wie lassen sie sich begreifen‹ und ›wie ihre Gültigkeit und Berechtigung beweisen‹? Die beiden Fragen ›wie entstehen Vorstellungen‹ und ›sind Vorstellungen gültig, mit dem Objekte übereinstimmend‹, d. i. enthalten sie gegenständliches Wissen, sind ganz verschiedene Fragen. *Die letztere lässt sich durch keine Psychologie jemals entscheiden.* Wie, Kant sollte die Erfahrung aus Seelenvermögen abgeleitet und geglaubt haben, sie dadurch begründen zu können? Kant, der die Existenz des Seelendinges als theoretisch unerwiesen zeigte und in der Demonstration dieses Dinges einen Paralogismus erkannte! Wenn Kant die *allgemeine* Form der Erfahrung an das Bewusstsein (eine Tatsache), nicht an die Seele (eine Hypothese) knüpfte, so knüpfte er sie damit nicht an ein *eingerichtetes*, sondern an ein alle seine Vorstellungen, »seien es Anschauungen oder Begriffe«, *erwerbendes* Bewusstsein. Die Frage nach der Entstehung der Begriffe, obschon außer seiner Aufgabe liegend, hat er gleichwohl, zum Teil in polemischer Absicht, hinlänglich erörtert, um danach seine darauf bezüglichen, sehr wissenschaftlichen Anschauungen feststellen zu können. Die Kategorie *entsteht* aus der logischen Funktion. Die logische Funktion selbst geht hervor aus der allgemeinen Synthese des Bewusstseins. Der Teil des Erkennens, welcher a priori ist, ist nicht der Zeit nach *vor* der Erfahrung gegeben – denn »daran ist kein Zweifel, dass alle unsere Erkenntnis *mit* der Erfahrung beginnt«[A] –, sondern unabhängig von der Erfahrung gedacht: das Selbstgedachte also zum Unterschiede des durch die Sinne Empfangenen. Nun beruht allerdings das Selbstgedachte auf der Fähigkeit des Denkens, welche durch die Eindrücke der Sinne entwickelt wird. Die Einheitsbegriffe beruhen auf der Einheit des Bewusstseins, insoferne diese am Stoffe der Erfahrung betätigt wird. Die Erwerbung der Begriffe | a priori erfolgt nach dem Gesetze der Bewusstseinseinheit, der formal vereinigenden Kraft

A [Kant II, KrV, S. 695; AA III, S. 27.]

des Denkens. Die Möglichkeit des Denkens gründet sich auf der synthetischen Einheit seiner Funktion. Und hier ist der Punkt, an dem sich Kant und Herbart scheiden. Nach Herbart folgt die Einheit des Bewusstseins *analytisch* aus der Einfachheit eines supponierten Seelendings. Nach Kant ist die Einheitsfunktion des Bewusstseins synthetisch. Nun ist aber der Schluss von der Einheit des Bewusstseins, welche die Einheit einer Leistung, eines Gesetzes ist, auf ein einfaches Ding – ein Fehlschluss und zugleich ein Rückfall in die von Kant kritisierte, dogmatische Begriffsmetaphysik. Das Einfache ist kein Gegenstand möglicher Erfahrung; ein einfacher Gedanke ist noch kein einfaches Ding. Auch hat über diesen Streitpunkt zwischen der kritischen und dogmatischen Philosophie die neueste physiologische Psychologie zu Gunsten der ersteren entschieden. Sie hat den Schluss von der Einheit auf die Einfachheit verworfen, dagegen die gesetzliche Einheit des Bewusstseins als oberste, prinzipielle Bedingung der Erfahrung angenommen. Nach einer scharfsinnigen Prüfung der bisherigen Raumtheorien, auch derjenigen Herbarts, erklärt sich *Wundt* für die *synthetische* Theorie. »Wie im synthetischen Urteil dem Subjekt ein neues Prädikat (durch Anschauung [A. R.]) beigelegt wird, und wie bei der chemischen Synthese aus gewissen Elementen eine Verbindung mit neuen Eigenschaften entsteht: *so liefert auch die psychische Synthese als neues Produkt die räumliche Ordnung der in sie eingehenden Empfindungen*«[A]. In ge|nauestem Ein-

[A] Wundt, Grundzüge, S. 484–485. Wundt ist sich übrigens des Zusammentreffens der prinzipiellen Voraussetzung seiner Raumtheorie mit dem psychologischen Teile der Lehre Kants nicht bewusst. Er teilt in Bezug auf dieselbe die herkömmlichen Anschauungen, obschon er sie zu den noch bestehenden Grundlagen der gegenwärtigen Philosophie zählt, wie sein schöner Vortrag »Über die Aufgaben der Philosophie in der Gegenwart« beweist.

Daselbst erklärt Wundt: »Kants größtes Verdienst besteht in der Nachweisung der subjektiven Bedingungen unseres Erkennens«; während er hätte sagen sollen: der Bedingungen, unter denen unsere Erkenntnisse *objektiv* gültig sind. Weiter bemerkt Wundt: »Indem Kant Raum | und Zeit als die subjektiven Bedingungen unserer Anschauung nachwies, ließ er unbestimmt, *woher* der Inhalt, oder wie er es ausdrückt, die Materie der Empfinklange damit steht die Ansicht Kants über die *ursprüngliche Erwerbung* der Raumvorstellung. Die Raumanschauung ist nach Kant keineswegs, wie Herbart annimmt, die fertige Vorstellung eines leeren, unendlichen Gefäßes, in das wir die Dinge hineinstellen, sie ist nicht eine ursprünglich eingerichtete Vorstellung, sondern sie ist *erworben*, wie alle übrigen Vorstellungen, Anschauungen oder Begriffe. Nur liegt der Ursprung ihrer Entstehung und Entwicklung in den Sinnen, in der Art und Weise, wie

dung, stamme.« (Wundt, Aufgabe der Philosophie, S. 9[-10, hier 10]) Dies hätte Kant unbestimmt gelassen, da es doch die beständige Behauptung der Kritik ist, dass *aller* Inhalt des Vorstellens von Eindrücken der Dinge abstamme, von Affektionen der Sinne durch Dinge! »Aber auch Raum und Zeit hat Kant nur als Formen der Anschauung nachgewiesen, die aus uns kommen, ohne zu untersuchen, wie sie in uns entstehen.« [Wundt, Aufgabe der Philosophie, S. 10] Die Erklärung: wie die besonderen räumlichen Anschauungen in uns entstehen, ist, wie Wundt selbst richtig bemerkt, Aufgabe der physiologischen Psychologie, und zwar mehr die ihres physiologischen als ihres psychologischen Teils. Die Erklärung, wie die Raumvorstellung überhaupt entstehe, hat Kant mindestens ebenso bestimmt gegeben wie die Physiologie. Die Raumvorstellung entspringt aus dem formalen Grunde der Sinnlichkeit durch die synthetische Einheit des Bewusstseins; sie ist das Produkt beider Bestandteile: der Form der Sinnestätigkeit und der Einheitsfunktion des Bewusstseins (Kant II, KrV, S. 753[-754; AA III, S. 125-126]; Kant I, Fortschritte, S. 502, 508 [AA XX, S. 271, 275-276]). Beide Bestandteile, zu denen noch der »Stoff« der Eindrücke kommt, sind allerdings nicht weiter ableitbar, und zwar für Wundt so wenig wie für Kant. – »Ähnlich verhält es sich« – fährt der Erstere fort – »mit der Erkenntnis aus Begriffen.« Kant hat gezeigt, »dass wir überall unsere Begriffe in die Dinge hineindenken; aber die Frage, ob die Stammbegriffe des Verstandes (...) uns *angeboren* oder ob sie psychologisch entstanden seien, bleibt bei ihm ohne Antwort.« [Wundt, Aufgabe der Philosophie, S. 10] Vielmehr ist das Letztere: die *psychologische Entstehung*, die wiederholte und bestimmte Antwort Kants. Alle Vorstellungen sind nach Kant *erworben* – die reinen, welche die formale Natur des Bewusstseins ausdrücken, ursprünglich erworben. Mithin steht Kants Lehre in genauester Übereinstimmung zu demjenigen, was Wundt hierauf als Ergebnis der psychologischen Erfahrung anführt. Der Satz: die reinen Begriffe und die Vorstellungen von Raum und Zeit müssen sich in jedem von uns psychologisch entwickeln, gilt ohne Einschränkung auch nach Kants Theorie der ursprünglichen Erwerbung dieser Vorstellungen – für das psychologische Bewusstsein jedes Einzelnen.

die Sinne gegebene Eindrücke vereinigen. | »Wo habe ich jemals die Anschauungen von Raum und Zeit, in welchen allererst Bilder möglich sind, selbst Bilder genannt (...). Der Grund der Möglichkeit der sinnlichen Anschauung ist keines von beiden, weder Schranke des Erkenntnisvermögens noch Bild, es ist die bloße eigentümliche Rezeptivität des Gemüts, wenn es von etwas (in der Empfindung) affiziert wird, seiner subjektiven Beschaffenheit gemäß eine Vorstellung zu bekommen. *Dieser erste formale Grund* der Möglichkeit einer Raumanschauung ist allein angeboren, *nicht die Raumvorstellung selbst* (...). So *entspringt* die formale Anschauung, die man Raum nennt, als *ursprünglich erworbene Vorstellung.*«[A] – Ebenso sind nach Wundt die Einheitsbegriffe der Substanz und Kausalität psychologischen Ursprungs, hervorgegangen aus ursprünglichen, schöpferischen Synthesen des Bewusstseins.[B] Dasselbe lehrt Kant, wenn er diese Begriffe für ursprünglich erworben erklärt; denn dies heißt, wie aus den näheren Erörterungen Kants hervorgeht, so viel als: Diese Begriffe sind aus dem Bewusstsein, in Verbindung mit dem gegebenen Stoffe der Eindrücke und deren Form, Raum und Zeit, *entwickelt.* Den Anlass der Entwicklung geben die Empfindungen, das Gesetz der Entwicklung ist das Einheitsgesetz des Bewusstseins. Der Nativismus lehrt Einrichtungen, *angeborne* Begriffe, Kant kennt nur erworbene Begriffe, obzwar unter ihnen selbstgedachte; *Kant ist daher kein Nativist.* Die Ergebnisse der Physiologie stimmen mit seinen Grundannahmen in der Psychologie überein, während das

A Kant I, Über eine Entdeckung, S. 445–446 [AA VIII, S. 222]. Siehe auch Kant I, Fortschritte, S. 508 [AA XX, S. 275–276]: Über den Unterschied von Raum und Zeit als Formen der Sinnlichkeit und als Vorstellungen oder Anschauungen. Die Form bedeutet also niemals in der Terminologie Kants ein »Gefäß«, ein Bild, eine Anschauung, sondern das Gesetz, Anschauungen zu erwerben. A priori ist übrigens, wie unten näher bezeichnet wird, nur der formale Grund der allgemeinen Raumvorstellung, nicht der besonderen, bestimmten räumlichen Verhältnisse oder Gestalten der Dinge, die nicht aus dem reinen Raumschema begriffen werden können, *wie Kant selbst erklärt und was Herbart dann als eine Einwendung gegen seine Lehre vorbringt!*[118]

B Wundt, Grundzüge, S. 860.

Herbartische Seelen-Reale transzendent ist und bleibt. Damit man aber nicht meine, | die eben gegebenen Beweise liegen außer dem Kreise der kritischen Werke und ihrer gelegentlichen psychologischen Andeutungen, mache ich auf die beständig wiederholten Ausdrücke ›selbstgedachte, ursprünglich erzeugte Prinzipien der Erfahrung‹ aufmerksam, auf den Satz, dass die ›Kategorien in der Reflexion über den Stoff der Erfahrung entstehen‹, und führe, um die Beweise nicht zur Ermüdung anzuhäufen, noch den Satz an: »Da ich den *Ursprung* der Kategorien in den vier logischen Funktionen aller Urteile des Verstandes gefunden hatte, so war es ganz natürlich, den Ursprung der Ideen in den drei Funktionen der Vernunftschlüsse zu suchen; denn wenn einmal solche reine Vernunftbegriffe gegeben sind, so könnten sie, *wenn man sie nicht etwa für angeboren halten will*, wohl nirgends anders als in derselben Vernunfthandlung angetroffen werden, welche, so ferne sie bloß die Form betrifft, das Logische der Vernunftschlüsse (...) ausmacht.«[A] Die Begriffe a priori sind weder als Begriffe noch als Anlagen angeboren, sie sind entwickelt; nur ist der Grund ihrer Entwicklung die ursprüngliche Synthese des Bewusstseins, deren verschiedene abgeleitete Arten sie sind. Man wende nicht ein, dass von Erwerbung oder Entwicklung keine Rede sein könne, so bald mit Kant die Zeit für eine Vorstellungsform erklärt wird. Denn erstens bezieht sich diese Erklärung nur auf die reine oder allgemeine Zeit und zweitens gilt die Entwicklung nur vom empirischen, psychologischen Bewusstsein, nicht von dem Grundgesetze desselben, das vielmehr von uns als äußerste nicht ferner ableitbare Tatsache hingenommen werden muss; es sei denn, wir setzen unsern Fuß ins Land der Metaphysik, wobei wir bald werden gewahr werden, dass wir selbst dort vom Bewusstsein überhaupt, dem Träger aller Erscheinungen, alles dessen, was für uns irgend Vorstellung oder Begriff sein kann, nicht abstrahieren können.

A Kant III, Prol., S. 98 [AA IV, S. 330]. Siehe auch Kant VIII, KpV, S. 286 [AA V, S. 141]: »Denn dadurch allein kann *verhütet* werden, sie (die Kategorien [A. R.]), wenn man sie im reinen Verstande setzt, mit Plato für *angeboren* zu halten.«

Nebst dieser Ansicht Kants über die ursprüngliche Erwerbung der reinen, über die abgeleitete der empirischen Begriffe, | sollte noch seine Vermögenstheorie behandelt werden, um ein vollständiges Bild seiner psychologischen Lehren zu entwerfen. Ich begnüge mich jedoch mit allgemeinen Andeutungen. Wolff hatte versucht, sämtliche Phänomene des psychischen Lebens von der Kraft des Vorstellens abzuleiten. So sehr nun Kant dieses Einheitsstreben im Allgemeinen zu billigen weiß, so scheint ihm doch mit Recht in diesem Falle das Gesetz der Spezifikation verletzt zu sein. Ein *systematisches* Studium des Bewusstseins hält Kant nur unter der Annahme verschiedener psychischer Kräfte für möglich. Die Zustände des Gefühls, die Bewegungen des Gemüts, die Kräfte des Willens lassen sich nimmermehr aus der bloßen Vorstellung herleiten; es sei denn, das Wort Vorstellung wird, wie es von Wolff und Herbart geschieht, von vorneherein in einem willkürlichen, unbestimmten Sinne genommen.[A] Jeder Kraftbegriff ist das Korrelat der zugehörigen Klasse von Erscheinungen. Kraft ist ein besonderer Kausalitätsbegriff. Der Partikularität der Erscheinungen entsprechen partikuläre Begriffe von Kraft. Die besonderen Verhältnisse der Kausalität werden uns durch Erfahrung gegeben; wir dürfen ebenso wenig gegebene Unterschiede verwischen, als wir willkürlich neue Grundkräfte, d.i. Kausalverhältnisse einführen dürfen. Die gesetzliche Verbindung der Kräfte, das Gesetz ihrer Einheit und Korrelation, dieses reale Gegenstück des allgemeinen Kausalitätsgesetzes, darf nicht zu einer Konfusion der Kräfte, zur Aufhebung ihres Unterschiedes führen. Im Gebiete der äußeren Erscheinungen ist die Gefahr dieser Vermengung größer als auf dem Boden der psychischen. Dort abstrahieren wir von aller Beschaffenheit der Kräfte, wir fassen nur ihre formale, mathematische Außenseite auf. Die Kräfte werden also als begrifflich gleichartig betrachtet. Die psychischen Phänomene dagegen sind mit einfachen Beschaffenheitsunterschieden ausgestattet, die

A Wer wird nicht, wenn er unbefangen die Theorie Herbarts über Gefühl und Begierde betrachtet, des Zirkels in dieser angeblichen Ableitung aus der »Vorstellung« gewahr?

nicht auseinander abgeleitet werden können, wenn sie schon gesetzlich miteinander verbunden sind. – Man hüte sich übrigens, unter Kraft hier oder dort mehr | zu verstehen als einen Einheitsbegriff, entsprechend der Einheit der zugehörigen Erscheinungen. Wer unter Kraft eine treibende Macht jenseits der Erscheinungen versteht; wer sie von den Dingen trennt, der mag sich selber mit dem Doppelwesen seiner Begriffsdichtung abfinden. – Wer nicht von vorneherein für das einfache Seelending Partei genommen hat, wer das Bewusstsein mit naturwissenschaftlichem Blicke betrachtet, kann sich a priori der Überzeugung nicht verschließen, dass dieses komplizierte System von Vorgängen, entsprechend dem komplizierten Bau seines materiellen Trägers, eine Mehrheit von Erscheinungskreisen aus sich entwickle. Die formal einfache Zuspitzung der Bewusstseinserscheinungen in den Gedanken des Ich wird ihm analog sein der Vereinigung der Anziehungen eines Massensystems in einen einzigen Schwerpunkt. Ohnehin ist das empirische Ich nur die jeweilig stärkste im Blickpunkt des Bewusstseins liegende Vorstellung, und übrigens eine während des Lebens mehr oder minder konstante Assoziation der Vorstellungen. Diese allgemeinen Bemerkungen mögen hinreichen, um die psychologische Kräftetheorie Kants weniger »mythologisch« und minder antiquiert erscheinen zu lassen, als von Seiten Herbarts und der Seinen unermüdlich behauptet wird.[A]

Man darf die psychologische Theorie Kants nicht aus seiner Vernunftkritik abstrahieren. Hier macht Kant in erkenntnistheoretischer Absicht Unterschiede, die er in psychologischer nicht anerkennt. So stellt er Anschauung und Begriff schroff gegenüber, obschon er selber vermutet, dass sie in ihrem Ursprung verbunden sein mögen. Er trennt Verstand, Urteilskraft, Vernunft – und erklärt doch in den Vorlesungen über Metaphysik (in der kritischen Periode), dass sie nur in Ansehung ihres *Gebrauchs* verschieden, also

A Die hervorragendsten englischen Psychologen[119] stehen auf dem Standpunkt der Kräftetheorie, und gerade die englische Psychologie der Gegenwart ist durch ihren echt naturwissenschaftlichen Geist ausgezeichnet.

psychologisch genommen dieselbe Kraft des Bewusstseins sind.[A] Auch sind die Definitionen von Verstand und Vernunft in der Kritik von erkenntnistheoretischer, nicht psychologischer Bedeutung. Die Beziehung der Begriffe | auf Anschauung ergibt Regeln, der Verstand ist das Vermögen der Regeln, der Gebrauch derselben Begriffe, ohne diese Beziehung, zu rein begrifflichen Schlüssen ergibt Prinzipien, die Gegenstände der Vernunft. Die Vernunft selbst wird definiert als »*System der Nachforschung nach Grundsätzen der Einheit*«[B], also als System reiner Erkenntnis. »Kritik der reinen Vernunft« heißt mithin Kritik der reinen Erkenntnis. Verstand und Vernunft werden endlich sehr häufig promiscue gebraucht, weil eben ihr Unterschied kein Unterschied der Denkkraft, sondern der Denkprodukte ist. Man streiche in der Kritik die Worte ›Sinnlichkeit, Verstand, Urteilskraft, Vernunft‹ und man wird ihren Kontext nicht zerstört, sondern vereinfacht haben. Tatsächlich werden diese »Vermögen« nicht zur Ableitung, sondern zu Überschriften gebraucht. Es wird nicht die Sinnlichkeit psychologisch oder physiologisch erforscht, sondern die Beschaffenheit der Vorstellungen von Raum und Zeit, es wird nicht der Verstand, sondern das Urteil analysiert, nicht die Urteilskraft, sondern die Zeitbegriffe, jene Zwischenvorstellungen, welche die Allgemeinheit des Begriffs mit der Partikularität der Anschauung verbinden, werden betrachtet, nicht die Vernunft wird untersucht, sondern die Form der Schlüsse. Und ebenso wird in der Kritik der ästhetischen Urteilskraft das Prädikat des ästhetischen Urteils, in der Kritik der teleologischen Urteilskraft der Begriff des Zweckes behandelt; die »Kritik der praktischen Vernunft« endlich untersucht, ohne alle Rücksicht auf Anthropologie oder Psychologie, den Begriff des Moralgesetzes. Die Methode der kritischen Werke ist *objektiv*, nicht subjektiv psychologisch. Kants Lehre steht und fällt nicht mit seiner Psychologie, weil sie sich gar nicht auf dieselbe stützt. Wovon sie ausgeht, ist der Begriff der reinen Erkenntnis, was sie zu Grunde legt, der Begriff der Erfahrung. Erfahrung enthält die Vorstellung von Gegenstän-

A Kant VIII, KpV, S. 160–162 [AA V, S. 44–45].
B Kant II, KrV, Methodenlehre, Hauptstück 1, Abschnitt 1.

den, und zwar von Gegenständen, die untereinander, also objektiv verbunden sind. Die Frage Kants ist nun diese: Lässt sich die gegenständliche Verbindungsweise a priori mit völliger Gewissheit erkennen? Seine Frage ist nicht | die psychologische: Wie *erwerben* wir die Vorstellung von Gegenständen überhaupt? Auch nicht die metaphysische: Existieren Gegenstände? Die letztere ist vielmehr als gelöst zu betrachten. Es ist die erkenntniskritische: Ist unsere Vorstellung von Gegenständen wahr? Ist sie begründet? Wie und unter welchen Einschränkungen kann sie bewiesen werden? Diesen Beweis führt die Vernunftkritik, und zwar nicht indem sie sich auf subjektive Notwendigkeiten und Einrichtungsstücke des Bewusstseins beruft, sondern indem sie sich auf den Begriff der Erfahrung stützt. In diesen objektiven Untersuchungsgeist der Kritik muss man sich hineinleben, um ihre aller Psychologie überlegene, daher von dieser unabhängige Stellung und Bedeutung zu erfassen.

Noch verbreiteter als das psychologische ist das idealistische Vorurteil gegen die Methode und die Ergebnisse des Kritizismus Kants. Ich verstehe darunter die Meinung, der Idealismus sei das hauptsächlichste, von vornherein in der Methode angelegte und erstrebte Ergebnis der Vernunftkritik – eine Meinung, welche veranlasst und genährt wurde durch die einseitige Richtung, in der die kritische Philosophie zunächst fortgebildet worden ist. Soweit diese Meinung die Methode betrifft, hat sie bereits hier berücksichtigt zu werden; soweit sie ein Missverständnis der Ergebnisse einschließt, wird sie durch unsre ganze folgende Darstellung widerlegt werden. Die Entwicklung der Vernunftkritik ging von der Behauptung der Erkennbarkeit der Dinge durch reine Begriffe aus – und sie endete mit der Lehre von der Erkennbarkeit der Erscheinungen. Mithin besteht die Kritik in einer Einschränkung der reinen Erkenntnis; und das Mittel dieser Einschränkung ist der Idealismus. In dieser ganzen Entwicklung kommt das Dasein der Dinge gar nicht in Frage. Ja, es bildet dieses Dasein, und zwar im striktesten Sinne des Wortes, also die vom Bewusstsein unabhängige, dem Bewusstsein und seinen Erscheinungen zu Grunde liegende Existenz, die notwendige Voraussetzung für den kritischen Idealismus, mit welcher derselbe steht und fällt. Daher behauptet Kant nicht nur, sondern er *dringt darauf*, dass den Anschauungen wirkliche Dinge korrespondieren müssen. Und zwar ergibt sich diese Notwendig|keit aus dem *Begriff der Erscheinung*. Abgesehen davon, dass es ein Widerspruch wäre, von Erscheinungen zu reden ohne etwas, was da ist, welchen Widersinn Kant ausdrücklich von sich ablehnte[120], lässt sich jene Notwendigkeit aus den Gründen beweisen, auf denen gerade der Phänomenalismus Kants beruht. Der Idealismus Kants – ich wiederhole es, ein Mittel, nicht der Zweck seiner Beweisführung für die Gültigkeit und Grenzen der Erkenntnis a priori – ist ausschließlich enthalten in der Lehre von der Idealität des allgemeinen Raumes und der reinen Zeit. Er ist nicht geknüpft an die Idealität der logischen Funktionen und der ihnen korrespondierenden Begriffe von Dingen überhaupt. Nun folgte der Satz, dass ›Raum und Zeit, für sich betrachtet, nur Ideen, nur Vorstellungen sind‹, daraus, dass beide ihren Ursprung in den Sinnen nehmen; dass sie aus der Form der sinnlichen Vorstellung abstammen. Und dieser Ursprung selbst wird aus der *Beschaffenheit* der Vorstellungen von Raum und Zeit strenge bewiesen. Es kommt nicht darauf an, dass Raum und Zeit als Vorstellungen erklärt werden; es kommt vielmehr darauf an, von welcher Beschaffenheit diese Vorstellungen sind. Sind Raum und Zeit produktive, in Kants Sprache zu reden, intellektuelle Anschauungen, so ist der *Idealismus der Dinge* verkündet. Dann schafft das Raumvorstellen Dinge. Dann sind die Dinge Vorstellungen. Stammen Raum und Zeit dagegen gar nicht aus den Sinnen, sind sie von außen gegeben, empirisch, nicht a priori, so ist der *Realismus der Anschauungen* die Folge. Dann sind die Anschauungen unmittelbar und so, wie sie gegeben werden, die Dinge selbst. Sind endlich, wie Kant lehrt, Raum und Zeit hervorgegangen aus der *Form*, wie die Sinne durch Erregungen von den Dingen in Tätigkeit gesetzt werden, gehören sie demnach zur Rezeptivität, zur *empfänglichen* Seite des Bewusstseins, so ist damit der *Idealismus der Anschauungen und der Realismus der Dinge* gegeben, d.i. Kants Idealismus. Dann gibt es ohne Affektionen durch Dinge keinen Raum, kein räumliches Vorstellen, dann ist das, was im Raume vorgestellt wird, Affektion der Dinge: *Erscheinung*. Mit Recht erklärte daher Kant, seine Lehre vom Raum habe das Motiv des | Idealismus Berkeleys (soweit dasselbe überhaupt wissenschaftlich und nicht bloß religiös war!) gehoben. Der Raum war durch Kant als Auffassungsform erwiesen, nicht als tätige, spontan gesetzte Vorstellungsform gleich einer Denkfunktion; mithin müssen Dinge sein, so wahr es eine Raumvorstellung gibt! *Daher liegt es analytisch in Kants Begriff der Erscheinungen, dass Dinge sind.* Mit gutem Grunde sagt Kant, sein Idealismus sei das gerade Gegenteil des Idealismus in der »rezipierten Bedeutung« des Wortes. Denn so wenig derjenige ein Idealist heißen kann, der erklärt, dass die Beschaffenheit der Anschauung, die Qualität der Empfindung, in den Sinnen und nicht in derselben Weise in den Dingen liegt, so wenig ist der ein Idealist, der auch die Form der Anschauung in der Sinnlichkeit des Subjektes und nicht in der nämlichen Art in den Objekten sucht. Beide tasten die Existenz der Dinge nicht an, sie ändern nur ihre Betrachtungsweise; beide setzen die Existenz vielmehr notwendig für ihre kritische Unterscheidung voraus, als welche sonst gar nicht gemacht werden könnte. *Dasselbe Objekt* lehrt die Kritik »*in zweierlei Bedeutungen nehmen*«[A]. Dasselbe Ding wird in der Anschauung Erscheinung, welches der Anschauung als existierend zu Grunde liegt. Die Unterscheidung zwischen Erscheinung und Ding ist keine Trennung in verschiedene Dinge, sondern die Unterscheidung der Auffassung eines und des nämlichen Dinges nach zwei Seiten. Noch mehr! Kants Idealismus bezieht sich zunächst nur auf die *allgemeine* Erscheinungsform der Dinge und erst dadurch mittelbar auf ihre besondere. In der besonderen Anschauung ist alles, was in ihr partikulär ist, nicht aus der *ideellen* Vorstellungsform abzuleiten; es gehört zufolge seiner Bestimmtheit zum Dinge selbst. Dies gilt nach Kants Lehre von den bestimmten Empfindungen in dieser ihrer Gegebenheit so gut, wie von den bestimmten räumlichen und zeitlichen Verhältnissen der Erscheinungen und den *besonderen* Naturgesetzen.[B]

A [Kant II, KrV, S. 677; AA III, S. 17.]

B Man siehe dazu vorläufig die Einleitung in die »Kritik der Urteilskraft«. Das Nähere folgt unten in Kapitel 3.

Der Idealismus Kants ist die Lehre der Idealität des | Raumes und der Zeit – nichts Weiteres. Wer diesen Idealismus widerlegen will, hat gegen Kant auszuführen – entweder, dass unsere Anschauung produktiv, nicht rezeptiv ist, dass sie Dinge schaffe, nicht von der Gegenwart und Einwirkung der Dinge abhänge – oder dass Raum und Zeit nicht Vorstellungen von der Form der psychischen Vereinigung empfangener Eindrücke sind. Im letzteren Falle mag er sich mit den »Undingen« Raum und Zeit, als unendlichen, alle Materie befassenden, selbst immateriellen, leeren Wirklichkeiten zurechtzufinden suchen.

Von den Begriffen lehrt Kant, dass sie an sich genommen auf die Dinge selbst zielen. Sie sind von den Anschauungsformen der Dinge zunächst unabhängig; wohl aber ist die Anschauung abhängig von ihnen, insoferne durch Denkfunktionen die *Vorstellung* eines Objektes der Anschauung bestimmt wird. Der Gedanke eines Dinges ändert sich nicht mit der Form seiner Erscheinung. Daher hatte noch die Dissertation die Erkennbarkeit der Dinge durch reine Begriffe behauptet. Eine *unbestimmte* Erkenntnis der Dinge durch Begriffe a priori gibt auch die Kritik zu. Weil aber außer der Anschauung nichts von den Dingen gegeben ist, so schränkt die kritische Erkenntnislehre die *bestimmte* Erkenntnis auf die Anschauung oder Erscheinung der Dinge ein. Sie lehrt Erkenntnis der Dinge als Erscheinungen – und zwar empirische von ihren empirischen Anschauungen, reine Erkenntnis von ihrer allgemeinen Erscheinungsform. Dieser Satz, und nicht seine Bedingung, der Phänomenalismus, bildet das Ergebnis der Erkenntniskritik Kants. Das Ding an sich ist eine Grenze des Denkens, nicht in Bezug *auf die Vorstellung seiner Existenz,* sondern in Bezug auf die Vorstellung seiner *Beschaffenheit,* die uns immer nur als Erscheinung in Raum und Zeit gegeben wird, und daher nur als Erscheinung durch Begriffe *bestimmbar* ist. Nur verwechsle man nicht das Noumenon mit dem Ding an sich. Das Noumenon, in praktischer Absicht von Kant eingeführt, ist Gegenstand einer nur denkbaren, andersartigen *Anschauung,* also problematisch wie die ganze Konzeption dieser Anschauungsart selbst; das Ding, oder besser, die Dinge an sich sind Gründe der Erscheinungen – Gründe der |

Besonderung der Vorstellungsformen, daher wirklich, wie diese Besonderung selbst.

Aus der methodischen Entwicklung der Vernunftkritik ergibt sich die untergeordnete Stellung, die der Phänomenalismus im Systeme Kants einnimmt; wer dennoch den Idealismus als die wesentliche Angelegenheit des Systems betrachtet, verstößt schon gegen dessen Titel, welcher eine »Kritik der reinen Vernunft« verheißt, eine Prüfung der Gültigkeit der reinen Erkenntnis. Das Problem der Kritik ist nicht das Dasein, sondern die Erkennbarkeit der Dinge, und zwar nur die Erkennbarkeit derselben, soweit sie philosophisch, soweit sie Sache einer reinen Vernunftwissenschaft ist. In der Darstellung der Methode haben wir daher vor allem dieses Problem zu behandeln.[121]

Drittes Kapitel

Die Methode der Vernunftkritik[A]

§ 1. *Das Problem der Kritik.* Analyse der Frage: *Wie sind synthetische Urteile a priori möglich?* Erkenntnistheoretische Bedeutung des *Urteils. Analytisch* und *synthetisch.* Analytische Urteile sind Begriffsurteile, synthetische, Urteile auf Grund von Anschauung. Die Bedeutung des Apriori. Missverständnisse des Apriori. Allgemeinheit und Notwendigkeit. Sie ist das Problem, nicht die Voraussetzung der Kritik. Die Frage der Kritik ist dieselbe Frage wie die im Briefe an Herz. *Die Tatsache von synthetischen Erkenntnissen a priori.* Die Prinzipien des Naturerkennens. *Allgemeiner Beweis, dass die Sätze der reinen Mathematik synthetisch und a priori seien.* Einschränkung der kritischen Aufgabe auf den ursprünglichen und rationellen Teil des Erkennens. Die beiden Wege der Lösung des Problems in der Vernunftkritik und den Prolegomenen

In der Formulierung einer Aufgabe ist der Weg, den die Lösung zu nehmen hat, schon im Allgemeinen vorgezeichnet.

Die Formel des Problems der Vernunftkritik lautet: *Wie sind synthetische Urteile a priori möglich?* Die Aufgabe, die in dieser Frage ausgedrückt wird, ist eine allgemein philosophische, oder in Kants Sprache: eine metaphysische; demnach kann ihre Lösung *nur aus Begriffen* erfolgen. Die Aufgabe zielt nach dem reinen Teil der Erkenntnis; also wird das | Mittel, sie zu lösen, in der *Logik,* der Wissenschaft der reinen Form des Denkens, zu suchen sein. Die

A Ich lege die *methodisch* verbesserte zweite Auflage zu Grunde.[122] *Prinzipiell* ist der Inhalt beider Auflagen unverändert, worüber *Ueberweg* »De priore et posteriore forma Kantianae critices rationis purae« verglichen werden möge.

Frage ergeht nach Urteilen, nach der Denkbarkeit gewisser Urteile; daher steht zu erwarten, dass zu ihrer Entscheidung vornehmlich die Urteilslehre der Logik maßgebend sein werde. Wir kennen schon im Allgemeinen die dominierende Stellung, die die Logik und die Urteilslehre insbesondre im System der Vernunftkritik behaupten, und wodurch unsre Erwartung erfüllt wird.

Was sind Urteile? Psychologisch betrachtet, ohne Zweifel Äußerungen der Denktätigkeit, Funktionen des Verstandes, Leistungen desselben, nicht bloße Zustände oder Affektionen des Bewusstseins. Unser Begriff von Selbsttätigkeit überhaupt ist sicher ebenso vom Denken wie vom Wollen abgeleitet. Die innere Erfahrung allein offenbart uns, und zwar vor allem im Denken, ein wirkliches Agens, dessen Begriff wir dann auf die äußere Erfahrung übertragen. Die Selbstregsamkeit des Bewusstseins im Denken ist die primitive Wahrnehmung von Tätigkeit. Metaphorisch reden wir dann auch von *selbst*ständigen Dingen. Aber es handelt sich hier nicht um psychologische Beobachtung und Beschreibung des Urteils, sondern um seine logische Form und Bedeutung. Wenn wir, wie gewöhnlich, das Urteil ein Verhältnis zwischen zwei Begriffen nennen, so ist damit zu wenig gesagt. Durch diese unbestimmte Erklärung wird nicht einmal die Form des Urteils genügend gekennzeichnet. Überdies trifft die Erklärung von einer ganzen Klasse, gerade der ursprünglichen Urteile, nicht zu; die Definition ist mithin zu enge. Es ist nicht notwendig, dass ein Urteil zwei Begriffe enthalte, es genügt, wenn ein Begriff gegeben ist. Auch Anschauungen, die unmittelbaren Vorstellungen von Gegenständen, werden beurteilt. Das Subjekt dieser Urteile ist eine Wahrnehmung; nur das Prädikat ist in der natürlichen Vereinigung der Vorstellungen zu Urteilen *jederzeit ein Begriff*. Daher ist das Prädikat das eigentliche Prinzip eines Urteiles. Es kann aber auch der Fall sein, dass mehr als zwei Begriffe durch einen einfachen Urteilsakt verbunden werden, wenn wir die Konsequenz eines Satzes aus einem andern behaupten, oder eine Mehrheit von gegenseitig sich aus|schließenden Vorstellungen in ein begriffliches Ganzes verknüpfen. Auch nach dieser Seite ist jene Definition zu enge.

Das Verhältnis der Vorstellungen in Urteilen ist ein einordnendes in Urteilen, welche die Klasse aussagen, zu der ein Ding gehört; ein unterordnendes in Urteilen, welche eine Art ihrer Gattung subsumieren; ein Verhältnis der Abhängigkeit in der Aussage der Konsequenz aus einem Grunde; ein Verhältnis der Einteilung in der Ausschließung der Vorstellungen untereinander und ihrer Verbindung zu einem Ganzen. Was ist nun das Allgemeine dieser Verhältnisse, das Grundverhältnis in Urteilen überhaupt?

In jedem Urteile wird eine Vorstellung, sie sei Anschauung oder selber Begriff, durch einen Begriff gedacht. Etwas durch Begriffe erkennen, heißt urteilen. Das Verhältnis der Vorstellungen im Urteil ist das Verhältnis ihrer begrifflichen Einheit, ihrer Einheit im Begriffe des Prädikats. Das Urteil ist die begriffliche Vereinigung von Vorstellungen zu einem Akte des Bewusstseins. »*Alle Urteile sind demnach Funktionen der Einheit unter unsern Vorstellungen*«[A]. Die formalen Unterschiede der Urteile müssen auf den Unterschieden in der Form der Vereinigung der Vorstellungen beruhen. Die formalen Grundbegriffe der Einheit müssen das wahre, *logische* System der Urteile ergeben. So beruht der Unterschied des hypothetischen vom disjunktiven Urteilsakte auf dem Unterschied in der Form der Einheitsfunktion.

Wir haben noch einen wesentlichen Punkt übergangen. Urteile sind nicht bloß begriffliche Vereinigungen von Vorstellungen, reine Denkakte ihrer Verknüpfung; sie gelten, sie bedeuten etwas von den Dingen, sie sind Erkenntnisakte. Die Beziehung auf ein Objekt ist dem Urteile wesentlich und gehört in seine Realdefinition. Bloße Sätze, reine Einheitsfunktionen unter Begriffen, sind noch keine Urteile. Nicht jeder Satz ist ein Urteil, bemerkte schon Aristoteles, sondern derjenige ist es, von dem Wahrheit oder Falschheit stattfindet, objektive Gültigkeit oder | Ungültigkeit behauptet wird – eine Bemerkung, welche sich die formalistische Logik nicht zu Nutzen gemacht hat. Wir können Begriffe willkürlich auf formal gültige Weise zusammensetzen, ohne durch diese Zusammensetzung etwas zu erkennen, d. i. zu beurteilen. Schon

A Kant II, KrV, S. 70 [AA III, S. 86].

die einfachste Gestalt des Urteils, das Erkennen eines gegenwärtigen Dinges auf Grund seiner früheren, nunmehr als Vorstellung vorhandenen Wahrnehmung, zeigt uns diese dem Urteil unerlässliche Beziehung auf das Wirkliche. Aber auch wenn wir im rein ideellen Denken Definitionen bilden, Sätze aus Sätzen ableiten, uns in begrifflichen Kombinationen ergehen, werden diese logisch richtigen Definitionen und Schlüsse zu Urteilen erst, nachdem wir ihre Gültigkeit von Dingen und Verhältnissen wirklicher Dinge bewiesen haben. Ein Urteil ist nichts anderes als die Art, gegebene Begriffe *zur objektiven Einheit des Bewusstseins zu bringen.*[A]

Wir haben damit Form und Bedeutung der Vorstellungseinheit in Urteilen im Allgemeinen erörtert und müssen nunmehr den Grund dieser Einheit betrachten. Auf diesen Grund der Vorstellungsverknüpfung zielt Kants Unterscheidung der Urteile in *analytische und synthetische* – eine Unterscheidung, die in der Einleitung der Vernunftkritik vorbereitet und erst im weiteren Fortgang der Darstellung begründet und ausgeführt wird. Die wörtliche Erklärung dieses Unterschiedes ist sehr einfach. Wenn in einem Subjektsbegriff der Begriff des Prädikates bereits enthalten ist, so dass die Verknüpfung beider Begriffe zum Urteil aus ihrer Identität gefolgert werden kann, so urteilen wir analytisch. Wir zerlegen den Inhalt des gegebenen Begriffs und erläutern oder verdeutlichen dadurch unser Wissen von ihm. Das analytische Urteil bewirkt Deutlichkeit des Denkens. Werden dagegen verschiedene Begriffe in eine Urteilsverbindung gesetzt, so ist die dadurch bewirkte Vorstellungseinheit synthetisch; sie erweitert unser Wissen vom Subjektsbegriffe. Das synthetische Urteil bereichert das Erkennen. Das Stehenbleiben beim gegebenen Begriff in einem Falle, das Hinausgehen über | denselben zu einem andern Begriff im zweiten Falle bezeichnet den Unterschied von analytisch und synthetisch. Man hat an diese Worterklärung sich haltend den ganzen Unterschied für unbestimmt und fließend erklärt. Indem man, statt auf den Grund der Verknüpfung in den beiderseitigen Urteilen zu achten, auf den subjektiven Bewusstseinszustand des Urteilenden sah, be-

A Kant II, KrV, § 19, S. 738 [AA III, S. 113].

merkte man, dass die nämlichen Urteile für das eine Individuum bereits analytische sind, welche für das andere noch synthetische sind. So sind viele Urteile, die ein Zoologe über ein Tier fällt, analytische, in seiner Erkenntnis desselben schon aufgenommene, welche für den Nichtzoologen synthetische, erst in die Erkenntnis aufzunehmende, sind. Aber es handelt sich bei diesem Unterschiede um die Bildung und Begründung eines Urteils. Jene Urteile des Naturforschers, welche subjektiv betrachtet analytische sind, sind an sich genommen und im Hinblick auf ihre Entstehung synthetische, durch Erfahrung gewonnene Urteile. Die Logik kennt diesen Unterschied nicht; sie analysiert die reine Form der Urteile – den Begriff des Urteils. Die Unter- und Überordnung der Begriffe, die sie betrachtet, bilden Fälle von reiner Identität. Ebenso ist der Zusammenhang von Grund und Folge nach der Logik eine Anwendung der rein begrifflichen Gleichung. Der Unterschied von analytisch und synthetisch betrifft nicht die Form, sondern den Gehalt des Wissens, er gehört zur Theorie des Erkennens, nicht des bloßen Denkens, er ist von positiv, nicht von formal wissenschaftlicher Bedeutung.

Durch die Namen analytisch und synthetisch soll ein Unterschied in der Bildung der Urteile angegeben und zugleich auf den verschiedenen Grund ihrer Bildung hingedeutet werden. Warum ist das Urteil: ›der Körper ist ausgedehnt‹, analytisch, dieses: ›der Körper ist schwer‹, synthetisch, obschon das Prädikat der Ausdehnung nach Kant auf einer ursprünglichen Synthese des sinnlichen Bewusstseins beruht und keineswegs in der Empfindung des Körpers gegeben ist, die Eigenschaft der Schwere dagegen im Begriff der Materie, wie ihn Kant erfasste, enthalten sein soll? Weil wir im ersten Urteile den Körper rein begrifflich betrachten; weil die Ausdehnung zum Begriff des Körpers überhaupt ge|hört, es sei ein bloß gedachter, geometrischer, oder ein physischer; weil dagegen im zweiten Falle das Prädikat eine Eigenschaft des wirklichen Körpers bildet, eine Eigenschaft, die dem physischen Körper nur in Beziehung auf *andere* materielle Körper zukommt. Wird die erste Eigenschaft, die eine Bedingung der Begreiflichkeit eines Körpers ist, schon aus dem Begriffe desselben *erkannt*, so stützt sich die Erkenntnis der zweiten Beschaffenheit *ursprünglich* auf Erfahrung.

Urteile, deren verknüpfender Grund ein Begriff ist, sind analytische Urteile; Urteile, deren Grund der Einheit Anschauung ist, synthetische. *Analytische Urteile sind reine Begriffsurteile, synthetische Anschauungsurteile.* Eine Erweiterung der Erkenntnis über den gegebenen Begriff hinaus ist nur durch Anschauung möglich, die Anschauung die einzige Bedingung der synthetischen Urteile. Die Reproduktion eines synthetischen Urteils kann durch bloße Analyse der gewonnenen Erkenntnis erfolgen, die Produktion nur allein auf Grund der Anschauung. Das Prinzip der *synthetischen Urteile überhaupt* ist: *»dass sie nicht anders möglich sind, als unter der Bedingung einer dem Begriffe ihres Subjekts untergelegten Anschauung«*[A]. Begriff oder Anschauung als Grund der Vorstellungsverknüpfung – das ist der wesentliche Unterschied zwischen analytischem und synthetischem Urteile.

Wird gefragt, warum Kant diesen klaren und sachlichen Unterschied nicht sogleich in der Einleitung angeführt habe, so kann die Antwort nicht schwerfallen. Unter den synthetischen Begriffsverknüpfungen gibt es auch angemaßte synthetische Sätze, die keine wirklichen *Urteile* sind, die Begriffssynthesen der *Metaphysik*. Und gerade die Ungültigkeit dieser Sätze sollte erwiesen werden. Die Frage nach der Möglichkeit einer Synthesis a priori musste daher so allgemein oder unbestimmt eingerichtet werden, um auch diese Sätze zu befassen. Weil die Bedingung jeder gültigen Synthesis von Begriffen die Anschauung ist, so folgt daraus die Ungültigkeit einer behaupteten Synthesis bloßer Begriffe | ohne zu Grunde liegende Anschauung. Mit dieser Folgerung vernichtete Kant die Begriffsgespinste der dogmatischen Metaphysik. Ihre willkürlichen Synthesen ergeben keine Erkenntnis eines Gegenstandes.

In der Anschauung wird der *Gegenstand* erkannt. Urteile auf Grund von Anschauung sind mithin *gegenständliche* Urteile; also, wenn wir auf die *Bedeutung* des Urteils sehen, so sind nur die syn-

A Kant I, Entdeckung, S. 470 [AA VIII, S. 241], siehe auch S. 468 [AA VIII, S. 239].

thetischen Urteile, Urteile im genauen Sinne des Worts. Die analytischen Urteile, Begriffsdefinitionen und Folgerungen, rein aus Begriffen gezogen, mögen noch so wichtig sein für das Denken – zum Erkennen leisten sie nur indirekten Beitrag. Die synthetischen Urteile sind Erkenntnisurteile, sind Urteile von Objekten.

Analytische Urteile sind als solche *a priori*.

Zunächst bedeutet a priori nichts Weiteres als den *rein* begrifflichen Teil der Erkenntnis. Etwas a priori erkennen, heißt etwas aus seiner bloßen Möglichkeit, aus seinem Begriffe erkennen. Weil in der dogmatischen Philosophie der Begriff von etwas der *Grund* für dieses Etwas ist, so heißt aus dem bloßen Begriffe erkennen so viel wie aus dem Grunde erkennen, woraus sich der Ausdruck ›a priori‹ erklärt, da der Grund seiner Folge begrifflich vorhergeht. Im analytischen Urteile ist der Begriff des Subjektes der Grund des Prädikatsbegriffes. Aus dem bloßen Bewusstsein des Subjektsbegriffs folgt das Prädikat ohne Rücksicht oder Mithilfe von Anschauung oder Erfahrung. Mit dem Subjekte ist von vorneherein das Prädikat gegeben. Was a priori ist, dessen Erkenntnisgrund ist nicht die Erfahrung, sondern der bloße Begriff. Mithin bezieht sich das Wissen a priori zunächst nur auf den rein ideellen Teil des Denkens, auf die Verbindung der Ideen nach dem Verhältnis der Einstimmigkeit und des Widerspruchs. In diesem Sinne gebraucht Hume das Wort a priori, wenn er die Meinung bekämpft, die Kausalität werde a priori, d.i. aus dem Begriff des ursächlichen Verhältnisses erkannt. Die Beziehung der Teile einer Idee auf das Ganze, die Folgerung aus dem Begriff des Grundes sind a priori und analytisch. In eben derselben Bedeutung als rein begrifflicher Erkenntnis wendet auch | Lambert, wie gezeigt worden ist, den Ausdruck a priori an. Weil die Apriorität aus a priori begreiflichen Gründen in Misskredit gekommen ist und das Apriori so viel als die Anzeige einer begangenen ›petitio principii‹ gilt, so bemerke ich, dass eine Erkenntnis a priori von jeder Partei in der erkenntnisgenetischen Frage eingeräumt werden muss. Es kommt nämlich nicht darauf an, ob der Subjektsbegriff eines Urteils ein Erfahrungsbegriff sei oder nicht, sondern allein darauf, dass das Prädikat rein aus diesem Begriffe folgt. Alles, was aus der Zergliederung der Vorstellungen folgt, ist jederzeit a priori erkannt, diese Vorstellungen mögen ihre Abkunft von der Erfahrung oder selber noch von anderen Begriffen herschreiben. Kant hat diese Bedeutung des Apriori nicht verändert, sondern vertieft. Ihm bedeutet a priori alles, was seinem Ursprung und seinem Erkenntnisgrunde nach unabhängig von der Erfahrung ist. Alle Erkenntnis, die unabhängig von der Erfahrung entstanden ist, alles Selbstgedachte mithin, dessen Erkenntnisgrund nicht in der Erfahrung ist, oder das von der Erfahrung unabhängig eingesehen werden kann, ist Erkenntnis a priori.[A] Diese Erklärung hat eine doppelte Seite, sie gibt den Grund des Apriori an, und sie bezeichnet seine Folge. Der Grund der Apriorität ist die unabhängige Entstehung, die Folge die von Erfahrung unabhängige Einsicht in die Gültigkeit einer Erkenntnis. Der Bestandteil unseres Erkennens, der sich unabhängig von der Erfahrung erzeugt, kann, falls er nicht etwa als angeboren gelten soll, seinen Ursprung nur im Bewusstsein selber nehmen. *A priori ist die Erkenntnis, die sich aus der Form des Bewusstseins entwickelt, nicht vom Inhalt der Erfahrung abstammt, deren Erkenntnisgrund in der Natur des Bewusstseins, nicht in der Beschaffenheit der Dinge liegt.* Da wir aber die Form des Bewusstseins nicht direkt erkennen, sondern nur aus ihren Folgen, den von der Erfahrung unabhängigen Erkenntnisgründen, so hat der Beweis des Apriori aus der Unabhängigkeit seines Erkenntnisgrundes vom Inhalt der Erfahrung geführt zu werden. Jene Erkenntnisse | stammen aus der Form des Bewusstseins ab, deren Gültigkeit sich *aus Begriffen,* also von der Erfahrung unabhängig, beweisen lässt. Dieser Beweis ist nun für das analytische a priori leicht zu führen. Hier ist der Grund der Erkenntnis die *begriffliche Identität,* ihr Ursprung die Auflösung des Begriffs. Schwierigkeiten bereitet nur der Beweis des synthetischen Apriori. Gibt es ursprüngliche Synthesen des Bewusstseins und auf Grund derselben ursprünglich synthetische Urteile? Wie können wir ihre Denkbarkeit zeigen, ihre Gültigkeit beweisen? Dies ist die Frage der Kritik. Ehe wir die Tragweite dieser Frage näher erörtern, müssen wir zuvor sorgfältig beach-

A Kant II, KrV, S. 18 [AA IV, S. 17].

ten, dass die Bedeutung des Apriori nichts mit einem zeitlichen Vorangehen, einem Frühersein von dergleichen Erkenntnissen zu tun hat.

Das Wort a priori hat dieses Missverständnis veranlasst. Um es zu heben, müssen wir noch einmal zu den Ideen Kants vom Ursprung der Erkenntnis zurückgreifen. Kant verwirft das *Präformationssystem* der Vorstellungen, die Behauptung angeborner Begriffe und *fertiger* Formen des Denkens; er erklärt sich vielmehr für das System der *Epigenesis*.[A] Auf Anlass und bei Gelegenheit der Erfahrung *entwickeln* sich die formalen Erkenntnisse. »Dass alle unsre Erkenntnis *mit* der Erfahrung anfange, daran ist gar kein Zweifel.«[B] Die Erfahrung weckt und entwickelt das Bewusstsein, aber das Bewusstsein wirkt und wächst nach seiner eigenen Gesetzlichkeit, und dasjenige ist a priori, was in dieser Gesetzlichkeit allein begründet ist. In der empirischen Entwicklung des Bewusstseins gehen Eindrücke den Anschauungen, Anschauungen den Begriffen, auch den reinen Begriffen vorher – | von den letzteren heißt es sogar: »lange vorher«[C]. Das Apriori ist mithin nicht eine *zeitlich* vorangehende, so wenig als das Aposteriori eine nachträglich zur formalen Erkenntnis hinzukommende Erkenntnis ist. *Am Stoffe der Erfahrung entwickelt sich nach Kants authentischer Lehre die Form des Bewusstseins.* Die Trennung von Form

A Kant II, KrV, 2. Aufl., § 27.

B Kant II, KrV, 2. Aufl., Einleitung [hier S. 695; AA III, S. 27]; siehe auch Kant I, Fortschritte, S. 507 [AA XX, S. 275]: »Der Grundsatz, dass alles Erkenntnis allein (die Rosenkranz'sche Ausgabe hat: *nicht* allein, offenbar, wie aus dem Zusammenhang hervorgeht, ein Druckfehler [A. R.]) von der Erfahrung anhebe, welcher eine *quaestio facti* betrifft, gehört nicht hierher, und die *Tatsache wird ohne Bedenken* zugestanden. Ob sie aber auch allein von der Erfahrung, *als dem obersten Erkenntnisgrunde* abzuleiten sei, dies ist eine *quaestio juris*, deren bejahende Beantwortung den Empirismus, die Verneinung den Rationalismus der Transzendentalphilosophie einführen würde.«

C Kant I, Entdeckung, S. 446 [AA VIII, S. 222]. »So entspringt die formale Anschauung, die man Raum nennt, als *ursprünglich* erworbene Vorstellung (...), deren Erwerbung lange vor dem bestimmten *Begriffe* von Dingen, die dieser Form gemäß sind, *vorhergeht*.«

und Stoff, von a priori und a posteriori ist erkenntnistheoretisch, nicht psychologisch-genetisch. Nur *begrifflich*, nicht zeitlich, steht das Apriori dem Aposteriori voran, es enthält die allgemeinen Erkenntnisgründe auch des empirischen Erkennens, der Erfahrung überhaupt. Daher erfolgte auch die Trennung von Stoff und Form an den Erkenntnissen selbst, nicht am Erkenntnisvermögen. An der sinnlichen Erscheinung werden die formalen Bestandteile der Wahrnehmung von den inhaltlichen, dem Bestandteil der Empfindung, unterschieden, an der bestimmten Vorstellung des Objekts wird dasjenige, was den Inhalt dieser Vorstellung bildet, von der begrifflichen Form derselben gesondert. Am Urteil wird die Scheidung von Inhalt und Form vollzogen. Das Apriori kann nicht zeitlich verstanden werden, weil die Zeit überhaupt a priori ist. Wir haben es daher nur für einen ungeeigneten und provisorischen Ausdruck zu nehmen, wenn Kant von Begriffen wie von »Keimen und Anlagen« im Verstande, ihrem »Geburtsorte«[A] spricht, denn er hat sich für die Epigenesis, für die Entwicklungstheorie des Bewusstseins entschieden. Wir haben es metaphorisch zu verstehen, wenn er von bereitliegenden Formen der Anschauung spricht, denn nur der Grund ihrer Entstehung liegt nach ihm im empfänglichen Bewusstsein, und der Raum ist nicht fertig in diesem Bewusstsein gegeben, sondern er entspringt in der formalen Synthesis der Eindrücke nach dem Gesetz unseres Vorstellens.[B]

Wir haben damit die erkenntnistheoretische Bedeutung des Apriori nicht erschöpft. Den Erkenntnissen a priori eignet All|gemeinheit und Notwendigkeit zu. Die Notwendigkeit ist mehr der subjektive, die Allgemeinheit der objektive Ausdruck der Apodiktizität dieser Erkenntnisse. Die Notwendigkeit, etwas auf gewisse Weise vorstellen zu müssen, die Unmöglichkeit, es anders zu denken, ist der subjektive Ausdruck einer objektiven, in der Form der Sache selbst liegenden Notwendigkeit. Diese Notwendigkeit muss *gefühlt* werden, sie hängt mithin selbst von Erfahrung ab, und gibt niemals ein hinlängliches Kennzeichen, geschweige den Grund

A [Kant II, KrV, S. 67; AA III, S. 84.]
B Kant II, KrV, 2. Aufl., § 26.

der objektiven Notwendigkeit ab. Denn es kann wohl sein, dass es Leute gibt, »die diese subjektive Notwendigkeit von sich nicht gestehen würden«[A]. Es gibt wirklich Leute, für welche die Axiome der Geometrie *subjektiv* nicht notwendig sind. Das wahre Kriterium (aber auch nur das Kriterium!) der Apodiktizität ist die objektive Notwendigkeit, die rationelle Allgemeinheit einer Erkenntnis. Kant unterscheidet die *rationelle* Allgemeinheit von der *empirischen*, die begriffliche Allgemeinheit von der Allgemeinheit einer erschöpften Anzahl.[B] Rein empirische Erkenntnisse haben ohne Verbindung mit rationellen keine »wahre«[C], d.i. rationelle Allgemeinheit, sondern höchstens die Allgemeinheit auf Grund einer geschlossenen Zahl. Begrifflich allgemein sind nun zunächst die analytischen Urteile. Denn ihr Prädikat und seine Verbindung mit dem Subjekte wird unabhängig von der Erfahrung aus dem bloßen Begriff des Subjektes eingesehen. Was ein Körper ist, ist ausgedehnt. Wer wird erst die Körper zählen und vergleichen, um die wahre Allgemeinheit eines derartigen Urteils zu beweisen? Sollen dagegen auch synthetische Urteile allgemein sein, so erfordert ihre Allgemeinheit einen *Beweis*, denn sie versteht sich nicht wie die Allgemeinheit der rein begrifflichen Urteile von selbst. Nichts kann nun irrtümlicher sein, als den Gedankengang Kants so darzustellen, wie es von Ueberweg und anderen[123] geschehen ist. Empirische Erkenntnis sei *niemals* wahrer Allgemeinheit fähig; solle es | nun wahre Allgemeinheit von Erkenntnissen geben, so müssen diese nicht empirisch, also a priori sein; nun gibt es wirklich streng allgemeine Urteile, z. B. der Kausalität, also sind diese Urteile a priori. Diese Darstellung begeht einen doppelten Fehler. Erstens ist es falsch, dass nach Kant empirische Erkenntnis niemals der strengen, begrifflichen Allgemeinheit fähig ist. Was nach allgemeinen Gesetzen der Erfahrung verknüpft ist, ist nach Kant von strenger

A [Kant II, KrV, S. 758; AA III, S. 129.]

B Kant I, Fortschritte, S. 566 [AA XX, S. 323]. Diese Unterscheidung ist für die Logik des allgemeinen Urteils überaus wichtig. Ich finde sie erst in *Sigwarts* verdienstlicher »Logik [S. 189–232]« mit dem Bewusstsein ihrer prinzipiellen Bedeutung verwertet.

C [Kant I, Fortschritte, S. 564; AA XX, S. 321.]

Allgemeinheit und Gültigkeit, obzwar es ein empirisches Urteil ist. »Wie stimmt aber dieser Satz: dass *Erfahrungsurteile* Notwendigkeit in der Synthesis der Wahrnehmungen enthalten sollen, mit meinem vielfältig eingeschärften Satze: dass Erfahrung, als Erkenntnis a posteriori, bloß zufällige Urteile geben könne? Wenn ich sage: *Erfahrung* lehrt mich etwas, so meine ich jederzeit nur die *Wahrnehmung*, die in ihr liegt, z. B. dass auf die Beleuchtung des Steins durch die Sonne jederzeit Wärme folge, und also ist der Erfahrungssatz *soferne* allemal *zufällig*.«[A] Bloß das *rein* Empirische in den Erfahrungsurteilen ist demnach ohne strenge Allgemeinheit, nicht die Erfahrungsurteile überhaupt. Gerade Kant ermittelt die Bedingungen *rationeller* Erfahrungserkenntnis. Wenn also Ueberweg gegen Kant auszuführen meint, dass durch *logische* Bearbeitung des Erfahrungsstoffes eine allgemeine und doch dabei empirische Erkenntnis zustandekommt, so hat er damit nichts gegen Kant erinnert, sondern nur dessen eigene, von ihm missverstandene Lehre wiederholt!

Jene Darstellung stellt zweitens den wirklichen Beweisgang Kants geradezu auf den Kopf.

Die Allgemeinheit und Notwendigkeit synthetischer Erkenntnisse bildet nicht die Grundlage, sondern das Problem der Kritik. Sie ist der Gegenstand ihres Beweises, kein in denselben eingehender Beweisgrund. Es wird nicht aus der Allgemeinheit auf die Apriorität geschlossen, sondern umgekehrt aus dem Beweise und der Rechtfertigung der Apriorität die Allgemeinheit. Die Kritik wäre schon mit der Einleitung an ihr Ende gekommen, | würde sie den ihr von Ueberweg zugeschriebenen Weg genommen haben. Kant weiß so gut wie Ueberweg, dass die Voraussetzung streng allgemeiner Erkenntnisse nur eine unbewiesene Annahme ist, die selbst als Faktum zu bezweifeln ist, solange nicht ihr Beweis geführt, ihre eigene Möglichkeit eingesehen, und zwar aus Begriffen, d. i. streng allgemein eingesehen wird. Es ist tatsächlich falsch, dass Kant streng allgemeine und zugleich synthetische Erkenntnis vorausgesetzt und darauf ihre Apriorität gegründet habe. Zwar

A Kant III, Prol., S. 67 [AA IV, S. 305].

nimmt er den rationellen Teil der Wissenschaft als Faktum an, er gebraucht ihn als Beispiel für das Stattfinden synthetischer Erkenntnis von begrifflicher Allgemeinheit. Aber eben die Möglichkeit, d. i. die Begreiflichkeit dieses Faktums und der Beweis seiner Gültigkeit sind sein Problem.[A] Kant hat sich weder bei diesem Faktum beruhigt noch auf dasselbe als einen *Grund* der rationellen Erkenntnis berufen. Lautet nicht sein Problem: Wie sind synthetische Urteile a priori *möglich*? Demnach hat die Vorstellung berichtigt zu werden, Kant habe irgendwelche allgemeine und notwendige Erkenntnis ungeprüft hingenommen – die Vorstellung etwa, er habe sich von der Mathematik aus auf die Notwendigkeit, solche Erkenntnis zuzugeben, berufen. Die Prüfung dieser Erkenntnisse, die Rechtfertigung ihrer objektiven Gültigkeit bildet die Aufgabe des positiv kritischen Teils der Kantischen Erkenntnislehre.

Wir sind nunmehr vorbereitet, die Formel der kritischen Fragestellung zu erläutern. Synthetische Urteile überhaupt sind Urteile auf Grund von *Anschauung*. Empirisch synthetische Urteile sind jene, deren Verknüpfungsgrund empirische Anschauung, oder Wahrnehmung ist. Die Gegenwart der Objekte bewirkt ihre empirische Anschauung. Die Erfahrung gibt selbst Anschauung her und *erweitert* unsere Kenntnis vom Objekte durch neue Anschauungen. Der Gegenstand erscheint von neuen Seiten, in geänderten Verhältnissen, deren Betrachtung unser Wissen von ihm synthetisch bereichert. Die empirische Anschauung bedarf keiner weiteren *erkenntnistheoretischen* Erklärung, sie ist | nur einer physiologischen, also selbst empirischen Erklärung ihres Herganges fähig. Der Grund der empirisch synthetischen Urteile braucht nicht erst gesucht zu werden; er ist gegeben zugleich mit dem Urteile selbst. Der Fortschritt in empirischen Urteilen ist immer *reell*, nie imaginär, weil er am Leitfaden wirklicher Anschauungen zurückgelegt wird.

Wenn es aber auch synthetische Urteile *a priori* geben soll, so muss es eine Anschauung a priori geben.[B] Denn der Grund aller

A Siehe unten § 2 dieses Kapitels.

B »[S]oll es synthetische Erkenntnisse a priori geben, so muss es auch synthetischen Urteile ist Anschauung, der Grund | dieser Urteile a priori mithin eine Anschauung a priori. Lässt sich also unabhängig von dieser Erwägung, die nur ein Postulat enthält, zeigen, dass Anschauung a priori stattfinde, so ist die Möglichkeit jener Urteile erwiesen, ihre Denkbarkeit im Allgemeinen gezeigt. Hier tritt nun die transzendentale Ästhetik ein, welche aus der *Beschaffenheit* der Vorstellungen von Raum und Zeit, also *analytisch* durch Zer-

Anschauungen sowohl als Begriffe a priori geben, deren Möglichkeit also zuerst erörtert und dann die objektive Realität derselben durch den notwendigen Gebrauch derselben zum Behuf der Möglichkeit der Erfahrung bewiesen werden muss« (Kant I, Fortschritte, S. 496 [AA XX, S. 266]). »[D]er Ausdruck eines *synthetischen* Urteils führt sofort eine Hinweisung zu einer Synthesis a priori bei sich und muss die Untersuchung *veranlassen*: ob es nicht Begriffe gebe, die nichts als die reine synthetische Einheit eines Mannigfaltigen (in *irgend*einer Anschauung) zum Behuf des Begriffs eines Objektes überhaupt aussagen (...) und da diese nun bloß das *Denken* eines Gegenstandes überhaupt betreffen, ob nicht auch zu einer solchen synthetischen Erkenntnis die Art, wie derselbe gegeben werden müsse, nämlich eine *Form seiner Anschauung*, ebenso wohl a priori vorausgesetzt werde« (Kant I, Entdeckung, S. 475 [AA VIII, S. 244]). »Alle synthetische Urteile der theoretischen Erkenntnis sind nur durch die Beziehung des gegebenen Begriffs auf eine Anschauung möglich. Ist das synthetische Urteil ein Erfahrungsurteil, so muss empirische Anschauung, ist es aber ein Urteil a priori, so muss ihm reine Anschauung zu Grunde gelegt werden. Da es nun unmöglich ist, reine Anschauung zu haben, wenn sie nicht bloß in der Form des Subjekts und seiner Vorstellungsrezeptivität besteht, so kann die Wirklichkeit synthetischer Sätze a priori schon hinreichend sein, zu beweisen, dass sie nur auf Gegenstände der Sinne und nicht weiter als auf Erscheinungen gehen können, ohne dass wir noch wissen dürfen, dass Raum und Zeit jene Formen der Sinnlichkeit (...) sind« (Kant XI/1, Briefe, S. [97-]98 [AA XI, S. 38]). »Die Synthesis der Zusammensetzung des Mannigfaltigen bedarf einer Anschauung a priori, damit die reinen Verstandesbegriffe ein Objekt hätten und das sind Raum und Zeit (...). Nun gibt es in der Tat synthetische Sätze a priori, denen Anschauung a priori zum Grunde liegt, mithin denen ein Objekt in einer nicht empirischen Vorstellung korrespondiert.« (Kant XI/1, Briefe, S. 186 [AA XII, S. 223])

An allen diesen Stellen tritt der *methodische* Zusammenhang zwischen transzendentaler Logik und Ästhetik auf das deutlichste hervor und aus ihnen erhellt zugleich der wahre Sinn der synthetischen Urteile als Urteile auf Grund von Anschauung.

gliederung derselben, beweist, dass sie Anschauungen a priori sind. Die »metaphysische« Erörterung der transzendentalen Ästhetik ermittelt den Grund synthetischer Urteile a priori. Die formale Anschauung kann ebenso zur Synthesis a priori von Begriffen dienen, wie die empirische, inhaltlich bestimmte, Grund zur Synthesis a posteriori ist.

Allein – synthetische *Urteile* sind als Urteile die begriffliche Einheit von Vorstellungen, die auf *Objekte* geht. Synthetische Urteile a priori also Urteile, die a priori auf Objekte sich beziehen. *Die Frage: ›wie sind synthetische Urteile a priori möglich‹, ist mithin dieselbe Frage, welche in dem oben erörterten Briefe an Herz aufgeworfen wurde – ›wie können sich Begriffe a priori auf Objekte beziehen?‹* Daher haben wir an jener Stelle die Frage der Vernunftkritik erkannt. Der Ausdruck allein hat sich verwandelt, die Bedeutung der Frage ist ungeändert geblieben. Wie ist Erkenntnis von Gegenständen aus Begriffen allein möglich? Eine Frage, die Hume allgemein verneint, die Kant unter der Einschränkung der Erkenntnis auf *Erscheinungen* der Hauptsache nach endgültig entschieden hat. Wie muss der Grund der Synthesis a priori zu Urteilen, die reine Anschauung, beschaffen sein, damit diese Urteile notwendig gegenständliche Bedeutung haben? Diese Anschauung muss Auffassungsform des gegenständlich Wirklichen und dadurch notwendig auf Objekte überhaupt bezogen sein. Diesen Beweis führt die Ästhetik in ihrer »transzendentalen« Erörterung.[A] Wir ersehen daraus, dass das Problem der Kritik weitere Probleme hervorruft – die Frage: ›gibt es Anschauung a priori‹, formale aus dem Bewusstsein selbst ent|springende Anschauung, und die Frage: ›ist diese Anschauung notwendig von Gegenständen gültig?‹

Die Aufgabe der kritischen Logik wird es sein, aus der Form der Urteile die ursprünglichen Begriffe des Erkennens zu erweisen und ihre Gültigkeit von der Form der Erscheinung der Dinge zu zeigen, d. i. ihre Möglichkeit, zu synthetischen Urteilen a priori verknüpft zu werden, nachdem zuvor die Ästhetik den Grund dieser Verknüpfung in der reinen Anschauung gegeben hat.

A Siehe dazu unten § 3 dieses Kapitels.

Wir haben damit den begrifflichen Teil der Frage entwickelt. Die Frage würde jedoch nicht hinlänglich verstanden werden, wenn wir nicht auch ihre faktische Bedeutung zu zeigen suchten; wenn es nicht Urteile gäbe, die mit dem Anspruch und in der Gestalt von synthetischen a priori im Bewusstsein erscheinen würden.

Gibt es Urteile, die a priori und zugleich synthetisch sind?

Das heißt nicht, sind solche Urteile gültig?, sondern, werden sie wirklich gefällt? Die Frage, die uns jetzt beschäftigen soll, ist eine »quaestio facti«, nicht die »quaestio juris«[A]. Die Tatsache könnte immerhin stattfinden, ohne einen Grund zu haben, ohne eine berechtigte, in ihrer Gültigkeit beweisbare Tatsache zu sein. *Die Tatsache findet unzweifelhaft statt.* Das Faktum irgendeiner Metaphysik älterer oder neuerer Zeit, welche nicht kritisch ist, beweist allein schon die Existenz solcher Urteile im menschlichen Bewusstsein. Hier haben wir reine Begriffsverbindungen mit dem Anspruche, von Objekten, und zwar übersinnlichen Objekten, gültig zu sein. Freilich sind dies keine echten, synthetischen Urteile; die Kritik wird beweisen, dass sie niemals Erkenntnisurteile sein können, weil es ihnen an einem Grunde der Anschauung gebricht. Aber subjektiv genommen sind sie natürlich. Man kann von einer »Naturanlage zur Metaphysik«[B] reden, wenn man auch in dieser Anlage nur eine Neigung zur Selbsttäuschung, statt mit Kant ein Mittel zur Befriedigung moralischer Bedürfnisse entdecken kann. Dem maßlosen und verkehrten menschlichen Wollen dient die Willkür des Denkens; der unendlichen Zusammensetzung der Wünsche entspricht die unbeschränkte Zusammensetzungsfähigkeit der Begriffe. – Aber | es gibt auch echte synthetische Urteile a priori. Wenn auch der Verstand nicht jenseitige Welten aus nichts zu schaffen vermag – außer im metaphysischen Traume, so gebietet er doch über die Erscheinung oder Vorstellung der diesseitigen, einzigen Wirklichkeit. Kant hat entdeckt, dass die obersten Grundsätze der Naturwissenschaft und die letzten Grundlagen der

A [Kant I, Fortschritte, S. 507; AA XX, S. 275 und Kant II, KrV, S. 82; AA III, S. 99.]

B [Kant II, KrV, S. 708; AA III, S. 41.]

Mathematik eine Synthesis a priori enthalten, auf deren Sicherheit das wissenschaftliche Ansehen dieser Erkenntnisgebiete beruht. Man hat den methodischen Gang Kants an diesem Punkte meistens missverstanden und erklärt, Kant setze eine *gültige* Synthesis a priori voraus und habe dann leicht, dieselbe hinterher zu beweisen. Was Kant wirklich voraussetzt, ist nur das Faktum der Synthesis a priori, außer in der Metaphysik auch in der Mathematik und Physik. Dieses Faktum aber folgt für ihn aus der Analyse der mathematischen Grundsätze und naturwissenschaftlichen Prinzipien. Nur die *reine* Mathematik ist durch ihre Existenz allein hinlänglich gerechtfertigt. Ob sie aber *mehr* ist als ein »bloßes Hirngespinste«[A], ob ihre Synthesis a priori ein wahres *Urteil* ergebe, ob sie von der Wirklichkeit gelte? – diese Fragen werden von Kant nicht ohne Untersuchung für erledigt gehalten, sondern durch strenge Beweisführung entschieden. Kant setzt die *objektive* Gültigkeit der Mathematik nirgends voraus, sondern beweist sie. Was er einzig und allein nachweist (nicht aber voraussetzt), ist das Stattfinden einer Synthesis a priori – und dieser Nachweis wird bei ihm nicht durch ein »mathematisches Vorurteil«[124] verfälscht, sondern durch eine richtige Analyse der mathematischen Methode geleistet. Kants System stützt sich nicht auf der erbetenen oder behaupteten Gültigkeit der Mathematik, so dass es durch unsere übersinnlichen Geometer erschüttert werden könnte.[B] Auch ist die Mathematik und namentlich die Geometrie »in der rezipierten Bedeutung des Worts« nicht der einzige »Bundesgenosse«[125] Kants. Die logischen Prinzipien der Naturwissenschaft sind es ebenfalls, so dass auch von einem »naturwissenschaftlichen Vorurteile Kants« gehandelt werden müsste. | Das Ansehen dieses Bundesgenossen ist sogar noch mächtiger als das der Mathematik. Während die Letztere, für sich genommen, im ideellen Gebiete des Denkens verharrt, so dass ihre Konstruktionen zunächst nur durch die eigene Folgerichtigkeit und Gesetzlichkeit gewährleistet werden, finden die naturwissenschaftlichen Prinzipien – jene

A [Kant II, KrV, S. 87; AA III, S. 103.]

B Näheres über die Stellung der Mathematik im Folgenden.

methodischen Grundsätze, durch deren Gebrauch wir in den Zusammenhang der Erscheinungen eindringen – ihre Bestätigung durch den beständigen Fortgang der Erfahrung. Die Naturwissenschaft zweifelt nicht an der Beharrlichkeit und Gleichartigkeit der Materie, sie ist überzeugt vom Grundsatz der Beharrung der Bewegung und vom Prinzipe der Erhaltung der Kraft, weil sie die Stabilität der Natur im Ganzen durch Erfahrung und Experiment beweisen kann.[A] Dennoch bleibt hier eine philosophische Frage zu entscheiden. Lässt sich diese glückliche Übereinstimmung der allgemeinsten Naturgesetze mit den Denkgesetzen auch unabhängig von Erfahrung, aus Begriffen beweisen? Lässt sich zeigen, dass dieses tatsächliche Zusammentreffen a priori notwendig sei? Kant hat diesen Beweis angetreten und | zum größten Teile durchgeführt. Er hat aus der *logischen Synthese* des Bewusstseins die *objektive* Gültigkeit der obersten Naturgesetze bewiesen!

A Über die Auffassung der *tatsächlichen* Synthesis a priori in der Naturwissenschaft siehe folgende Stelle: »Was die Realität der Elementarbegriffe aller Erkenntnis priori betrifft, die ihre Gegenstände in der Erfahrung finden können, ingleichen der Grundsätze, durch welche diese unter jene subsumiert werden, so kann die Erfahrung selbst zum Beweise ihrer Realität dienen, ob man gleich die Möglichkeit nicht einsieht, wie sie, ohne von der Erfahrung abgeleitet zu sein, mithin a priori, im reinen Verstande ihren Ursprung haben können: z. B. der Begriff einer Substanz und der Satz, dass in allen Veränderungen die Substanz beharre (...). Dass dieser Schritt der Metaphysik reell und nicht bloß eingebildet sei, *nimmt der Physiker ohne Bedenken an, denn er braucht ihn mit dem besten Erfolg in aller durch Erfahrung fortgehenden Naturbetrachtung, sicher, nie durch eine einzige widerlegt zu werden;* nicht darum, weil ihn noch nie eine Erfahrung widerlegt hat, (...) sondern *weil er ein dem Verstande unentbehrlicher Leitfaden ist, um solche Erfahrung anzustellen.*« (Kant I, Fortschritte, S. 560 [AA XX, S. 318]; siehe dazu auch Kant III, Prol., S. 105, Anmerkung [AA IV, S. 335]) Der letzte, von mir hervorgehobene Satz wird durch die Geschichte der Naturwissenschaften glänzend bestätigt. Die Prinzipien der Erhaltung wurden zuerst vom Verstande als ein »Leitfaden« ergriffen, um sich logisch im Labyrinthe der Phänomene zu orientieren. Und sie sind methodische Prinzipien geblieben, nach denen wir die Erscheinungen ordnen, nicht, die wir den Erscheinungen *unter*ordnen.

Diese Gesetze sind nun ohne Zweifel synthetisch[A], weil sie auf Anschauung beruhen, weil der Grund ihrer Verknüpfung eine allgemeine, formale Anschauung ist.

Der Grundsatz der Kausalität ist die Annahme, dass die Abfolge der Erscheinungen in der Zeit analog wie Grund und Folge, also notwendig bestimmt sei. Die in diesem Satze ausgedrückte Synthese beruht also auf der Anschauung der Zeit. Der Grundsatz der Gleichung zwischen Wirkung und Gegenwirkung, d. i. der Gegenseitigkeit der Veränderungen, beruht zugleich auf dem Schema des Raumes. Das Prinzip der Erhaltung überhaupt behauptet die Beharrlichkeit in jeder Zeit. Das Erhaltungsprinzip der Substanz ist offenbar nicht analytisch, sondern synthetisch. Im Worte ›Substanz‹ scheint freilich der Satz der Beharrung analytisch zu liegen. Aber es kommt auf die objektive Gültigkeit des Gesetzes, nicht auf die *nach* dem Gesetze gebildete Wortverbindung an. Der Satz der Erhaltung der Materie behauptet, dass ein substantieller, alle Zeit beständiger Grund der Erscheinungen wirklich sei. Das Beharrungsprinzip der Bewegung und Ruhe gebietet über Raum und Zeit ins Unendliche. Der Grundsatz der Gleichung von Ursache und Wirkung, obschon auf den ersten Anblick analytisch, weil er eine Identität behauptet, ist doch sicher synthetisch, weil Ursache und Wirkung Veränderungen sind, keine Begriffe, und die Gleichung zwischen ihnen eine Gleichung wirklicher Größen ist. Es ist überhaupt nicht der Inhalt, sondern der Grund eines Urteiles[126], der es zu einem synthetischen macht. Daher gibt es auch *synthetische* Identitätssätze. Dies mag für jene gesagt sein, welche die Mathematik für analytisch halten, weil sie durch lauter Gleichungen fortschreitet.

Sollen diese Prinzipien in ihrer Gültigkeit *eingesehen* werden können, soll ihr Gebrauch nicht bloß durch den Erfolg, | sondern durch Gründe gerechtfertigt werden – wir gebrauchen sie aber als Beurteilungsprinzipien der Erfahrung, wir unterwerfen die Erfahrung ihnen, nicht sie der Erfahrung – so müssen wir über Raum und Zeit im Allgemeinen verfügen. Denn wir behaupten Gesetze

A Ich bemerke, dass schon *logisch* betrachtet jeder Begriff eines Gesetzes synthetisch sein muss. Nur die Begriffe der Gattung sind analytisch.

für alle Zeit, obschon die Zeit unserer und die summierte Zeit der Erfahrung aller Menschen ein Nichts ist im Vergleich mit der Zeit überhaupt. Die bloße Fähigkeit, das Beharrungsgesetz zu denken, setzt die Fähigkeit voraus, die unendliche Zeit zu denken und logisch zu bestimmen. So verstärkt die Tatsache der synthetischen Axiome der Naturwissenschaft die Lehre der Idealität von Raum und Zeit im absoluten Sinne.[A]

Die Sätze der reinen Mathematik sind synthetisch.

Man[128] hat gegen das Beispiel Kants[129]: ›die Gerade ist die kürzeste Verbindung zweier Punkte‹, eingewendet, schon der Ausdruck ›die kürzeste Verbindung‹, deute auf eine Vergleichung, mithin auf die Ableitung des Urteils aus dem Satze der Übereinstimmung hin. Auf eine Vergleichung ohne Zweifel – aber wir können Linien nicht vergleichen, »ohne sie zu ziehen«[B], also nur auf Grund von Anschauung, nicht auf Grund eines Begriffs, wenn überhaupt ein solcher der Linie, seinem Gegenstande, vorhergehen könnte. Der Satz ist mithin ohne Zweifel synthetisch gebildet. Man hat gegen das zweite Beispiel: ›7 + 5 = 12 ist ein synthetisches Urteil‹, erinnert, dass der Satz unter der Voraussetzung des dekadischen Systems analytisch begründet werden kann. Gewiss. Aber wie *bilden* wir dieses System selber?[C] | Die Hervorbringung von Zahlen und Zahlensystemen ist so augenscheinlich eine synthetische Denkoperation, dass wenigstens dies analytisch einzusehen ist. Tatsäch-

A Selbstverständlich soll diese Betrachtung nur vorläufig sein. Wir werden im zweiten Bande sehen,[127] dass der philosophische Beweis jener allgemeinsten Naturgesetze vielmehr darauf beruht, *dass wir den absoluten Raum und die absolute Zeit eliminieren!*, also die in jenen Gesetzen ausgedrückten logisch-realen Grundlagen der Erfahrung, von Raum und Zeit, in ihrer ungeschlossenen Unendlichkeit, *unabhängig* machen können. Es erhellt jedoch sofort, dass auch dieser Beweisgang auf der Idealität jener Schemata gegründet ist.

B [Kant II, KrV, S. 142, AA III, S. 121.]

C In diesem Falle (beim dekadischen Systeme) ist der Grund empirische Anschauung, wie denn überhaupt alle *bestimmten* Zahlverbindungen zugleich auf empirischer Anschauung beruhen müssen. Aber der Grund der Synthesis der Zahlen überhaupt ist immer auch eine reine synthetische Denkfunktion.

lich leiten wir übrigens spezielle Summensätze nicht analytisch vom synthetisch gebildeten Systeme ab, sondern greifen lieber kurzweg zu einer neuen Synthese. Das erste Glied der obigen Gleichung enthält eine Aufgabe, das zweite die Lösung. Die Lösung ist nicht im Begriff der Aufgabe, sondern in ihrer synthetischen Form aufgegeben, sie erfolgt durch wirkliche Summierung, also Synthese. Allgemein ausgedrückt, enthält der Begriff des ersten Teiles nur den Satz ›a + b = x‹; die synthetische Lösung durch Fortschreiten auf der ideellen Zahlenlinie den Satz ›a + b = c‹. Kaum ein Teil der Theorie Kants ist so sehr durch Missverständnisse umnebelt worden, als seine ebenso klare wie richtige Auffassung der mathematischen Methode. Der Grund der Gültigkeit der Mathematik soll nach ihm auf bloßer Anschauung beruhen, auf »produktiver Einbildungskraft«. Man übersieht, dass es nach Kant keine Anschauung gibt, die nicht begrifflich, d. i. durch die logischen Einheitsfunktionen bestimmt wäre. Man bemerkt nicht, dass die Theorie der Mathematik in der transzendentalen *Logik begründet*, in der Ästhetik nur vorläufig angezogen wird. Man vergisst, dass es *Begriffe* sind, welche in der Anschauungs*form* konstruiert werden. Wie, Kant sollte es entgangen sein, dass die Mathematik angewandte Logik sei, da es doch seine eigenste Lehre ist, dass in jeder *Erkenntnis* Anschauung und Begriff untrennbar zusammenwirken? Die bloße Logik ist Analysis der Begriffe und macht eigentlich keinen Schritt im Gebiete des Erkennens vorwärts; die Logik in den Anschauungs*formen*, die dadurch selber allererst zu Anschauungen werden, ist Synthesis der Begriffe: die Mathematik.

Indessen lässt sich der synthetische Charakter der Mathematik unabhängig von den einzelnen Beispielen Kants zeigen, also prinzipiell begründen. Was den Anschein, die Mathematik sei analytisch, immer von Neuem hervorbringt, ist einerseits der Umstand, dass der rein logische Teil der Mathematik in einem gewissen Umfange vom synthetischen unabhängig gestaltet werden | kann – ein methodischer Vorteil, der nichts über den Charakter des ganzen Wissensgebietes entscheidet; denn ohne Rückbeziehung auf die synthetischen Grundlagen verlassen wir eben das mathematische Gebiet gänzlich und treten ins rein logische über. Vor allem aber ist es die Wahrnehmung, dass der Beweisgang der Mathematik durch lauter Gleichungen führt. Heißt nicht ein Teil der Mathematik Analysis – und sind nicht Gleichungen Identitätssätze? Es wurde schon im Allgemeinen bemerkt, dass es sich nicht darum handle, ob ein Satz Identität ausdrücke oder nicht – jeder *Grund*satz muss Identität ausdrücken –, sondern darum, ob diese Identität aus bloßen Begriffen erkannt werde oder nicht. Im ersteren Falle allein haben wir analytische Sätze. Die Gleichungen der Mathematik setzen nicht Größen einander gleich, wie logische Gleichungen Begriffe, sondern Größenoperationen – Gesetze, nach denen gleiche Größen erzeugt werden können. Also sind sie synthetische, nicht analytische Identitätsurteile. Sie sind daher auch nicht wie bloß begriffliche Identitätssätze rein umkehrbar.[A] Gleichungen ferner werden aufgelöst durch lauter »symbolische Konstruktionen«[B], indem eine angezeigte Operation auf eine andere zurückgeführt wird. Jedes Glied einer Gleichung enthält die Aufgabe, Begriffe nach einem in der Anschauung darstellbaren Verfahren zu verknüpfen, es ist eigentlich der verkürzte Ausdruck dieses Verfahrens selbst. Denn nicht in den Symbolen, sondern den durch sie angezeigten Konstruktionen liegt der Sinn eines mathematischen Begriffs. Dieses in der Gleichung dargestellte Gesetz der Größenbildung und -beziehung wird auf einfachere Gesetze – also wieder auf synthetische Begriffe reduziert. Die Gleichung ist synthetisch. Schon die allgemeinen logischen Sätze über Gleichungen, die bekannten mathematischen Axiome: Gleiches zu Gleichem ergibt Gleiches, Größen, die einer dritten gleichen, können substituiert werden usw., sind sogar dem Wortlaute nach synthetisch; sie geben das Verfahren an, Identität zwischen Größen herzustellen. Kants Satz von der Synthesis a priori in der Mathematik erscheint als gerechtfertigt. |

Die Frage nach der Denkbarkeit und Gültigkeit synthetischer Sätze a priori ist demnach keine müßige. Sie zielt auf Tatsachen

A Wie *Ohm* in der Einleitung seines »Geist der mathematischen Analysis« treffend bemerkt hat.

B [Ohm, Geist, S. 3.]

der Wissenschaft. Sie verlangt die Prüfung der logischen und, weil synthetische Erkenntnis zugleich auf Anschauung beruht, auch der sinnlichen Grundlagen der Wissenschaft. Sie ist daher das Problem einer allgemeinen Wissenschafts-Theorie. Doch ging die Absicht Kants nicht so weit. Seine Tendenz war kritisch - nicht in Bezug auf die Erfahrungswissenschaft, die durch sich selbst beglaubigt werde, sondern in Bezug auf die vermeintliche Wissenschaft des Übersinnlichen. Er zweifelte nicht an der Sicherheit der Fundamente der positiven Wissenschaft, er sucht nur zu ermitteln, ob dieselben auch noch das Gebäude der Metaphysik zu tragen vermöchten. Er prüfte die Regeln des *reellen* Gebrauchs der Begriffe, um ihren *imaginären* zu kritisieren.

Außer dieser kritischen Absicht Kants haben wir, um die Grenzen des Problems der Kritik zu kennen, fortwährend im Auge zu behalten, dass dasselbe nur auf den Anteil der Form des Bewusstseins an der Erkenntnis, also ausschließlich auf das Wissen a priori gerichtet ist. Kant wollte nur eine Kritik des reinen, keine Theorie des empirischen Verstandes leisten. Von den reinen, formalen Begriffen nahmen jene endlosen Streitigkeiten über metaphysische Dinge ihren Ursprung, rührten die dialektischen Auftritte her, die den menschlichen Verstand entzweiten. Vorstellungen, die aus der Form des Bewusstseins entspringen, sind subjektiv genommen unbeschränkt. Das bloße Vorstellungsschema ist unendlich, weil formal. Durch den reinen Gebrauch dieser Begriffe gerät der Verstand in sinnliche und logische Unendlichkeiten; er verwickelt sich in die *Dialektik* der eigenen Begriffe. Die Dialektik ist keineswegs die Nebensache der Kantischen Vernunftkritik. Von vorneherein war vielmehr die kritische Untersuchung auf die Dialektik hingerichtet, und es ist von Bedeutung, dass die Antinomie schon in der Dissertation in den Vordergrund trat. Was also Kant bezweckte, war eine Kritik der Metaphysik. Mit der Dialektik beginnt erst »die eigentliche Annehmlichkeit einer Kritik, mit einem sicheren Leitfaden | in einem Labyrinthe herumzuspazieren, darin man sich alle Augenblicke verirrt und ebenso oft den Ausgang findet«[A].

A Kant an Mendelssohn (Kant XI/1, Briefe, S. 15 [AA X, S. 346]).

Indem man aber diese Einschränkung der kritischen Aufgabe auf den ursprünglichen und rationellen Teil des Erkennens nicht bemerkte, vermisste man entweder, wie Herbart, die Lösung der Frage: ›woher die bestimmten Gestalten und besonderen Verhältnisse der Dinge kommen?‹ – ohne Zweifel einer sehr wichtigen, aber nicht mehr zur Kritik, sondern zu einer ausführlichen Theorie der Erkenntnis gehörigen Frage – oder man ging mit Fichte daran, die gesamte Erfahrung auch ihrem Inhalte nach, also die Welt und Sich-selbst aus dem Ich abzuleiten, nachdem Kant mit Recht nichts Weiteres als die *formale Einheit* der Erfahrung aus der Einheitsfunktion des Bewusstseins abgeleitet hatte.

In gewissem Betrachte schließt die Erkenntnis a priori die empirische in sich ein. Alle Erkenntnis ist ihrer allgemeinen Form nach a priori, nach ihrem Inhalte, wozu auch die besondere Form der aufgefassten Dinge gehört, empirisch. Jede empirische Anschauung aber ist in der Gesetzlichkeit der Vorstellungsform empfangen, mithin zugleich a priori bestimmt; jedes besondere Naturgesetz muss, soweit es bewusst wird, notwendig das logische Gepräge der formalen Bewusstseinseinheit tragen. Alle Naturgesetze sind daher zugleich logische Gesetze. Die besonderen Synthesen der Erfahrung können nur erfasst werden durch die allgemeine, die Erfahrung selbst begründende Synthese des Bewusstseins. Somit ist die Theorie der reinen Erkenntnis zugleich der prinzipielle Teil der Theorie der empirischen. Die empirischen Bestandteile des Erkennens hat Kant nicht unerörtert gelassen. Es lässt sich aus seinen hierher gehörigen Äußerungen, obschon dieselben für den Zweck einer bloßen Kritik nebensächlich sein mussten, eine bestimmte Antwort auf die obige Frage Herbarts geben. Wir werden weiterhin diesem Punkte besondere Aufmerksamkeit zuwenden.

Zur Lösung des kritischen Problemes ließen sich zwei Wege nehmen. Man konnte von der Tatsache der reinen synthetischen | Erkenntnis in der Mathematik und Naturwissenschaft ausgehen und zu den Bedingungen, unter denen dieselbe begreiflich ist, aufsteigen. So verfährt die Geometrie, wenn sie eine Aufgabe, deren Lösung gesucht wird, als gelöst betrachtet und aus der Natur der Aufgabe die notwendigen Bedingungen ihrer Lösung ermittelt. Dies Verfahren ist *analytisch.* In diesem Falle werden wir nicht untersuchen, *ob,* sondern *wie* reine Erkenntnis möglich sei. Man kann aber auch unmittelbar aus den Elementen des Bewusstseins die Erkenntnis ableiten, statt von der Mathematik von den Vorstellungen ›Raum‹ und ›Zeit‹, statt von der Naturwissenschaft von den Elementarbegriffen und Grundsätzen einer Erfahrung überhaupt ausgehen und so das Fundament der Wissenschaft mit ihren Grundsteinen legen. Dieser Weg ist synthetisch; er zeigt nicht nur die Bedingungen einer angenommenen Tatsache, er bringt die Tatsache selbst hervor, die daher durch ihn außer allen Zweifel gesetzt wird. Das analytische Verfahren ist nicht direkt und es hinterlässt einen Zweifel an seiner Richtigkeit. Wie, wenn die Tatsache, die es zu Grunde nimmt, nicht gewiss wäre? Für sich allein stets diesem Bedenken ausgesetzt, kann jedoch das analytische Verfahren recht gut zur Gegenprobe des synthetischen dienen. Und zu einer solchen Probe hat es Kant in der Tat gebraucht. In der Erläuterungsschrift zur Kritik, den Prolegomenen, verfährt er analytisch; in der Kritik selbst nimmt er den synthetischen Weg. Hier forscht er in den Quellen, aus denen Wissenschaft entspringt, dort in dem Reservoir des Wissens. Methodisch ist das Verfahren der Kritik überzeugender; geschichtlich war es das ursprüngliche Verfahren Kants. Nicht die Theorie der Mathematik, sondern die Untersuchung der Vorstellungen von Raum und Zeit führte zur Idealitätslehre der »Ästhetik«, nicht die reine Naturwissenschaft hatte die kritische Logik zum Ergebnisse, sondern die Frage: Wie können sich Begriffe, die zunächst nur Funktionen des Denkens ausdrücken, a priori auf Gegenstände beziehen?[A] |

A Kuno Fischer ist der entgegengesetzten Ansicht. Er findet in der späteren, erläuternden Schrift den Weg der Entdeckung verzeichnet und | behauptet, man werde die Vernunftkritik niemals verstehen, wenn man sich nicht fortwährend in Kants »induktive Denkweise« [Fischer, Geschichte, Band III, S. 340] hineinversetze. Ich kann dieser Ansicht aus mehreren Gründen nicht beitreten. Die *analytische* (nicht induktive!) Methode der Prolegomena ist für sich selbst nicht vollkommen schlüssig. Sie leitet die Tatsache der reinen Erkenntnis aus ihren notwendigen Voraussetzungen ab, und beruht mithin selber auf dem Stattfinden zweier Bedingungen: der

§ 2a. Die *Methode.* Unterschied der *metaphysischen* Erörterung und *Deduktion* von der *transzendentalen.* Ableitung der Tatsache reiner Erkenntnis und Beweis ihrer Gültigkeit von den Objekten. Die Ableitung der Tatsache erfolgt durch *Analyse* der Begriffe. Die Tatsache reiner Anschauungsformen. *Metaphysische* Erörterung des Begriffes vom Raume. Beweisgrund für die objektive Gültigkeit der Raumform (*transzendentale* Erörterung). Die Ergebnisse der kritischen Raumlehre werden auf die Lehre von der Zeit übertragen. Zweifel an der Berechtigung dieser Übertragung. Sinn des Ausdrucks: *reine Anschauung*

Es wird in der »Kritik der reinen Vernunft« gezeigt, dass und unter welchen Bedingungen reine Erkenntnis stattfinde; die Tatsache der Erkenntnis wird abgeleitet und Grund sowie Grenze ihrer Gültigkeit erklärt. |

Bedingung, dass die Tatsache *gewiss* sei und dass ihre Voraussetzungen die einzig denkbaren Erklärungsgründe für dieselbe seien. Weder das eine noch das andere finde ich in den Prolegomenen wirklich bewiesen. Man kann die Auffassung der Mathematik und der obersten Prinzipien des Naturerkennens, wie sie Kant in der Einleitung der Prolegomena begründet, auch nach dieser Begründung bezweifeln, und hat sie wirklich bezweifelt. Man kann die Mathematik für analytisch, man kann sie für empirisch erklären. Die allgemeinsten Gesetze der Natur können für Generalisationen aus der Erfahrung betrachtet werden, und ihr Inhalt wenigstens ist ohne Zweifel empirisch. Das Faktum einer Wissenschaft unterliegt als Tatsache einer Erkenntnis zunächst subjektiver Wertschätzung. Das Faktum, von dem die Prolegomena ausgehen, ist *nicht gewiss*, es ist ein bestreitbares und tatsächlich bestrittenes Faktum. Ebenso wenig sind die Bedingungen, welche die Erläuterungsschrift für das angenommene Faktum ermittelt, die einzig denkbaren, wenigstens fehlt in der gedachten Schrift dafür der strenge Beweis. Wie, wenn die angenommene Erkenntnis aus einem subjektiven »Präformationssysteme« des Bewusstseins hervorginge? Dann wäre die Erkenntnis selbst nur subjektiv, nicht objektiv notwendig. Es fehlt in den Prolegomenen die transzendentale Deduktion und damit der Beweis der objektiven Gültigkeit der Erkenntnisbegriffe. Wir erfahren aus ihnen allein nur, *dass* die Begriffe aus Verknüpfungen von Wahrnehmungen objektive Erfahrungssätze bilden, aber wir verstehen nicht, *wie* sie dies

Eine Analyse der Methode Kants hat demnach die beiden Fragen zu beantworten: Wie beweist Kant die Tatsache und wie zeigt er die Rechtmäßigkeit synthetischer, von der Erfahrung unabhängiger Erkenntnis? Da Erkenntnis überhaupt in der Einheit zweier Bestandteile der Anschauung und des Begriffs besteht – weil Anschauung nur durch bewusste Beziehung auf ein Objekt Erkenntnis ist und umgekehrt ein Begriff nur durch | die Bestimmung einer Anschauung, mindestens die Bestimmung ihrer Form, wirkliche Bedeutung empfängt – so zerfällt die erste Frage in zwei weitere: Wie beweist Kant die Tatsache einer von der Erfahrung unabhän-

können und müssen. Ohne beständigen Rückblick auf die unabhängig davon sichergestellten Ergebnisse der Kritik wird man die Prolegomena niemals verstehen können. Denn die Kritik leitet aus den Elementen des Bewusstseins das Faktum reiner Erkenntnis zugleich mit seiner objektiven Gültigkeit ab. Ihr Gedankengang, wenn auch nicht ihre Darstellung, ist einfacher, also schon insoferne zum Weg der Entdeckung geeigneter, als das Verfahren der Prolegomena. Diese Schrift legt Wissenschaften als gegebene Erkenntnis zu Grunde, sie entscheidet also bereits, dass es wissenschaftliche Erfahrung im striktesten Sinne des Wortes gebe, dass Erfahrung Erkenntnis sei, und die Bedingungen, die sie für diese Erkenntnis findet, sind daher auch nur solche der Wissenschaft, nicht der *Erfahrung überhaupt*. Die Kritik | dagegen legt nichts Weiteres zu Grunde, als den Begriff der Erfahrung und die Logik – eine analytische, nicht synthetische Wissenschaft. Ihr Beweis ist von jener Einschränkung frei. Sie ermittelt die einzig denkbaren Bedingungen der Erfahrung überhaupt. An dem Begriff der Erfahrung, den sie als Prinzip der Erkenntnis annimmt, kann gar nicht gezweifelt werden. Dass Erfahrung Vorstellung von Objekten sei, ist nicht zu bestreiten, wir mögen die Objekte vorläufig halten, wofür wir wollen. Wohl aber ist, wie gezeigt, das Faktum der Prolegomena zu bezweifeln. Auch wäre die Kritik nicht, was sie sein will, die Richterin über den Parteien, sie wäre selbst eine der Parteien, wenn sie die reine Erkenntnis zwar im Allgemeinen untersuchte, aber im Besondern voraussetzte, wenn sie sich in dem Streite der reinen Vernunft einfach auf einen Teil der Vernunfterkenntnis berufen würde. Hätte sie die Mathematik zur Richtschnur genommen, und die Idealität des Raumes und der Zeit von der Mathematik abgeleitet, so würden ihre Beweise nur hypothetisch sein können. In Wahrheit setzte Kant die Gültigkeit der Mathematik nicht voraus, sondern beweist sie aus Gründen, die von ihr unabhängig sind. Dass die mathematische Erkenntnis mehr sei – als ein »Hirngespinste« [Kant III, Prol., S. 50;

gigen Anschauung und wie das Faktum von Begriffen a priori? Analog zerlegt sich auch die Frage nach dem Beweis der objektiven Gültigkeit der reinen Erkenntnis in die Frage: wie die Gültigkeit einer formalen Anschauung und wie die der reinen Begriffe bewiesen wird? Kant selbst hat beide Fragen bestimmt gesondert; er nennt die Untersuchung der Tatsache die *metaphysische* Erörterung und metaphysische Deduktion, die Demonstration der Gültigkeit den *transzendentalen* Beweis.

Eine empirische Tatsache wird durch Wahrnehmung oder den Nachweis ihres notwendigen Zusammenhanges mit Wahrneh-

AA IV, S. 292.], dass sie von den Objekten gelte, ist keine Annahme, sondern die Folgerung der Kritik.

Diese Gründe werden noch anderweitig unterstützt. Es ist darauf aufmerksam zu machen, dass erst in die Einleitung der zweiten Auflage zugleich mit der Formulierung des kritischen Problems andere, zum Teil *wörtliche* Anführungen aus den Prolegomenen übergegangen sind, zum Beweis, dass die Reflexionen auf Mathematik und Naturwissenschaft in der bestimmten Weise der Erläuterungsschrift von späterem Datum sind und nicht zu den ursprünglichen Bestandteilen des kritischen Denkens gehören. Auch trennt ebenfalls erst die zweite Auflage die metaphysische von der transzendentalen Erörterung des Raumes; jene enthält die von der Geometrie unabhängigen Beweisgründe der Idealität des Raumes, aber auch die letztere leitet diese Idealität nicht *von* der Geometrie, sondern *für* dieselbe ab. Entscheidend gegen die Annahme Fischers ist endlich die Tatsache, dass die Prolegomena selbst den *wirklichen Hergang der Entdeckung* in einer Weise berichten, die von der Auffassung Fischers völlig abweicht. Demnach bestanden die ersten Schritte auf dem kritischen Wege in der Trennung der Elementarbegriffe in sinnliche und intellektuelle – der Frucht langen Nachdenkens, dem Standpunkt der | Dissertation –, in der Ableitung der letzteren aus der Form der Urteile – der Fortschritt von 1772, während die Entdeckung, die der transzendentalen Deduktion voranging, in der Hypothese bestand, dass die reinen Begriffe die Vorstellung des Objektes erst bewirken, dass das Denken eine allgemeine Bedingung der Erfahrung sei. – Die Prolegomena sind kommentierend, nicht grundlegend. So aufgefasst, hat ihr Verfahren, das als unabhängig angesehen der völligen Sicherheit und Geschlossenheit entbehrte, unleugbaren Wert. Es mochte für Kant reizend sein, nachdem sein Werk zustande gebracht war, die Ergebnisse desselben noch von anderer Seite zu beleuchten. Aber zustande bringen konnte er es auf dem Wege, den die Prolegomena gehen, nicht.

mung bewiesen. Ihr Beweisgrund ist physisch. Eine Tatsache, die wie die reine Erkenntnis nicht gegeben ist, sondern ursprünglich erzeugt wird, die kein inhaltliches Element enthält, sondern eine Form des Bewusstseins ist, kann nicht durch Wahrnehmung erkannt werden. Die reine Anschauung des Raumes ist nicht selbst ein empfundenes Bild, der Begriff, der eine Funktion des Denkens ausdrückt, nicht selbst Vorstellung, sondern ein formales Gesetz des Vorstellens. Von der Erfahrung unabhängig, kann diese Tatsache reiner Erkenntnis nicht direkt erfahren werden. Es ist keine Erfahrung, dass wir überhaupt denken, sondern eine Bedingung der Erfahrung. Wir erfahren nur, was wir hier und jetzt vorstellen, aber die reine Form des Vorstellens und Denkens | liegt diesseits jeder bestimmten Vorstellung. Der Beweis der Tatsache des reinen Erkennens kann nur aus Begriffen geführt werden. Er ist metaphysisch. Denn unter dem Ausdruck ›metaphysisch‹ versteht Kant jede rein aus Begriffen geführte Untersuchung. Man glaube nicht, dass wir hier vor einer unmöglichen Aufgabe stehen. Wir haben eine ursprüngliche Tatsache gleichsam nachzugestalten, und dafür sind uns deren Produkte, die Erkenntnisse, gegeben, wir mögen dieselben vorläufig für rein oder empirisch halten. Die Vorstellungen sind das Material, das in seine ursprünglich erzeugenden Gründe zerlegt, dessen anfängliche Produktion nacherzeugt werden soll. Ein Beleg, dass dieses Verfahren im Allgemeinen nicht undurchführbar sei, gibt uns die Logik. Sie zergliedert das Gedachte in seine elementaren Formverhältnisse und ermittelt in solcher Weise die Einheitsfunktionen des Denkens.

Diesen Weg nimmt Kant, den Weg einer rein begrifflichen Analyse der Vorstellungen, um die Tatsache des Apriori zu begründen. Er hat das Apriori weder gefunden noch weniger erfunden, weder durch psychologische Reflexion auf Seelenvermögen gewonnen noch einfach behauptet oder vorausgesetzt; er hat es aus der Beschaffenheit der Vorstellungen *abstrahiert*, dann *deduziert* – seine Gültigkeit bewiesen. Zu diesem Verfahren, das aus seiner Anwendung deutlich werden wird, ist zunächst eine allgemeine Bemerkung nötig. Nicht jeder Beweis einer Tatsache ist *induktiv*, also rein empirisch, sondern nur der Beweis durch Vergleichung vieler Fälle. Es gibt zwei Wege tatsächlicher Beweise, die Induktion und die Analyse oder Abstraktion.[A] Auf dem ersteren gelangen wir zu Regeln der Übereinstimmung, auf dem letzteren allein zu ursprünglichen oder einfachen Tatsachen. Der Chemiker zerlegt einen Stoff in seine Elemente und setzt ihn aus den gefundenen Bestandteilen wieder zusammen. Durch Analyse und ihre Umkehrung, die Synthese, erforscht er die Verbindungen der Substanzen und überträgt sodann die Ergebnisse seiner Untersuchung auf alle gleichartigen Stoffe. Dieses | Verfahren hat nun große Ähnlichkeit mit dem ersten Teile der Methode Kants. Auch Kant beweist die ursprüngliche Tatsache reiner Erkenntnis durch Analyse der Begriffe, er setzt die entdeckten Formbestandteile der Erkenntnis zum Begriff der Erfahrung zusammen, er beweist die notwendige Übereinstimmung in Bezug auf diese Erkenntnisse, also ihre Allgemeinheit, auf Grund seiner analytischen und synthetischen Untersuchung. Er selbst zieht die Vergleichung mit der Chemie herbei, um sein Verfahren zu kennzeichnen. Die Scheidung von Stoff und Form der Erkenntnis, die Sonderung der Bedeutung der Objekte in Dinge als Erscheinungen und Dinge an sich selbst erschien ihm im Bilde einer chemischen Analyse und Reduktion. »Dieses Experiment der reinen Vernunft hat mit dem der Chemiker, welches sie manchmal den Versuch der Reduktion, im Allgemeinen aber das synthetische Verfahren nennen, viel Ähnliches. Die *Analysis des Metaphysikers* schied die reine Erkenntnis a priori in zwei sehr ungleichartige Elemente, nämlich die der Dinge als Erscheinungen und der Dinge an sich selbst«[B]. Bezieht sich die Vergleichung an dieser Stelle auf das hauptsächlichste Ergebnis der Scheidung der reinen Erkenntnis selbst, so an der folgenden auf die Trennung der reinen und empirischen Begriffe, also auf die Ermittlung der kritischen Tatsache. »Wir haben die Beispiele der moralisch (und theoretisch [A. R.]) urteilenden Vernunft bei der Hand. Diese *nun in ihre Elementarbegriffe zu zergliedern, in Ermangelung der Mathematik aber ein der Chemie ähnliches Verfahren der Schei-*

A Apelt, Theorie der Induktion.

B Kant II, KrV, 2. Aufl., Vorrede [hier S. 673; AA III, S. 14].

dung des Empirischen vom Rationalen, das sich in ihnen vorfinden möchte, in wiederholten Versuchen am gemeinen Verstande vorzunehmen, kann uns beides *rein,* und was jedes für sich allein leisten könne, mit Gewissheit kennbar machen«[A]. Es ist von Wichtigkeit, diese objektive, weil an den Objekten des Denkens, an den Vorstellungen ausgeübte Methode bei der Beurteilung des Kantischen Gedanken|ganges im Auge zu behalten. Sie macht sein Verfahren von der Psychologie und Physiologie der Vorstellungskräfte unabhängig. Sie erhebt es zu einem rein begrifflichen, also philosophischen Verfahren. Die Analyse der Vorstellungen hat vor der Analyse der Stoffe gewisse Vorzüge voraus, deren bereits früher in einem anderen Zusammenhange gedacht wurde.

Wir wenden uns zur Beantwortung der ersten Frage: Wie beweist Kant die Tatsache der Anschauungsformen a priori?

Die allgemeine Unterscheidung zwischen Form und Stoff der sinnlichen Vorstellung gewinnt Kant am Begriffe der Erscheinung, d. i. an irgendeiner empirischen Anschauung, rein als Vorstellung, und noch nicht als Wahrnehmung eines Objektes betrachtet. Jede Anschauung enthält Empfindungen, die der Materie des durch die Anschauung bestimmbaren Objektes entsprechen. Und sie enthält eine gewisse Art und Weise der Vereinigung der Empfindungen, die daher nicht selber empfunden wird, sondern das Verhältnis, die Ordnung der Empfindungen ausmacht – Form der Anschauung. Gibt es nun eine *reine* Form der Anschauung, so muss es eine aus dem Bewusstsein selbst hervorgebrachte, also ursprüngliche Art und Weise der Vereinigung der Empfindungen zu einer Vorstellung geben. Die Form dieser Verbindung müsste vorgestellt werden können auch ohne Rücksicht auf die Empfindungen, die sie zu vereinigen dient, sie müsste bleiben, auch wenn von den Empfindungen abstrahiert wird, sie müsste eine Form des Vorstellens irgendwelcher gegebener Eindrücke sein.

A Kant VIII, KpV, S. 314 [AA V, S. 163]. Die herangezogene Stelle bezieht sich zwar zunächst auf die Methode der »Kritik der praktischen Vernunft«. Sie gilt jedoch allgemein, weil die Methode aller kritischen Werke eine und dieselbe ist.

Diese Reflexion auf Form und Gehalt einer sinnlichen Vorstellung ist logisch, nicht psychologisch, sie erfolgt durch Zergliederung des Begriffs einer Anschauung, nicht durch Betrachtung des Vermögens der Anschauung. Ferner liegt in ihr die Anerkennung des empirischen Erkenntnisfaktors neben und gleichbedeutend mit dem ideellen ausgesprochen, worauf wir später als auf eine Grundlage des Realismus Kants, der Gegenseite seines Phänomenalismus, zurückkommen müssen. Eine Vorstellung, die ihrer Natur nach zu den sinnlichen Vorstellungen gehört, ohne doch Empfindung zu enthalten, ist formale oder reine Anschauung. Der Ausdruck ›reine Anschauung‹ soll diese Vorstellung nach | zwei Seiten hin begrenzen; er soll sie von der Empfindung unterscheiden, dem Gehalt der empirischen Anschauung, und von der begrifflichen Vorstellung, deren Wesen nach Kant die Allgemeinheit bildet. – Raum und Zeit sind reine Anschauungen. Ihre Vorstellung ist erst durch Abstraktion *von* der Empfindung zu gewinnen, und insofern ist sie keine empirische Anschauung; ihre Vorstellung ist die eines einzelnen Wesens, des Substrates aller empirischen Anschauungen, daher kein Begriff. Eine Vorstellung, die sich notwendig auf einen einzelnen Gegenstand bezieht, ist selber Anschauung. Wenn wir alles wirklich Empfindbare im Raum und in der Zeit weglassen, so bleiben Raum und Zeit selbst übrig – nicht als bloß gedachte oder denkbare Verhältnisse des Wirklichen, sondern gleich wie einzelne Wesen.[A] Die Vorstellung der allgemeinen Form der Anschauung bleibt wie das Substrat aller durch besondere Objekte bestimmbaren Anschauungen bestehen.[B] Wir stellen den Körper im Raum vor, den Vorgang in der Zeit; also bleiben Raum und Zeit, wenn wir auch von der Vorstellung eines Körpers oder einer Veränderung völlig absehen, in unserm Vorstellen zurück. Wir stellen das Nichts als Raum vor, die leere Dauer ohne Wechsel als Zeit. Reine Anschauung bedeutet also Nicht-Begriff und Nicht-Empfindung, aber sie bedeutet keineswegs die Vorstellung eines Bildes oder Gefäßes.

A Kant I, Entdeckung, S. 469 [AA VII, S. 240].

B Kant II, KrV, S. 32 [AA IV, S. 30]; Kant III, Prol., S. 87 [AA IV, S. 321].

Dass Raum und Zeit reine Anschauungen sind, wird aus der Beschaffenheit ihrer Vorstellungen bewiesen. Zunächst vom Raume. Die zweite, hierin verbesserte Auflage trennt die Beweisgründe für die Apriorität der Raumvorstellung, also für die Tatsache, dass diese Vorstellung reine Anschauung sei, von dem erklärenden Grunde der Tatsache – in Kants Terminologie die metaphysische, an dem *Begriff* des Raumes vorgenommene Erörterung, von der transzendentalen, aus welcher die Möglichkeit der erörterten Beschaffenheit erkennbar wird. Die erste Auflage führte den transzendentalen Grund erst unter den Schlüssen aus der Erörterung auf. Ein weiterer Unterschied | der methodischen Darstellung beider Ausgaben besteht darin, dass in der ersten die Eigenschaften der geometrischen Grundsätze neben denen der Raumvorstellung selbst erörtert, in der zweiten dagegen zu der *transzendentalen* Erörterung gezogen werden. Denn die Erklärung der Tatsache der reinen Anschauung enthält zugleich einen Grund, wenn auch nicht den vollständigen Grund, für die *objektive* Gültigkeit der Geometrie. Die Sätze nun, womit die Tatsache bewiesen wird, dass die Vorstellung des Raumes Anschauung a priori sei, enthalten im Wesentlichen das Nämliche, was bereits die Abhandlung von 1768 vom absoluten Raume gelehrt hatte. Sie sind das reine Ergebnis einer Analyse der Vorstellung selbst, ohne alle Beziehung auf ihren subjektiven Ursprung. Dass der Raum nicht von äußeren Erfahrungen abstrahiert worden sei, weil er diesen als formale Bedingung zu Grunde liegt, stimmt mit dem Satze überein, der ›absolute Raum, obzwar kein Gegenstand äußerer Empfindung, macht dieselbe doch zuerst möglich‹, d. h., er ist a priori. Noch deutlicher zeigt sich die Übereinstimmung dieses Teils der kritischen Raumlehre mit jener Abhandlung bei der Dissertation.

Diese wiederholt und erweitert die geometrischen Beweisgründe der notwendigen Voraussetzung des absoluten Raumes. Und dieselben Argumente, wie sie das Schriftchen von 1768 gebraucht hatte, bringen später die Prolegomena wieder, zum Beweis, wie genau die kritische Lehre mit den Ergebnissen jener Untersuchung des Raumbegriffes zusammenhänge.[A] Ebenso ist

A Kant I, De mundi, S. 321[–322; AA II, S. 403]: »Quae jaceant in spatio der zweite Satz der Kritik, der die Notwendigkeit der Raumvorstellung erörtert und erklärt: ›der Raum wird als die Bedingung der Möglichkeit der Erscheinungen angesehen‹, nicht als eine von diesen abhängende Erscheinung, übereinstimmend mit dem Satze, dass der ›Raum, absolut genommen, von *dem Dasein aller Materie* unabhängig sei und selbst als der erste Grund der Möglichkeit ihrer Zusammensetzung eine eigene Realität habe‹. Nur ist hier noch von einer Zusammensetzung der Dinge, in der | Kritik von der der Erscheinungen die Rede. Der Ausdruck ›Erscheinungen‹ soll auf den Grund der Apriorität hindeuten. Der einzige erhebliche Unterschied in der Beweisführung der tatsächlichen Apriorität der Raumesvorstellung ist der, dass die frühere Schrift diese Vorstellung ›Grund*begriff*‹, die Kritik ›Anschauung‹ nennt. Durch eine genauere Analyse der Vorstellung hatte Kant entdeckt, dass der Raum ein sinnlicher Elementarbegriff sei. Doch wird auch dieser Unterschied fließend, wenn wir bedenken, dass der Aufsatz von 1768 den Raum als eine einzige und eigenartige Existenz, die nach Abzug aller Dinge bestehen bleiben müsse, erwiesen und die Erklärung gegeben hatte, der Raum, wie ihn der Geometer vorstellt, sei kein bloßes Gedankending, seine Existenz, durch Vernunftideen zwar schwierig zu fassen, sei dem innern Sinne (d. i. der Imagination) »anschauend genug«[A]. Ich lege ein Gewicht auf diese Übereinstimmung, weil sie den Sinn der bekannten vier Sätze der transzendentalen Ästhetik feststellt. Man hat die Beweisgründe Kants nicht immer richtig verstanden, besonders, weil man in ihnen bereits den transzendentalen Grund, den Ursprung der Raumvorstellung aus der Form des Bewusstseins sah, oder sie psychologisch deutete. In Wahrheit enthalten sie nichts, was nicht unmittelbar aus der Analyse der Raumvorstellung folgt. Ohne noch zu entscheiden, ob der Raum selbst ein Ding oder Unding sei, ob er subjektiv oder objektiv entspringe, erläutern sie nur seine Vorstellung. Die Apriorität, die sie lehren,

dato unam plagam versus (...) Ceterum Geometria« etc. Siehe auch Kant III, Prol., § 13, S. 41 [AA IV, S. 285].

A [Kant V, Gegenden, S. 301; AA II, S. 383.]

bedeutet nicht den Ursprung aus dem Bewusstsein, noch weniger ein zeitliches Vorangehen der Raumvorstellung vor den Empfindungen äußerer Dinge.[A] Sie bedeutet | nur, dass die Raumvorstellung die Vorstellung von Dingen im Raume begründe, dass der absolute Raum die Voraussetzung des relativen sei, dass alle Körperräume Besonderungen des Raumes seien. Raum gehört zur allgemeinen Form der Erfahrung, er ist mithin unabhängig von der besonderen Erfahrung vorzustellen, die besondere Erfahrung dagegen als abhängig und umfasst von ihm. Ich glaube, jede Analyse der Raumvorstellung muss zu demselben Ergebnisse führen, das, wie früher gezeigt, durch Betrachtung der Axiome der Mechanik unterstützt wird.

Wenn wir tatsächlich den absoluten oder allgemeinen Raum jeder räumlichen Besonderung voraussetzen müssen, wenn wir, in Gedanken auf den äußersten Stern versetzt, die dort empfindbaren Eindrücke auf denselben einheitlichen Hintergrund projizieren wie die hier empfangenen Empfindungen, wenn wir das Kleinste wie das Größeste in einen und den nämlichen Rahmen bringen müssen, wie ist diese Tatsache zu erklären? Wie können wir im Voraus wissen, wie jede irgend denkbare Anschauung be-

A Weil wiederholte, durch Gewohnheit befestigte Irrtümer nicht einem einzigen Angriffe erliegen, führe ich zur Rechtfertigung meiner Auffassung des Apriori folgende Stelle an: »Der Raum vor allen Dingen, die ihn bestimmen (erfüllen oder begrenzen) oder die vielmehr eine *seiner Form gemäße empirische Anschauung* geben, ist, unter dem Namen des absoluten Raumes nichts anderes als die bloße Möglichkeit äußerer Erscheinungen, soferne sie entweder an sich existieren, oder zu gegebenen Erscheinungen noch hinzukommen können.« D.i. die bloße Idee Raum. »*Die empirische Anschauung ist also nicht zusammengesetzt aus Erscheinungen und dem Raume* (der Wahrnehmung und der | *leeren* Anschauung) (...), sondern nur *in einer und derselben* empirischen Anschauung verbunden als Materie und Form derselben« (Kant II, KrV, S. 340 [AA III, S. 297]). Diese Stelle hat Herbart jedenfalls nicht gesehen, als er die Behauptung wagte, Kant stelle das Leere dem Vollen voran, ein unendliches leeres Gefäß habe er im Gemüte bereit, um die Dinge hineinzuschütten. Übrigens lehrte auch Kant, dass mit den Eindrücken alle Vorstellungen entstehen, also keine vor den Eindrücken zeitlich vorangehe – auch nicht die Vorstellung *a priori*.

schaffen sein muss? Wie können wir die Form der Dinge vorstellen, bevor wir die Dinge selbst empfinden? Würden wir antworten, es sei die erfahrungsmäßig empfangene Vorstellung, die wir willkürlich auf fernere und selbst eingebildete Erfahrung übertragen, so entstünde die neue Frage, woher wir wissen und überzeugt sind, dass diese Vorstellung jeder möglichen Erfahrung der Sinne entsprechen muss, dass der Raum das Substrat aller von uns anschaulich erfassten Wirklichkeit ist, woran zu zweifeln uns – außer in Worten – unmöglich ist. Außerdem belehrt uns die Physiologie, dass durch bloße Eindrücke der Raum nicht empfangen werde, dass zur Erwerbung seiner Vorstellung eine bestimmte Art der | Vereinigung der Empfindungen notwendig sei. Das Erfahren des Raumes ist selbst a priori, nicht so, dass es den Eindrücken der Sinne vorausginge, sondern indem es sich mit, aber nicht aus den Empfindungen entwickelt. Wo ist also der Ursprung dieser Vorstellung zu suchen? In den Dingen oder in der Form der Sinnestätigkeit, welche Empfindungen der Dinge zu räumlichen Vorstellungen vereinigt?

Die Tatsache der Apriorität der Raumesanschauung wird durch die transzendentale Erörterung erklärt. Die Aufgabe, die sich Kant mit dieser »Erörterung« stellt, ist eine doppelte. Er will zeigen, dass die Raumvorstellung ein Prinzip synthetischer Erkenntnis sei, dass sie ein Element des formalen Erkennens bilde, und er will den Grund ihrer Apriorität nachweisen, diese aus der Beschaffenheit der Raumvorstellung fließende Unabhängigkeit von der Erfahrung erklären. Das erstere geschieht durch den Hinweis auf die Geometrie. Diese Wissenschaft legt den reinen Raum zu Grunde, sie vollzieht ihre begrifflichen Synthesen im Raumschema und entwickelt mit Hilfe der Grundeigenschaften des Raumes – seiner Ausdehnung nach drei Abmessungen, seiner Kongruenz in sich selbst usw. – eine unbeschränkte Mannigfaltigkeit gesetzlicher Raumbestimmungen. Der Raum ist also tatsächlich ein Grund synthetischer Urteile, ein Prinzip des Erkennens. Man bemerke wohl, dass damit noch nicht der transzendentale Grund der Apriorität des Raumes angegeben sein soll. Dieser Grund wird nicht von der Geometrie, sondern für dieselbe aufgestellt. Soweit die Geometrie die logische Bestimmung eines Vorstellungsschemas ist, so weit kann sie noch keinen Anspruch auf objektive Gültigkeit erheben. Sie kann ein subjektives »Hirngespinste«[A] sein. Der transzendentale Grund erklärt die Möglichkeit und Rechtmäßigkeit des Apriori. Diese Möglichkeit besteht nun für die Raumvorstellung darin, dass *sie die Vorstellung der Form der Sinnlichkeit ist.* Denn die Sinnlichkeit überhaupt ist die Art und Weise, wie wir Vorstellungen empfangen, die Art, wie uns Erregungen affizieren; die Form der Sinnlichkeit die Art und Weise, wie wir empfangene Eindrücke vereinigen. Alles, was unsere Sinne erregt, kann daher nur allein in der Be|schaffenheit und Form ihrer Erregbarkeit empfangen werden. Der Raum ist Vorstellungsform der Dinge, weil er die Form ihrer Wahrnehmung ist. Alle Dinge, soferne sie von uns vorgestellt werden, müssen in der Form unseres Wahrnehmens empfangen werden, was also von dieser Form gilt, gilt notwendig auch von den allein in ihr vorstellbaren Dingen. *Der Ursprung aus der Form der Sinneserregung erweist mithin den Raum als ein gegenständliches Prinzip des Erkennens.* Die Geometrie, welche die Vorstellung dieser Form ihren Synthesen zu Grunde legt, ist insoferne eine von den Gegenständen gültige Wissenschaft.

Doch haben wir damit erst einen Teil des Grundes ihrer Gültigkeit und der Möglichkeit der reinen Raumanschauung kennen gelernt. Wir haben es zunächst nur mit einer transzendentalen *Erörterung,* nicht mit der *Deduktion* selbst zu tun. Zu jeder Anschauung, auch der des Raumes, gehört außer ihrem formalen Grunde noch ein Begriff. Damit aus einem bloßen Gesetze des Anschauens eine wirkliche Anschauung, damit die Form des Vorstellens zu einer Vorstellung werde, muss im Anschauen zugleich ein Einheitsbegriff des Denkens wirksam sein. Die Einheit des Denkens im Anschauen macht dasselbe erst zu einer einheitlichen Anschauung. Um eine Linie vorzustellen, müssen wir sie nicht bloß in Gedanken ziehen, sondern auch das Bewusstsein dieses Denkens im Gedanken behalten. Die übergreifende Bewusstseinseinheit macht die bloße Synthese zu einer synthetischen *Vorstellung.*

A [Kant III, Prol., S. 50; AA IV, S. 292.]

Die Lehre von den Anschauungsformen weist mithin notwendig auf die Lehre der Denkfunktionen hin, die Ästhetik wird erst in der Logik vollendet, weil ohne logische Funktion keine Anschauung des Raumes möglich ist.

Aus den angeführten Gründen folgert Kant die Idealität des Vorstellungsschemas ›Raum‹. Weil der allgemeine Raum seinen Ursprung in der Form des Vorstellens nimmt, also die Vorstellungsart der Dinge ausdrückt, so gilt er nur von den Vorstellungen der Gegenstände, nicht von diesen selbst, wie sie außer ihrer Anschauung sein mögen. Der Gebrauch einer Vorstellung von Dingen überhaupt ist transzendental. So angewandt ist der | Raum eine bloße Idee. Sein transzendentaler Gebrauch ist imaginär, sein Gebrauch für die Anschauung der Dinge reell. Ich erörtere jedoch diese Ergebnisse der Ästhetik nicht näher und bemerke nur, dass aus dem Gedankengange Kants die Idealität des Raumes nur für den allgemeinen oder reinen Raum folgt. Die bestimmten räumlichen Gestalten der Dinge, ihr Maß und ihre Lage können aus dem bloßen Vorstellungsschema »nicht völlig begriffen werden«[A]. Sie rühren von den Dingen selbst her, sie bilden den rein empirischen Bestandteil der Raumvorstellungen, der dem Bewusstsein gegeben, nicht aus ihm hervorgebracht ist. *Nur der reine Raum ist, an sich genommen, eine Idee.*[130] Diesen Schluss hat Kant selbst gezogen, obschon nicht weiterentwickelt. Wir sind durch denselben in den Stand gesetzt, auf das Bestimmteste zu entscheiden, was in der Raumvorstellung ursprünglich erzeugt und was in ihr von den Dingen selbst hergeleitet, oder empirisch erworben ist.[B]

Überblicken wir noch einmal den Gedankengang der kritischen Raumlehre. Aus der Beschaffenheit der Raumvorstellung folgte, dass dieselbe a priori und dass sie Anschauung ist. Diese Tatsache ist nur dadurch erklärlich, dass der Ursprung dieser Vorstellung in der Form der Sinnlichkeit liegt. Weil der Raum dadurch zu einer Auffassungsform der Eindrücke der Dinge wird, ist er von den Din-

A [Kant II, KrV, S. 90; AA III, S. 105.]

B Die Konsequenzen dieser Unterscheidung werden in Band II [Teilband 1, S. 78–186] entwickelt werden.

gen als Anschauungen, also von der Erscheinung der Dinge notwendigerweise gültig. Also ist die Grundlage der Geometrie objektiv gültig; die Geometrie eine Wissenschaft synthetischer Erkenntnis von der allgemeinen Form der Dinge als Anschauungen. Damit ist die Rechtmäßigkeit der Geometrie erörtert, ein Teil synthetischer Erkenntnis a priori, soweit es deren anschaulichen Grund betrifft, gesichert. Wir haben also mit Recht behauptet, dass die Kritik von der Gültigkeit der Geometrie nicht ausgeht, sondern auf dieselbe führt.

An der Raumvorstellung wurde die Idealitätslehre ursprünglich entdeckt und dann auf die Vorstellung der Zeit übertragen. | Die allgemeine Zeit wurde analog dem Raume durch Untersuchung der Beschaffenheit ihrer Vorstellung und des Verhältnisses derselben zu den besonderen zeitlichen Vorstellungen als Anschauung a priori erwiesen, und ihre Apriorität dadurch erklärt, dass sie als Form des sinnlichen Vorstellens begriffen wurde. Als Pendant der Geometrie wurde aus der Zeitanschauung eine reine Bewegungslehre hervorgebracht, die wenigstens zum Teile eine a priori synthetische Wissenschaft der Zeit ist. Es frägt sich, ob diese Übertragung ohne weiteres zulässig sei. Damit die Zeit Anschauung genannt werden konnte, musste sie erst in das Bild einer Linie übersetzt werden. Wenn der Ausdruck ›reine Anschauung‹ schon vom Raumschema gebraucht unleugbar etwas Künstliches hat, da wir nicht dieses Schema selbst anschauen, sondern nur in der Anschauung betätigen und ihm gemäß Anschauungen einheitlich verknüpfen, so noch mehr vom Schema der Zeit. Es ist nicht einzusehen, warum die reine Synthesis des Bewusstseins selbst Anschauung sein oder heißen soll. Ich zweifle auch, ob die Zeit in derselben Bedeutung sinnlich heißen dürfe wie der Raum. Sie scheint weniger in der Natur der Auffassung als in der Natur des Denkens – einer Spontaneität des Bewusstseins – zu liegen. Auch lässt sich mit dem Worte Denkfunktion kein Begriff verbinden, wenn nicht die Zeit zum Denken, nicht zum Empfinden gehört. Der Ausdruck ›Anschauung‹ ist nicht bloß metaphorisch, sondern geradezu irreleitend. Die Zeit ist nicht so fast ein Grund der Synthesis der Vorstellungen als diese Synthesis selber. Kant selbst empfindet diesen Unterschied von Raum und Zeit. Während er den Raum mit Recht den Sinnen zuweist, schwebt die Zeit in einer unbestimmbaren Mitte zwischen einer rein sinnlichen und einer rein begrifflichen Vorstellung. Sie soll allgemein, also den Begriffen nahestehend sein, weil sie der Sinnlichkeit überhaupt, d. i. der äußeren und inneren Erfahrung zukommt; sie soll sinnlich sein, als Vorstellung gleichsam eines einzigen Wesens. Denn es gibt nur *eine* Zeit. Allerdings – weil es subjektiv nur *ein* Ich, nur *ein* Bewusstsein gibt. Jene künstliche Stellung eignete die Zeit zur Vermittlerin zwischen Begriff und Anschauung; durch Bestimmung des inneren Sinnes | mittels der begrifflichen Funktionen wurden Schemata der Anwendung der Begriffe auf den äußeren Sinn erzeugt. Vielleicht liegt in diesem, von Kant nicht genug aufgehellten Punkte der Anstoß, den viele an seiner Idealitätslehre der Zeit nehmen, welche die Idealitätslehre des Raumes in der Hauptsache richtig finden. Vom Räumlich-Werden der Empfindungen in der Vorstellung lässt sich ein deutlicher Begriff gewinnen, wie aber vom Zeitlich-Werden der Vorgänge erst in der Auffassung? Der Wechsel der Vorgänge wird nicht im formalen Bewusstsein erzeugt, sondern ist demselben gegeben.

Doch ändert dies nichts an dem wichtigen Ergebnisse der Untersuchung Kants, dass die *reine* Zeit, mag sie nun Form des »inneren Sinnes« sein oder, wie wir sagen würden, das funktionierende Bewusstsein selber – dass diese über jeden wirklichen Vorgang zurückgreifende, jedem solchen vorgreifende formale Vorstellung subjektiv und phänomenal ist. Die Zeit, die jenseits der wirklich abgelaufenen Reihe der Entwicklungen hinausstrebt, die sich zwischen zwei unmittelbar angrenzende Vorgänge als stetig veränderliche, d. i. formale Vorstellung hineinschiebt – diese Zeit ist eine Idee, eine Projektion der eigenen Bewusstseinstätigkeit in den Zusammenhang der Dinge selbst.[A] |

A Das Schema des Raumes kann so wenig wie das der Zeit eigentlich angeschaut werden, da es Bedingung, nicht Gegenstand einer Anschauung ist. Zur Bezeichnung der Vorstellung einer bloßen Form erscheint der Ausdruck ›reine Anschauung‹ unpassend. Die kritische Absicht bei seiner

§ 2b. Ableitung der Tatsache reiner Begriffe. – Funktionen der Einheit des Denkens und Kategorien. *Kritik der metaphysischen Deduktion.* Erfolgt die Anwendung der Kategorien bewusst oder unbewusst?

Erkenntnisse überhaupt beruhen ebenso wohl auf Begriffen als auf Anschauungen; reine Erkenntnisse mithin auf Begriffen, die unabhängig von der Erfahrung gedacht werden. In der Untersuchung dieser Begriffe befolgt Kant dieselbe Methode wie in der Lehre von den Anschauungsformen. Er führt zunächst den Beweis, dass solche Begriffe tatsächlich stattfinden, und begründet sodann ihre Rechtmäßigkeit, ihre objektive Gültigkeit. Die Ableitung der Tatsache heißt metaphysische Deduktion, weil sie selbst aus Begriffen erfolgt, die Begründung der Rechtmäßigkeit transzendentale, weil sie die Möglichkeit von Begriffen a priori, als Bestandteilen

Einführung wird jedoch deutlich, wenn wir ihn mit dem ebenfalls vom Raume und von der Zeit gebrauchten einer *bloßen Idee* vergleichen. Jene Wortverbindung sollte die Begriffe ›Raum‹ und ›Zeit‹ von den übrigen Begriffen unterscheiden. Sie hat vor allem erkenntnistheoretische, nicht logische Bedeutung. Ein eigentlicher Begriff bezieht sich immer auf einen möglichen Gegenstand. Die Raumvorstellung und ebenso die Vorstellung der Zeit sind keine Begriffe von möglichen Objekten, also *bloße Ideen*. Ihnen entsprechen keine Gegenstände, sondern Formen. Dass hierin der wahre Unterschied, der durch jene Bezeichnung beabsichtigt war, liege, erhellt aus Kants eigener Erklärung: »Er (der absolute Raum [A. R.]) kann kein Gegenstand der Erfahrung sein, denn der Raum ohne Materie ist kein *Objekt* der Wahrnehmung und dennoch ist er ein notwendiger Vernunft*begriff*, mithin nichts weiteres als eine *bloße Idee*«. »Der absolute Raum ist also nicht als ein Begriff von einem wirklichen *Objekte*, son|dern als eine *Idee* (...) notwendig« (Kant V, MAdN, S. 427, 429 [AA IV, S. 559, 560]). Im Wesen des Vernunftbegriffs liegt es, dass ihm kein Objekt entsprechen kann, also ist der Raum Vernunftbegriff oder Idee. Im Wesen des Verstandesbegriffs ist es begründet, dass ihm ein Gegenstand entspricht, also ist der Raum kein Verstandesbegriff. Der Nachdruck der Unterscheidung fällt mithin auf die Unterscheidung der Raumvorstellung von einem *Verstandes*begriff, nicht auf die von einem *Begriffe*. Es wäre vielleicht besser gewesen, Raum und Zeit sinnliche Begriffe zum Unterschied von Denkbegriffen zu nennen, statt reine Anschauungen. Übrigens gebrauchen noch die Prolegomena den Ausdruck Elementar*begriffe* der Sinnlichkeit.

der Erkenntnis, zur Aufgabe hat. Beide zusammen bilden einen Teil der transzendentalen Logik, deren Aufgabe im Allgemeinen kurz erläutert werden soll. Die formale Logik hat die Gesetzlichkeit des Denkens, ohne Rücksicht auf den Inhalt des Gedachten, zum Gegenstande. Sie bestimmt die Form und die Verhältnisse, welche allen Gedanken gemeinsam sind und von ihrem besonderen Inhalt nicht berührt werden. Dabei sieht sie von der Bedeutung dieser Verhältnisse ab. Sie zeigt, welche Form das ideell richtige, in sich übereinstimmende Denken habe, aber sie entscheidet nichts über seine reelle Anwendbarkeit und Bedeutung. Haben die Begriffe von logischen Gesetzen, z. B. der Begriff von Grund und Folge, außer von der Form des Denkens auch von den Objekten Gültigkeit? Beziehen sich die logischen Funktionen notwendig auf das Denken von Gegenständen, oder bleiben sie eingeschlossen im Gebiete der bloß ideellen Begriffsverknüpfung? Gerade diese Frage bildet die Aufgabe einer transzendentalen den möglichen Gebrauch reiner Begriffe | von Gegenständen prüfenden Logik. Sie abstrahiert nicht, wie die reine Logik, von allem Inhalt des Denkens; sie abstrahiert nur, wie die allgemeine Logik, von dem besonderen Inhalt der Begriffe. Wie es einen empirischen Inhalt der Begriffe gibt, der sich von den Gegenständen der Erfahrung herleitet, so könnte es auch einen Inhalt derselben geben, der a priori im Bewusstsein erzeugt wird. Da a priori von Gegenständen nichts als die allgemeine Form ihrer Auffassung im Bewusstsein entspringt, so kann dieser Inhalt nur das Schema von Raum und Zeit sein. Auf diesen »reinen« Inhalt der Begriffe reflektiert die transzendentale Logik. Lässt sich zeigen, dass Begriffe eine notwendige Beziehung auf die Form der Anschauung in Raum und Zeit haben, so ist damit zugleich ihre Beziehung auf Gegenstände überhaupt erwiesen, da ja Gegenstände nur in jenen Formen erscheinen. Die notwendige Beziehung auf Raum und Zeit überhaupt verwandelt Begriffe von bloßen Denkoperationen in Elemente der Erkenntnis von Dingen. Denn die Beziehung auf den Gegenstand unterscheidet das Erkennen vom Denken. Zugleich ist es klar, dass die Aufgabe, wie synthetische Erkenntnis a priori möglich sei, erst durch den Beweis dieser Beziehung der Begriffe auf die Anschauungsformen vollständig gelöst werden kann. Die »Ästhetik« bereitete ihre Lösung nur vor, erst die Logik vollendet dieselbe. So weist die Ästhetik notwendig auf die transzendentale Logik hin, ohne welche sie weder vollständig begründet wäre noch völlig begriffen werden könnte.

Die notwendige Verbindung von Begriffen mit den Formen der Anschauung scheint ohne Schwierigkeit bewiesen werden zu können. Sind nicht in dem gemeinsamen Träger des Bewusstseins die Begriffe des Denkens mit den Formen des Anschauens ursprünglich vereinigt? In der Tat erfolgt, wie wir sehen werden, die Beweisführung der Deduktion aus der notwendigen Einheit des Bewusstseins, die alles Denken und Urteilen begründet. Dennoch besteht hier eine wirkliche Schwierigkeit und selbst eine Gefahr, welche den umständlichen Beweisgang Kants wohl zu rechtfertigen dienen. Denken und Anschauen haben sich in der Entwicklung des Bewusstseins bis auf eine gewisse Weite diffe|renziert. Gerade die Logik ist das Beispiel eines Denkens, unabhängig von Bedingungen der Anschauung. Zwar ihre Ausdrücke verraten den Ursprung von einem sinnlichen Denken her, von einem Vorstellen, bei dem sich die begriffliche Funktion noch direkt in der Anschauung betätigte. Ihre Bezeichnungen sind sinnlich. Aber die Bedeutung ihrer Symbole ist abstrakt. So deutet der Ausdruck ›Grund‹ noch auf eine räumliche Bestimmung hin, der Ausdruck ›Folge‹ auf ein zeitliches Verhältnis; aber die begriffliche Einheit von Grund und Folge wird in der Logik unabhängig von der Zeit gedacht. Das Identitätsprinzip der Logik ist analytisch, nicht synthetisch. Kant zeigte, dass der logische Satz des Widerspruchs frei von jeder zeitlichen Beziehung gedacht werden müsse. Die freie Verfügbarkeit über das bloße Denken scheint demselben ein weiteres Gebiet des Erkennens zu eröffnen. Was frei von den Bedingungen der Sinnlichkeit gedacht werden kann, scheint zu dem übersinnlichen Grund der Erscheinungen hin zu reichen. »Problematisch«[A] erstrecken sich die Denkformen über den Bereich der Anschauungsgesetze hinaus. Was hindert uns, von diesem proble-

A [Kant II, KrV, S. XX; AA III, S. 429.]

matischen Gebrauch gelegentlich eine assertorische Nutzanwendung zu machen? Noch in der Dissertationsschrift hatte Kant aus der subjektiven Unabhängigkeit der entwickelten Verstandesbegriffe von den Elementarvorstellungen der Sinnlichkeit gefolgert, dass dieselben »intelligible« Dinge vorstellen, Dinge, wie sie, rein von unserer Auffassung, an sich sind. Die Kritik des Erkennens musste sich daher gegen diesen unbestimmten Gebrauch der Begriffe richten und zu dem Ende jene weitläufige Untersuchung ihres bestimmten Gebrauches anstellen, deren methodischen Gang wir nun zu betrachten haben.

Die eben erörterte Frage nach der notwendigen Verbindung von Begriffen a priori mit den allgemeinen Formen der Anschauung, und namentlich ihr genauester Zusammenhang mit der Logik setzten eine Entdeckung voraus, welche zur Methode der Kantischen Kritik gehört und bereits in der Geschichte derselben berührt worden ist. *Aus der Beschaffenheit der Elementarbegriffe der Erfahrung, soweit dieselben nicht sinnlich sind, erkannte Kant ihr völliges Zusammentreffen | mit den Begriffen der logischen Funktionen zu Urteilen und daher ihren Ursprung aus der Urteilsform* – gleich wie er aus der Beschaffenheit der Vorstellungen des Raumes und der Zeit ihren Ursprung aus der Form der sinnlichen Auffassung erkannt hatte. Damit war das Prinzip der Ableitung der ursprünglichen Denkbegriffe gefunden. Das Urteil gab, seiner Form nach betrachtet, den »Leitfaden zur Entdeckung aller reinen Verstandesbegriffe« her. Zwischen Erkenntnisbegriffen und den Begriffen einer rein logischen Verknüpfung besteht keinerlei Unterschied des Wesens, sondern nur ein Unterschied der Anwendung. Ihr Gebrauch in rein logischen Sätzen ist analytisch, in Urteilen der Erfahrung synthetisch, in jenem ohne Beziehung auf die allgemeine Form der Anschauung, in diesen mit Beziehung auf dieselbe. Wir verbinden durch die nämliche Funktion des Denkens Begriffe, durch welche wir Anschauungen in ein gegenständliches Urteil vereinigen. Die logische Funktion *wird* zur Kategorie, wenn sie, statt auf Begriffe, auf Gegenstände der Anschauung angewendet wird. Kategorien *entstehen*, indem Gegenstände der Anschauung durch eine oder die andere logische

Funktion bestimmt gedacht werden. Kategorien sind nur logische Funktionen in deren bestimmter Anwendung, in Anwendung auf Anschauungen; sie sind von diesen Funktionen nicht subjektiv und dem Ursprunge nach, sondern allein erkenntnistheoretisch verschieden. Der Nachweis der völligen Übereinstimmung von Erkenntnisbegriffen und logischen Funktionen, bis auf die Art ihres Gebrauches, ist die metaphysische Deduktion der Kategorien. Wenn in einem logischen Satze Subjekt und Prädikat verbunden gedacht werden, so ist der Gebrauch dieses Verbindungsbegriffes unbestimmt. Ich kann, abgesehen vom Quantitätsunterschiede, das Prädikat an die Stelle des Subjektes setzen. Wenn dagegen in einem gegenständlichen Urteile dieselbe Funktion von Subjekt und Prädikat gebraucht wird, so muss der Gebrauch ein bestimmter sein. Das Subjekt ist im Gegenstand der Anschauung bestimmt; ich kann nicht die Härte zum Subjekte des Steines, ich muss den Stein zum Träger der Härte machen. Subjekt und Prädikat im logischen Satze sind, wenn wir von Quantitätsver|hältnissen absehen, dasselbe. Sie sind identisch verbunden. Der Gebrauch ihrer Verbindungsform ist analytisch. Ein Ding und seine Eigenschaft sind nicht dasselbe, obgleich die Form ihrer Beziehung mit derjenigen zwischen Subjekt und Prädikat übereinstimmt. Die Substanz ist der Grund der Akzidenzen. Der Gebrauch der logischen Funktion von Prädikat und Subjekt in objektiven Urteilen ist synthetisch. Das Beharrliche in der *Zeit* ist das Subjekt der Prädikate in diesen Urteilen; und die Stellung der verknüpften Vorstellungen ist dem Belieben des Denkens entnommen. Im Denken der Begriffe sind die logischen Funktionen frei, im Denken der Dinge sind sie an deren Anschauung gebunden – dies ist der ganze Unterschied von logischen Einheitsbegriffen und Kategorien.[A]

Ich vermute, dass Kant die genaue Übereinstimmung der Einheitsbegriffe in Urteilen mit den allgemeinen Begriffen von Dingen zunächst an der Kausalität gefunden und von dieser auf die übrigen Begriffe von Gegenständen übertragen habe, und glaube,

A Kant V, MAdN, S. 315, Anmerkung [AA IV, S. 474].

die Erwägung, die ihn zu dieser Einsicht brachte, aus einigen Sätzen der Prolegomena erkennen zu können.[A]

Eine Folge von Wahrnehmungen unterscheidet sich von einem Urteile, das die Folge der wahrgenommenen Dinge behauptet, nur durch das Hinzutreten des Begriffs der Kausalität, durch den Gedanken, dass diese Folge ursächlich verknüpft sei. Ein Wahrnehmungsurteil ist die Aussage eines Vorgangs im Bewusstsein; es hat subjektive Bedeutung. In einem Urteile dagegen, das von denselben Wahrnehmungen gegenständlich gelten soll, werden zwar nicht die Vorstellungen geändert, aber die Beziehung der Vorstellungen wird verwandelt. Sie werden statt auf das Bewusstsein, auf die Objekte bezogen. Sie werden in einer objektiven Bewusstseinseinheit verknüpft, in das Bewusstsein der Objekte. Die Materie des Urteils ist in beiden Fällen dieselbe, aber die Form der Behauptung ist eine andere geworden. Nun unterscheiden sich die beiden Urteile in nichts als in dem Fehlen oder Hinzukommen eines begrifflichen Grundes ihrer Verknüpfung, | in unserem Falle des Begriffs der Kausalität; also enthält dieser Begriff die Beziehung der Vorstellungen auf Objekte. Durch den Begriff der Kausalität wird eine empfundene Folge objektiviert, in eine Folge der Gegenstände der Empfindung verwandelt. Die Untersuchung des Kausalitätsbegriffes lehrt aber, dass derselbe nichts von der wirkenden Kraft, durch welche Dinge zusammenhängen mögen, ausdrücke, dass in ihm nichts von dem Geheimnis, wie Dinge aufeinander einwirken, gedacht werde. Er ist der Gedanke, dass eine Sukzession von Vorgängen notwendig sei, er stellt die Erscheinungen in der Zeit *nach Grund und Folge* bestimmt dar. Derselbe Begriff mithin, welcher die Konsequenz im hypothetischen Urteile vermittelt, bestimmt auch die Zeitordnung in der Reihenfolge der Erscheinungen für unser Bewusstsein. Ohne den Gedanken, dass die Vorgänge in der Zeit nach Grund und Folge bestimmt, d. i. gesetzlich geordnet sind, wären Erscheinungen »weniger als ein Traum«[B]. Der Gedanke der fest bestimmten Re-

A Kant III, Prol., S. 58, 75 [AA IV, S. 298, 312–313].

B [Kant II, KrV, S. 103; AA IV, S. 84.]

gelmäßigkeit in der Folge der Erscheinungen ist eine Bedingung, unter welcher dasjenige, was zunächst nur als Modifikation des Bewusstseins gegeben ist, auf eine objektive Wirklichkeit bezogen werden kann. Er ist eine Form, in welcher sich Erscheinung, d.i. ein Komplex von Eindrücken, in Erfahrung, d.i. Anschauung eines Gegenstandes der Erscheinung, umsetzt. Der Begriff der Kausalität vermittelt das *Verständnis* der Erscheinungen. Er ist eine Verstandesform der Erfahrung. Weit entfernt, von der objektiven Folge der Erscheinungen abgeleitet zu sein, ist er es vielmehr selber, der uns befähigt, Eindrücke zu einer Erkenntnis von Objekten zu erheben.[A]

Nachdem vom Begriffe der Kausalität das Zusammentreffen mit der Urteilsfunktion von Grund und Folge erwiesen war, | ließ sich dieselbe Übereinstimmung vom Begriffe der Substanz mit dem eines Subjektes im Urteile zeigen. Die Elementarbegriffe des Erkennens überhaupt konnten aus den Einheitsbegriffen des Urteils vollständig abgeleitet und ihre Übereinstimmung mit diesen bewiesen werden, worin eben das Verfahren der »metaphysischen« Deduktion besteht. Der Grundgedanke, der dieses Verfahren leitet, ist durchaus zu billigen. Da wir den Verstand selber nicht beobachten können, so müssen wir uns an die *Form* der Erkenntnisse, seiner Produkte, halten, wenn wir dasjenige ermitteln wollen, was ursprünglich dem denkenden Bewusstsein entstammt. Ebenso können wir die Tragweite der Gültigkeit seiner Erkenntnisform nur aus der allgemeinen Bedeutung der Urteile ermessen. Ein bloßes Studium der Organisation des Denkens ohne Rücksicht auf die Bedeutung des Gedachten würde uns in der letzteren Aufgabe nicht fördern können. Desgleichen ist es richtig, dass die Urteilsfunktion

A »[A]lles, was durch Sinne vorgestellt wird, ist nur als *Erscheinung* gegeben. Damit ihre Vorstellung *Erfahrung* werde, dazu wird noch erfordert, dass etwas durch den Verstand *gedacht* werde, nämlich zu der Art, wie die Vorstellung dem *Subjekte inhäriert*, noch die Bestimmung eines *Objekts* durch dieselbe. (…) Hier ist nicht die Rede von Verwandlung des Scheins in Wahrheit, sondern der *Erscheinung* in *Erfahrung*. (…) In der Erscheinung ist gar kein *Urteil* des Verstandes anzutreffen.« (Kant V, MAdN, S. 421[–422; AA IV, S. 554]) dieselbe bleibt, mag sie an Begriffen oder an Anschauungen von Dingen ausgeübt werden. Der Grund der Einheit ist der nämliche, die vereinigten Vorstellungen mögen Begriffe oder Anschauungen sein. Weil sich demnach das Denken mit seinen Einheitsfunktionen in gleicher Weise in der Zusammenstellung von Begriffen zu logischen Sätzen, wie in der Verknüpfung von Wahrnehmungen zu gegenständlichen Urteilen betätigt, so ist *das Denken Bedingung der Erfahrung*. Weil aber die Denkfunktion, für sich genommen, keine Erkenntnis, sondern nur Form einer möglichen Erkenntnis ist, weil die Begriffe von Substanz, von Kausalität usw. nur logische Synthesen in einer möglichen Anschauung oder von *gegebenen* Begriffen sind, und aus ihnen allein nicht bestimmt werden kann, welcher Gegenstand eine Substanz, welche Folge von Objekten kausal ist, so ist ihr bestimmter Gebrauch auf die Erfahrung eingeschränkt. Nur in der Erfahrung bewirkt die logische Funktion Erkenntnis; über die Erfahrung hinaus tasten die Denkformen gleichsam ins Nichts. Also nicht bloß eine Ableitung der Erfahrungserkenntnis, der Vorstellung von Objekten, sondern zugleich die Begrenzung des Denkens durch Erfahrung wird bereits durch die metaphysische Deduktion geleistet. |

Was aber Kant bei seinem Verfahren irreführte, war die Meinung, in der Urteilslehre der Logik eine »fertige, obzwar nicht von Mängeln freie Arbeit«[A] vor sich zu haben. Der Kritiker des reinen Erkennens hatte es verabsäumt, vor allem die reine Logik zu kritisieren. Die Logik fasst jedes Urteil aus vier Gesichtspunkten auf. Irgendein Urteil hat einen Umfang seiner Geltung, es ist allgemein oder partikulär; es hat eine Beschaffenheit seiner Behauptung, welche entweder Bejahung oder Verneinung ist; ein Verhältnis der verknüpften Vorstellungen, wonach es kategorisch das Prädikat mit dem Subjekte, hypothetisch den Grund mit der Folge, disjunktiv die Glieder einer Einteilung verbindet; es hat endlich einen gewissen Erkenntniswert oder Grad der Behauptung, insoferne es entweder eine bloß denkbare oder einfach stattfindende oder begründet, d.i. notwendig stattfindende Verbindung der Be-

A [Kant III, Prol., S. 90; AA IV, S. 323.]

griffe setzt. Unter allen diesen Gesichtspunkten lässt sich jedes Urteil betrachten und diese Gesichtspunkte erschöpfen die Seiten seiner Betrachtung.

Kants Vorliebe für den Formalismus verleitete ihn nun, in diesen formellen Einteilungsgründen der Urteile zugleich die funktionellen Gründe ihrer Entstehung zu erblicken. Eine Rücksicht der Anordnung hielt er für eine Verzweigung des Systems der Urteile. Er legte seiner Ableitung der Erkenntnisbegriffe die *äußerliche* Form der Urteile, ihre Klassifikation zu Grunde, statt der *inneren* Form, also ihres natürlichen Systems. Ohne sich in die Bedeutung der logischen Allgemeinheit, in den Sinn der logischen Kopula hineinzudenken, setzte er ohne weiteres die anschauliche Allgemeinheit, den objektiven Begriff der Realität, der entsprechenden logischen Quantität und Position gleich. Auf diese Weise entsprang das System der Erkenntnisbegriffe, nicht ohne dass zuvor die »Mängel« der Logik »verbessert«, in Wirklichkeit durch weitere vermehrt worden wären. Mit der Ergänzung der logischen »Tafel der Urteile« rührt Kant an sein Prinzip der Deduktion der Verstandesbegriffe. Er gesteht, dass die von ihm ergänzten Urteilsmomente für die reine Logik unwesentlich seien, ohne zu bemerken, dass damit der Grundgedanke: ›das völlige Zusammentreffen mit der Logik‹, verletzt ist. – Es ist von | Interesse, die Ergebnisse seiner Ableitung zu überblicken. Der unbestimmte Begriff der logischen Allgemeinheit und Partikularität verwandelt sich durch seinen bestimmten Gebrauch in der Anschauung in Allheit und Vielheit der Zahl, und wird dadurch Grund zum Axiome der Anschauung: Jede Erscheinung ist ihrer Größe nach bestimmt. Die Bejahung und Verneinung, wozu die Limitation als bejahende Verneinung oder verneinende Bejahung tritt, ergibt, auf die Anschauung bezogen, die Position oder Aufhebung eines Gegenstandes der Empfindung – und dient als Grundlage für eine Antizipation der Erfahrung, wonach die Bestimmtheit einer Empfindung erkannt wird. Die Verhältnisse der Begriffe in Urteilen, denen also wirkliche Funktionen zu Grunde liegen, werden zu Verhältnissen des Dings und der Eigenschaft, der Ursache und Wirkung, der Gegenseitigkeit der Dinge in der Anschauung und begründen allgemeine Erfahrungsprinzipien, die die Analogie der Verknüpfung der Erscheinungen mit der Vereinigung der Begriffe enthalten. Die Substanz ist demnach der Einheitsbegriff, der das Zusammensein von Eigenschaften mit einem Subjekte derselben verbindet, wahrgenommene Eindrücke in die Vorstellung eines Gegenstandes der Wahrnehmung vereinigt; die Kausalität der Einheitsbegriff, der die Folge der Eindrücke nach dem Verhältnis von Grund und Konsequenz in der Vorstellung einer gegenständlichen Sukzession verknüpft; die Wechselwirkung der Einheitsbegriff, der Substanzen und Vorgänge in das Ganze von zusammenwirkenden Dingen bringt. Diese Begriffe, oder vielmehr die synthetischen Funktionen, die durch sie vorgestellt werden, enthalten die Grundbedingungen der Wahrnehmung und Verknüpfung der Objekte, also der Erfahrung. Erscheinungen werden in der Erfahrung auf gleiche Weise vereinigt, wie Begriffe im Urteile. Da aber diese Verknüpfungsformen nur so weit von den Dingen gelten, als die Dinge Vorstellungen sind, so drücken sie nicht das Verhältnis der Dinge selbst, sondern nur eine *Analogie* ihres Verhältnisses aus. So erklärt sich der Name: *Analogie* der Erfahrung.

Zum bloßen Denkbegriff der Möglichkeit, der Widerspruchslosigkeit eines Gedankens tritt beim Erkenntnisbegriff der Mög-|lichkeit die formale Anschauung hinzu. Was mit den Gesetzen des Denkens und Anschauens zugleich übereinstimmt, ist als Erkenntnis möglich. Zum Stattfinden eines assertorischen Urteils kommt im Begriff der Wirklichkeit der Zusammenhang mit der Wahrnehmung, der Position in der Empfindung, hinzu. Die auf die Wirklichkeit der Empfindung bezogene Position ergibt den Erkenntnisbegriff der Realität, welcher, in modaler Hinsicht, das Urteil des Daseins begründet. Zur begrifflichen Konsequenz oder Notwendigkeit endlich wird im Erkenntnisbegriff die Bestimmung der Zeit nach Grund und Folge hinzugefügt. Diese Kategorien ergeben die Postulate der Erfahrung: Das Mögliche muss nicht bloß denkbar, sondern auch anschaulich, das Wirkliche mit Empfindung und Wahrnehmung verbunden, das Notwendige in der Zeitfolge der Veränderungen bestimmt sein, damit Erkenntnis und nicht bloß ein leerer Begriff von Dingen stattfinde.

Ich will hier nicht die Angriffe erneuern, die von verschiedenen Seiten mit mehr oder weniger Berechtigung gegen diesen Schematismus der Kategorien gerichtet worden sind. Einige Einwendungen gegen denselben scheinen mir jedoch vom Standpunkte Kants leicht widerleglich zu sein. So wenn gefragt wurde, welchen von den zwölf Begriffen, die aus dem Verstande entspringen, oder gar, wie einige wollen, in ihm bereitstehen, soll nun der Intellekt auf gegebene Erscheinungen anwenden? Oder, warum bringt er jetzt diesen, dann einen anderen reinen Begriff herbei? Soll dies seine »Gesetzgebung der Natur«[A] sein, so ist der Gesetzgeber selber, wie es scheint, über allem Gesetze. Darauf diene zur Entgegnung: Der Verstandesbegriff ist nicht vor der Wahrnehmung fertig, sondern er entwickelt sich an und mit den Eindrücken der Erfahrung. Anschauungen gehen nach Kant der Erwerbung aller Begriffe, auch der Begriffe a priori, vorher, sie geben den Anlass und die Gelegenheit zu ihrer Entstehung im Bewusstsein. Ferner ist jedes Urteil über Gegenstände ebenso wie jedes Urteil über Begriffe zugleich nach allen Arten der Kategorien bestimmt. Nach Quantität, Qualität, Relation, Modalität ist schlechthin jeder Urteilsakt zugleich determiniert. Welche bestimmten Momente der einzelnen Kategorien-Arten in einem | bestimmten Falle zur Entwicklung kommen, dies hängt nach Kants ausdrücklicher Lehre von der *bestimmten* Mannigfaltigkeit der Eindrücke oder Erscheinungen ab. Die beständige Folge von Eindrücken veranlasst die Anwendung der Kausalität, die konstante Verbindung von Eigenschaften die Anwendung der Substantialität auf die Erscheinung. Wäre keine Regelmäßigkeit in den *Erscheinungen*, also in dem, was dem Bewusstsein *gegeben*, nicht von ihm hervorgebracht ist, so würde unser Verstand sich nicht entwickeln können, er würde ein »totes, uns selbst unbekanntes Vermögen«[B] sein.[C] Die Einwen-

A [Kant III, Prol. S. 84; AA IV, S. 319.]

B [Kant II, KrV, S. 94; AA IV, S. 78.]

C Es genüge dafür vorläufig auf Kant III, Prol., S. 75 [AA IV, S. 312–313] und Kant II, KrV, S. 94 [AA IV, S. 77] zu verweisen. Ich werde diesen wichtigen Punkt unter § 3 im Zusammenhange erörtern.

dung, welche neuerdings von v. Kirchmann gemacht wurde[131], hat also das Gewicht nicht, das man ihr zuschreibt.

Fragen wir, ob die Anwendung der »Kategorien« bewusst oder unbewusst erfolge, so kann die Antwort im Sinne Kants nicht zweifelhaft sein. Kategorien enthalten die Einheit der *Reflexion* über die Erscheinungen.[A] Sie sind die auf *Begriffe* gebrachten Synthesen des Bewusstseins.[B] Sie sind an das Bewusstsein ›*Ich denke*‹ geknüpft, welches alle Kategorien als ihr *Vehikel* begleitet.[C] Dem Begriff überhaupt ist das deutliche, logische Bewusstsein wesentlich; es gibt keine unbewussten *Begriffe*. Ein Begriff entsteht und besteht nur im reflektierten Bewusstsein. Für die Anwendung der Kategorien auf die *besondere* Erfahrung ist es ohnehin klar, dass sie nur auf dem Wege der Reflexion und eines denkenden, bei sich seienden Bewusstseins möglich ist. Hier sind es die gegebenen Verhältnisse der Erscheinungen, welche den Gebrauch der Verstandesbegriffe veranlassen. So ist die beständige Folge von Erscheinungen ein Anlass, den Begriff der Kausalität anzuwenden,[D] die Beharrlichkeit einer Erscheinung im Raume nebst ihrer Handlung oder Wirkung das *empirische* Kriterium, den Begriff der Substanz zu gebrauchen.[E] Die Reflexion ist dabei durchaus von einem deutlichen Bewusstsein begleitet. Sie durchläuft alle Grade der Modalität, | oder der bewussten Überzeugung, von der Hypothese oder einem problematischen Erfahrungssatze bis zur Entscheidung der objektiven Gültigkeit des Urteils. Aber auch die Anwendung der Verstandesbegriffe auf die *allgemeine* Erfahrung ist an ein eigentliches, kein sogenanntes, nämlich unbewusstes Bewusstsein geknüpft. »Dieses Bewusstsein kann oft nur schwach sein, so dass wir es nur in der Wirkung, nicht aber in dem Actus selbst, d. i. unmittelbar mit der Erzeugung der Vorstellung verknüpfen; aber ungeachtet dieser Unterschiede muss doch immer

A Kant II, KrV, S. 351 [AA III, S. 307].
B Kant II, KrV, S. 77 [AA IV, S. 64–65].
C Kant II, KrV, S. 280 [AA IV, S. 220].
D Kant III, Prol., S. 75 [AA IV, S. 312–313].
E Kant II, KrV, S. 161, 173 [AA III, S. 166, 176–177].

ein Bewusstsein angetroffen werden, wenn ihm gleich die hervorstechende Klarheit mangelt, und ohne dasselbe sind *Begriffe* und mit ihnen Erkenntnis von *Gegenständen* ganz unmöglich.«[A] Kant ist kein Vorgänger der augenblicklich beliebten Theorien eines unbewussten Bewusstseins.[B] Im Blickfelde des Bewusstseins liegend, muss die Anwendung der Kategorie in Erfahrungssätzen beobachtet werden können. Die Kategorien können zwar induktiv nicht vollständig abgeleitet werden, weil bloße Induktion niemals die Vollständigkeit verbürgt, noch weniger kann ihre Bedeutung und der Grund ihrer Gültigkeit auf diesem Wege bewiesen werden; aber sie können und müssen doch induktiv zu verifizieren sein. Wir können einen Satz nicht denken, ohne uns der Bejahung oder Verneinung bewusst zu sein, wir müssen jeden Satz mit dem Bewusstsein des Umfangs seiner Geltung und des Grades der Überzeugung, womit wir ihn denken, begleiten, und ebenso erkennen wir in ihm mit Deutlichkeit das Verhältnis der Vorstellungen, die wir aufeinander beziehen. Aber ist es auch wahr, dass wir jedes Urteil der objektiven Sukzession mit dem Bewusstsein denken, dass die in sie eintretenden Erscheinungen nach Grund und Folge verknüpft sind? Dieses *Faktum* bezweifelte der scharfsinnige Salomon Maimon[133]. Er zweifelte nicht, dass jeder Kausalitätssatz zugleich die Sukzession der Objekte ausdrücke, aber er bezweifelte | mit Recht die Umkehrung, dass jedes Urteil der objektiven Folge ein Urteil durch Kausalität sei. Ich werde diese sehr berechtigte Einwendung im kritischen Teile dieser Schrift näher beleuchten.

A [Kant II, KrV, S. 97; AA IV, S. 79.]

B Die Stelle der Anthropologie, die v. Hartmann für sich verwendet, handelt nur vom Unterschiede des *Grades* der Bewusstheit.[132] Es ist aber ein Lehrsatz Kants, den er in den »Antizipationen« der Wahrnehmung a priori beweist, dass irgendein Grad des Bewusstseins jeder Vorstellung zukommen müsse.

§ 2c. *Transzendentale Deduktion.* Sinn der Aufgabe. Die »Möglichkeit« des Apriori. Keine physiologische Deduktion. Kant gegen *Locke.* Die erste und zweite Auflage der Vernunftkritik. Gedankengang der Deduktion im Allgemeinen. Prüfung der Deduktion in der ersten Bearbeitung. Die ursprüngliche synthetische Einheit des Bewusstseins. Beweis, dass auch die Deduktion der ersten Auflage nicht *idealistisch* sei. Kant und Descartes. Die Beziehung der »Kategorien« zur synthetischen Einheit der Apperzeption. Zur Kritik der Kategorienlehre. *Grenzen der Deduktion.* Anerkennung und Hervorhebung des *empirischen Erkenntnisfaktors.* Der Realismus Kants

Durch die metaphysische Deduktion, die Ableitung der allgemeinen Erkenntnisbegriffe von Dingen aus den Verknüpfungsformen des Urteils, war das wirkliche Stattfinden von Begriffen a priori erwiesen. Weil jene Begriffe die Funktionen des Urteils, in ihrer Anwendung auf gegebene Erscheinungen und die allgemeine Erscheinungsform der Dinge ›Raum und Zeit‹ vorstellen, so muss ihr Ursprung im Verstande, nicht in den Dingen liegen, oder – wenn man diesen unverfänglichen, psychologischen Ausdruck bestreiten will – sie müssen aus den Gesetzen des Bewusstseins entspringen. Daher sind sie a priori. Auch die Bedeutung dieser Begriffe lässt sich schon aus jener Ableitung erkennen. Sie machen die Erfahrung begreiflich. Sie gehören zum Verständnis der Erfahrung, sie bilden deren »intellektuelle Form«[A], nicht deren Inhalt und besondere Form. Ohne die Fähigkeit, diese Begriffe im Bewusstsein zu entwickeln, gäbe es keine *Gesetzlichkeit* der Erfahrung. Auch die beständige Folge von Erscheinungen wäre, gleich wie die Beharrlichkeit der Materie, nur eine empirische Regel, kein Gesetz. Übrigens würde selbst diese Regel nicht auf Gegenstände der Erscheinungen übertragen werden können; sie wäre nichts als ein Ereignis in einem dumpfen, blinden, d. i. begriffslosen Bewusstsein. Denn die Begriffe des Daseins, der Substanz, der Kausalität, des gegenseitigen Zusammenhangs der Dinge enthalten die Be-

A [Kant II, KrV, S. 251; AA III, S. 244.]

dingungen des Denkens irgendeines Gegenstandes. Die Vereinigung gegebener Eindrücke zur Vorstellung eines Gegenstandes wird durch die Funktion bewirkt, welche im Begriffe der Substanz ausgedrückt ist. Die Substanz wird also zu den Empfindungen hinzugedacht, als der einheitliche Grund ihrer gegebenen Mannigfaltigkeit. Dadurch wird diese Koexistenz von Eindrücken vergegenständlicht. Der Begriff der Substanz kann mithin nicht von Gegenständen abgeleitet werden, weil die Vorstellung eines Gegenstandes von ihm abhängig ist. Durch die Vereinigung einer gegebenen Folge von Erscheinungen nach Grund | und Folge wird die erste Erscheinung zur gegenständlichen Ursache der zweiten, also ist der Begriff der Ursache nicht aus der objektiven Folge entsprungen, sondern die Vorstellung der Folge, als einer gegenständlichen, aus ihm. So gewiss Erfahrung nicht reine Empfindung, sondern Vorstellung von Objekten der Empfindung ist, so gewiss finden Begriffe a priori statt, welche erwiesenermaßen das Denken eines Gegenstandes überhaupt bedingen, ohne welche kein Gegenstand *vorgestellt* werden würde. Auch die Tragweite der Begriffe a priori endlich lässt sich schon aus der metaphysischen Deduktion bestimmen. Weil diese Begriffe für sich genommen der Ausdruck reiner Denkformen sind, so können sie nur auf Anschauung oder die allgemeine Form der Anschauung angewandt, Erkenntnis ergeben. Werden sie nicht entweder auf die empirische oder formale Anschauung bezogen, so wird durch sie nichts gedacht als die leere Form des Denkens, so sind sie ohne gegenständliche Bedeutung. Alles Denken von Dingen rein durch Begriffe ist *lauter Schein*, nur *in der Erfahrung ist Wahrheit*[134]. Dieses positive Ergebnis der Kritik der reinen Erkenntnis, wodurch die hohle Begriffsmetaphysik zerstört wird, kann bereits aus der metaphysischen Deduktion gewonnen werden. Es steht fest, auch ohne dass die weitere Entwicklung des »transzendentalen« Beweises berücksichtigt wird. Die bloße Erklärung (Exposition) der Kategorien, als Funktionen des Urteils bei der Bestimmung der Erscheinung, genügt, es zu begründen.[A]

A Siehe dazu die Erklärung Kants in der öfter angeführten Anmerkung

Die *transzendentale* Deduktion, deren Beweisverfahren wir zunächst zu betrachten haben, nimmt in der Kritik der Erkenntnisbegriffe eine zentrale Stellung ein; sie bringt die Lehre von den Anschauungsformen zum Abschluss und legt das Fundament zur Lehre von den Grundsätzen der Erfahrung. Sie zeigt die notwendige Verknüpfung der Anschauung mit den Denkfunktionen und leitet die Einheit der Erfahrung aus der Einheit des denkenden Bewusstseins – des Selbstbewusstseins – ab. | Der philosophische Tiefsinn Kants und die Subtilität seines Geistes zeigen sich nirgends bewundernswürdiger als in diesem entscheidenden Hauptstück seiner Erkenntniskritik. Der Größe des Gegenstandes, der kein geringerer ist als die philosophische Grundlegung der Prinzipien der Erfahrung, entspricht die auf ihn gewandte Kraft, und Kant selbst gesteht, dass ihm diese Deduktion die meiste Mühe verursacht habe. Und wahrlich, es erfordert schon eine beträchtliche Bemühung, seinem Beweisgange nur zu folgen. Freilich ist es weit mehr die verwickelte Darstellung, welche das Verständnis erschwert, als die an sich klare und geschlossene Argumentation selbst. Vor lauter Streben nach Deutlichkeit wird Kant umständlich und undeutlich.

Suchen wir vor allem den Sinn der Aufgabe festzustellen. Eine *transzendentale* Aufgabe überhaupt hat die Begreiflichkeit des Apriori zu ihrem Gegenstande. »Nicht eine jede Erkenntnis a priori, sondern nur die, dadurch wir erkennen, dass und wie gewisse Vorstellungen (Anschauungen oder Begriffe) lediglich a priori angewandt werden oder möglich sind, *d. i. die Möglichkeit der Erkenntnis oder des Gebrauchs derselben a priori*«[A] heißt *transzendental.* Transzendental ist der Erkenntnisgrund des Apriori; metaphysisch die Erkenntnis der Tatsache des Apriori. So folgerte die »metaphysische« Erörterung der Vorstellungen von Raum und

zur Vorrede der »Metaphysischen Anfangsgründe der Naturwissenschaft« (Kant V, MAdN, S. [313–]314 [AA IV, S. 474]; Kant VI, TelP, S. 389 [AA VIII, S. 184]).

A Kant II, KrV, S. 60 [AA VI, S. 51]; siehe auch Kant III, Prol., S. 51 [AA IV, S. 293].

Zeit, dass dieselben Anschauungen a priori seien, die »transzendentale« gab dafür einen Teil des Grundes an. Anschauungen a priori sind nur begreiflich, wenn sie aus der Form des Anschauens selbst entspringen. Zugleich wird daraus ihre objektive Gültigkeit, ungeachtet ihres subjektiven Ursprungs, erklärlich. Alle Dinge, als Gegenstände einer sinnlichen Vorstellung, müssen notwendig den Gesetzen unserer sinnlichen Auffassung gemäß erscheinen. – Die »metaphysische« Deduktion der Erkenntnisbegriffe entdeckte in der Beschaffenheit dieser Begriffe ihre Übereinstimmung mit den Einheitsbegriffen in Urteilen und leitete sie demnach aus der Form der Urteile ab. Zugleich ließ sich daraus die Einschränkung ihrer bestimmten | Bedeutung auf Gegenstände der Erfahrung erkennen. Um durch sie gegenständlich, nicht bloß formal logisch zu urteilen, müssen Anschauungen ihrem Verknüpfungsschema untergelegt werden.

Aber es bleiben noch weitere Fragen zu lösen übrig. Wie können durch reine Begriffe Anschauungen bestimmt werden? Und wie lässt sich einsehen, dass jene notwendig von Gegenständen gültig sein müssen? Dass Gegenstände nur durch diese ursprünglichen Begriffe, ihrer Form gemäß, begreiflich sein mögen, kann zugestanden werden. Aber – ist die Voraussetzung der Begreiflichkeit der Gegenstände selber eine gültige und notwendige Voraussetzung? Wie sinnliche Vorstellungsformen, obschon sie im Bewusstsein entspringen, notwendig von Gegenständen gelten, lässt sich sofort begreifen. Sie drücken die Art aus, wie wir von Gegenständen bestimmt werden. Begriffe dagegen drücken die Form aus, in welcher wir selbst die Gegenstände bestimmen, die Tätigkeit also, nicht die Erregbarkeit des Bewusstseins. Wären unsere Begriffe sämtlich von den Dingen entlehnt, so würde eine faktische Übereinstimmung der Begriffe mit den Dingen die Folge sein. Der Verstand wäre den Dingen angepasst. Aber gerade die allgemeinsten, die Denkform der Gegenstände enthaltenden Begriffe stammen von der Natur des Verstandes, nicht der Beschaffenheit der Dinge ab, weil sie in der sinnlichen, durch Gegenstände bewirkten Vorstellung gar nicht anzutreffen sind. Die Tatsache reiner Begriffe ist analytisch, durch Zergliederung der Vorstellung eines

Gegenstandes, zu erkennen. Wenn wir von allem Sinnlichen in der Vorstellung abstrahieren, so bleiben die Begriffe ›Substanz‹, ›Kausalität‹, ›Subjekt‹, ›Grund‹ usw. übrig, welche somit nicht aus dem sinnlichen Bestandteil der Vorstellung stammen können, sondern den Anteil des Verstandes in der Anschauung bezeichnen. Der Begriff der Substanz z. B. drückt nichts den Sinnen Gegebenes aus. Die Sinne zeigen eine mehr oder minder dauernde Verbindung von Eigenschaften, aber der Grund der Verbindung ist ihnen entzogen und wird durch den Verstand gedacht. Selbst das Beharrliche der äußeren Erscheinungen, die Materie, kann nicht zur Wahrnehmung kommen, sondern wird als das beständige und gleichartige Subjekt der Erscheinungen in | Gedanken der Wahrnehmung untergelegt. Wie lässt sich also die Übereinstimmung reiner Denkbegriffe mit den Gegenständen der Erfahrung erklären? Es ist zu bemerken, dass wir diese Übereinstimmung in der Tat und mit dem Bewusstsein ihrer Notwendigkeit voraussetzen. Es wurde öfters hervorgehoben, dass die obersten Grundsätze der Erfahrungswissenschaft, die Gesetze der Beharrlichkeit und der Kausalität, Postulate des Verstandes von den Dingen seien, weil wir sie als Prinzipien der Beurteilung auf die Erfahrung anwenden, als Normen für die Begreiflichkeit der Erfahrung, nicht als von dieser abgeleitete Gesetze. Ist die Forderung des Verstandes an die Erfahrung begründet? Wie lässt sich ihre Rechtmäßigkeit beweisen?

Zu dieser Schwierigkeit, das Apriori zu begreifen, kommt für Kant noch eine weitere, die allerdings nur aus seiner, vielleicht zu schroffen Trennung von Anschauung und Begriff entspringt. Anschauungen, als Zustände des Bewusstseins betrachtet, können stattfinden, ohne dass sie sich notwendig auf Denktätigkeiten zu beziehen brauchten. Ohne selbsttätiges Bewusstsein können Erscheinungen, d. i. Vorstellungen rein sinnlicher Art, deren Gegenstand *unbestimmt* ist, gegeben sein. Freilich *bestimmte* Anschauungen sind, wie Kant zeigen wird, ohne denkendes Bewusstsein nicht möglich. Soweit es aber nur auf denjenigen Teil der Vorstellung ankommt, der in der Anschauung gegeben ist, kann sich diese einem Bewusstsein darbieten, das der Reflexion und Selbsterfassung unfähig ist.[A] Die Beziehung der Anschauungen auf Begriffe und die Fähigkeit der Begriffe, Anschauungen zu bestimmen und dadurch Vorstellungen von Gegen|ständen zu erzeugen, bedürfen daher eines besonderen Beweises. Diese beiden Fragen werden nun in der transzendentalen Deduktion gelöst und dadurch die Möglichkeit der Erkenntnis von Gegenständen aus Begriffen a priori erklärt. Zum Verständnisse der Lösung muss jedoch vorausgeschickt werden, dass es sich dabei nicht um die Entstehung, sondern um die Gültigkeit der reinen Erkenntnis handle. »Deduktion« wird im juristischen Sinne als Rechtfertigung einer Tatsache, nicht im logischen als Ableitung derselben verstanden. Zwar heißt es: ›Es sollen die subjektiven Quellen des Verstandes untersucht werden‹, und es werden zum Beginn dieser Untersuchung, *in der ersten Auflage*, wirklich einige Sätze über die Vorstellungsbildung aus der Psychologie entlehnt. Auf den eigentlichen Gang der Untersuchung haben jedoch diese Entlehnungen keinen bestimmenden Einfluss genommen. Sie dienen, die Fasslichkeit derselben zu erleichtern, und werden – als nicht zur Sache gehörig – aus der *zweiten* Bearbeitung entfernt. Die Argumentation Kants, wenn auch nicht ihre Darstellung, ist auch in diesem Punkte von seiner Psychologie unabhängig. Übrigens hat Kant selbst den Unterschied seiner Untersuchung von einer psychologischen angegeben. Locke hatte die Erwerbung der Vorstellungen zum Gegenstande genommen. Er hatte gezeigt, wie ein Begriff durch Erfahrung und Reflexion über dieselbe entspringe. Er hatte damit das Faktum des Besitzes einer Erkenntnis, aber nicht die Rechtmä-

A Im Eingang zur transzendentalen Deduktion (Kant II, KrV, S. 87 [AA IV, S. 72]) lehrt Kant: »Die Anschauung bedarf der Funktionen des Denkens auf keine Weise«; in der Deduktion selbst bemüht er sich, gerade die notwendige Beziehung der Anschauung auf das Denken, ja ihre Einordnung in das denkende Bewusstsein zu beweisen. Der scheinbare Widerspruch wird, und zwar im Sinne Kants, gehoben durch die obige Unterscheidung der unbestimmten von der bestimmten Anschauung. Dem Bewusstsein der Tiere spricht Kant die Denkfähigkeit und damit eine *gegenständliche* Anschauung ab, dennoch ist dasselbe von bloßen Anschauungen oder Erscheinungen besetzt (Kant XI/1, Briefe, S. 57 [AA XI, S. 52]).

ßigkeit desselben gezeigt. Die letztere kann auch nicht durch eine *physiologische Ableitung* zustande kommen, obschon diese Ableitung übrigens von großem Nutzen und *auch auf Begriffe a priori anwendbar ist*. Denn auch auf die letzteren zielt die Bemerkung Kants: »Indessen kann man *von diesen Begriffen*, wie von allem Erkenntnis, wo nicht das Prinzipium ihrer Möglichkeit, doch die Gelegenheitsursachen ihrer Erzeugung in der Erfahrung aufsuchen, wo alsdann die Eindrücke der Sinne den ersten Anlass geben, die ganze Erkenntniskraft in Ansehung ihrer zu eröffnen und Erfahrung zu Stande zu bringen, die zwei sehr ungleichartige Elemente enthält, nämlich eine Materie zur Erkenntnis aus den Sinnen und eine gewisse Form, sie zu ordnen, | aus dem innern Quell des Anschauens und Denkens, die bei Gelegenheit der ersteren zuerst in Ausübung gebracht werden und Begriffe hervorbringen«[A]. Nirgends hat sich Kant deutlicher über den Ursprung der Begriffe vernehmen lassen, als an dieser Stelle. Nach derselben gehen auch den Begriffen a priori Eindrücke der Sinne vorher.

[A] Kant II, KrV, S. 83 [AA IV, S. 69]. Dass aus obiger Stelle wirklich Kants Meinung vom Ursprung der Vorstellungen a priori hervortrete, geht außer den früher angeführten Äußerungen über die ursprüngliche *Erwerbung* derselben und der ebenfalls bereits herangezogenen Stelle Kant II, KrV, S. 340 [AA IV, S. 294–296], wo Kant die Ansicht bestreitet, als sei die empirische Anschauung zusammengesetzt aus Erscheinungen und dem Raume und als gehe daher das Leere der Wahrnehmung des Vollen voraus, während die *Form* der Anschauung an der empirischen Anschauung anzutreffen und zugleich mit derselben erworben ist, noch besonders aus folgenden Worten hervor: »Die Zeit geht zwar als formale Bedingung der Möglichkeit der Veränderungen vor dieser *objektiv* (d. h. in Kants Sprachgebrauch dem *Begriffe* nach [A. R.]) vorher, allein subjektiv und in der *Wirklichkeit* des Bewusstseins (also psychologisch [A. R.]) ist diese Vorstellung, *so wie jede andere* (! [A. R.]) durch Veranlassung der Wahrnehmungen gegeben.« (Kant II, KrV, S. 360 [AA III, S. 314]) Nur die *Form* der Erwerbung der Vorstellungen a priori ist subjektiv *begründet. Der formale Grund* ihrer Entwicklung liegt im Bewusstsein. Den Unterschied des *transzendentalen Grundes* der Vorstellungen von ihren *psychologischen* Ursachen der Erwerbung und Entwicklung zu begreifen, ist die erste und zugleich die wesentliche Bedingung des Verständnisses der Kantischen Methode. Was im transzendentalen Betrachte *a priori* ist, *folgt* in psychologischer Hinsicht den Eindrücken der Sinne nach.

Die Begriffe a priori haben keinen andern Ursprung als die empirischen. Sie entstehen nicht getrennt von diesen, sondern werden in und mit diesen hervorgebracht. Sie sind die Form der empirischen Vorstellungen. Ursprünglich sind nicht Gedanken und Anschauungen, sondern nur der Quell des Anschauens und Denkens. Das gesetzliche, formale Verfahren des Bewusstseins ist ursprünglich. Das Bewusstsein im strengsten Sinne genommen ist Synthese, näher, wie wir sehen werden, synthetische Identität; aber eine Synthese ist nur in der wirklichen Ausübung vorhanden. Daher entspringen, nach Kants ausdrücklicher Lehre, Raum und Zeit, die sinnlichen Synthesen des Bewusstseins, allererst im Akte der wirklichen Verbindung; als Vorstellungen sind Raum und Zeit die Vorstellungen der *Form* der Vereinigung der gegebenen Empfindungen. |

Wenn also die Deduktion psychologische Betrachtungen zu Hilfe nimmt, so haben wir uns stets den Unterschied des Apriori im erkenntnistheoretischen Sinne von der psychologischen Entstehung gegenwärtig zu halten. Wir haben zu beachten, dass eine Vorstellung a priori niemals die *Ursache* einer empirischen, sondern die *Form* derselben sei. *An* der psychologischer Vorstellungsbildung wird das Apriori als ihre Form nachgewiesen. Im Übrigen hält sich die Deduktion an die Beziehung der formalen Erkenntniselemente, nicht an das Zusammenwirken der Erkenntnisfähigkeiten.

Die beiden Bearbeitungen der Deduktion unterscheiden sich durch nichts als durch die Hereinbeziehung einer psychologischen Betrachtung in die erste, durch das Fehlen derselben in der zweiten. Während jene vorbereitend und erläuternd mit psychologischen Reflexionen beginnt, geht diese sofort vom *Begriff* des Bewusstseins, unangesehen seiner psychologischen Entwicklung, aus. Das Ungehörige einer psychologischen Erörterung in der Kritik, welche jede empirische Untersuchung ihrem Wesen nach ausschließt, fühlte Kant selbst, und bemerkte, dass hier scheinbar ein Fall sei, »wo es dem Leser freistünde zu *meinen*«[A], ein Fall, der

A [Kant II, KrV, S. 11; AA IV, S. 12.]

sich der streng begrifflichen, also apodiktischen Beweisführung entziehe. Daher kommt er dieser Meinung mit der Erklärung zuvor, dass der Gedankengang der Deduktion von der psychologischen Erläuterung unabhängig und für sich schlüssig sei.[A] Um diesem Mangel abzuhelfen, tilgte Kant in der zweiten Auflage die psychologischen Teile der ersten. Er führte hier den Beweis der Deduktion aus dem Begriff des Denkens und der Realdefinition des Urteils.[B] Ohne alle Frage ist die zweite Bearbei|tung die *methodisch* verbesserte. Auch ist ihre Argumentation direkter und klarer. Ich könnte mich daher allein an diese, methodisch strengere und dabei einfachere Gestalt des Beweises halten, weil jedoch von den Darstellern Kants gewöhnlich die erste bevorzugt wird, so ziehe ich vor, beide Darstellungen zu berücksichtigen, besonders, um der Meinung entgegenzutreten, dass zwischen ihnen wesentliche Verschiedenheiten stattfänden.

Die Erkenntnisbegriffe, welche aus der Form des Urteils ermittelt worden waren, werden deduziert, d.i. die Möglichkeit ihres Ursprungs a priori und die Gültigkeit ihres Gebrauchs von den Gegenständen der Erfahrung wird bewiesen, dadurch, dass gezeigt wird: Sie begründen nicht bloß in besonderen Erfahrungsurteilen die objektive Verbindung der Wahrnehmungen, sondern in der Wahrnehmung überhaupt die Beziehung auf ein Objekt. Wenn Wahrnehmung, die Vorstellung eines Objektes, nur in

A Kant II, KrV, 1. Aufl., Vorrede.

B Kant V, MAdN, S. 315–316 [AA V, S. 475–476]: »Die letztere Aufgabe (der Deduktion [A. R.]) hat indessen große Wichtigkeit und wie ich jetzt einsehe, ebenso große Leichtigkeit, da sie beinahe durch einen einzigen Schluss aus der genau bestimmten Definition eines *Urteils* überhaupt (einer Handlung durch die gegebene Vorstellungen zuerst Erkenntnisse eines *Objekts* werden) verrichtet werden kann. Die Dunkelheit, die in diesem Teile der Deduktion meinen vorigen Verhandlungen anhängt und die ich nicht in Abrede ziehe, ist dem gewöhnlichen Schicksale des Verstandes im Nachforschen beizumessen, dem der kürzeste Weg gemeiniglich nicht der erste | ist, den er gewahr wird. Daher ich die nächste Gelegenheit ergreifen werde, diesen Mangel (welcher auch nur die *Art* der Darstellung, nicht den dort schon richtig gegebenen Erklärungs*grund* betrifft) zu ergänzen.«

den Einheitsformen des Denkens möglich ist, wenn es der Funktionen des Denkens bedarf, um eine Mannigfaltigkeit von Eindrücken zu einer bestimmten, auf einen Gegenstand bezogenen Anschauung zu erheben, so sind die Kategorien, die Begriffe der Einheitsfunktionen des Denkens, Elemente der Erfahrung überhaupt, so gehören sie zum Begriff der Erfahrung als deren intellektuelle Form. Die Deduktion hat demnach die Darlegung der »Kategorien als Prinzipien einer möglichen Erfahrung«[135] zum Ziele. Dies Ziel kann nur erreicht werden, wenn gezeigt wird, dass die Kategorien in notwendiger Beziehung zur Form der Erscheinung der Dinge stehen. Wenn durch die Kategorien die Formen des sinnlichen Vorstellens Raum und Zeit in formale Anschauungen verwandelt werden, so gelten die Kategorien mittels der Anschauungen ›Raum‹ und ›Zeit‹ notwendig von den Gegenständen, soweit sie dem Bewusstsein erscheinen. Denn unter Raum und Zeit, als Formen der Erscheinung, stehen alle Gegenstände der Erfahrung, und wenn Raum und Zeit als formale Anschauungen durch Kategorien bestimmt sind, so stehen die Erfahrungsobjekte notwendigerweise | auch unter den Kategorien. Die empirischen Anschauungen sind die besonderen Bestimmungen der formalen, die formalen werden durch die Kategorien bestimmt, also werden durch diese auch die empirischen Anschauungen, als Vorstellungen von Gegenständen der Erscheinung, bestimmt. Die Darlegung der Kategorien als Prinzipien der Erfahrung überhaupt hat mithin die Aufgabe, ihre notwendige Verbindung mit den Anschauungsformen zu erweisen. Wie sehr nun auch Anschauung und Begriff als Erkenntnisarten getrennt sein mögen, so gehören sie doch als Vorstellungen zu einem und demselben Bewusstsein. Die Einheit des Bewusstseins verbindet Anschauungsform und Begriff. Die Identität des Bewusstseins in der Synthese der Empfindungen nach der Form des Anschauens bewirkt eine einheitliche Vorstellung, eine bestimmte Anschauung. Anschauungen sind der synthetischen Einheit des Bewusstseins unterworfen. Diese Einheit des Bewusstseins ist aber zugleich Grund der Kategorien. Erkenntnisbegriffe entspringen der Form des Bewusstseins und sind nichts anderes als die Arten der Vereinigung mit Bewusstsein. Also stehen die Anschauungen vermöge der synthetischen Identität des Bewusstseins unter Kategorien.

In der angegebenen Weise hat Kant selbst den Gedankengang der Deduktion dargelegt. Die Deduktion »hat das Verhältnis des Verstandes zur Sinnlichkeit und *vermittels* derselben zu allen Gegenständen der Erfahrung, mithin die objektive Gültigkeit seiner reinen Begriffe begreiflich zu machen«[A]. Und in der kurzen Übersicht der Deduktion nach der zweiten Bearbeitung heißt es: Sie sei »die Darstellung der reinen Verstandesbegriffe und mit ihnen aller theoretischen Erkenntnis a priori, als Prinzipien der Möglichkeit der Erfahrung, dieser aber als *Bestimmung* der Erscheinungen im Raum und in der Zeit *überhaupt*, endlich dieser aus dem Prinzip der ursprünglichen synthetischen Einheit der Apperzeption, als der Form des Verstandes in *Beziehung* auf Raum und Zeit, als ursprünglichen Formen der Sinnlichkeit«[B]. |

Die Kategorien entspringen aus der Form des Verstandes oder des Denkens, dadurch wird ihre Apriorität möglich, d. i. begreiflich. Die Form des Verstandes ist die synthetische Einheit des Bewusstseins, welche die notwendige Bedingung der Anschauungen Raum und Zeit ist. Weil aber Raum und Zeit gegenständliche Bedeutung haben, so haben mittels ihrer die ursprünglichen Erkenntnisbegriffe, in denen sich die Bewusstseinseinheit betätigt, objektive Gültigkeit. Durch die Beziehung der Kategorien auf die Anschauungsformen vermöge des Prinzips der synthetischen Einheit des Bewusstseins wird demnach die transzendentale Aufgabe der Deduktion gelöst, die Möglichkeit und Gültigkeit der reinen Erkenntnisbegriffe erklärt. Man vergleiche mit diesem Gedankengang den in der transzendentalen Erörterung der Ästhetik. Wie Raum und Zeit als Anschauungen a priori möglich waren, weil sie aus der Form der Auffassung entspringen, so sind die Kategorien als Begriffe a priori möglich, weil sie der Form des Denkens entstammen; und wie Raum und Zeit gegenständlich gültig waren, weil ihr Prinzip eine notwendige Beziehung auf Objekte hat,

A [Kant II, KrV, S. 114; AA IV, S. 93.]
B Kant II, KrV, S. 758 [AA III, S. 129].

so sind die Kategorien für die Gegenstände des Bewusstseins notwendig, weil die synthetische Einheit des Bewusstseins objektive Gültigkeit besitzt.

Wir haben nun der Deduktion im Einzelnen und prüfend nachzugehen.

Die erste Bearbeitung gewinnt das Prinzip der Deduktion – eben die Einheitsfunktion des Bewusstseins – durch psychologische Reflexion. Die zweite leitet es, ohne diesen Umweg zu betreten, aus dem *Begriffe* des Bewusstseins ab. Auch im Übrigen ist die Argumentation der ersten Auflage umständlicher, durch Wiederholungen mehr, als der Deutlichkeit förderlich ist, aufgehalten; die Deduktion der Kategorien wird nicht weniger als dreimal von verschiedenen Seiten aus in Angriff genommen und durchgeführt.

Die subjektiven Quellen der Vorstellungen sind Sinn, Einbildungskraft und Apperzeption oder begriffliches Bewusstsein. Durch die Sinne werden die Elemente der Vorstellungen empfangen, durch die Einbildungskraft werden Vorstellungen nach Regeln der | Assoziation wieder hervorgebracht, durch Reflexion und das begriffliche Bewusstsein der reproduzierten Vorstellungen verglichen und zur Einheit des Begriffes gebracht. Alle Vorstellungsbildung erfolgt durch Synthese. Analytisch können keine Vorstellungen entspringen. Die Vereinigung der Eindrücke unterscheidet eine sinnliche Vorstellung von den bloßen Empfindungen in ihrer gegebenen Mannigfaltigkeit. Zur reinen Empfänglichkeit des Bewusstseins muss sich eine formal vereinigende Tätigkeit gesellen, um Vorstellungen zu erwerben. Bezogen auf Eindrücke der Sinne, heißt diese zu aller Vorstellungsbildung notwendige Synthese ›die Synthese der Apprehension‹, bezogen auf Vorstellungen der Einbildungskraft ›die Synthese der Reproduktion‹, endlich in der Erzeugung eines Begriffs ist sie ›die synthetische Apperzeption‹, die Rekognition im Begriffe. Man hat sich übrigens zu hüten, diese Synthesen als ebenso viele verschiedene Vermögen zu betrachten. Es gibt nach der Lehre Kants nur eine einzige, ursprüngliche Synthese des Bewusstseins, welche in der Form der Zeit und des Raumes erfolgt, und durch die Einheit der Apperzeption zur begrifflichen, bewussten Vorstellung wird. – In ihrer Anwendung auf die gegebene Mannigfaltigkeit der Eindrücke ergibt die Synthese des Bewusstseins empirische Anschauungen und schließlich empirische Begriffe. Angewandt auf die ursprüngliche Form, in welcher Erscheinungen empfangen werden, also auf Raum und Zeit überhaupt, bringt sie reine Anschauungen und reine Begriffe hervor. Dabei ist das Verhältnis der auf die Form und der auf den Stoff der Vorstellungen angewandten Synthese besonders zu beachten. Um überhaupt *etwas* vereinigen zu können, muss dasselbe gegeben sein. Also geht, wie schon oben gezeigt worden ist, die reine oder formale Synthese ihrer Anwendung auf den Stoff, der zu verbinden ist, nicht zeitlich, sondern nur begrifflich vorher. Es werden nicht erst Vorstellungen a priori und hinterher empirische erzeugt. Die reine Vorstellung ist Form der empirischen. Zugleich und in demselben Akte der Bewusstseinsvereinigung erfolgt die Erwerbung der reinen wie der empirischen Vorstellung.

Die Notwendigkeit der Synthese in der Wahrnehmung er|gibt sich daraus, dass Eindrücke in der Zeitform empfangen werden. Sie müssen daher nicht bloß in ihrer Aufeinanderfolge aufgefasst, sondern zugleich in einem einheitlichen Akt des Bewusstseins zusammengefasst werden. Die Vorstellungen der Sinne sind nicht gegeben, sondern synthetisch erzeugt. Nun kann diese Synthese nur in der Form von Raum und Zeit, die wir bereits als reine Vorstellungsformen kennen, erfolgen. Also erwerben wir in der Synthese der Apprehension des Mannigfaltigen zugleich die *Vorstellungen* von Raum und Zeit. Aus den Formen des Anschauens werden durch die Synthese der Apprehension Anschauungen von Raum und Zeit erzeugt.

Um in die Auffassung der Sinne Verbindung zu bringen, müssen die Elemente, welche zu verbinden sind, wieder hervorgebracht oder beständig erneuert werden. Die Apprehension setzt die Reproduktion voraus oder schließt sie vielmehr in sich ein. Würde das erste Element immer aus dem Gedanken verloren werden, sobald zum zweiten fortgegangen wird, so könnte niemals eine ganze, einheitliche Vorstellung entstehen. Was von den Elementen einer Vorstellung gilt, gilt auch, wenn Vorstellungen selbst zu Elementen einer Verbindung gebraucht werden. Die Reproduktion ist an Regeln der Assoziation gebunden. Die beständige Begleitung oder Folge von Eindrücken befähigt dieselben, sich in den gleichen Verhältnissen, also nach Regeln zu reproduzieren. Die Reproduktion empirischer Vorstellungen setzt mithin voraus, dass die Erscheinungen selbst, in den Verhältnissen, wie sie dem Bewusstsein gegeben werden, eine Regelmäßigkeit besitzen. Lässt sich diese Regelmäßigkeit im Allgemeinen und a priori erkennen und begründen? Die besondere Regelmäßigkeit der Erscheinungen ist ein bloßes Faktum und als solches nicht weiter abzuleiten. Aber die Regelmäßigkeit und gleichsam die Verwandtschaft der Erscheinungen überhaupt kann a priori bewiesen werden. Erwägen wir, dass Erscheinungen zunächst Vorstellungen sind und als solche unserm Bewusstsein inhärieren, so erkennen wir, dass sie den notwendigen Gesetzen des Vorstellens selbst notwendig unterworfen sind. Nun ist das Gesetz der Reproduktion ein zur Vorstellungsbildung überhaupt gehöriges Ge|setz; also müssen Erscheinungen notwendig der Reproduktion fähig sein. Auch wie sie unter diesem reinen Gesetze der Reproduktion, das die empirische möglich macht, stehen, lässt sich erkennen. Denn wie jede Vorstellung, ist auch die von Raum und Zeit überhaupt nur durch dieses Gesetz möglich. Raum und Zeit sind aber die Formen der Erscheinungen, also stehen Erscheinungen notwendig unter dem Gesetz der Reproduktion, wodurch die Mannigfaltigkeit der Sinne in die Einheit von Raum und Zeit verbunden wird.

Die Reproduktion ist an eine Bedingung geknüpft – die Bedingung, dass wir uns der Identität der reproduzierten mit der ursprünglichen Vorstellung bewusst sind. Die Identität zweier oder mehrerer Vorstellungen erkennen, heißt sie begreifen. Das Wiedererkennen der Vorstellungen – ihre Rekognition im Begriffe – ist die Bedingung ihrer Vereinigung und ihrer Beziehung aufeinander durch Wiederhervorbringung. Das Erkennen der Identität von Vorstellungen kann aber nur erfolgen, wenn das Bewusstsein selbst mit sich identisch und dieser seiner Identität bewusst ist. Ein Augenblicksbewusstsein, das in jedem Momente entweder ein anderes oder seiner Sichselbstgleichheit nicht bewusst wäre, könnte zwar Eindrücke erfahren, aber keine Vorstellung gewinnen.

Ohne ein Bewusstsein, das sich in der Auffassung und Festhaltung der Eindrücke als eines und dasselbe weiß – keine Wahrnehmung. Die Erhaltung des Bewusstseins und das Wissen um seine Erhaltung ist die oberste Bedingung der Vereinigung der Vorstellungselemente zu wirklichen Vorstellungen, die Apperzeption die Bedingung der Apprehension und Reproduktion. Ohne Denken keine Anschauung, ohne Selbstbewusstsein keine Wahrnehmung anderer Dinge. Dieses Gesetz der übergreifenden Einheit des Bewusstseins nennt Kant Synthese der Apperzeption. – Abstrahieren wir von dem besonderen Inhalte der Erscheinung, an dem sich diese Einheitsfunktion des Bewusstseins – als empirische Apperzeption – betätigt, und beziehen wir die synthetische Einheit des Bewusstseins auf die reine Form der Synthese der Anschauung – Raum und Zeit –, so gewinnen wir den Begriff der ursprünglichen, synthetischen Einheit der Apperzeption – die das not|wendige Prinzip aller Einheit der Erscheinungen ist, weil selbst »die reinste, objektive Einheit, nämlich die der Begriffe von Raum und Zeit nur durch Beziehung der Anschauungen auf sie möglich ist«[A]. »Raum und Zeit«, heißt es in der vielfach aufklärenden Abhandlung »Welches sind die wirklichen Fortschritte«, »sind, subjektiv betrachtet, *Formen* der Sinnlichkeit, aber um von ihnen als *Objekten* der reinen *Anschauung* sich einen Begriff zu machen (ohne welches wir gar nichts von ihnen sagen könnten), dazu wird a priori der Begriff eines Zusammengesetzten, mithin der Zusammensetzung (Synthesis) des Mannigfaltigen erfordert, mithin synthetische Einheit der Apperzeption in Verbindung dieses Mannigfaltigen.«[B] Wir können eine Vorstellung von Raum und Zeit nur dadurch gewinnen, dass wir das Mannigfache ihrer möglichen Bestimmungen in eine einheitliche Auffassung bringen, wir können diese Synthese in der Auffassung nur dadurch vollziehen, dass wir uns der Einheit des Denkens in der Verbindung bewusst bleiben.

Die Einheit des Bewusstseins ist die allgemeine Form eines Begriffs. Nicht die unbestimmte Allgemeinheit einer in der Repro-

A [Kant II, KrV, S. 99; AA IV, S. 82.]

B Kant I, Fortschritte, S. 508 [AA XX, S. 276].

duktion verblassten oder zerteilten Vorstellung, sondern die Einheit der Regel in der Zusammensetzung der Vorstellungselemente, seien es Eindrücke der Sinne oder selbst bereits Vorstellungen, macht das Wesen des Begriffes aus. In der Einheitsform irgendwelcher Erkenntnisse besteht die Natur des Begriffs derselben. Eigenschaften sind begrifflich vereinigt, wenn sie aus dem Grunde einer Regel oder eines Gesetzes jederzeit im Bewusstsein reproduziert werden können. Begriffe von empirischen Gegenständen sind daher äußerst zusammengesetzt. So ist der Begriff eines chemischen Elementes die Summe der wissenschaftlichen Erfahrungen über diesen Stoff, ausgedrückt in den chemischen Gleichungen; der Begriff eines Naturgesetzes die Einheit bestimmter Bewegungsvorgänge, ausgedrückt durch eine mathematische Gleichung. Die Vorstellung der Gleichung enthält die Einheit der Regel in der Zusammenfassung und Wiederhervorbringung gewisser Erkenntnisse. Nun hängt die Regel der Re|produktion zunächst und vor allem von der Identität des Bewusstseins in der Reproduktion ab. Also ist die synthetische Einheit des Bewusstseins der formale Grund aller Begriffe. Auch der Begriff eines *Objektes* überhaupt entspringt seiner *Form* nach aus der Einheit des Bewusstseins. Wir müssen hier unterscheiden zwischen dem realen Grund und der ideellen Form einer Objektsvorstellung. Die Beziehung der Erkenntnisse auf ein Objekt bringt in ihre Verbindung Notwendigkeit und Bestimmtheit hinein. Und zwar ist es der Gegenstand, welcher diese Vereinigung zu einer bestimmten macht. Der Gegenstand wird als dasjenige angesehen, »was dawider ist, dass unsere Erkenntnisse nicht aufs Geratewohl oder beliebig, sondern a priori auf gewisse Weise bestimmt seien«[A]. Die konstante Verbindung von Eigenschaften und Vorgängen ist der objektive Grund einer bestimmten Bewusstseinsvereinigung in Bezug auf diese Eigenschaften und Vorgänge. Nun kann diejenige Einheit, *die der Gegenstand notwendig macht,* nichts anderes sein als die formale Einheit in der Verknüpfung des Mannigfaltigen der Vorstellungen.[B]

A [Kant II, KrV, S. 97 [AA IV, S. 80.]
B Kant II, KrV, S. [97–]98 [AA IV, S. 80].

Der Gegenstand bewirkt durch die bestimmte Koexistenz oder Sukzession der Erscheinungen die Regel der Verbindung und Reproduktion der Phänomene. Diese Regel ist nur aus dem Grunde eines einheitlichen Bewusstseins möglich, also ist die *ideelle Form* des Begriffs eines Gegenstandes die synthetische Einheit des Bewusstseins. Erwägen wir: Was vom Gegenstande gegeben wird, ist Erscheinung, Empfindung und Verhältnisse der Empfindungen in Raum und Zeit, den Formen der Auffassung eines Gegenstandes. Was dem Gegenstande selbst im Bewusstsein entspricht, ist nur der Gedanke eines Grundes seiner Erscheinungen, ein Gedanke, der bei den verschiedensten Erscheinungen ein und derselbe Begriff der formalen Bewusstseinsvereinigung ist.

Die Anlässe dieser Bewusstseinseinheit sind bei verschiedenen Gegenständen verschieden. Darauf beruht der *empirische* Begriff der Objekte. Aber die Denkform selbst ist für alle Gegenstände ununterscheidbar dieselbe. Der *reine* Begriff eines Gegenstandes | überhaupt ist in allem gegenständlichen Erkennen *gleichartig*, und zwar deshalb, weil der Gegenstand selbst nicht erscheint oder angeschaut, sondern gedacht wird. Die Beziehung einer bestimmten Verbindung von Eigenschaften auf ihren Gegenstand ist ihre Beziehung auf den Grund dieser Erscheinungen; da wir nun nicht die Gegenstände selbst, sondern ihre Erscheinungen im sinnlichen Bewusstsein erkennen, so mögen jene an sich verschieden oder gleichartig sein, der beziehende Gedanke bleibt für sie alle ein und derselbe, die Beziehung auf etwas überhaupt, was nur formal erkennbar und übrigens = X ist. So ist z. B. der Begriff eines materiellen Elementes der Begriff jenes Etwas, wovon das Dasein im Raume, die Beweglichkeit, empirische Eigenschaften oder Erscheinungen sind. Es ist eine logische Notwendigkeit, die uns bestimmt, die materiellen Erscheinungen auf *gleichartige* Atome zurückzuführen. Der Gegenstand überhaupt, unangesehen der Verschiedenheit der Erscheinungen, ist das Korrelat der Bewusstseinsvereinigung überhaupt, gleichförmig mithin wie diese selber. Das Objekt ist das Korrelat des Subjektes, die kollektive Einheit der Vorstellungen in der Denkform des Ich, das Schema jedes gegenständlichen Begriffs.

Ich habe diese wichtige und vollkommen zutreffende Lehre Kants erläutert, weil man sie bisher *idealistisch* gedeutet hat. Die letztere Auslegung wird schon durch den Wortlaut der Stelle widerlegt. Wäre Kants eigentliche Meinung idealistisch zu erklären, so müsste es heißen: Die Einheit, welche *den* Gegenstand notwendig macht, ist die formale Einheit des Bewusstseins. Es heißt aber: *Der* Gegenstand macht die formale Einheit des Bewusstseins notwendig. Also ist der Gegenstand Grund der Bewusstseinsvereinigung; er ist die *Grenze,* die dem Bewusstsein *gesetzt ist,* nicht die sich das Bewusstsein setzt. Der an sich unbestimmten Vereinigungsfunktion des Bewusstseins gibt der Gegenstand einen festen Beziehungs- und Haltpunkt. Die formal mögliche Einheit des Bewusstseins wird zur wirklichen Einheit durch den Gegenstand selbst. Nur die Gedankenform des Objektes überhaupt entspringt, wie gezeigt, aus der formalen Einheit des Bewusstseins. Was diese Form verwirklicht, ist der Gegenstand, | dessen Dasein sich in der *bestimmten* Verbindung seiner Erscheinungen äußert. Weiter unten[136], wo wir die Einschränkung der Deduktion kennen lernen werden, soll die Ansicht Kants, die dem reinen Subjektivismus entgegengesetzt ist, durch Unterscheidung der empirischen Begriffe von den reinen noch mehr verdeutlicht werden.

Erscheinungen sind auf Bedingungen, oder sagen wir richtiger, von der Kategorienschematik absehend, auf die Bedingung eingeschränkt, welche die Einheit der Apperzeption möglich macht, d. h. die Verhältnisse der Erscheinungen müssen konform sein dem Gesetze der synthetischen Einheit des Bewusstseins. Dinge und Vorgänge, die der gesetzlichen Bewusstseinseinheit widersprächen, könnten gar nicht in unser Bewusstsein gelangen, sie wären für uns nicht vorhanden. Damit ist ein allgemeines, *objektives* Gesetz der Erscheinungen begründet. Das System der Wirklichkeit muss der Gesetzlichkeit des Denkens deshalb entsprechen, weil das Bewusstsein der Rahmen ist, in welchem die Erscheinung der Wirklichkeit empfangen und erfasst wird.

Der faktische Begriff der Erfahrung ›Vorstellung von Objekten der Erscheinung‹ beweist das Stattfinden der notwendigen Voraussetzung für denselben; die Erscheinungen stehen also unter Verhältnissen, die der Einheitsform des Bewusstseins gemäß sind.

Descartes hatte in dem Satze ›cogito ergo sum‹ den Ausdruck des obersten Wirklichkeitsprinzipes erkannt, eines Prinzipes, das zugleich die Norm für alle Existenz bildet und die Tatsache der Existenz einschließt. Aber er hatte sich begnügt, nur die Deutlichkeit und Klarheit, also die Modalität in der Selbsterfassung des Bewusstseins als Norm der übrigen Wirklichkeit zu gebrauchen. Was ich so deutlich und klar erkenne wie mein eigenes Denken, ist wirklich wie dieses. Kant dagegen legt mit weit größerem Tiefsinn die *Form* des Bewusstseins der Auffassung und Beurteilung des Wirklichen zu Grunde. Die Form des sinnlichen – seiner Erscheinung, die Einheitsform des Denkens – seiner gegenständlichen Erkenntnis. *Das Bewusstsein ist synthetische Identität.*[137] Deshalb sind die obersten Gesetze der | Natur und Erfahrung, ihrer *logischen* Form nach, *synthetische Identitätsgesetze*, die Erhaltungsprinzipien!

Ich weiß wohl, dass Kant nicht die äußersten Konsequenzen seiner Lehre gezogen habe, dass er den Grund der Erscheinungen, dessen Dasein er niemals bezweifelte, noch nach den Prinzipien seiner kritischen Lehre bezweifeln konnte, durch den *problematischen* Begriff eines Noumenon schwankend gemacht habe; aber es ist bekannt, dass ihn dazu nicht theoretische Gründe, sondern praktische Bedürfnisse bestimmten.

Wir haben damit den höchsten Punkt, zu dem die Kantische Methode führt, erreicht, von wo aus sich ihre weiteren Wendungen überblicken lassen. Die Ableitung des synthetischen Charakters der Erfahrung und Wirklichkeit aus der ursprünglichen synthetischen Identität des Bewusstseins ist das wesentliche Ergebnis der transzendentalen Deduktion.

Wie kommen wir nun zu den Kategorien?

Der Formalismus und die Künstlichkeit der Kategorienlehre, welche in der Betrachtung der metaphysischen Deduktion gekennzeichnet worden sind, verraten sich nirgends unwillkürlicher als in dem Übergang von der synthetischen Bewusstseinseinheit zu ihnen. Der Gedankengang, der bei ihrer Ableitung als Erkenntnisprinzipien der Erfahrung befolgt wird, lässt sich am besten aus der »Vorläufigen Erklärung ihrer Möglichkeit a priori«[138] ersehen. Es ist nur Eine Erfahrung. Verschiedene Erfahrungen sind nur Teile einer allgemeinen, systematisch zusammenhängenden Erfahrung. Die Erfahrung ist synthetische Einheit der Erscheinungen nach Begriffen. Die Einheit der Synthese nach empirischen Begriffen würde zufällig sein, wenn sie überhaupt möglich wäre, da alle Begriffe ihrer Form nach unter Begriffen a priori stehen. Ohne transzendentalen, notwendigen Grund der Begreiflichkeit der Erscheinungen würde es möglich sein, dass ein Gewühl von diesen unser Bewusstsein treffen könnte. Alsdann fiele zugleich mit den Begriffen alle Beziehung der Erkenntnis auf Gegenstände, welche Beziehung nur begrifflich ist, weg. Es blieben nur gedankenlose Anschauung, blinde, uns unbewusste Erscheinungen übrig. Also muss es Gedanken geben, welche Bedingungen einer mög|lichen Erfahrung, als Vorstellung von Gegenständen, sind. Nun enthalten, wie die metaphysische Deduktion zeigte, die Kategorien den Ausdruck der verschiedenen Funktionen des Denkens. Bedingungen einer möglichen Erfahrung sind zugleich Bedingungen für ihre Gegenstände. Die Kategorien, die Bedingungen des Denkens in irgendeiner Erfahrung, sind mithin notwendige Bedingungen ihrer Gegenstände, sie haben in der Erfahrung und für dieselbe *objektive Gültigkeit*. Im Denken, dessen Funktionen die Kategorien vorstellen, betätigt sich die synthetische Identität des Bewusstseins. Nun hat die gesamte Sinnlichkeit, der Inbegriff aller sinnlichen Vorstellungen eine notwendige Beziehung auf diese Identität des Bewusstseins; also ist die gesamte Sinnlichkeit den Denkbegriffen a priori notwendigerweise unterworfen. Die Kategorien sind Funktionen der synthetischen Bewusstseinseinheit, diese Einheit der Apperzeption ist Bedingung irgendeiner sinnlichen Vorstellung, also stehen alle sinnlichen Vorstellungen, oder die Gesamtheit der Erfahrung, unter den Kategorien, welche daher auch definiert werden können als die allgemeinen Gründe der Rekognition der Erscheinungen im Begriffe.

Diesen Gedankengang hat Kant in verschiedenen Wendungen wiederholt. Wir sind uns a priori der durchgängigen Identität unser selbst in Ansehung aller Vorstellungen, die zu unserer Erkenntnis jemals gehören können, bewusst. Nun ist die Einheit der Vorstellungen in einem Subjekt synthetisch, also gibt das Bewusstsein der notwendigen Einheit der Vorstellungen in *einem* Bewusstsein ein Prinzip der synthetischen Einheit des Mannigfaltigen an die Hand. Dieses Prinzip enthält ein Doppeltes, es schließt eine Synthese ein, und es macht die Einheit dieser Synthese notwendig. Die reine Synthese für sich betrachtet nennt Kant reine Synthese der Einbildungskraft, er hätte sie besser die *bildende*, ursprüngliche Synthese genannt. Ihre Form ist, wie wir später erfahren werden, die Zeit. Durch Synthese des Mannigfaltigen in der Zeit wird erst die Verbindung im Schema des Raumes möglich. Weil aber diese Synthese zum Bewusstsein gehört, ist ihre *Einheit* notwendig, ja die Bedingung für sie | selbst. Diese *Einheit* der Synthese (nicht die Synthesis selbst!) ist der Verstand, und zwar der *reine* Verstand; zum Unterschiede des empirischen, der in der besonderen Anwendung der synthetischen Handlung, also in der Einheit der empirischen, oder reproduktiven, Einbildungskraft besteht. Der reine Verstand ist ein Inbegriff von Kategorien oder reinen Denkfunktionen; durch die Beziehung der reinen Synthese und, mittels derselben, der empirischen auf den Verstand, wird somit die Synthese zugleich auf Kategorien, als den Gründen ihrer Einheit, bezogen. – Beginnen wir von unten, so sind es Eindrücke der Sinne, welche in der Form des Anschauens verbunden werden; diese Verbindung setzt, als bewusste, Einheit des Bewusstseins voraus, also ist sie den Gesetzen des Verstandes, mithin den Kategorien unterworfen.

Zur Kritik der Kategorienlehre, inwieweit dieselbe in die transzendentale Deduktion eingreift, sei bemerkt, dass der einfache und tiefe Gedanke der Verknüpfung der Einheit der Anschauungsform, und damit der Einheit der Erfahrung überhaupt, mit der Einheit des Bewusstseins einzig und allein durch jene Lehre verwirrt und verdunkelt wird. Es lässt sich schlechterdings nicht begreifen, und wird daher auch von Kant nur als reines Faktum angesehen, wie das einheitliche Bewusstsein ursprünglich in verschiedene Arten zerspalten sein soll. Das entwickelte Bewusstsein ist ohne Zweifel im Besitze mehrerer formaler Einheitsbegriffe – aber auch das ursprüngliche? Übrigens hat Kant selbst Winke gegeben, die zu einer Berichtigung seiner Lehre anleiten können. Er erklärt später: »[D]ie Zusammensetzung ist das *einzige* Apriori, was, wenn es nach Raum und Zeit *überhaupt* (den Formen der Anschauung gemäß [A. R.]) geschieht, von uns gemacht werden muss«[A]. Und noch bestimmter führt er an einer anderen Stelle die Verschiedenheit der Erkenntnisbegriffe auf die *Verschiedenheit* der anschaulichen Vorstellungen zurück. Die Einheit des Bewusstseins erfordere nach Verschiedenheit der anschaulichen Vorstellungen der Gegenstände in Raum und Zeit, verschiedene Funktionen, sie zu verbinden, welche Kategorien heißen.[B] |

Die Deduktion des objektiv gültigen Gebrauchs der reinen Begriffe wurde dadurch geleistet, dass die notwendige Beziehung der Form der Erscheinung der Dinge (Zeit und Raum überhaupt) zur Einheitsfunktion des Bewusstseins dargelegt wurde. Die Begriffe, welche in den Funktionen des Denkens entspringen und sich in den Formen des Anschauens betätigen, sind mittels dieser Formen von den Gegenständen der Erscheinung gültig und notwendig. Der allgemeine, logische Charakter der Wirklichkeit stammt aus den Gesetzen des Denkens, weil diese Gesetze zugleich Gesetze der Anschauung der Dinge sind. Die synthetische Einheit des Bewusstseins ist die Form der intellektuellen Erscheinung des Gegenstandes, wie Raum und Zeit Formen seiner sinnlichen Erscheinung sind. – Es gibt einen empirischen Gebrauch des Verstandes. Er besteht in der Vergleichung der Erscheinungen, um daraus Regeln ihrer Koexistenz und Sukzession zu gewinnen. Es gibt aber auch einen ursprünglichen Gebrauch des Verstandes, dem der empirische untergeordnet ist. Er begründet die Vorstellung eines Gegenstandes der Erscheinung. Ohne Identität des Bewusstseins in Raum und Zeit keine Vorstellung eines Objektes. Um von bloßen Erscheinungen zur Erkenntnis eines Gegenstandes sich zu erheben, bedarf es jener denkenden Verbindung

A Kant I, Fortschritte, S. 578 [AA XX, S. 332].
B Kant I, Fortschritte, S. 508 [AA XX, S. 275].

der Erscheinungen zur Einheit eines Begriffs, jener Beziehung der Erscheinungen auf einen Grund, der Beziehung des Zusammenseins von Empfindungen auf den Einheitsbegriff der Substanz, der der Folge auf den Begriff ursächlicher Begründung, kurz jenes ursprünglichen, die Gedankenform des Gegenstandes hervorbringenden Bewusstseins, dessen Möglichkeit die Deduktion erwiesen hat. Die empirische Regelmäßigkeit der Erscheinungen wird erfahren; aber die Erfahrung überhaupt, die allgemeine Gesetzlichkeit der Erscheinungen, wird nicht wieder bloß erfahren. Sie stammt aus der Gesetzlichkeit des Bewusstseins ab, weil Erfahrung die Wirklichkeit der Erscheinung der Dinge im Bewusstsein, weil sie eine *Erkenntnisart* ist, die wie alle Erkenntnis unter allgemeinen Denkgesetzen steht. »Die Einheit des Bewusstseins ist der Grund der notwendigen Gesetzmäßigkeit aller Erscheinungen in einer Erfahrung.«[A] Schon der Begriff eines Gesetzes schließt diese | Beziehung auf ein denkendes Bewusstsein in sich ein. »Gesetze existieren nur respektive auf einen Verstand.«[139] Die besonderen Verhältnisse der Erscheinungen werden zu Gesetzen nur in ihrer Erfassung durch das Denken. Jedes Gesetz hat, von seinem empirischen Inhalte abgesehen, eine logische und mathematische, mithin rein ideelle Gestalt. Die Form des Bewusstseins ist Form der Gesetzmäßigkeit überhaupt. »So übertrieben, so widersinnig es also auch lautet, zu sagen, der Verstand ist selbst der Quell der Gesetze der Natur, und mithin der *formalen* Einheit der Natur, so richtig und dem Gegenstande, nämlich der *Erfahrung* angemessen, ist gleichwohl eine solche Behauptung.«[B] Der Verstand ist Gesetzgeber der Natur, weil die *allgemeine Form* der Erfahrung die Verstandesform ist, weil die Einheit, die der Gegenstand in seiner Erscheinung und Auffassung bewirkt, Verstandeseinheit ist, weil nur in dieser Einheit die *Vorstellung* eines Gegenstandes überhaupt entsteht und besteht. Aber die Gesetzgebung des Verstandes erstreckt sich auch nicht weiter als auf die allgemeine Form der Erfahrung, auf die Natur überhaupt, auf den logi-

A [Kant II, KrV, S. 114; AA IV, S. 93.]
B [Kant II, KrV, S. 114; AA IV, S. 93.]

schen Schematismus der Erscheinungen, und nur mittels desselben auf die besonderen Naturgesetze.

Dass Kant neben dem ideellen, die allgemeine Form der Erfahrung bewirkenden Faktor der reinen Erkenntnis, den empirischen, die besondere Gestalt der Erscheinung liefernden Faktor des Erkennens nicht verkannt habe, geht aus zahlreichen bestimmten Erklärungen zweifellos hervor. »Es könnten wohl Erscheinungen«, erklärt er, »so beschaffen sein, dass der Verstand sie den Bedingungen seiner Einheit gar nicht gemäß fände«[A] – und in diesem Falle würde der Verstand ein totes, unentwickeltes, uns selbst unbekanntes Vermögen sein.

Die empirische Regelmäßigkeit in der Begleitung und Folge der Erscheinungen ist das Prinzip der empirischen Reproduktion der Vorstellungen. »Würde der Zinnober bald rot, bald schwarz, bald leicht, bald schwer sein, ein Mensch bald in diese, bald in jene tierische Gestalt verändert werden, kurz herrschte | keine Regel, der die Erscheinungen schon *von selbst* unterworfen sind, so könnte keine *empirische* Synthesis der Reproduktion stattfinden.«[B] Nur der allgemeine Grund der Reproduktion wurzelt, wie die Gesetze der Vorstellungsbildung überhaupt, in der Form des Bewusstseins. Es ist nur ein Zufall, dass auch die besonderen Gesetze der Natur eine systematische Verbindung und gleichsam auf den Verstand *bezweckte* Form zeigen. Die allgemeinen Gesetze der Natur haben ihren Grund im Verstande, sie sind logische Gesetze einer möglichen Erfahrung, die besonderen dagegen sind durch jene Verstandesgesetze *unbestimmt* gelassen. Das Zufällige in der besonderen Erfahrung ist als solches nicht a priori zu ergründen, daher nur einem subjektiven, nicht objektiv gültigen Prinzipe: der Zweckmäßigkeit, d. i. der Analogie der Natur mit dem Verstande, unterworfen. Zu dem Gegebenen der Erfahrung, das als solches nicht a priori erkennbar ist, zählt Kant alle besonderen Naturgesetze. Schon die Tatsache, dass er eine Kritik der teleologischen Urteilskraft schrieb, hätte von der Meinung zurückhalten sollen, er habe

A Kant II, KrV, S. 87 [AA III, S. 103].

B Kant II, KrV, S. 97 [AA IV, S. 78].

dem Verstande einen ungeordneten, rohen Stoff gegenübergestellt. Die tatsächliche Form gewisser Naturobjekte, der organischen, erzeugt als subjektives Prinzip ihrer Beurteilung den Zweckbegriff.[A] »Viele Kräfte der Natur«, erklärt Kant ferner, »die ihr Dasein durch gewisse Wirkungen äußern, bleiben für uns unerforschlich, denn wir können ihnen durch *Beobachtung* nicht weit genug nachforschen.«[B] »Es sind viele Gesetze der Natur, die wir nur *vermittels der Erfahrung* wissen können.«[C] Nur die Gesetzmäßigkeit in der Verknüpfung der Erscheinungen, also die Natur ihrer allgemeinen Form nach, lernen wir nicht aus Erfahrung, »weil Erfahrung selbst solcher Gesetze (des Denkens [A. R.]) bedarf«[D]. Was die Deduktion leistete, ist also die Begründung der *allgemeinen* Gesetzlichkeit der Erscheinungen, die, als Vorstellungen betrachtet, den Gesetzen des Bewusstseins untergeordnet sein müssen.

Die Deduktion schränkt selber ihre Ergebnisse auf diese Be-| dingung ein. »[E]mpirische Gesetze können als solche ihren Ursprung keineswegs vom reinen Verstande herleiten, so wenig als die unermessliche Mannigfaltigkeit der Erscheinungen aus der reinen Form der sinnlichen Anschauung hinlänglich begriffen werden kann.«[E] Und – »auf mehrere Gesetze, als die, auf denen eine *Natur überhaupt*, als Gesetzmäßigkeit der Erscheinungen in Raum und Zeit, beruht, reicht auch das reine Verstandesvermögen nicht zu, durch bloße Kategorien den Erscheinungen a priori Gesetze vorzuschreiben. Besondere Gesetze, weil sie empirisch bestimmte Erscheinungen betreffen, können davon nicht vollständig abgeleitet werden. – Es muss Erfahrung dazukommen, um die letzteren kennenzulernen.«[F] Auf die Frage, die Herbart gegen Kant zu richten meinte: ›woher die *bestimmten* Formen der Erscheinung, woher hier die runde, dort die viereckige Raumgestalt rühren?‹[140], hat Kant bereits die Antwort erteilt: ›aus der Erfahrung‹,

A Kant IV, KU, Einleitung.
B Kant II, KrV, S. 478 [AA III, S. 409].
C Kant III, Prol., S. 83 [AA IV, S. 318].
D Kant III, Prol., S. 83 [AA IV, S. 319].
E Kant II, KrV, S. [114–]115 [hier 114; AA IV, S. 93].
F Kant II, KrV, S. 756 [AA III, S. 127–128].

aus der Wirklichkeit, die den Erscheinungen zu Grunde liegt und sich in der besonderen Gestalt und Beschaffenheit der Phänomene offenbart. »*Dinge* als Erscheinungen bestimmen den Raum, d.i. *unter allen möglichen Prädikaten desselben machen sie es, dass diese oder jene zur Wirklichkeit gehören.*«[A]

Der Realismus in der gewöhnlichen Bedeutung des Wortes unterscheidet nicht die Vorstellungen von den Dingen, er lässt uns direkt mit den Dingen selbst verkehren; der Subjektivismus betrachtet Vorstellungen als Dinge, er lässt die Dinge selbst aus dem Bewusstsein hervorgebracht werden. Der Phänomenalismus, für den sich die Kritik entscheidet, erklärt die Vorstellungen für Erscheinungen der Dinge im Bewusstsein. Die Erscheinung hat ihrem Begriffe nach ein doppeltes Verhältnis, ein Verhältnis zu dem Dinge, das erscheint, und zu dem Bewusstsein, dem es erscheint. Die Erscheinung *vermittelt* Gegenstand und Bewusstsein. Nur für Erscheinungen kann eine Deduktion der reinen Erkenntnis geleistet werden. Wären die Gegenstände unserer Erkenntnis Dinge an sich selbst und nicht bloß die Erscheinungen der Dinge, so würden wir von ihnen gar keine Begriffe a priori | haben können. Alle Erkenntnis würde empirisch und zufällig sein; wobei wir freilich davon absehen, dass auf diesem Standpunkte das Erkennen unbegreiflich wäre, da ja die Gegenstände nicht leibhaftig in unsere Vorstellung herüberwandern können. Die Begriffe, die unser Verstand *tatsächlich* in seiner selbsteigenen Gesetzmäßigkeit erzeugt, wären ohne Gebrauch, ohne Gültigkeit für die Dinge. Gäbe es dagegen keine Dinge, sondern nur Vorstellungen, grundlos und haltlos, weniger als Gebilde des Traumes, so könnte von einer gegenständlichen Erkenntnis nicht einmal geredet werden. Es würde nur individuelle Erkenntnis geben, da es an einem vom Bewusstsein unabhängigen Grunde fehlte, welcher die Einheit seiner Betätigung notwendig macht. Der gegenstandslose Subjektivismus kennt folgerichtig den Begriff ›Erkenntnis‹ nicht.[B] Nur

A Kant II, KrV, S. 341 [AA III, S. 299].

B Ich bemerke: Die Frage, ob die Dinge an sich selbst vorstellende *Wesen* seien, ist damit natürlich nicht berührt, also auch dadurch allein nicht der Phänomenalismus ermöglicht eine Erkenntnis, die ihrer Allgemeinheit und Notwendigkeit halber allein diesen Namen vollberechtigt führt. Denn Erscheinungen sind zugleich objektiv und subjektiv begründet. Sie sind *empfangen* in der besonderen Form, in der sie gegeben sind, also dem Belieben des bewussten oder eines unbewussten Denkens entzogen. Aber als Vorstellungen sind sie zugleich unterworfen der Form der Auffassung und Betätigung des Bewusstseins, mithin ist eine Erkenntnis a priori ihrer allgemeinen Form nicht bloß denkbar, sondern notwendig. Und aus diesem einzigen Grunde der Begreiflichkeit reiner Erkenntnisse wurde die Deduktion geführt.

§ 2d. Die zweite Bearbeitung der Deduktion. Ihre *methodischen* Vorzüge. Ihr Gedankengang. Wesentliche Übereinstimmung beider Bearbeitungen

Die zweite Bearbeitung der Deduktion, bei deren Darstellung wir uns kürzer fassen können, geht vom Begriff einer Verbindung überhaupt aus, ohne sich bei den empirisch-psychologischen Synthesen der Wahrnehmung, der Assoziation und Reproduktion und des empirischen Selbstbewusstseins aufzuhalten. Sie | hält die transzendentale Untersuchung frei von Rückblicken auf die Psychologie. Der Begriff einer Verbindung schließt außer dem Mannigfaltigen und seiner Zusammensetzung die *Einheit* desselben in sich ein. Der oberste Grund dieser Einheit liegt im Begriffe des Selbstbewusstseins, seiner bloßen Form nach betrachtet. »Das: Ich denke, muss alle meine Vorstellungen begleiten können.«[A] Man beachte den Ausdruck dieses grundlegenden Satzes. Schopenhauer nannte ihn eine ›problematisch-apodiktische

verneint. Als Wesen würden sie immerhin eine objektive Vereinigung des Bewusstseins möglich machen – also über den Subjektivismus wenigstens insofern hinausführen. Allein aus anderen Gründen ist die metaphysische Erdichtung von Monaden nicht nur transzendent, sondern auch unbegründet.

A [Kant II, KrV, S. 732; AA III, S. 108.]

Enuntiation‹[141] – einen Satz, der mit der einen Hand nimmt, was er mit der anderen gab. In Wahrheit gibt sich in der Ausdrucksweise Kants der objektive Charakter seiner Beweisführung zu erkennen. Für die Erscheinungen selbst wird aus ihrer notwendigen Beziehung zu einem Bewusstsein eine Form der Einheit gefolgert. Erscheinungen müssen, als zu einem möglichen Bewusstsein gehörig, in Verhältnissen stehen, welche ihre Vereinigung in ein wirkliches Bewusstsein ermöglichen. »Synthetische Einheit des Mannigfaltigen der Anschauungen als a priori *gegeben* ist der *Grund* der Identität der Apperzeption (zu verstehen einer bestimmten, empirischen [A. R.]) selbst.«[A] Dieser Sinn des Satzes ergibt sich zweifellos aus einer Anmerkung der ersten Auflage, in der wir den Keim der zweiten Darstellung zu erblicken haben. »Der synthetische Satz, dass alles verschiedene, empirische Bewusstsein in einem einigen Selbstbewusstsein verbunden sein müsse, ist der schlechthin erste Grundsatz unseres Denkens überhaupt. Es ist aber nicht aus der Acht zu lassen, dass die bloße Vorstellung ›Ich‹ in Beziehung auf alle andre, deren kollektive Einheit sie möglich macht, das transzendentale Bewusstsein sei. Diese Vorstellung mag nun klar (empirisches Bewusstsein) oder dunkel sein, *daran liegt hier nichts, ja nicht einmal an der Wirklichkeit derselben, sondern die Möglichkeit der logischen Form alles Erkennens beruht notwendig auf dem Verhältnis zu dieser Apperzeption.*«[B] Es handelt sich also um die Begreiflichkeit der Erscheinungen, nicht um unser subjektives Begreifen derselben, um die *Form der Denkobjekte,* nicht um | die Fähigkeit des Denkens. Wie die Erscheinungen ihrer sinnlichen Form nach den Bedingungen von Raum und Zeit unterliegen, so stehen sie als Erkenntnisobjekte zugleich unter der Bedingung des Denkens, d. i. der Einheit des Bewusstseins. Sie müssen, um erkannt werden zu können, den Akt der Apperzeption ›Ich denke‹ gemein haben. Die Einheit des Bewusstseins ist Grundform der Beziehung der Vorstellungen auf einen Gegenstand. Denn »Objekt ist das, in dessen Begriff das Man-

A [Kant II, KrV, S. 734; AA III, S. 110.]
B Kant II, KrV, S. 107 [AA IV, S. 87].

nigfaltige einer gegebenen Anschauung vereinigt ist«[A], aller Vereinigung liegt aber als Form die Einheit des Bewusstseins zu Grunde. Daraus folgt, dass die synthetische Einheit des Bewusstseins eine objektive Bedingung der Erkenntnis ist – die Bedingung, unter der irgendein Gegenstand vorgestellt wird. Die allen empirischen Erkenntnisobjekten gemeinsame, in allen empirischen Subjekten des Erkennens identische Einheitsform des Bewusstseins, ausgedrückt durch die Vorstellung ›Ich‹ ist die objektive Einheit des Selbstbewusstseins, Träger aller Erfahrung überhaupt, der äußeren wie der inneren. So gewinnt die zweite Bearbeitung unmittelbar aus der Analyse des Begriffs des Selbstbewusstseins die allgemeine Form des Begriffs des Objektes.

Kant hebt in der zweiten Darstellung noch bestimmter den Unterschied der transzendentalen, objektiven Einheit des Bewusstseins sowohl vom empirischen Selbstbewusstsein als vom inneren Sinn hervor.[B] Das empirische Bewusstsein ist in der Verknüpfung der Vorstellungen zur Einheit eines Gegenstandes an gegebene | Bedingungen der Assoziation gebunden, welche in den Verhältnissen der Erscheinungen selbst vorliegen und insoferne zufällig, d. i. nicht a priori erkennbar sind. Die transzendentale Bewusstseinseinheit ist die Form der Vereinigung des Mannigfaltigen irgendwelcher Anschauung, sie begründet daher die Vorstellung eines Objektes überhaupt und ist also der Grund der apriorischen

A [Kant II, KrV, S. 735–736; AA III, S. 111.]

B Auch die Definition der »synthetischen Einheit der Apperzeption« ist in der zweiten Auflage fasslicher. Sie heißt transzendental, weil sie als Grund der Möglichkeit und Gültigkeit des Apriori erwiesen werden soll, *ursprünglich*, »weil sie dasjenige Selbstbewusstsein ist, was, indem es die Vorstellung: *Ich denke*, hervorbringt, die alle anderen muss begleiten können, und in allem Bewusstsein ein und dasselbe ist, von keiner weiter begleitet werden kann« [Kant II, KrV, S. 732; AA III, 108–109]. Also die Vorstellung ›Ich‹ ist durch die Einheit des Bewusstseins *hervorgebracht*. Nur das Gesetz der Bewusstseinseinheit ist a priori, die Vorstellung zufolge des Gesetzes erzeugt. In der Hervorbringung der Vorstellung ›Ich‹ wird die Einheit jeder anderen Vorstellung, auch der Vorstellung ›äußerer Gegenstände‹, erzeugt; daher ist die äußere wie die innere Erfahrung an die *Form* dieser Vorstellung geknüpft.

Form des Begriffs vom Objekte. Daher heißt sie die *objektive* Einheit des Selbstbewusstseins. Vom inneren Sinne unterscheidet sie sich dadurch, dass sie, als Quell aller Verbindung, a priori ebenso wohl auf das Schema des Raumes wie auf die Form der Zeit geht, und das Mannigfaltige von Anschauungen überhaupt zur Erkenntnis eines Gegenstandes vereinigt, während der »innere Sinn« die bloße Form des Anschauens ohne *bestimmte* Anschauung enthält. Ich kann diese Unterscheidung nicht so wunderlich finden, als sie Schopenhauer fand. Sie beruht auf der richtigen Erkenntnis des Verhältnisses der äußeren und inneren Erfahrung. Da die Einheit des Bewusstseins die Bedingung einer möglichen Erfahrung ist, da sie die Form der Vorstellung irgendeines Objektes bewirkt, so gehört sie zum allgemeinen Begriff der Erfahrung, abgesehen von ihrem besonderen Inhalt und abgesehen selbst von ihrer Trennung in einen äußeren und inneren Erfahrungskreis. Dieselbe Einheitsfunktion des Denkens bestimmt die innere Erfahrung, welche auch das Objekt der äußeren bestimmt. Die Erscheinungen der gegenständlichen Wirklichkeit haben mit den Erscheinungen des eigenen Innern die Form des Denkens gemein. Beide Erfahrungskreise treffen in der Einheit des Denkens zusammen, und das Prinzip des Denkens, die *synthetische Identität,* ist ein Gesetz aller Erfahrung. Das Bewusstsein ›Ich denke‹ ist keine besondere Erfahrung, sondern die allgemeine Bedingung zur Erfahrung, oder wenn man will, ihre gleichlautende Formel. Es drückt ebenso die logische Einheit der Gedanken aus wie die Verbindung irgendwelcher Erscheinungen zur Einheit eines Gegenstandes. Es ist mithin unabhängig von der besonderen Form der Erscheinung und daher von übergreifender Gültigkeit. Durch die Anknüpfung an die Einheitsform des Denkens wird die äußere Erfahrung keineswegs zu einem bloßen Zubehör oder einer Do|mäne der inneren erklärt. Beide Erfahrungskreise sind vielmehr durch die formale Einheit des Denkens ursprünglich verknüpfte Teile einer einzigen, alles befassenden Erfahrung. Mittels dieser Erkenntnis widerlegte Kant den problematischen Idealismus, als falsche Bedenklichkeit gegen die Gewissheit der äußeren Erfahrung. Er zeigte, dass diese ebenso unmittelbar gewiss sei wie die innere, und dass sie sogar die Unterlage für die letztere bilde, weil nicht nur der überwiegende Teil aller Erkenntnisse der äußeren Erfahrung angehört, sondern auch der Anstoß zur Entwicklung einer inneren von ihr ausgeht. Die Richtigkeit dieser Erwägung lässt sich schon an der Empfindung, dem Elemente der Erfahrung, nachweisen. Durch ihre Beschaffenheit und Größe (Intensität) ist die Empfindung auf die äußere, durch das Gefühl, das jeder Empfindung beiwohnt, auf die innere Erfahrung ursprünglich bezogen; beide Seiten der einen und ganzen Erfahrung sind mithin bereits in der Empfindung, dem einen Endpunkte des Erkennens, verbunden, wie sie auch im Denken, dem andern Endpunkte, notwendig verknüpft sind.

Die Unterscheidung der objektiven Einheit des Bewusstseins vom inneren Sinne bedeutet die Zurückweisung der psychologischen Empirie von der Methode der Vernunftkritik. Diese nimmt von vorneherein einen höheren Standpunkt ein als den der psychologischen Erfahrung – den Standpunkt im *Begriff* der Erfahrung.

Die Art, wie in der zweiten Bearbeitung der Deduktion von der notwendigen Unterordnung der Erscheinungen unter das Einheitsgesetz des Selbstbewusstseins zu den Kategorien, den Einheitsbegriffen in Urteilen, übergegangen wird, erscheint fasslicher und besonders mehr dem allgemeinen Verfahren der Kritik angepasst. Das methodische Mittel dafür bildet die Definition des Urteils, seiner Bedeutung nach. Dadurch schließt sich die transzendentale Deduktion enge an die metaphysische an. Sie ist die Rechtfertigung der Kategorien auf Grund der *Bedeutung* des Urteils, wie jene ihre Ableitung aus der *Form* des Urteils war.

Objekt ist dasjenige, in dessen Begriff gegebene Erscheinun-|gen vereinigt gedacht werden. Grund dieser Vereinigung ist die notwendige Einheit des Bewusstseins. Die Handlung aber, wodurch die Vereinigung erfolgt, ist das Urteil. Denn Urteilen heißt: Erkenntnisse zur *objektiven* Einheit des Bewusstseins bringen. Das Urteil behauptet die Gültigkeit einer Vorstellungsverbindung vom Objekte. Durch diese, dem Urteil wesentliche Beziehung auf das Objekt unterscheidet es sich von einem reinen Satze, einer subjektiven, nur ideellen Verbindung von Begriffen. Die Beziehung auf das Objekt und damit die Erhebung eines Satzes zu einem Urteil kann laut dem Begriffe des Objekts keine andere sein, als die Beziehung der Erkenntnisse auf die notwendige und allgemeine Einheit des Bewusstseins. Es ist dieselbe Handlung des Verstandes, dadurch wir das Mannigfaltige einer Anschauung ursprünglich *zur Vorstellung eines Objektes* verbinden und dadurch wir Begriffe in ein Urteil von objektiver Gültigkeit verknüpfen. Dieselbe Funktion, welche im Urteil auf Erkenntnisse angewandt diesen gegenständliche Bedeutung verleiht, wird auch in der *Bildung* einer Erkenntnis, der Bestimmung einer Anschauung zur Vorstellung eines Gegenstandes, ausgeübt. Mithin steht das Mannigfaltige, dadurch, dass es notwendig zur objektiven Einheit des Bewusstseins gehört, unter Funktionen des Urteils. Diese Funktionen sind aber, wie die metaphysische Deduktion bewiesen hat, die Kategorien; also steht das Mannigfaltige der Anschauung unter Kategorien. Damit ist der »Anfang einer (transzendentalen [A. R.]) Deduktion der Kategorien gemacht«[A]. Es erübrigt, zu zeigen, *wie* die sinnlichen Eindrücke durch Einheitsbegriffe des Denkens bestimmt werden - eine Aufgabe, welche vollständig erst im folgenden Teile der Kritik gelöst wird.

Wie die Anschauung erst mit dem Begriff verbunden zur bestimmten Anschauung, zur Vorstellung eines Gegenstandes wird, so steht auch der Begriff, um mehr zu sein als die unbestimmte, leere, logische Funktion, in notwendiger Beziehung zur Anschauung. Einen Gegenstand bloß im Allgemeinen denken und ihn erkennen ist nicht dasselbe. Zur Erkenntnis gehört Anschauung. Und zwar genügt die bloße Form der Anschauung noch nicht, | um eine gegenständliche Erkenntnis zu ergeben. Nur weil das Vorstellungsschema, in Anwendung auf welches die reinen Denkbegriffe Erkenntnisbegriffe werden, das Schema der *sinnlichen*, die Wirklichkeit der Gegenstände voraussetzenden Anschauung ist, empfangen die Kategorien in der Anschauung gegenständliche Bedeutung. Ihre objektive Gültigkeit hängt davon ab, dass die

A [Kant II, KrV, S. 741; AA III, S. 115.]

Anschauungsform, deren Einheit sie begründen, Form der empirischen, durch die Dinge bestimmten Anschauung ist. Diese Erklärung, durch welche der Gebrauch der Kategorien, als gültiger Begriffe, auf Gegenstände der Erfahrung eingeschränkt wird, ist von größter Wichtigkeit. Sie kehrt noch an anderen Stellen wieder und beweist unumstößlich, dass Kant, weit entfernt, die objektive Gültigkeit der Mathematik vorauszusetzen, dieselbe vielmehr begründet. »Obgleich alle diese Grundsätze (der Mathematik [A. R.]) und die Vorstellungen des *Gegenstandes*, womit sich jene Wissenschaft beschäftigt, völlig a priori *erzeugt* werden, so würden sie doch *gar nichts bedeuten*, könnten wir nicht immer an Erscheinungen (an empirischen Gegenständen) ihre Bedeutung darlegen.« »Die reine Anschauung kann ihren Gegenstand, *mithin die objektive Gültigkeit* nur durch *empirische* Anschauung bekommen.«[A] Und früher heißt es: »Dass nun der Raum eine formale Bedingung a priori von äußeren Erfahrungen ist, dass eben dieselbe *bildende Synthesis*, wodurch wir in der Einbildungskraft einen Triangel konstruieren, mit derjenigen *völlig einerlei* sei, welche wir in der *Apprehension* einer Erscheinung ausüben, um uns davon einen Erfahrungsbegriff zu machen, *das ist es allein*, was mit diesen Begriffen die Vorstellung von der Möglichkeit eines solchen Dinges verknüpft.«[B]

Die Möglichkeit der Kategorien als Erkenntnisbegriffe beruht auf ihrer Anwendung in der Form der Anschauung, mit welcher sie durch die synthetische Einheit des Bewusstseins verbunden sind. Aber selbst die Produkte dieser Anwendung wären noch ohne Bedeutung von Gegenständen und in nichts von »Hirngespinsten«[C] unterschieden, wenn nicht die Form | der Anschauung Form der empirischen Auffassung der Dinge, Form der Dinge als Erscheinungen, sein würde. Die Form der Vereinigung der Eindrücke, die von wirklichen Dingen herrühren, empfängt die Bestimmtheit einer Anschauung durch Funktionen des einheitli-

A Kant II, KrV, S. 199 [AA IV, S. 204].
B Kant II, KrV, S. 187 [AA III, S. 189].
C Kant III, Prol., S. 50 [AA IV, S. 292].

chen Denkens; aber auch umgekehrt empfangen die Funktionen des Denkens nur durch diese notwendige Beziehung vermittels der Vorstellungsform auf Eindrücke der Sinne – also durch ihren Zusammenhang mit der empirischen Wirklichkeit gegenständliche Bedeutung. Um in der Terminologie Kants zu reden, so drückt die bloße Kategorie die Einheit des Denkens in irgendeiner Anschauung, also eine *intellektuelle Synthesis* aus. Aber nicht durch diese bloß denkbare Synthese, sondern durch die »Synthesis speciosa«[A], d.i. die Einheit der wirklichen Anschauungsformen, die uns gegeben sind, der Formen von Zeit und Raum, verschafft die Kategorie Erkenntnis – und zwar deshalb, weil diese Formen die unserer Apprehension, d.i. Formen der Zusammenfassung der Eindrücke, sind.

Wie ist es nun möglich, durch Kategorien die Gesetze der Verbindung und Einheit unter unseren Anschauungen und damit unter den Gegenständen der Erfahrung zu erkennen? Diese Frage wird in der Deduktion selbst nur im Allgemeinen dahin beantwortet, dass Kategorien, als Funktionen der objektiven Einheit des Bewusstseins, die *Formen* des Anschauens, Raum und Zeit, zu gegenständlichen *Anschauungen* verbinden, und dadurch zugleich die *allgemeinen* Verhältnisse aller Gegenstände der Anschauung, die für uns notwendig räumliche und zeitliche Gegenstände sind, begründen. »Wenn ich also z.B. die empirische Anschauung eines Hauses durch Apperzeption des Mannigfaltigen derselben zur Wahrnehmung mache, so liegt mir die *notwendige Einheit* des Raumes und der äußeren sinnlichen Anschauung überhaupt zu Grunde, und ich *zeichne gleichsam seine Gestalt*, dieser *synthetischen Einheit* des Mannigfaltigen im Raume gemäß.« »Eben dieselbe synthetische Einheit aber ist, wenn ich von der *Form* des Raumes abstrahiere, die *Synthesis des Gleichartigen* in einer Anschauung über|haupt«[B] – ein Akt des Bewusstseins in seiner logischen Einheit und *Kontinuität*. Also nicht eine *fertige* Raumanschauung liegt der äußeren Wahrnehmung und Auffassung zu

A [Kant II, KrV, S. 746; AA III, S. 119.]

B Kant II, KrV, S. [753-]754 [AA III, S. 125].

Grunde, sondern durch die Einheit des Bewusstseins in der Auffassung wird die *Form* der Anschauung zur *Anschauung* verbunden, und sie wird es nicht *vor* der empirischen Anschauung, die etwa in das zustandegebrachte »leere Gefäß« des Raumes hingestellt würde, sondern mit dieser – die empirische Gestalt wird nach dem einheitlichen Gesetze der Form der räumlichen Synthese entworfen –, wobei ihre Besonderung und Bestimmtheit durch die gegebenen Eindrücke bewirkt und nur das Gesetz ihrer synthetischen Apprehension aus dem Bewusstsein erzeugt wird! Ist also die Theorie Kants nativistisch?

Die Folgerungen, welche Kant aus der Deduktion in dieser zweiten Darstellung entwickelt, fallen mit denen der früheren Bearbeitung zusammen. Nur die allgemeine Form, das Schema der Erfahrung, lässt sich aus den Einheitsfunktionen des Bewusstseins in den Formen der Anschauung ableiten, nur die allgemeine Gesetzlichkeit der Erscheinungen, nicht die besondere ihrer bestimmten Verhältnisse und Gestalten kann aus den Gesetzen des Denkens in ihrer Anwendung auf Raum und Zeit *überhaupt* a priori erkannt und vorausgesetzt werden. Es ist also nicht die Schuld Kants, wenn man später seine vollkommen rationelle Trennung der allgemeinen, der Gesetzlichkeit des Bewusstseins entstammenden Form der Erfahrung von ihrem besonderen, in dieser Form zwar empfangenen, aber von den Dingen herrührenden Inhalt verwischte und daranging, den Kern der Wirklichkeit aus der Schale des Bewusstseins a priori zu produzieren.

In allen wesentlichen Punkten stimmen die beiden Darstellungen überein – in der Darlegung der Kategorien als Prinzipien des Begriffs der Erfahrung, in der Einschränkung der Erkenntnis a priori auf die allgemeine Form der Erfahrung, in der Anknüpfung der Funktionen des Denkens und der Formen des Anschauens an die übergreifende Einheit des Selbstbewusstseins – zum Beweis, dass zwischen ihnen keine prinzipielle, sondern nur | methodische Verschiedenheit stattfinde. Den angeblichen »Idealismus« der ersten Bearbeitung haben wir oben durch den Nachweis widerlegt, dass es der wirkliche, vom Bewusstsein unabhängige Gegenstand ist, welcher die Einheit des Bewusstseins notwendig macht.

§ 3. *Schematismus und Grundsätze der Erfahrung.* Kritik des Schematismus. Der Schematismus als Grundlage der Lehre von den Grundsätzen. *Der Begriff der Erfahrung.* Die mathematischen Grundsätze. Die dynamischen Grundsätze. *Erklärung des Ausdruckes: Analogien.* Beweisgang der Analogien. Grundsatz der Beharrlichkeit der Substanz. Grundsatz der *Kausalität.* Unterscheidung des allgemeinen Kausalitätsbegriffes von den *empirischen* Verhältnissen der Kausalität. Nur jener allgemeine Begriff ist formal und a priori. Einwendungen *Schopenhauers. Kant* und *Mill.* Zur Kritik der Kausalitätslehre Kants. – Die *Postulate.* Rückblick auf das Beweisverfahren der Grundsätze

Der Aufbau des Systems der Erkenntniskritik erfolgt nach dem Grundriss der Logik. Die Logik lässt in ihrer gebräuchlichen, obzwar nicht zu billigenden Anordnung der Lehre vom Begriff, die Theorie der Urteile und dieser die Lehre vom Schlusse folgen. Demgemäß schließt sich in der kritischen Logik an die Analytik der Begriffe die der Urteile, an diese die Doktrin der Vernunftschlüsse an. Der bisherige Teil der Erkenntniskritik war die philosophische Entwicklung des *Begriffs* der Erfahrung. Dieser Begriff dient nunmehr als Prinzip für die Grundsätze der Erfahrung: die Urteile, welche die allgemeine, a priori erkennbare Gesetzlichkeit derselben aussprechen und unser Denken in der besonderen Erfahrung leiten. Zur Vermittlung der Urteile mit den Begriffen a priori wird ein Kapitel »Schematismus der reinen Begriffe« eingeschaltet, dessen Gegenstand ebenso gut, ja natürlicher im Zusammenhange der Deduktion hätte behandelt werden können. Weist doch die letztere selbst auf diesen Zusammenhang mit den Worten hin: Wie die Begriffe a priori die Erfahrung möglich machen und welche Grundsätze ihrer Möglichkeit in der Anwendung der Begriffe auf Erscheinungen entstehen, »wird das folgende Hauptstück – das Mehrere lehren«[A].

[A] Kant II, KrV, S. 757 [AA III, S. 128].

Die Notwendigkeit, zwischen Begriff und Anschauung zu vermitteln, um eine Anwendung jenes auf diese im Urteil zu ermöglichen, ergibt sich für Kant aus der Ungleichartigkeit beider Vorstellungen. Die Bedingung der logischen Anwendung eines Begriffs auf einen andern ist die Gleichartigkeit beider; die Anwendung selbst geschieht durch Subsumtion der einen Vorstellung unter die andere. Nun ist der Begriff unbestimmt und allgemein, die Anschauung bestimmt und individuell. Wie kann also diese dem Begriff subsumiert, durch ihn bestimmt werden? Ich halte | die Schwierigkeit *in dieser Form* für nicht vorhanden, sondern nur durch die unrichtige Auffassung der Allgemeinheit des Begriffs veranlasst. Wer Begriffe für ebenso bestimmte und determinierte Vorstellungen wie die Anschauungen selbst erkennt, nur mit dem Unterschiede, dass jene auf die Verhältnisse der Anschauungen, diese auf die Vereinigung der Empfindungen zur Anschauung gehen, der wird sie zwar als abstrakter, einfacher und insoferne allgemeiner betrachten, als Anschauungen sind, aber nicht als unbestimmter wie diese. Kant hat augenscheinlich an diesem Punkte, wie noch an andern, der traditionellen Logik zu viele Auktorität eingeräumt, obschon gerade er zu einer richtigeren Theorie des Begriffs die Grundlagen schuf. Er erklärt den Begriff als *Regel* der Einheit in der Vorstellungsverknüpfung, mithin als bestimmtes, methodisches Verfahren des Denkens. Er führt selbst die reinen Begriffe auf Funktionen des Denkens zurück. Funktionen sind aber sicher keine unbestimmten Allgemeinheiten.

Dieser richtigen Einsicht ungeachtet blieb Kant in Bezug auf die Allgemeinheit des Begriffs von der Überlieferung abhängig, wie der Schematismus beweist. Um die unfassbare Allgemeinheit des Begriffs mit der Individualität der Anschauung auszugleichen, bedarf es nach ihm einer Klasse von Zwischengebilden, von Vorstellungen, die die Natur der begrifflichen mit der der anschaulichen teilen: der Schemata. Irre ich nicht, so sind es gerade diese Schemata, welche im eigentlichen Sinne Begriffe sind, und was darüber hinaus liegt, ist nur noch das Wort, das diese Vorstellungen bezeichnet, aber keine für sich irgend fassbare Vorstellung mehr. Das Schema des Dreiecks z. B. soll die Regel oder das Gesetz der

Konstruktion dieser Figur sein[142] – notwendig, um den Gedanken des Dreiecks überhaupt mit der Anschauung eines bestimmten Dreiecks zu vermitteln. Ist aber jener Gedanke ohne das Schema mehr als ein Wort von unvollziehbarem Sinne, das höchstens unser subjektives Schwanken zwischen verschiedenen Bildern von Dreiecken bezeichnet? Das Schema dagegen, die Konstruktionsregel, kann durch eine Gleichung, durch einen genau definierten Gedanken also, ausgedrückt werden. |

Welche Vorstellung sich Kant von der Allgemeinheit des Begriffs gebildet hatte, geht aus seiner Ansicht hervor, dass die *Zeitform* sich zur Vermittlerrolle zwischen Begriff und Anschauung darbiete. Die Zeit ist nämlich Form der innern und zugleich der äußeren Erfahrung, also ein gemeinsames Merkmal beider, so dass die Zeit etwas vom diskursiv Allgemeinen eines Begriffes an sich hat. – Die Schemata nun, welche die logische Bestimmung der Zeit erzeugt, sind nach Kategorien geordnet: die *Zahl* als Schema der Größe, der *Grad* in der Empfindung als Schema der Realität, die *Dauer* als Schema der Substanz, die *Sukzession* in ihrer bestimmten Ordnung als das der Kausalität, die *Koexistenz* in der Zeit als Schema der Gemeinschaft in den Bestimmungen der Substanzen, endlich das Dasein in irgendeiner Zeit als schematisierte Möglichkeit, das in einer bestimmten Zeit als Darstellung der Wirklichkeit, das in aller Zeit als Realisierung des Begriffs der Notwendigkeit. –

Man wird, wie billig, Kants eigener Begabung für den »Schematismus« die Anerkennung nicht versagen. –

Nicht durch die Allgemeinheit, durch ihre Unabhängigkeit von der Form der Anschauung kennzeichnen sich reine Begriffe. Die begriffliche Synthese von Grund und Folge wird streng logisch ohne Beziehung auf die Zeit gedacht, ebenso, wie Kant zeigte, der Satz des Widerspruchs und die logische Identität. Als Funktionen des Vorstellens sind Begriffe natürlich nur in der Zeit möglich, insofern ist die Zeit vom Begriffe untrennbar. Aber das Denkverhältnis selbst, das durch den Begriff ausgedrückt wird, ist seiner Gültigkeit nach unabhängig von der Zeit. Es entsteht nun die Frage: was Begriffsverhältnisse, in Abstraktion von Raum und Zeit gedacht, noch bedeuten? Und in dieser Frage scheint Kant Recht zu behalten, wenn er die reinen, gleichsam ausdehnungslosen Denkformen für sich nicht als Erkenntnisse ansieht, wenn er sie nur als Elemente zu möglichen Definitionen, daher selber für undefinierbar erklärt[A], wenn er deshalb nachzuweisen sucht, dass das Begriffsverhältnis von Grund und Folge | erst in der Anwendung auf die Zeitform der Entwicklung die Bedeutung des ursächlichen Verhältnisses gewinne, das Verhältnis von Subjekt und Prädikat erst in der Form des Beharrens gedacht zum Erkenntnisbegriff der Substanz respektive zu den Akzidenzen werde. Übrigens unterschätze man nicht den Wert der reinen Formen des Denkens. Gerade ihre Unabhängigkeit von der Anschauungsart ermöglicht das formal logische Wissen, die Beurteilungsnorm des positiven.

Zur Detailkritik des Schematismus sei bemerkt, dass der Begriff der Zahl unrichtig abgeleitet wird. Der Umstand, dass die Zahlvorstellung nur in der Zeit vollziehbar ist, welcher Umstand dieser Vorstellung mit allen übrigen gemein ist, macht die Zahl noch nicht zu einem zeitlichen Schema. Die Zahl bezieht sich a priori ebenso wohl auf die ruhende Mannigfaltigkeit im Raume wie auf die sukzessiv entwickelte Reihe in der Zeit. Es ist von größter Wichtigkeit, dass die Zahl dem Raume und der Zeit gemeinsam ist. Die Zahl ist die logisch bestimmte Mannigfaltigkeit überhaupt. Die bestimmende Funktion des Verstandes ist selber die ursprüngliche Einheit, welche die bestimmten empirischen Einheiten unterscheidet, die Teile verselbstständigt und in ein logisches Zahlensystem vereinigt. Weil die Zahl von den Erscheinungsformen unabhängig ist, gilt sie auch von den Dingen selbst, vermittelt sie das positive Wissen von den Dingen.[B]

A Kant II, KrV, S. 200 [AA III, S. 205].

B Nachdem bereits *Dühring* in seiner gewohnten, scharfsinnigen Weise auf die Bedeutung der absoluten Größen, der Konstanten in der Natur, aufmerksam gemacht hat (Dühring, Geschichte der mechanischen Prinzipien, S. 39 und neuerdings Dühring, Kursus der Philosophie, S. 64; siehe übrigens auch Mayer, Naturwissenschaftliche Vorträge, S. 33), hat *Jevons* in seiner ausgezeichneten Abhandlung der Bedeutung der konstanten Zahlen in der Natur eine ausführliche Betrachtung gewidmet (Jevons, Principles of Science, Band I, S. 380–382).

Der Schematismus beweist von neuem, dass die Methode Kants nicht psychologisch ist. Als bewusste Gebilde zeigen die Vorstellungen die Elemente der Anschauung mit den Formen des Begriffs verschmolzen. Jede Vorstellung, sie sei Wahrnehmung oder ein empirischer Begriff, ist durch ihre Anknüpfung an das denkende Bewusstsein begrifflich bestimmt. Nur der theoretische | Gebrauch von Begriff und Anschauung kann sich sondern und es bedarf eines vermittelnden Erkenntnisgrundes ihrer Wiedervereinigung, welchen Kant im zeitlichen Schema findet.

Der »Schematismus« vollendet die Lehre von den ursprünglichen Begriffen und bildet den Übergang zu der Lehre von den Grundsätzen der Erfahrung. In der Bestimmung der Zeit durch die Einheitsbegriffe des Denkens erlangen die Kategorien Anwendbarkeit auf die Erfahrung, und zwar deshalb, weil die Zeit allgemeine Form der Erscheinungen ist. – Begriffe sind, als Prädikate, die Prinzipien zu möglichen Urteilen. Die reinen Erkenntnisbegriffe werden vermittels des Schema zu Grundlagen für Urteile, deren Gültigkeit durch ihre Beziehung auf die Erfahrung bewiesen werden kann. Urteile, deren Erkenntnisgrund der Begriff der Erfahrung ist, sind objektiv gültig, ungeachtet ihr Ursprung subjektiv ist. Die Beziehung auf die Erfahrung, ihrer Möglichkeit, d. i. ihrer allgemeinen Form nach, verschafft den ursprünglichen Synthesen des Bewusstseins gegenständliche Bedeutung. Der Begriff der Erfahrung ist das Prinzip synthetischer Erkenntnis a priori. »Erfahrung ist *in ihrer Möglichkeit* die *einzige* Erkenntnisart, die aller andern wirkliche Bedeutung gibt.«[A] Die Erkenntnis a priori »hat nur dadurch Übereinstimmung mit dem *Objekte*, dass sie nichts weiter enthält, als was zur *Einheit* der Erfahrung notwendig ist.«[B] Der Begriff der Erfahrung wurde in der Ästhetik und Analytik der Begriffe entwickelt. Raum und Zeit, und die Grundbegriffe des Denkens sind nicht deshalb gültige Vorstellungen, weil sie a priori sind – insoweit sind sie vielmehr nur subjektiv und ideell –, sondern weil sie die Elemente der Erfahrung sind. Und aus eben

A [Kant II, KrV, S. 138; AA III, S. 145.]
B Kant II, KrV, S. 138 [AA III, S. 145].

demselben Grunde der Beziehung auf Erfahrung folgt die Gültigkeit der Grundsätze, die der Verstand von den Dingen postuliert. Synthetische Urteile a priori haben einzig und allein als mögliche Erfahrungserkenntnisse Gültigkeit. So beruht die Wahrheit der geometrischen Lehrsätze darauf, dass der Raum Bedingung der Erscheinungen ist.[A] |

Kant unterscheidet die Grundsätze der Erfahrung in mathematische und dynamische. Der letztere Ausdruck will nicht auf Grundsätze zur physischen Dynamik hindeuten, sondern nur anzeigen, dass die unter ihm verstandenen Sätze sich auf notwendige Verhältnisse der Wahrnehmungen und mittels dieser auf Verhältnisse des Daseins der Erscheinungen beziehen, soweit dasselbe in der allgemeinen Einheit der Erfahrung vorausbestimmt ist. Sie könnten besser logische Grundsätze heißen, da sie in der Anwendung der Begriffe der Identität und des Grundes auf die Zeitverhältnisse der Erscheinungen bestehen.

Die mathematischen Grundsätze, worunter nicht Grundsätze der Mathematik zu verstehen sind, sondern die Prinzipien der Anwendung der Mathematik auf Erfahrung, haben die Gültigkeit von Axiomen. Die Form der Erscheinung kann a priori konstruiert werden – ich kann a priori wissen, dass sämtliche Erscheinungen eine Größe und einen Grad besitzen, d. h. Raum und Zeit erfüllen. Mit intuitiver Gewissheit erkennen wir, dass alle Erscheinungen der Außenwelt extensive Größen sind, dass alle Empfindungen Grade oder intensive Größen haben. Wir folgern daraus, dass weder das Atom noch das Leere Gegenstand der Erfahrung sein könne. Sie mögen, was Kant bestreitet, unvermeidliche und wissenschaft-

A Siehe oben[143] und in Kant II, KrV, S. 138 [AA III, S. 145]: »Ob wir daher gleich von Raum | überhaupt und den Gestalten, welche die produktive Einbildungskraft in ihm verzeichnet, so vieles a priori in synthetischen Urteilen erkennen, so dass wir wirklich hierzu keiner Erfahrung bedürfen, so würde doch dieses Erkenntnis *gar nichts* (bedeuten [A. R.]), sondern die Beschäftigung mit einem bloßen Hirngespinst sein, wäre der Raum nicht als *Bedingung der Erscheinungen* anzusehen, daher sich jene reinen synthetischen Urteile, obzwar nur mittelbar auf *mögliche Erfahrung* beziehen, und *darauf allein* die *objektive* Gültigkeit ihrer Synthesis gründen.«

lich berechtigte Positionen des Denkens jenseits der Anschauung und behufs der Erklärung der Erscheinungen bedeuten; niemals aber können sie selbst zur Anschauung kommen - auch wenn wir uns die Grenzen der Anschauung beliebig erweitert denken. Zur Erfahrung gehört nicht bloß Denken, sondern auch Anschauung; dies wollen Kants Axiome und Antizipationen der Größenbestimmung der Erscheinungen besagen. So richtig diese Lehre ist, so künstlich und selbst fehlerhaft ist ihre Herleitung aus den Kate|gorien der Quantität und Qualität. Wir haben es hier abermals weniger mit der Methode als mit der Manier Kants zu tun, seiner Sucht, alles unter »Titel zu bringen« und auf das »Prokrustesbett« der Kategorien zu spannen. Während die Axiome der Anschauung sich als die einfachen und direkten Folgerungen der in der Ästhetik erkannten Beschaffenheit von Raum und Zeit, als Formen des Auffassens, mithin der Erscheinung der Dinge, herausstellen, werden sie von Kant erst auf dem Umwege durch die Kategorie der Quantität gewonnen. Ohne der innern Schwierigkeit zu gedenken, die sich gegen die Vorstellung eines *reinen*, der Anschauung baren Größenbegriffs erhebt, so ist die Ableitung Kants auch aus methodischen Gründen zu verwerfen. Die logische Quantität der Urteile hat mit dem mathematischen Größenbegriff nichts gemein als den in diesem Falle metaphorisch gebrauchten Namen. Der umgekehrte Versuch, statt die logische Quantität zum Prinzip der mathematischen Größe zu machen, vielmehr diese zum Prinzip der Quantifizierung der Begriffe und Urteile, hätte weit eher Berechtigung. Übrigens ist die Gültigkeit eines Urteils in vielen oder in allen Fällen mit der Synthesis des Gleichartigen in der Erzeugung des Größenbegriffs so wenig einerlei, dass sie kaum eine entfernte Analogie mit ihr zeigt. Es bedarf zur formalen Erzeugung der Größe außer der Form des Anschauens nur der Einheitsfunktion des Bewusstseins, aber keines besonderen Denkbegriffs. Das ›Ich denke‹ ist selber jene gleichartige, in aller Synthesis sich erhaltende Vorstellung, welche in die Form der Anschauung Kontinuität und Einheit bringt.

Noch künstlicher ist der Gedankengang beim zweiten mathematischen Grundsatze, der die Notwendigkeit behauptet, dass alle

Erscheinungen ihrer Materie, der Empfindung nach, einen Grad haben müssen. Nachdem in der Kategorienlehre der Erkenntnisbegriff der Realität der Behauptung im bejahenden Urteile gleich gesetzt worden war, eine Gleichung, deren Gültigkeit hier ununtersucht bleiben mag, wird die Kategorie der Realität als Prinzip einer Antizipation in Betreff der *Beschaffenheit* der Erscheinungen gebraucht, und zwar augenscheinlich nur aus dem | Grunde, weil die Bejahung und Verneinung die *Qualität* eines Urteils heißt. Es ist ganz unerfindlich, was die sogenannte Qualität eines Urteils mit der Qualität der Empfindung zu schaffen habe.

Unter den Grundsätzen der Erfahrung ragen die Sätze der Erhaltung der Substanz der Kausalität der Veränderung und des gegenseitigen Zusammenhanges der Erscheinungen nicht nur an Wichtigkeit vor den[144] übrigen bei weitem hervor, sie sind auch nicht bloß in der geschichtlichen Entwicklung des Kantischen Kritizismus[145] die bedeutendsten, was namentlich vom Prinzipe der Kausalität gilt, sondern zugleich am besten geeignet, die Beweisart synthetischer Sätze a priori ersichtlich zu machen, weshalb wir in unserer Darstellung der Methode auf diese Sätze besonderen Nachdruck zu legen haben.

Zunächst ist ihres Unterschiedes von den mathematischen Prinzipien der Erfahrung zu gedenken. Diese Prinzipien gehen auf die Form der Wahrnehmung, jene Grundsätze nur auf Verhältnisse der Wahrnehmungen untereinander und im Ganzen einer einheitlichen Erfahrung. Die Form der Wahrnehmung kann nicht bloß im Allgemeinen a priori erkannt, sie kann auch konstruiert, in einer selbst hervorgerufenen, ideellen Anschauung dargestellt werden, wie es von der Geometrie geschieht. Die Verhältnisse der Wahrnehmungen dagegen können nicht ohne weiteres konstruiert, sondern, wenn sie überhaupt a priori erkennbar sein sollen, nur gedacht oder begrifflich erkannt werden. In der hervorbringenden Synthese einer Raumanschauung ist es das Bewusstsein selbst, das die gegebenen Eindrücke nach Gesetzen des Raumes zusammenstellt. Die Anwendung der mathematischen Gesetze in der Erfahrung ist intuitiv. Die bestimmte Gestalt ist zwar bedingt durch den Gegenstand der Erscheinung selbst. Aber das Gesetz ihrer Konstruktion zu einer räumlichen Anschauung liegt in der formal vereinigenden Tätigkeit unseres sinnlichen Bewusstseins.

Aus einer gegebenen Wahrnehmung dagegen lässt sich nicht a priori schließen, welche andere Wahrnehmung ihr folgen werde, welche ihr vorausgegangen sei. Denn das Verhältnis der Wahr-| nehmungen enthält jederzeit das Verhältnis der Dinge selbst, welche der Wahrnehmung zu Grunde liegen. Es mag sein, dass das allgemeine Verhältnis, welches die Relationen der Wahrnehmungen außerdem zum Bewusstsein überhaupt haben, a priori erkennbar und in allgemeinen Grundsätzen auszudrücken ist. Aber die Anwendung dieser Grundsätze ist immer empirisch bestimmt. Es hängt daher nach der Lehre Kants von *empirischen Kriterien* ab, welche Wahrnehmung zur andern sich verhalte wie die Ursache zu ihrer Wirkung, welche Wahrnehmung in der Erscheinung die Substanz ausdrücke, welche Wahrnehmungen zur Gemeinschaft koexistierender Dinge gehören. Die Regeln der empirischen Assoziation geben die Fälle der Anwendung der nur im Allgemeinen a priori erkennbaren, dynamischen Grundsätze her. So ist z. B. die Beständigkeit in der Folge zweier Erscheinungen das empirische Kennzeichen ihrer kausalen Verbindung – so sind Undurchdringlichkeit, Beweglichkeit, Gewicht empirische Gründe, die Materie als das beharrliche Substrat der Erscheinungen zu erkennen.[A] Die Bestimmungen nach dem Gesetze der Kausalität sind jederzeit *zufällig*, d. i. empirisch bedingt. Wir sehen a priori nur ein, *dass* einer Veränderung eine Ursache vorangegangen sei, aber nicht, *welche* es war.[B] Die Gesetze der Kausalität, der Substanz und der Gemeinschaft der Substanzen und Vorgänge sind nicht intuitiv, sondern nur »diskursiv« erkennbar, sie sind nicht von anschaulicher, sondern von logischer Gewissheit, sie haben nicht eigentliche Evidenz, wie die mathematischen Prinzipien, sondern nur die Gewissheit einer begrifflichen Regel. Noch mehr – da diese Gesetze Verhältnisse des *Daseins* der Dinge und Veränderungen befas-

A Kant III, Prol., § 30, S. 75 [AA IV, S. 312–313]; Kant II, KrV, S. 161 [AA III, S. 166], 173 [AA III, S. 176], 293 [AA IV, S. 229].[146]

B Kant II, KrV, S. 591 [AA III, S. 500].

sen, nicht Formen ihrer Erscheinung, so gelten sie nur als *Analogien*, nicht als konstitutive Prinzipien oder *Axiome*. Dadurch, dass ich die Materie, auf Grund ihrer empirischen Eigenschaften, als die *Substanz* der Erfahrungen erkenne, habe ich nicht das Wesen der Materie, sondern nur ihr Verhältnis zu meinem Denken erkannt. Ich gebrauche in allen Urteilen über äußere Dinge die Materie | als das *Subjekt*; also ist in jener Erkenntnis nichts Weiteres als eine *Analogie* zu dem Begriffsverhältnis des Subjekts in Beziehung auf seine Prädikate ausgedrückt. Die Materie verhält sich zu ihren Eigenschaften und Wirkungen in der Erscheinung, wie sich das Subjekt eines kategorischen Urteils zu seinen Prädikaten verhält. Dadurch, dass ein Vorgang als *Ursache* eines zweiten bezeichnet wird, ist nicht das Wesen dieses Vorganges, sondern die Analogie seines Verhältnisses zur Wirkung mit der Konsequenz in einem hypothetischen Satze erkannt. Grund und Folge sind dem Zusammenhange der Veränderungen analog, der Satz des zureichenden Grundes der Veränderungen ist eine *Analogie der Erfahrung*.

Kant will also nicht das Wesen der Kausalität erklären, er will auch nicht das wirkliche Verhältnis der Dinge ermitteln, er will nur die Analogie des Verhältnisses ihrer Erscheinungen zu dem begrifflichen Verhältnis des Grundes und der Folge und (was den Satz der Substantialität betrifft) zu dem Verhältnis von Subjekt und Prädikat zeigen, und den Beweis führen, dass diese Analogien a priori erkennbar sind, als Gründe des Denkens von Gegenständen der Erscheinung. Und er will selbst diese Analogien nur im Allgemeinen beweisen, nicht aber bezweckt er, die besonderen Kriterien ihrer Anwendung anzugeben, als welche jederzeit rein empirisch sind. Dieses Vorhaben seines Beweises muss man im Auge behalten, um denselben, ich sage nicht ›zu kritisieren‹, sondern nur ›richtig zu erfassen‹.

Der Beweis der Analogie stützt sich auf das Ergebnis des Schematismus.

Die Grundsätze der Beharrlichkeit, der Kausalität und Gemeinschaft enthalten die a priori notwendigen *Zeitbestimmungen* in der Erfahrung überhaupt. Nun enthält die Zeit sowohl die Möglichkeit des Beharrens als der Entwicklung und des Zugleichseins. Die Bestimmung dieser formalen Möglichkeit zu einer einheitlichen Vorstellung ergibt die Zeitbegriffe der Beharrlichkeit, der Zeitordnung und der Koexistenz, oder der Dauer in Verbindung mit der Form der Veränderung. Durch Unterordnung der Zeitform unter die logische Einheit des Bewusstseins ist diese | Bestimmung derselben notwendig. Als *Vorstellung* und nicht bloß als subjektive Form des Vorstellens betrachtet, ist die Zeit notwendig in ihren drei Modis der Beharrlichkeit, Sukzession und Koexistenz bestimmt. Was aber notwendig von der Vorstellung der Zeit überhaupt gilt, das gilt eben daher auch notwendig von allem in der Zeit Vorgestellten. Das Dasein der Erscheinungen in der Zeit ist mithin notwendig nach den Zeitbegriffen bestimmt. Nun drücken die Grundsätze der Analogien der Erfahrung nichts weiter aus als die Anwendung der Zeitbegriffe auf die Erscheinungen; also gelten diese Grundsätze notwendig von den Erscheinungen, den Gegenständen der Erfahrung. Aber sie gelten von ihnen nur im Allgemeinen; welche besonderen Zeitbestimmungen dieser oder jener Relation der Erscheinungen zukommen, folgt nicht a priori aus den Grundsätzen der Zeitbestimmung, sondern nur a posteriori aus dem empirischen, gegebenen Verhältnis der Erscheinungen selbst.

Die Zeit selbst ist nicht wahrnehmbar, sie ist ja nichts für sich Selbstständiges, keine a priori fertige, sondern nur eine ursprünglich erzeugte Vorstellung, die *Form* der Wahrnehmungen. Also haben die Wahrnehmungen selbst die Bestimmungen der Zeit an sich; die Wahrnehmungen enthalten das Beharrliche im Wechsel, die Zeitordnung in der Folge und das Zugleichsein. Die Notwendigkeit, dass die Zeitbegriffe und Grundsätze der Zeitverhältnisse gültig sind von den *Erscheinungen*, folgt daraus, dass die Zeit überhaupt Form der Erscheinung ist. Die Notwendigkeit, dass diese Begriffe gültig sind von den *Objekten* der Erscheinungen, ergibt sich aus der Definition des Objekts. »[D]asjenige an der Erscheinung, was die Bedingung einer notwendigen Regel«, einer begrifflichen Vereinigung der Momente der Erscheinung, »enthält, ist das Objekt«[A]. Der Gegenstand, abgesehen von seiner Erscheinung, ist

A [Kant II, KrV, S. 159; AA III, S. 164.]

der Grund einer begrifflichen Regel der Reproduktion seiner Erscheinung. Die Zeitbegriffe sind Bestandteile objektiver Erkenntnis a priori, weil der Begriff überhaupt das *Korrelat* des Gegenstandes im Bewusstsein ist.

Man kann sich von der Notwendigkeit und allgemeinen Gültigkeit der Zeitbestimmungen durch folgende Beispiele über|zeugen. Gesetzt, alles sei an sich in dauerlosen Wechsel begriffen – und in der Tat sieht das geistige Auge des modernen Physikers nirgends absolute Ruhe –, so ist doch die beständige Voraussetzung eines Beharrlichen im Wechsel eine notwendige, schlechthin unvermeidliche Vorstellung, weil die Beharrlichkeit zur Bestimmung der Zeit überhaupt, mithin der Erscheinungen in der Zeit notwendig gehört, und es unmöglich ist, Veränderung vorzustellen ohne Gegenverhältnis auf ein Beharrliches, das sich verändert. Dadurch allein schon, dass Erscheinungen in die Zeit aufgenommen sind, ist ein beharrliches Substrat der Erscheinungen notwendig, auch wenn es uns an allen empirischen Kriterien der Beharrlichkeit fehlen würde. Denken wir uns ferner mit Mill die Folge der Dinge ohne jeglichen Zusammenhang, jedes Ereignis also als einen absoluten, grundlosen Anfang, ohne Ursache und ohne Erfolg – und es ist von vornherein keineswegs gewiss, dass jeder Vorgang immer wieder verursacht sein soll –, so würde dennoch, schon durch die Auffassung jener grund- und zusammenhangslosen Vorgänge in die einzige und einheitliche Zeitvorstellung, ihre Folge *bestimmt* sein. Die Einheit und Erhaltung des Bewusstseins in der Zeit würde selbst an sich zerstreute Vorgänge verknüpfen zur Einheit der Erfahrung. Den Gesetzen der Bestimmung der allgemeinen Zeit sind die Gegenstände als Erscheinungen notwendig unterworfen.

Dass durch die obige Reflexion wirklich der Nerv des Beweises der Erfahrungsanalogien bloßgelegt wurde, geht aus Kants eigener Erklärung hervor: »Die synthetische Einheit in den Zeitverhältnissen aller Wahrnehmungen, welche a priori bestimmt ist, ist also das Gesetz: dass alle *empirischen* Zeitbestimmungen unter Regeln *der allgemeinen* Zeitbestimmung stehen müssen.«[A] »Unsere Ana-

A Kant II, KrV, S. 153 [AA III, S. 159].

logien stellen die Natureinheit im Zusammenhange aller Erscheinungen unter gewissen Exponenten dar, *welche nichts anderes ausdrücken als das Verhältnis der Zeit zur Einheit der Apperzeption*«[A]. Die Richtigkeit unserer | Auffassung wird außerdem durch eine nähere Betrachtung des Beweisganges für die Analogie bestätigt.

Die Argumentation für die Gültigkeit des Grundsatzes der Beharrlichkeit der Substanz ist im Wesentlichen folgende. Alle Erscheinungen sind in der Zeit, der Form unseres Anschauens. Nun enthält die Zeit sowohl das Zugleichsein als die Folge. Die Zeit selbst wechselt nicht, nur die Erscheinungen kommen und gehen in ihr. Allein die Zeit selbst kann nicht wahrgenommen werden. Sie ist Form der Wahrnehmungen. Folglich muss in den Erscheinungen selbst das Substrat anzutreffen sein, welches die Zeit überhaupt, die Form des Beharrens, vorstellt, und an welchem der Wechsel oder das Zugleichsein durch die Verhältnisse der Erscheinungen zu ihm wahrgenommen werden kann – d. i. die Substanz.[147] Da diese also im Dasein nicht wechseln kann, so ist ihr Quantum unvermehrbar und unverminderbar. Nur in dem Beharrlichen sind Zeitverhältnisse möglich; ohne das Beharrliche käme es zu keiner Zeitvorstellung. So wirklich mithin die empirische Zeitvorstellung selbst ist, so notwendig findet ihre einzige Bedingung statt; die Vorstellung der Zeit macht die Vorstellung eines Substrates der Zeit notwendig. Weil das Beharrliche in der Erscheinung die Bedingung ihrer Vorstellung als eines zeitlichen Gegenstandes ist, so hat der Grundsatz der Beharrlichkeit Gültigkeit für den gesamten Umkreis der Gegenstände der Erfahrung. – Der dogmatische Philosoph beweist den Grundsatz der Beharrlichkeit aus dem Begriffe der Substanz. Diesen Beweis kann man ihm schenken, denn dass die Substanz beharre, liegt schon in ihrem Namen. Der kritische Beweis dagegen zeigt, dass es eine *Substanz gebe*, dass ein beharrliches Substrat notwendig den Erscheinungen zu Grunde gelegt werden müsse, als Bedingung der Zeitvorstellung überhaupt. Übrigens beachte man wohl, dass hier

A Kant II, KrV, S. 181 [AA IV, S. 144].

nur der »transzendentale« Beweis der Beharrlichkeit angetreten wurde – nicht der metaphysische für die Beharrlichkeit der *Materie*. Es sollte nicht gezeigt werden, dass die Materie jenes beharrliche Substrat der empirischen Zeitvorstellung sei, sondern nur, dass etwas überhaupt in den Erscheinungen ihr bleibendes Substrat darstelle. | Dass die Materie der bestimmte Gegenstand des Zeitbegriffs der Beharrlichkeit ist, folgt aus *empirischen* Kriterien. Durch ihre Undurchdringlichkeit, durch die Erhaltung des Gewichts ist sie als das letzte Subjekt der Erscheinung gekennzeichnet; sie ist das einzige Wirkliche, dessen Beharrlichkeit *beobachtet werden kann.*[A] Der transzendentale und eigentlich rein philosophische Beweis der Beharrlichkeit gibt nur den allgemeinen Erkenntnisgrund, die obere Prämisse des metaphysischen an, d. i. des naturwissenschaftlichen Beweises der Erhaltung der *Materie*.

Die Folgerungen aus dem so erwiesenen Prinzipe der Erhaltung der Substanz drängen sich auf. Sie werden auch von Kant hervorgehoben, obschon ihnen durch die Zweiseitigkeit des Begriffs vom Grunde der Erscheinungen die Spitze abgebrochen wird. Ein Entstehen und Vergehen von Substanz kann in keine mögliche Erfahrung kommen. Der Begriff der Schöpfung und seines Gegenteils, der Vernichtung, ist transzendent und leer. Er überschreitet nicht nur den Bereich denkbarer Erfahrung, er zerstört ihn auch und hebt die Möglichkeit der Erfahrung auf. Denn er widerspricht der Einheit des Denkens und der Zeit, der obersten Bedingung der Erfahrung. Er widerspricht derjenigen Verbindung im Zeitverhältnisse der Erfahrungsobjekte, welche zur Möglichkeit der Erfahrung notwendig ist.

Den Grundsatz der Kausalität hat Kant in der zweiten Auflage bestimmter formuliert. In der früheren Bearbeitung spricht er ihn in der Formel aus: Alles, was *geschieht* (anhebt zu sein), setzt etwas voraus, worauf es nach einer *Regel* folgt; in der späteren durch

A Kant II, KrV, S. 293 [AA IV, S. 230]. Über den Unterschied des transzendentalen Beweises der Grundgesetze der Natur vom metaphysischen, als welcher jederzeit auf bestimmte, empirische Eigenschaften rekurrieren muss, siehe Kant V, MAdN, S. 308 [AA IV, S. 469–470].

den Satz: Alle *Veränderungen* geschehen nach dem Gesetze der Verknüpfung der Ursache und Wirkung. Der zweite Ausdruck hat außer der größeren Bestimmtheit noch den Vorzug der Richtigkeit. Denn nicht auf das Geschehen überhaupt, sondern auf die Veränderung des Geschehens zielt das Postulat vom Grunde. Aber obschon die Formel des Gesetzes in keineswegs nebensächlicher Weise geändert wurde, bleibt der Beweis selbst | im Wesentlichen unverändert. Der Satz, der zu beweisen ist, redet von der Kausalität der Veränderung, der Beweis selbst handelt von der Kausalität der Folge überhaupt. Der Beweis stimmt nicht zu dem zu beweisenden Satze – eine bedenkliche Eigenschaft eines Beweises. Zwar heißt es in der einleitenden Erklärung zum Beweise: Aller Wechsel, alle *Sukzession* der Erscheinungen sei Veränderung; aber dieser Satz ist falsch, die gleichförmige Bewegung z. B. ist Sukzession und doch keine Veränderung.

Der Beweisgang selbst ist dieser. Ich nehme wahr, dass Erscheinungen aufeinander folgen. Ich verknüpfe also zwei Wahrnehmungen in der Zeitreihe. Nun ist Verknüpfung nicht gegeben, sondern wird hervorgebracht; sie beruht auf der synthetischen Fähigkeit des Bewusstseins. Die Verknüpfung kann nun in der bloßen Einbildung vollzogen werden, wobei sie aber willkürlich und unbestimmt ist. Es bleibt unbestimmt, ob in derselben Weise, wie ich sie verbinde, die Zustände im Objekte selbst verbunden sind. Damit die Sukzession der wahrgenommenen Vorgänge als bestimmte erkannt wird, muss das Verhältnis zwischen ihnen so gedacht werden, dass dadurch als *notwendig* bestimmt wird, welcher derselben vorher und welcher nachher gesetzt werden muss. Eine notwendige Verknüpfung setzt eine objektive Regel voraus, mithin begriffliche Vereinigung, also Beziehung auf die objektive Einheit des Bewusstseins. Nun ist der Begriff, der die Zeitfolge überhaupt bestimmt, der Begriff von Ursache und Wirkung. Der vorhergehende Teil der Zeit oder die Erscheinungen in ihm wird als Grund des folgenden gedacht. Durch die Verknüpfung der Zeitfolge der Erscheinungen nach Ursache und Wirkung wird ihre Sukzession bestimmt: Also ist dieses Begriffsverhältnis Bedingung des Erkennens einer bestimmten, d. h. regelmäßigen und objektiven Folge. Erscheinungen, die in der Zeit analog wie Grund und Folge verknüpft sind, sind eben dadurch objektiv verbunden.[148]

Ohne Vorstellung einer bestimmten Folge ist keine Erfahrung, d. i. Vorstellung eines Objektes denkbar, jene Vorstellung ist mithin eine Bedingung der Erfahrung, keine Folge derselben; das Gesetz der Kausalität begründet Erfahrung und kann daher | nicht aus der Erfahrung stammen. Damit ist aber erst der begriffliche Grund einer Erfahrung von objektiver Sukzession angegeben. Wie kommt es zur Anwendung des Begriffs von Ursache und Wirkung auf eine Folge der Erscheinungen? Ist diese Anwendung dem Belieben des Subjekts überlassen? Oder ist sie die Wirkung bloß eines Mechanismus des Bewusstseins? Nach Kant ist weder das eine noch das andere der Fall. Der Grund der Anwendung liegt in den Erscheinungen selbst, nicht in der bloßen Vorstellung, dem subjektiven Zustande des Bewusstseins. Im Gehalte der Erscheinungen ist die Veranlassung oder das Motiv gegeben zur Hervorbringung der Begriffssynthese von Ursache und Wirkung. Wie es überhaupt das Objekt ist, welches die Einheit des Bewusstseins in bestimmten Fällen notwendig macht, so ist es auch hier ein objektiver Grund, der diese begriffliche Vereinigung des Denkens hervorruft. Die empirische Wahrnehmung ›es geschieht etwas‹ setzt voraus, dass eine Erscheinung dieser Wahrnehmung vorhergegangen sei; und zwar setzt sie dies notwendig voraus, weil die leere Zeit gar nicht erscheinen oder empfunden werden kann. Der Wahrnehmung des Geschehens kann keine leere Zeit vorangegangen sein. Jede Apprehension ist eine Wahrnehmung, die auf eine andere folgt. Dies ist eine allgemeine Bedingung jeder Zeitvorstellung. Nun bemerke ich in besonderen Fällen einen Unterschied des Verhältnisses der Erscheinungen, wonach ihre Reihenfolge bald umkehrbar, bald unveränderlich ist. Ich bemerke, dass A nur auf B folgt, nicht umgekehrt. In der Betrachtung eines ruhenden Objektes im Raume ist die Regel der Auffassung unbestimmt, oder besser, die Auffassung hat keine Regel. Ich kann ein Haus von oben nach unten und von unten nach oben, von rechts nach links und umgekehrt betrachten. Hier ist die Folge der Vorstellungen persönlich oder subjektiv. Dagegen ist die sukzessive Lage eines Schiffes im Strome nicht umkehrbar, ihre Auffassung ist dem Belieben des Betrachters entzogen. Die Ordnung der Wahrnehmungen ist durch die Erscheinung selbst bestimmt, und diese Regel der Sukzession macht die Reihe der Vorstellungen notwendig. Sie erweckt den Gedanken der Ursächlichkeit. Nur der Form nach entspringt dieser Gedanke | dem Subjekte, seinen Inhalt und den Anlass seiner Entwicklung empfängt er von demjenigen, was in der Erscheinung nicht subjektiv, sondern durch den Gegenstand selber gegeben ist. Mittels dieses Gedankens wird das objektive Verhältnis nicht etwa geschaffen, sondern erkannt. Dieser Gedanke ist nicht die Bedingung der Existenz des bestimmten Verhältnisses, sondern die Bedingung seiner Erkenntnis. Daher kann die Erkenntnis der objektiven Folge nicht schon in der bloßen Auffassung, sondern erst mit Hilfe des Begriffs der Ursächlichkeit gewonnen werden. Die Erkenntnis der objektiven Folge als solcher richtet sich nach diesem Begriffe, weil vor diesem Begriffe und außer demselben noch gar keine Vorstellung des Objekts stattfindet.[149] In allen Fällen bestimmter Kausalität ist es nach der ausdrücklichen Lehre Kants die Überlegung über das *gegebene* Verhältnis der Erscheinungen, die Reflexion auf das Datum der Erfahrung, welche die Anwendung des Kausalitätsbegriffes vermitteln muss. Nur der Gedanke der Kausalität überhaupt entspringt aus dem Bewusstsein, er ist eine Form der begrifflichen Einheit desselben. Wie überall in der Lehre Kants, so betrifft auch hier die Apriorität nur die allgemeine Form des Denkens und Anschauens.

Da diese Erklärung der gebräuchlichen, subjektivistischen Auffassung der kritischen Philosophie zuwiderläuft, so ist eine nähere Ausführung derselben am Platze.

Wir haben demnach zu unterscheiden zwischen dem allgemeinen Kausalitätsbegriffe und seinen bestimmten Anwendungen, den empirischen Begriffen der Kausalität. Jener Begriff allein ist unabhängig von der Erfahrung einzusehen und entspringt aus der Gesetzlichkeit des Bewusstseins. Dass eine Regelmäßigkeit in der Folge der Erscheinungen notwendig ist, ist ein Gedanke, der in der Form des Bewusstseins selbst begründet ist; aber *welche* Regelmäßigkeit die Erscheinungen befolgen und wie weit ihre Regelmäßigkeit reiche, kann nur aus der Erfahrung erkannt werden. Die besonderen Gesetze der Natur sind von Seiten des Verstandes unbestimmt gelassen.[A] Aber noch mehr: Selbst jener Ge|danke einer Regelmäßigkeit überhaupt würde unentwickelt bleiben, der Verstand würde ein totes, uns selbst unbekanntes Vermögen sein, zeigten nicht die gegebenen Erscheinungen eine Regelmäßigkeit, die zur Anwendung der Denkform auffordert.[B] Am Stoffe der Er-

A Kant IV, KU, Einleitung und in § 69 der Anfang.

B Kant II, KrV, S. 87 [AA IV, S. 72]: »Es könnten wohl allenfalls Erscheinungen so beschaffen sein, dass der Verstand sie den Bedingungen seiner Einheit gar nicht gemäß fände (…), dass z. B. in der Reihenfolge der Erscheinungen *sich nichts darböte*, was eine *Regel* der Synthesis an die Hand gäbe, *und also dem Begriffe der* Ursache und Wirkung entspräche, so dass dieser Begriff also *ganz leer, nichtig und ohne Bedeutung* wäre.« Denn die *Bedeutung* gibt allen Denkbegriffen und Anschauungsformen nach Kants Lehre nur allein die *empirische* Anschauung (Kant II, KrV, S. 137 [AA IV, S. 109], 187 [AA IV, S. 148], 199 [AA IV, S. 157]). Die zweite Stelle, die ich oben im Auge hatte und gleichfalls bereits früher herangezogen habe, findet sich Kant II, KrV, S. 94[-95; AA IV, S. 77]: »Das Gesetz der Reproduktion setzt aber voraus, dass die Erscheinungen selbst wirklich einer solchen *Regel* unterworfen sind, und dass in dem Mannigfaltigen ihrer Vorstellungen eine gewissen Regeln gemäße Begleitung oder Folge stattfinde, denn ohne das würde unsere empirische Einbildungskraft niemals etwas ihrem Vermögen Gemäßes zu tun bekommen, also *wie ein totes und uns selbst unbekanntes Vermögen* im Innern des Gemütes verborgen bleiben. Würde der Zinnober bald rot, bald schwarz, bald leicht, bald schwer sein, ein Mensch bald in diese, bald in jene tierische Gestalt verändert werden, am längsten Tage bald das Land mit Früchten, bald mit Eis und Schnee bedeckt sein, so könnte meine empirische Einbildungskraft nicht einmal Gelegenheit bekommen, bei der Vorstellung der roten Farbe den schweren Zinnober in die Gedanken zu bekommen«. Weiterhin wird freilich nach einem transzendentalen, die empirischen Gesetze der Reproduktion *formal* umfassenden Reproduktionsgesetze geforscht und dasselbe durch die Überlegung gefunden, dass Erscheinungen zugleich Vorstellungen also den Formgesetzen des Vorstellens unterworfen sind. Aber dieses transzendentale Gesetz schließt die empirischen, real begründeten Gesetze auch nur *in der Vorstellung*, ein. Niemand wird Kant des Widersinnes zeihen, dass wir durch das formale Gesetz den Zinnober *rot machen*, da nach Kant vielmehr die Empfindung und überhaupt die *Bestimmtheit* der Erscheinung gegeben ist. Der Anteil des Bewusstseins, des Subjektes, in der Erfahfahrung, ich wiederhole es, entwickelt und betätigt sich die Form des Denkens – aber sie entwickelt sich nach selbsteigenen Gesetzen des Bewusstseins, den Bedingungen der *Vorstellung* des Objektes. Wie kommen wir aber zu jenem allge|meinen Begriff der Kausalität, welcher allein a priori ist? Wir wissen bereits: durch Anknüpfung der Zeit, in ihrer Form der Sukzession, an die Einheitsfunktion des Denkens nach Grund und Folge. Und hier bewährt es sich abermals, dass der Schlüssel des Kausalitätsbeweises im Schematismus liegt. Die Zeit überhaupt ist in ihrer Folge bestimmt und dadurch sind die in die Zeit tretenden Erscheinungen notwendig – aber zunächst nur im Allgemeinen – bestimmt. »Wenn es nun ein notwendiges Gesetz unserer Sinnlichkeit, mithin eine formale Bedingung aller Wahrnehmungen ist: dass die vorige Zeit die folgende notwendig bestimmt, so ist es auch ein unentbehrliches Gesetz der *empirischen Vorstellung* der Zeitreihe, dass die Erscheinungen der vergangenen Zeit jenes Dasein in der folgenden bestimmen und dass diese als Begebenheiten nicht stattfinden, als soferne jene ihnen ihr Dasein in der Zeit bestimmen, d. i. nach einer Regel festsetzen. *Denn nur an den Erscheinungen können wir diese Kontinuität im Zusammenhange der Zeiten empirisch erkennen.*«[A] Die notwendige Bestimmung der Zeit in der Einheit des Denkens ist zugleich die allgemeine Bestimmung der zeitlichen Erscheinungen. Diese können nur in einem bestimmten Nacheinander in die Zeit treten, weil die Zeitreihe selbst a priori bestimmt ist. »Zu aller Erfahrung und deren Möglichkeit gehört Verstand, und das Erste, was er dazutut, ist nicht, dass er die Vorstellung der Gegenstände deutlich macht, sondern dass er die *Vorstellung* eines *Gegenstandes* überhaupt möglich macht. Dieses geschieht nur dadurch, *dass er die Zeitordnung auf die Erscheinungen und deren Dasein überträgt,* indem er jeder derselben als Folge eine, in Ansehung der vorhergehenden Erscheinungen

rung ist nach dem Kritiker der Erkenntnis durchaus nur ein *formaler,* niemals ein materieller. Das Stoff setzende und Welt produzierende Denken blieb den nachfolgenden Philosophen zu erfinden überlassen.

A [Kant II, KrV, S. 169; AA IV, S. 134.]

a priori *bestimmte Stelle* in der Zeit zuerkennt, ohne welche sie nicht *mit der Zeit selbst*, die allen ihren Teilen a priori ihre Stelle bestimmt, *übereinkommen würde.*«[A]

Die Zeit überhaupt ist der Ordnung ihrer Entwicklung nach a priori durch den Begriff von Grund und Folge verknüpft, des|halb ist jeder gegenständliche Vorgang in der Zeit im Allgemeinen kausal bestimmt. Eine gegenständliche, nicht bloß eingebildete Folge ist nach Kant jederzeit kausal verbunden. Indem Objekte in die Zeit eintreten, sind sie durch die notwendige Einheit der Zeitreihe überhaupt in ein ursächliches Verhältnis getreten. Wir wissen a priori, dass das *unmittelbar* in der Zeit Vorangehende Ursache des unmittelbar Folgenden ist. Wir erkennen dies durch das Bewusstsein der notwendigen Einheit in der Zeitfolge selbst. So weit reicht nach Kant die Apriorität des Kausalitätsgesetzes. Wir wissen dagegen durch Erfahrung allein, *welche* Erscheinung unmittelbar vor einer andern vorhergeht. Durch die Bestimmtheit in der Wahrnehmung, welche Bestimmtheit gegeben ist, unterscheidet sich die objektive Folge der Erscheinungen selbst von der subjektiven bloßer Vorstellungen.[B] Der Übergang von einer subjektiven zu einer objektiven Zeitbestimmung erfolgt also nach Regeln der empirischen, nicht nach Gesetzen der apriorischen Synthese. Das empirische Kriterium dafür, welcher Vorgang mit einem zweiten kausal zu verknüpfen ist, liegt im Zeit*inhalte*, nicht in der Zeit*form*. Ich kann in diesen Sätzen nicht den »offenbaren Zirkel« finden, den Schopenhauer der Kantischen Beweisführung vorwirft. Nur wer, wie Schopenhauer, die Erscheinungen zu bloßen Vorstellungen, ja eigentlichen Vorspiegelungen (Maja![150]) des Subjektes macht und in ihnen den gegenständlichen Faktor tilgt, wird diese Sätze unvereinbar finden. »Wie lässt sich Kants Behauptung«, fragt Schopenhauer, »dass *Objektivität* der Sukzession allein erkannt werde, aus der Notwendigkeit der Folge von Wirkung auf

A Kant II, KrV, S. 169 [AA IV, S. 134].

B Auch im obigen Beispiele der Apprehension des Hauses ist die Wahrnehmung objektiv bestimmt, aber nicht kausal, d. i. durch ihre Folge, sondern nach dem Gesetz der Gemeinschaft der Teile, d. i. ihrer Koexistenz.

Ursache, vereinigen mit jener, dass das empirische Kriterium, welcher von zwei Zuständen Ursache und welcher Wirkung sei, bloß die Sukzession sei?«[A] Die Objektivität *überhaupt* folgt aus der Bestimmung a priori der Zeitform durch die Einheit des Denkens; die Zeitreihe ist formal genommen bestimmt und dadurch ist alles, | was in ihr erscheint, im Allgemeinen kausal verbunden. Aber *was* erscheint, ist dadurch noch keineswegs bestimmt. Was vorhergeht und was folgt, wird nur durch wirkliche Wahrnehmung erkannt; also ist das empirische Kriterium der Anwendung des Kausalverhältnisses allerdings, wie Kant lehrt, die wahrgenommene Folge.

Kants Auffassung der Kausalität hat große Ähnlichkeit mit derjenigen Mills[151]. Auch nach Mill ist Ursache das unmittelbare ›Antecedens‹, Wirkung das unmittelbare ›Consequens‹. Nur gibt Kant den Grund an, warum das direkte und beständige ›Antecedens‹ ohne weiteres die *Ursache* des ›Consequens‹ sei. Der vorhergehende Teil der erfüllten Zeit ist Grund des folgenden, weil die Zeitordnung überhaupt in der Einheit des Denkens nach Grund und Folge verbunden ist.

Gegen diese Auffassung des Kausalitätsgesetzes durch Kant erhebt sich jedoch ein *sachliches* Bedenken, dem bereits Schopenhauer, dessen Einwendung gegen die *Form* des Beweises wir nicht stichhaltig fanden, Ausdruck gegeben hat. »Erscheinungen können sehr wohl aufeinander folgen, ohne auseinander zu erfolgen.«[B] Nicht die Folge überhaupt, sondern die *Veränderung* der Folge ist kausal zu begründen. Wir mögen immerhin die objektive Folge der Erscheinungen im Allgemeinen in der notwendigen Kontinuität der Zeitreihe begründet erkennen; aber damit allein haben wir noch keine kausale Verknüpfung erkannt. Wer die Bewegung als ursprüngliche Eigenschaft der Elemente der Materie anerkennt, wird nach keiner Ursache der Bewegung, sondern der *Veränderung* der Bewegung forschen. Eine gleichförmige Folge von Erscheinungen verlangt keine Begründung. Sie ist ein Gegenstand des Wissens, kein Problem des *Erklärens*. Den weittragen-

A [Schopenhauer, Über die vierfache Wurzel, S. 87.]
B Schopenhauer, Über die vierfache Wurzel, S. 87.

den Folgerungen aus jener vollkommen begründeten Einwendung Schopenhauers gegen die Kausalitätstheorie Kants werden wir im zweiten Teile dieser Schrift nachgehen[152] und zu beweisen versuchen, dass der Satz des zureichenden Grundes der Veränderung keine Bedingung der *Vorstellung* der Gegenstände | sei, sondern ein Prinzip ihrer *Erklärung*, welches *zunächst* subjektiv ist, wie etwa das Prinzip des Zweckes.

Die »Postulate des empirischen Denkens« erwägen die Bedingungen des Erkennens nach seiner subjektiven Seite, sie zeigen den Unterschied zwischen bloßem Denken und Erkennen eines Gegenstandes, sie sind die Definitionen der Möglichkeit, Wirklichkeit und Notwendigkeit in ihrer erkenntnistheoretischen Bedeutung. Es wird ausgeführt, dass die Möglichkeit eines Gedankens noch nicht die Vorstellung eines möglichen Dinges sei, weil zu dieser außer der Übereinstimmung mit den Bedingungen des Denkens noch die mit den Bedingungen des Anschauens gehört. »Was mit den formalen Bedingungen der Erfahrung der *Anschauung* und dem *Begriffe* nach übereinkommt, ist möglich.«[A] Die Wirklichkeit einer Vorstellung besteht in ihrem unmittelbaren und mittelbaren Zusammenhange mit der Empfindung und den empirischen Verhältnissen der Anschauung, also den materialen Bedingungen der Erfahrung. Die Notwendigkeit endlich entsteht durch den Zusammenhang einer Vorstellung mit der Wirklichkeit nach allgemeinen Erfahrungsgesetzen; da aber nicht die Existenz selbst, sondern nur das Dasein ihrer Wirkungen nach allgemeinen Gesetzen erkannt werden kann, so ist die Notwendigkeit auf die Verhältnisse der Erscheinungen nach dem Gesetze der Kausalität eingeschränkt.[B] Notwendig sein und Wirkung einer Ursache sein, ist auch nach Kant ein Wechselbegriff. – Der Beweisgang der Postulate hat nichts methodisch Eigentümliches und kann daher in der Darstellung der Methode übergangen werden.

Das Charakteristische in dem Beweisverfahren der Grundsätze besteht darin, dass der Beweis nicht direkt aus Begriffen geführt

A [Kant II, KrV, S. 183; AA IV, S. 145.]
B Kant II, KrV, S. 190 [AA IV, S. 150].

wird. Es wird nicht gezeigt, »dass der gegebene Begriff geradezu auf einen andern führe«[A], dass z. B. der Gedanke der Substanz mit dem Gedanken der Beharrlichkeit verbunden sei. Ein derartiger Beweis würde nicht aus dem formal logischen Denken herauskommen, er würde sich beständig im Kreise der Begriffe drehen, ohne ihre *reale* Bedeutung begründen zu können. | Es wird vielmehr gezeigt, dass eine bestimmte Gedankenverbindung auf Grund der Zeitanschauung zur Form der Erfahrung notwendig gehöre. In der Nachweisung des Zusammenhangs der synthetischen Sätze a priori mit dem Begriff der Erfahrung, in der Darlegung derselben als begrifflicher Bestandteile der allgemeinen Form der Erfahrung, besteht der kritische oder transzendentale Beweis der Gültigkeit des Apriori. Jene Sätze erweisen sich schließlich als Ausdruck der Synthesen des Bewusstseins in der Erfahrung und werden durch das Faktum der Erfahrung *verifiziert.*

§ 4a. *Erscheinung, Ding an sich und Noumenon.* Lehre von der *Existenz* der Dinge. Der methodische Begriff: *Erscheinung.* Widerlegung des Idealismus. *Beweis, dass die Gründe dieser Widerlegung schon in den Paralogismen der ersten Auflage enthalten sind. Das Ding an sich* als Korrelat der Erscheinung. *Schopenhauer* über die Lehre vom Dinge an sich. Durch Analyse der Vorstellungsformen wird das Dasein der Dinge an sich erwiesen

Die Lehre von der *Erscheinung* und ihrem Korrelate, dem *Dinge an sich* selbst, gehört zu den dunkelsten und am meisten bestrittenen Teilen des Kritizismus Kants. Seit dem Angriffe, den der Aenesidemus von Schulze gegen die Schlüssigkeit dieser Lehre unternahm, und dem »hyperkritischen«[153] Versuche Jacob Sigismund Becks, das »Ding an sich« zu beseitigen, es in ein Produkt des »ursprünglichen«, uns selber unbewussten Vorstellens zu verflüchtigen, hat der philosophische Streit um das »Ding an sich«

A [Kant II, KrV, S. 603–604; AA III, S. 510.]

nicht geruht, worüber Büchner in launige Verse ausbrach, nicht bemerkend, dass der Materialismus mehr, als er zu rechtfertigen vermag, mit dem »Ding an sich« zu schaffen hat. Selbst Schopenhauer, der gründliche Schüler Kants, hielt, unter dem Einflusse Schulzes, noch mehr aber unter der Einwirkung der geistigen Atmosphäre der Romantik in Deutschland mit ihrer Philosophie der Weltproduzierung aus dem Ich stehend, die Ableitung des »Dinges an sich« für gründlich verfehlt. Und einer der neuesten Ausleger Kants[154] verwandelt die Konzeption des »Dinges an sich«, ähnlich wie Beck, in einen Grenzbegriff, den sich das Bewusstsein selbst setzt, nur dass er dabei dem ursprünglichen Vorstellen den bestimmteren Begriff des Vorstellungsmechanismus substituiert.

Zunächst ist festzustellen, dass Kant die *Existenz* der Dinge an sich unumwunden und in der strengsten Bedeutung des Wortes ›Existenz‹ lehrt. Das Dasein der Dinge, unabhängig vom Bewusstsein, ist gegeben. Der kritische Idealismus, der im Grunde »das Gegenteil des Idealismus in der rezipierten Bedeutung des Wortes«[A] ist, bezweifelt nicht, wie der problematische, das Dasein | von Dingen, noch hebt er es, wie der dogmatische, auf. Er *dringt* vielmehr darauf, dass unseren *Vorstellungen* äußerer Dinge *wirkliche Gegenstände* äußerer Dinge entsprechen. Er lehrt, dass der »äußere Sinn« *wirklich*, nicht eingebildet sei, dass er wirkliche Dinge ergreife, wenn schon seine Vorstellungen, die räumlichen Anschauungen, nur Erscheinungen der Dinge sind. Und er widerlegt durch die Wirklichkeit der Wahrnehmung, durch ihre reale, auf Dinge gehende Bedeutung den Idealismus. Er »lässt also den Sachen ihre Wirklichkeit«[B], nur ihre Vorstellung schränkt er auf Erscheinungen der Sachen an. Die Erscheinung ist Vorstellung »eines zwar unbekannten, aber nichtsdestoweniger wirklichen Gegenstandes«, dessen Existenz mithin »nicht wie beim eigentlichen Idealismus aufgehoben wird«[C]. Die Kritik lehrt *dasselbe Objekt* in zweierlei Bedeutung nehmen, als Erscheinung und als Ding

A [Kant II, KrV, S. 772; AA III, S. 190–191.]
B [Kant II, KrV, S. 296; AA IV, 232.]
C [Kant II, KrV, S. 194; AA IV, S. 231.]

an sich. Das Ding an sich ist die Gegenseite des Dinges in der Erscheinung. Wir müssen »eben dieselben Gegenstände als Dinge an sich selbst denken, wenn wir sie auch als solche nicht *erkennen* können. Denn sonst würde der *ungereimte Satz* daraus folgen, dass *Erscheinung* ohne etwas wäre, was da erscheint.«[A] Im Begriffe der Erscheinung liegt schon der Begriff des Dinges selbst. »Der Verstand eben dadurch, dass er Erscheinungen annimmt, gesteht auch das Dasein von Dingen an sich selbst zu.«[B] Ist also jener Begriff gültig, so ist damit die Existenz der Dinge bewiesen. Alles, was in der Vorstellung nicht aus der reinen Erkenntnisform stammt, also die Bestimmtheit der Vorstellung ist begründet durch die Dinge selbst. Nun setzt selbst die Anwendung der Vorstellungsform die Existenz der Dinge voraus. Eindrücke der Sinne, die nicht durch Selbstaffektion erzeugt sind, setzen das Vorstellen in Tätigkeit. Die »Rezeptivität«, die sinnliche Empfänglichkeit beweist schon an sich selbst das Dasein der Dinge. Daher ist es »die beständige Lehre der Kritik, dass die Gegenstände, *als Dinge an sich selbst,* den Stoff zu empirischen Anschauungen *geben,* dass sie den Grund enthalten, das Vorstellungsvermögen seiner Sinnlichkeit gemäß zu *bestimmen*«[C]. Und endlich ist die bloße Anerkennung *besonderer,* vom Verstande unabhängiger, also für ihn zufälliger Gesetze der | Natur, und bestimmter, aus dem Vorstellungsschema und seiner ideellen Gestaltung durch die mathematische Phantasie nicht begreiflicher Gestalten ein genügender Beweis, dass Kants Idealismus der Erscheinungen den Realismus der Dinge zu Grunde legt, dass die Erkenntnis*kritik* auf einer Wirklichkeitslehre aufgebaut ist, dass diejenigen, welche die Kritik subjektivistisch verstanden und fortgebildet haben, nicht den Bahnen Kants folgten, denen nur die wirklich nachwandeln, welche den realistischen Grund seiner Philosophie noch mehr zu befestigen und tiefer zu legen suchen.

Was bedeutet der methodische Begriff der Erscheinung?

A [Kant II, KrV, S. 676–677; AA III, S. 17.]
B [Kant II, Prol., S. 79; AA IV, S. 315.]
C [Kant I, Entdeckung, S. 436; AA VIII, S. 215.]

Erscheinung bedeutet das Verhältnis des Dinges selbst zum Subjekte. Dasjenige, was nicht am Objekte, wie es an sich ist, jederzeit aber in *seinem Verhältnisse* zum Subjekt anzutreffen und von der Vorstellung des Objektes unzertrennlich ist, ist *Erscheinung*. »[I]n der Erscheinung werden jederzeit die Objekte, ja selbst die Beschaffenheiten, die wir ihnen beilegen, als etwas wirklich *Gegebenes* angesehen, nur dass, *sofern* diese Beschaffenheit nur von der Anschauungsart des Subjektes in der *Relation des gegebenen Gegenstandes zu ihm* abhängt, *dieser* Gegenstand als Erscheinung *von ihm selbst* (! [A. R.]) als Objekt an sich unterschieden wird«[A]. Nur die Vorstellungsart also ist ideell und macht, dass wir die Dinge als Erscheinungen erkennen. Der Begriff der Erscheinung hat zwei Seiten, eine nach dem Subjekte gekehrte: ›die Vorstellungs*form*‹, und eine nach dem Objekte selbst gewendete: ›die Bestimmung der Vorstellungsform zu einer wirklichen Anschauung‹. Nur der Anteil des Subjektes an der Erfahrung verwandelt die Dinge durch ihre Auffassung und Erkenntnis in Erscheinungen. Mittels des subjektiv-objektiven Begriffs der Erscheinung schränkt Kant einerseits den Dogmatismus des Denkens ein. Dieser wähnte, mit puren Begriffen an die Dinge selbst zu kommen. Andrerseits widerlegt er durch ihn den Idealismus, welcher die Dinge beseitigte und in bloße Vorstellungen auflöste. Die *Idealität* des *allgemeinen* Raumes | und der reinen Zeit begründet und erschöpft zugleich, wie früher ausgeführt wurde, den sogenannten Idealismus, richtiger Phänomenalismus Kants. Weil Raum und Zeit Vorstellungsformen sind, so sind sie an sich, d. h. ohne Anwendung auf die gegebenen Eindrücke der Dinge, *nur Ideen*. Weil sie aber *sinnliche*, nicht schöpferische oder »intellektuelle« Anschauungsformen, weil sie die Formen der Vereinigung der Empfindungen zu Anschauungen sind, so liegt schon in der Wirklichkeit einer räumlichen und zeitlichen Vorstellung die Wirklichkeit von Dingen an sich selbst eingeschlossen. Wenn ich also sage: Die Vorstellungsart des Raumes überhaupt ist subjektiv, mithin alles im Raum Vorgestellte, soweit es dies ist, selber nur Vorstellung an sich nicht weiter erkennbarer

A Kant II, KrV, S. 718 [AA III, S. 71].

Dinge; so habe ich damit nicht diese Dinge ihrer Existenz nach bezweifelt oder vernichtet, sondern nur ihrer Vorstellung nach für Erscheinungen erklärt. Und wenn ich selbst behaupte, ›mit der Wegnahme des Subjektes schwindet die ganze *Körperwelt*, die nichts ist als ein Inbegriff von Modifikationen des räumlichen Vorstellens, dahin‹, so habe ich damit das Substrat der Körperwelt und den Grund der bestimmten Besonderungen meines Auffassens desselben nicht mitaufgehoben. Um über die eigentliche Meinung Kants keinen Zweifel übrig zu lassen, betrachten wir gerade diejenigen Stellen der ersten Auflage der Vernunftkritik, welche von jeher für die Verkündigung eines reinen Idealismus gegolten haben. In den »Paralogismen« lehrt der Kritiker des Seelendings: Der eigentliche Gegenstand ist sowohl in Ansehung der *innern* als der *äußern* Anschauung unbekannt.[A] Das heißt nicht: Er *existiert* nicht, sondern wir *erkennen* ihn nicht, weil zum Erkennen nicht der bloße, unbestimmte Begriff seiner Existenz genügt, sondern Anschauung hinzukommen muss, als welche bei uns *sinnlich*, mithin ihr (der Anschauung) Gegenstand *Erscheinung* ist. »Das transzendentale Objekt, welches den *äußeren* Erscheinungen, ingleichen das, was der innern Anschauung zum *Grunde liegt, ist weder Materie noch ein denkendes Wesen an sich* | *selbst*, sondern ein uns unbekannter *Grund der Erscheinungen*, die den empirischen Begriff von der ersten sowohl als zweiten Art an die Hand geben.«[B] Daher ist es möglich, dass derselbe Gegenstand, welcher Träger äußerer, räumlicher Erscheinungen ist, auch der Träger der Phänomene des Bewusstseins ist[C] – ein *monistischer* Gedanke Kants,

[A] Kant II, KrV, S. 298 [AA IV, S. 234].

[B] Kant II, KrV, S. 303 [AA IV, S. 238].

[C] Kant II, KrV, S. 288–289 [AA IV, S. 226]: »[M]ithin kann ich annehmen, dass der Substanz, der in Ansehung unseres äußeren Sinnes Ausdehnung zukommt, an sich selbst Gedanken beiwohnen, die durch ihren eigenen inneren Sinn mit Bewusstsein vorgestellt werden können. Auf solche Weise würde eben dasselbe, was in einer Beziehung körperlich heißt, in einer anderen zugleich ein denkendes Wesen sein, dessen Gedanken wir zwar nicht, aber doch die Zeichen derselben in der Erscheinung anschauen können. Dadurch würde der Ausdruck wegfallen, dass nur *See-*

der seither immer mehr nach wissenschaftlicher Durchbildung ringt. Schopenhauer hat übersehen, dass der vierte Paralogismus die *Widerlegung* der Idealität des *äußeren* Verhältnisses, also die Widerlegung des skeptischen *Idealismus*, des Zweifels an der Wirklichkeit der Dinge enthält, und dass diese Widerlegung auf Grund der Idealität *aller* Erscheinungen und mit denselben Argumenten erfolgt, die in der von ihm so bitter getadelten »Widerlegung des Idealismus« (der zweiten Auflage) gebraucht werden. Es wird an beiden Orten gezeigt, dass äußere Wahrnehmungen so gut das Dasein wirklicher Dinge bezeichnen, wie die Selbsterfassung die eigene Existenz beweist. Beide Bearbeitungen lehren die *Wirklichkeit* der äußeren Wahrnehmung, die unmittelbare Gewissheit der Existenz der Dinge; beide, obschon die spätere bestimmter, die Zusammengehörigkeit der äußern und innern Erfahrung im Gegensatz zu der idealistischen Lehre der Abhängigkeit jener von dieser. Weil alle Wahrnehmungen, die inneren wie die äußeren, bloß unserer Sinnlichkeit anhängen, so beweist die äußere Wahrnehmung ebenso zweifellos und *direkt* wie die innere das *Dasein* der Dinge. Denn daran, dass die innere meine Existenz | und nicht bloß den *Schein* meiner Existenz beweist, ist für Kant kein Zweifel. Nur der Bewohner Bedlams hält sich für den »Niemand«[155]. Die Idealität aller Erscheinungen hebt die falsche Bedenklichkeit des psychologischen Subjektivisten auf. Der Gedankengang Kants in der Widerlegung des Idealismus ist dieser. Das *Außer uns sein* hat eine doppelte Bedeutung, es bedeutet die von uns unabhängige und unterschiedene Existenz der Dinge an sich selbst und dasjenige, was zur äußern Erscheinung der Dinge gehört: ihre Vorstellung im Raume. Die psychologische Frage nach der Realität bezieht sich nicht direkt auf die Existenz, sondern auf die Vorstellung der Existenz. Ist diese Vorstellung wirklich oder eingebildet, hat sie reale oder ausschließlich subjektive Bedeutung? Nun stellt die Wahrnehmung ohne Zweifel etwas *Wirkliches* im Raume vor.

len (als besondere *Arten von Substanzen*) denken; es würde vielmehr wie gewöhnlich heißen, dass *Menschen* denken, d. i. *eben dasselbe*, was als äußere Erscheinung ausgedehnt ist, innerlich ein Subjekt sei, was (…) denkt.«

Das *Reale* der Anschauung, ausgedrückt in der *Bestimmtheit* unserer Vorstellung, »kann man a priori nicht erdenken, und ohne Wirkliches würde gar nichts, *auch keine Erscheinung* vorgestellt«[A]. Zwar ist der Raum und sind mithin die räumlichen Vorstellungen in uns, als unsre Vorstellungsart und deren Bestimmungen. Aber eben deshalb beweist die äußere Wahrnehmung *unmittelbar* eine Wirklichkeit im Raume. Wären nämlich äußere Gegenstände (in dieser ihrer Qualität als *äußere*) nicht Erscheinungen, wäre der Raum nicht Vorstellungs*form* der Dinge, so würde »es schlechterdings unmöglich sein zu begreifen«[B], wie wir zur Erkenntnis der *Wirklichkeit* der Dinge gelangen. Nur dann ist diese Wirklichkeit nicht nur zu begreifen, sondern unmittelbar gegeben, wenn räumliche Vorstellungen Erscheinungen der Dinge sind, wenn das *Außer uns sein* im räumlichen Sinne *zur Form ihrer Erscheinung in uns gehört, weil wir ja nicht im eigentlichen Sinne außer uns empfinden können.*

Die Idealität der Raumform ist das einzige Mittel, die Realität von uns unterschiedener Dinge zu beweisen. »Denn wenn man den Raum und die Zeit als Beschaffenheiten ansieht, die ihrer Möglichkeit nach in Sachen an sich angetroffen werden müssten und überdenkt die Ungereimtheiten, in die man sich alsdann verwickelt, indem *zwei unendliche Dinge*, die nicht Substanzen, | auch nicht etwas wirklich den Substanzen Inhärierendes, dennoch aber Existierendes, ja die notwendige Bedingung der Existenz aller Dinge sein müssen, auch übrig bleiben, wenngleich alle existierenden Dinge aufgehoben werden, so kann man es dem guten Berkeley wohl nicht verdenken, wenn er die Körper zu bloßem Schein herabsetzte, ja es musste sogar unsere Existenz, die auf solche Art von der für sich bestehenden Realität eines Undinges, wie die Zeit, abhängig gemacht wäre, mit dieser in lauter Schein verwandelt werden – eine Ungereimtheit, die sich bisher noch Niemand hat zu Schulden kommen lassen.«[C]

A [Kant III, Prol., S. 105–106; AA IV, S. 336.]
B [Kant XI/1, Briefe, S. 56; AA XI, S. 51.]
C Kant II, KrV, S. 719 [AA III, S. 71–72].

Wie hat Kant das »Ding an sich« aus der Erscheinung, deren Begriff wir festgestellt haben, abgeleitet? – Obschon die bisherige Auseinandersetzung die Beantwortung dieser Frage eingeschlossen enthält, so sei mir erlaubt, noch ihre unübertrefflich klare Erörterung durch Schopenhauer aus seiner späteren, der Anerkennung der Wirklichkeit sich zuneigenden Periode herzusetzen, und an diese die eigenen Bemerkungen zu knüpfen. »Eine strenge *Ableitung* des Dinges an sich hat Kant nie gegeben, vielmehr hat er dasselbe von seinen Vorgängern, namentlich Locke, übernommen und als etwas, an dessen Dasein nicht zu zweifeln sei, indem es sich eigentlich von selbst verstehe, beibehalten; *ja, er durfte dies gewissermaßen*. Nach Kants Entdeckungen nämlich enthält unsre empirische Erkenntnis ein Element, welches nachweisbar subjektiven Ursprungs ist und ein anderes, von dem dieses nicht gilt; dieses letztere bleibt also objektiv, *weil kein Grund ist, es für subjektiv zu halten*. Demgemäß leugnet Kants transzendentaler Idealismus das objektive Wesen der Dinge oder die von unsrer Auffassung unabhängige Realität derselben zwar so weit, als das Apriori in unserer Erkenntnis sich erstreckt, *jedoch nicht weiter*, weil eben der Grund zum Ableugnen nicht weiter reicht: Was darüber hinausliegt, lässt er demnach bestehen, also alle solche Eigenschaften der Dinge, welche sich nicht a priori konstruieren lassen. *Denn keineswegs ist das ganze Wesen der gegebenen Erscheinungen, d. h. | der Körperwelt, von uns a priori bestimmbar, sondern bloß die allgemeine Form ihrer Erscheinung ist es*. Das durch alle jene a priori vorhandenen Formen unbestimmt Gelassene, also das *hinsichtlich auf sie Zufällige*, ist eben die Manifestation des Dinges an sich selbst. Nun kann der *empirische Gehalt* der Erscheinungen, d. i. *jede nähere Bestimmung* derselben, nicht anders als a posteriori erkannt werden: Diese empirischen Eigenschaften verbleiben sonach dem Dinge an sich selbst, als Äußerungen seines selbsteigenen Wesens durch das Medium aller jener apriorischen Formen hindurch. Dieses Aposteriori, welches bei jeder Erscheinung, in das Apriori gleichsam eingehüllt, auftritt, (…) ist demnach der *Stoff* der Erscheinungswelt im Gegensatz ihrer *Form*. Da nun dieser Stoff keineswegs aus den von Kant so sorgfältig nachgesuchten (...) Formen der Erscheinung abzuleiten ist, vielmehr nach Abzug alles aus diesen fließenden noch übrig bleibt (...), dabei aber auch andrerseits keineswegs von der Willkür des erkennenden Subjektes ausgeht, vielmehr dieser oft entgegensteht, so nahm Kant keinen Anstand, diesen Stoff der Erscheinungen dem Dinge an sich selbst zu lassen. (...) Da wir nun aber solche allein a posteriori erkennbare Eigenschaften durchaus nicht isolieren und von den a priori gewissen getrennt (...) auffassen können (...), so lehrt Kant, dass wir zwar das Dasein der Dinge an sich, aber nichts darüber hinaus erkennen. (...) Höchstens lässt sich noch sagen: da jene apriorischen Formen allen Dingen, als Erscheinungen ohne Unterschied zukommen, (...) die Dinge aber doch bedeutende Unterschiede aufweisen, *so ist das, was diese Unterschiede, also die spezifische Verschiedenheit der Dinge, bestimmt, das Ding an sich selbst.*«[A] Obiges »höchstens« kennzeichnet den Philosophen der apriorischen Schule; denn was mit diesem Ausdruck der Geringschätzung gemeint ist – stellt sich näher besehen als der gesamte Stoff der positiven Wissenschaften heraus.

Die Sache so angesehen, fährt Schopenhauer fort, scheint Kants Annahme und Voraussetzung der Dinge an sich, ungeachtet | der Subjektivität der Erkenntnisformen, ganz wohl befugt und gegründet. Dennoch erklärt sich Schopenhauer sogleich darauf gegen die Voraussetzung Kants, und zwar aus dem Grunde, weil eine nähere Prüfung des *Gehaltes* aller Erscheinungen ergebe, dass derselbe in unserer eigenen *Sinnesempfindung* bestehe, welche durch »die Verstandesfunktion der Kausalität« in Vorstellungen von Dingen umgesetzt werde. Nun sieht aber jeder, der nicht von der vorgefassten Meinung des Subjektivismus eingenommen ist, sofort, dass genau dieselbe Argumentation auch für die *Empfindung* gelte. Die Subjektivität der Empfindung betrifft einzig und allein ihre Beschaffenheit, ja genauer zu reden gar nur das Gefühl, das jede Empfindung begleitet. Aus dieser in uns liegenden *Möglichkeit*, in einer gewissen, durch die Natur unserer Sinnlichkeit gege-

A Schopenhauer, Parerga und Paralipomena, Band I, S. [96–]99.

benen Beschaffenheit erregt zu werden, folgt weder die bestimmte Intensität, der Grad der wirklichen Empfindung, noch das Eintreten gerade dieser bestimmten Modifikation unserer Sinnlichkeit. Es folgt a priori aus der Beschaffenheit der Empfindung nicht, wie stark ich in diesem Augenblicke empfinde und dass ich nun rot, nun blau empfinde. Die Bestimmung dieser a priori unbestimmt gelassenen Möglichkeiten weist ebenso zweifellos und noch direkter auf Existenzen hin, die von unserem eigenen subjektiven Dasein unterschieden sind, wie die Bestimmung der Erkenntnisformen. Die Bestimmtheit des Grades und der Qualität sind *objektive* Elemente in der Empfindung, Bestandteile der Erscheinung, d. i. der Wirkung der Dinge auf uns – und der obige Beweisgang ist mithin richtig, ja unvermeidlich auch von der Empfindung. Kant wusste übrigens wohl und bemerkte es, dass die Empfindung die Materie unserer Anschauung bilde, welche der Materie der Erscheinung bloß korrespondiert.

Es ist von Wichtigkeit, dass Schopenhauer der Meinung, die er selber früher geteilt hatte, entgegentritt, Kant habe die Existenz der Dinge an sich durch einen Kausalitätsschluss abgeleitet. Ich kann übrigens auch bei dieser Meinung den Widerspruch, in den sich die vermeintliche Ableitung mit der Lehre von der ausschließlich phänomenalen Gültigkeit des Grundsatzes der Kausa|lität verwickelt haben soll, nicht finden. Kant unterscheidet bestimmt den *Grundsatz* der Kausalität vom Kausalitäts*begriffe*, und schränkt nur den ersteren auf Erscheinungen ein. Das Gesetz der Kausalität ist die Anwendung des Begriffs der Kausalität auf die Zeitfolge und daher von nur phänomenaler Bedeutung. Der Begriff bleibt auch ohne die Beziehung auf die Zeit *gültig*, obschon er dann *unbestimmt* wird. Er eignet sich dann nur mehr zum Denken, zwar zum gültigen Denken der Dinge, aber nicht mehr zu ihrer Anschauung. Die Erkenntnis also ist durch den bloßen Begriff unvollständig, aber sie ist nicht unrichtig. »Der *Begriff* der Kausalität kann auf Gegenstände angewandt werden, sie mögen sinnlich oder nicht sinnlich gegeben werden, wiewohl er im letzteren Falle keine *bestimmte*, theoretische Bedeutung hat, sondern bloß ein formaler, aber doch *wesentlicher* Gedanke von einem *Objekte* überhaupt ist.«[A] – »Wenn Etwas (zur bestimmten Erkenntnis [A. R.]) noch fehlt, so ist es die Bedingung der Anwendung der Kategorien und namentlich der Kausalität auf Gegenstände, nämlich die Anschauung, (...) indessen doch immer die objektive Realität des *Begriffs* bleibt und dieser auch von Noumenen gebraucht werden kann (...). Die reinen Begriffe können auf Dinge als reine Verstandeswesen *allerdings angewandt werden.*«[B]

Durch Unterscheidung des Begriffs vom Grundsatze der Kausalität kann der beständig wiederholte Einwurf Friedrich Heinrich Jacobis entkräftet werden.

Indessen hat Kant die Dinge an sich nicht auf diesem Wege ermittelt. Er hat sie überhaupt nicht erschlossen, wie Schopenhauer richtig sah. Zwar lässt er das sinnliche Bewusstsein von Gegenständen »affiziert« werden und unsere Vernunft, als Wille, kausal sein, er bezeichnet die Dinge als Grund der Erscheinungen, kurz, er schreibt ihnen und der Vernunft Kausalität zu und lehrt nur, dass nicht diese Kausalität selbst, sondern die *Analogie* von ihr in der Zeitfolge der Erscheinungen bestimmt erkennbar sei. Aber der Nachweis der Existenz | der Dinge liegt in diesen Erklärungen nicht, vielmehr ihre Voraussetzung, Die Anerkennung der Dinge ergab sich für Kant aus der Analyse der Vorstellungen und der Prüfung der Beschaffenheit der Vorstellungselemente. Der kritische Beweisgang trifft zunächst nicht auf die Frage der Existenz der Dinge. Die Aufgabe der Kritik ist nicht der Beweis des Daseins, sondern der Erkennbarkeit der Dinge, und zwar ihrer Erkennbarkeit a priori, aus bloßen Begriffen. Dabei bleibt vorerst auch die empirische Erkenntnis außer Spiel – obschon diese notwendig mit der Begründung der apriorischen, von welcher sie ja umfasst wird, mit begründet werden musste. Wir haben demnach nicht zu fragen: Hat die Kritik die Existenz von Dingen *bewiesen*? Vielmehr haben wir zu fragen: Wird durch die Ergebnisse der Kritik die Existenz der Dinge *zweifelhaft* oder gar widerlegt? Und die Entscheidung dieser Frage kann nicht schwerfallen. Dadurch, dass bewie-

A Kant VIII, KpV, S. 157 [AA V, S. 50].
B Kant VIII, KpV, S. 170–174 [AA V, S. 54–55].

sen wird: ›die Erkenntnisformen, sowohl die des Anschauens als des Denkens, entspringen im Subjekte‹, ist nicht bewiesen, dass auch der Erkenntnisinhalt seinen Ursprung vom Subjekte nimmt. Im Gegenteile: Wenn bewiesen werden kann, dass das Wissen a priori, das dem Subjekte entstammende Wissen, *nur* die *Form* des Erkennens betrifft, so ist damit allein schon bewiesen, dass der Inhalt des Erkennens von einer Existenz herrühren muss, die von derjenigen des Subjektes verschieden und unabhängig ist. Nun führt die Kritik in der Tat diesen Beweis, sie zeigt, dass wir nur *formale* Erkenntnis a priori aus uns erzeugen; also beweist sie unter einem die unabhängige, von uns unterschiedene Existenz der Dinge. Außer aus diesem allgemeinen Grunde, der, wie gesagt, für sich genügte, das Dasein der Dinge nachzuweisen, ergibt sich dasselbe noch aus einer näheren Betrachtung der *Beschaffenheit* der Erkenntnisformen. Die Anschauungsformen sind rezeptiv, nicht produktiv. Raum und Zeit können von den sinnlichen Eindrücken, deren Vereinigungsform sie sind, nicht getrennt werden; die reine Anschauung ist Form der empirischen. Durch logische Bestimmung des Raumschemas schaffen wir keinen physischen Körper, so wenig wir aus dem bloßen Schema die gegebene Gestalt eines Dinges begreifen können. Die | Rezeptivität, die der Empfindung und der formalen Verknüpfung der Empfindungen wesentlich ist, bezeugt das Dasein der Dinge selbst. Die Analyse der sinnlichen Vorstellungen führt mithin zum Ergebnisse, *dass* Dinge sind.

Das »Ding an sich« bezeichnet Kant als *Grund* der Erscheinung. Dieser Ausdruck bedeutet zugleich die Bestimmtheit des Daseins und die Unbestimmtheit unserer Erkenntnis der Dinge selbst. Um das der Erscheinung zu Grunde Liegende als Ursache zu erkennen, müsste es seiner Erscheinung in der Zeit vorangehen; um es als Substanz vorstellen zu können, müsste es im Raume zu beobachten sein. Aber das Ding selbst geht nicht seiner Erscheinung der Zeit nach voran und im Raume sind seine Wirkungen, nicht es selbst anzutreffen. So erklärt sich die Bezeichnung des Dinges als des Grundes der Phänomene. Die Frage, welche Kant zunächst nur in »Absicht auf eine transzendentale Theologie« aufwirft: »ob es etwas von der Welt Unterschiedenes gebe, was den *Grund* der

Weltordnung und ihres Zusammenhanges nach allgemeinen Gesetzen enthalte?«, ist allgemein zu stellen. Und die Antwort lautet: »*ohne Zweifel*; denn die Welt ist eine Summe von Erscheinungen, es *muss* also irgendein transzendentaler, d. i. bloß dem reinen Verstande denkbarer Grund derselben sein«[A]. Wenn wir aber nun weiter fragen: ›ist dieses Wesen Substanz, von der größten Realität, notwendig usw.‹, so ist die Antwort, dass diese Frage deshalb keine Bedeutung habe, weil die Kategorien, durch die wir uns einen Begriff von einem solchen Gegenstande zu machen versuchten, von keinem andern *bestimmten* Gebrauche sind als dem empirischen, der auf Erscheinungen, aber nicht auf den Grund der Erscheinungen geht. Was ist die Realität, losgelöst von der Empfindung, der Wirkung des Dinges? Was die Substanz ohne Beziehung auf Zeit und Raum, was die Kausalität, getrennt von der Zeitfolge der Veränderung, was bedeutet Notwendigkeit außer der kausalen Abfolge der Erscheinungen? Es sind Formen des Wissens, keine Erkenntnisse, Funktionen zu möglichen Erkenntnissen, noch nicht diese selbst. Über die Erfahrung hinaus gibt es keine positive Erkenntnis, d. i. *mit Anschauung* verbundene Begriffe. Das logische Wissen | allein reicht nur zur positiven Grenze der Erscheinungen, ohne darüber hinaus einen Gegenstand bestimmen zu können. Das Ding an sich ist der diesseits der Anschauung liegende, nicht anschaulich vorstellbare, sondern nur denknotwendige Grund der Erscheinung. Es ist notwendig, Dinge selbst zu denken – die empirischen Anschauungen sind real begründet; aber es ist unmöglich, das Erkennen über die Anschauung der Dinge hinaus zu erweitern, denn jede synthetische Erkenntnis ist Begriffsverbindung durch Anschauung.

A [Kant II, KrV, S. 538; AA III, S. 457.]

§ 4b. *Die Begriffe des Noumenon und des Dinges an sich sind nicht gleichbedeutend.* Zweideutigkeit in der Konzeption des Noumenon. Das Noumenon ist imaginär und dennoch die Stütze der Moralphilosophie Kants

Aus unserer Erörterung der methodischen Begriffe der Erscheinung und ihres Korrelates, des Dinges an sich, hat sich ergeben, dass Kant das Dasein der Dinge auf das Unzweideutigste lehrte, und zwar nicht bloß, weil es an einem Grunde fehlte, dasselbe aufzuheben, sondern, weil durch die Untersuchung des apriorischen Wissens und seiner Beschaffenheit sich das Dasein der Dinge als gegründet herausstellte. Wir fanden also, dass die Lehre Kants in Bezug auf die Frage der Existenz der Dinge positiv und entscheidend sei, dass der Subjektivismus von Kant niemals auf das Sein selbst ausgedehnt wurde, oder dass, um die öfters gebrauchte Formel zu wiederholen, *die Idealität der Anschauungsformen die Realität der Dinge nicht ausschließe, sondern begründe.*

Hat aber nicht Kant selbst das Noumenon nur im negativen Sinne zugelassen, es als bloßen Grenzbegriff betrachtet, in seiner positiven Bedeutung dagegen – wenigstens in der theoretischen Philosophie – für *problematisch* erklärt? Spricht er nicht selber unumwunden aus: »Die Einteilung der *Gegenstände* in Phänomena und Noumena kann gar nicht zugelassen werden, sondern nur die Einteilung der *Begriffe* in sinnliche und intellektuelle?«[A] Es scheint demnach, wir seien hier entweder auf eine Unvereinbarkeit der Vorstellungen Kants unter sich gestoßen oder wir haben es mit einer subjektiven Unvereinbarkeit unserer Auffassung mit seiner Lehre zu tun. Ich behaupte jedoch, das Noumenon und das Ding an sich seien gar nicht gleichbedeutend; jenes sei eine nähere Bestimmung dieses, eine Bestimmung, welche lediglich im Ausblicke auf die praktische Philo | sophie zum Begriff des Dinges an sich selbst hinzugefügt wurde. In der dafür entscheidenden Stelle des »Hauptstückes von dem Grunde der Unterscheidung aller Gegenstände überhaupt in Phänomena und Noumena« wird das Nou-

A [Kant II, KrV, S. 211; AA III, S. 212.]

menon definiert ›als Gegenstand des Verstandes‹, der gleichwohl einer *anderen* Anschauung gegeben werden könne, als es unsere sinnliche ist, als Gegenstand ›coram intuitu intellectuali‹! Und *diesen* Begriff erklärt Kant für problematisch, weil ein anschauender Verstand, das subjektive Korrelat desselben, selbst nur ein »Problem« sei.

Die Konzeption dieser Vorstellung enthält zwar keinen Widerspruch, weil wir nicht beweisen können, dass unsere Form anzuschauen die einzige Anschauungsart sei. Aber sie ist leer, weil das Gegenteil ebenso unbeweisbar ist. Es scheint, dass der Grund unserer sinnlichen Vorstellungen, eben weil er selbst nicht angeschaut werden kann, möglicherweise den Gegenstand einer andern, irgendwie beschaffenen Anschauungsart bilden könne. Aber es scheint dies auch nur. Durch die Theorie von Raum und Zeit als subjektiven Vorstellungsformen der Dinge wird diese Annahme keineswegs bewiesen, nicht einmal wahrscheinlich gemacht, sondern bloß ermöglicht. Wenn wir also schließen, dass die Dinge selbst, deren Erscheinungen wir erkennen, und vielleicht noch andere unsern Sinnen entzogene Dinge, die Objekte einer »außerordentlichen Erkenntnis«, eines Verstandes, der ohne Sinne anschaut, abgeben mögen, so ist dieser Gedanke ein bloßes Spiel mit Möglichkeiten. Er ist ein leerer Gedanke, ohne alle Bedeutung für das theoretische Erkennen. »Wenn wir unter Noumenon bloß ein Ding verstehen, *sofern* es nicht Objekt unserer sinnlichen Anschauung ist, indem wir von unserer sinnlichen Anschauungsart abstrahieren«, so wird sein Begriff nur negativ bestimmt, es ist ein Noumenon »im negativen Verstande«[A]. Die Gültigkeit *dieses* Begriffes folgt aus der kritischen Raum- und Zeitlehre. »Die Lehre von der Sinnlichkeit ist zugleich die Lehre von den Noumenen im negativen Verstande.«[B] Das heißt: Die transzendentale Ästhetik lehrt, das Ding selbst als an sich frei von den Vorstellungsformen der sinnlichen Anschauung zu denken, es in Abstraktion von diesen Formen zu begreifen. Sie | negiert nicht sein Dasein, sondern sie

A [Kant II, KrV, S. 783; AA III, S. 209.]
B [Kant II, KrV, S. 783; AA III, S. 209–210.]

leugnet, dass ihm, dem Dinge, an sich Raum und Zeit zukommen. Die Negation, die sie notwendig macht, bezieht sich auf die nur subjektive Form der Auffassung, nicht auf die Existenz. Betrachten wir dagegen das Noumenon als das Objekt einer nicht sinnlichen Anschauung, so wird seine Bedeutung positiv. Und diese Bedeutung ist durch nichts zu beweisen. Wie, wenn die menschliche Anschauungsart die einzige, oder wenn wenigstens die sinnliche, auf Empfänglichkeit des Subjekts beruhende Anschauung die allein mögliche wäre – und wir haben keinen Grund, das Gegenteil zu behaupten –, so wäre das Noumenon niemals Gegenstand einer Anschauung, es würde nie *positive* Bedeutung haben, die Bedeutung eines Objektes für eine intellektuelle Anschauung. Also »korrespondieren den Sinnenwesen (Erscheinungen [A. R.]) zwar freilich Verstandeswesen (Dinge selbst [A. R.]); auch mag es Verstandeswesen geben, auf welche unser sinnliches Anschauungsvermögen gar keine Beziehung hat (Noumena in positiver Bedeutung [A. R.]), aber unsere Begriffe reichen nicht auf diese hinaus«[A] (sondern nur auf Dinge als Grund unserer sinnlichen Vorstellungen). Man kann den Gegenstand selbst von seiner sinnlichen Erscheinung nicht »absondern«. Die reinen Denkbegriffe mögen also immerhin auf andere Gegenstände als diejenigen, welche die Erscheinungen der sinnlichen Vorstellung begründen, sich zu beziehen scheinen; so erweitern sie dadurch nicht positiv den Umkreis der Dinge – sie stellen dadurch allein kein »besonderes« Objekt vor. Ihr Gebrauch ist mithin auf Gegenstände, die den Sinnen gegeben werden, auf Dinge der Erfahrung eingeschränkt.

An einer Stelle der »Kritik der Urteilskraft« hat Kant die ganze Konzeption einer andern, etwa intellektuellen Anschauungsart, als es die unsere ist, als bloßen Hilfsbegriff bezeichnet, um die Abhängigkeit der Vorstellung der Dinge von den im Subjekte entspringenden Formen des Anschauens deutlich zu machen.[B] 156 So erfasst, hat dieser Gedanke einen guten Sinn; er dient in der Tat, wie der Durchgang durchs Imaginäre, die Lehre von der | An-

A [Kant II, KrV, S. 784; AA III, S. 210.]
B Kant IV, KU, S. 296 [AA V, S. 405].

schauung als *Erscheinung* der Dinge augenscheinlich zu machen. Nun ist die Möglichkeit einer übersinnlichen Welt von diesem, allein zu methodischem Zwecke brauchbaren Begriffe abhängig. Und dennoch hat Kant in der praktischen Philosophie von der Vorstellung jener erdachten Welt einen positiven Gebrauch gemacht! Ohne alle Übertreibung darf man es sagen: Kant habe die Moral geradezu auf das Imaginäre gestützt. Anstatt das leere Spiel mit der Möglichkeit ›der Grund der Sinnlichkeit könne wohl zugleich Grund einer Übersinnlichkeit sein‹ auf sich beruhen zu lassen, hat Kant dasselbe für die Moralphilosophie notwendig erachtet. In dem Übersinnlichen sollen nach ihm zwar nicht die Beweggründe, aber doch die Ziele des sittlichen Lebens liegen. Und diese von vornherein wirksame Absicht auf einen transzendenten Abschluss der Moralphilosophie hat den Begriff des Dings an sich zweideutig gemacht, sie hat die Möglichkeit offen gelassen, dass die Dinge an sich Noumena in positivem Verstande sein könnten. Dadurch kam in die ganze, theoretisch so zweifellos richtige, und selbst unvermeidliche Konzeption jener mystische Zug hinein, der manchen Ausleger mystifiziert hat. Wenn die Sinnlichkeit ohne Rückhalt als die einzige Anschauungsart erklärt wird – und ich glaube, ein ohne Sinne anschauender Verstand sei ein Widerspruch –, so ist die Einzigkeit der Wirklichkeit die Folge. Theoretisch lässt sich, wie Kant selbst zugibt, das Gegenteil nicht erweisen[A], es lässt sich, wie wir hinzufügen, nicht einmal verständlich machen. Sollte es praktisch wirklich postuliert werden müssen? Sollte mit diesem so überaus zweifelhaften, ja zweideutigen Begriffe der übersinnlichen Welt in der Tat unser moralisches Bewusstsein notwendig verkettet sein? Kann die leere Möglichkeit eines Bereiches jenseitiger Dinge die wahre Stätte sein für die Verwirklichung unserer unaufschiebbaren, zur Wirklichkeit drängenden, sittlichen Ideale? Ist nicht dieser Begriff praktisch ebenso haltlos, wie er theoretisch leer ist?

Kant gebrauchte die Vorstellung des übersinnlichen Dings | zur *Beschränkung* des sinnlichen, empirischen Verstandes. Der Gedanke des Noumenon soll die Anmaßung, mit der die sinnli-

A Kant I, Fortschritte, S. 561 [AA XX, S. 319].

che Erkenntnis sich über alle Dinge auszudehnen strebt, in ihre Schranken weisen. Jener Begriff sei »unentbehrlich«[A], um die empirischen Grundsätze (z. B. den der Beharrlichkeit der Substanz mit seinen Konsequenzen) einzuschränken. Die Absicht Kants, »das Wissen aufzuheben, um dem Glauben Platz zu machen«[B], die wir übrigens billig, d. h. historisch beurteilen wollen, darf nicht aus dem Auge gelassen werden, namentlich, wo es auf das Verständnis der überaus gewundenen »Dialektik« ankommt. Sie allein erklärt, warum die Vernunftkritik in den psychologischen und kosmologischen Fragen vor der letzten Entscheidung stehen bleibt.

Durch die Doppelseitigkeit des Begriffs vom Dinge an sich kam in diesen Begriff eine falsche, theoretisch durch nichts zu begründende Wertvorstellung hinein. Die Dinge schienen danach etwas Höheres, Vollendeteres zu sein als das menschliche Bewusstsein, das sie begreift. Sie konnten ja vielleicht Dinge einer höheren Welt sein. Wir machen indes auf diesen Punkt nur aufmerksam, um ihn später schärfer zu beleuchten.[157]

§ 5. *Methode der Dialektik.* Nachahmung der Analytik in der Produktion von Ideen. Künstlichkeit der Dialektik. *Die Methode der übrigen kritischen Werke*

Da die »Dialektik« wesentlich die Ergebnisse der Vernunftkritik enthält, und nach Kants eigenem Gleichnisse die Gegenprobe der in der Analytik erzielten Resultate bilden soll, so haben wir ihre Betrachtung dem folgenden kritischen Teile vorbehalten und können uns hier mit einer kurzen Bemerkung zu ihrer Methode begnügen. – Wie die Logik in der Urteilslehre den Leitfaden zur Entdeckung der Erkenntnisbegriffe gab, so soll sie in der Schlusslehre zur Entdeckung von Ideen verhelfen. Während aber der Gedanke, die ursprünglichen Begriffe aus der Urteilsfunktion abzuleiten, an sich natürlich und richtig und nur die Form der Ableitung mangel-

A [Kant II, KrV, S. 501; AA III, S. 428.]
B [Kant II, KrV, S. 679; AA III, S. 19.]

haft geblieben ist, kann das analoge Vorhaben, ursprüngliche Vorstellungen aus der Schlussfunktion herzuleiten, nur als künstlich und verfehlt bezeichnet werden. Zwar der Beweggrund Kants ist zu billigen. Er wollte verhüten, dass die Ideen für angeboren gehalten würden. Aber die Schlussfunktion kann deshalb keine neuen Begriffe hervorbringen, weil sie selbst nicht ursprünglich ist, sondern in der wiederholten An|wendung und Verbindung der Urteilsfunktion besteht. Wirklich stellen sich auch die vermeintlich ursprünglichen Ideen, näher besehen, nur als die unbeschränkt gebrauchten, bekannten Begriffsfunktionen der Substanz, Kausalität und Gemeinschaft heraus.

Die Schlussfunktion zielt auf Vollständigkeit der Erkenntnis. Der Verstandesgebrauch, formal unbeschränkt, wird vom Triebe nach vollständiger Begründung, nach Totalität oder Abschluss der Erkenntnis geleitet. In der Verkettung der voneinander abhängenden Urteile sucht der Verstand nach festen Punkten, nach schlechthin obersten Prämissen. Wird nun diese nur formale Vollständigkeit für verwirklicht gehalten, werden die Formen des Schlusses gleichsam verdinglicht, so entstehen dadurch jene Begriffe der Vernunft, welche theoretisch genommen *nur* Ideen sind. Im kategorischen Schlusse suchen wir das Subjekt eines Prädikates, und da wir das gefundene Subjekt immer wieder als Prädikat eines tiefer liegenden Subjektes ansehen können, so entsteht eine *formal* unbeschränkte Reihe von Prosyllogismen. Eine gleiche Reihe ergibt sich, wenn wir im hypothetischen Schlusse vom Bedingten zu seiner Bedingung fortschreiten. Im disjunktiven Schlussschema endlich leiten wir Begriffe als Teile eines übergreifenden Ganzen ab, welches selbst wieder als Teil eines Ganzen höherer Ordnung angesehen werden kann, so dass auch hier eine formal unbestimmte Reihe von Schlüssen die Folge ist. Stellen wir diese ungeschlossenen Reihen von Prosyllogismen vollendet vor, so entspringt aus der kategorischen Schlussform der Gedanke eines letzten Subjektes, das nicht mehr als Prädikat gedacht werden kann, aus dem hypothetischen Schema der Gedanke einer ersten Ursache, der Bedingung zu allem weiteren Bedingten, aus dem disjunktiven die Idee eines einheitlichen, alles befassenden

Grundes, des Inbegriffs aller Objekte des Denkens. Wie aber diese Begriffe zugleich die metaphysischen Dinge der Seele, der Welt und der Gottheit darstellen sollen, leuchtet gewiss nicht ohne weiteres ein. Aus persönlichem Interesse an den Schöpfungen der Metaphysik hielt Kant dieselben für notwendige Hervorbringungen des menschlichen Verstandes und knüpfte sie daher | an notwendige und nachweisbar stattfindende Funktionen des Denkens an. Demnach sollte dem hypostasierten Einheitsgedanken des kategorischen Schlusses die Seele, als Idee des letzten Subjektes, entsprechen, während ihm offenbar ebenso gut das Atom entsprechen würde. Aus der Totalität, die durch den hypothetischen Schluss erstrebt wird, soll der Begriff der Welt hervorgehen, welcher doch weit zutreffender durch die disjunktive Gedankenform repräsentiert würde. Was hat die disjunktive Schlussform mit der Gottheit zu schaffen? Der Gedanke, dass alle Realität in einem einheitlichen Grunde der Verknüpfung stehe, würde auf die Materie nicht minder passen als auf die Gottheit. Kant selbst gesteht, dass der Begriff des allerrealsten Seins erst hypostasiert, d. h. aus einer Gedankenform fälschlich in ein Dasein verwandelt werden müsse, sodann habe es »personifiziert« zu werden, d. h., dieses Dasein muss in einem persönlichen Träger vereinigt werden, damit schließlich das »Ideal der Vernunft«[A] erreicht werde. Die Beweise für die metaphysischen Wesenheiten mögen auf einen transzendenten Gebrauch der Schlussfunktionen zurückzuführen sein, aber ihre Annahme selbst lässt sich nicht aus diesen Funktionen erzeugt denken. Der Begriff des allerwirklichsten Seins z. B. wird allerdings im ontologischen Argumente gebraucht, aber die nähere Beschaffenheit dieser absoluten Realität, als einer Gottheit, muss vor allem Beweise angenommen werden, sonst würde, wie Dühring treffend bemerkte, das ontologische Argument ebenso schlüssig für die Materie wie für Gott sein[158].

Die eingehende sachliche Kritik soll indes Aufgabe späterer Erörterungen sein.[159] Abgesehen von den mannigfachen Bedenken, die sich gegen die Methode der Dialektik erheben, bleibt dieselbe

A [Kant II, KrV, S. 455; AA III, S. 392.]

für das Verständnis der kritischen Methode doch dadurch von Bedeutung, dass sie abermals die maßgebende Rolle der Logik im Systeme der Vernunftkritik beweist.

Der Methode der Vernunftkritik ist das Verfahren der übrigen kritischen Werke, sogar äußerlich, nachgebildet. Überall tritt auch in ihnen der objektive, auf die Begriffe selbst gerichtete Gang der Untersuchung hervor. Die »Kritik der praktischen Vernunft« z. B. weist ausdrücklich jede Rücksicht auf Anthropologie | zurück, ihr Gegenstand ist der Begriff des sittlichen Willens, dessen Gesetzgebung sie der Form, nicht der Materie nach betrachtet, analog wie die theoretische Kritik die Form, nicht den Inhalt des Erkennens erforscht hatte. Die »Kritik der ästhetischen Urteilskraft« entwickelt die Bedingungen des ästhetischen Urteils, sie untersucht den Prädikatsbegriff des Urteils über das Schöne, nicht das subjektive Vermögen, den Sinn für das Schöne. In Nachahmung der »Kritik der reinen Vernunft« handelt sie dabei den Begriff des Schönen nach den vier Gesichtspunkten des logischen Urteils ab. Auch die Ästhetik ist nur *kritisch*, nicht positiv. Eine positive Ästhetik hätte vielmehr den Subjektsbegriff des ästhetischen Urteils, die gefallenden Verhältnisse untersucht. Die Kritik der teleologischen Urteilskraft endlich hat zwar einen nur subjektiv gültigen Begriff zum Gegenstande, sie erörtert ihn aber auf Grund seiner objektiven Veranlassung. Die organische Welt ist in der äußern, die sittliche in der innern Erfahrung Objekt des Zweckbegriffs.

§ 6. *Zusammenfassung dieses Kapitels*

Die Frage der Vernunftkritik ist eine Frage nach der Erkenntnis, nicht nach der Existenz. Sie ist eine Frage nach der Gültigkeit der Erkenntnis, nicht nach ihrem Ursprunge. Sie ist endlich die Frage nach der Gültigkeit eines Teils der Erkenntnis, nämlich der Erkenntnis a priori. Die Frage ist weder metaphysisch noch psychologisch, sondern kritisch. Sie will weder das Dasein der Dinge beweisen und ihr Wesen ergründen, noch die Vorstellungsbildung des Näheren erklären, noch eine vollständige, auch die empirische Erkenntnis umfassende Theorie der Wissenschaft erstreben. Sie ist auf Kritik der reinen Erkenntnis gerichtet.

A priori ist subjektiv genommen derjenige Teil der Erkenntnis, der unabhängig von der Erfahrung *erworben* wird, der rein aus der Gesetzlichkeit des Bewusstseins stammt und hervorgebracht ist. A priori ist objektiv genommen die Erkenntnis, welche von der Erfahrung unabhängig *eingesehen* und bewiesen werden kann. Die Kritik schließt von dem nachgewiesenen Apriori in objektiver Bedeutung auf den apriorischen Ursprung aus dem Bewusstsein. |

A priori ist zunächst alle analytische, rein begriffliche Erkenntnis. Sie gründet sich auf das logische Identitätsprinzip. Der Grund dieses Erkennens ist die Identität des Begriffs mit sich selber. Analytische Sätze sind des ungeachtet nicht tautologische Sätze. Sie bewirken Deutlichkeit des Denkens, sie erläutern das Wissen, sie versichern uns dessen, was wir wirklich wissen.

Synthetisch ist die Erkenntnis, deren Grund nicht im Begriffe, sondern in der Anschauung liegt. Es ist unmöglich, lehrt Kant, ohne Anschauung unser Wissen zu erweitern. Synthetische Sätze aus *bloßen Begriffen* ohne Anschauung sind undenkbar.[A] Empirisch ist die synthetische Erkenntnis, wenn die Anschauung Wahrnehmung eines wirklichen Gegenstandes ist. A priori ist sie, wenn sowohl ihre Begriffe als deren verknüpfender Grund, die Anschauung, a priori sind. Soll also eine synthetische Erkenntnis a priori möglich, d.h. denkbar sein, so muss es sowohl Begriffe als Anschauungen geben, welche unabhängig von der Erfahrung entspringen. Aus der Beschaffenheit der Vorstellungen von Raum und Zeit folgt, dass dieselben ursprüngliche, in der Form der Sinnesauffassung gegründete Anschauungen sind. Aus der Beschaffenheit der allgemeinen Erkenntnisbegriffe folgt, dass sie mit den logischen Einheitsbegriffen in Urteilen übereinstimmen und ihren Ursprung in der logischen Funktion des Denkens nehmen – also Begriffe a priori sind. Synthetische Erkenntnis a priori ist wirklich. Die Bedingungen ihres Stattfindens sind nachweisbar gegeben.

A Kant VIII, KpV, S. 157 [AA V, S. 42].

Dass aber diese Erkenntnis zugleich gültig sei, dass sie objektive Bedeutung habe, dass sie notwendig mit dem Objekte übereinstimme, folgt nicht aus ihrer Apriorität, sondern daraus, dass die Form der Anschauung, die sie bestimmt, Form der Gegenstände als sinnlicher Erscheinungen ist. Es liegt im Begriffe der Sinnlichkeit, dass wirklich Dinge seien. Ohne wirkliche Dinge keine sinnlichen Vorstellungen. Denn unsere Sinne schaffen keine Dinge dem Dasein nach; sie äußern sich nur auf Eindrücke von | Dingen, deren Realität sie voraussetzen. Was nun a priori von der Form der Auffassung der Dinge gilt, gilt notwendig von den aufgefassten Dingen selbst, d. i. von ihren Erscheinungen. Die Bestimmungen a priori von Raum und Zeit gelten somit zugleich als gegenständliche Bestimmungen, sie haben reale Bedeutung. Mathematik und mathematische Naturwissenschaft sind mithin gültige, synthetische Erkenntnisse, deren Grundsätze zugleich synthetisch und a priori sind.

Die Gültigkeit reiner, synthetischer Sätze von Gegenständen der Erfahrung ergibt sich noch aus einem tieferen Grunde. Die Formen des Denkens und Anschauens sind ursprünglich durch die Einheit des Bewusstseins verknüpft. Die formal vereinigende Funktion des Bewusstseins ist der Grund aller begrifflichen und sinnlichen Synthese, zugleich ist sie die übergreifende Form der gesamten, äußern und innern Erfahrung, also Träger aller Gegenstände, als Erscheinungen. Weil das Bewusstsein Eines ist, ist nur Ein Raum, Eine Zeit, Eine Erfahrung. Der systematische Grundcharakter der Erscheinungen folgt aus der Einheit und Erhaltung des Bewusstseins. Die Einheitsfunktion des Bewusstseins ist Grund der allgemeinen Verbindung und Kontinuität seiner Erscheinungen. Der Begriff des Objektes selbst ist, seiner empirischen Bestimmtheit unbeschadet, zunächst und formal genommen das Korrelat der logischen Einheit des Bewusstseins, daher der reine Begriff des Objektes gleichartig ist für alle Gegenstände, so verschiedenartig auch der empirische Anlass seiner Anwendung sein mag.

Kant nimmt eine ursprüngliche Mehrheit von Synthesen des Bewusstseins an, entsprechend der Mehrheit der Synthesen im Urteile. Dadurch wird seine Deduktion verwickelt und unklar. Er deutet jedoch selbst auf die Fortbildung hin, die seine Lehre an diesem Punkte zu erfahren hat.

Die Einheit des denkenden Bewusstseins in Raum und Zeit, als Formen des Anschauens, bewirkt nur die allgemeine Einheit und Systematik der Erfahrung. Nur die Gesetzlichkeit der Natur überhaupt lässt sich aus der Bewusstseinseinheit begründen. Auf mehr als die Natur ihrer allgemeinen Form nach geht die De|duktion nicht. Die besonderen Gesetze der Natur, die bestimmten Verhältnisse und Gestalten, in denen jene erscheinen, lassen sich aus der logischen und sinnlichen Form des Bewusstseins allein nicht begreifen. Sie enthalten das rein empirische, dem Bewusstsein gegebene Erkenntniselement, den Gehalt des Wissens. Weil aber die besonderen Gesetze den allgemeinen des auffassenden und denkenden Bewusstseins eingeordnet, also insofern in den Gesetzen a priori begriffen sind, ist jedes von ihnen zugleich a priori bestimmt. Jedes Naturgesetz trägt einen logischen Charakter, obschon es nicht rein logisch ist. Die allgemeinen Gesetze der Erfahrung und Natur, die Grundsätze des reinen Verstandes enthalten das a priori erkennbare Schema der besonderen. Ihr Beweis gibt zugleich die logische Grundlage für den Beweis der empirischen Gesetze. So ist der apriorische Beweis der Beharrlichkeit der Substanz der Obersatz des naturwissenschaftlichen Beweises der Erhaltung der Materie.

Die Grundsätze stellen die Einheit der Natur *analog* der Einheit des Verstandes vor; unsre Erkenntnis ist die Erkenntnis von Analogien des Verstandes mit den wirklichen Verhältnissen der Dinge selbst – ein Gedanke, der weiterer Entwicklung in hohem Grade fähig ist.

Mit den Grundsätzen ist das Gebiet des Erkennbaren durchmessen. Die Erfahrung ist das Feld des Erkennens, auf dem allein Analogien unserer Begriffe anzutreffen sind, ja sein müssen. Wird dasjenige, was als Grund der Erscheinung kein Gegenstand der Anschauung, also nach Kant auch kein Gegenstand bestimmter Erkenntnis ist, in Gedanken zum Objekte einer übersinnlichen, also intellektuellen Anschauung gemacht, so scheint sich dadurch das Gebiet des Erkennens und der Dinge problematisch zu erweitern.

Allein dieser Gedanke ist leer und kann in theoretischer Hinsicht nicht zugelassen werden. Es ist ein Fehler Kants, ihn nicht in jeder Hinsicht als das, was er ist, als leeres Spiel mit Begriffen, gekennzeichnet, sondern sogar, in moralischer Absicht, benutzt zu haben.

Zu der Transzendenz in der Moralphilosophie leitet die Ideenlehre über, sie bereitet die Fundamente zur praktischen Ver|nunftlehre vor, namentlich die Freiheit des Willens. Aus dieser Tendenz erklärt sich die Unentschiedenheit der Dialektik. Der Ausdruck unseres Strebens nach systematischer Vollständigkeit sind die Ideen, die Begriffe des unbedingten Subjektes, der ersten Ursache, der Einheitlichkeit und Einzigkeit des Wirklichen. Ohne Grund werden diese Begriffe von Kant den Ideen der Seele, der Welt, der Gottheit gleichgesetzt. Es ist ein Fehler der Methode Kants, aus Schlussfunktionen ursprüngliche Begriffe herzuleiten, weil die Funktion des Schließens auf der des Urteilens sich gründet.

Die Methode Kants besteht in der durchgeführten Trennung der Form vom Inhalte des Erkennens. Das Mittel und zugleich das Beispiel für diese Trennung gab die Logik. Sie entwickelte aus dem Gedachten die einfachen Begriffe des Denkens. Den Anteil des Denkens und seiner eigenen Gesetzlichkeit an der wissenschaftlichen Erkenntnis hat niemand bezweifelt. Wer ihn bezweifeln wollte, möge erwägen, dass allen Erklärungsversuchen die formal logischen Denkgesetze zu Grunde liegen müssen. Die Gesetze der Hypothesen*bildung* und logischen Wertschätzung ihrer Form sind selbst keine bloßen Hypothesen. Allein die reine Logik schafft noch keine Erkenntnis. Nun entdeckte Kant zu den logischen Formelementen ursprüngliche Bestandteile der sinnlichen Erkenntnis, die Formen des Anschauens. Aus der Verbindung dieser Formen mit den logischen Elementen entstand eine formale *Erkenntnis* zum Unterschied vom formalen Denken. *Und diese Erkenntnis bezog sich a priori nicht bloß auf die Form der Wissenschaft, sondern auf die Form der Erfahrung, weil ihre Grundlagen zugleich die Formen der Auffassung der Dinge sind. Dadurch besitzt die Erkenntnis a priori notwendig gegenständliche Bedeutung.* Die Kritik der reinen Erkenntnis hat den Beweis der Wahrheit der Erfahrung angetreten und durchgeführt.

Zugleich war das Kriterium gefunden, das der Kritizismus seit Locke suchte: Der Anteil des Subjekts am Erkennen ließ sich bestimmt von dem Anteil | des Objekts unterscheiden. Alles *nur* Formale der Erkenntnis entspringt aus dem Subjekte, alles Materielle der Erkenntnis ist objektiv. Stoff und Form des Erkennens, sein objektiver Gehalt und sein subjektives Gesetz, lassen sich aber nur ›in abstracto‹, d. h. behufs der wissenschaftlichen Untersuchung sondern. In Wirklichkeit sind sie verbunden, das apriorische Wissen ist Form des empirischen, das Bewusstsein die Gesetzlichkeit in der Erfahrung.

In der bewussten Entwicklung der in der Erfahrung liegenden apriorischen Elemente und ihrer Verbindung mit den Elementen a posteriori besteht die Entwicklung der menschlichen Wissenschaft. Die ursprüngliche Verbindung von Erfahrung und Denken wird in der Wissenschaft auseinandergelegt, nur um von Neuem und mit vollem Bewusstsein verknüpft zu werden. Welt und Selbsterkenntnis entwickeln sich zugleich.[160]

EDITORISCHE ANMERKUNGEN

[1] In der zweiten Auflage (PK I 1908) erscheint »Der Philosophische Kritizismus und seine Bedeutung für die positiven Wissenschaften« mit einem gekürzten Haupttitel und einem Untertitel: »Der Philosophische Kritizismus. Geschichte und System«.

[2] In der zweiten Auflage (PK I 1908) ändert Riehl den Titel von Band I auf »Geschichte des Philosophischen Kritizismus«.

[3] Riehl unterscheidet den ›philosophischen Kritizismus‹ als Projekt vom »Philosophischen Kritizismus« als Haupttitel seines Buches. Ersterer ist nicht auf die Philosophie Kants beschränkt, erreicht darin aber das Stadium des ›wissenschaftlichen Kritizismus‹.

[4] Siehe dazu Dühring, Geschichte, S. 398–400.

[5] Riehl bezieht sich hier auf PK I 1876, S. 315–447.

[6] Riehl bezieht sich hier vor allem auf Cohens Arbeit »Die systematischen Begriffe in Kants vorkritischen Schriften nach ihrem Verhältnis zum kritischen Idealismus« von 1873, auf die er im Text aber nur zweimal explizit verweist. Bereits 1872 hat er Cohens Buch »Kants Theorie der Erfahrung« in der zweiten Auflage rezensiert. Mit Bezug auf Robert Zimmermann ist vor allem die Schrift »Über Kants mathematisches Vorurteil und dessen Folgen« von 1871 zentral, es findet sich aber im gesamten Text kein von Riehl selbst explizit gemachter Verweis darauf.

[7] Der erste Band war bereits 1875 für den Druck vorbereitet (siehe dazu die Einleitung des Herausgebers). Paulsens Buch »Versuch einer Entwicklungsgeschichte der Kantischen Erkenntnisstheorie« erschien 1875, Görings Buch »System der kritischen Philosophie« 1874.

[8] Mit Bezug auf Dühring lässt Riehl hier die »Kritische Geschichte der Philosophie« von 1873 sowie den »Cursus der Philosophie« von 1875 unerwähnt – beides Texte, auf die er sich im Folgenden mehrmals bezieht. Insbesondere die Kantischen Quellen bei Locke und Hume sowie die Betonung des Begriffs ›Kritizismus‹ findet Riehl bei Dühring vorgeprägt. Dühring und Riehl unterscheiden sich allerdings maßgeblich in ihrer Bewertung der Philosophie Kants.

[9] Zur Zitation siehe das Siglen- und Literaturverzeichnis.

[10] Riehl verweist hier offensichtlich auf den Dialog »Theaitetos«.

[11] Siehe u. a. Wundt, Grundzüge, insb. S. 680–691.

[12] Mit diesem Gegensatz verbindet Riehl vor allem die Kontroverse zwischen Hermann von Helmholtz und Ewald Hering.

[13] Kant verwendet den Begriff vor allem im Abschnitt »Der transzendentale Idealismus als der Schlüssel zur Auflösung der kosmologischen Dialektik« (Kant AA III, S. 338–339).

[14] In der Einleitung zur »Kritik der reinen Vernunft« charakterisiert Kant die erste Kritik im Gegensatz zum »System der Wissenschaft« als Methodenschrift, die den Umriss »sowohl in Ansehung ihrer Grenzen, als auch den ganzen inneren Gliederbau« (Kant AA III, S. 15) entwickelt.

[15] Riehl greift hier einen Begriff Kants aus einem Brief an Johann Heinrich Tieftrunk vom 17. Oktober 1797 auf, in der dieser Fichte und Reinhold als seine »hypercritischen Freunde« (Kant AA XII, S. 207) bezeichnet.

[16] Siehe dazu Kant AA VI, S. 206 und Kant AA VIII, S. 389–406.

[17] Riehl überarbeitet für die zweite Auflage die Einleitung und erweitert den Text. Neben den Ergänzungen bleiben die ursprünglichen Textteile – bis auf einige sprachliche Adaptionen – in ihrem Wortlaut erhalten. Der Argumentationsgang der ersten und zweiten Auflage ist folglich unverändert.

[18] Riehl hält auch in der zweiten Auflage an der Überschrift des Abschnitts fest. Er ersetzt allerdings die Einteilung in Abschnitte durch jene in Bücher.

[19] Im folgenden Kapitel hat Riehl seinen Ausführungen eine eigene Übersetzung von John Lockes »Essay Concerning Human Understanding« (14. Aufl., London) zugrunde gelegt. Er verzichtet dabei – mit Ausnahme der Zitatfolge von Seite 53 – auf direkte Zitate und belegt seine Ausführungen mit indirekten Verweisen auf längere Abschnitte, Paragraphen oder Kapitel.

[20] ›Hautsinnesblatt‹ oder auch ›Hautblatt‹ bildet neben dem ›Hautfaserblatt‹ eine der beiden Schichten der ›Hautdecke‹. Ernst Haeckel verwendet den Begriff mit Bezug auf Carl Ernst von Baer in seiner »Anthropologie oder Entwicklungsgeschichte des Menschen« (u. a. S. 163–165, 224).

[21] Riehl bezieht sich hier auf Emil Du Bois-Reymonds »Grenzen des Naturerkennens« (S. 2–39) und John Tyndalls »Fragmente aus den Naturwissenschaften« (S. 1–31).

[22] Hier wurde »Expausion« durch »Expansion« ersetzt.

[23] Riehl verweist hier auf PK II.1 1879, S. 81, 113.

[24] Siehe dazu PK I 1876, S. 199–201.

[25] Das Kapitel über Locke erfährt in der zweiten Auflage eine Erweiterung: Von 40 Seiten in der ersten Auflage wird es auf 81 Seiten ausgebaut

und somit mehr als verdoppelt. Damit nimmt es ab der zweiten Auflage einen ähnlich großen Raum ein wie das Hume-Kapitel. Inhaltlich betrifft die Erweiterung vor allem eine detailliertere Darstellung der Position. In diesem Sinne ändert sich auch die Kapitelüberschrift von »Locke als Begründer des psychologischen Kritizismus« zu »Der Kritizismus in Lockes Essay über den menschlichen Verstand«, wodurch Riehls Untersuchungsgegenstand noch genauer bezeichnet wird. Die grundsätzliche Struktur der Argumentation und der Großteil der Textbestände aus der ersten Auflage bleiben aber erhalten.

[26] Siehe dazu u. a. Kant AA III, S. 499.

[27] Siehe dazu Kant AA IV, S. 260.

[28] Siehe dazu Kant AA IV, S. 272.

[29] Carl Friedrich Stäudlin veröffentlicht 1794 eine zweibändige Arbeit, »Geschichte und Geist des Skeptizismus«, in der im zweiten Band, Kapitel 6, die Entwicklung des Skeptizismus von Hume zu Kant (und Platner) eine ausführliche Behandlung erfährt. Riehl nimmt auf diese in seiner Darstellung implizit Bezug.

[30] Siehe dazu Hume, Über die menschliche Natur, Band I, S. 145–362.

[31] Riehl bezieht sich hier auf das lange Schopenhauer-Zitat in Rosenkranz' Vorrede der ›Kritik der reinen Vernunft (Kant II, KrV, S. XI), in der dieser einen Brief vom 24. August 1837 zitiert.

[32] Siehe dazu Dühring, Natürliche Dialektik, S. 111.

[33] Siehe dazu u. a. Ohm, Geist, S. 1.

[34] Siehe dazu Hume, Untersuchung, S. 24.

[35] Siehe dazu u. a. Hume, Über die menschliche Natur, Band I, S. 148.

[36] Gemäß Riehls Korrektur in PK I 1908, S. 185 wurde »sogenannte Linie« durch »sogenannte gerade Linie« ersetzt.

[37] Gemäß Riehls Korrektur in PK I 1908, S. 187 wurde hier »räumlichen« durch »räumlich« ersetzt.

[38] Siehe dazu Schopenhauer, Über die vierfache Wurzel, S. 12–16. Auch die nachstehenden Bezüge zu Leibniz und Wolff sind in Anlehnung an Schopenhauer formuliert.

[39] Es handelt sich hier nicht um ein wörtliches Hume-Zitat, der Sache nach entspricht die Passage allerdings Hume, Untersuchung, S. 61 oder Hume, Über die menschliche Natur, Band I, S. 481–482.

[40] Bei Hume heißt es: »[S]o ist es ein allgemein angenommener Grundsatz in der Philosophie, dass alles, was anfängt zu seyn, auch eine Ursache seines Daseyns haben müsse« (Hume, Über die menschliche Natur, Band I, S. 55).

[41] Der Begriff ›Nisus‹ bedeutet in antiken Texten ›Schwung‹, ›Flug‹

›Anstrengung‹, oder ›Gebären‹ und entwickelt sich in der Vorgeschichte der Gravitationstheorie im 17. Jahrhundert – u. a. bei Francis Bacon und Pierre Gassendi – zu einem Terminus technicus. Riehl greift hier den Begriff in der Verwendungsweise Humes auf (Untersuchung, S. 62).

[42] Riehl bezieht sich hier auf Fischer, Geschichte, Band III, S. 295.

[43] Riehl bezieht sich hier u. a. auf Helmholtz' »Handbuch der physiologischen Optik« (S. 447–457) und implizit auf John Stuart Mill, dessen gesammelte Werke Theodor Gomperz ab 1869 in einer Übersetzung herausgegeben hat. Siehe insbesondere Mills »System der deductiven und inductiven Logik« (Band I, S. XXI).

[44] Siehe dazu Herbart III, Schriften zur Metaphysik, Teil 1, S. 78, 314, 316.

[45] Siehe dazu Mill, System der deductiven und inductiven Logik, Band I, S. XXI.

[46] Siehe dazu Priestley, Briefe, Zweiter Brief, S. 40–50.

[47] Siehe dazu Reid, Untersuchung, S. 22–25.

[48] Siehe dazu Kant, AA III, S. 499.

[49] Riehl bezieht sich hier entweder auf PK I 1876, S. 340–355 ober bereits auf den PK II.1 1879, S. 78–182.

[50] James Bowling Mozley (1813–1878) war ein englischer Theologe. Riehl bezieht sich auf seine »Lectures on Miracles« (S. 40–45).

[51] Siehe dazu PK II.2 1876, S. 229–231.

[52] Siehe dazu Garves Rezension der »Kritik der reinen Vernunft«, die in den »Göttingischen Anzeigen von gelehrten Sachen« im Januar 1782 veröffentlicht wurde. Kant antwortet darauf ausführlich in den »Prolegomena« (Kant AA VI, S. 372–380) und nimmt u. a. aufgrund der geäußerten Kritik Änderungen bzw. Erweiterungen in der zweiten Auflage vor. Diese betreffen u. a. das Kapitel »Die Widerlegung des Idealismus«, das ergänzend hinzukommt. Der Name ›Berkeley‹ kommt in der ersten Auflage tatsächlich nicht vor.

[53] Die Ausführungen zu Hume erfahren in der zweiten Auflage des »Philosophischen Kritizismus« keine mit dem Locke-Kapitel vergleichbare Erweiterung: Sie bleiben vom Umfang her etwa gleich, werden allerdings inhaltlich überarbeitet. Riehl ändert auch den Titel des Kapitels von »Humes skeptischer Kritizismus« auf »Humes kritischer Positivismus« – wohl vor allem, um sich noch deutlicher von dem von ihm selbst erhobenen Vorwurf abzusetzen, ›Humes Philosophie als Skeptizismus misszuverstehen‹. Die grundsätzliche Struktur der Argumentation bleibt trotz dieser Änderungen erhalten.

[54] Siehe dazu Fischer, Geschichte, insb. S. 121–135.

[55] Der Begriff ›relativer Rationalismus‹ geht auf Carl Leonhard Reinhold zurück, der ihn in einem Brief an Eduard Duboc verwendet.

[56] Siehe dazu Kant AA III, S. 22.

[57] Riehl verwendet den Begriff ›natürliche Dialektik‹ in Anlehnung an Dühring.

[58] Siehe dazu Kant AA XXVIII.

[59] Die »eigentliche Aufgabe der reinen Vernunft« sieht Kant in »der Frage enthalten: Wie sind synthetische Urteile a priori möglich?« (Kant AA III, S. 39). Auf Seite 315–316 entwickelt Riehl auch diese Fragestellung als das zentrale Problem. Im handschriftlichen Nachlass, genauer gesagt im Handexemplar der ersten Auflage der »Kritik der reinen Vernunft«, findet sich aber auch folgende, Riehl allerdings unbekannte Formulierung: »Die Aufgabe ist: wie ist Erfahrung möglich?« (Kant AA XXIII, S. 25)

[60] Gemäß Riehls Korrektur in PK I 1908, S. 214, wurde die Formulierung »In obiger Zusammenstellung« durch »In dem eben angeführten Ausdruck« korrigiert.

[61] Siehe dazu Kant AA I, § 105.

[62] Siehe dazu Kant AA IV, S. 9.

[63] Siehe dazu Buhle, Geschichte der neuern Philosophie, Band VI/Abt. 2, S. 565–569.

[64] Gemäß Riehls Korrektur in PK I 1908, S. 222 wurde »Subjektismus« durch »Subjektivismus« ersetzt.

[65] Riehl bezieht sich auf Lossius nur indirekt über Buhle (Geschichte der neuern Philosophie, Band VI/Abt. 2, S. 565–569). Der von Riehl indirekt belegte Passus enthält etliche wörtliche Zitate.

[66] Dieser Brief ist in der Akademieausgabe in geänderter Fassung abgedruckt, siehe Kant AA X, S. 51–54.

[67] Diese Formulierung findet sich wörtlich in Lamberts Brief an Kant vom 3. Februar 1766 (Kant AA X, S. 64).

[68] Riehl unternimmt eine solche Klärung in PK II.1 1879, S. 89–116.

[69] Siehe dazu Herbart III, Schriften zur Metaphysik, Teil 1, S. 25–30.

[70] Siehe dazu Kants Brief an Herz vom April 1778 (Kant AA X, S. 232).

[71] Siehe dazu Herbart III, Schriften zur Metaphysik, Teil 1, S. 117.

[72] Gemäß Riehls Korrektur in PK I 1908, S. 240 wurde hier »Analoga Unvortheilen« durch »Analoga von Urteilen« ersetzt.

[73] Gemäß dem von Riehl zur ersten Auflage beigefügten Druckfehlerverzeichnis wurde im vorangegangenen Satz »nur« durch »nicht« und »nicht« durch »sondern« ersetzt.

[74] Riehl hat nur »Scheine« in Anführungszeichen gesetzt, allerdings ist die ganze Passage ein wörtliches Zitat.

[75] Die Ausführungen der zweiten Auflage bleiben dem Umfang und Wortlaut nach fast identisch. Riehl ändert lediglich kleinere Formulierungen und adaptiert auf den Seiten 199–201 seine Zusammenfassung des ersten Abschnitts.

[76] Riehl ändert in der zweiten Auflage die Bezeichnung dieses Abschnittes in: »Die kritische Philosophie Kants«.

[77] Siehe dazu Kant AA III, S. 543.

[78] Riehl verweist auf Herbart III, Schriften zur Metaphysik, Teil 1, S. 148. Zudem kritisiert er Herbarts Rekonstruktion von Kants Begriff der Metaphysik (Herbart III, Schriften zur Metaphysik, Teil 1, S. 141).

[79] Siehe dazu Fischer, Geschichte, Band III.

[80] Riehl wechselt hier und im vorhergehenden Satz zwischen indirekter und direkter Rede. Um dies besser sichtbar zu machen, wurde »findet« durch »finde« und »hergeben« durch »hergäben« ersetzt.

[81] Siehe dazu Kant AA II, S. 59–61.

[82] In der »Königsberger Gelehrten und Politischen Zeitung« wurde am 27. Februar 1764 ein Artikel gedruckt, der sich mit einem aus Polen Eingereisten (dem sogenannten ›Ziegenpropheten Komarnicki‹) und seinem Begleiter beschäftigte. Johann Georg Hamann verfasste den ersten deskriptiven Teil und Kant eine Reflexion, die als zweiter Teil abgedruckt wurde.

[83] Siehe dazu PK I 1879, S. 163.

[84] Siehe dazu Fischer, Geschichte, Band III, S. 242.

[85] Gemäß dem von Riehl zur ersten Auflage beigefügten Druckfehlerverzeichnis wurde hier »besondere« durch »besonderen« ersetzt.

[86] Riehl hat dieses wörtliche Zitat nicht durch Anführungszeichen kenntlich gemacht.

[87] Siehe dazu u. a. Kant AA II, S. 307.

[88] Den Begriff ›frecher Materialismus‹ verwendet Kant in den Prolegomena (Kant AA IV, S. 363).

[89] Riehl verweist hier auf die Schrift von 1755 »Principiorum primorum cognitionis metaphysicae nova dilucidatio« (Kant AA I, S. 376–416) und den 1759 erschienenen »Versuch einiger Betrachtungen über den Optimismus« (Kant AA II, S. 27–36).

[90] Der ›Deszendenzlehre‹ folgend gehen alle Arten der Lebewesen auf eine oder wenige Urformen als gemeinsamen Vorgänger zurück. Siehe dazu Riehls Ausführungen in PK II.2 1887, S. 71–81.

[91] Riehl bezieht sich auf Emil Du Bois-Reymonds Vortrag »Über die Grenzen des Naturerkennens« (S. 10–11).

[92] Gemäß Riehls Korrektur in PK I 1908, S. 332 wurde »Aktionsphäre« durch »Aktionssphäre« ersetzt.

[93] Riehl bezieht sich hier auf Kant AA IV, S. 496–535. Er greift das Thema erst wieder in PK II.1 1879, S. 271–292 auf.

[94] Siehe dazu die zweite Antinomie der »Kritik der reinen Vernunft« (Kant AA III, S. 300–307), Lehrsatz vier (Kant AA IV, S. 503–508) und die allgemeinen Anmerkungen (Kant AA IV, S. 531–535) der Dynamik der »Metaphysischen Anfangsgründe der Naturwissenschaft«.

[95] Siehe dazu Tieftrunk, Logik, S. 103–104 und Fischer, Geschichte, Band III, S. 71.

[96] Gemäß Kant VII/1, TG, S. 104 (Schuber/Rosenkranz-Ausgabe) wurde »Fundermentalsverhältnissen« durch »Fundamentalverhältnissen« ersetzt.

[97] Gemeint ist eine Geometrie, in der die Axiomengruppe I–IV, nicht aber Euklids Parallelenaxiom vorausgesetzt ist.

[98] Mit dem Begriff ›empirisches Axiom‹ bezieht sich Riehl auf Dührings »Natürliche Dialektik« (S. 81, 94). Der Verweis auf die Kritik der transzendentalen Ästhetik bezieht sich auf Riehls eigene Ausführungen (siehe dazu vor allem PK II.1 1879, S. 89–116).

[99] Die kursiv gesetzte Passage ist ein direktes Zitat aus Kant AA II, S. 378.

[100] Riehl erweitert dieses Kapitel in der zweiten Auflage von 63 auf 93 Seiten. Zudem wird der Titel dieses Kapitels in »Vorstufen der kritischen Methode in den vorkritischen Schriften Kants« abgeändert. Neben den Ergänzungen bleiben aber die ursprünglichen Textteile – bis auf einige sprachliche Adaptionen – in ihrem Wortlaut erhalten.

[101] Dies ist eine von Riehl eigenständig vorgenommene Übersetzung des Werktitels Kants, der sowohl vom Original als auch von der Angabe des Titels am Anfang des Paragraphen abweicht. Die falsche Übersetzung wurde auch in die überarbeitete zweite Auflage übernommen.

[102] Siehe dazu insbesondere Kants Lehrstück »Von dem Grunde der Unterscheidung aller Gegenstände überhaupt in Phaenomena und Noumena« (Kant AA III, S. 202–214).

[103] Es handelt sich hierbei um die ausführliche Kritik an Kuno Fischer, die Riehl auf den Seiten 202–228 entwickelt hat.

[104] Hier wurde ›exsequieren‹ durch ›exequieren‹ ersetzt. Riehl korrigiert den Druckfehler auch in PK I 1908, S. 352 nicht.

[105] Riehl bezieht sich auf Fischer, Geschichte, Band III, S. 360 und Überweg, Grundriss der Geschichte, Band III, S. 144–145.

[106] Riehl bezieht sich hier u. a. auf Schopenhauer und führt dies genauer auf den Seiten 383–384 aus.

[107] Riehl greift hier Kants Kritik an der ›faulen Vernunft‹ (AA III, S. 454) auf, nach der Einheitsbegriffe nicht regulativ, sondern konstitutiv gebraucht werden, und überträgt sie auf den Nativismus.

[108] Riehl bezieht sich hier auf Kants Unterscheidung zwischen ›Grenze‹ und ›Schranke‹ (AA IV, S. 352).

[109] Siehe dazu Kant AA III, S. 75.

[110] Diese Formulierung findet sich nur sinngemäß bei Kant, wenn es u. a. heißt: »Die Bedingungen a priori einer möglichen Erfahrung überhaupt sind zugleich Bedingungen der Möglichkeit der Gegenstände der Erfahrung.« (Kant AA IV, S. 84)

[111] Die kursiv gesetzte Passage ist ein direktes Zitat aus Kants Brief an Marcus Herz von 21. Februar 1772 (Kant AA X, S. 130).

[112] Riehl konnte das Buch von Paulsen erst kurz vor der Veröffentlichung einsehen (siehe dazu PK I 1876, S. VI sowie die Einleitung des Herausgebers). In dem zweiteiligen Artikel in der »Wiener Abendpost« fasst Riehl ausgehend von der ›neueren Kantforschung‹ bereits die zentralen Punkte seiner Argumentation von Band I des »Philosophischen Kritizismus« zusammen. Der zentrale Unterschied zur Position von 1876 ist die darin noch positiv hervorgehobene Bedeutung von Kants praktischer Philosophie. Riehl betont, insbesondere im zweiten Teil des Artikels, die Rolle der Entwicklungsgeschichte der Kantischen Philosophie und deren Missdeutungen u. a. bei Kuno Fischer. Der von Riehl erwähnte Verweis auf den Brief an Herz findet sich allerdings nicht in dem angegebenen Artikel.

[113] Riehl bezieht sich mit der Formulierung »unter diesem Titel« auf »Vorurteile« im letzten Satz von § 2. Die Einfügung der Überschrift von § 3 verstellt diese direkte Bezugnahme.

[114] Siehe dazu Fries, Neue Kritik, S. IXX–XXI und Herbart III, Schriften zur Metaphysik, Teil 1, S. 118–120.

[115] Der Text »Über Philosophie überhaupt« stellt einen Auszug der sogenannten »Ersten Einleitung« dar, die Kant in einer korrigierten Version 1793 Jacob Sigismund Beck zur Verfügung stellte (Kant AA XI, S. 441). Dieser hat den Text im zweiten Band seines »Erläuternden Auszugs aus den kritischen Schriften des Herrn Prof. Kant auf Anraten desselben« (S. 541–590) veröffentlicht. In die Akademieausgabe wurde der Text nicht aufgenommen, allerdings in Band XX die gesamte »Erste Einleitung«. Im Folgenden wird daher auf die Konkordanz zur Akademieausgabe verzichtet.

[116] Hier wurde »oder« durch »und« ersetzt.

[117] Riehl hat dieses direkte Zitat nicht als solches ausgewiesen.

[118] Siehe Herbart III, Schriften zur Metaphysik, Teil 1, S. 259, 423, 469.

[119] Die ›hervorragendsten englischen Psychologen‹ sind u. a. wohl Edward Bradford Titchener, John Stuart Mill, vielleicht auch William James.

[120] Siehe dazu Kant AA III, S. 17.

[121] Riehl teilt dieses Kapitel in der zweiten Auflage in zwei Unterkapitel, indem er § 3 dieses Textabschnittes zu Kapitel vier macht. Beide Kapitel haben einen Textumfang von 68 Seiten und beinhalten damit eine Erweiterung von etwa 20 Seiten. Der Titel des Kapitels wurde von Riehl nur leicht sprachlich adaptiert, wenn er in der zweiten Auflage »Von der Dissertation des Jahres 1770 zur Kritik der reinen Vernunft« schreibt. Darüber hinaus stimmt die Überschrift des neuen Kapitels vier mit der Paragraphenüberschrift 3 überein. Neben den Ergänzungen bleiben die ursprünglichen Textteile – bis auf einige sprachliche Adaptionen – in ihrem Wortlaut erhalten. Die Argumentationslinien der ersten und zweiten Auflage sind folglich erhalten geblieben.

[122] Riehls Bemerkung, nach der er seiner Abhandlung die zweite Auflage der »Kritik der reinen Vernunft« zugrunde legt, ist irreführend, da er die »Kritik der reinen Vernunft« nach der Ausgabe von Rosenkranz und Schubert zitiert, in der (im Gegensatz zur Akademieausgabe) die erste Auflage gedruckt ist und die Änderungen bzw. Erweiterungen der zweiten Auflage nur in Supplementen nachgestellt sind.

[123] Riehl bezieht sich hier auf Ueberweg, Grundriss der Geschichte, Band III, S. 181–185; nicht namentlich genannt sind z. B. Hermann Cohen und Johannes Volkelt.

[124] Riehl bezieht sich in diesem Passus auf Robert Zimmermanns Abhandlung von 1871 »Über Kants mathematisches Vorurteil und dessen Folgen«.

[125] Riehl verwendet den Begriff ›Bundesgenosse‹ wohl in Anlehnung an Zimmermann (Kants mathematische Vorurteile, S. 14), der allerdings von ›Standesgenossen‹ spricht.

[126] Gemäß dem von Riehl zur ersten Auflage beigefügten Druckfehlerverzeichnis wurde hier »Prinzipes« durch »Urteiles« ersetzt.

[127] Riehls Verweis bezieht sich auf PK II.1 1879, S. 89–116.

[128] Riehl bezieht sich hier und im nachstehenden Passus auf Friedrich Adolf Trendelenburgs »Logische Untersuchungen« (Band II, S. 241–242), ohne den Autor jedoch namentlich zu nennen.

[129] Siehe dazu Kant AA III, S. 150.

[130] Es handelt sich hier nicht um ein wörtliches Zitat. Riehl bezieht sich wohl auf die Phoronomie der »Metaphysischen Anfangsgründe der Naturwissenschaften« (Kant AA IV, S. 482).

[131] Riehl bezieht sich hier auf Julius Hermann von Kirchmanns Buch »Erläuterungen zu Kants Logik«.

[132] Riehl bezieht sich auf Karl Robert Eduard von Hartmanns »Philosophie des Unbewussten« von 1869. Dieser beginnt die »Allgemeinen Vorbemerkungen« seiner Einleitung mit einem Verweis auf Kants Anthropologie (§ 5).

[133] Siehe dazu Maimon, Versuch über die Transzendentalphilosophie, S. 70–74.

[134] Riehl zitiert hier in Auszügen den Grundsatz, von dem Kant behauptet, dass er seinen »Idealismus durchgängig regiert und bestimmt« (Kant AA IV, S. 374).

[135] Die von Riehl in Anführungszeichen gesetzte Passage findet sich nicht in der »Kritik der reinen Vernunft«, allerdings einige ähnliche Formulierungen. Im Lehrstück »Von dem Grunde der Unterscheidung aller Gegenstände überhaupt in Phaenomena und Noumena« spricht Kant vom »wichtigen Resultat« der Transzendentalen Analytik, »daß der Verstand a priori niemals mehr leisten könne, als die Form einer möglichen Erfahrung überhaupt zu anticipiren« (Kant AA III, S. 207).

[136] Riehl verweist hier auf PK I 1876, S. 390–391.

[137] Siehe dazu Kant AA III, S. 110.

[138] Es handelt sich hier um eine Textpassage aus der ersten Auflage der »Kritik der reinen Vernunft« (AA IV, S. 83–89).

[139] Es handelt sich hier nicht um ein wörtliches Zitat. Dem Inhalt nach findet sich diese Überlegung u. a. in § 26 der »Kritik der reinen Vernunft« (Kant AA III, S. 127).

[140] Siehe dazu Herbart III, Schriften zur Metaphysik, Teil 1, S. 12.

[141] Siehe dazu Schopenhauer, Welt als Wille und Vorstellung, Band I, S. 538.

[142] Siehe dazu Kant AA III, S. 136.

[143] Riehl verweist auf PK I 1876, S. 347, 352.

[144] Gemäß dem von Riehl zur ersten Auflage beigefügten Druckfehlerverzeichnis wurde hier »der« durch »den« ersetzt.

[145] Hier wurde ›Kubicismus‹ durch ›Kritizismus‹ ersetzt.

[146] In der Rosenkranz-Schubert-Ausgabe der Prolegomena wird die Unterteilung in die Paragraphen 21 und 21a als Paragraphen 21 und 22 gekennzeichnet. Alle nachfolgenden Paragraphennummern stimmen daher nicht mit jenen der Akademieausgabe überein.

[147] Siehe dazu Kant AA III, S. 162.

[148] Siehe dazu Kant AA III, S. 166.

[149] Siehe dazu Kant AA III, S. 168–169.

[150] Riehl bezieht sich hier auf den ›Schleier der Maja‹. Schopenhauer versteht darunter eine Täuschung, durch welche die Einheit allen Seins als Vielheit erscheint (Schopenhauer, Welt als Wille und Vorstellung, Band I, S. 447).

[151] Siehe dazu u. a. Mill, System der deductiven und inductiven Logik, Band II, S. 222.

[152] Riehl bezieht sich hier wohl auf PK II.1 1879, S. 258.

[153] Siehe dazu die editorische Anmerkung Nr. XV.

[154] Riehl spielt hier wohl auf Hermann Cohen an.

[155] Bethlem Royal Hospital (auch ›Bedlam‹ bezeichnet) ist ein 1330 gegründetes Hospital in London und einer der ersten Einrichtungen für psychische Erkrankungen. Im Englischen steht ›Bedlam‹ auch synonymisch für Chaos oder Tumult.

[156] Riehl belegt diesen Passus mit einem Verweis auf Kant, hat diesem aber – wohl ein Druckfehler – kein Fußnotenzeichen im Haupttext zugewiesen.

[157] Weiter ausgearbeitet wird diese Kritik in PK II.2 1887, S. 216–280, insb. 235–241.

[158] Dührings Kritik an Kants Transzendentaler Dialektik basiert auf dem ihr zugrunde gelegten ›falschen Unendlichkeitsbegriff‹ (siehe u. a. Dühring, Natürliche Dialektik, S. 424–425).

[159] Diese Erörterung findet sich in PK II.1 1879, S. 224–230.

[160] Dieses Kapitel erfährt vom Textumfang eine große Erweiterung in der zweiten Auflage: Es wird von 132 auf 200 Seiten ausgebaut. Die Betonung der Methode der Vernunftkritik in der ersten Auflage wird in der zweiten Auflage durch den Titel »Die Kritik der reinen Vernunft« zurückgenommen (siehe auch die neue Bezeichnung für den gesamten Abschnitt). Neben den Ergänzungen bleiben die ursprünglichen Textteile – bis auf einige sprachliche Adaptionen – in ihrem Wortlaut erhalten. Der Argumentationsgang der ersten und zweiten Auflage ist folglich unverändert.

SIGLENVERZEICHNIS

Schriften Kants nach der Ausgabe von Rosenkranz / Schubert.

Die jeweiligen Bände werden mit römischen Zahlen und die Texte mit nachstehenden Siglen angeführt. Letztere folgen den heute gebräuchlichen Abkürzungen.

Bemerkungen	Fragmente aus seinem Nachlasse. Bemerkungen zu den Beobachtungen über das Gefühl des Schönen und Erhabenen
Beweisgrund	Der einzig mögliche Beweisgrund zu einer Demonstration des Daseyns Gottes
Briefe	Briefe
De mundi	De mundi sensibilis atqu intelligibilis forma et principii
Deutlichkeit	Untersuchung über die Deutlichkeit der Grundsätze der natürlichen Theologie und Moral
Entdeckung	Über eine Entdeckung, nach der alle neue Kritik der reinen Vernunft durch eine ältere entbehrlich gemacht werden soll
Fortschritte	Über die von der Königlichen Akademie der Wissenschaften zu Berlin für das Jahr 1791 ausgesetzte Preisfrage: welches sind die wirklichen Fortschritte, die die Metaphysik seit Leibnitz's und Wolf's Zeiten in Deutschland gemacht hat
Gegenden	Von dem ersten Grunde des Unterschiedes der Gegenden im Raume
Kant / Lambert	Kant's und Lambert's philosophische Briefe. 1765–1770
KpV	Kritik der praktischen Vernunft
KrV	Kritik der reinen Vernunft

KU	Kritik der Urteilskraft
MAdN	Metaphysische Anfangsgründe der Naturwissenschaft
Monad.	Metaphysicae cum Geometria junctae usus in philosophia naturali, cujus Specimen I continet monadologiam physicam
MR	Von den verschiedenen Racen der Menschen
Nachricht	Immanuel Kant's Nachricht von der Einrichtung seiner Vorlesungen in dem Winterhalbenjahre von 1765–1766
ND	Principiorum primorum cognitionis metaphysicae nova dilucidatio
NG	Versuch, den Begriff der negativen Grössen in die Weltweisheit einzuführen
Philos	Über Philosophie überhaupt
Prol.	Prolegomena zu einer jeden künftigen Metaphysik, die als Wissenschaft wird auftreten können
Schätzung	Gedanken von der wahren Schätzung der lebendigen Kräfte
Spitzfindigkeit	Die falsche Spitzfindigkeit der vier syllogistischen Figuren
TelP	Über den Gebrauch teleologischer Principien in der Philosophie
TG	Träume eines Geistersehers, erläutert durch Träume der Metaphysik

LITERATURVERZEICHNIS

Referenztexte Riehls

Apelt, Ernst Friedrich (1854), *Die Theorie der Induction*. Leipzig: Engelmann.

Berkeley, George (1869), *George Berkeley's Abhandlung über die Principien der menschlichen Erkenntnis*. Übersetzt und mit erläuternden Anmerkungen versehen von Friedrich Ueberweg. Berlin: Heimann.

Bonnet, Charles (1769), *Essai analytique sur les facultés de l'âme*. 2. Aufl. Kopenhagen, Genf: Philibert.

Buhle, Johann Gottlieb (1805), *Geschichte der neuern Philosophie seit der Epoche der Wiederherstellung der Wissenschaften*. Bd. VI. Abt. 2. Göttingen: Rosenbusch.

Cohen, Hermann (1873), *Die systematischen Begriffe in Kants vorkritischen Schriften nach ihrem Verhältniss zum kritischen Idealismus*. Berlin: Harrwitz & Gossmann.

Descartes, René (1656), »Notae in programma quoddam [...] in Belgio editum, cum hoc titulo: Explicatio mentis humanæ«. In: *Opera Philosophica. Editio ultima*. Amsterdam: Ludovicus und Daniel Elzevirii.

Dühring, Eugen (1865), *Natürliche Dialektik. Neue logische Grundlegungen der Wissenschaft und Philosophie*. Berlin: Mittler und Sohn.

– (1873a), *Kritische Geschichte der Philosophie von ihren Anfängen bis zur Gegenwart*. 2. vermehrte Aufl. Berlin: Heimann.

– (1873b), *Geschichte der allgemeinen Principien der Mechanik*. Berlin: Grieben.

– (1875), *Cursus der Philosophie als streng wissenschaftlicher Weltanschauung und Lebensgestaltung*. Leipzig: Koschny.

Euler, Leonhard (1748), »Réfléxions sur l'Espace et le Temps«. *Histoire de l'Academie Royale des Sciences et Belles Lettres* 4, S. 324–333.

Fischer, Kuno (1858), *Clavis Kantiana. Qua via Immanuel Kant Philosophiae Criticae elementa invenerit*. Jena: Schreiberi et fil.

– (1865), *Geschichte der neuern Philosophie*. Bd. III: *Immanuel Kant und seine Lehre*. 2. Aufl. München: Bassermann.

Göring, Carl (1874), *System der kritischen Philosophie*. Teil I. Leipzig: Veit und Comp.

Helmholtz, Hermann (1867), *Handbuch der physiologischen Optik*. Leipzig: Voss.

Herbart, Johann Friedrich (1850–1852), *Sämmtliche Werke*. Hrsg. v. Gustav Hartenstein. Leipzig: Voss.
Bd. III: *Schriften zur Metaphysik*, Teil 1, 1851.
Bd. V: *Schriften zur Psychologie*, Teil 1, 1850.
Bd. XII: *Historisch-Kritische Schriften*, 2. Abdruck, 1852.

Hering, Ewald (1864), *Beiträge zur Physiologie*. Heft 5: *Vom binocularen Tiefsehen. Kritik einer Abhandlung von Helmholtz über den Horopter*. Leipzig: Engelmann.

Hume, David (1790–1792): *Über die menschliche Natur*. Übersetzt nebst kritischen Versuchen zur Beurtheilung dieses Werks von Ludwig Heinrich Jakob. Halle: Hemmerde und Schwetschke. [Im Text bezeichnet Riehl das Buch auch als »Abhandlung« oder »Treatise«]
Bd. I: *Über den menschlichen Verstand*, 1790.
Bd. II: *Über die Leidenschaften*, 1791.
Bd. III: *Von der Moral*, 1792.

– (1869), *Eine Untersuchung in Betreff des menschlichen Verstandes*. Übersetzt, erläutert und mit einer Lebensbeschreibung Humes versehen von Julius Heinrich Kirchmann. Berlin: Heimann.

– (1781), *Gespräche über natürliche Religion von David* Hume: Nach der zwoten englischen Ausgabe, nebst einem Gespräch über den Atheismus von Ernst Platner. Leipzig: Weygand.

Jevons, William Stanley (1874), *The Principles of Science: A Treatise on Logic and Scientific Method*. London: Macmillan.

Kant, Immanuel (1838): *Immanuel Kant's sämmtliche Werke*. Hrsg. v. Karl Rosenkranz / Friedrich Wilhelm Schubert. Leipzig: Voss.
Teil I: »Principiorum primorum cognitionis metaphysicae nova dilucidatio«, S. 1–44.
Teil I: »Die falsche Spitzfindigkeit der vier syllogistischen Figuren«, S. 55–74.
Teil I: »Untersuchung über die Deutlichkeit der Grundsätze der natürlichen Theologie und Moral. Zu Beantwortung der Frage, wel-

che die Königl. Akademie der Wissenschaften zu Berlin auf das Jahr1763 aufgegeben hat«, S. 75–112.

Teil I: »Versuch, den Begriff der negativen Grössen in die Weltweisheit einzuführen«, S. 113–160.

Teil I: »Der einzig mögliche Beweisgrund zu einer Demonstration des Daseyns Gottes«, S. 161–286.

Teil I: »Immanuel Kant's Nachricht von der Einrichtung seiner Vorlesungen in dem Winterhalbenjahre von 1765–1766«, S. 287–300.

Teil I: »De mundi sensibilis atque intelligibilis forma et principiis«, S. 301–341.

Teil I: »Kant's und Lambert's philosophische Briefe. 1765–1770«, S. 343–370.

Teil I: »Über eine Entdeckung, nach der alle neue Kritik der reinen Vernunft durch eine ältere entbehrlich gemacht werden soll«, S. 399–482.

Teil I: »Über die von der Königlichen Akademie der Wissenschaften zu Berlin für das Jahr 1791 ausgesetzte Preisfrage: welches sind die wirklichen Fortschritte, die die Metaphysik seit Leibnitz's und Wolf's Zeiten in Deutschland gemacht hat?«, S. 483–578.

Teil I: »Über Philosophie überhaupt«, S. 579–617.

Teil I: »Von einem neuerdings erhobenen vornehmen Ton in der Philosophie«, S. 619–642.

Teil II: »Kritik der reinen Vernunft«. [Die Ergänzungen der 2. Aufl. sind in Supplements nach der 5. Aufl. beigefügt.]

Teil III: »Prolegomena zu einer jeden künftigen Metaphysik, die als Wissenschaft wird auftreten können«, S. 1–166.

Teil III: »Logik«, S. 167–340.

Teil IV: »Kritik der Urteilskraft«.

Teil V: »Gedanken von der wahren Schätzung der lebendigen Kräfte«, S. 1–232.

Teil V: »Metaphysicae cum Geometria junctae usus in philosophia naturali, cujus Specimen I continet monadologiam physicam«, S. 255–274.

Teil V: »Von dem ersten Grunde des Unterschiedes der Gegenden im Raume«, S. 291–301.

Teil V: »Metaphysische Anfangsgründe der Naturwissenschaft«, S. 303–436.

Teil VI: »Von den verschiedenen Racen der Menschen«, S. 313–332.

Teil VI: »Über den Gebrauch teleologischer Principien in der Philosophie«, S. 355–390.

Teil VII/1: »Träume eines Geistersehers, erläutert durch Träume der Metaphysik«, S. 31–108.

Teil VIII: »Kritik der praktischen Vernunft«, S. 103–315.

Teil XI/1: »Briefe«, S. 1–194.

Teil XI/1: »Fragmente aus seinem Nachlasse. Bemerkungen zu den Beobachtungen über das Gefühl des Schönen und Erhabenen«, S. 221–259.

– (1900–), *Kants gesammelte Schriften.* Hrsg. v. der Königlichen Preußischen Akademie der Wissenschaften. Berlin.

Kirchmann, Julius Hermann von (1869), »Erläuterungen zu David Hume's Untersuchung in Betreff des menschlichen Verstandes«. In: *David Hume: Eine Untersuchung in Betreff des menschlichen Verstandes. Übersetzt, erläutert und mit einer Lebensbeschreibung Humes versehen von Julius Hermann von Kirchmann.* Berlin: Heimann.

– (1872), *Erläuterungen zu Kant's Logik.* Berlin: Heimann.

Lambert, Johann Heinrich (1764), *Neues Organon oder Gedanken über die Erforschung und Bezeichnung des Wahren und dessen Unterscheidung von Irrthum und Schein.* 2 Bde. Leipzig: Wendler.

– (1770), *Beyträge zum Gebrauche der Mathematik und deren Anwendung.* Teil 2. Abs. 2. Berlin: Verlag des Buchladens der Realschule.

Locke, John (1753), *An Essay Concerning Human Understanding.* 14. Aufl. London: Birt [et al.].

Lossius, Johann Christian (1775), *Physische Ursachen des Wahren.* Gotha: Ettinger.

Mayer, Julius Robert (1871), *Naturwissenschaftliche Vorträge.* Stuttgart: Cotta.

Meiners, Christoph (1772), *Revision der Philosophie.* 2 Teile. Gotha: Dieterich.

Meyer, Jürgen Bona (1870), *Kant's Psychologie. Dargestellt und erörtert.* Berlin: Hertz.

Newton, Isaac (1687), *Philosophiae Naturalis Principia Mathematica.* London: Streater, Smith.

Ohm, Martin (1846), *Der Geist der mathematischen Analysis und ihr Verhältniß zur Schule.* Erlangen: Heyder.

Paulsen, Friedrich (1875), *Versuch einer Entwicklungsgeschichte der Kantischen Erkenntnisstheorie.* Leipzig: Fues.

Poisson, Siméon-Denis (1841), *Lehrbuch der Wahrscheinlichkeitsrechnung und deren wichtigsten Anwendungen.* Übersetzt von Christian Heinrich Schnuse. Braunschweig: Meyer.

Reuschle, Carl Gustav (1868), »Kant und die Naturwissenschaft, mit besonderer Rücksicht auf neuere Forschungen«. *Deutsche Vierteljahrsschrift* 31.2, S. 50–102.

Riehl, Alois (1874) »Die Philosophie Kants und die neuesten Kant-Studien«. *Abendpost. Beilage zur Wiener Zeitung,* Nr. 188 (19. Aug.), S. 1500 und Nr. 189 (20. Aug.), S. 1508–1509.

Schopenhauer, Arthur (1847), *Über die vierfache Wurzel des Satzes vom zureichenden Grunde.* Frankfurt am Main: Hermann'sche Buchhandlung.

– (1859), *Die Welt als Wille und Vorstellung.* 2 Bde. 3. Auflage. Leipzig: Brodhaus.

– (1862), *Parerga und Paralipomena: kleine philosophische Schriften. Zweite, verbesserte und beträchtlich vermehrte Auflage, aus dem handschriftlichen Nachlasse des Verfassers.* Hrsg. v. Julius Frauenstädt. 2 Bde. Berlin: Hahn.

Schubert, Friedrich Wilhelm (1842), *Immanuel Kant's Biographie. Zum grossen Theil nach handschriftlichen Nachrichten dargestellt.* Leipzig: Voss. [= Kant XI/2]

Schulze, Fritz (1875), *Kant und Darwin.* Jena: Dufft.

Sigwart, Christoph Eberhard Philipp (1873), *Logik.* Bd. I: *Die Lehre vom Urtheil, vom Begriff und vom Schluss.* Tübingen: Laupp.

Spinoza, Baruch de (1677a), *Ethica, ordine geometrico demonstrata.*

– (1677b), De Intellectus emendatione tractatus.

Stäudlin, Carl Friedrich (1794), *Geschichte und Geist des Skepticismus vorzüglich in Rücksicht auf Moral und Religion.* 2 Bde. Leipzig: Crusius.

Tetens, Johann Nicolas (1777), *Philosophische Versuche über die menschliche Natur und ihre Entwickelung*. 2 Bde. Leipzig: Weidmanns Erben und Reich.

Trendelenburg, Adolf (1862), *Logische Untersuchungen*. Bd. II. Leipzig: S. Hirzel.

Tyndall, John (1874), *Fragmente aus den Naturwissenschaften. Mit Vorwort und Zusätzen von Hermann Helmholtz*. Braunschweig: Vieweg.

Ueberweg, Friedrich (1862), *De priore et posteriore forma Kantianae critices rationis purae*. Berlin: Mittler.

Wolff, Christian (1720), *Vernünfftige Gedancken von Gott, der Welt und der Seele des Menschen, auch allen Dingen überhaupt*. Halle: Renger.

– (1732), *Philosophia rationalis sive Logica*. Frankfurt, Leipzig: Officina Libraria Rengeriana.

– (1736), *Philosophia Prima Sive Ontologia*. Frankfurt, Leipzig: Officina Rengeriana.

Wundt, Wilhelm (1874a), *Grundzüge der physiologischen Psychologie*. Leipzig: Engelmann.

– (1874b), »Über die Aufgabe der Philosophie in der Gegenwart. Rede gehalten zum Antritt des öffentlichen Lehramts der Philosophie an der Hochschule in Zürich am 31. October 1874«. *Philosophische Monatshefte* 11, S. 65–68.

Zimmermann, Robert (1871), *Über Kant's mathematisches Vorurtheil und dessen Folgen*. Wien: Karl Gerold's Sohn.

Zöllner, Johann Karl Friedrich (1872), *Über die Natur der Cometen: Beiträge zur Geschichte und Theorie der Erkenntniss*. Leipzig: Engelmann.

Zusätzliche Referenztexte aus den editorischen Anmerkungen

Baco, Francis (1878), *Bacon's Novum Organon*. Hrsg. v. Thomas Fowler. Oxford: Clarendon Press.

Beck, Jacob Sigismund (1796), *Erläuternder Auszug aus den kritischen Schriften des Herrn Prof. Kant auf Anraten desselben*. Riga: Hartknoch.

Du Bois-Reymond, Emil (1872), *Über die Grenzen des Naturerkennens.* Leipzig: Veit.

Fries, Jakob Friedrich (1807), *Neue Kritik der Vernunft.* Bd. i. Heidelberg: Mohr und Zimmer.

Haeckel, Ernst (1874), *Anthropologie oder Entwicklungsgeschichte des Menschen.* Bd. II: *Stammesgeschichte oder Phylogenie.* 2. Aufl. Leipzig: Engelmann.

Hartmann, Karl Robert Eduard von (1864), *Philosophie des Unbewußten.* Erster Teil. Berlin 1869.

Helmholtz, Hermann von (1867), *Handbuch der physiologischen Optik.* Leipzig: Voss.

Maimon, Salomon (1790), *Versuch über die Transzendentalphilosophie mit einem Anhang über die symbolische Erkenntniß und Anmerkungen.* Berlin: Voß und Sohn.

Mill, John Stuart (1872), »System der deductiven und inductiven Logik: eine Darlegung der Grundsätze der Beweislehre und der Methoden wissenschaftlicher Forschung«. In: *Gesammelte Werke.* Bd. i. Hrsg. v. Theodor Gomperz. Leipzig: Fues.

Mozley, James Bowling (1865), *Eight Lectures on Miracles.* London: o. A.

Priestley, Joseph (1782), *Briefe an einen philosophischen Zweifler in Beziehung auf Hume's Gespräche das System der Natur, und ähnliche Schriften.* Leipzig: Weygand.

Reid, Thomas (1782), *Untersuchung über den menschlichen Geist, nach den Grundsätzen des gemeinen Menschenverstandes.* Leipzig: Schwickert.

Riehl, Alois (1872), »Zur Aprioritätslehre«, *Philosophische Monatshefte* 8, S. 212–215.

Rokitansky, Karl von (1869), *Der Selbstständige Werth des Wissens* (Vortrag gehalten in der Sitzung der Kaiserlichen Akademie der Wissenschaften am 31. Mai 1867). Von der Kaiserlichen Akademie der Wissenschaften genehmigte Auflage. Wien.

Tieftrunk, Johann Heinrich (1801), *Grundriß der Logik.* Halle: Curtsche Buchhandlung.

Ueberweg, Friedrich (1872), *Grundriss der Geschichte der Philosophie.* Dritter Teil: *Die Neuzeit.* Berlin: Mittler und Sohn.

PERSONENREGISTER

Die Seitenangaben beziehen sich auf die Neuausgabe